全國高校古委会項目（編号：1856）
中央社會主義學院統一战綫高端智庫招標項目

潘效蘇集輯注

杜宏春　輯注

商務印書館
创于1897 The Commercial Press

圖書在版編目（CIP）數據

潘效蘇集輯注 / 杜宏春輯注. —北京：商務印書館，2022
ISBN 978-7-100-19448-8

Ⅰ. ①潘… Ⅱ. ①杜… Ⅲ. ①行政管理－史料－新疆－清後期②新疆－地方史－史料－清後期
Ⅳ. ①D691②K294.5

中國版本圖書館CIP數據核字（2021）第024309號

潘效蘇集輯注
杜宏春　輯注

商　務　印　書　館　出　版
（北京王府井大街36號　郵政編碼 100710）
商　務　印　書　館　發　行
北京虎彩文化傳播有限公司印刷
ISBN 978-7-100-19448-8

2022年7月第1版　　開本 710×1000　1/16
2022年7月第1次印刷　　印張 42 3/4

定價：228.00元

作者簡介

杜宏春，安徽省滁州市人，文學博士，現任聊城大學運河研究院教授，研究生導師。長期從事中國古典文獻學等學科的教學與研究工作，先後主持完成國家社科基金 6 項、教育部社科基金重大項目 2 項、省部級社科基金 14 項，出版學術專著 14 部，獲廳局級、省部級以上獎勵 6 項。

前　言

本書是首次將潘效蘇在任新疆巡撫期間所形成的奏議、函牘、電報等文獻匯輯成集，并進行整理與研究，名之曰《潘效蘇集輯注》。

潘效蘇（1839—1913），字少泉，號重賢、效蘇，湖南省湘鄉縣人，西林巴圖魯。同治二年（1863），加同知銜。同治八年（1869），補膚施縣知縣。九年（1870），調澄城縣知縣。十年（1871），署狄州知州。光緒五年（1879），署河州知州。八年（1882），補西寧府循化同知。九年（1883），調補迪化直隸州知州。十二年（1886），改和闐直隸州知州。十四年（1888），遷伊犁知府。十五年（1889），補授迪化府知府。同年，加鹽運使銜。二十一年（1895），保以道員歸甘肅新疆補用，入關總理行營勞務，賞戴花翎。二十二年（1896），署鎮迪道兼按察使銜。二十三年（1897），實授補鎮迪道兼按察使銜。二十四年（1898），調補巴里坤道。同年，署新疆按察使。二十七年（1901），補授甘肅按察使。同年，晋新疆布政使。二十八年（1902），擢新疆巡撫，加頭品頂戴。三十一年（1905），因案褫職，發軍台效力贖罪。宣統元年（1909），釋回。民國二年（1913），卒於故里。

《潘效蘇集輯注》分三個部分，共收文獻近五百件，主要包括：保舉將才，人事丁憂，員缺補差，軍功加賞，官兵屯田，練兵、畜牧，工程，糧餉，邊防，防務用款等内容。全書真實地紀録了作者任新疆巡撫期間的一系列活動，而他的奏稿則體現其任職期間積極治理邊疆，重視邊疆建設，維護國家利益等情況，并涉及新疆地區的政治、經濟、軍事、外交、民族、民生、地方治安以及宗教等一系列重大問題，真實地紀録其在任期間抵禦外侮、關心民生、開發邊疆、推行教育、改善民族關係等方面所做的貢獻，再現了清代朝廷與地方官吏對新疆的治理情況。其内容涉及廣泛，史料豐富。因此，對其文獻的整理與研究，具有重要的史料價值。

由于其文獻尚未整理，閲讀極其不便，一般研究者幾乎無從下手，兼之其原件《朱批奏摺》及抄件《録副奏摺》珍藏于中國第一歷史檔案館和臺北“故宫博物院”，查考麻煩，傷財費時，苦心勞力，實屬非易，故令研究者望而却步。迄今爲止，海内外尚未發現有關其文獻匯輯、整理等方面的研究成果梓行。本文即利用兩岸檔案文獻，以歷史考據學、文獻校勘學之方法，對潘效蘇文獻進行整理和研究。對于與折件相關重要人物加以注釋，必要文獻全文照録，以期達到反映目前最新研究成果之目的。因此，本文在推動中國近代史、地方史、民族關係史以及民族政策等方面的深入研究，具有重要的史料價值。

本書以刊本《光緒朝朱批奏摺》與臺北“故宫博物院”藏《宫中檔朱批奏摺》爲底本，以中國第一歷史檔案館藏《録副奏摺》與臺北“故宫博物院”藏《宫中檔録副奏摺》爲校本，并查照《上諭檔》、《清實録》及《起居注》，采用對校、理校、補證及考辨之法，逐件逐字對照，相互校勘，以朱批原件爲準，對其文字進行標點、校勘與補正，詳細而系統地考證其在任期間對外交涉、發展生産、推行教育、捐資助賑、關注民生等方面，所做出的貢獻及取得的成就，真實地再現當時中央王朝對邊疆地方治理情況以及各個歷史事件的演變進程，爲相關研究者提供一部史實確信、資料豐富、内容完備的史料彙編。

凡　例

一、底本與校本。本書以刊本《光緒朝朱批奏摺》[①]、《清代新疆稀見奏牘彙編》與臺北“故宫博物院”藏《宫中檔朱批奏摺》[②]爲底本，以中國第一歷史檔案館藏《録副奏摺》與臺北“故宫博物院”藏《軍機處摺件》爲校本，并查照《上諭檔》、《清實録》及《起居注》，采用對校、理校、補證及考辨之法，逐件逐字對照，相互校勘，以朱批原件爲准。

二、標點符號。本書一律采用現行規範標點符號。

三、校勘。以校本校底本，采用校勘、補正及考辨之法，逐字校勘，并于頁脚出校。

四、補證。對摺件所涉之事件或文獻，查找出處，并補録，以資參考；重要人物予以注釋，相關館藏文獻全文照録，以保證文獻的準確與完整。

五、爲方便起見，本書按時間先後編排序號，并于標題下方附清帝紀年并公曆日期，俾資查照。

六、凡會銜之作，即便非主稿者，亦一并録入，俾期全面而資參考。

七、爲方便查考起見，多數文獻出處只注明兩岸館藏檔案編號。

八、本文引用縮略語如下：

1．中國第一歷史檔案館藏《硃批奏摺（片）》和《録副奏摺（片）》統一簡稱爲《硃批原件》和《軍機録副》，正文部分一律簡稱“原件”或“録副”。

2．臺北“故宫博物院”藏《宫中檔光緒朝奏摺》、《軍機處摺件》、《清單》等，統一簡稱爲《軍機及宫中檔》。

---

① 中國第一歷史檔案館編：《光绪朝朱批原件》，中華書局，1996 年。

② 臺北“故宫博物院”編：《宫中檔光绪朝奏摺》，東亚製本所，1973—1975 年。

目　録

上篇　奏議

光緒二十三—二十七年（1897—1901年）……3
〇〇一、奏報接篆任事日期并謝恩摺……4
〇〇二、奏報接署新疆藩篆謝恩摺……5
〇〇三、奏報卸署新疆藩篆仍回本任摺……6
〇〇四、奏爲接署新疆藩篆謝恩摺……7
〇〇五、奏報卸署藩篆仍回本任日期摺……8
〇〇六、奏報接署藩篆日期謝恩摺……9
〇〇七、奏報交卸藩篆仍赴本任日期摺……9
〇〇八、奏爲補授甘肅臬司謝恩摺……12
〇〇九、奏報交卸藩篆仍赴本任日期摺……13
〇一〇、奏爲補授甘肅新疆藩司謝恩摺……13

光緒二十八年（1902年）……15
〇〇一、奏爲薦舉賢員以備任使摺……16
〇〇二、呈保舉文武各員切實考語清單……16
〇〇三、奏爲補授甘肅新疆巡撫謝恩摺……19
〇〇四、奏報接受新疆撫篆日期摺……20

〇〇五、奏報新省本年七月雨水糧價摺……21
〇〇六、呈新省二十八年七月糧價清單……22
〇〇七、奏報二十八年夏秋禾收成分數摺……24
〇〇八、呈二十八年夏秋禾收成分數清單……25
〇〇九、奏委羅正湘署理奇臺知縣片……26
〇一〇、奏報新疆本年八月雨水糧價摺……26
〇一一、呈二十八年八月雨水糧價清單……27
〇一二、奏報新疆南北兩路被災情形摺……30
〇一三、奏報被灾地方來春酌籌調劑片……32

光緒二十九年（1903年）……35
〇〇一、奏報新疆上年九月雨雪糧價摺……36
〇〇二、呈光緒二十八年九月糧價清單……36
〇〇三、奏明新疆向無衛所屯田緣由摺……39
〇〇四、新疆賠款請由協餉兑撥緣由摺……42
〇〇五、請將朱冕榮開缺留新候補片……43
〇〇六、奏報劉澄清等調署同知員缺片……44
〇〇七、奏報二十八年十月雨水糧價摺……45
〇〇八、呈二十八年十月各屬糧價清單……45
〇〇九、請以任兆觀補授鎮西廳同知摺……48
〇一〇、奏報參贊富勒銘額病故緣由摺……50
〇一一、奏報知州劉兆松例應迴避片……52
〇一二、奏報陳天禄等署理知縣緣由片……53
〇一三、奏報上年十一月雨水糧價摺……54
〇一四、呈新疆二十八年十一月糧價清單……54
〇一五、請以蔣士修借補同知緣由摺……57
〇一六、奏爲御賞方略謝恩摺……60
〇一七、奏爲御賞福壽字謝恩摺……61
〇一八、奏報揀選古城滿營防禦等缺摺……61
〇一九、呈揀放古城滿營防禦等缺清單……62

〇二〇、代奏回王爲賞荷包等物謝恩摺......63
〇二一、請以孳生馬匹作世襲兵之用片......63
〇二二、請將易壽崧酌量對調緣由片......64
〇二三、奏委張紹伯等署理通判等缺片......65
〇二四、奏報饒應祺因病出缺緣由摺......65
〇二五、奏報改練土著世襲兵緣由摺......69
〇二六、奏報二十八年十二月雨水糧價摺......73
〇二七、呈二十八年十二月各屬糧價清單......73
〇二八、核銷光緒二十二年司庫收支銀糧摺......76
〇二九、呈光緒二十二年收支銀糧清單......77
〇三〇、請以劉國祉借補疏附知縣摺......81
〇三一、奏報新省現辦彩票緣由片......82
〇三二、奏委何象堃署理闢展巡檢片......83
〇三三、請獎俄文館教習桂煜緣由片......83
〇三四、核銷光緒二十二年善後收支各款摺......84
〇三五、呈光緒二十二年善後收支清單......85
〇三六、奏報二十五年下半年防營員等數摺......87
〇三七、呈防營員弁勇丁等數目清單......88
〇三八、呈新疆各臺局卡義學數目清單......89
〇三九、奏報司庫支發驛站經費情形摺......90
〇四〇、奏報委署遣犯榮和督辦屯墾片......91
〇四一、奏報廿六年春夏營勇臺局等數摺......92
〇四二、呈二十六年春夏臺局義學清單......92
〇四三、請銷二十二年防軍收支各款摺......94
〇四四、呈光緒二十二年防軍收支清單......95
〇四五、奏報上年辦結就地正法各案摺......98
〇四六、呈上年辦結就地正法各案清單......99
〇四七、奏報二十九年正月雨水糧價摺......101
〇四八、呈光緒二十九年正月糧價清單......102
〇四九、請將故道黃光達照例優恤緣由摺......105

〇五〇、請以廖玉貴等借補守備緣由摺......111
〇五一、委任聞端蘭等署理知府員缺片......112
〇五二、奏委錢炳煥署瑪喇巴什通判片......113
〇五三、奏報總兵谷振傑接印日期摺......114
〇五四、奏報呈遞回部貢金緣由摺......115
〇五五、核減武職邊防保案及補保改獎摺......115
〇五六、呈新疆七載防戍出力武職清單......117
〇五七、奏報新疆本年二月雨水糧價摺......128
〇五八、呈光緒二十九年二月糧價清單......129
〇五九、請以潘震補授迪化府知府摺......132
〇六〇、請以易盛富借補喀什回城副將摺......134
〇六一、奏報吐魯番園地被凍請豁課銀片......135
〇六二、請將陳純治仍照原保給獎片......136
〇六三、請開去黃丙焜知府本缺緣由片......137
〇六四、請開去劉澄清同知底缺緣由片......138
〇六五、奏報二十九年三月雨水糧價摺......139
〇六六、呈新疆二十九年三月糧價清單......139
〇六七、奏報與俄夥辦金礦虧本緣由摺......142
〇六八、奏報雅爾杭阿原品休致緣由摺......148
〇六九、請以倭仁布等代理佐領各缺片......149
〇七〇、請以甘曜湘署理庫車同知片......149
〇七一、奏報塔城章京延年被參各款摺......150
〇七二、奏報改設增設州縣各缺緣由摺......160
〇七三、奏報廿六年秋冬防營員勇等數摺......162
〇七四、呈新疆廿六年秋冬臺卡義學清單......163
〇七五、呈廿六年秋冬營旗員勇數目清單......164
〇七六、奏請更正許榮貴保案緣由片......165
〇七七、請以李方學補授寧遠知縣摺......166
〇七八、奏報廿七年春夏營勇臺局等數摺......169
〇七九、呈各營旗員弁勇丁夫炮數目清單......169

〇八〇、請以張昔義升補寧遠營都司摺 170
〇八一、預估三十年關內外協餉緣由摺 171
〇八二、呈預估三十年協餉分支提存清單 173
〇八三、奏報新疆本年四月雨水糧價摺 174
〇八四、呈新疆二十九年四月糧價清單 174
〇八五、奏報二十三年支發驛站經費摺 177
〇八六、請開去瑞山等實缺留新補用摺 178
〇八七、委令蔣士修等署理知府等缺片 179
〇八八、奏報新疆二十三年司庫收支情形摺 180
〇八九、呈新疆光緒二十三年收支數目清單 181
〇九〇、奏報廿七年秋冬營勇臺局等數摺 185
〇九一、呈二十七年秋冬局卡義學等數清單 185
〇九二、呈前年秋冬員勇夫馬炮車數目清單 187
〇九三、奏報各屬應支官役等項經費摺 188
〇九四、委令易俊昌等署理通判等缺片 189
〇九五、奏報新疆本年五月雨水糧價摺 190
〇九六、呈各屬二十九年五月糧價清單 191
〇九七、揀補古城滿營佐領等缺緣由摺 194
〇九八、呈揀放滿營蒙古旗佐領等缺清單 195
〇九九、奏報新疆本年閏五月雨水糧價摺 196
一〇〇、呈新疆二十九年閏五月糧價清單 196
一〇一、奏報同知文立山因病出缺緣由摺 199
一〇二、請銷新疆二十三年善後收支摺 200
一〇三、呈新疆二十三年善後收支各款清單 201
一〇四、阜康秋禾被災請緩徵糧石片 203
一〇五、奏委謝維興署理皮山知縣片 204
一〇六、奏報上年春夏營勇臺局義學等數摺 205
一〇七、呈上年春夏營旗哨員弁勇丁等清單 206
一〇八、請將滿營原撥地畝招民承墾緣由摺 207
一〇九、請銷光緒二十三年防軍收支摺 209

一一〇、呈新疆二十三年防軍收支各款清單..211
一一一、奏報新疆本年六月雨水糧價摺..214
一一二、呈新疆二十九年六月糧價清單..214
一一三、請以彭緒瞻升補伊犁知府摺..217
一一四、請以張樹燚借補吐魯番廳同知摺..219
一一五、請將保獎各員飭部核明給獎摺..220
一一六、呈新疆防戍案内另核請獎清單..221
一一七、委任德徵等署理州縣員缺片..227
一一八、奏報伊犁同知長壽即赴新任片..228
一一九、奏報新疆本年七月雨水糧價摺..228
一二〇、呈光緒二十九年七月糧價清單..229
一二一、請准富尼善以原品休致緣由摺..232
一二二、奏報馬廠收取孳生馬匹情形摺..233
一二三、奏爲衙署失火自請議處片..234
一二四、請銷新疆二十四年防軍收支各款摺..234
一二五、呈光緒二十四年防軍收支各款清單..236
一二六、請銷光緒二十四年司庫收支摺..238
一二七、呈光緒二十四年司庫收支清單..239
一二八、請銷光緒二十四年善後收支摺..243
一二九、呈新疆光緒二十四年善後收支清單..244
一三〇、揀選古城滿營佐領防禦等缺摺..246
一三一、呈揀選古城滿營佐領等缺清單..247
一三二、奏報二十四年司庫支發驛站經費摺..248
一三三、奏報新疆本年夏秋禾收成分數摺..248
一三四、呈二十九年夏秋禾收成分數清單..249
一三五、委任黄廷珍等署理同知等缺片..250
一三六、奏報新疆本年八月雨雪糧價摺..251
一三七、呈新疆二十九年八月糧價清單..251
一三八、請將精河營參將改隸伊犁鎮屬摺..254
一三九、請將新疆洋務在事人員獎叙摺..255

一四〇、請將添改州縣壇宇祀典立案摺 257
一四一、請將劉謨援照原保給奬緣由片 258
一四二、奏報同知袁運鴻留新辦理洋務片 259
一四三、查明被灾地方來春酌籌調劑片 259
一四四、請將木壘河等守備改隸緣由片 260
一四五、請以賀家棟補授洛浦縣知縣摺 261
一四六、請以左新藻借補伽師縣知縣摺 262
一四七、滿營糧料請按折色支給緣由摺 263
一四八、奏委成壽等護理佐領等缺片 264
一四九、奏報派員會辦中俄積案緣由摺 265
一五〇、請以錢炳煥補授皮山縣知縣摺 267
一五一、請以魯鼎緒補授温宿縣知縣摺 268
一五二、請以唐實臣補授巴里坤鎮游擊摺 269
一五三、請以李捷榮補授巴里坤鎮游擊摺 270
一五四、密陳新疆現任文武官員考語摺 271
一五五、呈二十九年新疆文武考語清單 272
一五六、奏委汪步端署伊犁知府等情片 273
一五七、請將新疆應認賠款援案撥解片 274
一五八、奏報新疆停辦彩票緣由片 275

光緒三十年（1904年） 277
〇〇一、奏報二十九年九月雨水糧價摺 278
〇〇二、呈新疆二十九年九月糧價清單 278
〇〇三、奏報阿克蘇道江遇璞病故緣由摺 281
〇〇四、請銷光緒二十五年司庫收支摺 282
〇〇五、呈光緒二十五年司庫收支清單 283
〇〇六、請開去趙有正原補游擊實缺片 287
〇〇七、奏委陳純治署理阿克蘇道篆片 288
〇〇八、飭令知縣劉兆棟即赴本任片 288
〇〇九、奏報曾殿明請假回籍開缺片 289

〇一〇、請以王金樞借補寧遠營守備摺 290
〇一一、請將鎮西等處額糧蠲緩緣由摺 290
〇一二、奏報二十五年司庫支發驛站經費摺 291
〇一三、奏報守備廖玉貴病故日期片 292
〇一四、奏報吐魯番廳園地被風情形片 293
〇一五、請准調署員數册籍暫緩造報摺 294
〇一六、奏銷光緒二十五年防軍收支摺 295
〇一七、呈光緒二十五年防軍收支清單 296
〇一八、造報二十五年善後收支情形摺 299
〇一九、呈光緒二十五年善後收支清單 300
〇二〇、委任傅澤霖署理温宿知縣片 302
〇二一、奏報二十九年十月雨水糧價摺 303
〇二二、呈新疆光緒三十年十月糧價清單 303
〇二三、奏爲恩賞福壽字謝恩摺 306
〇二四、奏爲密陳薦舉人才可備大用摺 307
〇二五、請准故督臣陶模在新建祠緣由摺 310
〇二六、奏报呈進新疆回部貢金情形摺 311
〇二七、奏爲代奏回王叩謝御賞緣由摺 312
〇二八、委任徐鼎藩署理精河廳同知片 312
〇二九、委任韓瑶光署英吉沙爾同知片 313
〇三〇、奏報二十九年十一月雨水糧價摺 314
〇三一、呈新疆二十九年十一月糧價清單 314
〇三二、請將胡岑革職勒令回籍緣由摺 317
〇三三、請以趙懷林補撫標守備緣由摺 318
〇三四、委任文雅林等署理知縣員缺片 319
〇三五、請將知縣黄賡陶即行革職片 319
〇三六、奏報署中被火自請議處謝恩摺 320
〇三七、奏報二十九年十二月雨水糧價摺 321
〇三八、呈光緒二十九年十二月糧價清單 322
〇三九、請以聯恩補授莎車知府緣由摺 324

〇四〇、請以蔣士修升補疏勒府知府摺……326
〇四一、委任張樹焱等署理知府等缺片……327
〇四二、委任危兆麟等署理知府等缺片……328
〇四三、奏報三十年正月雨水糧價情形摺……329
〇四四、呈光緒三十年正月糧價清單……329
〇四五、請銷補修三路電桿工程收支摺……332
〇四六、呈修補電桿工程動支銀兩清單……333
〇四七、請以黄丙焜補阿克蘇道緣由摺……334
〇四八、請以蔣光陞補庫車知州緣由摺……336
〇四九、請以黄桂芳借補阿克蘇游擊摺……337
〇五〇、奏銷修理廠屋衙署工程經費摺……338
〇五一、呈修機器廠屋衙署經費清單……339
〇五二、奏估迪化至奇臺電綫經費片……340
〇五三、奏陳收哈及議定文武功過情形摺……341
〇五四、請以孫傳湝補授精河直隸同知摺……345
〇五五、奏報馬廠取孳馬匹數目緣由摺……346
〇五六、請將守備李永時等留新補用片……347
〇五七、委任蔣光陞等署理知州等缺片……348
〇五八、奏請照章收煙酒税撥抵賠款片……349
〇五九、奏明地方官受賄容留逃哈片……350
〇六〇、奏報新疆本年二月雨水糧價摺……351
〇六一、呈光緒三十年二月糧價清單……352
〇六二、奏報同知駱恩綬因病出缺緣由摺……355
〇六三、奏報揀補滿營佐領等缺緣由摺……356
〇六四、呈簡放滿營佐領各缺正陪清單……357
〇六五、奏報布政使吴引孫即赴新任片……358
〇六六、奏報劉文龍署理塔城同知片……358
〇六七、奏報參將蔡義興病故日期片……359
〇六八、奏請停辦徵收錢糧比較清册片……360
〇六九、請飭指撥協餉以清積欠緣由摺……361

〇七〇、奏銷二十六年善後收支情形摺……363
〇七一、呈二十六年分善後收支各款清單……364
〇七二、奏銷二十六司庫支發驛站經費摺……366
〇七三、奏報新疆本年三月雨水糧價摺……367
〇七四、呈光緒三十年三月各屬糧價清單……368
〇七五、奏報在新效力贖罪官犯情形摺……372
〇七六、呈查辦發新軍流官犯清單……373
〇七七、華商貨税請照現在章程緣由摺……375
〇七八、奏報各省代解新疆應還賠款片……379
〇七九、前報民穀遲延職名請免查取片……380
〇八〇、奏報安允升等回任署任緣由片……381
〇八一、請將署奇臺知縣左兆鳳開復片……381
〇八二、請將宗室載瀾減免配期緣由片……382
〇八三、請銷二十六年防軍收支各款摺……383
〇八四、呈二十六年防軍善後收支清單……385
〇八五、請將胡議和開缺回籍就醫緣由摺……388
〇八六、請以吴首懷借補烏什協副將摺……389
〇八七、奏委易盛富等署理鎮將緣由片……389
〇八八、奏委周開曙等署理同知員缺片……390
〇八九、請以徐績誠借補撫標中軍參將摺……391
〇九〇、奏報新疆無力兼顧練兵餉需摺……391
〇九一、請將滿營原撥地畝奏案撤銷摺……399
〇九二、奏委忠賜護理古城佐領員缺摺……401
〇九三、請照原案支給滿營官兵糧料片……401
〇九四、奏爲遵旨會議籌防事宜摺……402
〇九五、遵議科布多邊備事宜緣由片……406
〇九六、奏報本年四月雨水糧價情形摺……407
〇九七、呈新疆三十年四月糧價清單……408
〇九八、造報二十六年司庫收支銀糧摺……412
〇九九、呈新疆二十六年司庫收支清單……413

一〇〇、請將坎巨提廢酋等編入户籍片 417
一〇一、請以張璪光補授巴楚州知州摺 421
一〇二、請以羅正湘補授鄯縣知縣摺 422
一〇三、奏報籌辦屈莽山尾逃哈情形摺 424
一〇四、奏報新疆本年五月雨水糧價摺 426
一〇五、呈新疆光緒三十年五月糧價清單 427
一〇六、奏報廿八年秋冬營員臺局義學摺 431
一〇七、呈營旗弁勇夫馬炮車數目清單 431
一〇八、呈前年秋冬臺局卡義學數目清單 432
一〇九、請以王金樞揀補寧遠營守備摺 434
一一〇、奏委左新藻署理伽師縣知縣事 435
一一一、奏報各屬本年六月雨水糧價摺 436
一一二、呈新疆光緒三十年六月糧價清單 436
一一三、揀補古城滿營佐領等缺緣由摺 440
一一四、請准新疆本届計典暫緩辦理摺 441
一一五、委任張璪光署理巴楚知州片 442
一一六、奏報光緒三十年七月雨水糧價摺 442
一一七、呈各屬光緒三十年七月糧價清單 443
一一八、奏保辦理洋務人員擇尤請獎摺 447
一一九、呈歷年辦理洋務出力各員清單 448
一二〇、請以黄蔚森借補莎車協副將摺 449
一二一、請將本年州縣事實清册展緩片 450
一二二、奏報各屬來春毋庸接濟緣由片 451
一二三、奏爲御賞散發貧民銀兩謝恩摺 452
一二四、代奏總兵易盛富接篆謝恩摺 453
一二五、請准額爾德柯原品休致緣由摺 454
一二六、密陳新省現任文武各員考語摺 455
一二七、奏報各屬本年夏秋收成情形摺 455
一二八、呈新疆本年夏秋收成分數清單 456
一二九、奏報新疆世襲兵改常備兵緣由摺 457

一三〇、奏報馬廠孳生馬匹情形摺 460
一三一、奏委吴引孫等總辦屯牧總局片 461
一三二、辦理常備兵發半價派買羊隻片 462

光緒三十一年（1905年） 463
〇〇一、奏爲御賞壽字等物謝恩摺 464
〇〇二、奏報光緒三十年八月雨水糧價摺 464
〇〇三、呈各屬光緒三十年八月糧價清單 465
〇〇四、請以周芳煦升補新平知縣片 469
〇〇五、請以胡冠漢等借補守備員缺摺 470
〇〇六、特參官炭局委員張壽齡緣由片 471
〇〇七、飭令道員黄炳焜即赴本任片 472
〇〇八、飭令賀家棟等即赴新任情形片 472
〇〇九、請將蕭學琛等仍照原案給獎片 473
〇一〇、奏委多凌署理驍騎校員缺片 474
〇一一、請以易紹昌補授輪臺知縣摺 475
〇一二、請銷廿七年司庫支發驛站經費摺 476
〇一三、奏報各屬三十年九月雨水糧價摺 477
〇一四、呈各屬光緒三十年九月糧價清單 477
〇一五、造銷二十七年司庫收支銀糧摺 481
〇一六、呈二十七年司庫收支各項清單 482
〇一七、請銷二十七年防軍收支各款摺 486
〇一八、呈光緒二十七年防軍收支各款清單 487
〇一九、請銷二十七年善後收支各款摺 491
〇二〇、呈二十七年善後收支各款清單 492
〇二一、請以謝維興補授迪化知縣摺 494
〇二二、請以楊金榜升補精河營參將摺 495
〇二三、奏委甘象乾署理知縣緣由片 496
〇二四、請准參將趙耀南留新補用片 496
〇二五、奏報飭令李方學即赴新任片 497

〇二六、奏報三十年十月雨水糧價摺 498
〇二七、呈光緒三十年十月糧價清單 499
〇二八、請飭催各省關補解欠餉緣由摺 502
〇二九、奏報設立卡倫查禁逃哈章程摺 504
〇三〇、呈新疆北路新設卡倫章程清單 508
〇三一、奏報知縣朱熾因病出缺緣由摺 512
〇三二、呈新疆三十年十一月糧價清單 513
〇三三、奏報三十年十一月雨水糧價摺 516
〇三四、奏報知縣韓瑶光因病出缺緣由摺 517
〇三五、請准副將胡義和原品休致摺 518
〇三六、委任彭緒瞻等署理知府等缺片 519
〇三七、奏爲御賞福壽字謝恩摺 520
〇三八、奏報三十年十二月雨水糧價摺 520
〇三九、呈新疆三十年十二月糧價清單 521
〇四〇、請以張得勝補授守備緣由摺 525
〇四一、揀補古城驍騎校等缺情形摺 525
〇四二、呈揀補古城驍騎校等缺清單 526
〇四三、請以劉文龍借補塔城同知摺 527
〇四四、請以易潤庠借補葉城知縣摺 529
〇四五、請以姚志坤補授沙雅知縣摺 530
〇四六、飭令通判張景山即赴新任片 531
〇四七、奏報新疆本年正月雨水糧價摺 531
〇四八、呈新疆各屬本年正月分糧價清單 532
〇四九、奏報壽婦年逾百歲請加賞賚摺 536
〇五〇、奏報同知任兆觀丁憂開缺摺 537
〇五一、奏報呈進回部按年進貢砂金摺 538
〇五二、奏報本年二月雨水糧價情形摺 538
〇五三、呈新疆省各屬本年二月糧價清單 539
〇五四、奏報參贊春滿在省病故緣由摺 543
〇五五、請以徐景星補放馬隊守備摺 546

○五六、奏報本年三月雨水糧價情形摺 546
○五七、呈新省各屬本年三月糧價清單 547
○五八、查明新疆記名武職各員情形摺 551
○五九、呈查明新疆記名武職人員清單 552
○六○、奏報省城開設商務總局緣由摺 553
○六一、請將韓望高等革職驅逐緣由片 554
○六二、飭令知縣魯鼎緒即赴新任片 555

下篇　外交函牘及電報

一、外交函牘 559
○○一、［附］外務部來函 560
○○二、［附］外務部來函 561
○○三、致外務部函 561
○○四、致外務部函 563
○○五、致外務部函 563
○○六、致外務部函 565
○○七、致外務部函 565
○○八、致外務部函 566
○○九、致外務部函 568
○一○、致外務部函 570
○一一、附外務部來函 570
○一二、致外務部函 571
○一三、致外務部函 571
○一四、致外務部函 572
○一五、致外務部函 572
○一六、致外務部函 573
○一七、致外務部函 573

〇一八、致外務部函 575
〇一九、致外務部函 577
〇二〇、附外務部來電函 578
〇二一、致外務部電函 578
〇二二、致外務部函 578
〇二三、致外務部函 579
〇二四、致外務部函 579
〇二五、致外務部函 580
〇二六、致外務部函 581
〇二七、致外務部函 582
〇二八、致外務部函 583
〇二九、致外務部函 583
〇三〇、致外務部電函 584
〇三一、致外務部函 584
〇三二、致外務部函 585
〇三三、致外務部函 585
〇三四、附外務部來函 587

二、電 報 589
〇〇一、[附]軍機處來電 590
〇〇二、致軍機處轉外務部電 590
〇〇三、致軍機處電 591
〇〇四、致軍機處電 592
〇〇五、致軍機處轉外務部電 592
〇〇六、致軍機處轉外務部電 593
〇〇七、致軍機處電 593
〇〇八、[附]漢口寶慶公所魏霖澍來電 594
〇〇九、[附]端方來電 594
〇一〇、致軍機處電 594
〇一一、致軍機處電 595

〇一二、致軍機處電 595
〇一三、致軍機處電 596
〇一四、致軍機處電 596
〇一五、致軍機處電 598
〇一六、致軍機處電 598
〇一七、致軍機處轉外務部電 599
〇一八、［附］端方來電 599
〇一九、［附］漢口寶慶公所霖澍來電 600
〇二〇、［附］端方來電 600
〇二一、［附］端方來電 600
〇二二、［附］端方來電 601
〇二三、［附］軍機處來電 601
〇二四、［附］軍機處來電 601
〇二五、［附］軍機處來電 602
〇二六、［附］軍機處來電 602
〇二七、［附］端方來電 602
〇二八、［附］端方來電 603
〇二九、［附］軍機處來電 603
〇三〇、［附］端方來電 603
〇三一、［附］軍機處來電 604
〇三二、［附］端方來電 604
〇三三、［附］軍機處來電 605
〇三四、［附］端方來電 605
〇三五、［附］軍機處來電 605
〇三六、［附］軍機處來電 606
〇三七、［附］軍機處來電 606
〇三八、［附］軍機處來電 606
〇三九、［附］軍機處來電 607
〇四〇、［附］軍機處來電 607

附 録

一、潘效蘇被保之案......611
○○一、甘督左宗棠委令潘效蘇等署知州片......612
○○二、甘督左宗棠奏請潘效蘇補同知摺......612
○○三、甘督譚鍾麟請以潘效蘇調補知州摺......614
○○四、新撫劉錦棠奏委潘效蘇等署知州片......615
○○五、新撫劉錦棠請以潘效蘇補知州摺......615
○○六、新撫劉錦棠奏委潘效蘇署伊犁知府片......617
○○七、護新撫魏光燾奏請潘效蘇升知府摺......617
○○八、護新撫魏光燾保舉潘效蘇等員片......618
○○九、新撫陶模奏飭潘效蘇迅赴本任片......619
○一○、新撫陶模奏飭潘效蘇辦理務營片......620
○一一、甘督陶模請將潘效蘇開去本缺摺......620
○一二、甘督陶模請將潘效蘇等記名簡放片......621
○一三、新撫饒應祺奏飭潘效蘇即赴本任片......622
○一四、額爾慶額保薦鎮迪道潘效蘇等員摺......622
○一五、新撫饒應祺奏委潘效蘇等暫署員缺片......624
○一六、陝撫魏光燾請將潘效蘇等量才録用摺......624
○一七、新撫饒應祺奏委潘效蘇等署藩司員缺片......626
○一八、甘督魏光燾奏調潘效蘇等入關差委片......627
○一九、甘督魏光燾奏報潘效蘇赴甘署理藩篆片......627
○二○、甘督魏光燾奏聞潘效蘇署理甘肅藩篆片......628
○二一、護甘督李廷簫奏委潘效蘇總理營務片......628
○二二、何福堃奏聞潘效蘇與趙謙係姻親摺......629
○二三、甘督崧蕃奏委潘效蘇等會辦營務片......630
○二四、科辦事大臣錫恒請飭將洋槍撥用片......630

二、潘效蘇被參之案 631
〇〇一、甘督升允奏報新疆各員侵挪冒銷摺 632
〇〇二、吴引孫請將追繳潘效蘇等侵款留新摺 633
〇〇三、直隸總督袁世凱請免潘效蘇發遣摺 634
〇〇四、新撫聯魁報聞提用潘效蘇等侵挪各款片 636
〇〇五、將軍長庚奏提潘效蘇等繳銀片 636
〇〇六、軍臺廢員潘效蘇等可否釋回摺 637
〇〇七、奕劻等呈廢員釋回或留臺清單 640
〇〇八、奕劻呈催緝及應催拏各廢員清單 643
〇〇九、尚書誠勳等請將潘效蘇等釋回摺 650

參考文獻 652
後　記 656

上篇　奏議

光緒二十三—二十七年

（1897—1901 年）

〇〇一、奏報接篆任事日期并謝恩摺
光緒二十三年二月十三日（1897年3月15日）

二品顶戴新授甘肅新疆鎮迪道兼按察使銜西林巴圖魯臣潘效蘇跪奏，爲恭報微臣接受鎮迪道兼按察使銜篆務日期，叩謝天恩，仰祈聖鑒事。

竊臣於光緒二十三年二月初九日行抵新疆省城，奉撫臣饒應祺[①]札飭：准吏部咨：光緒二十二年十月初八日，内閣鈔出初六日奉上諭：潘效蘇著補授鎮迪道兼按察使銜等因。欽此。該道現已到省，應即飭赴新任等因。旋准署理鎮迪道兼按察使銜正任伊塔道英林[②]將關防、文卷移交前來。臣當即恭設香案，望闕叩頭謝恩，即於二十二日接篆任事訖。

伏念臣衡湘下士，關隴從戎，民社屢膺，薦綰郡符於塞外；回氛告警，頻聞軍檄於湟中。前歲督臣帶隊入關，派臣辦理營務，韜鈐鮮學，愧未悉乎兵機；指授親承，幸式遏乎寇虐。荷剡章之垂列，榮晉頭銜；叨勇號以特褒，實深汗顔！兹復分巡擢授，秉臬兼司，渥被鴻施，莫名黿戴！

查新疆地居邊徼，監司職掌刑名，察吏觀風，正己方可率屬；詰奸禁暴，除莠乃可安良。檮昧如臣，深虞未逮。惟有慎勤自矢，隨時隨事，禀承撫臣，實心

① 饒應祺（1837—1903），字子維，號春山，湖北恩施人。幼穎悟好學，試作渾天儀，旋轉合度；入縣學，中秀才，選貢生，咸豐九年（1859），由候補訓導薦爲國子監學正。同治元年（1862），中式舉人，充刑部江西司行走，授知縣。旋以丁父憂回鄉守制，後入湖廣總督李鴻章幕僚。同治六年（1867），赴甘陝總督左宗棠軍中供職，隨克金積堡、巴燕戎格等地，以軍功擢知府。光緒三年（1877），任同州（今陝西大荔）知府，興修水利。四年（1878），加鹽運使銜。十年（1884），授甘肅甘州（今甘肅張掖）知府，設紡織局、孤嫠所，捐廉俸購紡織機，州民穿用有餘。十一年（1885），升補蘭州道，署按察使銜。十五年（1889），調補新疆喀什噶爾道，後改鎮迪道，仍兼按察使銜。十七年（1891），署新疆藩司。十九年（1893），實授甘肅新疆布政使。二十一年（1895），署甘肅新疆巡撫。二十二年（1896），擢新疆巡撫。二十八年（1902），調補安徽巡撫。二十九年（1903），行抵哈密，因病出缺。有《饒應祺文獻集成》存世。

② 英林（1847—1903），鑲黄旗滿洲二甲喇本世管佐領下人，二品蔭生。同治六年（1867），捐納同知，分發山西，旋投效軍營。七年（1868），賞戴花翎。八年（1869），丁父憂。十年（1871），經穆圖善奏留差遣。同年，保知府。十一年（1872），服滿起複。十二年（1873），告假回旗當差。十三年（1874），左宗棠奏留甘肅差委。光緒三年（1877），保參領。四年（1878），保副都統，經部駁回，改加二品銜。五年（1879），保道員，賞清字勇號。同年，丁祖母憂，經左宗棠奏請留營差委。七年（1881），以功加二品頂戴，并賞二品封典。九年（1883），委署鎮迪道篆。十一年（1885），兼理新疆按察使。十四年（1888），委署伊塔道篆。十七年（1891），補授伊塔道員缺。二十一年（1895），調署鎮迪道。二十五年（1899），調補甘肅西寧道。二十九年（1903），卒於任。

經理，以冀仰答高厚隆恩於萬一！

所有微臣感激下忱并接篆任事日期，謹繕摺叩謝天恩。伏乞皇上聖鑒。謹奏。二月十三日。

光緒二十三年四月二十七日，奉硃批：知道了。欽此。[①]

○○二、奏報接署新疆藩篆謝恩摺

光緒二十四年十月二十八日（1898年12月11日）

二品頂戴署甘肅新疆布政使鎮迪道兼按察使銜西林巴圖魯臣潘效蘇跪奏，爲恭報微臣接署藩篆日期，叩謝天恩，仰祈聖鑒事。

竊臣奉新疆巡撫饒應祺札飭：現奉電鈔：新疆布政使丁振鐸[②]升授雲南巡撫。所遺布政使篆務，委臣署理。光緒二十四年十月二十四日，准升任布政使臣丁振鐸委員移交印信、文卷前來。臣當即恭設香案，望闕叩頭謝恩，祗領任事訖。

伏念臣湘中下士，塞裹備員，溯自逐隊戎旃，歷浙閩以訖秦隴；策名任版，由牧令而至監司。秉臬兼叨，愧未能明刑弼教；通商并嶸，更難言懷遠招攜。茲復忝攝藩條，彌兢菲植。新省地居邊徼，藩司職掌度支，户籍無多，冀以興屯而裕餉；官箴待飭，尤須察吏以安民。檮昧如臣，深虞未逮，惟有隨時隨事稟承撫臣，實心經理，不敢以暫時攝篆稍涉因循，冀仰答高厚鴻慈於萬一！

所有微臣感激下忱，叩謝天恩，并恭報接署藩篆日期，謹繕摺具奏。伏乞皇

---

① 臺北“故宫博物院”藏：《軍機及宫中檔》，文獻編號：138973。

② 丁振鐸（1846—1914），字聲伯、循卿，號巡卿，筆名振鐸，河南省汝寧府羅山縣人。咸豐九年（1859），中舉人。同治十年（1871），中式進士，改庶吉士。十三年（1874），授翰林院編修。光緒三年（1877），充會試同考官。次年，任國史館纂修官、武英殿功臣館纂修官。七年（1881），升國史館總纂官。九年（1883），調浙江道監察御史，旋掌雲南道監察御史。十年（1884），改巡視東城事務御史。同年，兼署協理京畿道御史。十一年（1885），授廣西副考官。十三年（1887），補陝西道監察御史。十四年（1888），放甘肅鞏昌府知府。十九年（1893），升調甘肅新疆鎮迪道兼按察使銜。二十二年（1896），遷甘肅新疆布政使。二十四年（1898），升授雲南巡撫。二十五年（1899），兼署雲貴總督。二十七年（1901），調補廣西巡撫。二十八年（1902），調補山西巡撫，旋署雲貴總督。三十年（1904），補授雲貴總督。三十二年（1906），調補閩浙總督，協辦資政院事宜。三十四年（1908），授禁烟大臣。宣統三年（1911），拜弼德院顧問大臣。民國三年（1914），任參政院參政、審計院院長，兼大總統高級顧問。是年，卒於任。

太后、皇上聖鑒。謹奏。十月二十八日。

光緒二十四年十二月十九日，奉硃批：知道了。欽此。[①]

○○三、奏報卸署新疆藩篆仍回本任摺

光緒二十五年三月初七日（1899年4月16日）

二品頂戴署甘肅新疆布政使鎮迪道兼按察使銜西林巴圖魯臣潘效蘇跪奏，爲恭報微臣卸署藩篆、仍回鎮迪道兼按察使銜本任日期，叩謝天恩，仰祈聖鑒事。

竊臣於光緒二十五年三月初三日奉甘肅新疆撫臣饒應祺飭知：新授布政使趙爾巽[②]到新，應即飭赴新任。署布政使鎮迪道兼按察使銜潘效蘇應飭交卸，仍回本任等因。旋於初四日准護理鎮迪道兼按察使銜迪化府知府朱冕榮[③]將印信、文卷齎送前來。謹即恭設香案，望闕叩頭，祗領任事訖。

伏念臣湖湘下士，軍旅麤才，由關隴而出守邊庭，愧乏涓埃之未報；自牧令而薦升今職，屢邀遷擢之恩。暫攝藩條，深慚蚊負，仍陳臬事，倍懔鵜濡！

---

① 中國第一歷史檔案館藏：《軍機録副》，檔號：03-5368-101。

② 趙爾巽（1844—1927），字公鑲，號次珊、旡補、無補、無補老人，盛京奉天府鐵嶺人。同治六年（1867），以監生中順天鄉試舉人。十三年（1874），中式進士，改庶吉士。光緒二年（1876），授翰林院編修。五年（1879），充湖北鄉試副考官。九年（1883），補福建道監察御史。次年，充鑲白旗官學管學官，調廣東道監察御史。十一年（1885），放貴州貴陽府石阡府知府。十九年（1893），升貴東道。二十年（1894），調補安徽按察使。二十四年（1898），補陝西按察使，遷甘肅新疆布政使。二十五年（1899），丁憂回籍終制。二十八年（1902），調補山西布政使，署山西巡撫。同年，遷湖南巡撫、湖廣總督。三十年（1904），擢户部尚書。三十一年（1905），授盛京將軍，兼管盛京五部事務。三十三年（1907），補授四川總督。宣統元年（1909），兼署成都將軍。三年（1911），任欽差大臣東三省總督，兼管東三省將軍事。民國元年（1912），任奉天省都督、保安會會長。三年（1914），任清史館總裁、清史館館長、參政院參政。六年（1917），任弼德院顧問大臣。十四年（1925），任善後會議會員、臨時參政院議長。十六年（1927），病逝。著有《無補老人哀挽録》、《刑案新編》等，主纂《清史稿》。

③ 朱冕榮（1846—？），湖南長沙縣人，同治十二年（1873），由優廩生考選拔貢。十三年（1874），朝考一等第六名，保和殿覆試一等第二名，經禮部帶領引見，以七品小京官分部用，籤分兵部車駕司。同年，到部學習行走。光緒元年（1875），請假回籍措資。同年，丁生母憂，接丁生父憂，經前陝甘總督臣左宗棠調營差遣。五年（1879），服闋起復。七年（1881），保同知，戴花翎，署哈密通判篆務。九年（1883），交卸回營當差。十年（1884），保知府。十八年（1892），署庫車直隸廳同知。二十二年（1896），補授迪化府知府。二十四年（1898），護理鎮迪道兼按察使銜。二十七年（1901），署理喀什噶爾道。二十九年（1903），保升道員。

值此時局多艱，回氛甫静，舉凡察吏明刑以及辦理交涉，在在均關緊要，如臣檮昧，深懼弗勝，惟有益矢慎勤，隨時稟商撫臣，悉心經理，以期仰答高厚鴻慈於萬一！

所有微臣卸署藩篆仍回本任日期，并感激下忱，謹恭摺叩謝天恩。伏乞皇太后、皇上聖鑒。謹奏。三月初七日。

光緒二十五年四月二十七日，奉硃批：知道了。欽此。①

○○四、奏爲接署新疆藩篆謝恩摺

光緒二十五年九月初一日（1899年10月5日）

二品頂戴署甘肅新疆布政使鎮迪道兼按察使銜西林巴圖魯臣潘效蘇跪奏，爲恭報微臣接署藩篆日期，叩謝天恩，仰祈聖鑒事。

竊於光緒二十五年八月二十六日奉撫臣饒應祺行知，甘肅新疆布政使趙爾巽丁憂遺缺，委臣署理。二十七日，准前布政使趙爾巽將印信、文卷等件移交前來。當即恭設香案，望闕叩頭，祗領任事。伏念臣湖湘下士，知識毫無，以軍旅之粗才，荷聖恩之稠叠；回氛幸掃，不數月而簡任監司；臬事兼陳，甫逾年而晉權屏翰。兹復濫膺寵命，再攝藩條。查新疆爲邊徼要區，藩司係錢糧總匯，值此餉源支絀，時局艱難，行政、理財，在在均關緊要，臣惟有益矢勤慎，遇事稟商督、撫臣，悉心經理，斷不敢以暫時攝篆稍涉因循，冀答高厚鴻慈於萬一！

所有微臣接署藩篆日期并感激下忱，謹恭摺叩謝天恩。伏乞皇太后、皇上聖鑒。謹奏。九月初一日。

光緒二十五年十一月十六日，奉硃批：知道了。欽此。②

---

① 中國第一歷史檔案館藏：《軍機録副》，檔號：03-5374-114。

② 中國第一歷史檔案館藏：《軍機録副》，檔號：03-5382-083。

○○五、奏報卸署藩篆仍回本任日期摺

光緒二十六年五月初二日（1900 年 5 月 29 日）

二品頂戴卸署甘肅新疆布政使鎮迪道兼按察使銜臣潘效蘇跪奏，爲恭報微臣卸署藩篆仍回鎮迪道兼按察使銜本任日期，叩謝天恩，仰祈聖鑒事。

竊臣於光緒二十六年三月二十九日奉甘肅新疆撫臣饒應祺飭知：新授布政使文光[①]到新，應急飭赴新任。署布政使鎮迪道兼按察使銜潘效蘇應飭交卸，仍回本任等因。五月初一日，准署鎮迪道兼按察使銜李滋森[②]將印信、文卷移送前來。謹即恭設香案，望闕叩頭，祇領任事訖。伏念臣湖湘下士，軍旅𪊲材，由關隴而出守邊庭，愧乏涓埃之報；以監司而再權藩篆，幸無隕越之虞。兹復仰荷隆恩，仍兼臬事，輕率就熟，敢云有志；綆短汲深，終覺撫膺滋懼。惟有隨時隨事矢慎矢勤，一切禀商督、撫臣，妥爲經理，以期仰答高厚鴻慈於萬一！

所有微臣回任日期及感激下忱，謹恭摺叩謝天恩。伏乞皇太后、皇上聖鑒。謹奏。五月初二日。

光緒二十六年六月十八日，奉硃批：知道了。欽此。[③]

---

① 文光（1843—？），字鏡堂，滿洲鑲藍旗人。咸豐九年（1859），中舉。同治元年（1862），選國子監助教。十年（1871），中式進士，充工部行走。光緒元年（1875），補工部主事。同年，授總理各國事務衙門章京。四年（1878），選工部員外郎。同年，升工部郎中。五年（1879），加鹽運使銜。九年（1883），放陝西潼商道。十四年（1888），署陝西按察使、陝西布政使。同年，充陝西武闈鄉試監臨主考。十八年（1892），遷四川按察使。十九年（1893），署四川布政使。二十四年（1898），護理四川總督。二十五年（1899），調補湖南按察使。同年，擢甘肅新疆布政使。

② 李滋森（1842—？），湖北興國（今湖北省陽新縣）人。同治九年（1870），投效甘肅軍營。十一年（1872），報捐監生，加捐縣丞，分發四川試用，十二年（1873），升知縣，戴藍翎。十三年（1874），加同知銜，换花翎，隨隊出關。光緒二年（1876），署昌吉縣知縣。四年（1878），保知州，晉知府銜。五年（1879），保升知府，加鹽運使銜。六年（1880），升道員。十一年（1885），加二品頂戴，并封二品封典。十六年（1890），留新候補。二十一年（1895），署新疆伊塔道。二十四年（1898），署阿克蘇道。二十五年（1899），署甘肅新疆鎮迪道兼按察使銜。二十七年（1901），補甘肅新疆鎮迪道兼按察使銜。二十八年（1902），兼署甘肅新疆布政使。三十一年（1905），被參革職治罪，發軍臺效力。宣統元年（1909），獲釋。

③ 中國第一歷史檔案館藏：《軍機録副》，檔號：03-5390-036。

○○六、奏報接署藩篆日期謝恩摺
光緒二十六年十月二十八日（1900年12月19日）

二品頂戴署甘肅布政使新疆鎮迪道兼按察使銜臣潘效蘇跪奏，爲恭報微臣接署藩篆日期，叩謝天恩，仰祈聖鑒事。

竊臣於甘肅新疆鎮迪道兼按察使銜任内，經督臣魏光燾奏調入關。接奉行知：署理甘肅布政使按察使銜何福堃[①]，欽奉懿旨暫護陝甘總督篆務。所遺藩司篆務，奏委臣署理。旋於十月二十七日准署布政使何福堃委員將印信、文卷移送前來。當即恭設香案，望闕叩頭，祇領任事訖。伏念臣湖湘下士，軍旅巖材，奉職卅年，歷秦隴而多經宦轍；分巡遠塞，兼臬事而兩攝新藩。接星檄以遙征，又旬宣之暫寄，自慚檮昧，益切冰兢！

查甘肅地屬邊荒，藩司任尤繁重。貧瘠全資鄰協，則理財未易開源；凋殘且值亂餘，正得人方能策治。行在密邇，時會艱難，雖幸稍悉夫邊情，仍懼貽譏於覆餗，惟有殫竭血誠，諸事稟承護撫督臣，認真辦理，不敢以暫時攝篆稍涉因循，以期仰答高厚鴻慈於萬一！所有微臣接署藩篆日期并感激下忱，理合恭摺叩謝天恩。伏乞皇太后、皇上聖鑒。謹奏。十月二十八日。

光緒二十六年十一月初八日，奉硃批：知道了。欽此。[②]

○○七、奏報交卸藩篆仍赴本任日期摺
光緒二十七年正月初二日（1901年2月20日）

二品頂戴署甘肅布政使新疆鎮迪道兼按察使銜臣潘效蘇、甘肅按察使臣何福堃跪奏，爲恭報護督臣因病出缺日期，并代遞遺摺，謹會銜具陳，恭摺仰祈

---

① 何福堃，字受軒，山西靈石人，生卒年未詳。光緒三年（1877），中式進士，改庶吉士，授編修，光緒十八年（1892），補甘肅安肅道。二十四年（1998），遷甘肅臬司。二十六年（1900），署甘肅藩司。二十七年（1901），護理陝甘總督。有《午陰清舍詩草》梓行。

② 中國第一歷史檔案館藏：《軍機録副》，檔號：03-5393-037。

聖鑒事。

竊查護理陝甘總督甘肅布政使臣李廷簫①，於光緒二十七年正月初一日因病出缺，臣等當將陝甘總督兼管甘肅巡撫銀關防一顆敬謹封存藩庫。督署應辦緊要公事，暫由臣效蘇代拆代行，蓋用甘肅藩司印信，以昭慎重。

謹查故護督臣李廷簫係湖北黄安縣人，咸豐三年由户部主事起家，歷官京外四十餘年，其激昂忠勇之氣與馳驅圖報之心，早在聖明洞鑒。二十六年十一月到甘接護督篆以來，居官治事，一出至誠，期於事歸實濟，力黜浮華。平日接見屬僚，嘗言時方多難，我輩受國厚恩，務期事事脚踏實地，俾挽頹俗，稍濟艱危。雖年已七十，氣體尚健。年底偶感風寒，猶復力疾从公，未嘗稍耽安逸。不意因寒帶發痰證，遂至不起，臨危又諵諵以乘輿播遷深恩未报爲念，并無一語及私。據其三子分省通判李年慶面呈遺摺一扣，囑臣等代遞。出缺之日，寅僚悼惜同深。尤可憫者，服官數十年，依然寒素。身後一切，臣等自當竭力妥爲照料。惟總督節制三省，邊防緊要，仰懇天恩飭催調任督臣崧蕃②速赴本任，并甘肅布政使員缺迅賜簡放，俾重職守而專責成。

所有會報護督臣因病出缺并代遞遺摺各緣由，謹聯銜恭摺具陳。伏乞皇太后、皇上聖鑒訓示。謹奏。正月初二日。

---

① 李廷簫（1831—1901），湖北黄安縣（今湖北紅安）人。咸豐三年（1853），中式進士，簽分户部，旋因在籍辦團出力，保户部主事，加員外郎銜，并賞戴藍翎。期滿奏留，傳補軍機章京，補授山西司主事。同治元年（1862），丁憂回籍，因帶勇出力，保换花翎。二年（1863），赴湖廣總督官文軍營差遣。服滿起複，補陝西司主事。旋保升江西司員外郎；嗣以剿捻功保加道銜，記名以御史用。十一年（1872），保知府，晉鹽運使銜，并以道員在任候補，旋補雲南司郎中。十三年（1874），署内閣侍讀學士。光緒元年（1875），補授陝西道監察御史，因校勘“方略”出力，保俟得道員缺後加二品銜，并隨帶二級。四年（1878），補授開封府知府，奏補歸德府知府。九年（1883），調補開封府知府。十二年（1886），升糧儲鹽法道。十三年（1887），調補江蘇江寧府知府。二十年（1894），署理江蘇江南鹽巡道。二十二年（1896），調補安徽安廬滁道。二十四年（1898），署理安徽布政使。同年，調補山西按察使。二十五年（1899），署理山西布政使，護理山西巡撫。二十六年（1900），補授甘肅布政使，護理陝甘總督。二十七年（1901），因病出缺。

② 崧蕃（1837—1905），字錫侯，滿洲鑲藍旗人，廩生。咸豐五年（1855），中式乙卯科舉人。同治四年（1865），捐吏部候補員外郎。十年（1871），任吏部驗封司員外郎。十三年（1874），兼内務府銀庫員外郎。光緒四年（1878），補吏部考功司郎中。五年（1879），簡放四川鹽茶道。六年（1880），署四川按察使。十一年（1885），調補湖南按察使。十二年（1886），遷四川布政使。十七年（1891），擢貴州巡撫。二十年（1894），署理雲貴總督兼雲南巡撫。二十一年（1895），實授雲貴總督，兼署雲南巡撫。二十六年（1900），補授陝甘總督。三十一年（1905），調補閩浙總督，未及赴任，卒。追贈太子少保。有《貴州巡撫奏稿存簿》存世。

光緒二十七年正月初九日，奉硃批：知道了。欽此。[①]

【案】光緒二十六年十二月三十日，護理陝甘總督甘肅布政使李廷簫以病勢垂危，時日無多，力疾具摺曰：

護理陝甘總督甘肅布政使臣李廷簫跪奏，爲微臣奉職無狀，病勢垂危，未效涓埃，撫膺增痛，力疾恭摺叩謝天恩，兼陳感悚下忱，仰祈聖鑒事。

竊臣一介寒儒，歷受三朝恩遇。咸豐三年，以主事供職農曹。同治間，歷轉員外郎、郎中。光緒四年，以御史改授外任，歷府、道、兩司，垂五十年。今歲由山西布政使奉旨兼護山西巡撫篆務。維時，津沽不靖，恭逢鑾輿西狩，駐蹕太原，適值地方荒歉，庫藏空虚，臣承辦供應，深慚簡褻，未能如儀。乃聖恩高厚，體恤周至，不但不加譴責，并荷殊恩，旋調甘肅布政使，遵即交卸撫篆，趨叩行在，仰見天顏，渥蒙逾格優容，兼護陝甘總督。

臣到任後，查核甘肅吏事、兵事、餉事及邊防大要，多係故大學士臣左宗棠手創規模，至今守之。視事月餘，幸免貽誤，方冀近叨福庇。調任陝甘督臣崧蕃到任後，臣回藩司本任，再將錢穀、事件切實清厘，詎封印後偶感風寒，精神尚克支持。及至臘底，因寒觸發痰證，陡然增劇，自問萬難全愈。惟念早歲傺值樞垣庚申之變，親侍先皇帝駕幸熱河，艱苦萬狀。今桑榆景迫，又目擊乘輿播遷，自憾無才蕩滌塵氛，稍酬恩遇。且復不能延此殘喘，再叩闕廷，親聆聖訓，撫躬感痛，涕泗交頤！頃讀電諭，因中外款議甫定，追溯致亂之由，告誡臣僚，情詞剴切！此誠安危一大轉機。

抑臣更有情者，萬方之治亂視朝政，百僚之敬肆視君心。自古君臣安不忘危，治不忘乱，故能紹祖宗富有之大業，開子孫無窮之丕基。現和局雖成，而京津、保定一帶生靈塗炭，陝西饑荒，道殣相望。甘肅連年歉收，民情拮据，庫款告匱，所以善其后者，尤在聖躬萬機之餘，時懷敬慎。倘或以中外已安一念稍忽，雖天語煌煌，臣工第視爲具文，將何以轉弱爲强，培復元氣。夫一人篤恭於上，斯盈廷交儆於下。此古今不易之理也。臣長辭盛世，伏枕陳詞。伏乞皇太后、皇上聖鑒。謹奏。光緒二十六年十二月三十日。[②]

---

① 中國第一歷史檔案館藏：《軍機録副》，檔號：03-5398-122。

② 中國第一歷史檔案館藏：《軍機録副》，檔號：03-5396-129。

○○八、奏爲補授甘肅臬司謝恩摺
光緒二十七年正月十二日（1901年3月2日）

二品頂戴新授甘肅按察使署布政使臣潘效蘇跪奏，爲叩謝天恩，兼陳感悚下忱，籲懇陛見，恭摺仰祈聖鑒事。

竊臣奉護督臣何福堃行知：承准吏部電傳：光緒二十七年正月初三日奉上諭：甘肅布政使著何福堃補授，暫行護理陝甘總督；潘效蘇著補授甘肅按察使。欽此。欽遵轉行知照到臣。跪聆之餘，莫名感悚！當即恭設香案，望闕叩頭謝恩。

伏念臣籍隸湖湘，歷官邊塞，自咸豐年間隨故大學士左宗棠[①]起師湘中，由江、皖而閩、浙而燕、齊、秦、隴，馳驅戎馬垂三十年，愧才智之粗疏，毫無補益；荷聖恩之優渥，寵畀監司。且奉調進關以來，復署藩司，兼總營務，當時局艱難之會，值庫儲匱乏之時，任重才輇，時虞隕越。兹復渥承簡命，陳臬蘭州，報稱彌艱，撫衷滋慚！

查甘肅爲邊徼要衝，臬司爲刑名總匯，回漢之積嫌未泯，訟獄因貴持平；中外之款議初成，吏治尤須整頓。自維譾陋，時懍冰淵。瞻望闕廷，倍殷繫念！惟有籲懇交卸藩司，趨赴行在，展覲天顔，庶聖訓之親承，俾遵循之有自。

所有微臣感激下忱、籲懇陛見緣由，謹恭摺具陳。伏乞皇太后、皇上聖鑒訓示。謹奏。正月十二日。

光緒二十七年正月二十三日，奉硃批：毋庸來見。欽此。[②]

---

① 左宗棠（1812—1885），字季高，一字樸存，號湘上農人。道光十二年（1832），中式舉人。十七年（1837），任教於湖南醴陵淥江書院。咸豐元年（1851），入湘撫張亮基、駱秉章幕。咸豐六年（1856），補兵部郎中。十一年（1861），升太常寺卿。同治元年（1862），擢浙江巡撫，次年，授閩浙總督。三年（1864），加太子少保，封一等恪靖伯。五年（1866），創辦福州馬尾船廠、求是堂藝局。同年，創蘭州製造局。六年（1867），補授陝甘總督、欽差大臣督辦新疆軍務。次年，晉太子太保。九年（1870），賞騎都尉。十二年（1873），拜協辦大學士，加一等輕車都尉。次年，授東閣大學士。光緒元年（1875），授欽差大臣陝甘總督督辦新疆軍務。四年（1878），晉二等恪靖侯。七年（1881），授軍機大臣，管理兵部事務，旋改授兩江總督。十年（1884），以軍機大臣管理神機營事務。是年，改任欽差大臣，督辦閩海軍務。十一年（1885），卒於福州，追贈太傅。謚文襄。有《左文襄公全集》等行世。

② 中國第一歷史檔案館藏：《軍機録副》，檔號：03-5399-097。

○○九、奏報交卸藩篆仍赴本任日期摺

光緒二十七年三月初一日（1901年4月19日）

二品頂戴甘肅按察使臣潘效蘇跪奏，爲恭報微臣交卸藩篆赴臬司本任，恭摺叩謝天恩，仰祈聖鑒事。

竊臣前在藩司任内奉旨補授甘肅按察使，當將感激下忱具摺奏報在案。兹於光緒二十七年二月二十八日奉督臣崧蕃行知：交卸藩司，即赴臬司新任等因。遵將甘肅布政使印信、卷宗等件移交新任藩司何福堃接收，臣即於是日接受臬司篆務，恭設香案，望闕叩頭謝恩，祗領任事。

伏念臣湖湘下士，軍旅矗材，由牧令而郡守重躋，自監司而藩條三攝。兹復渥承簡命，陳臬蘭州，圖報愈難，撫衷滋懼。况時勢艱難之際，又地方凋敝之餘，聯保甲以靖盜源，清庶獄以恤民命，在在均關緊要。如臣檮昧，深懼弗勝，計惟殫竭血誠，力矢勤慎，遇事稟商督臣，認真經理，以冀仰答高厚鴻慈於萬一！

所有微臣接受臬篆日期，理合恭摺具陳。伏乞皇太后、皇上聖鑒訓示。謹奏。三月初一日。

光緒二十七年三月十二日，奉硃批：知道了。欽此。[①]

○一○、奏爲補授甘肅新疆藩司謝恩摺

光緒二十七年十二月十七日（1902年1月26日）

新授甘肅新疆布政使甘肅按察使西林巴圖魯臣潘效蘇跪奏，爲叩謝天恩，兼陳感悚下忱，恭摺仰祈聖鑒事。

竊臣恭閲電傳，光緒二十七年十二月初三日，内閣奉上諭：甘肅新疆布政使著潘效蘇補授，欽此。跪聆之下，莫名欽感！遵即恭設香案，望闕叩頭謝恩。伏

① 中國第一歷史檔案館藏：《軍機録副》，檔號：03-5402-106。

念臣才不逾中，學未聞道，起家軍旅，實韜略之未嫻；歷任監司，愧涓埃之莫效。兹復渥邀聖眷，簡授新藩，膺重要之權，自知不稱；際艱難之會，安敢固辭。受命以還，撫躬滋懼！

查新疆地居邊徼，藩司職掌度支，計賦税之盈虚，曾司出納；念蒙回之龐雜，尤賴撫綏。深慚乏術以安邊，敢謂駕輕而就熟！惟策駑駘而自奮，勉效馳驅；遥瞻殿陛以輸納，冀伸揚拜！况臣從軍萬里，游宦卅年，圖殷戀闕之心，未遂朝天之願。今者年逾六十，桑榆迫而益慕君親；神繫九重，葵藿傾而倍忻舞蹈！俟交卸甘肅臬篆，即當迎旨北上，展覲龍顔，俾聖訓之親承，庶遵循之有自。

所有微臣感激下忱、籲懇陛見緣由，理合恭摺具奏。伏乞皇太后、皇上聖鑒訓示。謹奏。十二月十七日。

光緒二十八年正月十九日，奉硃批：著來見。欽此。[1]

① 中國第一歷史檔案館藏：《軍機録副》，檔號：03-5411-116。

光緒二十八年

（1902 年）

○○一、奏爲薦舉賢員以備任使摺

光緒二十八年四月十八日（1902年5月25日）

甘肅新疆布政使西林巴圖魯臣潘效蘇跪奏，爲敬舉賢員以備任使，恭摺仰祈聖鑒事。

竊臣於三月十九日蒙恩召見，跪聆聖訓周詳，并蒙皇太后諭以時事艱難，人才難得，仰見朝廷求賢若渴之至意，欽佩莫名！臣自弱冠效力行間，其共事文武各員有經猷素裕、堪爲濟變之材，勇略過人、足任干城之寄者，三十年來，留心考察，共得文職五員、武職三員，經臣綜核生平，見聞皆確。

今日陛辭在即，伏念時艱，恭繹慈諭，不敢不敬舉所知，謹開列各該員銜名，注明實在事迹，另繕清單，恭呈御覽。倘荷量才録用，於時局當有裨益。理合專摺具陳，伏乞皇太后、皇上聖鑒。謹奏。光緒二十八年四月十八日。①

光緒二十八年四月十八日，奉硃批。欽此。②

○○二、呈保舉文武各員切實考語清單

光緒二十八年四月十八日（1902年5月25日）

謹將堪膺保薦文武八員出具切實考語開單，恭呈御覽。

選用道前四川龍安府知府蔣德鈞。該員係前陝西布政使蔣凝學③之孫，才識優長，通達時務。前在龍安府任内，於地方事宜措施悉當，尤長於治盗，政績卓

① 中國第一歷史檔案館藏：《軍機録副》，檔號：03-5416-075。

② 此硃批日期據《軍機處隨手登記檔》（檔案編號：03-0312-2-1228-103）校補。

③ 蔣凝學（1810—1878），字純之、先民，號之純，湖南湘鄉縣人，監生。初在籍治鄉團。咸豐五年（1855），從羅澤南克武昌，奬國子監典簿。六年（1856），加同知銜。七年（1857），升知府銜。八年（1858），升知府，戴花翎。擢道員。十年（1860），升鹽運使銜。十一年（1861），晉布政使銜，補甘肅安肅道。同治二年（1863），以救援不力，褫布政使銜。三年（1864），復布政使銜。五年（1866），署蘭州道。八年（1869），署甘肅按察使。九年（1870），復署蘭州道。同年，補授山西按察使。十二年（1873），署山西布政使。光緒元年（1875），擢陝西布政使。四年（1878），以病解官，未行而卒。贈内閣學士。

著，曾經兩江總督劉坤一[①]保奏，現在湖南原籍，擬懇飭下湖南巡撫給諮送部引見，破格録用，於時局大有裨益。

補用道魏景桐[②]。該員器識宏遠，沉毅有爲，於軍事尤爲練達，現經雲貴總督魏光燾[③]調赴雲南，辦理營務、洋務，深資臂助，擬懇天恩簡授道員實缺，必爲監司中出色之員，可備異日大用。

監運使銜新疆候補知府潘震。該員才明識練，廉幹有爲，前在莎車、和闐直隸州知州任内，盡心民事，政聲卓著，籌辦邊防事宜有條不紊，堪膺道府之選，擬懇天恩簡授實缺，必能勝任。

---

① 劉坤一（1830—1902），字峴莊，湖南省新寧縣人，廩生。咸豐五年（1855），叙功以教諭即選，旋丁父艱。六年（1856），加同知銜。七年（1857），升道銜。十年（1860），晋鹽運使銜，同年，再升按察使銜。十一年（1861），補廣東按察使，加布政使銜，賞碩勇巴圖魯名號。同治元年（1862），授廣西布政使。四年（1865），擢江西巡撫。五年（1866），加頭品頂戴。六年（1867）監臨文闈鄉試，充武闈鄉試主考。九年（1870），任文闈鄉試監臨、武闈鄉試主考。十二年（1873），任文闈鄉試監臨、武闈鄉試主考。十三年（1874），授兩江總督，兼署辦理通商事務大臣。光緒元年（1875），調補兩廣總督。同年，充江南武闈鄉試主考。二年（1876），兼理粤海關監督。五年（1879），兼署廣東巡撫。是年，任廣東武闈鄉試監臨主考。同年，調兩江總督，兼充辦理通商事務大臣。十二年（1886），丁繼母憂。十六年（1890），權兩江總督，兼辦理通商事務南洋大臣。十七年（1891），任江南武闈鄉試監臨。十九年（1893），任江南武闈鄉試主試。二十年（1894），授欽差大臣，兼署江寧京口將軍，賞雙眼花翎。二十三年（1897），充江南武闈鄉試主試。二十六年（1900），加太子少保。次年，晋太子太保。二十八年（1902），卒於任。追封一等男，晋贈太傅，謚忠誠。著述有《兩淮鹽法志》、《奏議公牘》、《補過齋文集》、《補過齋詩集》、《劉坤一遺集》、《劉忠誠公奏疏》等；修《安徽通志》、《江西通志》等行世。

② 魏景桐（1850—1913），字蔭伯，湖南新化人。同治十三年（1874），補郡學生員，旋投效劉長佑軍營。光緒元年（1875），丁母憂，回籍終制。嗣入新疆藩司魏光燾幕，掌管文案。十七年（1891），補葉城縣知縣，任滿回籍。二十年（1894），偕魏光燾親臨對日作戰前綫，手中彈傷，隨赴甘肅，總理軍務。二十三年（1897），保知府，加道銜。二十七年（1901），保海關道。二十八年（1902），升臨安開廣道。三十四年（1908），遷雲南按察使，旋改廣東按察使。宣統元年（1909），擢廣西布政使。二年（1910），護理廣西巡撫。三年（1911），以病辭回籍。民國二年（1913），卒於里。著有《退園遺集》等行世。

③ 魏光燾（1837—1916），字午莊，湖南邵陽人，魏源族孫。咸豐六年（1856），投效湘軍，辦理老湘軍營務，後隨左宗棠赴陝勘亂。九年（1859），以功保從九品選用。九年（1859），保縣丞，并賞戴藍翎。十一年（1861），保知縣，加知州銜。同治二年（1863），保同知，晋運同銜，賞戴花翎。三年（1864），保知府。四年（1865），保道員，加揚勇巴圖魯勇號。五年（1866），升鹽運使銜。七年（1868），保道員改留陝西，加西林巴圖魯勇號，并賞二品頂戴。八年（1869），署甘肅平慶涇固化道。光緒二年（1876），晋按察使銜。七年（1881），升補甘肅按察使。八年（1882），署甘肅藩司。九年（1883）補授甘肅布政使。十年（1884），調補新疆布政使。十五年（1889），護理甘肅新疆巡撫。十七年（1891），開缺回籍省親。十八年（1892），開缺回籍。二十年（1894），隨幫辦軍務大臣湖南巡撫吴大澄赴遼東對日作戰，與日軍戰於海城。二十一年（1895），擢雲南巡撫，同年，調陝西巡撫。二十五年（1899），署陝甘總督，二十六年（1900），實授陝甘總督。二十七年（1901），調雲貴總督。二十八年（1902），兼署雲南巡撫。是年，調兩江總督。三十年（1904），補授閩浙總督。三十一年（1905），褫職。宣統三年（1911），補授湖廣總督，以武昌兵變，未赴任。民國五年（1916），卒於里。曾刊魏源《海國圖志》，著有《勘定新疆記》、《湖山老人自述》等存世。

甘肅中衛縣知縣王樹枏①。該員學裕才長，講求吏治，在任興修水利，盡心民事，餘力不遺，爲牧令中不可多得之員，擬懇天恩存記録用，以竟設施。

甘肅武威縣知縣張庭午。該員才識明敏，局度安詳。武威地當繁劇，該員措置裕如，民情愛戴。平日留心時務，志求上進，擬懇天恩存記録用，俾成偉器。

奏留新疆補用提督署甘肅寧夏鎮總兵借補新疆烏什協副將湯咏山。該員精明强幹，曉暢戎機，隨同前廣東提督劉松山②、前新疆巡撫劉錦棠③，征剿直隸、山東、陝甘、新疆捻、回各匪，卓著戰功，歷保今職。現在寧夏鎮總兵署任，訓練有方，講求軍實，力除防營積弊，實爲專閫中不可多得之員。

---

① 王樹枏（1851—1936），又名王樹枬，字晉卿，號陶廬，直隸新城縣（今河北高碑店）人，優貢生。光緒二年（1876），中舉。十二年（1886），中式進士，充户部廣西司行走，報捐知縣。十三年（1887），補四川青神縣知縣。十四年（1888），充四川鄉試同考官。同年，兼理眉州直隸州知州。十五年（1889），署四川彭山縣知縣。十六年（1890），署資陽縣知縣。十九年（1893），署新津縣知縣，調署富順縣知縣。二十年（1894），調補銅梁縣知縣。同年，因案革職。二十一年（1895），調兩江委辦防務洋務文案。二十三年（1897），開復原官，留甘肅補用。二十五年（1899），保直隸州知州。同年，補授中衛縣知縣。二十九年（1903），保以道員發往甘肅即補，并交軍機處存記。三十年（1904），升補甘肅平慶涇固化道。同年，署鞏秦階道。三十一年（1905），署理蘭州道。三十二年（1906），遷甘肅新疆布政使，修纂《新疆圖志》，參撰《清史稿》。民國二十二年（1933），卒。精通經史，著述宏富，内容涉及訓詁、算術、地輿等方面。

② 劉松山（1833—1870），字壽卿，湖南湘鄉人，鄉勇出身。同治元年（1862），分統老湘一軍。後從曾國藩對剿辦太平軍，歷任守備、游擊、參將。同治三年（1864），陷天京，升總兵。同治五年（1866），入陝剿捻。同治六年（1867），擢提督。同治七年（1868），從左宗棠剿辦陝甘回變。同治九年（1870），率軍攻金積堡，中炮陣亡。謚壯武。

③ 劉錦棠（1844—1894），字毅齋，湖南湘鄉人，其父親劉厚榮戰殁於岳州，以報其父仇，隨其叔父劉松山轉戰於江西、安徽、陝西等地。同治三年（1864），幫辦老湘軍營務，遵例報捐縣丞。四年（1865），以軍功賞戴藍翎，擢知縣，加同知銜，旋賞换花翎。五年（1866），以同知直隸州遇缺即選。六年（1867），奉旨以知府遇缺即選，旋以道員遇缺儘先即選，加按察使、布政使銜，加法福靈阿巴圖魯勇號。同治九年（1870），其叔父廣東陸路提督劉松山陣亡，經陝甘總督左宗棠舉薦，加三品卿銜，總統劉松山舊部。十年（1871），破金積堡，捕殺馬化龍，賞穿黄馬褂、雲騎尉世職。十三年（1874），署甘肅西寧兵備道。光緒元年（1875），升補甘肅甘涼道員，調甘肅西寧道。二年（1876），率部攻克烏魯木齊，殲滅天山北路的妥明等部，封騎都尉世職。三年（1877），攻占達坂、托克遜等城，迫使阿古柏懼罪自殺。隨後乘勝追殲阿古柏殘部，攻克庫車、拜城、喀什噶爾等地，賞雙眼花翎，以三品京堂候補。四年（1878），晋二等男爵，擢太常寺卿，授通政使司通政使。六年（1880），始幫辦新疆軍務，旋以左宗棠奉詔晋京，飭署欽差大臣督辦新疆軍務，統哈密及鎮迪道所屬文武地方官。七年（1881），擢欽差大臣督辦新疆軍務。八年（1882），收復伊犁，提出新疆建省方案。九年（1883），補授兵部右侍郎。十年（1884），清廷批准新疆建省，授首任新疆巡撫，加尚書銜，仍以欽差大臣督辦新疆事宜。擔任巡撫期間，執行左宗棠建設新疆的規劃，在修水利、獎勵農桑、改革軍事和田賦制度、修治驛道和城池等方面做出了重大貢獻。十三年（1887），署伊犁將軍。十五年（1889），回籍侍養，加太子少保銜。十六年（1890），晋太子太保。二十年（1894），晋一等男。同年，卒於里。贈太子太傅，謚襄勤。有《劉襄勤公奏稿》存世。

奏留新疆補用提督署哈密協副將借補巴里坤鎮屬古城營游擊易盛富。該員膽壯氣雄，治軍嚴肅，隨同前新疆巡撫劉錦棠征剿陝甘、新疆回匪，靡役不從，戰功卓著，歷保今職。現在哈密協副將署任，訓練巡防，均臻妥協。

奏留新疆補用提督借補撫標左營游擊訥清額巴圖魯吴首懷。該員秉性樸訥，智深勇沉，久歷戎行，身先士卒。現在新疆統領馬軍，訓練巡防，兵民和輯。

以上三員從軍最早，久經戰陣，現年均祇五十餘歲，精力尚强，可膺朝廷十數年干城之選，遇有陝甘、新疆總兵缺出，擬請天恩量加簡授，以備大用。[①]

○○三、奏爲補授甘肅新疆巡撫謝恩摺

光緒二十八年九月初十日（1902年10月11日）

新授甘肅新疆巡撫臣潘效蘇跪奏，爲叩謝天恩，恭摺仰祈聖鑒事。

竊臣行抵甘肅甘州府城，接督臣崧藩電傳：九月初五日，内閣奉上諭：饒應祺著調補安徽巡撫，甘肅新疆巡撫著潘效蘇補授等因，欽此。欽遵當即恭設香案，望闕叩頭謝恩。伏念臣籍隸衡湘，從戎邊塞，前膺州縣，愧政績之無聞；迄任監司，更涓埃之未效。頃以新疆藩司入覲天顔，渥蒙召見，跪聆温諭，欽感彌深！旋於四月十八日請訓出京，辭金闕以東行，重經鄂渚；指玉門而西邁，甫過涼州。方思計日趲程，忽拜自天寵命。凡此殊榮逾格，實非夢想所期。寅感之餘，益滋慚悚！

查新疆幅員萬里，巡撫表率群僚，雖云舊地重游，實係重權初寄，舉凡綏邊固圉，籌款練兵，以及交涉通商各重件，在在均關緊要，即事事須待籌維，必聖訓之親承，庶遵循之有自。

所有微臣感戀下忱，籲懇陛見緣由，理合恭摺具陳。伏乞皇太后、皇上圣鑒，訓示。遵行。再，臣此摺係借用甘州府知府印信拜發。合并陳明。謹奏。光緒二十八年九月初十日。

---

① 中國第一歷史檔案館藏：《録副奏單》，檔號：03-5416-076。

（硃批）：毋庸來見。[1]

光緒二十八年十月初八日，奉硃批：毋庸來見。欽此[2]。

○○四、奏報接受新疆撫篆日期摺

光緒二十八年十一月二十四日（1902年12月23日）

甘肅新疆巡撫西林巴圖魯臣潘效蘇跪奏，爲恭報微臣接受撫篆日期，恭摺叩謝天恩，仰祈聖鑒事。

竊臣前由新疆布政使入都陛見，叩聆聖訓，欽感莫名！陛辭就道，行抵甘肅甘州府城，欽奉電傳諭旨補授新疆巡撫，當即專摺謝恩，籲懇陛見，專弁齎回原摺，欽奉硃批：毋庸來見。欽此。臣即由甘州前進，於十一月二十一日馳抵新疆省城，准前任撫臣饒應祺委署迪化府知府潘震[3]、署撫標中軍參將蔡義興齎送甘肅新疆巡撫關防一顆、王命、旗牌八面桿并文案、卷宗等件前來。臣即恭設香案，望闕叩頭謝恩，祗領任事。伏念臣湖湘下士，軍旅麤材，邊塞備員，由牧令而薦膺方面；涓埃未報，捧絲綸而驟綰疆符。聞命自天，悚慚無地！

查新疆地當邊要，境接英俄。居民則種類不齊，通商則交涉煩瑣。值時局艱難之會，更財源支絀之秋，舉凡飭吏綏民，練兵節餉，變法以盡利，靖内而睦鄰，事務既屬繁多，責任實形艱鉅。如臣檮昧，深懼弗勝，計惟督率文武，共勵勤勞，遇有重大事件，隨時咨明督臣，和衷商榷，妥慎經理，冀答高厚鴻慈於萬一！

---

① 中國第一歷史檔案館藏：《硃批原件》，檔號：04-01-12-0619-014。

② 臺北“故宫博物院”藏：《軍機及宫中檔》，文獻編號：150504。

③ 潘震（1850—1926），字鹿磧，安徽當塗人，監生。光緒元年（1875），報捐典史，分發甘肅試用。二年（1876），加捐州判。六年（1880），關隴肅清案内保知縣。八年（1882），加同知銜，署理華亭縣知縣。九年（1883），補甘肅華亭縣知縣。十年（1884），保同知直隸州知州。十一年（1885），調赴新疆差遣。十二年（1886），補授新疆莎車直隸同知。十五年（1889），調補和闐直隸州知州。二十九年（1903），升補迪化府知府。三十一年（1905），兼護鎮迪道篆務。三十二年（1906）署理阿克蘇道篆。宣統元年（1909），開去迪化府知府本缺，以道員留新補用。二年（1910），署伊塔道篆。民國元年（1912），授新疆布按使，兼國税廳籌備處、計分處處長。三年（1914），出任新疆財政廳長。十五年（1926），卒。

所有微臣接受撫篆日期并感激下忱，理合恭摺叩謝天恩。伏乞皇太后、皇上聖鑒。謹奏。光緒二十八年十一月二十四日。

（硃批）：知道了。①

光緒二十九年二月十一日，奉硃批：知道了。欽此②。

○○五、奏報新省本年七月雨水糧價摺

光緒二十八年十二月十三日（1903年1月11日）

甘肅新疆巡撫西林巴圖魯臣潘效蘇跪奏，爲恭報光緒二十八年七月分糧價并將得雨情形謹繕摺具陳，仰祈聖鑒事。

竊照光緒二十八年六月分各屬糧價并得雨情形，業經前任撫臣饒應祺奏報在案。兹查接管卷内，據署新疆藩司李滋森詳稱：光緒二十八年七月分，鎮迪道屬鎮西得雨，入土五寸；奇臺得雨，入土四寸；迪化、昌吉、綏來得雨，入土二寸；庫爾喀喇烏蘇得雨，入土一寸。伊塔道屬精河得雨，入土一寸；綏定、寧遠、塔爾巴哈臺微雨。南路拜城、烏什得雨，入土四寸；温宿得雨，入土二寸；焉耆、庫車、疏勒、疏附、莎車、葉城、和闐、于闐、英吉沙爾、瑪喇巴什微雨，餘未得雨。至通省糧價，吐魯番、庫爾喀喇烏蘇、綏定、精河、烏什、英吉沙爾等廳縣俱與上月相同，其餘均有增減，匯詳請奏前來。

理合恭摺具陳，并繕糧價清單，敬呈御覽。伏乞皇太后、皇上聖鑒。謹奏。光緒二十八年十二月十三日。

（硃批）：知道了。③

光緒二十九年二月二十二日，奉硃批：知道了。欽此。④

---

① 中國第一歷史檔案館藏：《硃批原件》，檔號：04-01-12-0621-045。
② 臺北“故宫博物院”藏：《軍機及宫中檔》，文獻編號：154042。
③ 中國第一歷史檔案館藏：《硃批原件》，檔號：04-01-25-0579-043。
④ 臺北“故宫博物院”藏：《軍機及宫中檔》，文獻編號：154334。

○○六、呈新省二十八年七月糧價清單

光緒二十八年十二月十三日（1903年1月11日）

謹將新疆各屬光緒二十八年七月分米糧時估價值，繕具清單，恭呈御覽。

計開七月分

鎮迪道屬

迪化縣：大米每京石價銀三兩七錢，較上月增二錢四分七厘。小麥每京石價銀一兩六錢二分七厘，較上月減七分。豌豆每京石價銀一兩四錢七分六厘，較上月減一錢四分四厘。青稞每京石價銀八錢九分七厘，與上月相同。

昌吉縣：大米每京石價銀二兩八錢三分三厘，與上月相同。小麥每京石價銀一兩一錢二分四厘，較上月減一錢四分六厘。豌豆每京石價銀一兩一錢五分六厘，較上月減一錢七分六厘。青稞每京石價銀七錢一分七厘，與上月相同。

阜康縣：粟米每京石價銀一兩四錢七分四厘，與上月相同。小麥每京石價銀一兩四錢四分九厘，較上月減一錢七分九厘。豌豆每京石價銀一兩四錢一分五厘，較上月減一錢七分八厘。高粱每京石價銀七錢六分九厘，與上月相同。

綏來縣：大米每京石價銀二兩一錢一分四厘，與上月相同。小麥每京石價銀一兩二錢三分八厘，較上月增三分二厘。豌豆每京石價銀一兩二錢四分八厘，與上月相同。高粱每京石價銀五錢六分八厘，與上月相同。

奇臺縣：大米每京石價銀三兩七錢九分七厘，較上月增六錢九分。小麥每京石價銀二兩四錢一分五厘，較上月增六錢四分六厘。豌豆每京石價銀一兩三錢一分二厘，與上月相同。

吐魯番直隸廳：小麥每京石價銀一兩三錢五厘，大麥每京石價銀六錢三分五厘，高粱每京石價銀四錢八分二厘，黄豆每京石價銀一兩五錢六分八厘，俱與上月相同。

鎮西直隸廳：小麥每京石價銀一兩九錢四分，較上月增五分。豌豆每京石價銀一兩四錢，與上月相同。青稞每京石價銀一兩一錢三分，較上月增九分。

哈密直隸廳：粟米每京石價銀一兩九錢八分，較上月增三錢六分。小麥每京石價銀一兩四錢二分一厘，較上月減四分二厘。豌豆每京石價銀一兩二錢九分六厘，較上月減一錢四分四厘。青稞每京石價銀八錢四分九厘，與上月相同。

庫爾喀喇烏蘇直隸廳：小麥每京石價銀一兩七錢，豌豆每京石價銀一兩八錢，高粱每京石價銀一兩二錢四分，俱與上月相同。

伊塔道屬

綏定縣：大米每京石價銀三兩二錢五分六厘，小麥每京石價銀一兩五錢一分八厘，大麥每京石價銀一兩一錢，豌豆每京石價銀一兩六錢八分，俱與上月相同。

寧遠縣：大米每京石價銀三兩三錢六分，與上月相同。小麥每京石價銀一兩二錢，較上月減一錢五分。大麥每京石價銀七錢三分，較上月減一錢五分。豌豆每京石價銀九錢八分，較上月減七分。

塔爾巴哈臺直隸廳：小麥每京石價銀一兩六錢五分，較上月減三錢四分三厘。大麥每京石價銀一兩二錢二厘，與上月相同。豌豆每京石價銀一兩四錢四分三厘，較上月減四錢五分三厘。

精河直隸廳：大米每京石價銀三兩八錢五厘，小麥每京石價銀一兩四錢七分，大麥每京石價銀九錢八分，豌豆每京石價銀一兩六錢一分，俱與上月相同。

阿克蘇道屬

焉耆府：大米每京石價銀四兩四錢四分，與上月相同。小麥每京石價銀一兩九分，與上月相同。豌豆每京石價銀一兩一錢五分六厘，較上月增四厘。包穀每京石價銀八錢九分六厘，與上月相同。

温宿直隸州：大米每京石價銀二兩六錢六分，與上月相同。小麥每京石價銀一兩三分五厘，較上月減二錢六分。大麥每京石價銀四錢六分，與上月相同。包穀每京石價銀六錢八分，較上月減一錢三分六厘。

拜城縣：小麥每京石價銀六錢三分，較上月減二分。大麥每京石價銀三錢，與上月相同。豌豆每京石價銀四錢五分，與上月相同。包穀每京石價銀四錢五分，與上月相同。

庫車直隸廳：大米每京石價銀三兩一錢八分，較上月增四分。小麥每京石價銀九錢，與上月相同。豌豆每京石價銀六錢三分，較上月減二分。包穀每京石價銀六錢四分，較上月減一分。

烏什直隸廳：大米每京石價銀二兩一錢七分五厘，小麥每京石價銀七錢二分六厘，大麥每京石價銀三錢二分一厘，包穀每京石價銀五錢二分四厘，俱與上月相同。

喀什噶爾道屬

疏勒直隸州：大米每京石價銀三兩七錢五分，較上月增二錢三分五厘。小麥每京石價銀一兩二錢七厘，較上月減四分三厘。包穀每京石價銀一兩五厘，較上月減四分一厘。高粱每京石價銀七錢一分八厘，與上月相同。

疏附縣：大米每京石價銀三兩七錢五分，較上月增二錢三分五厘。小麥每京石價銀一兩二錢七厘，較上月減四分三厘。包穀每京石價銀一兩五厘，與上月相同。高粱每京石價銀七錢一分八厘，與上月相同。

莎車直隸州：大米每京石價銀三兩一分九厘，與上月相同。小麥每京石價銀八錢二分八厘，與上月相同。大麥每京石價銀七錢二分五厘，與上月相同。包穀每京石價銀五錢六分七厘，較上月減二分七厘。

葉城縣：大米每京石價銀三兩三錢五分，較上月增一分。小麥每京石價銀七錢五分，較上月減五分。包穀每京石價銀五錢，與上月相同。

和闐直隸州：大米每京石價銀二兩九錢四分，較上月減七分。小麥每京石價銀九錢七分，與上月相同。包穀每京石價銀五錢九分，與上月相同。青稞每京石價銀五錢七分，與上月相同。

于闐縣：大米每京石價銀三兩六錢，與上月相同。大麥每京石價銀一兩，較上月減六分。包穀每京石價銀六錢五分，較上月減一分。

英吉沙爾直隸廳：大米每京石價銀三兩八錢，小麥每京石價銀一兩一錢四厘，大麥每京石價銀六錢一分五厘，包穀每京石價銀八錢四厘，俱與上月相同。

瑪喇巴什直隸廳：大米每京石價銀三兩二錢五分六厘，較上月減二錢九分六厘。小麥每京石價銀一兩五錢一分八厘，較上月減一錢三分八厘。包穀每京石價銀一兩一錢五分二厘，較上月增一錢二分八厘。

（硃批）：覽。[①]

〇〇七、奏報二十八年夏秋禾收成分數摺

光緒二十八年十二月十三日（1903年1月11日）

甘肅新疆巡撫西林巴圖魯臣潘效蘇跪奏，爲查明甘肅新疆光緒二十八年夏秋

① 臺北“故宫博物院”藏：《軍機及宫中檔》，文獻編號：154334-0-A。

禾收成分數，繕具清單，恭摺仰祈聖鑒事。

竊查新疆每年收成分數，歷經奏報在案。兹據署新疆布政使李滋森詳稱：光緒二十八年收成分數，據各屬先後申報，除阜康、鎮西、疏附等廳縣被灾地畝不計外，按新疆通省南北兩路各屬實在收成多寡，均勻牽算，共計夏禾收成七分有餘，秋禾收成七分有餘。匯詳請奏前來。

臣覆核無異，相應繕具各屬收成分數清單，恭呈御覽。除咨部查照外，理合會同陝甘總督臣崧蕃，恭摺具陳。伏乞皇太后、皇上聖鑒。謹奏。光緒二十八年十二月十三日。

（硃批）：知道了。①

光緒二十九年二月二十二日，奉硃批：知道了。欽此。②

〇〇八、呈二十八年夏秋禾收成分數清單

光緒二十八年十二月十三日（1903年1月11日）

謹將甘肅新疆光緒二十八年各屬夏秋禾收成分數，開具清單，恭呈御覽。

計開

夏禾約收九分者：温宿州、烏什廳、葉城縣、英吉沙爾廳。

約收八分者：綏來縣、寧遠縣、焉耆府、庫車廳、拜城縣、疏勒州、疏附縣、莎車州、和闐州、于闐縣。

約收七分者：濟木薩縣丞、庫爾喀喇烏蘇廳、塔城廳。

約收六分者：迪化縣、昌吉縣、奇臺縣、吐魯番廳、哈密廳、綏定縣、精河廳、瑪喇巴什廳。

約收五分者：呼圖壁巡檢、阜康縣、鎮西廳。

秋禾約收九分者：寧遠縣、温宿州、烏什廳、英吉沙爾廳。

約收八分者：吐魯番廳、精河廳、焉耆府、拜城縣、疏勒州、葉城縣、于

---

① 中國第一歷史檔案館藏：《硃批原件》，檔號：04-01-23-0218-007。

② 臺北“故宫博物院”藏：《軍機及宫中檔》，文獻編號：154333。

闐縣。

約收七分者：庫爾喀喇烏蘇廳、疏附縣、莎車州、和闐州。

約收六分者：迪化縣、濟木薩縣丞、奇臺縣、庫車廳、瑪喇巴什廳、綏定縣。

約收五分者：綏來縣、阜康縣、哈密廳。

約收三分者：昌吉縣、呼圖壁巡檢。

約收一分者：塔城廳。

再，鎮西廳天氣早寒，向不種植秋禾，故無分數。合并聲明。

（硃批）：覽。①

○○九、奏委羅正湘署理奇臺知縣片

光緒二十八年十二月十三日（1903年1月11日）

再，署奇臺縣知縣李文煥期滿遺缺，查有同知銜候補知縣羅正湘，堪以委署。據署新疆布政使李滋森、署鎮迪道兼按察使銜慶秀會詳前來。除由臣批飭給委外，謹會同陝甘總督臣崧蕃，附片具奏。伏乞聖鑒。謹奏。

（硃批）：吏部知道。②

光緒二十九年二月二十二日，奉硃批：吏部知道。欽此。③

○一○、奏報新疆本年八月雨水糧價摺

光緒二十八年十二月十九日（1903年1月17日）

甘肅新疆巡撫西林巴圖魯臣潘效蘇跪奏，爲恭報光緒二十八年八月分糧價并得雨情形，謹繕摺具陳，仰祈聖鑒事。

---

① 臺北“故宮博物院”藏：《軍機及宮中檔》，文獻編號：154333-0-A。
② 中國第一歷史檔案館藏：《硃批原件》，檔號：04-01-12-0622-101。
③ 臺北“故宮博物院”藏：《軍機及宮中檔》，文獻編號：154340。

竊照光緒二十八年七月分各屬糧價并得雨情形，業經臣奏報在案。兹據署理新疆藩司李滋森詳稱：光緒二十八年八月分，鎮迪道屬迪化、庫爾喀喇烏蘇得雨，入土五寸；綏來、奇臺、鎮西得雨，入土三寸；阜康得雨，入土二寸；昌吉、吐魯番得雨，入土一寸。伊塔道屬精河得雨，入土三寸；綏定、寧遠、塔爾巴哈臺微雨。南路拜城得雨，入土三寸；疏勒、疏附得雨，入土二寸；烏什得雨，入土一寸；焉耆、温宿、庫車、莎車、葉城、于闐、英吉沙爾、瑪喇巴什微雨；哈密、和闐并未得雨。至通省糧價，阜康、鎮西、寧遠、葉城、和闐俱與上月相同，其餘均有增減，匯詳請奏前來。

理合恭摺具陳，并繕糧價清單，敬呈御覽。伏乞皇太后、皇上聖鑒。謹奏。光緒二十八年十二月十九日。

（硃批）：知道了。[①]

光緒二十九年二月初二日，奉硃批：知道了。欽此。[②]

〇一一、呈二十八年八月雨水糧價清單

光緒二十八年十二月十九日（1903年1月17日）

謹將新疆各屬光緒二十八年八月分米糧時估價值，繕具清單，恭呈御覽。

計開八月分

鎮迪道屬

迪化縣：大米每京石價銀三兩七錢，與上月相同。小麥每京石價銀一兩五錢五分六厘，較上月減七分一厘。豌豆每京石價銀一兩五錢一分二厘，較上月增三分六厘。青稞每京石價銀八錢九分七厘，與上月相同。

昌吉縣：大米每京石價銀二兩八錢三分三厘，與上月相同。小麥每京石價銀一兩一錢二分四厘，與上月相同。豌豆每京石價銀一兩八分五厘，較上月減七分一厘。青稞每京石價銀七錢一分七厘，與上月相同。

---

① 中國第一歷史檔案館藏：《硃批原件》，檔號：04-01-25-0579-042。
② 臺北“故宫博物院”藏：《軍機及宫中檔》，文獻編號：153893。

阜康縣：粟米每京石價銀一兩四錢七分四厘，小麥每京石價銀一兩四錢四分九厘，豌豆每京石價銀一兩四錢一分五厘，高粱每京石價銀七錢六分九厘，俱與上月相同。

綏來縣：大米每京石價銀二兩二錢九分，較上月增一錢七分六厘。小麥每京石價銀一兩二錢六厘，較上月減三分二厘。豌豆每京石價銀一兩二錢四分八厘，與上月相同。高粱每京石價銀五錢六分八厘，與上月相同。

奇臺縣：大米每京石價銀三兩四錢五分二厘，較上月減三錢四分五厘。小麥每京石價銀一兩三錢九厘，較上月減一兩一錢六厘。豌豆每京石價銀一兩二錢八厘，較上月減一錢四厘。

吐魯番直隸廳：小麥每京石價銀一兩三錢五厘，與上月相同。大麥每京石價銀六錢三分五厘，與上月相同。高粱每京石價銀五錢五分七厘，較上月增七分五厘。黃豆每京石價銀一兩五錢六分八厘，與上月相同。

鎮西直隸廳：小麥每京石價銀一兩九錢四分，豌豆每京石價銀一兩四錢，青稞每京石價銀一兩一錢三分，俱與上月相同。

哈密直隸廳：粟米每京石價銀一兩六錢二分，較上月減三錢六分。小麥每京石價銀一兩五錢五厘，較上月增八分四厘。豌豆每京石價銀一兩二錢六分，較上月減三分六厘。青稞每京石價銀八錢一分一厘，較上月減三分八厘。

庫爾喀喇烏蘇直隸廳：小麥每京石價銀一兩四錢二分，較上月減二錢八分。豌豆每京石價銀一兩八錢，與上月相同。高粱每京石價銀一兩一錢四分六厘，較上月減九分四厘。

伊塔道屬

綏定縣：大米每京石價銀三兩二錢五分六厘，與上月相同。小麥每京石價銀一兩三錢八分，較上月減一錢三分八厘。大麥每京石價銀八錢二分五厘，較上月減二錢七分五厘。豌豆每京石價銀一兩二錢六分，較上月減四錢二分。

寧遠縣：大米每京石價銀三兩三錢六分，小麥每京石價銀一兩二錢，大麥每京石價銀七錢三分，豌豆每京石價銀九錢八分，俱與上月相同。

塔爾巴哈臺直隸廳：小麥每京石價銀一兩六錢五分，與上月相同。大麥每京石價銀一兩二錢二分九厘，較上月增二分七厘。豌豆每京石價銀一兩四錢四分三厘，與上月相同。

精河直隸廳：大米每京石價銀三兩八錢五厘，與上月相同。小麥每京石價銀一兩四錢，較上月減七分。大麥每京石價銀九錢八分，與上月相同。豌豆每京石價銀一兩六錢一分，與上月相同。

阿克蘇道屬

焉耆府：大米每京石價銀四兩四厘，較上月減四錢三分六厘。小麥每京石價銀一兩九分，與上月相同。豌豆每京石價銀一兩一錢五分六厘，與上月相同。包穀每京石價銀八錢九分六厘，與上月相同。

温宿直隸州：大米每京石價銀二兩一錢二分八厘，較上月減五錢三分二厘。小麥每京石價銀七錢七分六厘，較上月減二錢五分九厘。大麥每京石價銀四錢六分，與上月相同。包穀每京石價銀六錢八分，與上月相同。

拜城縣：小麥每京石價銀六錢，較上月減三分。大麥每京石價銀三錢，與上月相同。豌豆每京石價銀四錢五分，與上月相同。包穀每京石價銀四錢五分，與上月相同。

庫車直隸廳：大米每京石價銀三兩一錢六分，較上月減二分。小麥每京石價銀八錢八分，較上月減二分。豌豆每京石價銀六錢三分，與上月相同。包穀每京石價銀六錢四分，與上月相同。

烏什直隸廳：大米每京石價銀二兩一錢七分五厘，與上月相同。小麥每京石價銀六錢六分，較上月減六分六厘。大麥每京石價銀三錢二分一厘，與上月相同。包穀每京石價銀四錢五分八厘，較上月減六分六厘。

喀什噶爾道屬

疏勒直隸州：大米每京石價銀三兩五錢一分五厘，較上月減二錢三分五厘。小麥每京石價銀一兩三錢八分，較上月增一錢七分三厘。包穀每京石價銀一兩一錢七分二厘，較上月增一錢六分七厘。高粱每京石價銀九錢三分四厘，較上月增二錢一分六厘。

疏附縣：大米每京石價銀三兩五錢一分五厘，較上月減二錢三分五厘。小麥每京石價銀一兩三錢八分，較上月增一錢七分三厘。包穀每京石價銀一兩四錢七分二厘，較上月增四錢六分七厘。高粱每京石價銀九錢三分四厘，較上月增二錢一分六厘。

莎車直隸州：大米每京石價銀三兩一錢八厘，較上月增八分九厘。小麥每京石價銀九錢六分六厘，較上月增一錢三分八厘。大麥每京石價銀七錢二分五厘，與上月相同。包穀每京石價銀六錢七厘，較上月增四分。

業城縣：大米每京石價銀三兩三錢五分，小麥每京石價銀七錢五分，包穀每京石價銀五錢，俱與上月相同。

和闐直隸州：大米每京石價銀二兩九錢四分，小麥每京石價銀九錢七分，包穀每京石價銀五錢七分，青稞每京石價銀五錢七分，俱與上月相同。

于闐縣：大米每京石價銀三兩六錢，與上月相同。小麥每京石價銀九錢六分，較上月減四分。包穀每京石價銀六錢，較上月減五分。

英吉沙爾直隸廳：大米每京石價銀四兩五錢六分，較上月增七錢六分。小麥每京石價銀一兩一錢四厘，與上月相同。大麥每京石價銀六錢一分五厘，與上月相同。包穀每京石價銀九錢九分一厘，較上月增一錢八分七厘。

瑪喇巴什直隸廳：大米每京石價銀三兩二錢五分六厘，與上月相同。小麥每京石價銀一兩三錢八分，較上月減一錢三分八厘。包穀每京石價銀一兩一錢五分二厘，與上月相同。

（硃批）：覽。[①]

〇一二、奏報新疆南北兩路被災情形摺

光緒二十八年十二月十九日（1903年1月17日）

甘肅新疆巡撫西林巴圖魯臣潘效蘇跪奏，爲查明新疆北路鎮西廳被雹、南路疏附縣地震成灾地畝本年應徵糧草，籲懇天恩准予豁免，以紓民困，恭摺仰祈聖鑒事。

竊新疆鎮西廳北鄉六月内被冰雹打傷民種糧地，又南路英吉沙爾疏勒、疏附縣等廳州縣七月十九日同時地震，經調任撫臣饒應祺先後飭司移道委員，會同該廳州縣等確查灾區，分别經重，妥籌賑撫，并將被雹、被震成灾情形先後附片奏明在案。旋於十月十二日準兵部火票遞回原片，奉硃批：著查明被灾輕重，妥籌撫恤，毋任失所，欽此。欽遵飭司轉行遵照。臣接任后，於十一月二十六日準兵部火票遞回原片，奉硃批：著飭屬詳細查勘，分别輕重，妥爲撫恤，毋任失所，

① 臺北“故宫博物院”藏：《軍機及宫中檔》，文獻編號：153893-0-A。

欽此。欽遵飭司轉行遵照，迅速辦理具報去後。

兹據署布政使李滋森詳稱：准該管道據印委各員先後會查結報，鎮西廳北鄉武威、户東、頭梁、二道河、三渠等處，六月内被雹打傷民種禾稼地一千八百四十一畝五分。該廳地寒，向不種植秋糧，實屬十分成災。本年該廳北鄉民户應納京斗額糧一百四十石七升一合一勺二鈔，應請一并蠲免。又結報南路疏附縣地震裂陷，已收夏糧被黑水浸壞，不堪食用，秋糧顆粒無收。核計阿斯圖阿爾圖什莊屬四千一百九十七户，本年應徵京斗糧一千八百六十七石一斗一升八合四勺，草二十萬八百一斤；玉斯圖什莊屬一千一百八十六户，本年應徵京斗糧六百二十二石七斗四升六合九勺，草七萬七百五十斤八兩；阿爾湖莊九百一十二户，應徵京斗糧四百五石七斗三升三合六勺，草四萬三千五百三斤八兩。大共本年應徵京斗糧二十八百九十五石五斗九升八合九勺，草三十一萬五千五十斤，懇請悉數蠲免，其餘各莊幸未成災。

又，疏勒州之排素巴特莊陷塌水渠三十餘里，秋糧尚能收三四分。英吉沙爾廳各莊地畝尚未成災，惟該廳州縣被震摇塌城垣、廟宇、文武衙署以及民房、油水各磨，概應及時修復，以資棲止而便食用。所有男女壓斃者，備棺葬埋；受傷者，雇醫調理。應需賑糧，由各地方積穀項下開支，應需銀兩由善後項下支給。各項工程，會營派勇，幫同修理。但震塌修整，工力繁多，所用磚木各料及被灾户民困苦，實甚散發賑糧，刻難停止，尚未據印委各員將細數册結造呈應請從緩齎呈。所有鎮西廳、疏附縣本年十分成灾地畝應徵額糧草束，概請豁免，等情。詳請具奏前來。

臣覆查無異，合無仰懇天恩俯准將鎮西廳、疏附縣本年被灾地畝額徵糧草概予豁免。如蒙俞允，俟奉到諭旨，遵即飭司將被灾各户豁免糧草詳悉開載數目，敬刊謄黄，徧行張貼曉示，咸使周知，以廣皇仁而昭實惠。再，阜康縣呈報六月内蝗傷秋禾過多，嗣復據該縣知縣易紹昌禀稱：户民夏禾收成中稔，秋禾雖被蝗傷，幸天氣晴暖，渠水充足，秋禾收成亦得五分以上，不至成灾。合并聲明。

除俟南路被震各地方工賑完竣，取具册結，并鎮西廳蠲賑册結，一并咨部查核外，謹會同陜甘總督臣崧蕃，恭摺具陳。伏乞皇太后、皇上聖鑒，訓示。謹奏。光緒二十八年十二月十九日。

（硃批）：另有旨。[①]

光緒二十九年二月初二日，奉硃批：另有旨。欽此。[②]

【案】此案旋於光緒二十九年二月初二日得旨妥爲撫恤，《上諭檔》曰：

光緒二十九年二月初二日，内閣奉上諭：潘效蘇奏，查明新疆被灾地方，請豁免糧草一摺。上年六七月間，新疆鎮西廳被雹，疏附縣地震尤重，業經飭令查勘灾區輕重，妥籌撫恤。兹據查明被灾情形，深堪憫惻！所有該廳、州、縣應徵糧草，著加恩一律豁免，以紓民困。該部知道。欽此。[③]

○一三、奏報被灾地方來春酌籌調劑片

光緒二十八年十二月十九日（1903年1月17日）

再，臣查接管卷内，十一月十三日，承准軍機大臣字寄：光緒二十八年十月初三日奉上諭：甘肅鞏昌、涼州等府、新疆鎮西廳屬亦均被雹，業經諭令該督撫等妥籌撫恤，即著迅速辦理，并將来春應否接濟之處一并查明，於封印前奏到。此外各該省有無被灾地方應行調劑撫恤之處，著該督撫等一并查奏，候旨施恩。將此各諭令知之。钦此。遵旨寄信前來。仰见聖主軫念民依，無微不至，凡有血氣，感戴同深！

遵查新疆各屬本年夏秋收成均稱中稔，惟鎮西廳北鄉被雹成灾，疏附縣阿斯圖阿尔圖什等莊被震成灾較重，業经調任撫臣饒應祺先後奏明飭司移道委员，會同該廳縣印官查勘，分別賑撫；并查明被灾地畝結報，詳經臣具奏籲懇天恩豁免本年應徵糧草，藉紓民困。此次被灾廳县係属一隅之地，其英吉沙爾廳、疏勒州雖震倒城垣、房屋，陷塌水渠甚多，已飭籌款修復，而地畝尚未成灾。查察民情，來春青黄不接之時，於被灾各户仍飭該廳縣發給食糧、籽種，以資耕種，務使灾黎不至失所，以仰副聖朝子惠元元至意！

---

① 中國第一歷史檔案館藏：《硃批原件》，檔號：04-01-22-0066-106。

② 臺北“故宫博物院”藏：《軍機及宫中檔》，文獻編號：153887。

③ 《光緒朝上諭檔》，第29册，第26頁。

所有遵旨查明新疆被災地方來春酌籌調劑緣由，謹會同陝甘總督臣崧蕃，附片具陳。伏乞聖鑒。謹奏。

（硃批）：知道了。[①]

光緒二十九年二月初二日，奉硃批：知道了。欽此。[②]

---

① 中國第一歷史檔案館藏：《硃批原件》，檔號：04-01-02-0100-001。

② 臺北“故宫博物院”藏：《軍機及宫中檔》，文獻編號：153890。

光緒二十九年

（1903 年）

〇〇一、奏報新疆上年九月雨雪糧價摺

光緒二十九年正月十九日（1903年2月16日）

甘肅新疆巡撫西林巴圖魯臣潘效蘇跪奏，爲恭報光緒二十八年九月分糧價并得雨雪情形，謹繕摺具陳，仰祈聖鑒事。

竊照光緒二十八年八月分各屬糧價并得雨情形，業經臣奏報在案。茲據署新疆藩司李滋森詳稱：光緒二十八年九月分，鎮迪道屬迪化得雨，入土八寸；昌吉、奇臺、鎮西、庫爾喀喇烏蘇得雨，入土二寸；綏來得雨，入土一寸；阜康、吐魯番、哈密微雨。伊塔道屬塔爾巴哈臺得雪，積地八寸；精河得雨，入土一寸；綏定、寧遠微雨。南路拜城得雨，入土四寸；焉耆得雨，入土二寸；庫車微雨，餘均未得雨雪。

至通省糧價，迪化、昌吉、阜康、奇臺、吐魯番、温宿、烏什、和闐、英吉沙爾等廳州縣俱與上月相同，其餘均有增減，匯詳請奏前來。

理合恭摺具陳，并繕糧價清單，敬呈御覽。伏乞皇太后，皇上聖鑒。謹奏。光緒二十九年正月十九日。

（硃批）：知道了。[①]

光緒二十九年二月二十六日，奉硃批：知道了。欽此。[②]

〇〇二、呈光緒二十八年九月糧價清單

光緒二十九年正月十九日（1903年2月16日）

謹將新疆各屬光緒二十八年九月分米糧時估價值，繕具清單，恭呈御覽。

計開九月分

鎮迪道屬

① 中國第一歷史檔案館藏：《硃批原件》，檔號：04-01-25-0582-027。

② 臺北“故宮博物院”藏：《軍機及宮中檔》，文獻編號：154458。

迪化縣：大米每京石價銀三兩七錢，小麥每京石價銀一兩五錢五分六厘，豌豆每京石價銀一兩五錢一分二厘，青稞每京石價銀八錢九分七厘，俱與上月相同。

昌吉縣：大米每京石價銀二兩八錢三分三厘，小麥每京石價銀一兩一錢二分四厘，豌豆每京石價銀一兩八錢五分，青稞每京石價銀七錢一分七厘，俱與上月相同。

阜康縣：粟米每京石價銀一兩四錢七分四厘，小麥每京石價銀一兩四錢四分九厘，豌豆每京石價銀一兩四錢一分五厘，高粱每京石價銀七錢六分九厘，俱與上月相同。

綏來縣：大米每京石價銀二兩二錢九分，與上月相同。小麥每京石價銀一兩一錢六分七厘，較上月減三分九厘。豌豆每京石價銀一兩一錢四分，較上月減一錢八厘。高粱每京石價銀五錢六分八厘，與上月相同。

奇臺縣：大米每京石價銀三兩四錢五分二厘，小麥每京石價銀一兩三錢九厘，豌豆每京石價銀一兩二錢八厘，俱與上月相同。

吐魯番直隸廳：小麥每京石價銀一兩三錢五厘，大麥每京石價銀六錢三分五厘，高粱每京石價銀五錢五分七厘，黃豆每京石價銀一兩五錢六分八厘，俱與上月相同。

鎮西直隸廳：小麥每京石價銀二兩三分，較上月增九分。豌豆每京石價銀一兩四錢八分，較上月增八分。青稞每京石價銀一兩一錢三分，與上月相同。

哈密直隸廳：粟米每京石價銀一兩八錢，較上月增一錢八分。小麥每京石價銀一兩五錢四分七厘，較上月增三分五厘。豌豆每京石價銀一兩二錢九分六厘，較上月增三分六厘。青稞每京石價銀九錢六分五厘，較上月增一錢五分四厘。

庫爾喀喇烏蘇直隸廳：小麥每京石價銀一兩四錢二分八厘，較上月增八厘。豌豆每京石價銀一兩六錢六分八厘，較上月減一錢三分二厘。高粱每京石價銀九錢九分，較上月減一錢五分六厘。

伊塔道屬

綏定縣：大米每京石價銀三兩二錢二分六厘，較上月減三分。小麥每京石價銀一兩三錢八分，與上月相同。大麥每京石價銀八錢二分五厘，與上月相同。豌豆每京石價銀一兩二錢六分，與上月相同。

寧遠縣：大米每京石價銀三兩三錢六分，與上月相同。小麥每京石價銀一兩五分，較上月減一錢五分。大麥每京石價銀七錢三分，與上月相同。豌豆每京石價銀九錢八分，與上月相同。

塔爾巴哈臺直隸廳：小麥每京石價銀一兩三錢七分五厘，較上月減二錢七分五厘。大麥每京石價銀九錢七分五厘，較上月減二錢五分四厘。豌豆每京石價銀一兩九分八厘，較上月減三錢四分五厘。

精河直隸廳：大米每京石價銀三兩八錢五厘，與上月相同。小麥每京石價銀一兩四錢，與上月相同。大麥每京石價銀九錢八分，與上月相同。豌豆每京石價銀一兩五錢四分，較上月減七分。

阿克蘇道屬

焉耆府：大米每京石價銀四兩四厘，與上月相同。小麥每京石價銀一兩九分二厘，較上月增二厘。豌豆每京石價銀一兩一錢五分二厘，較上月增四厘。包穀每京石價銀八錢九分六厘，與上月相同。

温宿直隸州：大米每京石價銀二兩一錢二分八厘，小麥每京石價銀七錢七分六厘，大麥每京石價銀四錢六分，包穀每京石價銀六錢八分，俱與上月相同。

拜城縣：小麥每京石價銀六錢，與上月相同。大麥每京石價銀三錢，與上月相同。豌豆每京石價銀四錢三分，較上月減二分。包穀每京石價銀四錢二分，較上月減三分。

庫車直隸廳：大米每京石價銀三兩一錢二分，較上月增四分。小麥每京石價銀八錢八分，與上月相同。豌豆每京石價銀六錢三分，與上月相同。包穀每京石價銀六錢三分，較上月減一分。

烏什直隸廳：大米每京石價銀二兩一錢七分五厘，小麥每京石價銀六錢六分，大麥每京石價銀三錢二分一厘，包穀每京石價銀四錢五分八厘，俱與上月相同。

喀什噶爾道屬

疏勒直隸州：大米每京石價銀二兩九錢五分三厘，較上月減五錢六分二厘。小麥每京石價銀一兩四錢二分三厘，較上月增四分三厘。包穀每京石價銀一兩五厘，較上月減一錢六分七厘。高粱每京石價銀七錢一分八厘，較上月減二錢一分六厘。

疏附縣：大米每京石價銀二兩九錢五分三厘，較上月減五錢六分二厘。小麥每京石價銀一兩四錢二分三厘，較上月增四分三厘。包穀每京石價銀一兩五厘，較上月減四錢六分七厘。高粱每京石價銀七錢一分八厘，較上月減二錢一分六厘。

莎車直隸州：大米每京石價銀二兩九錢六分，較上月減一錢四分八厘。小麥每京石價銀九錢六分六厘，與上月相同。大麥每京石價銀六錢八分七厘，較上月減三分八厘。包穀每京石價銀六錢七厘，與上月相同。

葉城縣：大米每京石價銀三兩三錢八分，較上月增三分。小麥每京石價銀七錢五分，與上月相同。包穀每京石價銀五錢，與上月相同。

和闐直隸州：大米每京石價銀二兩九錢四分，小麥每京石價銀九錢七分，包穀每京石價銀五錢九分，青稞每京石價銀五錢七分，俱與上月相同。

于闐縣：大米每京石價銀三兩四錢，較上月減二錢。大麥每京石價銀一兩，較上月增四分。包穀每京石價銀六錢，與上月相同。

英吉沙爾直隸廳：大米每京石價銀四兩五錢六分，小麥每京石價銀一兩一錢四厘，大麥每京石價銀六錢一分五厘，包穀每京石價銀九錢九分一厘，俱與上月相同。

瑪喇巴什直隸廳：大米每京石價銀三兩一錢八厘，較上月減一錢四分八厘。小麥每京石價銀一兩二錢四分二厘，較上月減一錢三分八厘。包穀每京石價銀一兩二錢八分，較上月增一錢二分八厘。

（硃批）：覽。①

〇〇三、奏明新疆向無衛所屯田緣由摺

光緒二十九年正月十九日（1903 年 2 月 16 日）

甘肅新疆巡撫西林巴圖魯臣潘效蘇跪奏，爲查明新疆向無衛所屯田，無從查繳價，恭摺具陳，仰祈聖鑒事。

竊查接管卷内承準軍機大臣字寄：光緒二十八年五月十四日，奉上諭：有人奏，各直省衛所屯田，請飭清查繳價，以裕國帑一摺。據稱近來各省屯田，半係民户項替，其私售價值約得民田當價之半。現在衛所既已裁撤，若將屯田一律清查，可得鉅萬，於籌餉大宗不爲無裨等語。著各該督撫迅即認真清查，分别妥籌辦理，詳晰具奏，毋稍延宕。原摺著鈔給閱看。將此通諭知之。欽此。遵旨寄

① 臺北“故宫博物院”藏：《軍機及宫中檔》，文獻編號 154458-0-A。

信前來。等因。當經調任撫臣饒應祺行司遵辦在案。茲據署新疆布政使李滋森詳稱：新疆各屬田地皆係户民承墾，完納糧草，間有買賣皆隨時税契過户。其荒地則聽民開墾，或招徠安插，令其墾荒承種，定限升科，此外并無衛所屯田，亦無户民頂替、私售得價及盜占官產情事。詳請奏咨前來。

臣查新疆土曠人稀，與内省情形不同。乾隆年間平定準、回各部以來，向未設有衛所屯田，實屬無從清查繳價，且荒地雖多，水渠不易，往往因水不足，已種復荒，田不值錢，亦實無户民頂替官產、私售得價情事。惟時值艱難，帑項支絀，凡於可墾之荒、可興之利，臣當督飭各屬竭力經營，以期國計民生兩有裨益。

所有查明新疆并無衛所屯田各緣由，謹會同陝甘總督臣崧蕃，恭摺具陳。伏乞皇太后、皇上聖鑒。謹奏。光緒二十九年正月十九日。

（硃批）：知道了。[①]

光緒二十九年二月二十六日，奉硃批：知道了。欽此。[②]

【案】光緒二十八年五月十四日，御史王祖同奏將屯地估價分別補繳一摺，曰：

掌雲南道監察御史臣王祖同跪奏，爲屯餉既歸丁糧，宜就地估價，分別補繳，以裕國帑，恭摺仰祈聖鑒事。

臣竊維衛所屯田原爲轉漕養丁而設，自河運改由海道，屯衛已成虛置。現奉諭旨裁撤衛所，清查屯田，令屯户報官税契，并將屯餉改爲丁糧。如有盜賣私售者，亦飭據實報明，完納正供，不究既往。仰見聖恩廣大，與民更始，不事苛求，凡在臣民，同深感戴。但臣查近日各省屯田半係居民私行頂替，不盡屬旗丁、衛弁耕種，其私售價值大約視民田常數之半，緣屯田寓租於税，税重故价輕。現已變章，將來無論如何改徵，似可令其酌繳田價，以裕國用。

當此庫款支絀，即丁糧正賦祖宗定制永不議加者，近亦聽各直省督撫規時酌加。況屯田本係官產，不責以從前盜賣私售之罪，已屬莫大之恩，豈可令骫法之徒永遂其罔利之私。擬請令有屯田省分督撫飭各州縣查察所轄之地，凡有屯田爲軍民佃種者，悉照其地民田之值，勘估定價，照數追繳；其私售者，除原價外，

① 中國第一歷史檔案館藏：《硃批原件》，檔號：04-01-22-0066-105。
② 臺北“故宫博物院”藏：《軍機及宫中檔》，文獻編號：154463。

令其補繳足數，然後給與印契，攤入地丁，一律徵收。此清糧之要法，亦籌款之至計也。

嘗考南省民田，上則每畝值銀三四十兩，中下或二十兩或十餘兩；江淮以北瘠土較多，或值十餘兩至一二兩不等。今以屯田私售之數推之，各省上、中、下之田，如上則可繳銀二十兩左右，中下遞減至十餘兩或一二兩，勻攤計算，每畝可各得銀五兩有奇。自山東、山西、河南、江蘇、安徽、江西、浙江、福建、湖南、湖北、陝西、甘肅、四川、廣東、廣西、雲南十六省屯田共二十五萬九千四百十六頃四十八畝，以每畝繳價五兩計算，合爲一萬二千九百七十萬八千二百三十兩，一舉而可得成數一百餘兆左右，目前籌款大宗孰逾於此？况按畝科價，原爲朝廷自有之產業，較之區區丁捐、房捐、膏捐、隨糧稅契等事，得數甚微而又不免於細瑣煩苛者，不更利鉅而名正歟？從前張之洞議將此項田畝酌加報效二分，亦是此意。顧爲數無多，不足以集巨款，且恐常年報效，民間轉視爲子孫之累，不若一次繳價，數既倍增，事尤簡易。

若慮屯衛積弊已久，民間或暗抬私售之價，以少報多，視民田價值不得復從加繳者。此等弊端誠所不免，然契據可驗，耳目可及。從前屯租每畝可抵民田數畝，斷無屯田與民田同價之理，略施鉤矩，當無不和盤托出也。

至所繳全數，宜令州縣撥留二成充辦該地學堂、善後事宜，如此則國家少搜括民財之舉，軍民無盜占官產之累，州縣并得開辦新政之費，一舉而三善咸備，在我皇太后、皇上毅然行之而已，或者以就地估價，恐致擾累，不知籌款之法名目雖異，而取民則一，施之於盜占官地之人，則事出有名，雖多取而不爲虐，且於此多取一分，即於良民稍寬一分。合天下農民之數，此類尚不及千百之十一，其斂怨較輕，必無他慮也。

臣非不知民間私占久已視同舊業，在國用充裕之時，或不妨示以寬大。值此帑藏奇絀，賠款鉅迫，聖主勤宵旰之憂計，臣乏羅掘之術，求其不傷政體、不朘民生而可得巨貲以濟急用者。統觀各省辦法，似皆無以加此。區區愚忱，但求有裨國事，何敢避言利之名。

謹將屯餉既歸丁糧，宜就地估價，分別補繳情形，恭摺具陳。伏乞皇太后、皇上聖鑒，訓示，施行。謹奏。光緒二十八年五月十四日。[1]

---

① 中國第一歷史檔案館藏：《軍機録副》，檔號：03-6731-065。

○○四、新疆賠款請由協餉兑撥緣由摺
光緒二十九年正月十九日（1903年2月16日）

甘肅新疆巡撫西林巴圖魯臣潘效蘇跪奏，爲新疆歲撥賠款光緒二十九年分仍由蘇、淮、江西協餉分期兑撥，懇恩飭部立案作爲定章，俾顧要需而免遲誤，恭摺具陳，仰祈聖鑒事。

竊查接管卷内，光緒二十七年八月，準行在户部咨：議定新疆歲解賠款四十萬，自二十八年起分期兑滬，統以二十九年爲期，經前撫臣饒應祺將二十八年賠款遵照部議，電請由江蘇、兩淮、江西協甘新餉内按期解清在案。上年十一月，復准部電：二十九年賠款連閏仍按十二期解繳，惟自六月起須於月初解到等因。

臣查新疆係極邊貧瘠之區，賦税無幾，軍餉各款全恃各省關協濟，分年估撥，均屬計口授食之需。近值時局艱難，餉源短絀，司庫騰挪挹注，恒興仰屋之嗟。惟賠款事關緊要，自應先儘協餉撥兑，移緩就急，以免遲延。核計二十九年賠款，按十二期劃分解繳，每期解庫平銀三萬三千三百三十三兩三錢三分三厘，加關平補水銀五百四十七兩六錢六分七厘，計銀三萬三千八百八十一兩，大共需庫平銀四十萬六千五百七十二兩，業經電商江蘇、江西、兩淮督撫、運司，仍由兩淮撥解第一、第三、第五、第七、第九五期共庫平銀一十六萬九千四百五兩，江蘇撥解第二、第四、第六、第八四期共庫平銀一十三萬五千五百二十四兩，江西撥解第十、第十一、第十二三期共庫平銀一十萬一千六百四十三兩。

查兩淮歲協甘、新餉銀二十萬兩，除撥解外，尚餘庫平銀三萬五百九十五兩；江蘇歲協甘、新餉銀二十萬兩，除前次裁勇節省銀六萬兩并本年撥解外，尚餘庫平銀四千四百七十六兩；江西歲協甘、新餉銀三十六萬兩，除撥解外，尚餘庫平銀二十五萬八千三百五十七兩，應由該各省關掃數匯解，分年由甘肅糧臺結算，以清款目。據署布政使李滋森詳請奏咨前來。

臣覆核無異，合無仰懇天恩俯准飭部立案，自光緒二十九年以後作爲定章，俾顧要需而免延誤。

所有光緒二十九年分新疆應攤賠款仍由蘇、淮、江西協餉内分期撥解各緣由，謹會同陝甘总督臣崧蕃，恭摺具陳。伏乞皇太后、皇上聖鑒訓示。謹奏。光緒二十九年正月十九日。

（硃批）：該部知道。[①]

光緒二十九年二月二十六日，奉硃批：該部知道。欽此。[②]

〇〇五、請將朱冕榮開缺留新候補片

光緒二十九年正月十九日（1903年2月16日）

再，臣據署喀什噶爾道迪化府知府朱冕榮呈稱，該員前由迪化府知府遵奏晉賑捐例，報捐道員不論雙單月選用，領有執照，懇請開去迪化府知府底缺，以道員留新候補，等情。前來。伏查朱冕榮由拔貢七品小京官隨同前大學士陝甘總督臣左宗棠、前新疆巡撫臣劉錦棠行營辦事，屢著勞績，薦保知府，委署庫車同知，借補吐魯番同知，所至盡心民事，皆有政聲。追補迪化府知府，在任數年，尤能克勤厥職，措置裕如；委署喀什噶爾道篆，在任一年有餘，辦理交涉，因應咸宜。臣到任未及三月，例不加考，惟前在新疆兩次署理藩司及在鎮迪道兼按察使任內考察最真，深知該員廉正不阿，老成穩慎，爲政務持大體，洵爲新疆不可多得之員。

查新疆候補道陳純治，前由花翎鹽運使銜補用知府候補直隸州知州請補鎮西直隸廳同知遵例報捐道員，經前撫臣饒應祺奏請開去鎮西廳同知，以道員留新候補，奉硃批：著照所請。欽此。欽遵在案。該員事同一律，前案可援，擬懇天恩俯准朱冕榮開去迪化府知府底缺，以道員仍留新疆按班叙補，飭部注册。如蒙俞允，所遺迪化府知府員缺係屬首要，容臣揀員請補，以重職守。

除將履歷清册咨部外，謹會同陝甘總督臣崧蕃，附片具陳。仰祈聖鑒訓示。謹奏。

（硃批）：著照所請，吏部知道。[③]

光緒二十九年二月二十六日，奉硃批：著照所請，吏部知道。欽此。[④]

---

① 中國第一歷史檔案館藏：《硃批原件》，檔號：04-01-35-0865-001。

② 臺北"故宫博物院"藏：《軍機及宫中檔》，文獻編號：154470。

③ 中國第一歷史檔案館藏：《硃批原件》，檔號：04-01-30-0066-004。

④ 臺北"故宫博物院"藏：《軍機及宫中檔》，文獻編號：154464。

【案】此奏片之具奏日期，硃批目録署“光緒二十九年二月二十二日”，而録副則附於光緒二十九年正月十九日主摺之後，未署具奏日期。據此片硃批日期“光緒二十九年二月二十六日”，查《隨手檔》[①]“硃批潘效蘇摺”一欄，并署有“報四百里，正月十九日，新疆省城發”等字様。據此，此奏片具奏日期當爲“光緒二十九年正月十九日”無疑。玆據校正。

〇〇六、奏報劉澄清等調署同知員缺片

光緒二十九年正月十九日（1903年2月16日）

再，吐魯番直隸廳同知文立山調省遺缺，查有現署庫車直隸廳同知實任精河直隸廳同知劉澄清，堪以調署。遞遺庫車直隸廳同知員缺，查有候補直隸州知州現任布政司經歷甘曜湘，堪以委署。又，署精河直隸廳同知傅煊期滿遺缺，查有候補通判易潤庠，堪以委署。又，署庫爾喀喇烏蘇直隸廳同知黄勳病故遺缺，前委候補知縣賀家棟暫行代理，應另委員接署，以專責成。查有候補通判李振鑾，堪以委署。又，濟木薩縣丞經前撫臣饒應祺奏請改升孚遠縣知縣，奉部覆准在案，應仍以現署濟木薩縣丞候補知縣羅霖潤署理。據署新疆布政使李滋森、署鎮迪道兼按察使銜慶秀會詳前來。

除批飭分別給委外，謹會同陝甘總督臣崧蕃，附片具陳。伏乞聖鑒。謹奏。

（硃批）：吏部知道。[②]

光緒二十九年二月二十六日，奉硃批：吏部知道。欽此。[③]

【案】此奏片之具奏日期，硃批目録署“光緒二十九年二月二十二日”，而録副則附於光緒二十九年正月十九日主摺之後，未署具奏日期。據此片硃批日期“光緒二十九年二月二十六日”，查《隨手檔》[④]“硃批潘效蘇摺”一欄，并署

① 中國第一歷史檔案館藏：《軍機處隨手登記檔》，檔案編號：03-0316-1-1229-054。
② 中國第一歷史檔案館藏：《硃批原件》，檔號：04-01-12-0624-083。
③ 臺北“故宫博物院”藏：《軍機及宫中檔》，文獻編號：154465。
④ 中國第一歷史檔案館藏：《軍機處隨手登記檔》，檔案編號：03-0316-1-1229-054。

有“報四百里，正月十九日，新疆省城發”等字樣。據此，此奏片具奏日期當爲“光緒二十九年正月十九日”無疑。兹據校正。

○○七、奏報二十八年十月雨水糧價摺

光緒二十九年二月二十二日（1903年3月20日）

甘肅新疆巡撫西林巴圖魯臣潘效蘇跪奏，爲恭報光緒二十八年十月分糧價并得雪情形，謹繕摺具陳，仰祈聖鑒事。

竊照光緒二十八年九月分各屬糧價并得雨雪情形，業經臣奏報在案。兹據署理新疆藩司李滋森詳稱：光緒二十八年十月分，鎮迪道屬迪化、庫爾喀喇烏蘇得雪，積地八寸；阜康、奇臺得雪，積地二寸；昌吉、綏來、哈密得雪，積地四寸；寧遠、精河得雪，積地二寸；綏定微雪。惟吐魯番及南路各屬均未得雪。至通省糧價，綏來、寧遠、塔爾巴哈臺、精河、温宿、烏什、于闐、瑪喇巴什等廳州縣，俱與上月相同，其餘均有增減，匯詳請奏前來。

理合恭摺具陳，并繕糧價清單，敬呈御覽。伏乞皇太后、皇上聖鑒。謹奏。光緒二十九年二月二十二日。

（硃批）：知道了。[①]

光緒二十九年三月二十四日，奉硃批：知道了。欽此。[②]

○○八、呈二十八年十月各屬糧價清單

光緒二十九年二月二十二日（1903年3月20日）

謹將新疆各屬光緒二十八年十月分米糧時估價值，繕具清單，恭呈御覽。

計開十月分

---

① 中國第一歷史檔案館藏：《硃批原件》，檔號：04-01-24-0166-049。

② 臺北“故宫博物院”藏：《軍機及宫中檔》，文獻編號：155236。

鎮迪道屬

迪化縣：大米每京石價銀三兩七錢，與上月相同。小麥每京石價銀一兩五錢五分六厘，與上月相同。豌豆每京石價銀一兩二錢九分六厘，較上月減二錢一分六厘。青稞每京石價銀八錢九分七厘，與上月相同。

昌吉縣：大米每京石價銀二兩八錢三分三厘，與上月相同。小麥每京石價銀一兩一錢二分四厘，與上月相同。豌豆每京石價銀一兩五分，較上月減八錢。青稞每京石價銀七錢一分七厘，與上月相同。

阜康縣：粟米每京石價銀一兩四錢七分四厘，與上月相同。小麥每京石價銀一兩四錢四分九厘，與上月相同。豌豆每京石價銀一兩四錢一分五厘，與上月相同。高粱每京石價銀七錢六分，較上月減九厘。

綏來縣：大米每京石價銀二兩二錢九分，小麥每京石價銀一兩一錢六分七厘，豌豆每京石價銀一兩一錢四分，高粱每京石價銀五錢六分八厘，俱與上月相同。

奇臺縣：大米每京石價銀三兩四錢五分二厘，與上月相同。小麥每京石價銀一兩三錢九厘，與上月相同。豌豆每京石價銀一兩三錢一分二厘，較上月增一錢四厘。

吐魯番直隸廳：小麥每京石價銀一兩三錢五厘，與上月相同。大麥每京石價銀六錢三分五厘，與上月相同。高粱每京石價銀五錢一分八厘，較上月減三分九厘。黄豆每京石價銀一兩五錢六分八厘，與上月相同。

鎮西直隸廳：小麥每京石價銀二兩三分，與上月相同。豌豆每京石價銀一兩四錢八分，與上月相同。青稞每京石價銀一兩二錢一分四厘，較上月增八分四厘。

哈密直隸廳：粟米每京石價銀一兩九錢四分四厘，較上月增一錢四分四厘。小麥每京石價銀一兩五錢四分七厘，與上月相同。豌豆每京石價銀一兩四錢四分，較上月增一錢四分四厘。青稞每京石價銀九錢六分五厘，與上月相同。

庫爾喀喇烏蘇直隸廳：小麥每京石價銀一兩三錢四分九厘，較上月減七分九厘。豌豆每京石價銀一兩五錢二分六厘，較上月減一錢四分二厘。高粱每京石價銀八錢八分七厘，較上月減一錢三厘。

伊塔道屬

綏定縣：大米每京石價銀三兩二錢五分六厘，較上月增三分。小麥每京石價銀一兩三錢八分，與上月相同。大麥每京石價銀八錢二分五厘，與上月相同。豌豆每京石價銀一兩二錢六分，與上月相同。

寧遠縣：大米每京石價銀三兩三錢六分，小麥每京石價銀一兩五分，大麥每京石價銀七錢三分，豌豆每京石價銀九錢八分，俱與上月相同。

塔爾巴哈臺直隸廳：小麥每京石價銀一兩三錢七分五厘，大麥每京石價銀九錢七分五厘，豌豆每京石價銀一兩九分八厘，俱與上月相同。

精河直隸廳：大米每京石價銀三兩八錢五厘，小麥每京石價銀一兩四錢，大麥每京石價銀九錢八分，豌豆每京石價銀一兩五錢四分，俱與上月相同。

阿克蘇道屬

焉耆府：大米每京石價銀四兩四厘，與上月相同。小麥每京石價銀一兩二錢三分，較上月增一錢三分八厘。豌豆每京石價銀一兩一錢五分二厘，與上月相同。包穀每京石價銀八錢九分六厘，與上月相同。

温宿直隸州：大米每京石價銀二兩一錢二分八厘，小麥每京石價銀七錢七分六厘，大麥每京石價銀四錢六分，包穀每京石價銀六錢八分，俱與上月相同。

拜城縣：小麥每京石價銀六錢，與上月相同。大麥每京石價銀三錢五分，較上月增五分。豌豆每京石價銀四錢三分，與上月相同。包穀每京石價銀四錢二分，與上月相同。

庫車直隸廳：大米每京石價銀三兩一錢，較上月減二分。小麥每京石價銀九錢，較上月增二分。豌豆每京石價銀六錢四分，較上月增一分。包穀每京石價銀六錢三分，與上月相同。

烏什直隸廳：大米每京石價銀二兩一錢七分五厘，小麥每京石價銀六錢六分，大麥每京石價銀三錢二分一厘，包穀每京石價銀四錢五分八厘，俱俱與上月相同。

喀什噶爾道屬

疏勒直隸州：大米每京石價銀三兩四分六厘，較上月增九分三厘。小麥每京石價銀一兩四錢二分三厘，與上月相同。包穀每京石價銀九錢六分三厘，較上月減四分二厘。高粱每京石價銀七錢五分四厘，較上月增三分六厘。

疏附縣：大米每京石價銀三兩四分六厘，較上月增九分三厘。小麥每京石價銀一兩四錢二分三厘，與上月相同。包穀每京石價銀九錢六分三厘，較上月減四分二厘。高粱每京石價銀七錢五分四厘，較上月增三分六厘。

莎車直隸州：大米每京石價銀二兩八錢一分二厘，較上月減一錢四分八厘。小麥每京石價銀九錢六分六厘，與上月相同。大麥每京石價銀六錢八分七厘，與上月相同。包穀每京石價銀五錢九分四厘，較上月減一分三厘。

葉城縣：大米每京石價銀三兩三錢八分，與上月相同。小麥每京石價銀八錢，較上月增五分。包穀每京石價銀五錢，與上月相同。

和闐直隸州：大米每京石價銀三兩一分，較上月增七分。小麥每京石價銀一兩一分，較上月增四分。包穀每京石價銀六錢四分，較上月增五分。青稞每京石價銀五錢七分，與上月相同。

于闐縣：大米每京石價銀三兩四錢，小麥每京石價銀一兩，包穀每京石價銀六錢，俱與上月相同。

英吉沙爾直隸廳：大米每京石價銀三兩二錢五分二厘，較上月減一兩三錢八厘。小麥每京石價銀一兩一錢四厘，與上月相同。大麥每京石價銀六錢一分五厘，與上月相同。包穀每京石價銀八錢四厘，較上月減一錢八分七厘。

瑪喇巴什直隸廳：大米每京石價銀三兩一錢八厘，小麥每京石價銀一兩二錢四分二厘，包穀每京石價銀一兩二錢八分，俱與上月相同。

（硃批）：覽。[①]

○○九、請以任兆觀補授鎮西廳同知摺

光緒二十九年二月二十二日（1903年3月20日）

甘肅新疆巡撫西林巴圖魯臣潘效蘇跪奏，爲揀員請補要缺同知，以裨地方，恭摺仰祈聖鑒事。

竊據署布政使李滋森會同鎮迪道兼按察使銜慶秀詳稱：準補鎮西直隸廳同知周鼎銘，於光緒二十五年二月初二日病故，應以病故本日作爲開缺日期，所遺鎮西直隸廳同知係衝、繁、難三項要缺，前請以候補直隸州知州陳純治借補。該員已遵秦晉賑捐例，加捐道員不論雙單月選用，經前撫臣饒應祺奏請以道員留新候補，將請補鎮西同知之案毋庸核議，另行由外揀補，二十八年三月二十五日奉硃批：著照所請，吏部知道。欽此。自應仍按原出缺日期另行遴員請補，以重職守。查北路舊有各缺，經前撫臣劉錦棠奏准，援照甘肅變通章程辦理。查章程內

① 臺北“故宮博物院”藏：《軍機及宮中檔》，文獻編號：155236-0-A。

開：丞倅州縣各要缺，將現任各員擇其人地相宜者，一律升調。又，定例：應調缺出，現任人員内如無合例堪調之員，准以候補人員題補，各等語。

今鎮西直隸廳同知要缺，於通省現任人員内逐加遴選，實無堪以升調之員。惟查有現署綏來縣知縣候補同知任兆觀，年五十四歲，雲南昆明縣人，由附生中式同治九年庚午科本省鄉試舉人，經吏部以知縣注册揀選，於雲南剿捕蠻夷土、教各匪案内奏保以知縣不論雙單月，儘先選用，光緒六年七月初十日奉上諭：著照所請奬勵。欽此。七年，隨同前伊犁參贊大臣升泰[①]出關，於辦理接收分界事務案内奏保，俟補缺後以知州用，先换頂戴。十二年，奏留新疆試用。嗣經前伊犁將軍臣色楞額[②]將分界案内原保官階改奬補缺後以同知補用，十五年五月二十三日奉旨：依議。欽此。十六年三月，委署昌吉縣知縣。十九年十月，委署阜康縣知縣。二十一年十二月，奏補斯缺，經部覆准。二十四年七月二十五日，聞訃丁母憂，開缺回籍守制。二十六年十月二十五日，服滿起復，仍回原省候補。二十七年，委署綏來縣知縣，十二月十三日到任。

查該員任兆觀，品端學優，洞悉民隱，前在各任内辦理一切，諸臻妥協，現署綏來縣篆，措置裕如，輿情愛戴，并無參罰案件，在新疆年久，邊情熟悉，以之請補鎮西直隸廳同知，實堪勝任，人地亦極相宜，等情。詳請具奏前來。

臣查該員任兆觀，才具穩練，操守謹嚴，合無仰懇天恩俯念要缺需員治理，准以候補同知任兆觀補授鎮西直隸廳同知員缺，洵於地方有裨。如蒙俞允，俟奉部覆，并案給咨送部引見，以符定制。謹會同陝甘總督臣崧蕃，恭摺具奏。伏乞

---

① 升泰（1838—1892），字竹珊，卓特氏，蒙古正黄旗人。咸豐十一年（1861），捐納户部四川司員外郎。同治元年（1862），執掌井田科印鑰，充南檔房幫辦、實録館校對官。二年（1863），掌湖廣司印鑰，充内倉監督，加四品銜。同年，轉掌陜西司印鑰、軍需局總辦、則例館提調。三年（1864），任捐納房總辦，晉三品銜。五年（1866），授南檔房領辦、俸餉處總辦。六年（1867），放山西汾州府知府。十年（1871），補山西太原府知府。同年，升山西河東道。十三年（1874），晉布政使銜。光緒二年（1876），遷浙江按察使。四年（1878），署浙江布政使。同年，調補雲南布政使。七年（1881），加副都統銜，授伊犁參贊大臣。八年（1882），遷内閣學士兼禮部侍郎銜。同年，署烏魯木齊都統。十一年（1885），授駐藏幫辦大臣。十五年（1889），擢駐藏辦事大臣。十八年（1892），卒於任。謚恭勤。

② 色楞額（？—1890）字石友，滿洲正白旗人，六品蔭生。咸豐六年（1856），充藍翎侍衛。九年（1859），隨叔父荆州將軍都興阿出兵江南，補三等侍衛。十一年（1861），加二等侍衛。同治三年（1864），隨都興阿出兵甘肅，晋頭等侍衛。四年（1865），加副都統銜。七年（1868），賞戴花翎。光緒元年（1875），署興京副都統。次年，實授斯缺。三年（1877），調成都副都統。五年（1879），補授駐藏幫辦大臣，旋升駐藏辦事大臣。九年（1883），補庫倫掌印辦事大臣。十二年（1886），擢伊犁將軍。十六年（1890），卒於任。

皇太后、皇上聖鑒訓示。謹奏。光緒二十九年二月二十二日

（硃批）：吏部議奏。[①]

光緒二十九年三月二十四日，奉硃批：吏部議奏。欽此。[②]

〇一〇、奏報參贊富勒銘額病故緣由摺

光緒二十九年二月二十二日（1903年3月20日）

甘肅新疆巡撫西林巴圖魯臣潘效蘇跪奏，爲恭報在籍大員病故日期，并臚陳功績，懇恩優恤，恭摺仰祈聖鑒事。

竊臣據古城城守尉雙林呈稱：案據古城駐防花翎頭品頂戴前任塔爾巴哈臺參贊大臣富勒銘額[③]家屬呈報：該大臣前由塔爾巴哈臺參贊大臣因老病，於光緒二十三年十二月奏請開缺回籍調理。二十八年十一月十九日，復加患傷寒病證，醫治罔效，於二十九年正月初二日辰刻身故。呈請轉報，并據奇臺縣知縣報同前由，各等情。據此，臣查富勒銘額前署烏魯木齊領隊大臣，嗣任伊犁副都統，并護理伊犁將軍。時臣於迪化直隸州及伊犁府各任内先後同城，竊見該故大臣果毅有爲，辦事結實，平日述其壯歲從戎，備嘗艱苦，忠奮之氣，令人欽服。謹撮其生平功績，據實上聞。

竊維富勒銘額，古城駐防鑲白旗滿洲人，由前鋒校於道光二十七年赴業爾羌出征一次。咸豐五年，派赴塔爾巴哈臺換防，適回民滋事，焚毀俄人貿易圈子，奉派帶兵守城彈壓，兼赴卡外偵探夷情。此爲富勒銘額立功之始。歷任大臣咸知其打仗奮勇，辦事可靠，凡有征調，靡役不從。

同治初，關外回變，烏魯木齊等城先後不守，古城戒嚴。叠次奉派帶兵，打仗受傷，兼赴烏里雅蘇臺求援，年餘之久，来往於烏里雅蘇臺、巴里坤者數次，

---

① 中國第一歷史檔案館藏：《硃批原件》，檔號：04-01-12-0624-002。

② 臺北“故宫博物院”藏：《軍機及宫中檔》，文獻編號：155222。

③ 富勒銘額（？—1903），佚其姓氏，隸滿洲鑲白旗。道光年間，任前鋒校。光緒九年（1883），署烏魯木齊滿營協領，兼署烏魯木齊領隊大臣。十二年（1886），署理烏魯木齊都統。十四年（1888），以都統恭鏜薦，遷伊犁副都統。十六年（1890），以伊犁副都統兼署伊犁將軍。十九年（1893），調補塔爾巴哈臺參贊大臣。二十三年（1897），乞歸。二十九年（1903），卒，恤如制。

衝寒冒暑，備拯艱辛，卒以援兵不至，古城失陷，富勒銘額全家殉難，無營可歸，經前烏里雅蘇臺參贊大臣明誼[①]奏明，派赴前任鎮迪道升任哈密辦事大臣文麟[②]行營，隨同征剿，歷次帶隊剿賊。同治八年正月，搜剿哈密西山逆匪之役，富勒銘額奮力殺賊，先立戰功。十二年六月，擊退安西等處大股回匪，并搜剿哈密西山藏匪及二堡，截擊竄匪。十三年二月，剿辦哈密東山大股竄回獲勝，及運糧解圍，并敦煌解圍、剿辦餘匪各役，富勒銘額尤爲出力，時已累保至花翎二品頂戴即補協領，經前任哈密辦事大臣文麟等以富勒銘額督隊防剿，攻堅制勝，且手及悍逆，勇敢有爲，奏奉諭旨著作爲古城滿營實缺協領，并賞給堅勇巴圖魯名號，欽遵在案。綜計富勒銘額隨營帶隊前後三十餘年，打仗二十二次，殺賊多名，受傷二處。

至光緒八年，由頭品頂戴記名副都統署理烏魯木齊滿營協領，辦理屯田、修造兵房得力，經前任烏魯木齊都統恭鏜[③]奏請，署理烏魯木齊領隊大臣，時年已六十餘矣。十二年，奉旨護理烏魯木齊都統。十三年，交卸回旗。十四年，奉旨補授伊犁副都統。到任之後，因伊犁歷年游勇勾串俄屬回匪、哈薩，疊次竄擾。

---

① 明誼（？—1868），托克托莫特氏，蒙古正黄旗人。嘉慶十五年（1810），中舉。二十四年（1819），中式進士，選兵部主事。道光五年（1825），補職方司主事。十三年（1833），充武會試提調。十四年（1834），升武選司員外郎，旋補則例館提調、馬館監督。十六年（1836），授張家口税務監督。十八年（1838），放廣東瓊州府知府。二十年（1840），護理雷瓊道。二十一年（1841），遷甘肅安肅道。二十五年（1845），調補新疆鎮迪道。二十七年（1847），升山西按察使。次年，調甘肅按察使。二十九年（1849），署甘肅布政使。咸豐三年（1853），以軍功加二等侍衛。同年，授哈密辦事大臣。四年（1854），晉頭等侍衛，調補庫倫辦事大臣。五年（1855），授副都統銜，補授塔爾巴哈臺參贊大臣。次年，補鑲黄旗蒙古副都統。九年（1859），擢烏里雅蘇臺將軍。十年（1860），授鑲紅旗漢軍都統。同治七年（1868），卒。謚勤果。編有《道光瓊州府志》等行世。

② 文麟（？—1876），字瑞圃，兀扎拉氏，滿洲正藍旗人。道光二十二年（1842），以監生考取内閣中書，遷侍讀。二十三年（1843），充國史館收掌官。三十年（1850），任實録館收掌官。咸豐三年（1853），選内閣中書。七年（1857），升内閣侍讀，授實録館提調官。八年（1858），簡甘肅蘭州道。同治元年（1862），署甘肅按察使。同年，署甘肅布政使。三年（1864），調補甘肅鎮迪道。四年（1865），加藍翎侍衛。同年，授哈密辦事大臣。五年（1866），署哈密辦事大臣。七年（1868），晉頭等侍衛。同年，擢哈密辦事大臣。十二年（1873），加副都統銜。光緒二年（1876），卒。

③ 恭鏜（1837—1889），字振魁，滿洲正黄旗人，博爾濟吉特氏，生員出身。咸豐初年，充刑部筆帖式。四年（1854），選吏部主事。同治元年（1862），補員外郎。次年，升御史。三年（1864），兼管内務府銀庫員外郎。同年，升郎中，兼内務府六庫郎。五年（1866），充總理各國事務衙門章京、理藩院内外館監督。六年（1867），兼理步軍統領衙門章京。是年，放湖北荆宜施道，加按察使銜。十年（1871），遷奉天府府尹。光緒元年（1875），署盛京將軍。三年（1877），授二等侍衛，任烏魯木齊領隊大臣。同年，署烏魯木齊都統。五年（1879），擢烏魯木齊都統。九年（1883），調補西安將軍。十二年（1886），署黑龍江將軍。十四年（1888），授黑龍江將軍。十五年（1889），補授杭州將軍。同年，進京陛見，卒於天津途次。

派兵剿辦，擒獲賊酋及三次撲滅潰勇，并在瑪納斯沿山一帶搜剿餘匪，地方賴以安謐。十六年，奉旨護理伊犁將軍，添設卡倫，整頓營制，安設新舊滿營，將索倫、錫伯、察哈爾、額魯特兵丁咸歸游牧，以及經理屯田各事，罔不井井有條。十八年交卸，仍回副都統任。

十九年四月，奉旨接辦塔爾巴哈臺參贊大臣事務，四年之久，挑練索倫兵丁，撥地屯田，作爲隨缺地畝，俾輔滿、漢營隊，以資防守，而以察哈爾、額魯特仍歸游牧；收還巴爾魯克山，清界設卡，建造城垣、衙署、兵房，一切籌維，咸臻妥洽。因年近八旬，傷疾時發，兼患目疾，恐曠職守，遂於二十三年告休回籍。方冀長承恩眷，乃因感冒傷寒，遂致不起。聞者惜之。

臣惟該故大臣賦畀過於常人，忠誠根於至性，故能堅卓耐勞，爲國宣力五十餘載，其功勤實有不可泯没者。合無仰懇天恩飭部從優議恤，并將平生戰功事迹宣付國史館立傳，以彰勞勩。

除將詳細履歷清册咨送軍機處外，所有在籍大員病故日期緣由，謹會同伊犁將軍臣馬亮[①]、陝甘總督臣崧蕃，繕摺具陳。伏乞皇太后、皇上聖鑒訓示。謹奏。光緒二十九年二月二十二日。

（硃批）：著照所請，該衙門知道。[②]

光緒二十九年三月二十四日，奉硃批：著照所請，該衙門知道。欽此。[③]

○一一、奏報知州劉兆松例應迴避片

光緒二十九年二月二十二日（1903年3月20日）

再，定例現任外官，如督撫、兩司及統轄全省之道員内，有兒女姻親，令官

① 馬亮（1845—1909），原隸漢軍正白旗，改隸滿州正白旗，哈豐阿巴圖魯。同治五年（1866），補驍騎校。八年（1869），加佐領銜。十二年（1873），升協領，晉副都統銜。光緒元年（1875），署巴里坤領隊大臣。九年（1883），充防禦。十年（1884），調補寧古塔佐領。十四年（1888），轉拉林佐領。二十一年（1895），署伊犁鎮總兵。二十六年（1900），補密雲副都統。二十七年（1901），擢伊犁將軍。三十一年（1905），調補烏里雅蘇臺將軍，兼廂黄旗漢都統。三十四年（1908），補授成都將軍。宣統元年（1909），卒於任。謚勇僖。

② 中國第一歷史檔案館藏：《硃批原件》，檔號：04-01-12-0624-022。

③ 臺北“故宫博物院”藏：《軍機及宫中檔》，文獻編號：155227。

小者，迴避鄰省另補，歷經遵照辦理。新疆和闐直隸州知州候補知府劉兆松，於臣在甘肅按察使任時，以其女許字臣次子花翎同知銜陝西補用知縣晉坤爲室，尚未過門，係屬兒女姻親。現在臣任新疆巡撫，同官一省，例應官小之劉兆松迴避，鄰省另補。新疆西南北三面均在邊界，惟東面甘肅係屬鄰省，擬懇天恩飭下陝甘總督，在於甘肅直隸州知州相當缺内酌量奏請對調，以符定例。

除飭司委員接署和闐直隸州知州外，謹附片具陳。伏乞聖鑒訓示。謹奏。

（硃批）：著照所請，該部知道。①

光緒二十九年三月二十四日，奉硃批：著照所請，該衙門知道。欽此。②

〇一二、奏報陳天禄等署理知縣緣由片

光緒二十九年二月二十二日（1903年3月20日）

再，署寧遠縣知縣李方學期滿遺缺，查有候補知縣陳天禄，堪以委署。又，迪化知縣員缺，前以葉城縣知縣蔣光陸調署在案。該員到任尚需時日，應委同知銜候補知縣謝維興暫行代理。據署布政使李滋森、署鎮迪道兼按察使銜慶秀會詳前來。

除由臣批飭分別給委外，謹會同伊犁將軍臣馬亮、陝甘總督臣崧蕃，附片具陳。伏乞聖鑒。謹奏。

（硃批）：吏部知道。③

光緒二十九年三月二十四日，奉硃批：吏部知道。欽此。④

【案】此奏片之具奏日期，硃批目録署“光緒二十九年二月初二日”，而録副則附於光緒二十九年二月二十二日主摺之後，未署具奏日期。據此片硃批日期“光緒二十九年三月二十四日”，查《隨手檔》⑤“硃批潘效蘇摺”一欄，并署有“報夾板一副，四百里，二月二十日發”等字樣。據此，此奏片具奏日期當爲

① 中國第一歷史檔案館藏：《硃批原件》，檔號：04-01-12-0624-084。
② 臺北“故宫博物院”藏：《軍機及宫中檔》，文獻編號：155223。
③ 中國第一歷史檔案館藏：《硃批原件》，檔號：04-01-12-0624-079。
④ 臺北“故宫博物院”藏：《軍機及宫中檔》，文獻編號：155224。
⑤ 中國第一歷史檔案館藏：《軍機處隨手登記檔》，檔案編號：03-0316-1-1229-081。

“光緒二十九年二月二十二日”無疑。兹據校正。

〇一三、奏報上年十一月雨水糧價摺

光緒二十九年三月初四日（1903年4月1日）

甘肅新疆巡撫西林巴圖魯臣潘效蘇跪奏，爲恭報光緒二十八年十一月分糧價并得雪情形，謹繕摺具陳，仰祈聖鑒事。

竊照光緒二十八年十月分各屬糧價并得雪情形，業經臣奏報在案。兹據署新疆布政使李滋森詳稱：光緒二十八年十一月分，鎮迪道屬迪化得雪，積地八寸；奇臺、鎮西得雪，積地五寸；綏來得雪，積地三寸；阜康、哈密得雪，積地二寸；昌吉、庫爾喀喇烏蘇得雪，積地一寸。伊塔道屬塔爾巴哈臺得雪，積地九寸；綏定得雪，積地八寸；寧遠得雪，積地三寸；精河得雪，積地二寸。南路各屬暨吐魯番一屬均未得雪。至通省糧價，昌吉、阜康、綏來、寧遠、温宿、烏什、莎車、和闐、于闐、英吉沙爾、瑪喇巴什等廳州縣俱與上月相同，其餘均有增減，匯詳請奏前來。

理合恭摺具陳，并繕糧價清單，敬呈御覽。伏乞皇太后、皇上聖鑒。謹奏。光緒二十九年三月初四日。

（硃批）：知道了。①

光緒二十九年五月初六日，奉硃批：知道了。欽此。②

〇一四、呈新疆二十八年十一月糧價清單

光緒二十九年三月初四日（1903年4月1日）

謹將新疆各屬光緒二十八年十一月分米糧時估價值，繕具清單，恭呈御覽。

① 中國第一歷史檔案館藏：《硃批原件》，檔號：04-01-25-0528。

② 臺北“故宫博物院”藏：《軍機及宫中檔》，文獻編號：156355。

計開十一月分

鎮迪道屬

迪化縣：大米每京石價銀三兩七錢，與上月相同。小麥每京石價銀一兩五錢五分六厘，與上月相同。豌豆每京石價銀一兩二錢九分六厘，與上月相同。青稞每京石價銀八錢二分八厘，較上月減六分九厘。

昌吉縣：大米每京石價銀二兩八錢三分三厘，小麥每京石價銀一兩一錢二分四厘，豌豆每京石價銀一兩五分，青稞每京石價銀七錢一分七厘，俱與上月相同。

阜康縣：粟米每京石價銀一兩四錢七分四厘，小麥每京石價銀一兩四錢四分九厘，豌豆每京石價銀一兩四錢一分五厘，高粱每京石價銀七錢六分，俱與上月相同。

綏來縣：大米每京石價銀二兩二錢九分，小麥每京石價銀一兩一錢六分七厘，豌豆每京石價銀一兩一錢四分，高粱每京石價銀五錢六分八厘，俱與上月相同。

奇臺縣：大米每京石價銀三兩四錢五分二厘，與上月相同。小麥每京石價銀一兩四錢一分五厘，較上月增一錢六厘。豌豆每京石價銀一兩三錢八分二厘，較上月增七分。

吐魯番直隸廳：小麥每京石價銀一兩三錢五厘，與上月相同。大麥每京石價銀六錢三分五厘，與上月相同。高粱每京石價銀五錢一分八厘，與上月相同。黃豆每京石價銀一兩五錢三分，較上月減三分八厘。

鎮西直隸廳：小麥每京石價銀二兩三分，與上月相同。豌豆每京石價銀一兩四錢八分，與上月相同。青稞每京石價銀一兩三錢，較上月增八分六厘。

哈密直隸廳：粟米每京石價銀一兩九錢四分四厘，較上月減五錢四厘。小麥每京石價銀一兩五錢四分七厘，與上月相同。豌豆每京石價銀一兩四錢四分，與上月相同。青稞每京石價銀九錢六分五厘，與上月相同。

庫爾喀喇烏蘇直隸廳：小麥每京石價銀一兩二錢三分八厘，較上月減一錢一分一厘。豌豆每京石價銀一兩五錢二分六厘，與上月相同。高粱每京石價銀八錢八分二厘，較上月減五厘。

伊塔道屬

綏定縣：大米每京石價銀三兩二錢五分，較上月減六厘。小麥每京石價銀一兩三錢八分，與上月相同。大麥每京石價銀八錢二分五厘，與上月相同。豌豆每京石價銀一兩二錢六分，與上月相同。

寧遠縣：大米每京石價銀三兩三錢六分，小麥每京石價銀一兩五分，大麥每京石價銀七錢三分，豌豆每京石價銀九錢八分，俱與上月相同。

塔爾巴哈臺直隸廳：小麥每京石價銀一兩一錢二分六厘，較上月減二錢四分九厘。大麥每京石價銀九錢七分六厘，較上月增一厘。豌豆每京石價銀一兩九分八厘，與上月相同。

精河直隸廳：大米每京石價銀三兩八錢五分，與上月相同。小麥每京石價銀一兩四錢，與上月相同。大麥每京石價銀九錢四分五厘，較上月減三分五厘。豌豆每京石價銀一兩四錢，較上月減一錢四分。

阿克蘇道屬

焉耆府：大米每京石價銀三兩九錢九分六厘，較上月減八厘。小麥每京石價銀一兩二錢九分九厘，較上月增六錢九分。豌豆每京石價銀一兩一錢五分二厘，與上月相同。包穀每京石價銀八錢九分六厘，與上月相同。

温宿直隸州：大米每京石價銀二兩一錢二分八厘，小麥每京石價銀七錢七分六厘，大麥每京石價銀四錢六分，包穀每京石價銀六錢八分，俱與上月相同。

拜城縣：小麥每京石價銀六錢五分，較上月增五分。大麥每京石價銀三錢七分，較上月增二分。豌豆每京石價銀四錢三分，與上月相同。包穀每京石價銀四錢五分，較上月增三分。

庫車直隸廳：大米每京石價銀三兩一錢二分，較上月增二分。小麥每京石價銀九錢二分，較上月增二分。豌豆每京石價銀六錢四分，與上月相同。包穀每京石價銀六錢三分，與上月相同。

烏什直隸廳：大米每京石價銀二兩一錢七分五厘，小麥每京石價銀六錢六分，大麥每京石價銀三錢二分一厘，包穀每京石價銀四錢五分八厘，俱俱與上月相同。

喀什噶爾道屬

疏勒直隸州：大米每京石價銀三兩四分六厘，與上月相同。小麥每京石價銀一兩二錢八分，較上月減一錢四分三厘。包穀每京石價銀一兩五厘，較上月增四分二厘。高粱每京石價銀七錢九分，較上月增三分六厘。

疏附縣：大米每京石價銀三兩四分六厘，與上月相同。小麥每京石價銀一兩三錢八分，較上月減四分三厘。包穀每京石價銀一兩五厘，較上月增四分二厘。高粱每京石價銀七錢五分，較上月增三分六厘。

莎車直隸州：大米每京石價銀二兩八錢一分二厘，小麥每京石價銀九錢六分六厘，大麥每京石價銀六錢八分七厘，包穀每京石價銀五錢九分四厘，俱與上月相同。

葉城縣：大米每京石價銀三兩三錢五分，較上月減三分。小麥每京石價銀八錢二分，較上月增二分。包穀每京石價銀五錢，與上月相同。

和闐直隸州：大米每京石價銀三兩一分，小麥每京石價銀一兩一分，包穀每京石價銀六錢四分，青稞每京石價銀五錢七分，俱與上月相同。

于闐縣：大米每京石價銀三兩四錢，小麥每京石價銀一兩，包穀每京石價銀六錢，俱與上月相同。

英吉沙爾直隸廳：大米每京石價銀三兩二錢五分二厘，小麥每京石價銀一兩一錢四厘，大麥每京石價銀六錢一分五厘，包穀每京石價銀八錢四厘，俱與上月相同。

瑪喇巴什直隸廳：大米每京石價銀三兩一錢八厘，小麥每京石價銀一兩二錢四分二厘，包穀每京石價銀一兩二錢八分，俱與上月相同。

（硃批）：覽。[①]

○一五、請以蔣士修借補同知緣由摺

光緒二十九年三月初四日（1903年4月1日）

甘肅新疆巡撫西林巴圖魯臣潘效蘇跪奏，爲揀員借補要缺同知，以裨地方，恭摺仰祈聖鑒事。

竊據署新疆布政使李滋森會同署鎮迪道兼按察使銜慶秀詳稱：庫爾喀喇烏蘇直隸廳同知王廷贊因病奏請開缺回籍調理，於光緒二十八年五月十二日奉硃批：吏部知道。欽此。應以奉旨後第五日由部行文起按新疆照限減半計算，以是年七月二十八日作爲開缺日期。所遺庫爾喀喇烏蘇直隸廳同知係衝、繁、難三項要缺，應即遴員請補，以重職守。查北路添改各缺，經前撫臣劉錦棠奏准由外揀補一次後援照甘肅變通章程辦理。查章程内開：丞倅州縣各要缺，將現任各員擇其

① 臺北“故宮博物院”藏：《軍機及宮中檔》，文獻編號：156355-0-A。

人地相宜者一律升調。又定例：應調缺出現任人員内，如無合例堪調之員，准以候補人員題補，各等語。今庫爾喀喇烏蘇直隸廳同知要缺，於通省現任人員内逐加揀選，非現居要缺，即人地不宜，實無堪以升調之員。

惟查有現署疏勒直隸州知州候補直隸州知州蔣士修，年五十歲，湖南湘鄉縣人，由文童於光緒四年二月在河南協黔捐局報捐監生，加捐選用縣丞。旋投效軍營，於蕩平新疆南北兩路案内奏保，六年正月三十日奉上諭：著免選本班，以州判留甘補用。欽此。新疆五次剿平邊寇案内奏保，七年五月二十日奉上諭：著免補本班，以知縣仍留原省歸候補班前先補用，并賞加同知銜。欽此。新疆六載邊防案内奏保，十年十月初四日奉上諭：著賞戴花翎。欽此。十四年九月，留新候補。十六年九月，借補布政使司經歷。十七年二月，經部覆准。先於伊犁搜剿零匪案内奏保，經部核議，准俟補缺後以直隸州知州用。十七年十二月二十五日具奏，奉旨：依議。欽此。照例扣至十八年三月初十接到保案部文之日，作爲直隸州知州到省候補日期。是年四月二十六日，丁母憂，開缺回籍守制。先於新疆七載防戍案内奏保，請俟候直隸州知州後，以知府升用，部議照准。十九年十二月初二日具奏，奉旨：依議。欽此。二十年七月二十六日，服滿起復。二十一年二月初一日，回省候補。二十二年二月，委署瑪喇巴什直隸廳通判。二十五年八月，委署英吉沙爾直隸廳同知。二十七年十一月，委署疏勒直隸州知州，二十八年四月十九日到任。

查該員蔣士修，心細才長，有爲有守，歷署各缺，辦理一切，諸臻妥協，并無參罰案件，在新疆年久，邊情熟悉，以之借補庫爾喀喇烏蘇直隸廳同知，實堪勝任，人地亦極相宜。惟以直隸州知州借補直隸廳同知，銜缺雖異，而品級相同，且新疆同知各缺歷經借補有案，等情。詳請具奏前來。

臣查該員蔣士修，守正不阿，才堪濟變，合無仰懇天恩俯念要缺需人治理，准以該員蔣士修借補庫爾喀喇烏蘇直隸廳同知，洵於地方有裨。如蒙俞允，俟奉部覆，即行給咨送部引見，以符定制。謹會同陝甘督臣崧蕃，恭摺具陳。伏乞皇太后、皇上鑒訓示。謹奏。光緒二十九年三月初四日。

（硃批）：吏部議奏。[①]

---

① 中國第一歷史檔案館藏：《硃批原件》，檔號：04-01-12-0625-006。

光緒二十九年五月初六日，奉硃批：吏部議奏。欽此[①]。

1.【案】光緒十一年九月初五日，新撫劉錦棠奏報酌議新疆補署各缺章程一摺，曰：

欽差大臣督辦新疆事宜尚書銜降一級留任甘肅新疆巡撫二等男臣劉錦棠跪奏，爲酌議新疆補署各缺留省補用人員章程，懇恩俯准飭部立案，恭摺仰祈聖鑒事。

竊維爲政之要，重在得人。立法之初，貴乎因地。新疆著名荒瘠，自經兵燹，雕敝尤甚，整頓撫綏，悉關緊要。而漢回雜處，言語文字隔閡不通，非習知其情，無從求治。故從前各項差委，皆以隨營辦事人員擇能而任。現值設省之始，亦應酌立定章。新疆北路實缺人員向由關内調補，以後甘肅人員應准於新疆酌量委用，擬請凡甘肅候補曾經引見驗看、領照到省及實缺人員，如熟悉邊務，調赴新疆差委，遇有人地相宜缺出，准予分别請補、請調，毋庸先行奏留。若留甘尚未引見驗看，先經隨營當差，擬即查取履歷，分咨部籍，無論正雜，亦擇人地相宜之缺，准其酌補。其現在隨營人員内有分省候選并他省候補各員，從事有年，於邊務亦多熟悉，擬請照依變通章程分别奏咨，無論曾否委署地方，均准留於甘肅新疆，照章補署。若向未在營當差，仍不得概援此章，以示限制。

至請補各項員缺，除南路經臣奏准仿照吉林章程由外揀補一次外，北路添改各缺，事同一律，亦應先行由外揀補一次。均請於外揀一次之後，與北路舊有各缺一體援照雲貴、甘肅變通章程請補。統俟地方事務大定，再照向章辦理，以歸畫一。惟新疆各缺例准俸滿調升内地，原以鼓勵人才，於邊缺特示優異。現在新設各廳州縣有距甘省在七八千里以外者，各該員捧檄馳驅，不辭勞瘁。若僅恃此二十餘屬以爲升調，竊恐鼓勵之道有時而窮。且此二十餘屬又多瘠苦，尤不足以廣激勸。查新疆北路各缺，例限三年、五年分别俸滿。南路程途更遠，應請比照辦事文員三年期滿例，均作爲三年俸滿，屆期由藩司察其在任實心任事，出具考語，詳由撫臣驗看，咨送甘省，照例升用。

再，實缺人員例准保送卓異。甘肅州縣以上定例六員、教佐二員。烏魯木齊都統所屬同通雜職，果有實係出色，亦准保薦一員。每屆計典，新疆向由甘省辦理。兹既改置行省，增設郡縣，可否從寬酌定額數，分别核辦，應請飭部并議示

---

① 臺北“故宫博物院”藏：《軍機及宫中檔》，文獻編號：156357。

覆，以便將來擇尤保薦，如不得其人，任缺毋濫。倘有庸劣不職，仍隨時查明參劾。如此分别定章，庶於變通之中仍寓慎重之意。據藩司魏光燾詳請具奏前來。

臣覆核無異。合無仰懇天恩，飭部核准立案，以憑遵辦。所有酌擬新疆補署各缺留省補用人員章程各緣由，是否有當？謹會同陝甘總督臣譚鍾麟，恭摺具奏。伏乞皇太后、皇上聖鑒訓示，施行。謹奏。光緒十一年九月初五日。①

○一六、奏爲御賞方略謝恩摺

光緒二十九年三月初四日（1903年4月1日）

甘肅新疆巡撫西林巴圖魯臣潘效蘇跪奏，爲叩謝天恩，仰祈聖鑒事。

竊臣查接管卷内，上年夏間準外務部咨：奉諭旨頒發“平定粵匪、捻匪、回匪方略”，應即派員赴部承領等因。經前任撫臣饒應祺於上年九月内派弁持文，赴部請領，於本年二月十八日，差弁齎回到新。當即恭設香案，望闕叩頭祗領。

惟皇上德躋堯舜，功邁禹湯，以中外爲一家，貢琛賮在萬國，溯咸同紀年之際，適髪捻擾亂之秋。惟先皇廣運聖謨，惟聖母克彰神武。知人善任，掃東南十省揮槍；用賢弗疑，除秦隴廿年寇盗。迨滇黔之匪徒悉净，而關塞之回逆猶狂。皇上敬秉慈猷，丕揚大烈，天山傳箭，二萬里仍隸版圖；星漢洗兵，卅六部咸編郡縣。武成大告，方略用昭。此訓誥以常新，著作壯風雲之色；與典謨而益盛，文章焕日月之光！

臣樗櫟懷慚，疆圻忝領，久欽廟算之高深，得睹天章之炳耀。惟有讀如史傳，奉作韜鈐，合種族以同軌同文，全賴皇威之服遠；編垓埏而遵道遵路，永循聖策以籌邊。

所有微臣感激下忱，謹繕摺叩謝天恩。伏乞皇太后、皇上聖鑒。謹奏。三月初四日。

光緒二十九年五月初二日，奉硃批：知道了。欽此。②

---

① 中國第一歷史檔案館藏：《硃批原件》，檔號：04-01-12-0533-069。又，《軍機録副》，檔號：03-5836-012。
② 臺北“故宫博物院”藏：《軍機及宫中檔》，文獻編號：156258。

○一七、奏爲御賞福壽字謝恩摺

光緒二十九年三月初四日（1903年4月1日）

甘肅新疆巡撫西林巴圖魯臣潘效蘇跪奏，爲恭謝天恩，仰祈聖鑒事。

竊臣於光緒二十九年二月十八日准兵部火票由驛遞交御賞福壽字，謹即恭設香案，望闕叩頭祇領。欽惟皇上德被九州，仁周萬國，承慈顔而致治，斂五凝禧；秉懿訓以肇修，登三有慶。焕堯文而義敷錫極，衍羲畫而音協延齡。化洽熙春，歡騰亟夏！

臣抱慚陋植，忝綰疆符，未效寸長，渥蒙賞賚。壽延寰宇，風雲色壯乎龍堆；福錫自天，奎璧輝揚乎雁磧。拜上方之嘉寵，倍下悃之悚惶。臣惟有勉竭駑駘，撫綏旗衆，合回纏而向化，群欣依戴於仁天；率鞮澤以同文，共祝舒長於愛日。

所有微臣感激榮幸下忱，謹繕摺叩謝天恩。伏乞皇太后、皇上聖鑒。謹奏。三月初四日。

光緒二十九年五月初二日，奉硃批：知道了。欽此。[①]

○一八、奏報揀選古城滿營防禦等缺摺

光緒二十九年三月初四日（1903年4月1日）

甘肅新疆巡撫西林巴圖魯臣潘效蘇跪奏，爲揀員請旨簡放古城滿營防禦、驍騎校各缺，恭摺仰祈聖鑒事。

竊古城滿營鑲黄正白旗防禦全福病故遺缺，經前任撫臣饒應祺奏明另行揀員請補，奉旨允准欽遵轉行在案。兹據古城城守尉雙林在於應升人員内逐加考驗，擬具正、陪，并造旗佐清册，呈請奏補前來。

臣覆加揀選，所有該滿營鑲黄正白旗防禦員缺，應以正黄正紅旗驍騎校現

---

① 臺北“故宫博物院”藏：《軍機及宫中檔》，文獻編號：156259。

署該旗防禦成雲擬正，鑲紅鑲藍旗世襲雲騎尉忠聊擬陪。其遞遺驍騎校員缺，應以右翼蒙古旗世襲恩騎尉有世擬正，藍翎六品軍功補用驍騎校鑲黄正白旗前鋒小旗喜克德柯擬陪。理合繕具清單，恭呈御覽，仰懇天恩簡放防禦一員、驍騎校一員，以實營伍。

除咨部外，謹會同伊犁將軍臣馬亮、陝甘總督臣崧蕃，恭摺具陳。伏乞皇太后、皇上聖鑒訓示。謹奏。光緒二十九年三月初四日。

（硃批）：均著擬正之員補授，兵部知道，單并發。①

光緒二十九年五月初六日，奉硃批：均著擬正之員補授，兵部知道，單并發。欽此。②

〇一九、呈揀放古城滿營防禦等缺清單

光緒二十九年三月初四日（1903年4月1日）

謹將揀放古城滿營防禦、驍騎校各缺擬具正、陪人員，繕具清單，恭呈御覽。

鑲黄正白旗防禦全福病故遺缺，揀選得正黄正紅旗驍騎校現署該旗防禦成雲擬正，食俸餉三十二年，現年四十七歲。瓜爾佳氏，馬步箭平等。

揀選得鑲紅鑲藍旗世襲雲騎尉忠聯擬陪，食俸餉十年，現年二十五歲。李佳氏，馬步箭平等。

成雲遞遺正黄正紅旗驍騎校一缺，揀選得右翼蒙古旗世襲恩騎尉有世擬正，食俸餉二十年，現年三十八歲。鄂爾圖特氏，馬步箭平等。

揀選得藍翎六品軍功補用驍騎校鑲黄正白旗前鋒小旗喜克德柯擬陪，食錢糧四十二年，現年五十七歲。吴雅氏，馬步箭平等。

（硃批）：覽。③

---

① 中國第一歷史檔案館藏：《硃批原件》，檔號：04-01-16-0276-041。

② 臺北“故宫博物院”藏：《軍機及宫中檔》，文獻編號：156354。

③ 臺北“故宫博物院”藏：《軍機及宫中檔》，文獻編號：156354-0-A。

〇二〇、代奏回王爲賞荷包等物謝恩摺

光緒二十九年三月初四日（1903 年 4 月 1 日）

甘肅新疆巡撫西林巴圖魯臣潘效蘇跪奏，爲據情代奏恭謝天恩，仰祈聖鑒事。

竊臣據哈密札薩克回子親王沙木胡索特[①]呈稱：承准軍機處咨開，年終恩賞荷包、銀錁、銀錢、食物等項，交兵部由驛遞到。當即恭設香案，望闕叩頭祇領。伏念奴才職列藩封，恩叨黼座。兹值寅纏轉運，正當申錫懋膺。佩重紫羅，既輝煌而耀目；賫推亦仄，復珍錯之流芬。渥被鴻施，倍深鼇戴！所有感激下忱，呈請代奏前來。

理合恭摺據情代奏，叩謝天恩。伏乞皇太后、皇上聖鑒。謹奏。三月初四日。

光緒二十九年五月初一日，奉硃批：知道了。欽此。[②]

〇二一、請以孳生馬匹作世襲兵之用片

光緒二十九年三月初四日（1903 年 4 月 1 日）

再，新疆巴里坤、濟木薩地方承平時均設有孳生馬廠。逆回變亂後，濟木薩城池失陷，馬廠馬匹劫掠無存。惟巴里坤東廠孳生馬匹雖叠被搶劫，尚有遺存。光緒十四年，前撫臣劉錦棠飭查，尚存大小兒騍馬四千五百餘匹，咨准部覆，令從光緒十六年七月分起，照例取孳。截至二十五年六月底止，循例辦理三次均齊，實存大小兒騍馬七千八百六十匹，經前撫臣饒應祺奏明，奉到硃批：該部知道。欽此。欽遵在案。光緒十八年，前撫臣陶模奏請由巴里坤馬廠撥馬五百匹，解交濟木薩營派兵牧放。自十八年八月十四日起至二十四年八月十三日止，兩次

---

① 沙木胡索特（1857—1930），哈密札薩克和碩親王，哈密札薩克和碩親王伯錫爾王府塔爾臺吉之子。光緒八年（1882），襲札薩克和碩親王位。十一年（1885），賞戴三眼花翎。光緒二十一年（1895），賞黄繮。三十年（1904 年），賞穿帶月素貂褂。民國四年（1915），授翊衛使、一等嘉禾章，特給雙俸，封“管理哈密地方鑲紅旗世襲罔替頭等札薩克雙親王”。民國十九年（1930），卒於哈密。

② 臺北“故宫博物院”藏：《軍機及宫中檔》，文獻編號：156254。

限滿，辦理均齊，實存大小兒騍馬七百六十七匹，亦經前撫臣饒應祺奏明，奉到硃批：兵部知道。欽此。欽遵轉行遵照，各在案。

此次臣因餉項艱難，奏請變通營制，籌練世襲兵。所有應需牛馬羊隻，爲數甚鉅，擬懇天恩俯准以巴里坤、濟木薩兩處孳生馬匹作世襲兵之用，稍資散放。如蒙俞允，敬請飭部立案施行。

是否有當？謹會同陝甘總督臣崧蕃，附片具陳。伏乞聖鑒訓示。謹奏。

光緒二十九年五月初六日，奉硃批：覽。欽此。[①]

○二二、請將易壽崧酌量對調緣由片

光緒二十九年三月初四日（1903年4月1日）

再，新疆烏什直隸廳同知易壽崧，係現署藩司本任鎮迪道兼按察使銜李滋森之妻胞弟，分屬至親，例應迴避鄰省對調，經前撫臣饒應祺奏奉硃批：吏部知道。欽此。比即欽遵咨商陝西撫臣在於該省相當同知缺內酌量對調。嗣准覆稱：陝省并無直隸同知之缺，若與單廳對調，銜缺實不相當，應在甘省對調等因。復經行知去後。兹據李滋森詳：據易壽崧呈稱：同治四年，在署皋蘭縣知縣李宗蔭任内襄辦錢穀等事，因係游幕省分，故前請迴避陝西，并聲明本班係奏留新疆試用直隸州知州借補烏什直隸廳同知，於光緒二十六年閏八月十一日到任，例准還補本班之缺。今遵例迴避甘省，既係游幕省分，陝省又無直隸同知之缺，若還以本班直隸州知州調補陝西相當之缺，與例亦屬相符，等情。詳請核奏前來。

臣查易壽崧，明幹有爲，堪資表率，其於署藩司李滋森爲姻親，於甘肅爲游幕省分，均屬實情。新疆與陝西同一總督兼轄，例准對調，且迴避人員改調缺分，應以品級、繁簡相當爲斷。該員本由新疆試用直隸州知州借補烏什廳同知，轉瞬俸滿，陝省既無直隸同知之缺，可否以府屬同知繁簡相當之缺酌量對調，抑或還以本班直隸州知州調補之處。

除咨取皋蘭縣印結核辦外，謹會同陝甘總督臣崧蕃，附片陳明。伏乞聖鑒，

---

① 臺北“故宮博物院”藏：《軍機及宫中檔》，文獻編號：156352。

飭部核覆，俾符原案而免還就。謹奏。

（硃批）：吏部議奏。①

光緒二十九年五月初六日，奉硃批：吏部議奏。欽此。②

○二三、奏委張紹伯等署理通判等缺片

光緒二十九年三月初四日（1903年4月1日）

再，新設莎車府分防蒲犁通判員缺，應即委員署理，以專責成。查有候補知縣張紹伯，堪以委署。又，于闐縣知縣員缺前以實任奇臺縣知縣朱熿委署在案。該員到任尚需時日，應委候補府經歷袁之瀛暫行代理。據署布政使李滋森、署鎮迪道兼按察使銜慶秀會詳前來。

除由臣批飭分别給委外，謹會同陝甘總督臣崧蕃，附片具陳。伏乞聖鑒。謹奏。

（硃批）：吏部知道。③

光緒二十九年五月初六日，奉硃批：吏部知道。欽此。④

○二四、奏報饒應祺因病出缺緣由摺

光緒二十九年三月初八日（1903年4月5日）

頭品頂戴陝甘總督臣崧蕃、甘肅新疆巡撫西林巴圖魯臣潘效蘇跪奏，爲調任撫臣因病出缺，謹代遞遺摺，并臚陳事迹，懇恩優恤，恭摺仰祈聖鑒事。

竊照調任安徽巡撫饒應祺交卸新疆撫篆，遵旨入都陛見。光緒二十八年十二

① 中國第一歷史檔案館藏：《硃批原件》，檔號：04-01-12-0625-065。
② 臺北"故宫博物院"藏：《軍機及宫中檔》，文獻編號：156358。
③ 中國第一歷史檔案館藏：《硃批原件》，檔號：04-01-12-0625-066。
④ 臺北"故宫博物院"藏：《軍機及宫中檔》，文獻編號：156356。

月十八日亥刻，在哈密行館因病出缺。據哈密廳、營電報到省，業經臣效蘇電請軍機處代奏在案。兹據該故撫臣家屬呈遞遺摺，由哈密廳通判申轉前來。

伏查饒應祺隨營服官，由關隴以至新疆，前後三十餘載。臣效蘇昔爲僚屬，今與同官。臣崧蕃近在鄰封，見聞較確，其爲人、行政，知之最深，有不敢壅於上聞者。竊惟饒應祺由舉人入前大學士左宗棠營幕，贊襄帷幄，悉協機宜，久爲左宗棠所倚重。甘肅軍務漸定，以功效知府，分發陝西，委署同州府，正值丁丑大祲，人民相食，道饉相望。饒應祺履任伊始，篙目鴻嗷，籌辦賑撫，發粟散粥，施藥給衣，殫竭心力，全活甚多。前大學士閻敬銘[①]極爲嘉許。守同五載，民情愛戴。先是陝西軍興，差徭繁重，各屬設里民局，一切差費，按糧撥收，久爲民累。饒應祺首發輕徭之議，事甫舉，適奉旨授甘肅甘州府缺。前陝西撫臣邊寶泉[②]奏留，始終其事，因得厘定章程，分别兵差、流差，應支夫馬之數，酌裁浮冗之費，每歲頓減徭役銀數十萬餘兩，十餘年積困爲之一蘇，陝民至今稱之。

迨莅甘州府任，盡心民事，勤懇一如昔日。時有争渠水案，原、被悉皆紳富，各分黨類，争逞豪强，前府縣屢斷屢翻，數年不决，勢將釀成巨案。饒應祺親爲剖斷，屢次屢勘，日數堂審，不厭煩瑣，平心静氣，開導多方。兩造感悟，咸願罷訟。其誠能感人有如此者。西民素習游惰，婦女不能紡織。饒應祺由武漢購運紡車、織具，置之内署，擇婦女之靈敏者，使之入署，命其妻親爲指授，轉相傳習，定課程，明賞罰，於是郡民皆知紡織，成布與腹地等。

及升任蘭州道，離郡之日，深以未竟全功爲憾，然河西風氣遂大開矣。任蘭州道未久，委署按察使，整躬飭吏，官民翕然。十五年，調署新疆布政使，旋補

① 閻敬銘（1817—1892），字丹初，號約盦，陝西朝邑縣人。道光二十五年（1845），中式進士，改庶吉士。咸豐四年（1854），充貴州司主事。同年，丁生母憂，回籍終制。六年（1856），補四川司主事。十年（1860），授湖廣司員外郎，總辦湖北糧臺，兼管營務。同年，升户部郎中，賞戴花翎。十一年（1861），以四品京堂候補。同年，遷湖北按察使。同治元年（1862），署湖北布政使，旋轉山東鹽運使，署山東巡撫，加二品頂戴。同年，丁生父憂。二年（1863），擢山東巡撫。六年（1867），以病休。八年（1869），補工部右侍郎兼管錢法堂事務。同年，因病乞休。光緒三年（1877），稽察山西賑務。八年（1882），拜户部尚書。九年（1883），兼署兵部尚書。十年（1884），充軍機大臣上行走、總理衙門行走，晋協辦大學士。十一年（1885），轉東閣大學士，管理户部事務。十二年（1886），授會典館正總裁。十三年（1887），四請致仕，得允。十八年（1892），卒，贈太子少保，謚文介。

② 邊寶泉（1831—1898），字廉溪，號潤民，漢軍鑲紅旗人。同治二年（1863 年），中式癸亥恩科進士，授編修，充鄉試會試考官、户科給事中等職。十一年（1872），補浙江道監察御史。同年，遷户科給事中。光緒三年（1877），升陝西督糧道。同年，晉陝西布政使。九年（1883），擢陝西巡撫。十一年（1885），調補河南巡撫，十三年（1887），因病解任。二十年（1894），補授閩浙總督兼船政大臣。二十一年（1895），兼署福州將軍。二十四年（1898），卒於任。贈太子少保。

授斯缺。七年之間，節慎度支，籌辦墾務，於地方一切事宜尤能實力實心，多所贊畫，如羅布淖爾設局興墾，以杜外人覬覦，草昧經營，精心建策，歷任撫臣深依賴之。

二十一年，關内河隍之變，升任撫臣陶模[①]奉旨内調，饒應祺署理巡撫，徵兵籌餉，昕夕不遑。當西寧賊匪分股西竄，饒應祺以哈密、鎮西近接甘境，南路羅布淖爾毗連敦煌，防之境内，不若防之境外，電商前督臣陶模調援甘新軍牛允誠[②]等馬步各隊，分防玉門、安西、敦煌一帶，派喀什噶爾、阿克蘇提、鎮各標營得力隊伍，分扼羅布淖爾之阿不旦、紅柳峽、阿武斯一帶，而於哈密、鎮西、喀喇沙爾、阿克蘇各後路節節設防，以資策應。布置甫定。逆首劉四伏[③]率兩萬餘人，精壯槍手千餘，逕撲昌、馬，爲牛允誠所敗，賊勢頓衰。饒應祺刊發剿撫兼施簡明告示，宣布皇朝威德。賊衆解體，劉四伏猶負隅抗拒，經官軍屢敗之於蘇節泉、扁博溝等處，殲賊甚多，收撫降衆五千餘人。劉四伏敗遁入山，仍復四出搶掠。

適臣效蘇前充營務處，以關内事定，率所部馳回玉門。饒應祺電商加派焦大聚等率隊合剿，復敗之於塔西鋪、尖山廟、三眼井等處，收撫降衆一千餘人。劉四伏竄安南壩，各軍跟追至野馬泉，賊敗復遁，又追北於一碗泉，收撫降衆六百餘人。劉四伏始棄輜重，率黨潛逃於羅布淖爾。甫入羅境，即爲駐羅各隊所扼，履拒履敗，隨從之五百餘人悉降。劉四伏勢窮力竭，當即擒獲。其另股冶八個、

---

① 陶模（1835—1902），字方之，一字子方，浙江秀水人。同治七年（1868），中式進士，改翰林院庶吉士。十年（1871），授甘肅文縣知縣。十二年（1873），補甘肅皋蘭縣知縣。光緒元年（1875），升甘肅秦州直隸州知州。五年（1879），署甘州府知府，調甘肅迪化州知州。六年（1880），加鹽運使銜。七年（1881），擢甘肅寧夏府知府。八年（1882），任甘肅鄉試内監試。九年（1883），署蘭州府知府，遷甘肅蘭州道。十年（1884），署甘肅按察使，旋調補直隸按察使。十四年（1888），升補陝西布政使。同年，護理陝西巡撫。十七年（1891），擢甘肅新疆巡撫。二十一年（1895），署陝甘總督。二十二年（1896），實授陝甘總督。二十六年（1900），調補兩廣總督。二十八年（1902），卒於廣州行館。謚勤肅，贈太子少保。著有《陶勤肅公奏議遺稿》、《養樹山房遺稿》存世。

② 牛允誠（？—1908），安徽宿州人。同治七年（1868），投效皖撫英翰軍營，以功拔充營官。嗣轉戰皖、豫、晉、陝、甘、新等省，保頭品頂戴記名提督，賞加額騰依巴圖魯名號。七年（1868），隨郭寶昌進軍陝西。九年（1870），率軍攻剿金積堡。光緒初，隨金運昌出關。光緒十四年（1888），署精河營守備。二十二年（1896），簡授巴里坤總兵。二十六年（1900），調署伊犁鎮總兵。三十三年（1907），感冒風雪，觸發舊傷。三十四年（1908），因病出缺。

③ 劉四伏（？—1896），又名劉同春、劉騰蛟，青海西寧蘇家堡人，因排行第四，人稱劉四。教衆尊稱其爲劉師父，文獻以同音字稱作劉四伏。光緒二十一年（1895），充青海哲赫林耶門宦領軍總管。二十二年（1896），率十萬教衆進入柴達木盆地。同年，受撫後被殺。

馬致和等衆數千亦先後受創就撫，關内外俱報肅清。

饒應祺調度有方，奉旨褒嘉，遂拜補授新疆巡撫之命。計先後收撫回衆男歸不下萬餘，均解羅布淖爾，分地安插。數年之間，散賑糧，修房屋，借牛籽，發農具，以及開渠築堡，并導之開礦、興牧、通商、惠工，於是户口日聚，地土日闢，始奏請改喀喇沙爾廳同知爲知府，添設新平縣及卡克里克縣丞。武則設游擊以下等官，定營制，置郵傳，地方遂大有起色矣。饒應祺以此次軍務得力於宿備新式快槍，適有德國人游歷到新，遂酌籌款項，商購毛瑟快槍萬桿，又購製造槍彈機器，自製洋火槍子各項。

二十五年，綏來回變，襲城未克，首逆率黨四竄。饒應祺不動聲色，分路派隊兜剿，不數日而事平，固由將士用命，亦以廣儲精械，足以寒賊膽而壯士心也。後以關内回民探親傭趁紛紛出關，饒應祺體朝廷一視同仁之意，飭屬編查保甲，凡業工藝、商農者，一體列入户册；其實無執業者，酌撥荒地，責成開墾，暫緩升科，使各有爲善之資，不致窮無所歸，流而爲匪。上年，因設省既久，生聚日繁，各屬轄境遼闊，難期兼顧，復商臣崧蕃會奏請改設、添設知府、州、縣十餘缺，并設教官，增學額，兼請廣鄉、會試中式之額，以資治理而宏教育。此饒應祺接受撫篆以來籌畫撫綏，諸著成效，見之奏章，確有可據者也。

新疆界連英俄，邊防緊要，自坎巨提、帕密邇有事，英俄相忌，時有齟齬。饒應祺恪守約章，隨機因應。庚子之役，與伊塔會籌防務，尤能處以鎮静，加意聯絡。歷年以來，邊境乂安，特是協餉日絀，庫藏日虛，以萬餘里孤懸塞外，仰息於人。臣效蘇莅新之日，每與議及，輒見憂形於色，蓋其焦思積慮，精神漸衰非一日矣。

二十七年冬，陡患痰厥之症，雖隨發隨愈，窺之外實内虛，不自知覺。此次奉命調皖，方幸離寒苦而歷燠區，前恙可除，報恩有日，不意中道嚴寒，仍觸舊恙，而遂齎志以終也。訃至之日，官民士庶罔不痛惜！

該故撫一生謹慎，平易近人，生平無疾言遽色，用人處事，誠實不欺，故人亦皆不敢相欺而奔趨惟謹。至其持身務儉，衣食無華，清德之昭，尤爲人所難及。儻能竟其設施，所以爲國家定大計、决大謀者，當猶不止此也。合無仰懇天恩俯准從優賜恤，并將生平事迹宣付國史館立傳，以彰勞藎。

所有調任撫臣因病出缺、代遞遺摺緣由，謹合詞恭摺具陳。伏乞皇太后、皇上聖鑒訓示。再，該故撫臣有子六人，鳳珪，花翎二品銜，陝西候補道。鳳璜，壬寅補庚子科舉人。鳳琯、鳳璪，均由附生捐納中書科中書職銜。鳳瓊，附生。鳳瓚，業儒。孫二人，毓英，監生；毓藻，幼均業儒。再此摺係臣效蘇主稿。合并聲明。謹奏。光緒二十九年三月初八日。

（硃批）：另有旨。①

光緒二十九年五月初六日，奉硃批：另有旨。欽此。②

【案】清廷旋於是年五月初六日頒布賜恤諭旨，曰：

光緒二十九年五月初六日，內閣奉上諭：崧蕃等奏，調任撫臣因病出缺，懇恩賜恤一摺。調任安徽巡撫饒應祺，由舉人投效軍營，保升知府，薦擢封圻，在關隴、新疆前後三十餘年，整頓地方，卓著勞勩。上年調補安徽巡撫，由新疆交卸入關，歿於哈密途次，殊堪軫惜。加恩著照巡撫例賜恤。任內一切處分悉予開復，生平政迹著宣付國史館立傳；例得恤典，該衙門察例具奏。靈柩回籍時，沿途地方官妥爲照料。伊子陝西候補道饒鳳珪，著俟服闋後，以道員仍留原省即補。欽此。③

○二五、奏報改練土著世襲兵緣由摺

光緒二十九年三月十七日（1903年4月14日）

甘肅新疆巡撫西林巴圖魯臣潘效蘇跪奏，爲新疆餉源短絀，擬請息假華洋款項，遣散內地客勇，改練土著世襲兵，以固邊防而紓餉力，恭摺具陳，仰祈聖鑒事。

竊新省地曠人稀，種類龐雜，北路鎮迪所屬漢多回少，伊犁、塔爾巴哈臺、精河、庫爾喀喇烏蘇等處漢民極少，滿、蒙、纏、哈劃地分居，生齒亦非繁衍。南路各城概係纏回土著，有古處風。自乾隆年間拓闢以來，兵由內地換防，餉由各省協濟。同治初年，全疆淪陷，至光緒三年始行收復，改建行省，文則設立郡

---

① 中國第一歷史檔案館藏：《硃批原件》，檔號：04-01-30-0066-011。

② 臺北“故宫博物院”藏：《軍機及宫中檔》，文獻編號：156350。

③ 《光緒朝上諭檔》，第29册，第102頁。

縣，武則移置提鎮，自副將以至守備，以官帶勇，以勇代兵，餉仍内地協撥，歲以數百萬計，實爲朝廷一大漏卮。在乾隆、嘉慶、道光時，國富民殷，裒多益寡，以天下之財濟天下之用，固屬無甚損益，今則非昔比矣。縱以本省無源可開，不能自立，亦當少糜帑項，共濟時艱。

查北路草山甚多，均極豊茂，荒地亦復不少。南路亦有草湖、官地，若將内地客勇徐爲遣散，改練土著之兵，以官帶兵，以兵代勇，仍與客軍營制無殊，即以屯牧養之，毋庸另籌餉項，實爲籌邊上策。辦理之法，擇户民三丁以上者，撥給上地十畝，免其租賦，并給孳生牛馬各二十五隻，羊五十隻，共計百隻，令其家屬自行耕牧，數口之家足資養贍，内挑壯丁一人，入伍充兵，即不發給口糧、銀兩，定以十年爲期，大約自二十内外入伍，三十内外出伍，又擇其子弟中之年力精壯者，接换充當，名之曰“世襲兵”，蓋地畝與牛馬、羊隻本非現餉可比，易人經理，必多窒礙也。

惟欲專用漢民，則萬難足額，擬鎮迪所屬每營五哨，挑用漢民四哨，搭用回民一哨，以示一視同仁之意。以四制一，决不敢稍萌異志，且可藉通聲氣。伊、塔、精、庫等處，先儘漢民挑選，兼用錫伯、索倫并各部蒙古。南路則纏回甚多，足供選募，議者謂邊氓愚懦，不足以資戰守，不知若輩最耐寒苦，若訓習步伐以暢共筋骸，精練技勇以壯其膽略，自與内地兵勇無異。同一賦畀，必謂北方之强不及南方之强，非通論也。

第新疆自設行省，經前任撫臣劉錦棠奏明設立副、參、游、都、守一百一十一缺，馬步一百一十一營、旗、哨，共計二萬八千餘人，屢經裁减，尚不下二萬人。臣在新疆年久，南北兩路足迹殆遍，何處應駐兵若干，務期不厚不薄，斟酌盡善，擬即以馬步二萬人爲定額，每步兵一名給孳生牛馬各二十五隻，羊五十隻，計一百隻。馬兵自備鞍馬、料草，其牛馬、羊隻皆須加倍籌給。此外自護兵、親兵以至營旗各官，層遞加給，切實估計，共需孳生牛馬一百六十四萬餘隻，牛馬價值相若，每雙約需銀六兩，計需銀九百八十七萬餘兩；羊一百六十四萬餘隻，每隻約需價銀一兩，計需銀一百六十四萬餘兩，二共約需銀一千一百五十一萬餘兩。

時局如斯，從何籌措？現擬步兵一名，除擬給上地十畝外，先給牛馬各五隻、羊十隻，共二十隻，馬兵以上遞加，通計先給十成之二，均在官山牧放，暫不取孳。每兵每月暫給鹽菜銀九錢，食糧四斗；馬兵每月并照舊章，暫給馬乾銀二兩四錢，不令賠貼。此項牛、馬、羊二成生生不息，約計五六年後，即可積足十成，作爲孳生定額，此後再有孳生，又在官山牧放，三年則皆長大膘壯，歲取其利，約可獲銀四五十兩，加以墾地所牧之糧，亦可獲銀二三十兩，共可獲銀六七十兩。除工本外，尚可餘銀五六十兩，較現發勇餉每名每月三兩六錢，歲得銀四十三兩二錢，猶有長餘，是以屯牧之利及所免之糧，抵爲兵餉，農民未有不爭先恐後者。統計八九年後，馬步銀糧、料草皆可停支，僅給營、旗、哨官辦公經費及槍炮、器械、軍火、軍裝等費，不獨新疆兵餉無須另籌，即承協省份亦可從容議減。窮則思變，其法無逾此者。然即此辦法，先行籌給牛馬、羊雙二成，亦需銀二百三十萬有奇。

查各省協甘餉銀，湖北三十三萬兩，湖南一十六萬兩，江西三十六萬兩，除撥解新建賠款十萬餘兩外，尚應找解銀二十五萬餘兩。三省每年應解銀七十四萬餘兩，三年可二百二十二萬餘兩。若指此作抵息假銀二百萬兩，議以三年歸還本利全價，冀無虧短。其餘孳生經費不敷銀三十餘萬兩，即由臣通融匀撥，尚不爲難。

惟此項協餉係甘、新、伊、塔公分之款，今請概抵新疆借款，所有甘肅、伊犁、塔城應分三省之餉，仍在新疆應分各省協餉内劃扣抵撥，并無出入，擬請飭下兩江總督、南洋大臣，轉飭上海關道，無論華洋款項，息假二百萬兩，俾作資本，以期集事。款到之後，練一世襲兵，即裁一客勇，計二三年後，可以竣事。從此無營官缺額之弊，無兵勇餓潰之虞。況以十年爲期，訓練可期精熟，較之徵兵内地，難易判然，是於營務、邊防兩有裨益。

除另擬世襲兵營制及屯牧糧餉章程咨呈軍機處及户、兵二部外，所有新省餉源短絀，擬請息假華洋款項，遣散内地客勇，改練土著世襲兵各緣由，謹會同陝甘總督臣崧蕃、伊犁將軍臣馬亮、塔爾巴哈臺參贊大臣臣春滿①、新疆喀什噶爾提督臣焦大聚②，合詞恭摺具陳。伏乞皇太后、皇上聖鑒訓示。祇遵。謹奏。光緒

---

① 春滿（1839—1905），字少珊，滿洲鑲白旗人，伊爾根覺羅氏，克勇巴圖魯。同治二年（1863），任吉林伊通驍騎校。三年（1864），調三姓正白旗防禦。四年（1865），擢吉林滿洲正黄旗佐領。七年（1868），調補烏拉正黄旗佐領，轉烏拉鑲白旗佐領。光緒三年（1877），加副都統銜。九年（1883），署理伊犁索倫領隊大臣，旋實授。十二年（1886），補授額魯特領隊大臣，署理塔爾巴哈臺參贊大臣。十九年（1893），調補察哈爾領隊大臣。二十三年（1897），擢伊犁副都統。三十一年（1905），卒。

② 焦大聚（1849—？），江蘇江寧府上元縣，行伍出身，偉勇巴圖魯、胡松額巴圖魯。同治七年（1868），賞六品軍功。光緒二年（1876），以把總儘先拔補。三年（1877），保守備。四年（1878），保都司，加游擊銜。同年，保補參將。七年（1881），保副將。十年（1884），加總兵銜。十五年（1889），保以副將留於新疆儘先補用。十七年（1891），借補新疆吐魯番營游擊。二十一年（1895），署新疆撫標中營參將，統領督標親軍。二十二年（1896），保總兵。同年，保以提督記名簡放。二十三年（1897），補授新疆伊犁鎮總兵，署陝西河州鎮總兵。二十六年（1900），擢新疆提督，兼署甘肅提督。

二十九年三月十七日。

（硃批）：該部議奏，片并發。①

光緒二十九年五月初六日，奉硃批：該部議奏，片并發。欽此。②

【案】光緒二十九年三月十四日，新撫潘效蘇爲此案致函兵部，曰：

敬肅者，竊效蘇具奏新疆餉源短絀，擬請息假華、洋款項，遣散内地客勇，改練土著世襲兵，以固邊防而紓餉力一摺，業經鈔稿咨呈鈞鑒。新疆無利可興，祗此水草暢茂，地土肥沃，尚爲本地自然之利，棄之誠爲可惜。

效蘇改練世襲兵之議，實係因地制宜，確有把握。所請息假銀二百萬兩，本利皆係新疆應得之款，并不另糜公帑。所指湖北、湖南、江西三省協餉作抵，皆係該省應解之款，亦非格外加增。如洋款必不能借，或即專借華款，銀行、滙號合力通籌，諒不難於集事，務懇尊處俯念效蘇係爲新疆徐圖自立之基，即爲各省預謀減餉之地，面爲奏懇天恩明降諭旨，責效蘇以成功，令各省毋膜視，并求尊處加緘分致南洋及湘、鄂、豫各省督撫通力合作，共玉於成，不勝感激！新疆營制，步兵一名，月支銀三兩六錢，每年支銀四十三兩二錢。此次所議世襲兵章程，每名月支鹽菜銀九錢，食糧四斗，銀糧并計，歲支不過一十八兩上下。是練一世襲兵裁一客勇，即可省銀二十餘兩，俟八九年後孳生牛馬羊隻，生生不息，積足成額，并此鹽菜、糧食及馬兵乾銀皆可停支，所省已屬不少。

古制文武并不分途，即朝廷定例滿員文武并用，學政亦兼提督，將來世襲兵辦成之後，若以道員兼提鎮知府、直隸州知州、同知、通判、兼副恭游州縣佐職、兼都守千把則武職廉費薪工銀數十萬兩，亦可節省未始非新疆莫大之利也。

抑有進者，我朝度支惟此兵餉一項爲出款大宗，内地各省田地而外物産甚多，無一非養兵之具，且户口繁多，生計日盛，若將練兵酌減數成，即以所減之餉籌練世襲兵，似較新疆尤易爲力，然非新疆辦有成效，不敢建此新議。謹以附陳。肅此，敬請福安！伏惟垂察！潘效蘇頓首謹上。癸卯三月十四日。③

---

① 中國第一歷史檔案館藏：《硃批原件》，檔號：04-01-35-1064-024。

② 臺北"故宫博物院"藏：《軍機及宫中檔》，文獻編號：156351。

③ 臺北"故宫博物院"藏：《軍機及宫中檔》，文獻編號：156568、156569、156570、156571、156572。

○二六、奏報二十八年十二月雨水糧價摺

光緒二十九年四月初一日（1903年4月27日）

甘肅新疆巡撫西林巴圖魯臣潘效蘇跪奏，爲恭報光緒二十八年十二月分糧價并得雪情形，謹繕摺具陳，仰祈聖鑒事。

竊照光緒二十八年十一月分各屬糧價并得雪情形，業經臣奏報在案。兹據署新疆布政使李滋森詳稱：光緒二十八年十二月分，鎮迪道屬迪化得雪，積地八寸；奇臺得雪，積地四寸；昌吉、鎮西得雪，積地三寸；庫爾喀喇烏蘇得雪，積地二寸；阜康得雪，積地一寸；綏來、哈密、吐魯番微雪。伊塔道屬綏定得雪，積地二尺；塔爾巴哈臺得雪，積地八寸；寧遠得雪，積地五寸；精河微雪。南路烏什得雪，積地五寸；莎車、和闐、英吉沙爾得雪，積地四寸；拜城、葉城得雪，積地三寸；温宿、于闐得雪，積地二寸；庫車得雪，積地一寸；疏勒、疏附微雪，餘未得雪。至通省糧價，鎮西、綏定、寧遠、精河、焉耆、温宿、烏什、莎車、葉城、于闐、英吉沙爾等屬俱與上月相同，其餘均有增減，匯詳請奏前來。

理合恭摺具陳，并繕糧價清單，敬呈御覽。伏乞皇太后、皇上聖鑒。謹奏。光緒二十九年四月初一日。

（硃批）：知道了。①

光緒二十九年五月初四日，奉硃批：知道了。欽此。②

○二七、呈二十八年十二月各屬糧價清單

光緒二十九年四月初一日（1903年4月27日）

謹將新疆各屬光緒二十八年十二月分米糧時估價值，繕具清單，恭呈御覽。

計開十二月分

---

① 中國第一歷史檔案館藏：《硃批原件》，檔號：04-01-25-0518-033。

② 臺北“故宫博物院”藏：《軍機及宮中檔》，文獻編號：156281。

鎮迪道屬

迪化縣：大米每京石價銀三兩七錢，與上月相同。小麥每京石價銀一兩五錢二分一厘，較上月減三分五厘。豌豆每京石價銀一兩二錢九分六厘，與上月相同。青稞每京石價銀八錢二分八厘，與上月相同。

昌吉縣：大米每京石價銀二兩八錢三分三厘，與上月相同。小麥每京石價銀一兩八分七厘，較上月減三分七厘。豌豆每京石價銀一兩五分，與上月相同。青稞每京石價銀七錢一分七厘，與上月相同。

阜康縣：粟米每京石價銀一兩二錢七分四厘，較上月減二錢。小麥每京石價銀一兩二錢二厘，較上月減二錢四分七厘。豌豆每京石價銀一兩六分，較上月減三錢五分五厘。高粱每京石價銀四錢九分，較上月減二錢七分。

綏來縣：大米每京石價銀二兩二錢九分四厘，較上月增四厘。小麥每京石價銀一兩六分一厘，較上月減一錢六厘。豌豆每京石價銀一兩二錢四分八厘，較上月增一錢八厘。高粱每京石價銀五錢六分八厘，與上月相同。

奇臺縣：大米每京石價銀三兩三錢八分三厘，較上月減六分九厘。小麥每京石價銀一兩五錢二分一厘，較上月增一錢六厘。豌豆每京石價銀一兩三錢八分一厘，較上月減一厘。

吐魯番直隸廳：小麥每京石價銀一兩三錢五厘，與上月相同。大麥每京石價銀六錢三分五厘，與上月相同。高粱每京石價銀六錢四分，較上月增一錢二分二厘。黄豆每京石價銀一兩五錢三分，與上月相同。

鎮西直隸廳：小麥每京石價銀二兩三分，豌豆每京石價銀一兩四錢八分，青稞每京石價銀一兩三錢，俱與上月相同。

哈密直隸廳：粟米每京石價銀一兩六錢二分，較上月增一錢八分。小麥每京石價銀一兩五錢四分七厘，與上月相同。豌豆每京石價銀一兩五錢八分四厘，較上月增一錢四分四厘。青稞每京石價銀九錢二分六厘，較上月減三分九厘。

庫爾喀喇烏蘇直隸廳：小麥每京石價銀一兩二錢三分八厘，與上月相同。豌豆每京石價銀一兩五錢二分六厘，與上月相同。高粱每京石價銀八錢二分二厘，較上月減六分。

伊塔道屬

綏定縣：大米每京石價銀三兩二錢五分，小麥每京石價銀一兩三錢八分，大麥每京石價銀八錢二分五厘，豌豆每京石價銀一兩二錢六分，俱與上月相同。

寧遠縣：大米每京石價銀三兩三錢六分，小麥每京石價銀一兩五分，大麥每京石價銀七錢三分，豌豆每京石價銀九錢八分，俱與上月相同。

塔爾巴哈臺直隸廳：小麥每京石價銀一兩一錢二分六厘，與上月相同。大麥每京石價銀九錢七分五厘，較上月減一厘。豌豆每京石價銀一兩九分八厘，與上月相同。

精河直隸廳：大米每京石價銀三兩八錢五分，小麥每京石價銀一兩四錢，大麥每京石價銀九錢四分五厘，豌豆每京石價銀一兩四錢，俱與上月相同。

阿克蘇道屬

焉耆府：大米每京石價銀三兩九錢九分六厘，小麥每京石價銀一兩二錢九分九厘，豌豆每京石價銀一兩一錢五分二厘，包穀每京石價銀八錢九分六厘，俱與上月相同。

温宿直隸州：大米每京石價銀二兩一錢二分八厘，小麥每京石價銀七錢七分六厘，大麥每京石價銀四錢六分，包穀每京石價銀六錢八分，俱與上月相同。

拜城縣：小麥每京石價銀六錢五分，與上月相同。大麥每京石價銀三錢七分，與上月相同。豌豆每京石價銀四錢五分，較上月增二分。包穀每京石價銀四錢五分，與上月相同。

庫車直隸廳：大米每京石價銀三兩一錢二分，與上月相同。小麥每京石價銀九錢三分，較上月增一分。豌豆每京石價銀六錢四分，與上月相同。包穀每京石價銀六錢五分，較上月增二分。

烏什直隸廳：大米每京石價銀二兩一錢七分五厘，小麥每京石價銀六錢六分，大麥每京石價銀三錢二分一厘，包穀每京石價銀四錢五分八厘，俱與上月相同。

喀什噶爾道屬

疏勒直隸州：大米每京石價銀三兩一錢八分七厘，較上月增一錢四分一厘。小麥每京石價銀一兩三錢八分，較上月增一錢。包穀每京石價銀一兩七分八厘，較上月增七分三厘。高粱每京石價銀七錢九分，與上月相同。

疏附縣：大米每京石價銀三兩二錢一分，較上月增一錢六分四厘。小麥每京石價銀一兩三錢八分，與上月相同。包穀每京石價銀一兩四分六厘，較上月增四分一厘。高粱每京石價銀七錢九分，與上月相同。

莎車直隸州：大米每京石價銀二兩八錢一分二厘，小麥每京石價銀九錢六分六厘，大麥每京石價銀六錢八分七厘，包穀每京石價銀五錢九分四厘，俱與上月相同。

葉城縣：大米每京石價銀三兩三錢五分，小麥每京石價銀八錢二分，包穀每京石價銀五錢，俱與上月相同。

和闐直隸州：大米每京石價銀三兩八分，較上月增七分。小麥每京石價銀一兩九分，較上月增八分。包穀每京石價銀七錢，較上月增六分。青稞每京石價銀六錢五分，較上月增八分。

于闐縣：大米每京石價銀三兩四錢，小麥每京石價銀一兩，包穀每京石價銀六錢，俱與上月相同。

英吉沙爾直隸廳：大米每京石價銀三兩二錢五分二厘，小麥每京石價銀一兩一錢四厘，大麥每京石價銀六錢一分五厘，包穀每京石價銀八錢四厘，俱與上月相同。

瑪喇巴什直隸廳：大米每京石價銀三兩一錢八厘，與上月相同。小麥每京石價銀一兩三錢八分，較上月增一錢三分八厘。包穀每京石價銀一兩二錢八分，與上月相同。

（硃批）：覽。①

〇二八、核銷光緒二十二年司庫收支銀糧摺

光緒二十九年四月初一日（1903 年 4 月 27 日）

甘肅新疆巡撫西林巴圖魯臣潘效蘇跪奏，爲造報新疆光緒二十二年分司庫收支銀糧、草束報銷，謹繕清單，懇恩飭部核銷，恭摺仰祈聖鑒事。

竊查前准部咨，令將新疆司庫收支銀糧、草束自光緒十六年起，分案造報題銷，仍造四柱總册奏咨等因。業經前撫臣饒應祺將光緒二十一年分各案報銷各册咨部開單具奏，於光緒二十八年十月二十八日奉到硃批：該部知道，單并發。欽此。欽遵咨行遵照在案。

兹據署新疆布政使李滋森詳稱：光緒二十二年分司庫收支各屬徵收本摺

① 臺北“故宮博物院”藏：《軍機及宮中檔》，文獻編號：158281-0-A。

糧草、地課、雜税等項，支發文武廉費、俸工、祭祀、驛站、孤貧等項經費及古城旗營奉餉、草束折價各項銀兩，綜計支過庫平銀五十二萬六千四十二兩七錢、京斗糧三十五萬三千一百三十石五斗四升五合三勺、草一千四百五十二萬二千四百八十五斤一十四兩四錢，遵例分案造册開單，詳請奏咨前來。

臣覆核無異，除將清册分送部、科外，理合繕具清單，恭呈御覽，仰懇天恩飭部核銷。其自二十三年以後各案報銷，已遵部咨飭司趕緊清厘，每年帶銷數案，漸次辦結，俾以後依限按年造報請銷，以免延緩。謹會同陝甘總督臣崧蕃，恭摺具陳。伏乞皇太后、皇上聖鑒訓示。謹奏。光緒二十九年四月初一日。

（硃批）：該部知道，單并發。[①]

光緒二十九年五月初四日，奉硃批：該部知道，單并發。欽此。[②]

○二九、呈光緒二十二年收支銀糧清單

光緒二十九年四月初一日（1903年4月27日）

謹將新疆通省光緒二十二年分管、收、除、在各款銀糧、草束，繕具四柱清單，恭呈御覽。

計開：

一、银兩項下。

舊管：

一、存銀一百六十五萬二千二百五十二兩五錢四分三厘。

新收：

一、收新餉項下撥解旗營經費并加撥銀八萬一千六百兩。

一、收新餉内提存司庫銀九萬一千二百兩。

一、收新餉内提歸司庫例款不敷銀二十八萬八千兩。

一、收通省文武核減三成養廉銀二萬三十三兩八錢八分一厘。

---

① 中國第一歷史檔案館藏：《硃批原件》，檔號：04-01-35-1064-026。

② 臺北“故宫博物院”藏：《軍機及宫中檔》，文獻編號：156317。

一、收園地課銀三千七百五十四兩三錢二分八厘。

一、收折色糧價銀五萬二百二兩一錢六分三厘。

一、收折色草價銀五千七百一十九兩九錢三分二厘。

一、收牲税及税餘銀七千五百三十兩四錢七分一厘。

一、收水磨碓課銀一萬四百九十八兩七分二厘。

一、收契税銀四千七百三十五兩八錢八分五厘。

一、收房租銀一千九百二兩九錢九分。

一、收地租銀一千一百五十七兩四錢二分四厘。

一、收園租銀六十一兩四錢四分。

一、收金課銀七十四兩八錢七厘。

一、收金砂變價銀二千三百三十八兩五錢六分。

一、收軍需、善後項下解繳各營旗及善後領用糧價銀一十二萬八千四百兩七分七厘。

一、收軍需、善後項下解繳各營旗及善後領用草價銀四千七百五十五兩四錢六厘。

一、收平糶變賣糧石價銀四萬一千四百八兩八錢。

一、收變賣陳草價銀二千四百三十九兩二錢六分四厘。

一、收各屬解繳煙土、茶税銀一千九百九十兩四錢一分五厘。

一、收文武各職并旗營經費減平銀二萬六千一百二十兩六分五厘。

一、收驛站書夫麵價銀六千四百八十七兩二錢。

一、補收二十一年分倒馬缺曠銀二十一兩二錢。

一、收哈密回子親王沙木胡索特十二次應扣銀一千兩。

一、收阿克蘇道墊發二十二年分例款不敷銀一萬四千九十兩五錢五分三厘。

以上二十五款，共新收銀七十九萬五千五百二十二兩九錢三分三厘，總共管、收銀二百四十四萬七千七百七十五兩四錢七分六厘。

開除：

一、支發文職廉費俸工等項銀二十萬一千二百六十六兩八錢三分一厘。

一、支發驛站經費銀一十一萬一千三百九十六兩七錢五分。

一、支發文職廉俸、薪蔬、紙紅、馬乾、料草、世俸、鞦鞋等項銀七萬七千五百二十六兩七錢七分九厘。

一、支發祭祀銀二千七百三十六兩九錢三分。

一、支發孤貧花布銀一千四百五十一兩七錢一分二厘。

一、支發渡船水手工食、歲修經費及鑿修冰路民夫鹽菜、鋤鏟等項銀八百二十三兩七錢五分二厘。

一、支發哈密、庫車、吐魯番三處回王俸銀四千四百兩。

一、支發刊刷二十二年分《時憲書》工料銀四百九十三兩四錢四分。

一、支發刊刷鎮西、莎車、阜康、昌吉等處被灾謄黄工料銀四十三兩五分六厘。

一、支發阿克蘇道墊發二十一年分例不敷銀一萬三千九百八十兩七錢二分七厘。

一、支發古城旗營二十二年分經費等項銀七萬三千七百五十五兩九錢二分七厘。

一、支發解繳部庫煙土、茶稅并通省文武核減三成養廉銀三萬八千一百六十六兩七錢九分六厘。

以上共支發銀五十二萬六千四十二兩七錢。

實在：

一、存銀一百九十二萬一千七百三十二兩七錢七分六厘，内司庫存銀一百七十四萬一千五百六兩一錢一分一厘，伊塔道庫存銀二千二百七十兩四錢四分五厘，喀什噶爾道庫存銀一十七萬七千九百五十六兩二錢二分。

一、阿克蘇道墊發二十二年分例款不敷銀一萬四千九十兩五錢五分三厘。

一、糧石項下

舊管：

一、存各色京斗糧八十三萬八千四百八十三石六斗四升六合一勺。

新收：

一、收各色京斗糧二十二萬七千三百一十四石一斗一升四合五勺。

以上管、收共京斗糧一百六萬五千七百九十七石六升六勺。

開除：

一、支發各衙署書役口食京斗糧九千七百二十九石六斗二升九合六勺。

一、支發新疆巡撫衙門筆帖式二員家口、馬匹、粟米、馬料京斗糧六十五石八斗六升三合。

一、支發各廳、州、縣驛站書夫口食京斗糧四千五百五石。

一、支發伊犁、古城各旗營官弁俸米、食糧、馬料及喇嘛徒眾食糧京斗糧六萬一百五十五石九斗一升二勺。

一、支發孤貧口食京斗糧三千三十五石九斗三升七合二勺。

一、支發監犯口食京斗糧二石九斗四升六合五勺。

一、支發遞解過境人犯口食京斗糧一斗五升二合八勺。

一、支發撫、提、鎮各標營并補支馬料京斗糧五百五十三石八升八合六勺。

一、支發户民借領籽種京斗糧四千六百一十七石。

一、支發渡船水手及鑿修冰路民夫口食京斗糧三百四十二石七斗四升八合。

一、支發軍需、善後領用扣價京斗糧一十五萬四千四百四十三石八斗九升九合。

一、支發平糶變賣京斗糧四萬八千三百六十石。

一、支發英吉沙爾廳、莎車州、葉城縣三處提存喀什提標京斗糧六萬六千石。

一、支發阜康縣、疏勒州散給被災貧民食糧、籽種京斗糧一千三百一十八石四斗五升。

以上共支發本色京斗糧三十五萬三千一百三十石五斗四升五合三勺。

實在：

一、存各色京斗糧七十一萬二千六百六十六石五斗一升五合三勺。

一、存民欠未完籽種京斗糧一百二十石。

一、存民欠未完額糧三千五百二十二石八斗六升五合七勺。

一、存民欠未完十四、十五、十六、十七、十八、十九、二十、二十一等年額糧三萬一千三百一十三石九斗四升一合一勺。

一、存民欠未完十四、十五、十六、十七、十八、十九、二十、二十一等年籽種一萬五十九石八斗一升五合七勺。

一、草束項下

舊管：

一、存草一千六百三十萬七千一十二斤一十三兩七錢四分八厘。

新收：

一、收本色額草一千四百一十九萬四千九百二十一三兩八錢。

以上管、收共草三千五十萬一錢九百三十四斤一兩五錢四分八厘。

開除：

一、支發標營例馬及軍需、善後領用扣價并變賣陳草，共草一千四百五十二萬二千四百八十五斤一十四兩四錢。

實在：

一、存草一千五百九十七萬九千四百四十八斤三兩一錢四分八厘。

（硃批）：覽。①

〇三〇、請以劉國祉借補疏附知縣摺
光緒二十九年四月初一日（1903年4月27日）

甘肅新疆巡撫西林巴圖魯臣潘效蘇跪奏，爲揀員借補要缺知縣，以資治理，恭摺仰祈聖鑒事。

竊據署布政使李滋森會同署鎮迪道兼按察使銜慶秀詳稱：疏附縣知縣左昭煦奏請開缺回籍省親，於光緒二十七年正月十九日奉硃批：吏部知道。欽此。應以奉旨後第五日行文，按新疆照限減半計算，以是年四月初六日接到部文之日作爲開缺日期。所遺疏附縣知縣係衝、繁、疲、難四項要缺，應即遴員請補，以重職守。查南路新設各缺，經前撫臣劉錦棠奏准由外揀補一次後援照甘肅變通章程辦理。查章程内開：知縣要缺一項，初任、候補以及到省在後各員，均准通融揀選題補。又，部議隨營之分省人員，無論曾否委署地方，准其留於新疆補用，各等語。

今疏附縣知縣要缺，查有現署斯缺之候補知州劉國祉，年二十八歲，湖南湘鄉縣人，由俊秀於光緒十八年在湖南捐輸局遵新海防例，報捐監生。十九年，加捐雙月選用州同，在部補交監生六成實銀，并捐加二級，給予後五品封典。二十二年，投效甘肅軍營，於西寧全境肅清案内匯保，經部核議，准免選本班以知州分省補用，并戴花翎。二十三年十二月初三日具奏，奉旨：依議。欽此。二十五年九月，來新投效，留省候補。二十七年，委署新平縣知縣，四月初二日接印任事。二十八年，調署疏附縣知縣。五月十一日，交卸新平縣篆。七月初六

① 臺北“故宫博物院”藏：《軍機及宫中檔》，文獻編號：156317-0-A。

日，到疏附縣署任。

查該員劉國祉，才長性敏，洞悉民情，署理各縣，措置裕如，輿情極爲愛戴，并無參罰案件，以之借補疏附縣知縣，實堪勝任，人地亦極相宜，惟以知州請補知縣，銜缺稍有未符，但新疆知縣各缺借補有案等情。詳請具奏前來。

臣查該員劉國祉，精明强幹，潔己愛民，合無仰懇天恩俯念要缺需員，准以候補知州劉國祉借補疏附縣知縣，於地方實有裨益。如蒙俞允，俟奉部覆，即行給咨送部引見，以符定制。謹會同陝甘總督臣崧蕃，恭摺具奏。伏乞皇太后、皇上聖鑒訓示。謹奏。光緒二十九年四月初一日。

（硃批）：吏部議奏。[①]

光緒二十九年五月初四日，奉硃批：吏部議奏。欽此。[②]

〇三一、奏報新省現辦彩票緣由片

光緒二十九年四月初一日（1903年4月27日）

再，東南各省近年盛行各種彩票，如順直之籌賑彩票，廣東之各種彩票，浙江之善後彩票，湖北之簽捐票，均經各該督撫臣奏准有案。新疆歲認賠款四十萬兩，按期由協餉内扣解。所有應發勇餉各項，不能不設法彌補。此項彩票入貲少而獲利多，人所樂從，非若各項捐款有抑勒攤派之弊。現擬仿照各省辦法，設立彩票總局，派員試辦，雖新疆地處邊遠，風氣尚未大開，若能認真經理，逐漸推廣，集腋成裘，於籌款亦不無小補。

所有新省現辦彩票情緣由，謹附片陳明。伏乞聖鑒訓示。謹奏。

光緒二十九年五月初四日，奉硃批：户部議奏。欽此。[③]

---

① 中國第一歷史檔案館藏：《硃批原件》，檔號：04-01-12-0626-047。

② 臺北“故宫博物院”藏：《軍機及宫中檔》，文獻編號：156289。

③ 臺北“故宫博物院”藏：《軍機及宫中檔》，文獻編號：156311。

〇三二、奏委何象堃署理闢展巡檢片

光緒二十九年四月初一日（1903年4月27日）

再，吐魯番廳屬闢展巡檢，經前巡撫臣饒應祺奏請改升鄯善縣知縣，奉部覆准在案。應即委員署理，以專責成。查有候補知縣何象堃，堪以委署。據署布政使李滋森、署鎮迪道兼按察使銜慶秀會詳前來。除由批飭給委外，謹會同陝甘總督臣崧蕃，附片具奏。伏乞聖鑒。謹奏。

（硃批）：吏部知道。[1]

光緒二十九年五月初四日，奉硃批：吏部知道。欽此。[2]

〇三三、請獎俄文館教習桂煜緣由片

光緒二十九年四月初一日（1903年4月27日）

再，臣准吏部咨開：調任安徽巡撫甘肅新疆巡撫饒應祺奏保俄文學館教習、學徒學業有成請獎一案，遵旨按照奏定章程，悉心核議，分別准駁，查明學徒附生劉馥馨、張維顯二員所請獎敘，核與定章相符，應請照准。其教習分部即補主事桂煜所請以主事無論題、選、咨、留遇缺即補，核與章程不符，應令另核奏明請獎等因。於光緒二十八年十二月十四日具奏，奉旨：依議。欽此。咨行到臣。當即欽遵轉行遵照去後。兹據署迪化府知府潘震申轉洋學教習翻譯委員分部即補主事桂煜呈稱：奉飭前項請保補缺班次於例未符，應懇轉詳照異常勞績改保免補主事，以員外郎分部儘先即補，等情。轉請另核奏明前來。

臣查前任撫臣陶模奏定新疆俄文學館章程内開：如教習三年期滿，著有成效，有官職人員准保加升階等語。今俄文學館教習即補主事桂煜，在館教習六年期滿，著有成效，合無仰懇天恩俯准免補主事，以員外郎分部儘先即補，以示鼓勵。

---

① 中國第一歷史檔案館藏：《硃批原件》，檔號：04-01-12-0626-060。

② 臺北"故宫博物院"藏：《軍機及宫中檔》，文獻編號：156287。

是否有當？除將該員履歷清册咨部外，謹附片具陳。伏乞聖鑒訓示。謹奏。

（硃批）：吏部議奏。①

光緒二十九年五月初四日，奉硃批：吏部議奏。欽此。②

○三四、核銷光緒二十二年善後收支各款摺

光緒二十九年四月初九日（1903年5月5日）

甘肅新疆巡撫西林巴圖魯臣潘效蘇跪奏，爲造報甘肅新疆光緒二十二年分善後收支各款，謹繕清單，并分造總、散清册，懇恩飭部核銷，恭摺仰祈聖鑒事。

竊查甘肅新疆省善後各項經費，奉准部咨自光緒十六年起，另提專案報銷，歷經遵照辦理，已載至光緒二十一年底止分别造册請銷在案。兹據新疆糧臺詳稱：光緒二十二年分收支善後款目，自應仍接上案造報。

查舊管項下，實存新餉平銀二萬七千八百五十二兩七錢九厘。新收項下，由防軍報銷册内提撥原估新疆、伊犁、塔爾巴哈臺善後經費，并采買運脚扣回平餘等項，共計新餉平銀一十六萬四千一百九十四兩一錢一分。開除項下，支發新疆各屬義學經費、通商、善後、保甲，稽查、牛痘、醫藥局、卡員役薪水，羅布淖爾招徠户民遷徙川資、渡船水手工食、防營薪糧、驛站經費，安插撫回食麵、運脚等費，供支新疆馬步營旗及在任、在差病故員弁靈柩回籍車脚、口分，查勘喀什噶爾邊界員役薪糧、駝脚、俄文館束脩、膏火、電報各局一切用費，共新餉平銀一十八萬六千六百四十一兩三錢五分六厘。實在項下，截至光緒二十二年十二月底止，共存新餉平銀五千四百五兩四錢六分三厘，應歸下案接續造報，造具總、散清册，詳請奏咨前來。

臣覆查光緒二十二年分支發善後各款，均屬實用實銷，并無浮冒。除將清册分送各部外，相應繕具清單，會同陝甘總督臣崧蕃，恭摺具陳。伏乞皇太后、皇上聖鑒，飭部核銷施行。謹奏。光緒二十九年四月初九日。

---

① 中國第一歷史檔案館藏：《硃批原件》，檔號：04-01-12-0626-061。

② 臺北“故宫博物院”藏：《軍機及宫中檔》，文獻編號：156294。

（硃批）：該部知道，單并發。①

光緒二十九年五月十一日，奉硃批：該部知道，單并發。欽此。②

〇三五、呈光緒二十二年善後收支清單

光緒二十九年四月初九日（1903年5月5日）

謹將甘肅新疆光緒二十二年分收支善後各款數目，繕具清單，恭呈御覽。

計開

舊管：

一、上案截至光緒二十一年十二月底止，實存新餉平銀二萬七千八百五十二兩七錢九厘。

新收：

一、收光緒二十二年分由防軍報銷冊内劃撥新疆地方歲估善後經費新餉平銀七萬兩。

一、收光緒二十二年分由防軍報銷冊内劃撥伊犁地方歲估善後經費新餉平銀六萬四千兩。

一、收光緒二十二年分由防軍報銷冊内劃撥塔爾巴哈臺地方歲估善後經費新餉平銀三萬兩。

一、收光緒二十二年分本案報銷款内支發采買、製辦、運脚等款扣回平餘新餉平銀一百九十四兩一錢一分。

以上四款共收新餉平銀一十六萬四千一百九十四兩一錢一分。

開除：

一、除第一册支發新疆義學塾師薪水暨購買紙張、筆墨等項銀三萬五百八十六兩二錢三分五厘。

一、除第二册支發新疆通商、善後各局委員薪水、經貼書、字職、護勇、通

---

① 中國第一歷史檔案館藏：《硃批原件》，檔號：04-01-35-1064-029。

② 臺北“故宫博物院”藏：《軍機及宫中檔》，文獻編號：156421。

事、工匠工食等項銀一萬九千八百七十五兩六錢六分七厘。

一、除第三册支發新疆保甲、稽查局卡委員、經貼書、護勇、通事薪糧并紙張、筆墨、油燭等項銀二萬二千五百八十五兩一錢九厘。

一、除第四册支發新疆牛痘、醫藥各局醫生工食、跟役、通事、伙夫口食、油燭、紙張、藥資等項銀七千五十八兩一錢六分九厘。

一、除第五册支發新疆羅布淖爾善後、撫輯、屯防各局招安新户津貼、户民遷徙川資、騾脚，并修蓋房屋、製辦農器、什物等項銀三千二百七十四兩。

一、除第六册支發新疆羅布淖爾善後各局、英格可立并卡克里克等處驛站書夫工食、驛馬料草、站價暨孔雀河渡船水手工食、歲修等項銀三千一百八十八兩三錢三分三厘。

一、除第七册支發伊犁、塔爾巴哈臺各旗員赴任回京旗及蒙、回王公進京、伊塔呈進貢馬往返車馬脚價、口分等項銀一千九百五十一兩二錢九分二厘。

一、除第八册支發新疆護送馬步各銀旗及在任、在差病故員弁勇丁靈柩回籍夫價、口糧米折并車脚等項銀一千七百六十一兩三錢一分。

一、除第九册支發新疆羅布淖爾防營馬步隊旗哨員弁勇夫薪糧等項銀三萬一千八百兩一錢七分。

一、除第十册支發新疆查勘喀什噶爾邊界委員、書役薪糧、津貼、油燭、紙張、騎馬草乾、民駝脚價、蒙古包賃脚等項銀二千五百二十五兩七錢五分。

一、除第十一册支發新疆清、漢、蒙、俄文學翻譯館教習束脩、生徒膏火、獎賞、筆墨等項銀一千六百四十五兩二錢。

一、除第十二册支發新疆東、南、北三路電報總、分、子局及報房薪水、工食、紙張、筆墨、油燭等項經費銀三萬二百二十九兩。

一、除十三册支發新疆羅布淖爾安插撫回發給食麵、采買小麥、折價、運脚、委員、親兵、跟役等薪工、撫回賑糧、寒衣等項三萬一百六十一兩一錢二分一厘。

以上一十三款，共支發過新餉平銀一十八萬六千六百四十一兩三錢五分六厘。統共開除新餉平銀一十八萬六千六百四十一兩三錢五分六厘，内應請户部核銷義學塾師薪水、通商、善後、保甲、稽查、牛痘各局卡經費、羅布淖爾善後、招徠津貼、遷徙川資、渡船水手工食、防營薪糧、安插撫回、查勘邊界員役薪水、工食、俄洋學館及電報局經費等項新餉平銀一十七萬七千七百四十一兩七錢九分九厘；應由兵部核銷羅布淖爾驛站經費、新疆、伊、塔各項雜差車脚、口分、護送病故員弁靈柩夫價、車脚、查勘邊界駝脚等項新餉平銀七千四百二十八兩三錢二分二厘；應由工部核銷義學購買紙張、筆墨等項新餉平銀一千四百七十一兩二錢三分五厘。

實在：

一、截至光緒二十二年十二月底止，實存新餉平銀五千四百五兩四錢六分三厘，應歸下案接續造報。

（硃批）：覽。[①]

○三六、奏報二十五年下半年防營員等數摺

光緒二十九年四月初九日（1903年5月5日）

甘肅新疆巡撫西林巴圖魯臣潘效蘇跪奏，爲新疆防營員弁勇丁、各臺、局、卡、義學自光緒二十五年七月初一日起至十二月底止實在數目，繕具清單，恭摺仰祈聖鑒事。

竊新疆馬步營旗、炮隊、各臺、局、卡、義學實在數目，截至二十五年六月底止，業經前任撫臣饒應祺分別奏咨在案。兹據新疆糧臺詳稱：自二十五年七月初一日起至十二月底止，實存防軍行糧章程馬隊五旗，標營章程馬隊五十二旗，步隊二十二營二十一旗二哨，開花炮隊六哨。共計額設統領、營旗官、哨長三百八十一員，巡查一百二十二員，營哨書、弁勇二萬四千四百二十四名，火勇一千六百七十八名，額外火夫、馬夫、私夫、車夫、棚夫六千三百二十名，并各臺、局、卡、義學，繕具清單，詳請奏咨前來。

臣覆查無異，所有新疆防營員弁勇丁、各臺、局、卡、義學自光緒二十五年七月初一日起至十二月底止實在數目，謹繕清單，恭呈御覽。伏乞皇太后、皇上聖鑒，飭部立案施行。謹奏。光緒二十九年四月初九日。

（硃批）：該部知道，單二件并發。[②]

---

① 臺北“故宫博物院”藏：《軍機及宫中檔》，文獻編號：156421-0-A。

② 中國第一歷史檔案館藏：《硃批原件》，檔號：04-01-01-1060-002。

光緒二十九年五月十一日，奉硃批：該部知道，單二件并發。欽此。[①]

○三七、呈防營員弁勇丁等數目清單

光緒二十九年四月初九日（1903年5月5日）

謹将新疆駐防馬步各營旗哨員弁、勇丁、夫马、炮车数目，自光绪二十五年七月初一日起至十二月底止，繕具四柱清单，恭呈御览。

舊管：光緒二十五年六月底止，實存防軍行糧章程馬隊五旗，標營章程馬隊五十二旗、步隊二十二營二十一旗二哨、開花炮隊六哨。共計實存額設統領、營旗官、哨長三百八十一員，額設巡查一百二十二員，額設營哨書、弁勇二萬四千四百二十四名，額設火勇一千六百七十八名，額外火夫七百九十八名，額外馬夫、私夫、棚夫、車夫五千五百二十二名，額馬七千二百九十六匹，炮車三十六輛，車騾九十六頭。

新收：無項。

開除：無項。

實在：光緒二十五年十二月底止，實存防軍行糧章程馬隊五旗，標營章程馬隊五十二旗、步隊二十二營二十一旗二哨、開花炮隊六哨。共計實存：額設統領、營旗官、哨長三百八十一員，額設巡查一百二十二員，額設營哨書、弁勇二萬四千四百二十四名，額設火勇一千六百七十八名，額外火夫七百九十八名，額外馬夫、私夫、車夫、棚夫五千五百二十二名，額馬七千二百九十六匹，炮車三十六輛，車騾九十六頭。

（硃批）：覽。[②]

---

① 臺北“故宫博物院”藏：《軍機及宫中檔》，文獻編號：156422。

② 臺北“故宫博物院”藏：《軍機及宫中檔》，文獻編號：156422-0-A。

〇三八、呈新疆各臺局卡義學數目清單

光緒二十九年四月初九日（1903 年 5 月 5 日）

謹將新疆各臺、局、卡、義學數目自光緒二十五年七月初一日至十二月底止，繕具四柱清單，恭呈御覽。

舊管：光緒二十五年六月底止，實存新疆糧臺，省城軍裝總局，省城采運局，新疆省城伊犁、寧遠城、喀什噶爾城三中俄通商局。

伊塔道、塔爾巴哈臺二善後局，羅布淖爾英格可立撫輯招徠局，卡克里克屯防局，省城、哈密新城、吐魯番新城、喀喇沙爾、庫車、阿克蘇、烏什、英吉沙爾、喀什噶爾漢城、葉爾羌、和闐古城、綏來、綏定、寧遠、綏定城東關、廣仁城、塔爾巴哈臺等處十八保甲局。

霍爾果斯尼堪卡倫、果子溝、霍爾罕、明瑶路、依蘭烏瓦斯，依斯里克、圖舒克、塔石可立峽、伊布拉引等處九稽查卡。

哈密、巴里坤、昌吉、吐魯番、喀喇沙爾、庫車、阿克蘇、烏什、喀什噶爾、英吉沙爾、瑪喇巴什、葉爾羌、和闐、塔爾巴哈臺等處十四牛痘局。

哈密義學三堂，吐魯番義學三堂，喀喇沙爾義學三堂，庫車義學三堂，拜城義學二堂，温宿義學二堂，烏什義學二堂，疏勒義學二堂，疏附義學二堂，瑪喇巴什義學二堂，英吉沙爾義學二堂，莎車義學三堂，葉城義學二堂，和闐義學二堂，于闐義學二堂，巴里坤義學二堂，奇臺義學二堂，濟木薩義學一堂，阜康義學二堂，迪化義學三堂，昌吉義學二堂，綏來義學二堂，呼圖壁義學一堂，寧遠義學二堂，綏定義學二堂，廣仁城義學一堂，瞻德城義學一堂，霍爾果斯義學一堂，羅布淖爾義學一堂，塔爾巴哈臺義學二堂，共計義學六十堂。

新收：八月初一日，開辦新疆省城機器局，補叙三月初一日開辦喀圖金礦局。

開除：羅布淖爾英格可立撫輯招徠局、卡克里克屯防局（十二月底裁撤）。

實在：光緒二十五年十二月底止，實存新疆糧臺，省城軍裝總局，機器局，省城采運局，新疆省城、伊犁寧遠城、喀什噶爾城三中俄通商局。

伊塔道、塔城二善後局，喀圖金礦局，省城、哈密新城、吐魯番新城、喀喇沙爾、庫車、阿克蘇、烏什、英吉沙爾、喀什噶爾漢城、葉爾羌、和闐、古城、綏來、綏定、寧遠、綏定城東關、廣仁城、塔爾巴哈臺等處十八保甲局。

霍爾果斯尼堪卡倫、果子溝、霍爾罕、明瑶路、依蘭烏瓦斯、依斯里克、圖舒克、塔石可力峽、伊布拉引等處九稽查卡。

哈密、巴里坤、昌吉、吐魯番、喀喇沙爾、庫車、阿克蘇、烏什、喀什噶爾、英吉沙爾、瑪喇巴什、葉爾羌、和闐、塔爾巴哈臺等處十四牛痘局。

哈密義學三堂，吐魯番義學三堂，喀喇沙爾義學三堂，庫車義學三堂，拜城義學二堂，温宿義學二堂，烏什義學二堂，疏勒義學二堂，疏附義學二堂，瑪喇巴什義學二堂，英吉沙爾義學二堂，莎車義學三堂，葉城義學二堂，和闐義學二堂，于闐義學二堂，巴里坤義學二堂，奇臺義學二堂，濟木薩義學一堂，阜康義學二堂，迪化義學三堂，昌吉義學二堂，綏來義學二堂，呼圖壁義學一堂，寧遠義學二堂，綏定義學二堂，廣仁城義學一堂，瞻德城義學一堂，霍爾果斯義學一堂，羅布淖爾義學一堂，塔爾巴哈臺義學二堂，共計義學六十堂。

（硃批）：覽。①

〇三九、奏報司庫支發驛站經費情形摺

光緒二十九年四月初九日（1903年5月5日）

甘肅新疆巡撫西林巴圖魯臣潘效蘇跪奏，爲造報光緒二十二年分司庫支發通省驛站經費銀兩，分造總、散清册，懇恩飭部核銷，恭摺仰祈聖鑒事。

竊照新疆司庫支發驛站經費，歷隨廉費、俸工等項，按年請銷。嗣准部咨，所有驛站用款，應照成例題報核銷等因，業經前撫臣饒應祺將二十一年分支發驛站經費提歸另案，仍請變通成例奏銷在案。兹據署新疆布政使李滋森詳稱：二十二年分，鎮迪、阿克蘇、喀什噶爾、伊塔四道屬共管原設及改增一百七十一驛，額設驛書一百七十一名，馬夫九百四十三名，驛馬一千八百八十六匹。自二十二年正月初一日起至十二月底止，照章應支工食、油燭、紙張、料草、站價、倒馬等項銀一十一萬一千三百九十六兩七錢五分，均已全數給領，造具總、散清册，詳請奏咨前來。

---

① 臺北"故宫博物院"藏：《軍機及宫中檔》，文獻編號：156422-0-B。

臣覆核無異，相應仰懇天恩飭部核銷，以清款項。除將清册送部外，謹會同陝甘總督臣崧蕃，恭摺具陳。伏乞皇太后、皇上聖鑒訓示。謹奏。光緒二十九年四月初九日。

（硃批）：該部知道。①

光緒二十九年五月十一日，奉硃批：該部知道。欽此。②

○四○、奏報委署遣犯榮和督辦屯墾片

光緒二十九年四月初九日（1903年5月5日）

再，新疆設省未久，地廣人稀，辦理屯墾，實爲當務之急。近年各營准假勇丁以及内地漢回人民出關，傭趁、流寓、難歸者爲數不少，均經隨地安插，撥荒墾開，以期漸臻富庶。惟相地、濬渠、發籽、借具事務繁重，必須派委專員督理其事，庶足以資考核而收速效。

查有發遣新疆效力贖罪之已革副都統榮和③，到戍以來，深知愧悔，時自斂抑。臣察其年力富强，堪委督辦屯墾事宜。除由臣隨時督飭認真經理外，謹會同陝甘總督臣崧蕃，附片具陳。仰祈聖鑒。謹奏。

（硃批）：所奏著不准行。④

光緒二十九年五月十一日，奉硃批：所奏著不准行。欽此。⑤

---

① 中國第一歷史檔案館藏：《硃批原件》，檔號：04-01-35-0847-019。

② 臺北“故宫博物院”藏：《軍機及宫中檔》，文獻編號：156416。

③ 榮和，生卒年不詳，伊爾根覺羅氏，滿洲鑲白旗人，金順之侄。光緒十五年（1889），以花翎佐領雲騎尉補三等侍衛。十七年（1891），回籍葬親。二十年（1894），晋二等侍衛。二十一年（1895），升頭等侍衛，加副都統銜。二十二年（1896），補授鑲黄旗漢軍副都統，辦理金礦事務。同年，回籍掃墓。二十四年（1898），進京陛見。二十五年（1899），被參革職。二十六年（1900），發遣新疆效力贖罪。宣統元年（1909），釋歸。

④ 中國第一歷史檔案館藏：《硃批原件》，檔號：04-01-01-1064-063。

⑤ 臺北“故宫博物院”藏：《軍機及宫中檔》，文獻編號：156414。

○四一、奏報廿六年春夏營勇臺局等數摺

光緒二十九年四月三十日（1903 年 5 月 26 日）

甘肅新疆巡撫西林巴圖魯臣潘效蘇跪奏，爲新疆防營員弁勇丁、各臺、局、卡、義學自光緒二十六年正月初一日起至六月底止實在數目，繕具清單，恭摺仰祈聖鑒事。

竊新疆馬步營旗、炮隊、各臺、局、卡、義學實在數目，截至二十五年十二月底止，業經臣分别奏咨在案。兹據新疆糧臺詳稱：自二十六年正月初一日起至六月底止，實存防軍行糧章程馬隊五旗，標營章程馬隊五十二旅，步隊二十二營二十一旗二哨，開花炮隊六哨；共計額設統領、營旗官、哨長三百八十一員，巡查一百二十二員，營哨、書、弁勇二萬四千四百二十四名，火勇一千六百七十八名，額外火夫、馬夫、私夫、車夫、棚夫六千三百二十名，并各臺、局、卡、義學，繕具清單，詳請奏咨前來。

臣覆查無異，所有新疆防營員弁勇丁、各臺、局、卡、義學自光緒二十六年正月初一日起至六月底止實在數目，謹繕清單，恭呈御覽。伏乞皇太后、皇上聖鑒，飭部立案施行。謹奏。光緒二十九年四月三十日。

（硃批）：該部知道，單二件并發。[①]

光緒二十九年閏五月初四日，奉硃批：該部知道，單二件并發。[②] 欽此。[③]

○四二、呈二十六年春夏臺局義學清單

光緒二十九年四月三十日（1903 年 5 月 26 日）

謹將新疆各臺、局、卡、義學數目自光緒二十六年正月初一日起至六月底止，繕具四柱清單，恭呈御覽。

---

① 中國第一歷史檔案館藏：《硃批原件》，檔號：04-01-01-1059-076。

② 其中防營勇丁清單查無下落，待考。

③ 臺北“故宫博物院”藏：《軍機及宫中檔》，文獻編號：157133。

舊管：光緒二十五年十二月底止，實存新疆糧臺，省城軍裝總局，省城南梁機器局，省城采運局，新疆省城、伊犁寧遠城、喀什噶爾城三中俄通商局。

伊塔道、塔爾巴哈臺二善後局，塔城喀圖金礦局，省城、哈密新城、吐魯番新城、喀喇沙爾、庫車、阿克蘇、烏什、英吉沙爾、喀什噶爾漢城、葉爾羌、和闐、古城、綏來、綏定、寧遠、綏定城東關、廣仁城、塔爾巴哈臺等處十八保甲局。

霍爾果斯尼堪卡倫、果子溝、霍爾罕、明瑶路、伊蘭烏瓦斯、依斯里克、圖舒克、塔石可力峽、依布拉引等處九稽查卡。

哈密、巴里坤、昌吉、吐魯番、喀喇沙爾、庫車、阿克蘇、烏什、喀什噶爾、英吉沙爾、瑪喇巴什、葉爾羌、和闐、塔爾巴哈臺等處十四牛痘局。

哈密義學三堂，吐魯番義學三堂，喀喇沙爾義學三堂，庫車義學三堂，拜城義學二堂，温宿義學二堂，烏什義學二堂，疏勒義學二堂，疏附義學二堂，瑪喇巴什義學二堂，英吉沙爾義學二堂，莎車義學三堂，葉城義學二堂，和闐義學二堂，于闐義學二堂，巴里坤義學二堂，奇臺義學二堂，濟木薩義學一堂，阜康義學二堂，迪化義學三堂，昌吉義學二堂，綏來義學二堂，呼圖壁義學一堂，寧遠義學二堂，綏定義學二堂，廣仁城義學一堂，瞻德城義學一堂，霍爾果斯義學一堂，羅布淖爾義學一堂，塔爾巴哈臺義學二堂，共計義學六十堂。

新收：光緒二十六年正月初一日起，添設猩猩峽稽查卡。

開除：無項。

實在：光緒二十六年六月底止，實存新疆糧臺，省城軍裝總局，省城南梁機器局，省城采運局，新疆省城、伊犁寧遠城、喀什噶爾城三中俄通商局。

伊塔道、塔爾巴哈臺二善後局，塔城喀圖金礦局，省城、哈密新城、吐魯番新城、喀喇沙爾、庫車、阿克蘇、烏什、英吉沙爾、喀什噶爾漢城、葉爾羌、和闐、古城、綏來、綏定、寧遠、綏定城東關、廣仁城、塔爾巴哈臺等處十八保甲局。

霍爾果斯尼堪卡倫、果子溝、霍爾罕、明瑶路、依蘭烏瓦斯、依斯里克、圖舒克、塔石可力峽、依布拉引、猩猩峽等處一十稽查卡。

哈密、巴里坤、昌吉、吐魯番、喀喇沙爾、庫車、阿克蘇、烏什、喀什噶爾、英吉沙爾、瑪喇巴什、葉爾羌、和闐、塔爾巴哈臺等處十四牛痘局。

哈密義學三堂，吐魯番義學三堂，喀喇沙爾義學三堂，庫車義學三堂，拜城義學二堂，温宿義學二堂，烏什義學二堂，疏勒義學二堂，疏附義學二堂，瑪喇巴什義學二堂，英吉沙爾義學二堂，莎車義學三堂，葉城義學二堂，和闐義學二堂，于闐義學二堂，巴里坤義學二堂，奇臺義學二堂，濟木薩義學一堂，阜康義學二堂，迪化義學三堂，昌吉義學二堂，綏來義學二堂，呼圖壁義學一堂，寧遠義學二堂，綏定義學二堂，廣仁城義學一堂，瞻德城義學一堂，霍爾果斯義學一堂，新平義學一堂，塔爾巴哈臺義學二堂，共計義學六十堂。

（硃批）：覽。[①]

○四三、請銷二十二年防軍收支各款摺

光緒二十九年四月三十日（1903年5月26日）

甘肅新疆巡撫西林巴圖魯臣潘效蘇跪奏，爲造報甘肅新疆光緒二十二年分防軍收支各款，謹繕清單，并分造總、散清册，懇恩飭部核銷，恭摺仰祈聖鑒事。

竊照甘肅新疆防軍、善後用款，每年合關内外指撥各省款銀四百八十萬兩，新疆撫、提、鎮、協各標及伊犁鎮標并塔爾巴哈臺協標，除節省外，共應分庫平銀二百六十萬五千兩，均歸甘肅布政司統收，扣除四分減平，分攤撥解。查上案截至二十一年年底止收支款項，業經前撫臣饒應祺將總、散清册分咨各部，開單具奏請銷，於光緒二十八年五月初五日奉到硃批：該部知道，單并發。欽此。欽遵咨行在案。

茲據新疆糧臺詳稱：自二十二年正月初一日起，截至十二月止一切收支，自應仍接上案造報。計舊管項下，截至二十一年十二月底止，實存新餉平銀十一萬八百八十六兩八錢七分三厘，欠發各營旗十年以前病故弁勇存餉銀十一萬四千一百八十五兩二錢八分六厘。新收項下，收到甘肅藩司分解新疆及伊犁、塔爾巴哈臺應分新餉，并新疆馬步各營旗報繳截曠、采買、製辦、運脚等款扣回平餘，共計新餉平銀三百一十六萬三千八百七十五兩九錢一分六厘。開除項下，支發新疆馬步各營、旗、哨、開花炮隊薪糧、馬乾、倒馬價值及各臺局薪水、口糧、工食、油濁、紙張、采買、製辦、運脚、盤費、各處團練、津貼等項，共計

① 臺北“故宫博物院”藏：《軍機及宫中檔》，文獻編號：157133-0-A。

薪餉平銀二百三十八萬六千三百七十九兩八錢七分八厘；又撥發新疆藩庫各項及糧臺善後經費，共計新餉平銀七十一萬八千兩。實在項下，截至二十二年十二月底止，實存新餉平銀一十六萬三百八十二兩九錢一分一厘，應歸下案接續造報。仍欠發各營旗十年以前病故弁勇存餉銀一十一萬四千一百八十五兩二錢八分六厘，應俟各故弁勇親屬請領至日，即由二十二年以後新餉内勻給。造具總、散清册，詳請奏銷前來。

臣覆查支發各款，均係實用實銷，并無浮冒。除將清册分送各部外，相應繕具簡明清單，會同陝甘總督臣崧蕃，恭摺具陳。伏乞皇太后、皇上聖鑒，飭部核銷施行。謹奏。光緒二十九年四月三十日。

（硃批）：該部知道，單并發。[①]

光緒二十九年閏五月初四日，奉硃批：該部知道，單并發。欽此。[②]

○四四、呈光緒二十二年防軍收支清單

光緒二十九年四月三十日（1903年5月26日）

謹將甘肅新疆光緒二十二年分防軍收支各款，并撥發善後經費，司庫例支、提存各項銀數，繕具簡明清單，恭呈御覽。

計開

舊管：

一、上案新疆糧臺防軍報銷款月，截至光緒二十一年十二月底止，實存新餉平銀一十萬八百八十六兩八錢七分三厘。

一、截至光緒二十一年十二月底止，欠發新疆馬步各營旗光緒十年以前病故弁勇存未領餉銀一十一萬四千一百八十五兩二錢八分六厘。

新收：

一、收協餉案内甘肅藩司分解新疆應分二十二年分新餉新平銀一百九十三萬

---

① 中國第一歷史檔案館藏：《硃批原件》，檔號：04-01-01-1061-029。

② 臺北“故宫博物院”藏：《軍機及宫中檔》，文獻編號：157125。

三千兩。

一、收協餉案内甘肅藩司分解新疆應分二十二年分新餉款内提存新疆藩庫新平銀九萬五千兩。

一、收協餉案内甘肅藩司分解新疆應分二十二年分伊犁鎮標勇餉經費并提存款項新平銀三十八萬兩。

一、收協餉案内甘肅藩司分解新疆應分二十二年分塔城協標勇餉經費并提存款項新平銀一十九萬七千兩。

一、收新疆馬步各營旗哨光緒二十二年分報繳截曠新平銀五千八百五十六兩二錢四分一厘。

一、收本案報銷款内支發采買、製辦、運脚等款照章扣回平餘新餉平銀一千八百八十五兩四錢四分五厘。

一、收奏明提撥新疆藩庫封存新餉平銀五十五萬一千一百三十四兩二錢三分。

以上七款，共收新餉平銀三百一十六萬三千八百七十五兩九錢一分六厘。管、收兩項共銀三百二十六萬四千七百六十二兩七錢八分九厘。

開除：

一、除第一册支發馬隊各營旗薪糧、馬乾等項銀九十三萬三千三百八十六兩二錢三厘。

一、除第二册支發步隊各營旗哨薪糧等項銀一百四萬六千八十一兩六錢二分。

一、除第三册支發開花炮隊勇夫薪糧、車騾草乾等項銀三萬三千二百三十七兩二分。

一、除第四册支發馬步隊各營旗哨暨開花炮隊管帶、營旗官、哨長、巡查薪水、薪糧、馬夫、馬乾等項銀六萬二百八兩七厘。

一、除第五册支發新疆馬隊各營旗支過倒馬價值新餉平銀一萬九千五百四十七兩九錢二分五厘。

一、除第六册支發新疆各廳、州、縣民團馬步勇津貼、薪糧、料草等項新餉平銀七萬九千五百五十四兩四錢六分七厘。

一、除第七册支發新疆提鎮各衙門稿書、書辦、通事、工食等項新餉平銀三千六十三兩六錢五分。

一、除第八册支發隨營差遣及各項差務、臺局文武員弁薪水等項新餉平銀一萬一千八百二十兩。

一、除第九册支發新疆各臺局經貼書、字職、護勇、長夫、通事、倉夫、斗級工食、口糧暨辦公紙張、筆墨、油燭等項新餉平銀五千三百五十七兩一錢八分四厘。

一、除第十册支發軍裝製辦局招募浙、粤并關内外各匠工食等項新平銀五千一十五兩七錢一分二厘。

一、除第十一册支發采製軍裝、修整軍裝、器械用過物料、製造火藥工料價值新餉平銀六萬九百一十八兩六錢八分。

一、除第十二册支發運解新疆南北兩路餉銀、軍裝等項車脚新餉平銀三萬九千四百五十八兩六分六厘。

一、除第十三册支發運解新疆南北兩路餉銀、軍裝等件、押運委員、跟役騎騾脚價、鹽菜、口糧等項新餉平銀五千一百二十九兩七錢四分五厘。

一、除第十四册支發新疆南路喀什噶爾道屬各廳、州、縣供支邊防各營旗轉運軍餉、軍裝及糧料草、脚價并津貼、柴價、糧價等項新餉平銀八萬三千六百一兩五錢九分九厘。

以上十四款，共計支發新餉平銀二百三十八萬六千三百七十九兩八錢七分八厘。

一、除撥發、撥解交新疆藩庫、司庫例支不敷，供支古城旗營經費并塔城同知驛站經費，添撥司庫及阿克蘇道庫例支不敷，新疆新餉内提存款項，伊犁道庫及塔城同知庫提存款項，計八款，共新餉平銀五十五萬四千兩。查前項已於撥款册内開具細數，應由新疆藩司列收，分别請銷報存。

一、除撥發新疆及伊犁、塔爾巴哈臺等三處歲估善後經費，計三款共新餉平銀一十六萬四千兩。查前項已於撥款册内開具細數，應仍由新疆糧臺另册列收，分别支發善後各項款目，造報請銷。

以上二款，共計新餉平銀七十一萬八千兩。

統共開除新餉平銀三百一十萬四千三百七十九兩八錢七分八厘，内除撥發、撥解新疆藩庫各款新餉平銀五十五萬四千兩，應由新疆藩司列收，另案造報。

又撥發新疆及伊犁、塔爾巴哈臺善後經費銀一十六萬四千兩，仍由新疆糧臺另案造報外，其餘支銷款内應請户部核銷馬步各營、旗、哨、開花炮隊餉項、薪水、薪糧、馬乾、各處團練津貼、薪糧、料草、各衙門、臺、局文武員弁薪水、稿書、經貼書、字職、工匠、護勇、長夫工食、紙張、油燭等項，押運員弁、跟役鹽菜、口糧、騾脚等款，共計新餉平銀二百二十萬五千五百三十四兩四錢八分七厘。

應請兵部核銷開花炮隊車夫口糧、車騾料草、馬隊各營旗倒馬價值、轉運餉銀、軍裝、脚價、喀什噶爾邊防餉裝、食糧、料草、運脚等款新餉平銀一十一萬九千九百二十六兩七錢一分一厘。

應請工部核銷采製軍裝、軍火、修整軍裝、器械、製造火藥等項價值，共計新餉平銀六萬九百一十八兩六錢八分。

實存：

一、截至光緒二十二年十二月底止，實存新餉平銀一十六萬三百八十二兩九錢一分一厘。查前項實存銀兩，係實在儲存現銀，應歸下案接續造報。

一、截至光緒二十二年十二月底止，尚欠發新疆馬步各營旗光緒十年以前病故弁勇存未領餉銀新平銀一十一萬四千一百八十五兩二錢八分六厘，應俟各故弁勇親屬請領至日，即由二十三年以後新餉内匀給。

（硃批）：覽。[①]

○四五、奏報上年辦結就地正法各案摺

光緒二十九年四月三十日（1903 年 5 月 26 日）

甘肅新疆巡撫西林巴圖魯臣潘效蘇跪奏，爲光緒二十八年分辦結就地正法各案，照章摘由匯報，恭摺仰祈聖鑒事。

竊查新疆奏定章程：凡强盗搶奪及情罪重大之犯，獲案訊明后，皆准就地正法，摘由匯報，歷經遵辦在案。兹查接管卷内，前任撫臣饒應祺并臣先後辦結上年四季情罪重大、决不待時各案共十起，據各地方官勘驗獲犯審擬，解經該管道府提訊明確，咨由兼臬司覆核轉詳，均經前任撫臣并臣隨時細核案情，參諸律例，分别斬决、凌遲，批令在於犯事地方正法，以昭炯戒。其案内從犯罪應軍流者，酌予槧帶鐵桿、石墩，以示懲創。謹將各案摘由開單，恭呈御覽。

所有光緒二十八年分辦結就地正法各案，照章摘由匯報緣由，謹恭摺具陳。

① 臺北“故宫博物院”藏：《軍機及宫中檔》，文獻編號：157125-0-A。

伏乞皇太后、皇上聖鑒訓示。謹奏。光緒二十九年四月三十日。

（硃批）：刑部知道，單并發。[①]

光緒二十九年閏五月初四日，奉硃批：刑部知道，單并發。欽此。[②]

○四六、呈上年辦結就地正法各案清單

光緒二十九年四月三十日（1903年5月26日）

謹將光緒二十八年分辦結就地正法各案摘由，匯繕清單，恭呈御覽。

計開

春季分

一起：疏附縣搶犯買賣提·依布拉引率同其子買買提·里哎買提·買買提，搶奪纏民克里木等家牲畜，砍傷牧丁推模爾，報經署該縣知縣姚榮炳會營勘驗，派撥兵役往拏。該犯等逞凶，放槍拒捕，轟斃營勇趙子禮等四命。買賣提依·布拉引當被格殺，餘均拏獲。復經驗訊，擬解署喀什噶爾道朱冕榮提審，咨由鎮迪道兼按察使銜李滋森覆核轉詳。前撫臣以該犯等强搶殺人逞凶，拒斃營兵多命，實屬行同叛逆，法無可貸，批飭將買賣提·依布拉引戮屍梟示；買買提·里哎買提·買買提一并就地正法；玉買提年幼被脅，隨同拒捕，并未傷人，情有可原，酌予繫帶鐵桿石墩十年，以昭炯戒。

夏季分

一起：莎車直隸州纏民托合大、土尼牙子因借欠客民馬恩銀錢被索圖騙，托合大起意，商同土尼牙子用藥謀毒馬恩身死，報經署該州知州彭緒瞻相驗獲審，擬解護喀什噶爾道張樹焱提審，咨由鎮迪道兼按察使銜李滋森覆核轉詳。前撫臣以該犯托合大等謀殺得財，情罪較重，批飭照謀殺人因而得財者同强盜、不分首從皆斬律，就地正法，以昭炯戒。

一起：温宿直隸州纏婦買連比比因挾伊夫艾里克相待薄情、時常打駡之嫌，

---

① 中國第一歷史檔案館藏：《硃批原件》，檔號：04-01-01-1064-026。

② 臺北“故宫博物院”藏：《軍機及宫中檔》，文獻編號：157132。

獨自起意，用鐵斧毆砍艾里克偏右等處身死，報經署該州知州聞端蘭相驗獲審，擬解阿克蘇道江遇璞[①]提審，咨由署鎮迪道兼按察使銜慶秀覆核轉詳，經前撫臣以該犯婦買連比比挾嫌謀殺本夫，凶惡蔑倫，批飭凌遲處死，以維風化。

秋季分

一起：和闐直隸州盜犯泥牙子糾同乙麻目、尼牙子、那滿提湖完等四人，行竊事主哈四穆家，臨時行强，綑毆事主，搜贓逃逸，報經該州知州潘震勘驗，拏獲首犯泥牙子、夥犯那滿提湖完研審，咨由署鎮迪道兼按察使銜慶秀覆核轉詳。前撫臣以該犯泥牙子糾夥行竊，臨時綑毆事主，實屬目無法紀，批飭照强盜律斬決；從犯那滿提湖完聽糾行竊，不知强情，各予繫帶鐵桿石墩；逸犯乙麻目、尼牙子，獲日另辦。

一起：温宿直隸州纏民買買提因向牙合甫之子托和大估借牛隻，口角爭鬬，將托和大毆傷，坐地混罵。該犯忿恨，頓起殺機，用棒狠毆托和大腦後身死。牙合甫攏護，該犯復毆傷其左太陽斃命。報經署該州知州聞端蘭相驗獲審，擬解阿克蘇道江遇璞提審，咨由署鎮迪道兼按察使銜慶秀覆核轉詳。前撫臣以該犯毆故殺死一家父子二命，罪應斬決，批飭正法，以昭炯戒。

一起：焉耆府纏賊阿必子執持洋炮，逼脅條里阿洪及已死巴以思，各執刀棒，盤踞要路，肆行强搶得贓。報經該府知府劉嘉德會營，派撥兵役往拏。該犯阿必子開炮拒捕，巴以思當被格殺，拏獲阿必子、條里阿洪二犯，審擬徑詳。前撫臣以該犯阿必子行同强盜，罪應斬決，批飭正法。條里阿洪被脅同行，酌予繫帶鐵桿石墩，以示懲儆。

冬季分

一起：温宿直隸州纏婦塔吉比比因挾其夫阿西木屢次打罵之嫌，獨自起意謀殺，乘伊夫睡熟，用砍土鏝毆砍咽喉等處身死，報經署該州知州聞端蘭相驗獲審，擬解阿克蘇道江遇璞提訊，咨由署鎮迪道兼按察使銜慶秀覆核轉詳。前撫臣以該犯婦挾嫌謀殺親夫，凶惡蔑倫，批飭凌遲處死，以維風化。

---

① 江遇璞（1824—1904），湖北隨州人，監生。同治八年（1869），報捐知縣，指分江西，嗣投效卓勝軍。十年（1871），以功保知州。光緒二年（1876），賞戴藍翎。三年（1877），保升知府。十年（1884），換花翎。十二年（1886），經劉錦棠奏准留新補用。同年，署喀喇沙爾同知。十四年（1888），調署温宿直隸州知州。十五年（1889），借補喀喇沙爾同知，歷署和闐直隸州知州，兼護阿克蘇道。二十四年（1898），遷阿克蘇道，加二品頂戴。三十年（1904），因病出缺。

一起：疏勒直隸州盜犯哈生木依敏、買買鐵列、麥𠯿蘇土聽從聞拏自盡首盜胡大拜的，行竊纏民甲拉登家。事主起捕，麥𠯿蘇土畏懼先逃，胡大拜的、哈生木依敏行强，拒傷甲拉登身死，搜劫贓物，奸淫婦女而逃。買買鐵列在外接贜，不知强情。報經署該州知州張樹焱會營，勘驗獲審，擬解署喀什噶爾道朱冕榮提訊，咨由署鎮迪道兼按察使銜慶秀覆核轉詳。前撫臣以該犯等糾約行竊，胡大拜的、哈生木依敏臨時行强，毆斃事主得贜，奸淫婦女，罪大惡極，批飭將自盡首盜胡大拜的戮屍梟示，哈生木依敏一并正法。夥犯麥𠯿蘇土先逃，買買鐵列不知强情，酌予繫帶鐵桿石墩，以靖地方。

一起：疏勒直隸州纏民沙渭因伊妻再列比比久住娘家，該犯往接，其父母不允，口角爭毆。該犯用刀戳傷妻父阿洪、妻母姑協列比比先后身死，報經署該州知州蔣士修相驗獲審，擬解署喀什噶爾道朱冕榮提訊，咨由署鎮迪道兼按察使銜慶秀覆核轉詳。臣查該犯沙渭因口角爭毆，戳傷妻父、母先後身死，罪無可逭，批飭照例斬決，以警凶頑。

一起：焉耆府纏民鐵木耳因商民姚錫純索討茶銀，口角爭毆，用木錘將其毆傷身死，埋屍滅迹，事後潛往其家，盜取財物逃逸，報經該府知府劉嘉德相驗獲審，擬解阿克蘇道江遇璞提訊，咨由署鎮迪道兼按察使銜慶秀覆核轉詳。臣查該犯鐵木耳行同强盜，法無可貸，批飭斬決，以昭炯戒。

（硃批）：覽。[①]

〇四七、奏報二十九年正月雨水糧價摺

光緒二十九年五月十七日（1903年6月12日）

甘肅新疆巡撫西林巴圖魯臣潘效蘇跪奏，爲恭報光緒二十九年正月分糧價并得雪情形，謹繕摺具陳，仰祈聖鑒事。

竊照光緒二十八年十二月分各屬糧價并得雪情形，業經臣奏報在案。茲據署新疆布政使李滋森詳稱：光緒二十九年正月分，鎮迪道屬迪化得雪，積地四寸；

① 臺北“故宮博物院”藏：《軍機及宮中檔》，文獻編號：157132-0-A。

庫爾喀喇烏蘇得雪，積地一寸；阜康、奇臺得雪，積地一寸；昌吉、綏來微雪。伊塔道屬綏定得雪，積地七寸；寧遠、精河得雪，積地二寸；塔爾巴哈臺微雪。南路葉城、英吉沙爾得雪，積地三寸；烏什、瑪喇巴什得雪，積地一寸；焉耆、温宿、拜城、疏勒、疏附、莎車微雪，餘未得雪。至通省糧價，綏來、鎮西、寧遠、塔爾巴哈臺、焉耆、烏什等廳縣俱與上月相同，其餘均有增減，匯詳請奏前來。

理合恭摺具陳，并繕糧價清單，敬呈御覽。伏乞皇太后、皇上聖鑒。謹奏。光緒二十九年五月十七日。

（硃批）：知道了。①

光緒二十九年閏五月二十六日，奉硃批：知道了。欽此。②

○四八、呈光緒二十九年正月糧價清單

光緒二十九年五月十七日（1903 年 6 月 12 日）

謹將新疆各屬光緒二十九年正月分米糧時估價值，繕具清單，恭呈御覽。

計開正月分

鎮迪道屬

迪化縣：大米每京石價銀三兩六錢二分九厘，較上月減七分一厘。小麥每京石價銀一兩五錢二分一厘，與上月相同。豌豆每京石價銀一兩二錢九分六厘，與上月相同。青稞每京石價銀八錢二分八厘，與上月相同。

昌吉縣：大米每京石價銀二兩九錢七分六厘，較上月增一錢四分三厘。小麥每京石價銀一兩八分七厘，與上月相同。豌豆每京石價銀一兩五分，與上月相同。青稞每京石價銀七錢一分七厘，與上月相同。

阜康縣：粟米每京石價銀一兩二錢七分四厘，與上月相同。小麥每京石價銀一兩二錢二厘，與上月相同。豌豆每京石價銀一兩六錢，較上月增五錢四分。高粱每京石價銀四錢九分，與上月相同。

---

① 中國第一歷史檔案館藏：《硃批原件》，檔號：04-01-25-0581-032。

② 臺北“故宫博物院”藏：《軍機及宫中檔》，文獻編號：157611。

綏來縣：大米每京石價銀二兩二錢九分四厘，小麥每京石價銀一兩六分一厘，豌豆每京石價銀一兩二錢四分八厘，高粱每京石價銀五錢六分八厘，俱與上月相同。

奇臺縣：大米每京石價銀三兩四錢五分二厘，較上月增六分九厘。小麥每京石價銀一兩五錢五分六厘，較上月增三分五厘。豌豆每京石價銀一兩五錢一分九厘，較上月增一錢三分八厘。

吐魯番直隸廳：小麥每京石價銀一兩三錢四分四厘，較上月增三分九厘。大麥每京石價銀六錢三分五厘，與上月相同。高粱每京石價銀六錢七分六厘，較上月增三分六厘。黃豆每京石價銀一兩五錢三分，與上月相同。

鎮西直隸廳：小麥每京石價銀二兩三分，豌豆每京石價銀一兩四錢八分，青稞每京石價銀一兩三錢，俱與上月相同。

哈密直隸廳：粟米每京石價銀一兩九錢八分，較上月增三錢六分。小麥每京石價銀一兩五錢四分七厘，與上月相同。豌豆每京石價銀一兩六錢二分，較上月增三分六厘。青稞每京石價銀九錢六分五厘，較上月增三分九厘。

庫爾喀喇烏蘇直隸廳：小麥每京石價銀一兩二錢三分八厘，與上月相同。豌豆每京石價銀一兩五錢二分六厘，與上月相同。高粱每京石價銀八錢八分二厘，較上月增六分。

伊塔道屬

綏定縣：大米每京石價銀三兩二錢五分六厘，較上月增六厘。小麥每京石價銀一兩三錢八分，與上月相同。大麥每京石價銀八錢二分五厘，與上月相同。豌豆每京石價銀一兩二錢六分，俱與上月相同。

寧遠縣：大米每京石價銀三兩三錢六分，小麥每京石價銀一兩五分，大麥每京石價銀七錢三分，豌豆每京石價銀九錢八分，俱與上月相同。

塔爾巴哈臺直隸廳：小麥每京石價銀一兩一錢二分六厘，大麥每京石價銀九錢七分五厘，豌豆每京石價銀一兩九分八厘，俱與上月相同。

精河直隸廳：大米每京石價銀三兩八錢五分，與上月相同。小麥每京石價銀一兩四錢七分，較上月增七分。大麥每京石價銀九錢四分五厘，與上月相同。豌豆每京石價銀一兩四錢，與上月相同。

阿克蘇道屬

焉耆府：大米每京石價銀三兩九錢九分六厘，小麥每京石價銀一兩二錢九分九厘，豌豆每京石價銀一兩一錢五分二厘，包穀每京石價銀八錢九分六厘，俱與上月相同。

温宿直隸州：大米每京石價銀二兩一錢二分八厘，小麥每京石價銀七錢七分六厘，大麥每京石價銀四錢六分，包穀每京石價銀六錢八分，俱與上月相同。

拜城縣：小麥每京石價銀六錢七分，較增上月增二分。大麥每京石價銀三錢八分，較上月增一分。豌豆每京石價銀五錢，較上月增五分。包穀每京石價銀四錢六分，較上月增一分。

庫車直隸廳：大米每京石價銀三兩二錢，較上月增八分。小麥每京石價銀九錢六分，較上月增三分。豌豆每京石價銀六錢四分，與上月相同。包穀每京石價銀六錢六分，較上月增一分。

烏什直隸廳：大米每京石價銀二兩一錢七分五厘，小麥每京石價銀六錢六分，大麥每京石價銀三錢二分一厘，包穀每京石價銀四錢五分八厘，俱與上月相同。

喀什噶爾道屬

疏勒直隸州：大米每京石價銀三兩二錢一分，較上月增二分三厘。小麥每京石價銀一兩三錢三分六厘，較上月減四分四厘。包穀每京石價銀一兩八分八厘，較上月增一分。高粱每京石價銀八錢六分二厘，較上月增七分二厘。

疏附縣：大米每京石價銀三兩二錢一分，與上月相同。小麥每京石價銀一兩三錢三分六厘，較上月減四分四厘。包穀每京石價銀一兩八分八厘，較上月增四分二厘。高粱每京石價銀八錢六分二厘，較上月增七分二厘。

莎車直隸州：大米每京石價銀二兩八錢一分二厘，與上月相同。小麥每京石價銀九錢六分六厘，與上月相同。大麥每京石價銀六錢八分七厘，與上月相同。包穀每京石價銀六錢二分，較上月增二分六厘。

葉城縣：大米每京石價銀三兩三錢五分，與上月相同。小麥每京石價銀八錢五分，較上月增三分。包穀每京石價銀五錢三分，較上月增三分。

和闐直隸州：大米每京石價銀三兩一錢五分，較上月增七分。小麥每京石價銀一兩一錢二分，較上月增三分。包穀每京石價銀七錢四分，較上月增四分。青稞每京石價銀六錢九分，較上月增四分。

于闐縣：大米每京石價銀三兩四錢，與上月相同。小麥每京石價銀一兩二分，較上月增二分。包穀每京石價銀六錢一分，較上月增一分。

英吉沙爾直隸廳：大米每京石價銀三兩八錢，較上月增五錢四分八厘。小麥每京石價銀一兩二錢四分二厘，較上月增一錢三分八厘。大麥每京石價銀六錢八分四厘，較上月增六分九厘。包穀每京石價銀八錢四厘，與上月相同。

瑪喇巴什直隸廳：大米每京石價銀三兩二錢五分六厘，較上月增一錢四分八厘。小麥每京石價銀一兩三錢八分，與上月相同。包穀每京石價銀一兩二分四厘，較上月減二錢五分六厘。

（硃批）：覽。[①]

○四九、請將故道黄光達照例優恤緣由摺

光緒二十九年五月十七日（1903 年 6 月 12 日）

甘肅新疆巡撫西林巴圖魯臣潘效蘇跪奏，爲臚陳已故道員事迹，籲懇天恩從優賜恤，恭摺仰祈聖鑒事。

竊花翎二品頂戴鹽運使銜喀什噶爾道奇成額巴圖魯黄光達[②]，於光緒二十七年八月二十四日在任病故，經前撫臣饒應祺奏報在案。正在查叙事迹具奏請恤間，適值交卸，未及核辦，移交到臣。

竊維黄光達，籍隸湖南湘鄉縣。同治初，爲統領老湘營前江西吉南贛寧兵備道王文瑞召赴戎幕，委司軍儲。湘軍舊制，司文牘、糧餉者，稱爲幫辦，職守悉與營官分其任。江西時值糜爛，黄光達隨營轉戰贛州、吉安、玉山、常山、樟樹各城鎮，克復崇仁、東鄉、宜黄、南豐、雩都諸縣城，截剿江閩一帶粵匪，并赴粵克復嘉應州城，贊襄籌畫，無役不從。

六年，前廣東陸路提督劉松山率老湘軍剿捻陝西，以提督黄萬友爲幫統兼營

---

① 臺北“故宫博物院”藏：《軍機及宫中檔》，文獻編號：157611-0-A。

② 黄光達（1844—1901），湖南湘鄉縣人。由文童投效軍營，同治四年（1865），以軍功保從九品。是年，戴藍翎。六年（1867），保縣丞。七年（1868），保知縣。九年（1870），保同知，戴花翎，并賞五品封典。十年（1871），保知府。光緒二年（1876）保升道員。四年（1878），加鹽運使銜。六年（1880），以道員改留甘肅，升二品頂戴。十三年（1887），署理阿克蘇道，以阿克蘇駐營較多，商旅輻輳，兵勇、細民日用所需零星者多，成整者少，且紅錢素窘，兑换維艱，軍民俱困，乃向道庫借成本銀，鑄造光緒銀元，史稱“阿克蘇造光緒銀元”。十四年（1888），丁父憂。十八年（1892），署理鎮迪道兼按察使銜。十九年（1893），補授喀什噶爾道，二十年到任。二十七年（1901），卒於任。

務處，委黃光達辦理軍儲。數月中，破秦渡隴，解西安城圍，克復綏德州。捻賊渡黃，尾追數千里，戰於畿輔，兵不頓舍，黃光達與有勞焉。

七年，捻匪平，老湘軍回軍剿回寇，破延、榆、綏各賊巢，克復靈川，直趨金積堡。賊目馬化漋[①]負隅堅守，劉松山率孤軍進搗後路半角城、黑城子、李旺堡一帶，轉運實以黃光達司之。賊兵以我兵深入煽韋州，惠安堡、王家莊、下馬關各堡，回匪時出劫掠，燒我糧道。黃光達露宿野處，聯絡護運。各軍戰守兼施，布置周詳，無隙可乘。又於寧靈各處勸諭士紳照市平采，故囤儲豐贍，軍無乏食，劉松山深資倚賴。

九年正月，劉松山陣亡，前新疆撫臣劉錦棠接統其軍。主將新歿，賊勢益張，軍心不免惶惑。黃光達催趲後路，節節轉饋，日夜繼進，示無退志。劉錦棠乃與黃萬友、譚拔萃[②]等勒兵出陣，一戰而破馬五寨，擒斬其渠，人心遂安。春夏流澌盛漲，賊堰渠水衝嚙我軍，浸淹運道，或中途掩劫，泥淖相乘。黃光達親率軍士，囊土負楯，筑隄修壘，沿途聲勢益固。賊至，互相攻擊，志不得逞。劉錦棠遂得壹意督戰，無後顧憂。八月，黃萬友在營病故。黃光達接帶老湘六旗，益得激勵將士，奮勇攻剿。揚明堡之戰，身受炮傷，猶督戰不少懈。王洪堡之役，單騎出偵，道遇賊眾數百，幾瀕於危，以善騎得脱。其沉毅迅捷有如此者。金積堡賊平，隨劉錦棠規復西寧，兵阻大小峽口。黃光達建前後夾擊之策，自率奮勇從間道跨賊後，攻其不意。賊首尾不能相顧，乃大潰。劉錦棠遂率大軍，長驅直進，克復西寧、大通，以至肅州。

光緒二年，大兵出關，黃光達綜軍糈營務。凡有所商，竭慮效忠，纖悉靡遺，擘畫咸中窾要。新疆底定，委辦庫車善後，旋調辦葉、和善後。至則招流

---

① 馬化漋（1810—1871），即馬化隆，宁夏金積堡（今吴忠）人，回族民变首领。同治元年（1862），舉兵於寧夏金積堡，殺寧夏道侯雲登、知府吕際韶、知縣趙長庚等。二年（1863），陷靈州城，屠戮二萬餘人。五年（1866），降清，改名馬朝清。八年（1869），重叛，於靈州屠殺漢民十餘萬人。九年（1870），再次乞降。十年（1871），被凌遲處死。

② 譚拔萃（？—1893），字冠英，湖南湘潭縣人。咸豐初投身湘軍，隨同劉松山輾轉大江南北及陝甘地區，與太平軍、捻軍、陝甘回軍作戰。歷擢哨長、參將、總兵加提督銜。史稱“松山部將，推拔萃爲首”。同治九年（1870），經左宗棠保奏，署寧夏鎮總兵，賞穿黃馬褂。光緒元年（1875），補授寧夏鎮總兵。光緒二年（1876），丁母艱，仍留營統前軍赴敵。北疆平定後，揮師翻越天山南下。三年（1877），會同各軍連下達坂，吐魯番、托克遜三城，打開南疆大門。同年，取喀喇沙爾，收復庫車、阿克蘇，烏什等地。四年（1878），克和闐，收復新疆。五年（1879），返回軍營。六年（1880），統安遠軍駐庫車，旋移屯喀喇沙爾、古城子。十年（1884），卒於軍。追封一等輕車都尉。

亡，教播植，興水利，編保甲，設義學，凡有裨於民者，厘然畢舉。

十年，初設喀什噶爾道員缺，正議通商交涉，萬端諸凡草創。劉錦棠以該道才大心細，諳練老成，特委署理。旋以才識練達，操守謹嚴，奏補斯缺。

十三年，調補阿克蘇道，丁憂回籍。

十六年，前護撫臣魏光燾奏調來新，會辦税務，旋署鎮迪道兼按察使銜。

十九年正月二十七日，奉旨補授喀什噶爾道，二十年二月到任，益加淬厲，以廉平端，謹率所屬，講求吏治，昕夕不遑。通商持大體，相感以誠。前後在喀十餘年，鄰邦輯睦，邊庭乂安。歿之日，環堵蕭然，除書籍外，别無餘蓄。此黄光達在營在官之實在情形也。

該道性情敦摯，志趣端方，閒居屋漏之間，如臨師保，省身克己，常若不及。在庫、在喀，平反疑案兩件，論者咸服其神，而不知其居心平恕誠明之足以感通。遇事尤精細，不輕假手於人。當卧病時，猶日批公牘，不少閒，以故積勞之後，病益增劇，年未六十，齎志以終，未克竟其大用，良可惜也。

合無仰懇天恩俯准，飭部照例從優議恤，并將生平事迹宣付國史館立傳，并准附祀新疆省城及喀什噶爾劉錦棠專祠，以彰勞勩。

除履歷清册咨送軍機處外，所有臚陳已故道員事迹，懇恩優恤緣由，是否有當？謹會同陝甘總督臣崧蕃，恭摺具奏。伏乞皇太后、皇上聖鑒訓示。謹奏。光緒二十九年五月十七日。

（硃批）：著照所請，該衙門知道。①

光緒二十九年閏五月二十六日，軍機大臣奉旨：著照所請。該衙門知道。欽此。②

【案】光緒十一年四月十二日，劉錦棠奏請黄光達補授喀什噶爾道缺一摺，曰：

欽差大臣督辦新疆事宜尚書銜甘肅新疆巡撫二等男臣劉錦棠跪奏，爲新設邊疆道員要缺揀員試署，著有成效，懇請實授，以資治理，恭摺仰祈聖鑒事。

竊臣前奏設新疆南路道廳州縣各缺，請照吉林新章，由外揀補一次，當經部臣覆准由臣先後委員試署在案。兹查喀什噶爾兵備道員缺，轄境遼遠，緊接俄

① 中國第一歷史檔案館藏：《硃批原件》，檔號：04-01-14-0098-083。

② 臺北“故宫博物院”藏：《軍機及宫中檔》，文獻編號：157622。

疆，所屬水利、屯墾、錢糧、刑名暨通商事件，政務殷繁，應作爲衝繁疲難最要缺。南疆設官伊始，百廢待興。道員率屬綏民，尤關緊要，非得廉明幹濟之員久於其任，不足以資治理。

查現署喀什噶爾道二品頂戴鹽運使銜甘肅遇缺儘先題奏道黄光達，現年四十二歲，湖南湘鄉縣人，由文童投效軍營，於收復江西崇仁、東鄉、宜黄、南豐、雩都各縣城案内保奏，同治四年閏五月初四日奉上諭：著以從九品遇缺即選。欽此。是年，截剿江閩一帶竄匪并克復嘉應州城案内保奬，經吏部議奏，應俟選缺後，以應升之缺升用，准戴藍翎。六年三月十七日，奉旨：依議。欽此。是年，陝西同朝剿捻獲勝案内保奏，九月十六日奉上諭：著免選本班，以縣丞不論雙單月，儘先即選。欽此。克復陝西綏德州城暨直隸剿賊案内保奏，七年六月初六日奉上諭：著免選本班，以知縣不論雙單月，儘先即選。欽此。是年，肅清直東捻逆案内保奏，八月初六日奉上諭：著賞加同知銜，賞戴花翎。欽此。肅清陝北并克復甘肅靈州城池兩案并保，九年閏十月二十五日奉上諭：著以本班留於陝西，歸軍功候補班前先補用，補缺後以同知直隸州知州歸候補班，前先補用，并賞五品封典。欽此。經吏部議奏，該員所叙在後之請給五品封典已逾准奬層數，應毋庸議。十二月初十日奉旨：依議。欽此。蕩平金積堡賊巢寧靈肅清案内保奏，十年十月初三日奉上諭：著俟補同知直隸州後，以知府用，先换頂戴，并賞給四品封典。欽此。經吏部議奏，該員所請先换頂戴，係本管上司銜，應毋庸議。所請四品封典亦與定章不符。十二月初一日奉上諭：依議。欽此。解西寧府城重圍并克復大通縣城案内保奏，十三年七月二十八日奉上諭：著以同知直隸州知州，仍留原省補用。欽此。克復肅州關内一律肅清案内保奏，光緒二年二月初四日奉上諭：著免補同知直隸州知州，以知府仍留原省，歸候補班前補用。欽此。是年，攻拔新疆古牧地堅巢并克復迪化州城案内保奏，八月十六日奉上諭：著免補本班，以道員仍留原省，儘先補用。欽此。攻克達坂城、托克遜、吐魯番案内保奏，四年正月二十五日奉上諭：著賞加鹽運使銜。欽此。新疆南北兩路一舉蕩平案内保奏，六年正月三十日奉上諭：著仍以道員改留甘肅，遇缺儘先題奏，并加二品頂戴。欽此。

該員才識練達，操守謹嚴，從事戎行二十餘年，懋著勤勞。光緒二年，隨臣出關，深資臂助，歷辦庫車、葉爾羌、和闐善後各局，於邊地情形極爲熟悉。上年，委署斯缺，措置裕如，均無貽誤。

該員試署已久，銜缺相當，擬請補授實缺，俾得從容展布，以收駕輕就熟之效。合無仰懇天恩，俯念邊缺緊要，准以二品頂戴鹽運使銜甘肅遇缺儘先題奏道黄光達補授喀什噶爾兵備道員缺，實於邊遠地方有裨。如蒙俞允，俟接准部覆，再行給咨送部引見，以符定制。

是否有當？謹會同陝甘督臣譚鍾麟，恭摺具陳。伏乞皇太后、皇上聖鑒訓示，施行。謹奏。光緒十一年四月十二日。

光緒十一年五月十三日，軍機大臣奉旨：吏部議奏。欽此。[①]

【案】光緒十三年二月十七日，新撫劉錦棠奏報委任黄光達署理阿克蘇道缺，曰：

再，前據署阿克蘇道雷聲遠稟稱，患病日加沉重，懇請給假交卸等情，當經查有喀什噶爾道黄光達安詳謹慎，辦事實心，堪以調署。遞遺之缺，查有營務處二品頂戴鹽運使銜准補阿克蘇道袁垚齡，器識閎深，善待大體，堪以委署。正在檄飭遵照間，適據三品銜甘肅遇缺儘先題奏道陳名鈺稟稱：雷聲遠已於正月二十九日因病出缺，所有關防由署道庫大使楊陞承送交州署封存。稟報前來。

除飭該州陳名鈺暫行兼護道篆，并催黄光達俟袁垚齡到日，迅速交卸起程馳赴署任外，謹會同陝甘總督臣譚鍾麟，附片具奏。伏乞聖鑒。謹奏。

光緒十三年三月十九日，奉硃批：吏部知道。欽此。[②]

【案】光緒十四年七月十三日，新撫劉錦棠奏報阿克蘇道黄光達聞訃丁憂一摺，曰：

尚書銜甘肅新疆巡撫二等男臣劉錦棠跪奏，爲報明道員聞訃丁憂日期，恭摺仰祈聖鑒事。

竊據新疆布政使魏光燾詳：據署温宿直隸州知州江遇璞轉據阿克蘇道黄光達家丁李升呈稱：竊家主黄光達，現年四十五歲，係湖南湘鄉縣人，由文童投效楚軍老湘營，歷保二品頂戴、鹽運使銜、甘肅遇缺儘先題奏道。光緒九年，奉委署理喀什噶爾道，十年正月初九日到任。新疆六載邊防案内出力匯請，賞給奇成額巴圖魯名號。十一年，奏補喀什噶爾道，旋調署阿克蘇道，於十三年四月十五日到任。是年十一月，復奏請調補斯缺，奉部核准，於十四年三月二十五日具奏，

---

① 中國第一歷史檔案館藏：《硃批原件》，檔號：04-01-12-0532-063。《軍機録副》，檔號：03-5196-040。又，《奏稿》，第1099—1105頁。

② 中國第一歷史檔案館藏：《硃批原件》，檔號：04-01-16-0222-059。又，《軍機録副》，檔號：03-5220-052。

奉旨：依議。欽此。兹於十四年六月初九日接到家信，家主親父黄文耀於本年四月初一日在籍病故。家主係屬親子，例應丁憂，等情。由司詳請具奏前來。

臣覆查無異，除飭取該員親供另案送部，并俟揀員接署附片陳明外，所遺阿克蘇道一缺，係衝繁疲三項要缺，例應請旨簡放。惟邊疆要缺道員例准在外揀員升調，歸於酌量。上年，廣西添設太平歸順兵備道一員，定爲衝繁難三字邊要缺，部咨准其由外揀調升補。新疆初設行省，地處極邊，現行變通章程載：甘肅道、府、丞、倅、州、縣以及佐雜各要缺，將現任各員按照應升官階，任内無論有無升案并是否到任實授以及歷俸、試俸未經期滿各員，准擇其人地相宜者，一律升調等語。所有新疆新舊各道缺，除喀什噶爾、伊塔兩道係奏明四項請旨最要缺，鎮迪道缺向由内地揀選對調外，阿克蘇道一員，係邊疆三字要缺，可否扣留由外揀員酌量升調之處，應請飭下吏部核覆施行。

是否有當？謹會同陝甘總督臣譚鍾麟，恭摺具奏。伏乞皇太后、皇上聖鑒訓示。再此案改題爲奏。合并聲明。謹奏。光緒十四年七月十三日。

光緒十四年八月十六日，奉硃批：吏部議奏。欽此。①

【案】光緒十七年二月二十二日，護撫魏光燾片奏黄光達等迅赴新疆委用，曰：

再，新疆事務殷繁，需員委用，查有丁憂服滿二品頂戴鹽運使銜前任喀什噶爾道黄光達篤實穩練，在籍二品頂戴按察使銜分省遇缺儘先題奏道袁鴻祐廉明勤幹，均在新疆年久，邊務極爲熟悉，合無仰懇天恩俯准飭下湖南、安徽各撫臣轉飭黄光達原籍湘鄉縣、袁鴻祐原籍泗州直隸州，傳諭各該員迅赴新疆，俾供差遣，出自鴻慈。除咨部外，謹會同陝甘總督臣楊昌濬，附片具陳。伏乞聖鑒訓示。謹奏。

光緒十七年三月二十三日，奉硃批：著照所請，吏部知道。欽此。②

【案】光緒十七年六月十九日，魏光燾奏報黄光達到省聽候差遣一片，曰：

再，服滿起復二品頂戴鹽運使銜前任喀什噶爾道黄光達，前經臣以辦事需員於光緒十七年二月二十二日奏請調赴新疆差遣，四月二十九日奉硃批：著照所請，吏部知道。欽此。欽遵行知去後。旋據該員稟稱：起復後，由籍前赴甘肅一帶措資，途次接奉行知，遵即應調出關，兹於六月十六日到省，聽候差遣，等

① 中國第一歷史檔案館藏：《硃批原件》，檔號：04-01-12-0543-089。又，《軍機録副》，檔號：03-5238-063。
② 臺北“故宫博物院”藏：《軍機及宫中檔》，文獻編號：408006764-0-A。又，中國第一歷史檔案館藏：《軍機録副》，檔號：03-5277-082。

情。除由臣批飭到省候補外，謹會同陜甘總督臣楊昌濬，附片具陳。伏乞聖鑒。謹奏。

光緒十七年七月二十一日，奉硃批：吏部知道。欽此。[①]

【案】光緒十八年十二月二十八日，新撫陶模請以黄光達署理鎮迪道篆，曰：

再，署鎮迪道兼按察使銜本任喀什噶爾道周崇傅因病出缺，業經奏請簡放在案。所遺鎮迪道兼按察使銜員缺，應即委員署理，以專責成。查有候補道黄光達，由軍功累保二品頂戴甘肅遇缺儘先題奏道，旋補喀什噶爾道。該員在任辦理地方及中外交涉事件，廉明勤慎，練習邊情。嗣丁父艱，開缺回籍，服滿後經前護撫臣魏光燾奏請調赴新疆。現辦各項差事，均屬得力，堪以委署斯缺。除檄飭遵照外，謹會同陜甘總督臣楊昌濬，附片具陳。伏乞聖鑒。謹奏。

光绪十九年正月二十七日，奉硃批：知道了。欽此。[②]

【案】光緒十九年十二月初一日，新撫陶模奏報飭令黄光達即赴新任一片，曰：

再，升補鎮迪道兼按察使銜丁振鐸業經到省，應即飭赴新任。現署鎮迪道兼按察使銜黄光達，應即飭赴喀什噶爾道本任，各專責成。除分别檄飭遵照外，謹會同陜甘總督臣楊昌濬，附片具奏。伏乞聖鑒。謹奏。

光緒二十年正月初二日，奉硃批：知道了。欽此。[③]

〇五〇、請以廖玉貴等借補守備緣由摺

光緒二十九年五月十七日（1903年6月12日）

甘肅新疆巡撫西林巴圖魯臣潘效蘇跪奏，爲揀員借補守備各缺，以重操防，恭摺仰祈聖鑒事。

竊新疆撫屬濟木薩營中軍守備陳天榮，業經前任撫臣饒應祺奏請升補哈密

① 臺北“故宫博物院”藏：《軍機及宫中檔》，文獻編號：408006798-0-A。又，中國第一歷史檔案館藏：《軍機録副》，檔號：03-5281-071。

② 臺北“故宫博物院”藏：《軍機及宫中檔》，文獻編號：408002777-0-A。又，中國第一歷史檔案館藏：《軍機録副》，檔號：03-5302-119。

③ 臺北“故宫博物院”藏：《軍機及宫中檔》，文獻編號：408002839-0-A。又，文獻編號：129847。

協左旗都司員缺，奉到硃批：兵部議奏。欽此。旋經兵部咨覆議奏，奉旨：依議。欽此。欽遵咨行遵照在案。又，迪化城守營開花炮隊守備廖克明病故，亦經前撫臣饒應祺奏明開缺，奉到硃批：兵部知道。欽此。欽遵咨行在案。所遺守備各缺，均經聲明容俟揀員請補，自應遴選明幹之員序補，以期得力而專責成。兹查有推補游擊留新疆補用都司廖玉貴，誠樸耐勞，堪以借補濟木薩營中軍守備員缺；游擊銜補缺後補用都司留新儘先補用守備張彩廷，才明識練，堪以請補迪化城守營開花炮隊守備員缺。

該員等均在甘肅新疆效力多年，營務、邊情極爲熟悉，以之請補各缺，均能勝任，合無仰懇天恩俯准以廖玉貴、張彩廷二員補授守備各缺，以裨營伍。如蒙俞允，并懇飭部發給劄付，仍照烏魯木齊補放守備例，廖玉貴、張彩廷均毋庸送部引見，以符定制。

除飭取該員等履歷清册咨部外，謹會同陝甘總督臣崧蕃、喀什噶爾提督臣焦大聚，恭摺具陳。伏乞皇太后、皇上聖鑒訓示。謹奏。光緒二十九年五月十七日。

（硃批）：兵部議奏。[①]

光緒二十九年閏五月二十六日，奉硃批：兵部議奏。欽此。[②]

○五一、委任聞端蘭等署理知府員缺片

光緒二十九年五月十七日（1903年6月12日）

再，温宿直隸州知州改升温宿府知府，仍委現任温宿直隸州知州聞端蘭署理。該州所屬舊城巡檢改升温宿縣知縣，查有候補通判陳秉烈，堪以委署。又，新設沙雅縣知縣，查有候補知縣張駿，堪以委署。又，焉耆府屬布告爾巡檢改升輪臺縣知縣，查有阜康縣知縣易紹昌，堪以調署；未到任以前，應委現任布告爾巡檢陳家培暫行代理。其遺阜康縣知縣員缺，查有同知銜候補知縣朱希知，堪以

① 中國第一歷史檔案館藏：《硃批原件》，檔號：04-01-16-0277-051。
② 臺北“故宫博物院”藏：《軍機及宫中檔》，文獻編號：157614。

委署。又，新平縣屬卡克里克縣丞改升婼羌縣知縣，仍委現署卡克里克縣丞候補知縣張紓鍔署理。據署布政使李滋森、署镇迪道兼按察使銜慶秀會詳前來。

除由臣批飭分别給委外，謹會同陝甘總督臣崧蕃，附片具陳。伏乞聖鑒。謹奏。

（硃批）：吏部知道。[①]

光緒二十九年閏五月二十六日，奉硃批：吏部知道。欽此。[②]

【案】此奏片之具奏日期，原件、録副均未確。據硃批日期“光緒二十九年閏五月二十六日”，查《隨手檔》[③]“硃批潘效蘇摺”欄，則署有“報四百里，五月十七日新疆省城發”等字樣。據此，此片具奏日期應爲“光緒二十九年五月十七日”無疑。兹據校正。

〇五二、奏委錢炳焕署瑪喇巴什通判片

光緒二十九年五月十七日（1903年6月12日）

再，瑪喇巴什直隸廳通判，經前撫臣饒應祺奏請改爲巴楚州知州，奉部覆准在案。應即委員署理，以專責成。查有同知銜候補知縣錢炳焕，堪以委署。據署布政使李滋森、署鎮迪道兼按察使銜慶秀會詳前來。

除由臣批飭給委外，謹會同陝甘總督臣崧蕃，附片具奏。伏乞聖鑒。謹奏。

（硃批）：吏部知道。[④]

光緒二十九年閏五月二十六日，奉硃批：吏部知道。欽此。[⑤]

【案】此奏片之具奏日期，原件、録副均未確。據硃批日期“光緒二十九年

① 中國第一歷史檔案館藏：《硃批原件》，檔號：04-01-12-0627-061。
② 臺北“故宫博物院”藏：《軍機及宫中檔》，文獻編號：157615。
③ 中國第一歷史檔案館藏：《軍機處隨手登記檔》，檔案編號：03-0316-2-1229-171。
④ 中國第一歷史檔案館藏：《硃批原件》，檔號：04-01-12-0627-086。
⑤ 臺北“故宫博物院”藏：《軍機及宫中檔》，文獻編號：157616。

閏五月二十六日”，查《隨手檔》[①]“硃批潘效蘇摺”欄，則署有“報四百里，五月十七日新疆省城發”等字樣。據此，此片具奏日期應爲“光緒二十九年五月十七日”無疑。兹據校正。

○五三、奏報總兵谷振傑接印日期摺

光緒二十九年五月二十日（1903年6月15日）

甘肅新疆巡撫西林巴圖魯臣潘效蘇跪奏，爲據情代奏叩謝天恩，恭摺仰祈聖鑒事。

竊臣據署阿克蘇鎮總兵准補塔爾巴哈臺協副將谷振傑呈稱：在署喀什噶爾提督任内，接奉前撫臣饒應祺檄委署理阿克蘇鎮總兵員缺，隨於光緒二十九年四月十三日交卸喀什噶爾提篆，四月二十五日馳抵阿克蘇城，准實任總兵張宗本[②]將總兵印信、文卷移交前來。即於是日恭設香案，望闕叩頭謝恩，祗領任事。

伏念振傑一介武夫，毫無知識，前權斯篆數年，鮮建樹之稱；旋署提封一載，乏涓埃之報。舊標重莅，悚惕滋深。查阿克蘇爲南疆樞紐，轄境與俄界毗連，操防既屬繁難，交涉尤關重要，惟有竭盡心力，遇事稟商，認真理斷，不敢以暫時攝篆稍涉因循，以期仰答高厚鴻慈於萬一。

所有接印日期并感激下忱，呈請代奏叩謝天恩前來。理合據情恭摺具陳。伏乞皇太后、皇上聖鑒。謹奏。光緒二十九年五月二十日。

（硃批）：知道了。[③]

---

① 中國第一歷史檔案館藏：《軍機處隨手登記檔》，檔案編號：03-0316-2-1229-171。

② 張宗本（1838—1911），字修卿，山東鉅野人。同治七年（1868），投效湘軍，隨軍赴陝，以功保守備，賞戴藍翎。十一年（1872），保都司，換花翎。十二年（1873），保游擊，加參將銜。光緒元年（1875），隨軍出關。二年（1876），保參將，晉副將銜，加暨勇巴圖魯名號。三年（1877），保總兵記名。是年，換奇臣巴圖魯名號。四年（1878），保提督記名。十七年（1891），補和闐營參將。十九年（1893），升補烏什協副將。二十年（1894），護理阿克蘇總兵。二十三年（1897），擢阿克蘇鎮總兵。同年，署理喀什噶爾提督。二十九年（1903），交卸回籍。三十年（1904），補授山東兖州鎮總兵。宣統三年（1911），卸職歸里。同年，卒於籍。

③ 中國第一歷史檔案館藏：《硃批原件》，檔號：04-01-16-0277-053。

光緒二十九年六月二十三日，奉硃批：知道了。欽此。[①]

〇五四、奏報呈遞回部貢金緣由摺

光緒二十九年五月二十日（1903年6月15日）

甘肅新疆巡撫西林巴圖魯臣潘效蘇跪奏，爲呈進回部貢金，恭摺具陳，仰祈聖鑒事。

竊照新疆色勒庫爾之南坎巨提，向來按年進貢沙金，歷經各前撫臣循例奏明賞給緞匹在案。兹據喀什噶爾道袁鴻祐申稱：據坎巨提頭目摩韓美德拏星呈到光緒二十八年分進貢沙金一兩五錢，遵將例賞大緞二匹發給該頭目祗領，懇請具奏前來。

臣覆查無異，除將沙金咨送内務府呈進外，理合恭摺具陳。伏乞皇太后、皇上聖鑒。謹奏。五月二十日。

光緒二十九年六月二十三日，奉硃批：該衙門知道。欽此。[②]

〇五五、核減武職邊防保案及補保改獎摺

光緒二十九年五月二十日（1903年6月15日）

頭品頂戴陝甘總督臣崧蕃、甘肅新疆巡撫西林巴圖魯臣潘效蘇跪奏，爲新疆武職邊防保案兵部議駁，遵照核減，并將實在出力漏未列保及底銜繕寫錯誤或重復得保分别補獎、更獎，籲懇天恩飭部核准，以昭激勸，恭摺具陳，仰祈聖鑒事。

竊新疆七載邊防照章應保在事出力文武員弁，經臣崧蕃與前任撫臣饒應祺會銜具奏，奉到硃批：該部議奏，單并發。欽此。欽遵通行遵照在案。旋准兵部

---

① 臺北“故宫博物院”藏：《軍機及宫中檔》，文獻編號：158253。

② 臺北“故宫博物院”藏：《軍機及宫中檔》，文獻編號：158268。

議以新疆歷次裁兵節餉，防營所留不多，今該撫饒應祺以邊防屆期奏奬，請保至四百七十餘員，咨奬至一千餘員之多，似覺漫無限制，應請駁回，令聲明實有若干營，每營共保幾員，核實删减，照尋常擬奬等因，於光緒二十八年五月二十三日具奏，奉旨：依議。欽此。咨行到新，當經前任撫臣饒應祺欽遵咨行通飭遵照核减去後。兹據各標、營、旗核减，陸續申覆前來。

臣等查新疆撫標、提標及鎮、協各標原設馬步各營旗哨，除歷次裁減外，尚存步隊四十三營旗二哨，馬隊五十七旗，開花炮隊六哨，大共員弁、營書、勇丁二萬四千九百二十餘員名。定章每百人准奏保三員、咨保六名，應奏保七百二十餘員，咨保一千四百數十餘人。臣崧蕃商同前任撫臣饒應祺奏保四百七十七員，咨保一千四百九十四名，已屬極力從減。兹復據各營旗删减核計，實在奏保四百員名，計核減七十七員；咨保一千一百二十三名，計核減三百餘名。

臣等伏查該員弁勇丁人等在事多年，前次河湟逆回竄擾，嚴寒防剿，以及綏來、庫車、烏什回、會各匪疊次變亂，在事奔馳，多未獲保。庚子之役，邊防吃緊，俄屬哈薩及投俄逆回乘間繞越搶掠，該將士等衝犯瘴癘，扳援岩穴，馳騁搜捕，昕夕不遑，微勞足録。

此次尚有漏未列保者屢次稟求，臣等察其出力委係實情，未便令其向隅，仍擇其尤爲勤奮者補保二員，并將底銜繕寫錯誤及保請封典重復者另請改奬，相應繕具清單，仰懇天恩俯念久役辛勤，飭部核准，以資激勸而重邊防，出自鴻慈逾格。

除將補保各員弁履歷清册咨部外，所有遵照部議核减武職邊防保案及補保、改奬各緣由，謹合詞恭摺覆陳。伏乞皇太后、皇上聖鑒訓示。再此摺係臣效蘇主稿。合并聲明。謹奏。光緒二十九年五月二十日。

（硃批）：該部議奏，單并發。①

光緒二十九年六月二十三日，奉硃批：該部議奏，單并發。欽此。②

---

① 中國第一歷史檔案館藏：《硃批原件》，檔號：04-01-17-0170-029。

② 臺北“故宫博物院”藏：《軍機及宫中檔》，文獻編號：158245。

○五六、呈新疆七載防戍出力武職清單
光緒二十九年五月二十日（1903年6月15日）

謹將新疆七載防戍出力武職各員，匯繕清單，恭呈御覽。

計開

喀什噶爾提署并所屬馬步各營旗

頭品頂戴留甘肅新疆補用提督霍羅奇巴圖魯胡義和，請交部從優議叙。

頭品頂戴補用提督額爾德蒙額巴圖魯趙寶林，請交部從優議叙。

提督銜留甘補用總兵才勇巴圖魯鄒冠群，請補總兵後，以提督補用。

提督銜留新疆補用總兵穆特本巴圖魯何有道，請交部從優議叙。

記名總兵喀勒崇依巴圖魯楊德俊，請賞加提督銜。

記名總兵精勇巴圖魯黄蔚森，留新補用總兵勤勇巴圖魯陶廷相，留新補用總兵吉勒通額巴圖魯唐加奇，均請賞加提督銜。

提督銜補用總兵衡勇巴圖魯羅秀山，請交部議叙。

總兵銜補用副將確勇巴圖魯米漢章，留新補用副將義勇巴圖魯何光田，總兵銜補用副將劉合春，均請俟補副將後，以總兵補用。

副將銜留新補用參將准補提屬英吉沙爾營參將張鴻疇，請以副將在任候補。

副將銜補缺後參將孫德友，補缺後補用副將堅勇巴圖魯趙鳳寅，均請賞給二品封典。

儘先補用參將安益元，請俟補缺後，以副將補用，先换頂戴。

補用參將綏勇巴圖魯李喜恩，儘先推補參將王興發，均請俟補缺後，以副將補用。

留新補用游擊周武，二品頂戴留新補用參將孚勇巴圖魯陳以林，補缺後補用參將劉宗清，均請賞加副將銜。

二品頂戴補缺後補用參將柳作棟，二品頂戴參將銜儘先補用游擊劉萬勝，儘先補用游擊陳希賢、張先鏡，均請俟補缺後，以參將補用。

留甘儘先補用游擊王宗勝，請俟補游擊後，以參將補用。

補缺後補用參將哈西巴巴圖魯唐華光，請賞給二品頂戴。

守備銜儘先拔補千總周傳善、李得貴，都司銜留甘補用千總董祥達，守備銜藍翎千總歐萬春，儘先拔補千總丁在泮、張魁元、陳文開，均請俟補千總後，以守備補用。

守備銜留新補用千總鄒興都，請俟補缺後，以守備仍留原省補用。

歸漕標儘先補用衛千總彭甫航，請俟補缺後，以衛守備仍歸漕標補用。

補缺後千總鄭天揚，請賞加守備銜。

守備銜補外委後拔補把總黨玉林，請賞給五品封典。

阿克蘇鎮署并所屬馬步各營旗

總兵銜推補副將熊正國，請以原官原銜留新補用。

花翎副將銜補用參將儘先補用游擊陳福玉，擬請賞給二品封典。

參將銜補用游擊段發雲，請以參將升用。

升用都司補用守備成耀斌，請賞加游擊銜。

花翎游擊銜儘先補用都司王振華，請補都司後，以游擊補用。

補缺後補用都司儘先補用守備張庚榮，原請加五品銜，并非守備升銜，擬改請補都司缺後，賞加游擊銜。

升用都司儘先補用守備姚玉林、高永揚，均請以都司補用。

藍翎都司銜補用守備譚長穀，請補守備後，以都司補用。

花翎儘先補用守備魏金順，藍翎儘先補用守備宋芳賢，均請賞加都司銜。

拔補千總准補阿克蘇鎮標中營左哨把總楊得，拔補千總准補鎮標中營右哨把總王榮，儘先拔補千總陶復生，均原請補千總後以守備補用。兹查楊得、王榮前於新疆城署各工案内已保補千總後以守備補用，陶復生於光緒十八年新疆七載防戍案内已保補千總後以守備補用，係屬重復，均應改請俟補守備後，賞加都司銜。

留甘儘先拔補千總曾福林，請補千總後，以守備補用。

守備銜儘先拔補千總孫義元、裴振聲，儘先拔補千總楊定榮，拔補千總歐陽蘋、何作舟，均請俟補缺後，以守備補用。

藍翎補用守備歸標儘先拔補千總彭義山，藍翎補缺後千總拔補把總谷蔭嘉，補缺後千總儘先拔補把總關正福，均請賞加守備銜。

阿克蘇鎮屬烏什協營

奏留新疆補用提督借補烏什協副將霍羅奇巴圖魯湯咏山，原請賞給一品封典。兹查該員前於克復南路西四城回疆一律肅清案内已保一品封典，係屬重復，應改請賞給頭品頂戴。

留新補用提督借補撫標左營游擊納清額巴圖魯吴首懷，原請一品封典。茲查該員已經兵部由提督請有正一品封典，應改請賞給頭品頂戴。

提督銜記名遇缺簡放總兵借補庫車營游擊效勇巴圖魯周升朝，請賞給一品封典。

留陝甘遇缺題奏總兵借補撫標中軍参將懋勇巴圖魯蔡義興，請賞加提督銜。

留新儘先推補副將壯勇巴圖魯李策勝，升用副將留甘儘先補用参將黄桂芳，留新儘先推補副將程正興，留新儘先推補副將才勇巴圖魯熊福堂，留新儘先補用副將博慶額巴圖魯王桂林，均請賞加總兵銜。

二品頂戴留甘儘先補用参將借補喀喇沙爾營中軍守備龍玉堂，副將銜升用参將儘先補用游擊借補烏什協標左旗都司劉克俊，均請俟補参將後，以副將補用。

升用副將留新補用参將舒春林，擬請以副將補用。

副將銜升用参將儘先補用游擊方義章，請賞給二品封典。

補用参將楊玉林，請賞加副將銜。

補用游擊吴啓賢，歸山東撫標儘先補用游擊張克仁，均請俟補缺後，以参將補用。

升用游擊揀發陝甘序補都司徐彪，請賞給二品頂戴。

補用都司張必祥，原請補都司後以游擊補用。茲查該員前於光緒十八年新疆七載防戍案内已保補都司後以游擊補用，係屬重複，應改請補游擊後，賞加参將銜。

游擊銜補用都司孫厚發，請俟補都司後，以游擊補用。

升用都司留甘儘先補用守備趙先崖，都司銜儘先補用守備馮琴書，補用守備借補烏什協標中營左哨千總金玉章，均請以都司補用。

守備銜儘先拔補千總李重集，拔補千總丁長勝、吴以成，均請俟補千總，以守備補用。

阿克蘇鎮屬喀喇沙爾營

補用總兵奮勇巴圖魯黄明堂，請賞加提督銜。

補用参將王大喜，請賞加副將銜。

留新補缺後補用守備董□□[①]，請賞加都司銜。

① 此處文字缺損。

藍翎補千總後補用守備李玉光，請賞加都司銜。

藍翎俟補把總後拔補千總湯光爵，請賞加都司銜。

守備銜儘先拔補千總湯仲箎，請補千總後，以守備補用。

留新儘先拔補千總李先得，請補千總後，以守備補用。

藍翎守備銜拔補千總儘先拔補把總蕭兆祥，擬請賞加都司銜。

撫標中營

花翎儘先補用都司陳致祥，請賞加游擊銜。

藍翎補缺後都司儘先補用守備龍得泉，請賞加游擊銜。

藍翎守備張鳴珂，請補守備後，以都司補用。

□□□□□□□□□□□[1]，請以都司補用。

撫標左營

花翎儘先補用副將黎樹揚，請以原官原銜留於甘肅新疆補用。

花翎儘先補用參將謝玉申，請補參將後，以副將補用。

花翎副將銜留甘肅新疆儘先補用游擊李金榜，請補游擊後，以參將仍留原省補用。

花翎都司銜儘先補用守備計福有，請補守備後，以都司補用。

藍翎儘先補用守備補缺後補用都司林士佳，賞給五品封典。

撫標中營左旗

花翎留新儘先推補游擊譚迪安，請賞加副將銜。

花翎留新儘先補用都司蕭伯昌，請補都司後，以游擊補用。

花翎留新儘先補用守備熊有貴，請補守備後，賞加都司銜。[2]

拔補把總補缺後拔補千總郝忠友，請賞加守備銜。

留新疆儘先拔補把總補缺後拔補千總劉金玉，請賞加守備銜。

撫標左營左旗

花翎補缺後補用副將遇缺儘先推補參將楊大鵬，請賞給二品封典。請補守備後，以都司補用。

藍翎儘先補用千總補缺後補用守備鄒保山，擬請賞加都司銜。

---

① 此處文字缺損。

② 此處文字缺損。

藍翎補千總後補用守備馬雲，請加都司銜。

藍翎守備銜儘先補用千總李長青，請補千總後，以守備補用。

藍翎補缺後千總儘先拔補把總張明義，請賞加守備銜。

藍翎都司銜儘先補用守備戴銀國，請俟補守備缺後，以都司補用。

藍翎留新補缺後補用守備儘先拔補千總借補撫標右營後哨把總張桂山，請賞加都司銜。

守備銜儘先拔補千總拔補撫標右營前哨千總張文福，請補守備後，賞加都司銜。

留新拔補千總拔補撫標右營右哨把總辜志海，請俟補千總缺後，以守備補用。

補缺後拔補千總吕得成，請賞加守備銜。

藍翎儘先補用守備石敏通，請補守備後，以都司補用。

撫標右營

提督銜記名總兵借補撫標右營游擊鏗僧額巴圖魯加二級紀録二次徐學功，請賞給一品封典。

城守協標中營

提督銜留新補用總兵和闐營參將張俊三，請補總兵後，以提督升用。

補都司後推補游擊廖玉貴、譚堯欽，均請賞加參將銜。

留新補用都司廖洪亮，請俟補都司後，以游擊補用。

補千總後補用守備沈復春，請歸守備班後，賞加游擊銜。

儘先補用守備劉承穀，請俟補守備後，以都司補用。

補千總缺後補用守備周培發，請賞加都司銜。

城守協標中旗

補缺後拔補千總趙春華，請賞加守備銜。

補缺後拔補千總趙錫康，請賞加副將銜。

花翎補用游擊儘先補用都司李洪春，請補都司後，以游擊補用。

藍翎補用守備儘先拔補千總張忠升，請賞加游擊銜。

藍翎都司銜補用守備王添喜，請俟補守備後，以都司補用。

城守協標左旗

藍翎守備銜儘先拔補千總加一級王占鼇，請補千總後，以守備補用。

補把總後拔補千總加一級胡澤梅，請歸千總班後，賞加守備銜。

副將銜留甘肅新疆儘先補用參將借補喀什噶爾提標左營游擊楊德發，請補參將後，以副將仍留原省補用。

花翎游擊銜補用游擊甘肅新疆儘先補用都司雲騎尉世襲唐寶成，請歸游擊班後，封典係屬重複，應改請賞給頭品頂戴。

藍翎補用守備拔補千總喀喇巴爾噶遜營馬隊左哨把總張成才，請賞加都司銜。

藍翎儘先拔補把總補缺後千總胡仲武，請查該員於剿捕各匪尤爲出力，前次漏保應請補保，以免向隅。

城守協標開花炮隊

藍翎五品頂戴實任迪化城守炮隊把總洪樽坤，請補千總缺後，以守備補用，并賞加都司銜。

喀喇巴爾噶遜營：記名提督留新簡放總兵花尚阿巴圖魯宋有貴，原請賞給一品封典。兹查該員前於光緒十年六載邊防案内已保一品賞加守備銜。

瑪納斯協

花翎總兵銜留甘儘先補用副將業鑑額巴圖魯郝忠裔，請俟補副將後，以總兵補用。

補缺後准補都司熊正輔，請補都司後，以游擊補用。

補缺後補用守備趙耀南，留新補用守備儘先拔補千總潘文耀、曾毓球，均請賞加都司銜。

留新儘先拔補千總鄧克仁、曾福泰，均請補千總後，以守備補用。

留新補用千總儘先拔補把總賴芳廷、賀珍書，均請賞加守備銜。

精河營

花翎補都司缺後仍留原省儘先補用游擊陳天榮，請賞加參將銜。

花翎儘先補用都司補缺後推補游擊王振海，擬請賞加參將銜。

花翎游擊銜留新儘先補用都司周禎祥，請以游擊仍留原省補用。

花翎儘先補用都司鄭培元，請補都司後，以游擊補用。

花翎留甘儘先補用守備補缺後儘先補用都

花翎留新疆儘先補用總兵謝典禮，請賞加提督銜。

推補副將留新儘先補用參將周元吉，請俟補副將後，賞加總兵銜。

游擊張永福，留陝甘儘先補用游擊周紫高、陳萬勝，留甘儘先補用游擊劉永勝、陶德荣、賀明堂，花翎揀發補用游擊劉希延，留甘儘先補用游擊補缺後補用總兵譚光烈，儘先補用游擊雲騎尉世職馬揚宗，河州鎮屬西固營都司陳松泉，游擊銜儘先即補都司冉成、袁以升，游擊銜留陝甘儘先補用都司周德安，署甘肅凉州鎮屬岔口營都司周見恒，留陝甘儘先補用都司曹儁、陳春生，留陝甘補用都司吴鴻才，游擊銜補用都司留陝甘儘先補用守備談紹雲，花翎都司銜儘先補用守備孫立慶，留陝甘儘先補用守備黄榮貴，儘先即補守備馬恒益，分發甘肅營用守備楊國楨，寧夏鎮標後營守備彭順，以上四十六員，均請賞加一級。

甘肅藩司新餉所

藍翎守備銜儘先拔補千總潘力田，原請補千總後，以守備補用。兹查該員已在陝西隨扈各軍出力案内准保免補千總，以守備儘先補用，應改請俟補守備後，以都司補用。

新疆糧臺并署及各局

花翎都司銜補缺後補用都司即補守備趙懷林，請以都司補用。

花翎留甘肅新疆補用守備俆景星，請補守備後，以都司仍留原省補用。

藍翎守備銜儘先拔補千總李其潤，請補千總後，以守備補用。

兼臬司并保甲各局：甘肅文靖營守備胡立成，請以都司補用。

留陝甘儘先補用守備陸洪濤，請俟補守備後，以都司補用。

喀什噶爾道

花翎補用參將儘先補用游擊譚有德，請賞給三品封典。

藍翎守備用補用千總加一級章楚善，請賞加都司銜。

五品頂戴沙以提、卡底爾，均請賞换四品頂戴。

伊塔道

補用驍騎校達普新布，儘先即補驍騎校音得納，均請免補本班，以防禦儘先即補。

藍翎守備曾得元，請賞加都司銜。

撫署并親軍衛隊

補用副將周瑞林，請賞加總兵銜。

副將銜補用參將熊紹輝，請俟補參將後，以副將補用。

花翎儘先即補參將張澤忠，請賞加副將銜。

補用參將丁景熙、喻春福、張春林，均請賞加副將銜。

花翎補用參將儘先補用游擊謝品端，請賞加副將銜。

花翎儘先補用游擊張九齡，請賞加副將銜。

補用參將儘先補用游擊劉書質，請賞給二品頂戴。

參將銜推補游擊蘇永發，補用游擊師凱南，均請俟補缺後，以參將用。

藍翎補用佐領儘先即補防禦札倫布，請賞加協領銜。

補用都司劉臣卿、陳泰福、張昔義、王桂清、王禮，均請賞加游擊銜。

花翎儘先補用守備李勝海，請補守備後，以都司補用。

藍翎都司銜留新儘先補用守備劉扶漢，請補守備後，以都司仍留新補用。

藍翎補缺後補用守備儘先拔補千總段道生，請俟補守備後，以都司補用。

藍翎儘先即補守備楊伯玉，請俟補缺後，以都司補用。

花翎留新儘先補用守備翟金愷，請賞加都司銜。

補用守備楊忠義、劉志玉、孔福堂、尚材，均請賞加都司銜。

藍翎補缺後補用守備吴延齡，請賞加都司銜。

藍翎守備銜儘先千總趙子剛，請補千總後，以守備補用。

藍翎儘先拔補千總包開成，請補千總後，以守備補用。

藍翎補缺後千總儘先把總揚德霖，請補千總後，以守備補用。

藍翎儘先千總權文斌，補缺後千總精河營左哨把總王正清，拔補千總龍金堂，補缺後拔補千總儘先拔補把總賀得勝，均請賞加守備銜。

撫標中營

花翎儘先補用都司陳致祥，請賞加游擊銜。

藍翎補缺後都司儘先補用守備龍得泉，請賞加游擊銜。

藍翎守備張鳴珂，請補守備後，以都司補用。

留新補缺後補用守備董正元，請賞加都司銜。

藍翎補千總後補用守備李玉光，請賞加都司銜。

藍翎俟補把總後拔補千總湯光爵，請賞加都司銜。

守備銜儘先拔補千總湯仲篪，請補千總後，以守備補用。

留新儘先拔補千總李先得，請補千總後，以守備補用。

藍翎守備銜拔補千總儘先拔補把總蕭兆祥，擬請賞給五品封典。

撫標中營左旗

花翎留新儘先推補游擊譚迪安，請賞加副將銜。

花翎留新儘先補用都司蕭伯昌，請補都司後，以游擊補用。

花翎留新儘先補用守備熊有貴，請補守備後，以都司補用。

撫標左營

花翎儘先補用副將黎樹揚，請以原官原銜留於甘肅新疆補用。

花翎儘先補用參將謝玉申，請補參將後，以副將補用。

花翎副將銜留甘肅新疆儘先補用游擊李金榜，請補游擊後，以參將仍留原省補用。

花翎都司銜儘先補用守備計福有，請補守備後，以都司補用。

藍翎儘先補用守備補缺後補用都司林士佳，請補守備後，以都司補用。

藍翎儘先補用千總補缺後補用守備鄒保山，擬請賞加都司銜。

藍翎補千總後補用守備馬雲，請加都司銜。

藍翎守備銜儘先補用千總李長青，請補千總後，以守備補用。

藍翎補缺後千總儘先拔補把總張明義，請賞加守備銜。

拔補把總補缺後拔補千總郝忠友，請賞加守備銜。

留新疆儘先拔補把總補缺後拔補千總劉金玉，請賞加守備銜。

撫標左營左旗

花翎補缺後補用副將遇缺儘先推補參將楊大鵬，請賞給二品封典。

藍翎儘先補用守備石敏通，請補守備後，以都司補用。

撫標右營

提督銜記名總兵借補撫標右營游擊鏗僧額巴圖魯加二級紀録二次徐學功，請賞給一品封典。

藍翎都司銜儘先補用守備戴銀國，請俟補守備缺後，以都司補用。

藍翎留新補缺後補用守備儘先拔補千總借補撫標右營後哨把總張桂山，請賞加都司銜。

守備銜儘先拔補千總拔補撫標右營前哨千總張文福，請補守備後，賞加都司銜。

留新拔補千總拔補撫標右營右哨把總辜志海，請俟補千總缺後，以守備補用。

補缺後拔補千總吕得成，請賞加守備銜。

補缺後拔補千總趙春華，請賞加守備銜。

補缺後拔補千總趙錫康，請賞加守備銜。

城守協標中營

提督銜留新補用總兵和闐營參將張俊三，請補總兵後，以提督升用。

補都司後推補游擊廖玉貴、譚堯欽，均請賞加參將銜。

留新補用都司廖洪亮，請俟補都司後，以游擊補用。

補千總後補用守備沈復春，請歸守備班後，賞加游擊銜。

儘先補用守備劉承穀，請俟補守備後，以都司補用。

補千總缺後補用守備周培發，請賞加都司銜。

城守協標中旗

花翎游擊銜補用游擊甘肅新疆儘先補用都司雲騎尉世襲唐寶臣，請歸游擊班後，賞加副將銜。

花翎補用游擊儘先補用都司李洪春，請補都司後，以游擊補用。

藍翎補用守備儘先拔補千總張忠升，請賞加游擊銜。

藍翎都司銜補用守備王添喜，請俟補守備後，以都司補用。

城守協標左旗

藍翎守備銜儘先拔補千總加一級王占鼇，請補千總後，以守備補用。

補把總後拔補千總加一級胡澤梅，請歸千總班後，賞加守備銜。

副將銜留甘肅新疆儘先補用參將借補喀什噶爾提標左營游擊楊德發，請補參將後，以副將仍留原省補用。查該員於剿捕各匪尤爲出力，前次漏保，應請補保，以免向隅。

城守協標開花炮隊

藍翎五品頂戴實任迪化城守炮隊把總洪樽坤，請補千總缺後，以守備補用，并賞加都司銜。

喀喇巴爾噶遜營：記名提督留新簡放總兵花尚阿巴圖魯宋有貴，原請賞給一品封典。兹查該員前於光緒十年六載邊防案内已保一品封典，係屬重複，應改請賞給頭品頂戴。

藍翎補用守備拔補千總喀喇巴爾噶遜營馬隊左哨把總張成才，請賞加都司銜。

藍翎儘先拔補把總補缺後千總胡仲武，請賞加守備銜。

瑪納斯協：花翎總兵銜留甘儘先補用副將業鏗額巴圖魯郝忠裔，請俟補副將後，以總兵補用。

補缺後准補都司熊正輔，請補都司後，以游擊補用。

補缺後補用守備趙耀南，留新補用守備儘先拔補千總潘文耀、曾毓球，均請賞加都司銜。

留新儘先拔補千總鄧克仁、曾福泰，均請補千總後，以守備補用。

留新補用千總儘先拔補把總賴芳廷、賀珍書，均請賞加守備銜。

精河營：留新補用都司准補精河營中營守備龍浩，請補都司後，以游擊仍留原省補用。

藍翎補用都司留新儘先補用守備議叙加一級借補精河營前哨千總李貴玉，請賞加游擊銜。

補用守備儘先拔補千總張家禮，守備銜儘先拔補千總梁有勝，儘先拔補千總樊洪勝，留新拔補千總准補精河營後哨把總龍迪祥，均請補千總後，以守備補用。

吐魯番營

花翎補都司後補用游擊趙澤春，請賞加二品銜。

花翎補守備後補用都司王席珍，請賞加游擊銜。

五品藍翎哎思拉，請賞換五品花翎。

儘先補用守備李國樑，請俟補守備後，以都司補用。

藍翎儘先拔補千總蔡福榮，請補千總後，以守備補用。

濟木薩營：花翎留新疆儘先補用總兵謝典禮，請賞加提督銜。

推補副將留新儘先補用參將周元吉，請俟補副將後，賞加總兵銜。查該員同在邊防帶隊出力前保單内漏未列入，應請補保，以免向隅。

花翎補都司缺後仍留原省儘先補用游擊陳天榮，請賞加參將銜。

花翎儘先補用都司補缺後推補游擊王振海，擬請賞加參將銜。

花翎游擊銜留新儘先補用都司周禎祥，請以游擊仍留原省補用。

花翎儘先補用都司鄭培元，請補都司後，以游擊補用。

花翎留甘儘先補用守備補缺後儘先補用都司李春和，花翎儘先補用守備補缺後儘先補用都司成希仁，均請賞加游擊銜。

藍翎儘先補用守備彭致文、王兆榜，均請俟補守備後，以都司補用。

藍翎儘先拔補千總補缺後儘先補用守備楊生潤，請以守備補用。

藍翎儘先拔補千總沈萬祥，請賞加守備銜。

庫爾喀喇烏蘇營：花翎留新遇缺儘先推補副將依博德恩巴圖魯議叙給予加二級徐積誠，請俟補副將後，以總兵用。

花翎俟補參將後儘先推補副將阿克敦巴圖魯李清海，請歸副將班後，賞加總兵銜。

花翎儘先推補副將符永先，請以原官原銜留新疆推補，賞給二品封典。

藍翎留新儘先補用守備易迎祥，請補守備後，以都司仍留原省補用。

花翎儘先補用守備陳得元、曹本鑑，藍翎補用守備儘先拔補千總議敘加一級湯新甲，均請賞加都司銜。

花翎五品頂戴儘先補用千總趙安邦，藍翎守備儘先拔補千總范占彪，均請以守備留於新疆補用。

藍翎補用千總儘先拔補把總祁秉常，請賞加守備銜。

新字旗步隊暨炮隊：副將銜補用參將楊金榜，請俟補參將後，以副將補用。

藍翎守備銜儘先拔補千總楊熙釗，請俟補千總後，以守備補用。

分發新疆拔補千總武舉張鎔，擬請以守備補用。

新字旗馬隊

藍翎守備銜儘先拔補千總栗海倉，請補千總後，以守備補用。

撫標練軍左翼馬隊：留新補用總兵長勇巴圖魯楊鶴皋，請賞加提督銜。

總兵銜留甘儘先推補副將劉有成，請補缺後，以總兵用。

練軍右翼馬隊：提督銜補用總兵借補喀喇沙爾營參將周得金，請補總兵後，以提督升用。

守備銜千總郭占鼇、宋榮貴，均請補千總後，以守備儘先補用。

（硃批）：覽。[①]

○五七、奏報新疆本年二月雨水糧價摺

光緒二十九年閏五月十六日（1903年7月10日）

甘肅新疆巡撫西林巴圖魯臣潘效蘇跪奏，爲恭報光緒二十九年二月分糧價并得雨情形，謹繕摺具陳，仰祈聖鑒事。

竊照光緒二十九年正月分各屬糧價并得雪情形，業經臣奏報在案。茲據署新

① 臺北“故宮博物院”藏：《軍機及宮中檔》，文獻編號：158245-0-A。再，此清單中缺兩頁，待考。

疆布政使李滋森詳稱：光緒二十九年二月分，鎮迪道屬迪化得雪，積地八寸；阜康得雪，積地五寸；昌吉、奇臺、庫爾喀喇烏蘇得雪，積地三寸；綏來、鎮西得雪，積地二寸；哈密微雪。伊塔道屬綏定得雪，積地八寸；寧遠得雪，積地三寸；塔爾巴哈臺、精河微雪。南路烏什得雪，積地五寸；庫車得雪，積地三寸；拜城得雪，積地二寸；焉耆、英吉沙爾微雪；温宿、疏勒、疏附、莎車、葉城、于闐、瑪喇巴什微雨，餘均未得雨雪。至通省糧價，昌吉、阜康、鎮西、綏定、寧遠、塔爾巴哈臺、精河、焉耆、温宿、烏什、莎車、于闐、英吉沙爾等府廳州縣俱與上月相同，其餘均有增減，匯詳請奏前來。

理合恭摺具陳，并繕糧價清單，敬呈御覽。伏乞皇太后、皇上聖鑒。謹奏。光緒二十九年閏五月十六日。

（硃批）：知道了。①

光緒二十九年六月二十四日，奉硃批：知道了。欽此。②

○五八、呈光緒二十九年二月糧價清單

光緒二十九年閏五月十六日（1903 年 7 月 10 日）

謹將新疆各屬光緒二十九年二月分米糧時估價值，繕具清單，恭呈御覽。

計開二月分

鎮迪道屬

迪化縣：大米每京石價銀三兩七錢，較上月增七分一厘。小麥每京石價銀一兩五錢二分一厘，與上月相同。豌豆每京石價銀一兩二錢九分六厘，與上月相同。青稞每京石價銀九錢六分六厘，較上月增一錢三分八厘。

昌吉縣：大米每京石價銀二兩九錢七分六厘，小麥每京石價銀一兩八分七厘，豌豆每京石價銀一兩五分，青稞每京石價銀七錢一分七厘，俱與上月相同。

阜康縣：粟米每京石價銀一兩二錢七分四厘，小麥每京石價銀一兩二錢二

① 中國第一歷史檔案館藏：《硃批原件》，檔號：04-01-25-0582-024。

② 臺北“故宮博物院”藏：《軍機及宮中檔》，文獻編號：158305。

厘，豌豆每京石價銀一兩六錢，高粱每京石價銀四錢九分，俱與上月相同。

綏來縣：大米每京石價銀二兩二錢九分四厘，與上月相同。小麥每京石價銀一兩五分三厘，較上月減八厘。豌豆每京石價銀一兩二錢四分八厘，與上月相同。高粱每京石價銀五錢六分八厘，與上月相同。

奇臺縣：大米每京石價銀三兩二錢七分九厘，較上月減一錢七分三厘。小麥每京石價銀一兩五錢二分一厘，較上月減三分五厘。豌豆每京石價銀一兩三錢八分一厘，較上月減一錢三分八厘。

吐魯番直隸廳：小麥每京石價銀一兩三錢九分九厘，較上月增五分五厘。大麥每京石價銀六錢三分五厘，與上月相同。高粱每京石價銀八錢三分五厘，較上月增一錢五分九厘。黄豆每京石價銀一兩五錢三分，與上月相同。

鎮西直隸廳：小麥每京石價銀二兩三分，豌豆每京石價銀一兩四錢八分，青稞每京石價銀一兩三錢，俱與上月相同。

哈密直隸廳：粟米每京石價銀一兩九錢八分，與上月相同。小麥每京石價銀一兩五錢五厘，較上月減四分二厘。豌豆每京石價銀一兩六錢二分，與上月相同。青稞每京石價銀一兩八分一厘，較上月增一錢一分六厘。

庫爾喀喇烏蘇直隸廳：小麥每京石價銀一兩三錢四分九厘，較上月增一錢一分一厘。豌豆每京石價銀一兩五錢九分七厘，較上月增七分一厘。高粱每京石價銀八錢八分二厘，與上月相同。

伊塔道屬

綏定縣：大米每京石價銀三兩二錢五分六厘，小麥每京石價銀一兩三錢八分，大麥每京石價銀八錢二分五厘，豌豆每京石價銀一兩二錢六分，俱與上月相同。

寧遠縣：大米每京石價銀三兩三錢六分，小麥每京石價銀一兩五分，大麥每京石價銀七錢三分，豌豆每京石價銀九錢八分，俱與上月相同。

塔爾巴哈臺直隸廳：小麥每京石價銀一兩一錢二分六厘，大麥每京石價銀九錢七分五厘，豌豆每京石價銀一兩九分八厘，俱與上月相同。

精河直隸廳：大米每京石價銀三兩八錢五分，小麥每京石價銀一兩四錢七分，大麥每京石價銀九錢四分五厘，豌豆每京石價銀一兩四錢，俱與上月相同。

阿克蘇道屬

焉耆府：大米每京石價銀三兩九錢九分六厘，小麥每京石價銀一兩二錢九分九厘，豌豆每京石價銀一兩一錢五分二厘，包穀每京石價銀八錢九分六厘，俱與上月相同。

温宿直隸州：大米每京石價銀二兩一錢二分八厘，小麥每京石價銀七錢七分六厘，大麥每京石價銀四錢六分，包穀每京石價銀六錢八分，俱與上月相同。

拜城縣：小麥每京石價銀六錢七分，與上月相同。大麥每京石價銀四錢，較上月增二分。豌豆每京石價銀五錢三分，較上月增三分。包穀每京石價銀四錢七分，較上月增一分。

庫車直隸廳：大米每京石價銀三兩二錢五分，較上月增五分。小麥每京石價銀九錢八分，較上月增二分。豌豆每京石價銀六錢五分，較上月增一分。包穀每京石價銀六錢六分，與上月相同。

烏什直隸廳：大米每京石價銀二兩一錢七分五厘，小麥每京石價銀六錢六分，大麥每京石價銀三錢二分一厘，包穀每京石價銀四錢五分八厘，俱與上月相同。

喀什噶爾道屬

疏勒直隸州：大米每京石價銀三兩三錢九分八厘，較上月增一錢八分八厘。小麥每京石價銀一兩四錢一厘，較上月增六分五厘。包穀每京石價銀一兩四分六厘，較上月減四分二厘。高粱每京石價銀八錢六分二厘，與上月相同。

疏附縣：大米每京石價銀三兩三錢九分八厘，較上月增一錢八分八厘。小麥每京石價銀一兩四錢一厘，較上月增六分五厘。包穀每京石價銀一兩四分六厘，較上月減四分二厘。高粱每京石價銀八錢六分二厘，與上月相同。

莎車直隸州：大米每京石價銀二兩八錢一分二厘，小麥每京石價銀九錢六分六厘，大麥每京石價銀六錢八分七厘，包穀每京石價銀六錢二分，俱與上月相同。

葉城縣：大米每京石價銀三兩三錢八分，較上月增三分。小麥每京石價銀八錢，較上月減五分。包穀每京石價銀五錢，較上月減三分。

和闐直隸州：大米每京石價銀三兩五分，較上月減一錢。小麥每京石價銀一兩，較上月減一錢二分。包穀每京石價銀六錢二分，較上月減一錢二分。青稞每京石價銀六錢九分，與上月相同。

于闐縣：大米每京石價銀三兩四錢，小麥每京石價銀一兩二分，包穀每京石價銀六錢一分，俱與上月相同。

英吉沙爾直隸廳：大米每京石價銀三兩八錢，小麥每京石價銀一兩二錢四分二厘，大麥每京石價銀六錢八分四厘，包穀每京石價銀八錢四厘，俱與上月相同。

瑪喇巴什直隸廳：大米每京石價銀三兩二錢五分六厘，與上月相同。小麥每京石價銀一兩二錢四分二厘，較上月減一錢三分八厘。包穀每京石價銀八錢九分六厘，較上月減一錢二分八厘。

（硃批）：覽。[①]

○五九、請以潘震補授迪化府知府摺

光緒二十九年閏五月十六日（1903年7月10日）

甘肅新疆巡撫西林巴圖魯臣潘效蘇跪奏，爲揀員請補首府要缺，以裨地方，恭摺仰祈聖鑒事。

竊據署布政使李滋森會同署鎮迪道兼按察使銜慶秀詳稱：迪化府知府朱冕榮奏請開缺以道員留新補用，光緒二十九年二月二十六日奉硃批：著照所請。吏部知道。欽此。應以奉旨後第五日行文按新疆照限減半計算，扣至是年五月十二日作爲開缺日期。所遺迪化府知府係衝、繁、難三項調要缺，應即揀員請補，以重職守。查省會添改各缺，經前巡撫臣劉錦棠奏准由外揀補一次，後援照甘肅變通章程請補。查章程内開：道府丞倅各要缺，將現任各員准擇其人地相宜者一律升調。又定例：應調缺出，現任人員内如無合例堪調人之員，准以候補人員題補，各等語。

今迪化府知府係省會首領要缺，管轄五屬，有表率之責，且時有發審案件，非老成諳練之員，難期勝任。於通省現任人員内逐加揀選，非現居要缺，即人地不宜，實無堪以升調之員。惟查有現署迪化府知府鹽運使銜候補知府潘震，年五十四歲，安徽當塗縣人，由監生遵例報捐典史，分發甘肅試用，在鞏昌采運局辦理文案，於關隴肅清案内奏保，光緒二年十月十五日奉旨：著俟補缺後，以應升之缺升用。欽此。復遵例加捐州判，仍分發甘肅試用。六年三月赴部，經欽派王大臣驗看，領照到省。

新疆南北兩路一律肅清案内匯保，是年正月三十日奉旨：著以知縣補用。欽此。隨即呈請過班，試看年滿甄别，以知縣留省補用。修理董志縣丞、合水、平遠各縣城工案内奏保，八年六月二十日奉旨：著賞加同知銜。欽此。九年三月，

---

① 臺北“故宫博物院”藏：《軍機及宫中檔》，文獻編號：158305-0-A。

奏補甘肅華亭縣知縣，經部覆准。新疆六載邊防案内匯保，十年十月初四日奉上諭：著以同知直隸州知州在任候補。欽此。十一年二月，調赴新疆差遣。十二年十月，奏補庫車同知，經部覆准。十三年七月到任，十五年七月交卸，九月調補和闐直隸州知州，部議照准。十六年閏二月，署理莎車直隸州知州。十八年，遵順直賑捐例捐戴花翎。新疆城、署各工案内保加知府銜，經部議准，是年十月初八日具題，奉旨：依議。欽此。新疆七載防戍案内匯保，旋經部議所請以知府在任候補，照准注册；所叙在後之加銜，改爲俟離任歸知府班後准加鹽運使銜。十九年十二月初二日具奏，奉旨：依議。欽此。二十二年六月十九日，交卸莎車州署篆。二十三年八月十二日，到和闐州本任。二十六年，經雲貴總督臣魏光燾奏調雲南差委，十一月二十六日奉旨：依議。欽此。二十七年七月十九日，交卸和闐州篆。旋經前撫臣饒應祺奏請開缺，以知府歸滇委用，二十八年正月初十日奉硃批：著照所請，吏部知道。欽此。復經奏請仍留新疆辦理税務，是年十月十二日奉硃批：著照所請，吏部知道。欽此。旋委署迪化府知府，十一月初八日到任。先於新疆七載防戍案内匯保，請俟補知府後以道員用，經部議准，二十八年十二月初八日具奏，奉旨：依議。欽此。

查該員潘震精明强幹，有守有爲，前任各缺，辦理一切，悉臻妥協，民情極爲愛戴，現署迪化府知府，表率有方；承辦發審各案，訊斷明敏，并無參罰案件；在新疆年久，邊情最爲熟悉，以之請補斯缺，實堪勝任，人地亦極相宜，等情。詳請具奏前來。

臣查該員潘震，才識明練，器量深純，前由和闐直隸州知州開缺以知府補用，今請補授首府要缺，與現任人員升調無異，核與變通章程相符，合無仰懇天恩俯念邊疆首府要缺需員，准以現署迪化府知府候補知府潘震補授斯缺，於地方實有裨益。如蒙俞允，俟奉部覆，即行給咨送部引見，以符定制。

謹會同陝甘總督臣崧蕃，恭摺具奏。伏乞皇太后、皇上聖鑒訓示。謹奏。光緒二十九年閏五月十六日。

（硃批）：吏部議奏。[①]

光緒二十九年六月二十四日，奉硃批：吏部議奏。欽此。[②]

---

① 中國第一歷史檔案館藏：《硃批原件》，檔號：04-01-12-0627-008。

② 臺北“故宫博物院”藏：《軍機及宫中檔》，文獻編號：158292。

○六○、請以易盛富借補喀什回城副將摺

光緒二十九年閏五月十六日（1903 年 6 月 10 日）

甘肅新疆巡撫西林巴圖魯臣潘效蘇跪奏，爲揀員借補副將要缺，以重邊防，恭摺仰祈聖鑒事。

竊照新疆喀什噶爾提屬回城協副將員缺，經前撫臣劉錦棠奏准作爲題缺，亟應揀員請補，以專責成。查喀什噶爾回城地方遼闊，民雜五方，漢、回、安、纏以及英、俄商販出入無常，所有彈壓操防，在在均關緊要，非資望素著、練達有爲之員，不足以資鎮撫。兹查有巴里坤鎮標左營游擊記名提督儀勇巴圖魯現署哈密協副將易盛富，膽壯氣雄，治軍嚴肅，先年隨大營出關，剿辦回逆，靡役不從。光緒二十一年冬，帶隊進關，剿平北大通踞匪，并克十大回莊，卓著戰功，經前督臣陶模、前甘肅提臣董福祥[①]會銜奏保。凱撤後，委署巴里坤左營游擊篆務，旋補是缺。上年，調署哈密協副將篆務。

歷年以來，於各任辦理一切，均能認真整飭，措置裕如，以之借補喀什噶爾提屬回城協副將員缺，洵堪勝任，人地亦極相宜，亦與借補之例相符。合無仰懇天恩俯准以記名提督儀勇巴圖魯易盛富借補喀什噶爾提標回城協副將員缺，實於邊疆防務大有裨益。如蒙俞允，并懇先給署劄，俟防務大定，即行并案給咨送部引見，以符定制。所遺巴里坤鎮標左營游擊員缺，應請扣留容臣另行揀員請補。

除飭取履歷清册咨部查照外，謹會同陜甘總督臣崧蕃、喀什噶爾提督臣焦大聚，恭摺具陳。伏乞皇太后、皇上聖鑒訓示。謹奏。光緒二十九年閏五月十六日。

（硃批）：兵部議奏。[②]

---

① 董福祥（1839—1908），字星五，甘肅平涼府固原州人。同治元年（1862），率眾抗清，爲劉松山所敗，遂降清，所部改編爲董字三營，先後從劉松山等剿辦西北民變，以功保提督。光緒元年（1875），進兵新疆，以收復烏魯木齊等地及平定南疆功，加雲騎尉、騎都尉世職，授阿爾杭阿巴圖魯勇號。十二年（1886），經劉錦棠奏請，補阿克蘇總兵。十六年（1890），擢喀什噶爾提督。二十年（1894），晋尚書銜。二十二年（1896），調補甘肅提督，賞太子少保銜。二十六年（1900），授隨扈大臣。光緒三十四年（1908），卒於甘肅。

② 中國第一歷史檔案館藏：《硃批原件》，檔號：04-01-16-0277-080。

光緒二十九年六月二十四日，奉硃批：兵部議奏。欽此。[①]

○六一、奏報吐魯番園地被凍請豁課銀片
光緒二十九年閏五月十六日（1903年7月10日）

再，臣據署理新疆布政使李滋森詳稱：據吐魯番廳同知文立山稟報，該廳屬沙河子、洋海、吐峪溝、南北渠、斯爾海甫等處，於光緒二十九年三月二十七、八兩日狂風大作，至二十九日夜，寒冷異常，各處園地葡萄多被吹殘凍傷。當經親詣勘驗，核計沙河子、洋海、吐峪溝、南北渠、斯爾海甫五處園地八千一百四十餘畝内，凍壞者二千三百七十餘畝，毫無收成，自係十分成災。其二堡、三堡、葡萄溝、煤窑溝、呵呵雅爾等五處園地葡萄，間有被凍，尚不成災。所有前項成災園地應完本年課銀，懇請照例悉數豁免，等情。詳請具奏前來。

臣查該廳沙河子、洋海等處被凍園地，既屬十分成災，課銀自應豁免，以紓民力，仍飭司移行該管道遴派妥員，會同該廳接任劉澄清，勘驗確實，造具册結，詳轉核辦。

除俟覆勘詳覆至日再行奏明辦理外，理合先將園地被灾大概情形，附片具陳。伏乞聖鑒訓示。謹奏。

（硃批）：著照所請，户部知道。[②]

光緒二十九年六月二十四日，奉硃批：著照所請，户部知道。欽此。[③]

【案】此奏片具奏日期，原件目録僅署“光緒二十九年五月”，録副亦未確。查光緒二十九年六月二十四日《隨手檔》[④]“硃批潘效蘇摺”，署有“報四百里，閏五月十六日新疆省城發”等字樣。據此，此片之具奏日期應爲“光緒二十九年閏五月十六日”無疑。兹據校正。

---

① 臺北“故宫博物院”藏：《軍機及宫中檔》，文獻編號：158278。

② 中國第一歷史檔案館藏：《硃批原件》，檔號：04-01-35-0123-056。

③ 臺北“故宫博物院”藏：《軍機及宫中檔》，文獻編號：158277。

④ 中國第一歷史檔案館藏：《軍機處隨手登記檔》，檔案編號：03-0316-2-1229-198。

〇六二、請將陳純治仍照原保給獎片
光緒二十九年閏五月十六日（1903 年 7 月 10 日）

再，花翎鹽運使銜留新疆補用道陳純治，於七載邊防案内經前任撫臣饒應祺奏保，請賞加二品銜頂戴，奉部議令該員將原捐執照送部，再行核辦等因，於光緒二十八年十二月初八日具奏，奉旨：依議。欽此。欽遵轉行遵照去後。兹據該員陳純治禀稱：前遵秦晉賑捐例，由花翎鹽運使銜補用知府候補直隸州知州報捐道員不論雙單月選用，因奉到部照蒙前撫院奏請開去請補鎮西直隸廳同知員缺，以道員留於新疆補用，奉到硃批：著照所請，吏部知道。欽此。欽遵奉到行知在案。所有前項執照，當經呈請前撫部院驗明，加蓋關防。新疆至京萬有餘里，送部路途遺失磨爛，在所難免，應懇咨請免送，仍照原保給獎，以免向隅，等情。前來。

臣查陳純治由附生隨同前大學士陝甘總督臣左宗棠、前新疆巡撫一等男臣劉錦棠行營，辦理各務，深相倚畀，叠著勤勞。嗣經前任伊犁將軍色楞額奏調辦理營務，適值匪徒勾結，各軍兵勇藉餉叛鬨。該員密商設法擒斬爲首哥、會各匪，遣撤客軍，銷患已萌，并於交涉各件因應咸宜。前任撫臣饒應祺委辦各務，深資臂助。庚子拳教滋事，邊防吃緊，人心惶惑。該員辦理一切，尤能勤敏妥速，措置裕如。歷署廳縣各缺，盡心民事，所至有聲，民情極爲愛戴。

該員年逾六十，在新近三十年，老成持重，廉正不阿，人所共悉，誠爲新疆不可多得之員。此次邊防保案本照異常勞績請獎，所有捐案執照，臣覆驗無異，况已經前撫臣饒應祺奏明，奉到硃批允准欽遵在案。相應仰懇天恩俯准飭部將陳純治仍照原保給獎，執照免其送部，出自高厚鴻慈。該員現有經手事件，容俟給咨送部引見，再將執照呈部。是否有當？謹會同陝甘總督臣崧蕃，附片具陳。伏乞聖鑒訓示。謹奏。

光緒二十九年六月二十四日，奉硃批：著照所請，吏部知道。欽此。[①]

【案】此奏片之具奏日期，録副未署。據硃批日期光緒二十九年六月二十四日

---

① 臺北“故宫博物院”藏：《軍機及宫中檔》，文獻編號：158242。

查《隨手檔》[1]“硃批潘效蘇摺”，署有“報四百里，閏五月十六日新疆省城發”等字樣。據此，此片之具奏日期應爲“光緒二十九年閏五月十六日”無疑。兹據校補。

○六三、請開去黄丙焜知府本缺緣由片

光緒二十九年閏五月十六日（1903年7月10日）

再，現署伊塔道伊犁府知府黄丙焜，前於新疆七載邊防案内保以道員在任遇缺題奏，并加鹽運使銜，經部議准。光緒十九年十二月初二日具奏，奉旨：依議。欽此。欽遵在案。二十一年正月，到伊犁府本任。二十五年四月，委署伊塔道，二十六年三月初三日接印，計伊犁府本任歷俸早經届滿。

臣查該員勤政廉明，體用兼備，歷辦喀喇沙爾善後，補授吐魯番同知，調署疏勒直隸州知州、迪化府知府及任伊犁府知府，前後二十餘年，所至有聲，民情愛戴。兩署伊塔道篆，辦理交涉，尤能開誠布公，外人信服；調任四川成都將軍臣長庚前在伊犁將軍任内曾臚保人才，奉硃批：交軍機處存記，免其來京引見。欽此。二十八年，復經伊犁將軍馬亮奏保，奉硃批：黄丙焜著交軍機處存記。欽此。欽遵在案。

竊維新疆餉項奇艱，邊防重要，現整頓營務一切，必得資位較崇之員相助爲理，庶指臂有資，期收成效。合無仰懇天恩俯准，飭部將黄丙焜開去伊犁府知府本缺，專以道員遇缺題奏；仍懇恩准交軍機處存記擢用，以勵人才而期治理。所遺伊犁府知府員缺，容臣另行揀員請補，以重職守。是否有當？謹會同陝甘總督臣崧蕃，附片具陳。伏乞聖鑒訓示。謹奏。

光緒二十九年六月二十四日，奉硃批：著照所請，該部知道。欽此。[2]

【案】此奏片之具奏日期，録副未署。據硃批日期光緒二十九年六月二十四日查《隨手檔》[3]“硃批潘效蘇摺”，署有“報四百里，閏五月十六日新疆省城發”等字

---

① 中國第一歷史檔案館藏：《軍機處隨手登記檔》，檔案編號：03-0316-2-1229-198。

② 臺北“故宫博物院”藏：《軍機及宫中檔》，文獻編號：158276。

③ 中國第一歷史檔案館藏：《軍機處隨手登記檔》，檔案編號：03-0316-2-1229-198。

樣。據此，此片之具奏日期應爲“光緒二十九年閏五月十六日”無疑。兹據校補。

○六四、請開去劉澄清同知底缺緣由片

光緒二十九年閏五月十六日（1903年7月10日）

再，調署吐魯番同知候補知府正任精河直隸同知劉澄清，前由補用同知奇臺縣知縣於新疆城署工程案内，保俟補同知缺後以知府用。光緒二十年，補授精河同知，准部咨以是年七月初四日奉旨，應以奉旨後第五日行文，按照新疆照限減半計算，扣至九月十九日接到部文之日，作爲候補知府到省日期，注册在案。二十四年四月，到精河同知本任。二十七年，調署庫車同知。二十九年，調署吐魯番同知，四月二十五日接印。

該員才長心細，諳練精明，歷任地方，均能措置裕如，民情愛戴，且於邊情極爲熟習。新省現改增知府三缺，合舊有共知府六缺。現在候補知府一班并無多人，該員既以知府注册候補，而同知底缺尚未請開，不無占同知應補班次。據藩、臬兩司具詳前來。

合無仰懇天恩俯准，飭部將劉澄清精河同知底缺開去，以知府按班叙補。如蒙俞允，其所遺精河同知員缺，容臣另行揀員請補，以重職守。是否有當？謹會同陝甘總督臣崧蕃，附片具陳。伏乞聖鑒訓示。謹奏。

光緒二十九年六月二十四日，奉硃批：著照所請，吏部知道。欽此。①

【案】此奏片之具奏日期，録副未署。據硃批日期光緒二十九年六月二十四日查《隨手檔》②“硃批潘效蘇摺”，署有“報四百里，閏五月十六日新疆省城發”等字樣。據此，此片之具奏日期應爲“光緒二十九年閏五月十六日”無疑。兹據校補。

① 臺北“故宫博物院”藏：《軍機及宫中檔》，文獻編號：158275。

② 中國第一歷史檔案館藏：《軍機處隨手登記檔》，檔案編號：03-0316-2-1229-198。

〇六五、奏報二十九年三月雨水糧價摺

光緒二十九年閏五月二十日（1903年7月14日）

甘肅新疆巡撫西林巴圖魯臣潘效蘇跪奏，爲恭報光緒二十九年三月分糧價并得雨雪情形，謹繕摺具陳，仰祈聖鑒事。

竊照光緒二十九年二月分各屬糧價并得雨雪情形，業經臣奏報在案。茲據署新疆布政使李滋森詳稱：光緒二十九年三月分，鎮迪道屬迪化得雪，積地八寸；鎮西得雪，積地五寸；庫爾喀喇烏蘇得雪，積地三寸；奇臺得雪，積地二寸；昌吉、阜康得雪，積地一寸；綏來微雨。伊塔道屬綏定微雪，寧遠、塔爾巴哈臺、精河微雨。南路拜城、烏什得雨，入土一寸；焉耆、温宿、庫車、疏勒、疏附、莎車、英吉沙爾、瑪喇巴什微雨，餘均未得雨雪。至通省糧價，綏來、吐魯番、鎮西、塔爾巴哈臺、疏勒、疏附、莎車等廳州縣俱與上月相同，其餘均有增減，匯詳請奏前來。

理合恭摺具陳，并繕糧價清單，敬呈御覽。伏乞皇太后、皇上聖鑒。謹奏。光緒二十九年閏五月二十日。

（硃批）：知道了。①

光緒二十九年六月二十八日，奉硃批：知道了。欽此。②

〇六六、呈新疆二十九年三月糧價清單

光緒二十九年閏五月二十日（1903年7月14日）

謹將新疆各屬光緒二十九年三月分米糧時估價值，繕具清單，恭呈御覽。

計開三月分

鎮迪道屬

① 中國第一歷史檔案館藏：《硃批原件》，檔號：04-01-25-0582-025。

② 臺北“故宫博物院”藏：《軍機及宫中檔》，文獻編號：158334。

迪化縣：大米每京石價銀三兩八錢七分六厘，較上月增一錢七分六厘。小麥每京石價銀一兩五錢二分一厘，與上月相同。豌豆每京石價銀一兩四錢七分六厘，較上月增一錢八分。青稞每京石價銀九錢六分六厘，與上月相同。

昌吉縣：大米每京石價銀二兩九錢七分六厘，與上月相同。小麥每京石價銀一兩八分七厘，與上月相同。豌豆每京石價銀一兩八分五厘，較上月增三分五厘。青稞每京石價銀七錢一分七厘，與上月相同。

阜康縣：粟米每京石價銀一兩二錢七分四厘，與上月相同。小麥每京石價銀一兩二錢二厘，與上月相同。豌豆每京石價銀一兩六分，較上月增五錢四分。高粱每京石價銀四錢九分，與上月相同。

綏來縣：大米每京石價銀二兩二錢九分四厘，小麥每京石價銀一兩五分三厘，豌豆每京石價銀一兩二錢四分八厘，高粱每京石價銀五錢六分八厘，俱與上月相同。

奇臺縣：大米每京石價銀三兩四錢五分二厘，較上月增一錢七分三厘。小麥每京石價銀一兩五錢九分二厘，較上月增七分一厘。豌豆每京石價銀一兩五錢一分九厘，較上月增一錢三分八厘。

吐魯番直隸廳：小麥每京石價銀一兩三錢九分九厘，大麥每京石價銀六錢三分五厘，高粱每京石價銀八錢三分五厘，黃豆每京石價銀一兩五錢三分，俱與上月相同。

鎮西直隸廳：小麥每京石價銀二兩三分，豌豆每京石價銀一兩四錢八分，青稞每京石價銀一兩三錢，俱與上月相同。

哈密直隸廳：粟米每京石價銀二兩一錢六分，較上月增一錢八分。小麥每京石價銀一兩五錢八分九厘，較上月增八分四厘。豌豆每京石價銀一兩八錢一分，較上月增一錢九分。青稞每京石價銀一兩一錢五分八厘，較上月增七分七厘。

庫爾喀喇烏蘇直隸廳：小麥每京石價銀一兩一錢三分，較上月減二錢一分九厘。豌豆每京石價銀一兩六錢九分九厘，較上月增一錢二厘。高粱每京石價銀一錢五分八厘，較上月增一錢七分六厘。

伊塔道屬

綏定縣：大米每京石價銀四兩一錢四分四厘，較上月增八錢八分八厘。小麥每京石價銀一兩三錢八分，與上月相同。大麥每京石價銀八錢二分五厘，與上月相同。豌豆每京石價銀一兩二錢六分，與上月相同。

寧遠縣：大米每京石價銀四兩四分，較上月增六錢八分。小麥每京石價銀一兩五分，與上月相同。大麥每京石價銀七錢三分，與上月相同。豌豆每京石價銀九錢八分，與上月相同。

塔爾巴哈臺直隸廳：小麥每京石價銀一兩一錢二分六厘，大麥每京石價銀九錢七分五厘，豌豆每京石價銀一兩九錢八分，俱與上月相同。

精河直隸廳：大米每京石價銀三兩八錢五分，與上月相同。小麥每京石價銀一兩四錢七分，與上月相同。大麥每京石價銀九錢四分五厘，與上月相同。豌豆每京石價銀一兩四錢七分，較上月增七分。

阿克蘇道屬

焉耆府：大米每京石價銀三兩九錢九分六厘，與上月相同。小麥每京石價銀一兩三錢六分八厘，較上月增六分九厘。豌豆每京石價銀一兩一錢五分二厘，與上月相同。包穀每京石價銀九錢六分，較上月增六分四厘。

温宿直隸州：大米每京石價銀二兩一錢六分五厘，較上月增三分七厘。小麥每京石價銀一兩三分五厘，較上月增二錢五分九厘。大麥每京石價銀四錢六分，與上月相同。包穀每京石價銀八錢五分，較上月增一錢七分。

拜城縣：小麥每京石價銀六錢九分，較增上月增二分。大麥每京石價銀四錢三分，較上月增三分。豌豆每京石價銀五錢四分，較上月增一分。包穀每京石價銀四錢九分，較上月增二分。

庫車直隸廳：大米每京石價銀三兩二錢七分，較上月增二分。小麥每京石價銀九錢九分，較上月增一分。豌豆每京石價銀六錢五分，與上月相同。包穀每京石價銀六錢七分，較上月增一分。

烏什直隸廳：大米每京石價銀二兩一錢七分五厘，與上月相同。小麥每京石價銀七錢二分六厘，與上月相同。大麥每京石價銀三錢二分一厘，與上月相同。包穀每京石價銀五錢二分四厘，較上月增六分六厘。

喀什噶爾道屬

疏勒直隸州：大米每京石價銀三兩三錢九分八厘，小麥每京石價銀一兩四錢一厘，包穀每京石價銀一兩四分六厘，高粱每京石價銀八錢六分二厘，俱與上月相同。

疏附縣：大米每京石價銀三兩三錢九分八厘，小麥每京石價銀一兩四錢一厘，包穀每京石價銀一兩四分六厘，高粱每京石價銀八錢六分二厘，俱與上月相同。

莎車直隸州：大米每京石價銀二兩八錢一分二厘，小麥每京石價銀九錢六分六厘，大麥每京石價銀六錢八分七厘，包穀每京石價銀六錢二分，俱與上月相同。

葉城縣：大米每京石價銀三兩四錢二分，較上月增四分。小麥每京石價銀八錢，與上月相同。包穀每京石價銀五錢一分，較上月增一分。

和闐直隸州：大米每京石價銀三兩八分，較上月減三分。小麥每京石價銀一兩三分，較上月增三分。包穀每京石價銀六錢二分，與上月相同。青稞每京石價銀六錢九分，與上月相同。

于闐縣：大米每京石價銀三兩五錢，較上月增一錢。小麥每京石價銀一兩二分，與上月相同。包穀每京石價銀六錢一分，與上月相同。

英吉沙爾直隸廳：大米每京石價銀三兩八錢，與上月相同。小麥每京石價銀一兩三錢八分，較上月增一錢三分八厘。大麥每京石價銀六錢八分四厘，與上月相同。包穀每京石價銀八錢三分，較上月增二分六厘。

瑪喇巴什直隸廳：大米每京石價銀三兩二錢五分六厘，與上月相同。小麥每京石價銀一兩二錢四分二厘，與上月相同。包穀每京石價銀七錢六分八厘，較上月減一錢二分八厘。

（硃批）：覽。[①]

〇六七、奏報與俄夥辦金礦虧本緣由摺

光緒二十九年閏五月二十日（1903年7月14日）

甘肅新疆巡撫西林巴圖魯臣潘效蘇跪奏，爲新疆與俄國商夥辦金礦虧折成本過多，俄商堅欲拆夥，已於上年九月底停工，現在賬項均經會算清楚，定立分夥字約，恭摺具陳，仰祈聖鑒事。

竊新疆地方金礦本多，實爲利源所在。升任撫臣陶模遵奉諭旨，飭官辦、商辦，悉聽其便。無如本地素少熟習礦學之人，且無機器使用，百計圖維，難期成效。二十五年，臣在鎮迪道兼按察使銜任內，奉飭會同升任藩司丁振鐸，與駐烏

---

① 臺北“故宮博物院”藏：《軍機及宮中檔》，文獻編號：158334-0-A。

魯木齊俄總領事吴司本叠次籌商，有俄商墨斯克温願與夥辦，派員同赴各處勘看礦苗，於塔屬之喀圖山札工、新興工開辦，議定首年各出成本銀三萬兩，會同購買機器，修造廠屋，次第興工；議定暫作試辦，繕寫合約，會同升任藩司趙爾巽詳請調任撫臣饒應祺開單，奏奉硃批：該衙門議奏，單并發。欽此。旋經總理各國事務衙門會同礦路總局議准試辦，奏奉硃批：依議。欽此。欽遵咨行到新。於光緒二十五年四月，派熟悉俄文俄語候補知府桂榮，與俄商墨斯克温在喀圖山之札工、新興工開廠、修屋、勘洞、挖煤、設槽。二十六年正月，開機先碾舊坯。俄商更請礦師狄多福及倭羅寧桃勒滿却甫等探尋各礦，共開二十餘洞，深至二百餘丈、數十餘丈不等。有礦汛全無者，有礦汛浮露於外無可深求者，有礦汛窄狹淺薄者，出金無多不合算者，耗費不貲，毫無利益，而運輾各處舊棄礦坯，出金不敷廠用。

俄商見礦務毫無起色，折本過多，堅欲分夥，商議於二十八年九月底停辦，當經司事人等將廠中公産照歷年减成價值，核算列册。俄派桃勒滿却甫帶公會、帳房、司事等，到省城會算，定立分夥字約，并願將廠中各項公産照册載價值，如數賣交中國，現已接收；應找銀兩亦如數交由塔城俄領事布拉和處，眼同付清，取具領事印押俄文一紙存查。所有歷年領用礦費、局費，將繳庫金砂及存廠各項器物價值品抵，計自二十五年起至二十九年四月底止，共領用湘平銀一十七萬二千三百五十一兩三錢八分八厘，繳存礦金并税金共一千四百二十七兩三錢八分八厘七毫五絲，每兩作三十兩换扣，合湘平銀四萬二千八百三十一兩六錢六分二厘五毫；又存廠機器、家具、車馬各項抵價銀，共湘平銀四萬八千一百三十六兩九錢三分。大共湘平銀九萬九百五十八兩五錢八分二厘五毫，品抵共虧湘平銀八萬一千三百九十二兩八錢五厘五毫。據署布政使李滋森、署鎮迪道兼按察使銜慶秀會詳前來。

臣查前項夥辦礦金，原期逐漸推廣，并令中國工匠學習有成，再行另設專廠，可期開利無窮。不料礦汛難求，多虧成本，致俄商堅欲拆夥。前項機器、家具、車馬等項，勢不能勒令遠道運回俄國，衹得議價收受，仍留廠中。查此次虧折成本，實係俄商墨斯克温所延礦師不甚得力所致。將來或另籌官本，訪延上等礦師，復往勘辦，抑或設立公司，招集股本，從新開挖，容俟察看情形，奏明辦理。惟前項虧本銀兩，新疆司庫并無閑款可提，歷年需用概由軍需項下騰挪支撥。原議公廠獲利照數歸還，兹既停廠，已飭藩司將虧折銀兩設法移提挪補。

所有新疆與俄商夥辦金礦虧折成本，現已拆夥停辦各緣由，謹會同伊犁將軍臣馬亮、陝甘總督臣崧蕃、塔爾巴哈臺參贊大臣臣春滿，恭摺具陳。伏乞皇太后、皇上聖鑒。再，俄商墨斯克温迭次催其來新，始據派桃勒滿却甫帶同司事到省會算，是以遲延時日。合并聲明。謹奏。閏五月二十日。

光緒二十九年六月二十八日，奉硃批：外務部知道。欽此。[1]

【案】光緒二十五年四月十九日，新疆巡撫饒應祺具奏奏報新疆與俄國合辦金礦妥議合同情形一摺，曰：

甘肅新疆巡撫臣饒應祺跪奏，爲新疆試辦礦務難收成效，現與俄商夥辦金礦，謹將會議合同開具清單，恭摺仰祈聖鑒事。

竊查新疆五金并産，而金礦最多，久爲各國所艷稱。升任撫臣陶模與臣先後派員查勘金礦，曉諭官辦、商辦，悉聽其使，議照各省辦法提成充餉，就廠徵課，以期漸開利源。無如新省素乏熟習礦學之人，僅恃人力開采。官辦則設局、招夫、置器、運糧，核計入不敷出；商辦則無人應募。若於春冬農暇之時清查挖金貧民，按名收課，而此查彼匿，交納極微。開除員役薪工，仍與度支全無裨益，一切難期成效情形業經詳細奏明在案。

其銀、銅、鐵、鉛等礦，臣頻年百計圖維，不遺餘力。銅礦省城附近南山及南路拜城、庫車、喀什噶爾等處皆設廠采鍊，每歲共能采銅二十餘萬斤，僅敷各城鼓鑄紅錢之用。按鑄紅錢四百文易銀一兩，尚須稍賠局費。鐵礦惟阜康縣屬之水西溝所産最良，鉛礦則到處皆有，然采鍊徒守舊法，費繁運重，估價仍昂。兼以俄鐵價廉争售，以故采獲鐵鉛但能製造土炮，傾镕舊式槍炮彈丸及民間日需之用。寶爾吉開采銀礦，創辦已近兩年，公家虧款頗鉅，委員賠累不堪，而挖獲礦坯，日出日絀，即在廠員弁夫勇亦多受瘴亡故。臣於去冬商派俄礦師同往勘查，亦稱此廠礦好，而衰旺難定，現衹酌留匠工夫勇數十名駐廠接挖，如果再難暢旺，擬即奏請停止。

惟金礦爲利源所在，迭奉諭旨興辦。臣與升任藩司丁振鐸、鎮迪道兼臬司潘效蘇再三商酌，擬派員與俄商夥辦，以興地利，藉資學習。上年據情電商總理衙門，飭令先與俄商妥議，鈔録合同，俟奏咨核准，再行開辦等因。臣隨飭司與駐

---

① 臺北“故宫博物院”藏：《軍機及宫中檔》，文獻編號：158331。

烏魯木齊俄總領事吴司本迭次籌商，有俄商墨斯克温願與夥辦；派員同赴各處查勘礦苗，據稱勘得塔爾巴哈臺屬之札工、新興工、蘭州灣及庫爾喀喇烏蘇屬之濟爾噶朗四處金苗較旺，議定首年各出成本銀三萬兩，會同購機修廠，次第試辦，請以二十五年爲期，無利不拘年限停止；每地一段歲納地租銀三百兩，獲利均分，不再徵收金税，先訂合同二十一條。

本年正月二十六日，臣將緊要各節電請總署代奏，欽奉電旨：交總署會同礦路總局迅速妥議，俟覆奏再行電飭遵照。欽此。旋承准電覆：合同尚須酌改。

一、塔城等處均係蒙地，應先商明該部落劃清界址。此外可開金礦，隨時奏開，不得籠統載入，致被俄商把持争執。地租一項，應分别地段廣狹定價，以免偏枯。

一、礦産出口、出井均應納税，所得餘利亦應提成充餉，以符定章。

一、銀、銅、煤、炭礦各歸各案，奏辦不得一并敘入。

以上各條應先與俄領事等商改後，暫准試辦，仍俟合同全文到時覆核奏准，方能定案。二月初六日奉旨：依議。欽此。欽遵咨新照辦。臣遵即轉行妥爲商改，經前署藩司潘效蘇、護理鎮迪道朱晃榮復與俄總領事和衷籌商，另議簡明合同十九條。其中緊要各端，如塔城等處礦地劃清界址，每段不過俄尺十里，每段每年公納地租銀三百兩津貼蒙民。此外可開金礦及銀、銅、煤、鐵各礦一并删除，均未載入約内。金税一層，徐與磋磨商加，俄商應允每年截算一次，得金一千五百兩以内百分抽一，一千五百兩至二千五百兩百分抽三，二千五百兩以外每百抽五。無論出井、出口，均只認税一道。提成一層，該俄商等謂遠來中國夥辦金礦，先費資本已多，將來利益若何尚不可必，現議地租、金税已屬竭力勉從，若再提成，力恐不逮等情。

臣維礦務章程所載，官商華洋股分皆不與交涉相關，然提成充餉，大利不盡歸公。新疆此次會辦金礦，司庫籌提成本，得金若干，除清還成本、開支廠費外，餘皆涓滴歸公，概充餉項。較之定章提繳二五，公家得利尤多。俄領事既堅執祇認金税一道，不允提成，自應准予通融，俟辦有成效，每歲公廠年終結報，公家實應分利若干，即行全數報明户部，聽候指撥，總求逐漸推廣。如果中屬匠工隨同學習有成，彼時另設專廠，即可開利無窮。

該俄領事等因合同改定，機器、匠工已先後到齊，商請派員會同設廠置機，立候興工。現已派委熟習俄文言語之候補知府桂榮馳赴塔城工所，充當總辦，另委候補巡檢王鴻業、施再萌、候選從九段子麟一同前往幫辦采運、監工、稽查等事，各專責成；仍一面與俄領事等議定暫作試辦，俟合同覆奏奉旨允准，彼此畫押蓋印，方准定案。廠内需用成本，新疆應認銀三萬兩，司庫暫無閒款可提，已由軍需項下騰挪支撥，交桂榮帶廠備用，將來公廠獲利，仍照數歸還，以符原議。兹據布政使趙爾巽、鎮迪道兼按察使銜潘效蘇會詳前來。

所有新疆現與俄商夥辦金礦議定合同，是否妥協？謹會同伊犁將軍臣長庚、塔爾巴哈臺參贊大臣臣春滿、陝甘總督臣陶模，恭摺具奏，敬繕清單，恭呈御覽。伏乞皇太后、皇上聖鑒訓示。祗遵。謹奏。光緒二十五年四月十九日。

光緒二十五年五月二十五日，奉硃批：該衙門核議具奏，單并發。欽此。①

【案】此奏隨摺附呈新疆與俄領事籌辦金礦事宜合約清單一件，曰：

謹將新疆省與俄領事等議定夥辦金礦事宜合約開單，恭呈御覽。

第一條：現在彼此商定在新疆省合夥開辦金礦，中國允准以二十五年爲期，以後續辦，再會定年限。此次立約後，中國奏明國家立案，如無利息，不必拘定年限，即行會商停止。倘有虧折，兩股均賠。

第二條：首年先在塔城廳喀圖山所屬之札工開辦金礦，札工無水，須在新興工設廠，始能就河水淘洗。現止機器一副，如札工利少，或有餘力，再往蘭州灣并庫爾喀喇烏蘇廳所屬之濟爾噶朗金礦，接續開辦。

第三條：以上四處皆蒙古荒地，或戈壁，或游牧，均未耕種。所開地段廣狹，需到廠查看丈量，再與該蒙部劃清界址，均不得過俄尺十里，每處每年公納地租銀三百兩津貼蒙民。

第四條：開辦金礦地方公會所需之木料、柴炭、水草、牲畜、牧廠及一切應用之物并雇覓本地工人，均照市價公平覓買，中國官不得阻止，亦不納稅。

第五條：公會一切應辦之事，即如邀請礦師、機器匠，委派領辦之人，雇覓工人，酌定薪水；購買應用機器什物、起造房屋等事，均由墨斯克温與中國總辦會同商辦。

第六條：准中國人派人在廠學習礦務，學有成效，准其在廠辦事，酌定薪水。

第七條：初辦時每年所有花費，兩面會同預先估定，彼此匀攤；所攤之銀，

---

① 臺北"故宫博物院"藏：《軍機及宫中檔》，文獻編號：408006567。又，中國第一歷史檔案館藏：《軍機録副》，檔號：03-9645-035。

應於開工兩個月前備齊，以資應用。俟事見興旺，由所獲之利内商提銀若干兩，存於公會，作爲資本。購買機器并一切什物、牲畜、起蓋房屋及所有花費，兩面各出一半。

第八條：開辦金礦，於二十五年限内每五年察看一次，如有不便之事，兩面酌改。

第九條：首年開辦應需成本銀六萬兩，立約後兩面各出一半，以備墨斯克温商同中國總辦購辦應用機器一切什物、建造房屋并廠内一切開銷之用。

第十條：廠内應用工匠人等，彼此會商，或墨斯克温由俄國雇覓，或雇覓中國土人，均須勤謹可用者，中國地方官不得阻滯。

第十一條：廠内工匠人等度日之需，均歸公會經理。工價按期給領。

第十二條：廠内一切事宜，均歸墨斯克温與中國所委總辦經理。至監工與稽查每日得金若干等事，中國應派通曉俄文俄語之員襄辦，以免隔閡。

第十三條：每日得金若干及廠内一切工作用項，應逐日彼此登寫較對，年終清核，造具總簿，呈送中國鎮迪道兼按察使司、俄國駐烏魯木齊總領事官查閱，互蓋印信。

第十四條：所得之金，按月按季清算；每滿一年，截算一次。得金若干，照俄國金税章程，如在一千五百兩以内，百分抽一；一千五百至二千五百兩，百分抽三；二千五百兩以外，每百抽五。無論出井、出口，均止認此税壹道。其餘平分，半歸中國繳庫，半歸墨斯克温自得。所得之金，不再納税，或在中國銷售，或運赴俄國，聽其自便。

第十五條：開辦一年，若事見興旺，應再加成本，以備購買新機、加蓋房屋、添置一切什物之需，以期推廣。

第十六條：廠内中俄工匠人等皆應遵守規矩，彼此和睦。如遇争端，中國總辦會同俄國首事人，從中調處。如有人命、搶劫重案，按兩國所定條約辦理。

第十七條：開礦地方由鎮迪道兼按察使司飭該處地方官曉諭該處居民并游牧人等，不得攪擾。如有搶竊等事，照中國律例，從嚴懲辦。中國官須設法彈壓，以期安靖。

第十八條：將來停辦之日，所有機器、房屋及一切器具、車輛、牲畜，均公同估價變賣，概不存留，價銀兩面均分。惟公修之橋梁、道路，事後無用，不再作價。

第十九條：此次合約，中國總辦與俄商墨斯克温用中俄文字寫立八分，較對無訛，互相畫押，中國鎮迪道兼按察使司、俄國駐烏魯木齊總領事各畫押蓋印，再加蓋新疆巡撫關防，用以爲憑；各收執一分，并分送中國總理各國事務衙門、路礦總局、俄國駐京公使各一分，以備查核。

硃批：覽。①

〇六八、奏報雅爾杭阿原品休致緣由摺

光緒二十九年閏五月二十日（1903年7月14日）

甘肅新疆巡撫西林巴圖魯臣潘效蘇跪奏，爲旗員呈請休致，懇恩賞給俸銀，以示體恤，恭摺仰祈聖鑒事。

竊臣據古城城守尉雙林呈稱：滿營鑲黄正白旗佐領雅爾杭阿，年六十九歲，於同治九年新疆各處回匪變亂，隨各大臣出征一次，打仗五次，殺賊一名。現在年力衰憊，具稟乞休，呈請賞給俸銀，等情。當經行司核議去後。兹據署布政使李滋森詳稱：查例載：關外三品以下官員老病告休，均准其原品休致。其曾經出征打仗，或殺賊、或受傷有一二項功績者，年至六十歲以上，俱以可否賞給全俸請旨等語。兹古城滿營佐領雅爾杭阿曾經出征，迭次打仗殺賊，年逾六十以上，呈請休致，并懇支給全俸，核與定例相符。具詳請奏前來。

臣覆核無異，合無仰懇天恩俯准將古城滿營鑲黄正白旗佐領雅爾杭阿開缺以原品休致，并可否支給全俸之處，出自鴻施。

除飭取該員履歷清册咨部外，謹會同伊犁將軍臣馬亮、陝甘總督臣崧蕃，恭摺具陳。伏乞皇太后、皇上聖鑒訓示。謹奏。光緒二十九年閏五月二十日。

（硃批）：雅爾行阿著照原品休致，賞食全俸，兵部知道。②

光緒二十九年六月二十八日，奉硃批：雅爾行阿著照原品休致，賞食全俸，兵部知道。欽此。③

---

① 中國第一歷史檔案館藏：《單》，檔號：03-9645-036。
② 中國第一歷史檔案館藏：《硃批原件》，檔號：04-01-16-0277-082。
③ 臺北“故宫博物院”藏：《軍機及宫中檔》，文獻編號：158326。

○六九、請以倭仁布等代理佐領各缺片

光緒二十九年閏五月二十日（1903 年 7 月 14 日）

再，臣據古城城守尉雙林呈稱：鑲黄正白旗佐領雅爾杭阿病篤，不能理事，禀請休致，并懇賞給俸銀等情，經臣具奏請旨在案。所遺佐領員缺，據該城守尉呈稱，應另委員代理，以專責成。查有鑲白正藍旗防禦倭仁布，堪以代理。遞遺防禦員缺，查有右翼蒙古旗驍騎校桂斌，堪以代理。遞遺驍騎校員缺，查有鑲黄正白旗前鋒校全和，堪以代理，等情。呈請核辦前來。

臣覆查無異，除給委并咨部外，謹會同伊犂將軍臣馬亮、陜甘總督臣崧蕃，附片具陳。伏乞聖鑒。謹奏。

（硃批）：兵部知道。①

光緒二十九年六月二十八日，奉硃批：兵部知道。欽此。②

【案】此奏片之具奏日期，原件、録副均未確。據硃批日期“光緒二十九年六月二十八日”，查《隨手檔》③“硃批潘效蘇摺”欄，則署有“報夾板一副，四百里，閏五月二十日發”等字様。據此，此片具奏日期應爲“光緒二十九年閏五月二十日”無疑。玆據校正。

○七○、請以甘曜湘署理庫車同知片

光緒二十九年閏五月二十日（1903 年 7 月 14 日）

再，庫車直隸廳同知經前撫臣饒應祺奏請改爲庫車直隸州，奉部覆准在案。應仍委現署斯缺之候補直隸州知州甘曜湘署理。據署布政使李滋森、署鎮迪道兼按察使銜慶秀會詳前來。

---

① 中國第一歷史檔案館藏：《硃批原件》，檔號：04-01-16-051-2687。

② 臺北“故宫博物院”藏：《軍機及宫中檔》，文獻編號：158323。

③ 中國第一歷史檔案館藏：《軍機處隨手登記檔》，檔案編號：03-0316-2-1229-202。

除由臣批飭給委外，謹會同陝甘總督臣崧蕃，附片具奏。伏乞聖鑒。謹奏。

（硃批）：吏部知道。[①]

光緒二十九年六月二十八日，奉硃批：吏部知道。欽此。[②]

【案】此奏片之具奏日期，原件、録副均未確。據硃批日期"光緒二十九年六月二十八日"，查《隨手檔》[③]"硃批潘效蘇摺"欄，則署有"報夾板一副，四百里，閏五月二十日發"等字樣。據此，此片具奏日期應爲"光緒二十九年閏五月二十日"無疑。兹據校正。

○七一、奏報塔城章京延年被參各款摺

光緒二十九年六月初八日（1903年7月31日）

甘肅新疆巡撫西林巴圖魯臣潘效蘇跪奏，爲查明塔城章京被參各款，恭摺覆陳，仰祈聖鑒事。

竊臣前於光緒二十九年二月初五日承准軍機大臣字寄：光緒二十八年十二月二十五日奉上諭：瑞洵奏，阿爾泰山一帶地方橫被侵占，蒙哈憤怨，擬先委員馳往辦理一摺。據稱阿爾泰山地方種落龐雜，塔城派往駐防委員延年辦理乖方，需索苛斂，任令塔哈廣占烏梁海游牧等語。事關北路大局，著潘效蘇按照所陳各節，確切查明，妥籌整頓，并將該地方應辦事宜如何布置，詳悉具奏，以重邊疆等因，欽此。又於二十九年二月十五日承准軍機大臣字寄：二十九年正月十三日奉上諭：瑞洵奏，詳陳蒙哈借地情形，請旨辦理各摺片。此案轇轕多年，前經諭令潘效蘇確切查覆，著即持平秉公詳細察勘，會商瑞洵，妥籌具奏。另摺奏參塔城所派章京延年苛虐蒙哈，開單臚陳種種劣迹、貽害地方各節。延年著先行撤差，歸案查辦。原摺著鈔給潘效蘇閱看。欽此。欽遵寄信前來。除阿爾泰山借地

---

① 中國第一歷史檔案館藏：《硃批原件》，檔號：04-01-12-119-0327。

② 臺北"故宫博物院"藏：《軍機及宫中檔》，文獻編號：158325。

③ 中國第一歷史檔案館藏：《軍機處隨手登記檔》，檔案編號：03-0316-2-1229-202。

應行歸還科布多一切情形已由調任成都將軍臣長庚[①]會同臣等詳細覆奏，聲明塔城章京延年被參各款由臣查明，另案陳奏在案，當經一面咨會塔爾巴哈臺參贊臣春滿，將該章京先行撤差；一面檄委塔城同知駱思綬就近確查稟覆核辦去後。兹據將該章京延年被參、被控各款逐一查明稟覆前來。

臣覆加查核，并於平日塔城奉差來往員弁悉心諮訪。如原參原借地段之外四出侵軼，周圍計在二千四百里以外一節，係據烏梁海七旗呈控章京延年縱令塔城哈薩克四出侵占原詞。查塔城前遭回變避難漢、蒙民人以及柯勒依哈薩克逃入阿爾泰山哈己河一帶以數萬計，俱依附棍噶札拉參胡圖克圖爲生，曾經奏請借地安撫，派員勘分界址，原日勘定西自哈巴河起迤東至罕達嘎圖，南至額爾齊斯河之特勒板津，北至阿爾泰山大嶺，即額魯木圖達坂，四至分明，均有鄂博，歷三十年，靈墓可証。訪問該處哈眾，守舊住牧，尚無遷徒、越界、侵占之事。惟地方遼闊，并無遮攔，偶因牛羊過界食草，與蒙民間有齟齬。然一經理阻，該哈眾即返界地，尚不敢公然占住。

又，原參復給執照，派令塔哈每屆冬令前來布倫托海收割青草一節。查哈薩克游牧分冬夏兩處，阿爾泰山住牧哈民向有冬令赴特勒板津游牧、交春回阿者。上年因科布多於布倫托海開屯，與借地南界特勒板津毗連，章京延年恐舊日過冬哈薩克前往滋事，發給印照，并函請屯員稽查，不准越過舊界，尚非縱令赴布倫托海割草。

又，原參該員於哈巴河私開屯田五六百里，糧入私囊，并不交官一節。查哈巴河屯防蒙兵五十名，自行耕種，以備食用。每年所收糧石，該章京均報塔城參贊衙門，有案可稽，尚無侵蝕入己情事。

---

① 長庚（1844—1914），字少白，伊爾根覺羅氏，滿洲正黄旗崇年佐領下人，監生。同治三年（1864），入烏魯木齊都統平瑞募。六年（1867），捐縣丞指分山西，旋保補缺後以知縣用。九年（1870），以管解撥償俄國銀兩，加知州銜。十年（1871），經伊犁將軍榮全奏調，充文案翼長，保山西知縣，賞戴花翎。十三年（1874），調金順軍營，總理營務。光緒元年（1875），經烏魯木齊都統景廉奏調，赴新疆軍營。二年（1876），保山西直隸州知州，晋知府銜。同年，保山西候補知府，升鹽運使銜。四年（1878），署伊犁巴彦岱領隊大臣。六年（1880），保升陝西題奏道員，加二品頂戴。七年（1881），補伊犁巴彦岱領隊大臣，加副都統銜。八年（1882），丁母憂，扶柩回旗安葬。十二年（1886），授伊犁副都統。十四年（1888），調補駐藏辦事大臣。十六年（1890），擢伊犁將軍。二十二年（1896），補鑲藍旗漢軍都統。二十七年（1901），調成都將軍。二十八年（1902），前往阿爾泰山，查勘科塔兩城借地。三十年（1904），拜兵部尚書。三十一年（1905），考驗改編三鎮新軍。宣統元年（1909），補授陝甘總督，兼會辦鹽政大臣。民國三年（1914），卒，謚恭厚。著有《温故録》行世。

又，原參布倫托海招雇承修渠道之鄉約馮得壽係克林和漢民鄉約，科城屯田委員崔象侯與章京延年商令馮得壽前去包修渠工，當經延年傳該鄉約并添派漢民三人同往。該鄉約以工程浩大，所屬漢民無多，恐誤渠工，不敢承修，稟明屯員，折回克林河，實非延年奪去。

又，原參該員勒索之法，最爲奇特者，則因光緒十八年沙克都林札布[①]、額爾慶額會商奏定借地展限三年，再行交割。其未交以前，令塔哈在烏梁海境内住牧者，酌幫牲畜，該員乘機冒索一節。即烏梁海七旗呈控，光緒十八年，科布多大臣沙克都林札布會同塔城參贊大臣額爾慶額[②]議自十八年起，展限三年還地，酌令塔城哈薩克一年幫給烏梁海馬一百四十四、羊一千隻爲租，三年之間，即應給馬共四百二十四、羊三千隻，章京延年肥入己囊之事。查光緒十八年，辦理哈巴河蒙哈事宜大臣沙克都林札布，會同前科布多參贊魁福[③]、塔城參贊額爾慶額奏明展限三年還地案内，有“自十八年起，擬令塔城哈薩克每年酌給牲畜，稍爲幫補”之語，并無“每年馬一百四十四、羊一千隻爲租”明文。又訪之哈目邁米哈喇、阿斯班，僉稱實未出過前項馬租、羊租，且案内聲明塔城東北營務處管理蒙哈事宜，經額爾慶額奏請以副都統銜黑龍江布特哈正紅旗佐領德海接充，是章京延年比時尚未奉管理蒙哈事務，無從冒索肥己。至派令所管哈衆於駝、馬、牛、羊每百按年各供其一，於塔城參贊衙門獻納水草銀兩，遍查無知其事者。

再，如原控派喇嘛兜帶俄解二人，按年收租羊千隻一節。查棍噶札拉參胡圖克圖於安插蒙哈承化寺落成，柯勒依哈衆自願每年供羊千隻，作爲寺中布施，即

---

① 沙克都林札布（1842—1897），字振亭，庫楚特依巴圖魯。咸豐六年（1856），授騎都尉，兼雲騎尉。同治三年（1864），補二等侍衛，旋晋頭等侍衛。四年（1865），加副都統銜。十一年（1872），調馬隊全營翼長。光緒二年（1876），幫辦軍務。十年（1884），升科布多參贊大臣。十五年（1889），調補吉林副都統。十九年（1893），署吉林將軍。二十一年（1895），調寧古塔副都統。二十二年（1896），授琿春副都統，幫辦吉林邊防事宜。二十三年（1897），卒於任。

② 額爾慶額（1838—1893），字藹堂，格何恩氏，隸滿洲鑲白旗，墨爾根城駐防，出身披甲。咸豐九年（1859），充驍騎校，旋賞戴花翎，補委參領。同治四年（1865），保以協領即補。五年（1866），加法福靈阿巴圖魯勇號。七年（1868），晋副都統銜。九年（1870），補授佐領，兼營總。十年（1871），授黑龍江副總管。同年，調補凉州副都統。光緒三年（1877），補古城領隊大臣。六年（1880），兼署科布多參贊大臣、幫辦大臣。七年（1881），授科布多幫辦大臣。十年（1884），兼署科布多參贊大臣。十二年（1886），擢伊犁副都統。十四年（1888），授塔爾巴哈臺參贊大臣。十九年（1893），卒於任。

③ 魁福（？—1910）原籍吉林，滿洲鑲白旗人，訥恩登額巴圖魯。同治四年（1865），任驍騎校。七年（1868），調任三姓防禦。九年（1870），補吉林佐領。十一年（1872），晉副都統銜。光緒七年（1881），署古城領隊大臣。十二年（1886），擢科布多幫辦大臣。十七年（1891），調補科布多參贊大臣。二十六年（1900），遷察哈爾副都統。宣統二年（1910），卒。

今棍噶札拉參入關。哈衆感念舊德，雖不足數，猶供此羊。所控收租羊者，實該寺佈施羊收之自寺，與該章京無涉也。其餘原參貪抽魚厘，勒罰蒙哈，與原控不准烏梁海之人打魚、打牲，不准種地，不准牧放各情，詳細查訪，均無實據。此查明章京延年被參、被控各款之實在情形也。

以上所查各款，或事出有因，或并無實據，無非烏梁海七旗意在收還借地，因多年案不能定，竊慮久之，更多轇轕，不免言之激切。現在借地已由臣等會奏，照案歸還，業經欽奉諭旨由科、塔兩城參贊定期交收，自可相安無事。

竊維章京延年被參、被控各款，以縱令哈薩克侵占蒙民牧地及冒索哈衆幫給烏梁海牲畜入己與夫開屯收糧并不交官數端爲重大。今既查明并無其事，且經塔城參贊將該章京撤回，應請毋庸置疑議。

所有遵查章京延年被參各款，據實覆陳緣由，是否有當？謹會同伊犁將軍臣馬亮、陝甘總督臣崧蕃，恭摺具陳。伏乞皇太后、皇上聖鑒訓示。謹奏。光緒二十九年六月初八日。

（硃批）：知道了。[①]

光緒二十九年七月十四日，奉硃批：知道了。欽此。[②]

【案】光緒二十八年十一月二十八日，科布多參贊大臣瑞洵具奏揀員辦理安輯蒙哈事宜一摺，曰：

奴才瑞洵跪奏，爲阿爾泰山一帶地方横被侵占，人民夾雜，事權錯出，蒙哈憤怨，情形日棘，亟宜設法厘整，平爭弭患，以保巖疆，現擬委員先行馳駐，辦理安輯，仍俟奴才明年親往察勘，妥籌挽治，以冀埽除錮弊，鞏固邊防，具摺馳陳，仰祈聖鑒事。

竊奴才前年夏間到任之初，即聞阿爾泰山地方種落龐雜，徵斂煩苛，蒙哈怨咨，農商咸擾，官貪兵窳，號稱弊藪。比以下車伊始，慮傳言未必盡真，未敢冒昧入告；又因哈巴河借地尚隸塔城，彼於暫管界内辦理失宜，儘可具文咨明，亦不必動達天聽，是以奴才遲遲未發。今者邊隅承乏將及三年，地方利弊知之較確。塔城駐扎之員亦仍前所爲，毫無忌憚，且於科布多所管土地日益展占，靡所

① 中國第一歷史檔案館藏：《硃批原件》，檔號：04-01-12-0628-019。
② 中國第一歷史檔案館藏：《軍機録副》，檔號：03-5419-126。

底止，科布多參贊竟反不能自治其地、自理其民，烏梁海且將盡失其游牧，事關私占蒙古部落、擾亂北路大局，有不能再安緘默，更有不能不急爲整理者。謹將該處現在情形爲我皇太后、皇上約略陳之。

阿爾泰山借地，早年胡圖克圖棍噶札拉參①駐彼時徒眾繁多，又有十蘇木額魯特人等附牧，聲威甚盛，足爲西北屏藩。迨後該胡圖克圖徒眾遷居新疆庫爾哈喇烏蘇巴英溝地方，阿爾泰山、哈巴河遂爲塔城委員駐防之所，始尚稍稍敷衍。近十餘年，則將防務置諸腦後，僅派章京一員名延年者，帶蒙兵五十名，虛張聲勢，美其名曰"塔城東北路營務處"，實則假防守之名常川駐扎，以爲需勒蒙、哈之久計，藉漸施其侵占鄰疆土地之陰謀。

同治十二年，辦理借地，原議止係八百里，安置喇嘛八百名，暫資耕牧，界圖具在，四至本自分明。今乃於原借地段之外四出侵軼，計從哈巴河起，東則至扈濟勒圖卡倫，約六百餘里；西則至哈喇額爾齊斯河下游東岸，約三百餘里；南則至布倫托海，約七百餘里；北則至霍呢邁拉扈卡倫，約六百餘里。周圍核計已在二千四百里以外，而既借哈巴河之西，復私占哈巴河之東，尚不與焉。并擅令塔城之哈薩克任便强住，占踞水草，致令烏梁海反被擁擠，坐失膏腴。乃竟復發給執照，派令塔城每届冬令前來布倫托海收割青草，不准本游牧攔阻。現經鈔取該員印照爲憑。

又，哈喇額爾齊斯河出魚最美，每日撈取者恒數百人，且爲塔哈霸占，直不准烏梁海蒙古及科布多哈民取食一尾。該員食抽魚厘，竟不顧心所未安。夫至烏梁海河魚，烏梁海蒙古轉不能食，實出情理之外。揆諸澤梁無禁之義，聖朝善政，豈宜有此。

又，該員於哈巴河之南北私開屯田五六百里，令哈民爲之承種，聞歲入之糧

---

① 棍噶札拉參（1835—1895），又譯棍噶札勒參，藏語意爲"皆喜勝幢"，又名嘉穆巴圖多普，法號察罕恪根，轉世喇嘛，甘肅鞏昌府洮州廳卓尼楊氏土司所轄曲華相（又譯齊白西、車巴溝、垂弼勝）相康村人。自幼披剃爲僧，性多智慧。同治元年（1862），應新疆庫爾喀拉烏蘇烏訥恩素珠克圖等延請出關，在庫爾喀喇烏蘇、塔爾巴哈臺等處傳授經典。四年（1865），以塔爾巴哈臺回族、哈薩克族起事，率衛拉特兵剿辦，賞加"呼圖克圖"名號。七年（1868），受命統轄流移於阿爾，泰山之索倫營、塔城厄魯特人眾，妥辦安插事宜。八年（1869），赴阿勒泰創修千佛廟，賜名"承化寺"。十一年（1872），率所部索倫、厄魯特兵駐塔城，加强塔爾巴哈臺防務。光緒二年（1876），率眾迎擊沙俄波塔寧騎兵，將其逐出。光緒七年（1881），離開新疆，前往西藏熬茶布施。十三年（1887），進京陛見。二十年（1894），由八英溝赴臨洮誦經。二十一年（1895），圓寂。清廷賞銀五百兩，准其轉世爲八音溝承化寺呼圖克圖，并於塔爾巴哈臺建祠致祭。

盡入私囊，并不交官，以致今年哈民刁難，竟藉端挾制，不爲收割。聞該員甚嫉科布多之辦屯，又私於克林河一帶添開地畝，致布倫托海招雇承修渠道之鄉約馮得壽被其奪去，幾墮大工，幸烏梁海蒙古昆都巴圖瓦齊爾情願承修，始未誤事。

又，該員勒索之法名目最多，所屬苦之。其最爲奇特者，則因光緒十八年，沙克都林札布、額爾慶額會商，奏定借地展限三年，再行交割。其未交以前，令塔哈在烏梁海境内住牧者酌幫牲畜，烏梁海從未上緊追要。該員乃乘機冒索，責令所管哈衆於駝馬牛羊每百按年各供其一，其實該哈衆於塔城大臣衙門已有獻納，名水草銀，每馬一匹、牛一條出銀二錢，羊一隻出銀二分，以爲食用烏梁海水草之酬報也。查此款本係奏奉諭旨令塔城哈薩克幫助烏梁海之項，乃該城竟一索再索，烏梁海轉不能如數收取，如此重徵，其何以堪。

又，該員於所管蒙哈攤派既重且繁，無論何項大小差使，皆從多數，且因哈民多富，動輒勒罰，盈千累百。聞該員每因蒙哈不肯遵辦，輒將其官摘頂鞭撻，其哈目甚有欲投俄以避之者。蒙官則或欲尋死，或欲上告該員，常受窘辱。今年夏間，正值俄員與奴才所派委員會同該員查辦要案之時，該員適又有因向蒙員索馬百匹不給，摘頂恐嚇，蒙員遽欲自刎，該員旋即服理之事竟爲俄員所知，傳爲笑柄，回城曾向奴才言之。

然此所陳不過略舉梗概，此外款迹尚多，既非奴才屬員，奴才無須苛責。惟以科布多所屬蒙古游牧，竟容鄰境劣員占踞，妄爲至於此極。奴才若再不設法厘整，不惟無以服烏梁海蒙古之心，且恐日即淪胥，必至將來激成事端，不可收拾。而阿爾泰山近依俄界，尤慮易啓輕侮之心，更生枝節。况現在布倫托海擬辦屯田，常有蒙、哈前往作踐。十月間，據該局禀報，竟有蒙兵派往公出，路遇塔哈分持槍刀，毆傷蒙兵一名，并將騎馬二匹及什物搶劫之案，業經該局派出蒙、哈官兵訪查，確係塔哈所爲，函請該員延年查拏，恐亦未必肯辦。

以上各節，疊據烏梁海散秩大臣稱訴，暨屯田局委員禀報，奴才復加察訪，悉屬實情。該處蒙哈重遭苛虐，怨憤已盈，徒以畏避塔城庇護甚堅，不敢呈控。又因該員延年上年爲其子完姻，即聘副都統春滿之女爲媳，以堂屬而兼至親，益增勢燄，以致人皆側目，敢怒而不敢言。刻下蒙哈怨咨，農商咸擾，往來之人論及該員，無不切齒裂眥，同聲飲恨，且無不日盼奴才爲之伸理，革除弊端，亦可見火熱水深、不堪荼毒情形之至爲迫切矣。

奴才竊嘗綜覽北路科布多大勢，論生殖則以爲烏梁海爲最，論控制亦以烏梁海爲優，核其廣袤，幾與杜爾伯特、土爾扈特、霍碩特、札哈沁諸部相埒，而又水草美好，地擅上腴，如額爾齊斯河、布倫托海、哈巴河、克林河、清格里河等處，皆屬宜屯宜牧之區。該部落人復强勁，與他蒙古之積弱不同，其地既有可爲，其人亦尚可用，故奴才遵旨估計應辦事宜需用經費約數摺内盛稱阿爾泰山，謂宜於其地設置重鎮，已邀聖明洞鑒。今該處尚未經營，先遭蹂躪，實爲奴才意料所及。然亡羊補牢，猶未爲晚。查塔城委員辦理錯誤之事，以任令塔屬哈薩克廣占烏梁海游牧一事關係最重，清理尤難，烏梁海不敢與争，但向奴才愬告哀懇，萬不能不爲查辦。况以奴才渥蒙倚任，至重且專。既令奴才將應辦事宜認真整頓，復諭以毋庸推諉，諄諄訓誡，奴才若猶苟且依違，徇情掩飾，不惟辜恩，亦且溺職。惟是塔哈占牧一節，若仍行文咨請塔城收回，恐該城亦難辦到。而事關重大，即科布多委員亦未必能措置得宜，自應由奴才明年前往安插蒙、哈之便，暫行駐扎，察看情形，因地制宜，統籌全局，隨時奏明辦理，以昭慎重而慰衆望。

奴才志在報國，雖拮据卒瘏所不敢辭，亦期與五月欽奉硃批令奴才清查妥籌之旨相符。第今於布倫托海試辦屯田，先修河渠，工程已完大半，約計明歲三四月可望開種。現在布置耕牛、農具，造倉、安磨，約束兵工一切事宜，該委員異常艱苦。該處迫近塔城防營，竟至盜賊出没，奴才甚不放心，且自設立屯局以來，該處蒙、哈、漢、回每有申訴之事請爲訊究。奴才以該委員專辦屯田，不應兼管，地方亦須另派專員經理。地方、農工均屬緊要，不容偏重，致失人心。既係奴才所管地方，奴才責無旁貸，亦擬咨行塔城轉飭該員延年，彼此各守各界，各辦各事，勿許再有干預，以清界限而顧考成。

現查擬補蒙古處幫辦章京主事職銜景善，久在北路，熟悉邊情，且夙得蒙、哈之心，擬即委令前往額爾齊斯河、布倫托海等處，擇地暫駐，辦理安輯蒙、哈事務，并爲保護屯田，遇有詞訟，持平訊結。重大事宜仍詳稟奴才核示辦理。一俟奴才明年前往阿爾泰山，再行察酌情形，妥籌挽治辦法，以爲持久之計，務使邊宇謐安，蒙哈得所，期仰紓朝廷北顧之廑。其該員延年辦理乖方，種種荒謬，情節較重，似非一參所可示懲，應否特交公正大員認真查辦，抑俟奴才明年前往確切查明，再爲奏請之處，伏候聖裁。

竊維科布多與俄壤處處毗連，彼自有我齊桑淖爾，形勢日逼，外侮迭乘，筆舌之争，終不可恃。奴才職在防戍，每一念及，不覺憂危之意悚然而生。幸我聖主鋭意自强，慨然有卧薪嚐膽之志，必蒙俯察地方緊要辦事爲難與奴才圖治微意，以上所請俱得仰邀恩允，北路幸甚。大局幸甚。

所有阿爾泰山地方現擬委員先行馳駐，辦理安輯，仍俟奴才明年親往察勘，妥籌挽治各緣由，是否有當？理合具摺馳陳。伏祈皇太后、皇上聖鑒訓示。遵行。不勝激切惶恐待命之至。謹奏請旨。光緒二十八年十一月二十八日。[①]

【案】光緒二十八年十二月初八日，科布多參贊大臣瑞洵以烏梁海呈控塔城章京款迹較多，情節甚重，據情具陳，曰：

奴才瑞洵跪奏，爲烏梁海呈控塔城章京款迹較多，情節甚重，據情具陳，仰祈聖鑒事。

竊烏梁海左、右兩翼散秩大臣，副都統、總管等現因借地一事，一同來城呈訴各情，經奴才另摺陳奏，以其情詞憤激，正在苦口開導、極力撫慰之際，不料伊犁將軍、新疆巡撫所派委員正值前來，該蒙古疑慮復生，争執益力。復於十二月初五日面見奴才，親遞呈詞兩件，懇求代奏。奴才當令譯成滿文閲看，一係仍請速收借地，一係控告塔城章京延年。除借地一案另行擬議奏請外，查該章京延年劣迹業經奴才於十一月二十八日具摺指參，請旨辦理。兹據復行揭告，詳核各款，自以於借地又復私占游牧二千數百里，侵損烏梁海生計，與將塔城哈薩克每年應交烏梁海租馬、租羊巧取肥己兩事最爲貪謬，情節較重。

其餘所陳各節亦皆大拂輿情，殊失朝廷優待蒙古之至意，似須認真根究，按律擬辦，始足伸蒙古積年之憤而持國家刑法之平。惟新疆諸大員恐不無投鼠忌器之見，其應如何嚴飭查辦之處，出自天恩。該蒙古環跪籲求，異常迫切，奴才不敢壅於上聞。謹將原呈譯漢，祗呈御覽。爲此繕摺具陳。伏祈皇太后、皇上聖鑒訓示。謹奏請旨。光緒二十八年十二月初八日。[②]

【案】同日，瑞洵隨摺附呈烏梁海七旗控告章京延年譯文，曰：

謹將烏梁海七旗控告塔城章京延年蒙呈譯漢，祗呈御覽。

烏梁海左翼散秩大臣額爾克舒諾、副都統察汗博勒克、總管桑敦札布、總管鄂齊爾札布、右翼散秩大臣三音博勒克、總管棍布札布、總管瓦齊爾札布，率同衆蒙古等呈，爲劣員欺壓占奪，擾害蒙衆，私踞游牧，受侮多年，不堪毒虐，合

---

① 臺北“故宫博物院”藏：《軍機及宫中檔》，文獻編號：153016。

② 臺北“故宫博物院”藏：《軍機及宫中檔》，文獻編號：153432。

詞籲懇參贊大臣俯賜垂憐，據呈具奏，請旨辦理事。

竊我七旗於同治十二年遵奉聖旨，令擇地借給胡圖克圖棍噶札拉參，并因上諭有云：該烏梁海地屬科布多，著托倫布、保英留心察看，先事防維，毋稍疏忽，并飭烏梁海兩翼散秩大臣等諭知該蒙古人眾各守本分，務令永遠相安等因。欽此。我等恪遵恩旨，照常住牧，保護地方，不料後來塔城章京派有延年前來設防，胡圖克圖徒眾亦遂還居新疆。該章京性情貪暴，苛虐異常，凡事不講情理，任意妄爲，藉防守爲名，兵稀械壞，實則安心不良，既擾害我等不得安居，復縱令哈薩克四出占地。我等凡有種地、打牲、取魚、割草，必遭毒打鱗傷，加以驅逐，反説地是塔城的，不容我等烏梁海過界一步，致我等畏避勢力，不敢爭鋒，不得已紛紛退至科布多河、薩克賽河、察罕河、青格里河、圖勒巴淖爾、得里滾河、布拉干河一帶，致男女老弱人等擁擠紛紜，飢不得食，寒不可衣，怨憤之聲不可遏止。該章京霸占極大地方，於哈巴河、克林河等處私開屯田，牧放牲畜，所得之利盡入己囊，且復將哈薩克應支我們租馬每年一百四十匹，伊竟巧取入己，并派有剌麻兜帶、俄解二人，按年收取租羊，每年收租羊一千隻。此已收有十年，其所侵食數逾鉅萬，故該章京於塔城還地一事百方阻撓，不使辦理，雖屢奉諭旨，如同具文，是該章京延年不但欺我愚蒙，并欺聖明矣。

以上各節曾在科布多前任按班前呈控，無奈未蒙核辦。今幸值我參贊大臣整頓地方，體恤蒙古，任勞任怨，敢作敢當。我等若猶不據實控訴，未免失此機會。况我七旗人等無不逐日勸請申冤，萬口如一，亦難違眾。總之，該章京延年辦事無能，牟利有術；禦敵不足，害民有餘。我等但求還地，原不必於該章京之過惡復行追究。惟念現當整理游牧之時，實恐該章京仍肆阻撓，再誤大局，敢爲我參贊大臣直陳之。

查本烏梁海在投誠之先，所有生齒人眾各自謀生，彼時凡有能爲之人向無能者，彼此奪占游牧爲生，故本烏梁海游牧所屬有能爲者居守阿爾泰山。嗣於乾隆二十年間，烏梁海投誠時亦隨帶原有之阿爾泰山一帶牧地歸降。乾隆二十四年間，奉高宗純皇帝恩旨，賞給烏梁海七旗作爲游牧，由彼時起呈進貂皮、狐皮，當差。嗣因古城賊匪變亂，大軍向西進發，烏梁海充當各臺差使，今又充當八處卡倫緊要各差，不惜身命，奮勉行走當差者，在烏梁海之意，原爲酬報聖主鴻恩賞給烏梁海阿爾泰山之故，是以勉當要差，稍盡厥職。今將自有之肥地失去，本烏梁海之人斷不能遵從，亦斷不能讓給，亦無從賠墊當差。

又，查烏梁海游牧哈韜里山嶺起至瑪呢圖止，於同治八年間，經科布多參贊大臣奎昌會同俄官分定界址，建立牌博。又由哲斯山嶺起至阿拉克別克止，於光緒九年間，經伊犁大臣升泰會同科布多幫辦大臣額爾慶額等定界，新立鄂博。兩次將所有好地全行分給俄國，現在僅剩借與呼圖克圖棍噶札拉參之地水草尚好。嗣於光緒十八年間，科布多大臣沙克都林札布會同塔城參贊大臣額爾慶額會議，由十八年起展限三年還地，酌令塔城哈薩克一年幫給烏梁海馬一百四十四、羊一千隻爲租，三年之間即應給馬四百二十四、羊共三千隻。本烏梁海并未圖要一匹、一隻是實。嗣後該哈薩克尚有續交，爲數尤多，乃塔城派駐章京延年欺詐需索，并將十餘年地租馬匹，章京延年肥入已囊，又不令烏梁海之人打魚、打牲，不准種地，不准牧放，一見烏梁海便即毒打。

又，因借地塔城，另生枝節，編造虛僞異端。本烏梁海所報是實。塔城額魯特、漢民、各哈薩克等現占哈巴河游牧，南北東西俱在烏梁海游牧，大概在五百餘里，强横肆行，搶奪牲畜，霸占田地、打魚，俱係章京延年教給。本烏梁海之人被塔城之人欺虐至極，每言我們富足，意欲殺盡烏梁海之人，能賠給牲畜。如此不合道理之言，時時告知我們烏梁海。最爲無理妄行者，於借地之外，該章京延年又縱令塔城哈薩克四出侵占，估計自哈巴河起，東至扈濟勒圖卡倫，約有六百餘里；西至哈拉額爾齊斯河下游東岸，約有三百餘里；南至布倫托海，約有七百餘里；北至霍呢邁拉扈卡倫，約有六百餘里。周圍約有二千四百餘里，前已報明。如此任意亂占、不公不恕之事，恐未必奏明。當時若奏明，我等知聖主必不准行也。今烏梁海實係困迫萬分，儻若不將游牧收回，我們萬人之命不惜，必向塔城之人爭鬬，難免釀成人命重案，將此先爲聲明。

現聞新疆派人查勘游牧，大家聞此落淚，憤憤不平，商議已定，都要努力堅守。阿爾泰山若離，阿爾泰山所屬之人不但不受散秩大臣、副都統等管束，即科布多大臣亦不能管束，就是我們七旗向來敬重之現任瑞按班，我們也不能聽其管束，我們實出逼勒無法。

又，查同治年間，將本游牧暫行借給胡圖克圖棍噶札拉參，自棍噶札拉參圓寂以來，已十餘年，經塔爾巴哈臺凡事設法，將本游牧地租被塔城大臣、章京延年二人需索肥已，我們烏梁海人等另找養贍，極窮人等竟至四出乞食。本年六月間，叩賀萬壽來城，蒙參贊大臣諭示，已奏奉諭旨將烏梁海游牧依議交還等因。跪聆之下，同聲歡誦，業已叩謝天恩。我們静候辦理。乃近來訪聞新疆派員欲往我們游牧查勘，我們烏梁海地方本是我們當年自有，并非强占新疆之地，何用查明？自因新疆漢員居多，不悉蒙古游牧情形，烏梁海并無應由新疆查勘情事。儻若新疆官員前來烏梁海爲要我們地方，我們不能仍支差使。

再，查本印務處檔案，自暫行借給胡圖克圖棍噶札拉參，并未另行借給塔爾巴哈臺，胡圖克圖又非塔城所屬之人，本是甘肅洮州之人。况胡圖克圖之徒衆均已遷居新疆有年，今塔城藉詞安插哈薩克，并派出辦理東北路章京駐守，并未認真辦防，虚應故事，特爲擾累烏梁海打算，安心設計，將我們烏梁海游牧任占，地租私行入己。邊地較遠，瞞欺聖主，違背例章，不遵法紀。此章京延年貪横款迹之昭著者也。

理合具情呈訴，叩請參贊大臣俯憐萬餘性命，立將借地索回施行，并將我七旗苦楚下情奏明，感恩無既！如蒙諭旨交審，我等情願對質，如虚甘罪不避。謹聯名上呈。①

○七二、奏報改設增設州縣各缺緣由摺

光緒二十九年六月初八日（1903年7月31日）

甘肅新疆巡撫西林巴圖魯臣潘效蘇跪奏，爲新疆改設、增設州縣各缺，應行移設改隸，以裨治理，恭摺仰祈聖鑒事。

竊惟因地制宜，變通期歸盡善；政貴經久，始謀不厭詳求。新疆地曠人稀，設省之始，改設、新設各府、廳、州、縣，類皆因陋就簡，粗具規模。上年，前撫臣饒應祺以設省二十年來人民蕃庶，政事殷繁，各州縣轄境過寬，遇事時有鞭長莫及之慮，察酌情形，議請升、改、增設府、州、縣各缺，以資治理，奏奉諭旨，飭由政務處會同各部臣議准照辦，行令將未盡事宜隨時奏咨，於光緒二十八年九月二十日具奏，奉旨：依議。欽此。欽遵在案。奉准部文，適臣接任撫篆，當即飭司委員分途前往，會同各地方官，將應行劃分界址、户口、錢糧妥爲勘劃，一面陸續揀員委署，籌辦一切，容俟册報至日，再行分别奏咨立案。惟其中

① 臺北“故宫博物院”藏：《軍機及宫中檔》，文獻編號：153406-B。

有應行移設、改隸之州縣，原奏未能周備，亟應陳明更正者二處，一爲莎、葉分設之縣，原奏設縣治於莎車府屬之坡斯坎莊，而以葉城縣屬之一肯蘇等莊隸之，爲澤普縣。

查坡斯坎莊西距莎車府城九十里，東距葉城縣城亦九十里，中間村落相望，設縣似嫌太密。惟葉城迤東之嗰瑪地方距葉城縣城二百二十里，中隔戈壁百餘里，前因距縣較遠，民間完納折色糧銀諸多不便，且逾嗰瑪再東各莊及迤南山内各莊，去縣更遠，曾定章在嗰瑪地方設櫃徵收，凡遠莊之完折色者，均赴嗰瑪投櫃，届時葉城縣親往監收，尚不爲難。惟民間詞訟赴城太遠，仍多不便，現若增設縣治，不特撫字催科、清理訟獄，較爲便利，且該處東距和闐州治三百餘里，地在適中，聲勢亦甚聯絡，擬即以原請分設之澤普縣移設嗰瑪，於農、商各務壹志經營，自更日有起色。該處爲古皮山國地，應名曰皮山縣，劃向來在該處投櫃完種之各莊悉隸皮山，而以原奏所分莎車府屬之坡斯坎莊改隸葉城，錢糧、户口不甚懸殊。此移設縣治之有裨治理者也。

一爲瑪喇巴什廳改設之巴楚州，原奏稱與疏勒時有争界、争水之事，歸疏勒府管轄，庶無畛域之分等語。查瑪喇巴什與疏勒争水、争界之處，在瑪屬之鐵里木華莊，地祇一隅，若論水利較大、地畝較廣，則在與莎車府葉城縣接界之麥蓋堤等莊，蓋瑪喇巴什向隸葉爾羌，自設官分治，始以莎屬麥蓋堤大莊分隸瑪喇巴什，向與莎、業各莊俱用聽雜拉布河水。該莊在河下游，曩因莎、葉上游各莊墾荒甚多，該莊時患缺水，叠次搆訟，委員查勘，封禁上游墾地，以顧該莊之水。

又，澤普勒善河亦踞莎、葉上游，經由莎車屬之頭臺以達二臺，入瑪喇巴什廳境；下至瑪屬三、四、五、六、七等臺，均地高水低，難資引溉，且五臺水勢較陡，每届夏秋，上游水漲，必至決堤爲患。論者皆以該廳不得是河之利，獨受是河之害，而每歲必由莎、葉幫工修隄，前經屢議由莎、葉境内開渠，以達瑪屬地内，不僅開荒可獲大利，且免水患於無形，卒以莎、葉民情不願，屢阻不行。擬請以改設之巴楚州改隸莎車屬，講求水利，開墾荒田，官無畛域之分，民獲波及之福，利益實溥，勢更順便。此改隸州治之有裨治理者也。據藩、臬兩司具詳請奏前來。

臣昔任和闐，屢經其地，兩處情形均確有所見。當此創辦之初，自宜因地變通，期垂久遠。除批司如擬分飭遵照辦理外，合無仰懇飭下部臣分别更正立案，以裨治理。所有移設、改隸州縣緣由，是否有當？謹會同陝甘總督臣崧蕃，恭摺具陳。伏乞皇太后、皇上聖鑒訓示。謹奏。光緒二十九年六月初八日。

（硃批）：該部知道。[①]

光緒二十九年七月十四日，奉硃批：該部知道。欽此。[②]

○七三、奏報廿六年秋冬防營員勇等數摺
光緒二十九年六月初八日（1903年7月31日）

甘肅新疆巡撫西林巴圖魯臣潘效蘇跪奏，爲新疆防營員弁勇丁、各臺、局、卡、義學自光緒二十六年七月初一日起至十二月底止實在數目，繕具清單，恭摺仰祈聖鑒事。

竊新疆馬步營旗、炮隊、各臺、局、卡、義學實在數目，截至二十六年六月底止，業經臣分別奏咨在案。兹據新疆糧臺詳稱：自二十六年七月初一日起至十二月底止，實存防軍行糧章程馬隊三旗，半行半坐章程馬隊六旗，標營章程馬隊四十八旗、步隊二十二營二十一旗二哨、開花炮隊六哨。共計實存額設統領、營旗官、哨長三百八十一員，巡查一百二十八員，營哨書、弁勇二萬四千四百二十四名，火勇一千六百七十八名，額外火夫、馬夫、私夫、車夫、棚夫、子藥夫、駄夫六千四百五十九名，并各臺、局、卡、義學，繕具清單，詳請奏咨前來。

臣覆查無異，所有新疆防營員弁勇丁、各臺、局、卡、義學自光緒二十六年七月初一日起至十二月底止實在數目，謹繕具清單，恭呈御覽。伏乞皇太后、皇上聖鑒，飭部立案施行。謹奏。光緒二十九年六月初八日。

（硃批）：該部知道，單二件并發。[③]

光緒二十九年七月十四日，奉硃批：該部知道，單二件并發。欽此。[④]

---

① 中國第一歷史檔案館藏：《硃批原件》，檔號：04-01-01-1059-026。

② 中國第一歷史檔案館藏：《軍機録副》，檔號：03-5094-031。

③ 中國第一歷史檔案館藏：《硃批原件》，檔號：04-01-16-0278-014。

④ 中國第一歷史檔案館藏：《軍機録副》，檔號：03-6000-005。

○七四、呈新疆廿六年秋冬臺卡義學清單

光緒二十九年六月初八日（1903年7月31日）

謹將新疆各臺、局、卡、義學數目自光緒二十六年七月初一日起至十二月底止，繕具四柱清單，恭呈御覽。

舊管：光緒二十六年六月底止，實存新疆糧臺，省城軍裝總局，省城南梁機器局，省城采運局，新疆省城、伊犁寧遠城、喀什噶爾城三中俄通商局。

伊塔道、塔爾巴哈臺二善後局，塔城喀圖金礦局，省城、哈密新城、吐魯番新城、焉耆、庫車、阿克蘇、烏什、英吉沙爾、喀什噶爾漢城、葉爾羌、和闐、古城、綏來、綏定、寧遠、綏定城東關、廣仁城、塔爾巴哈臺等處十八保甲局。

霍爾果斯尼堪卡倫、果子溝、霍爾罕、明瑶路、伊蘭烏瓦斯、依斯里克、圖舒克、塔石可力峽、依布拉引、猩猩峽等處十稽查卡。

哈密、巴里坤、昌吉、吐魯番、焉耆、庫車、阿克蘇、烏什、喀什噶爾、英吉沙爾、瑪喇巴什、葉爾羌、和闐、塔爾巴哈臺等處十四牛痘局。

哈密義學三堂、吐魯番義學三堂、焉耆義學三堂、庫車義學三堂、拜城義學二堂、温宿義學二堂、烏什義學二堂、疏勒義學二堂、疏附義學二堂、瑪喇巴什義學二堂、英吉沙爾義學二堂、莎車義學三堂、葉城義學二堂、和闐義學二堂、于闐義學二堂、巴里坤義學二堂、奇臺義學二堂、濟木薩義學一堂、阜康義學二堂、迪化義學三堂、昌吉義學二堂、綏來義學二堂、呼圖壁義學一堂、寧遠義學二堂、綏定義學二堂、廣仁城義學一堂、瞻德城義學一堂、霍爾果斯義學一堂、新平義學一堂、塔爾巴哈臺義學二堂，共義學六十堂。

新收：無項。

開除：無項。

實在：光緒二十六年十二月底止，實存新疆糧臺，省城軍裝總局，省城南梁機器局，省城采運局，新疆省城、伊犁寧遠城、喀什噶爾城三中俄通商局。

伊塔道、塔爾巴哈臺二善後局，塔城喀圖金礦局，省城、哈密新城、吐魯番新城、焉耆、庫車、阿克蘇、烏什、英吉沙爾、喀什噶爾漢城、葉爾羌、和闐、古城、綏來、綏定、寧遠、綏定城東關、廣仁城、塔爾巴哈臺等處十八保甲局。

霍爾果斯尼堪卡倫、果子溝、霍爾罕、明瑶路、伊蘭烏瓦斯、依斯里克、圖

舒克、塔石可力峽、依布拉引、猩猩峽等處十稽查卡

哈密、巴里坤、昌吉、吐魯番、焉耆、庫車、阿克蘇、烏什、喀什噶爾、英吉沙爾、瑪喇巴什、葉爾羌、和闐、塔爾巴哈臺等處十四牛痘局。

哈密義學三堂、吐魯番義學三堂、焉耆義學三堂、庫車義學三堂、拜城義學二堂、温宿義學二堂、烏什義學二堂、疏勒義學二堂、疏附義學二堂、瑪喇巴什義學二堂、英吉沙爾義學二堂、莎車義學三堂、葉城義學二堂、和闐義學二堂、于闐義學二堂、巴里坤義學二堂、奇臺義學二堂、濟木薩義學一堂、阜康義學二堂、迪化義學三堂、昌吉義學二堂、綏來義學二堂、呼圖壁義學一堂、寧遠義學二堂、綏定義學二堂、廣仁城義學一堂、瞻德城義學一堂、霍爾果斯義學一堂、新平義學一堂、塔爾巴哈臺義學二堂，共計義學六十堂。

（硃批）：覽。[①]

○七五、呈廿六年秋冬營旗員勇數目清單

光緒二十九年六月初八日（1903年7月31日）

謹將新疆駐防馬步各營、旗、哨員弁勇丁、夫馬、炮車數目，自光緒二十六年七月初一日起至十二月底止，繕具四柱清單，恭呈御覽。

舊管：光緒二十六年六月底止，實存防軍行糧章程馬隊五旗，標營章程馬隊五十二旗、步隊二十二營二十一旗二哨、開花炮隊六哨。共計實存額設統領、營旗官、哨長三百八十一員，實存額設巡查一百二十二員，實存額設營哨書、弁勇共二萬四千四百二十四名，實存額設火勇一千六百七十八名，實存額外火夫七百九十八名，實存額外馬夫、私夫、車夫、棚夫五千五百二十二名，實存額馬七千二百九十六匹，實存炮車三十六輛、車騾九十六頭。

新收：光緒二十六年八月初一日起，新添練軍左營中旗馬隊一旗，練軍左營前旗馬隊一旗，練軍左營後旗馬隊一旗，練軍右營中旗馬隊一旗，練軍右旗前旗馬隊一旗，練軍右營後旗馬隊一旗。以上六旗，共計新添額設旗官、哨長一十八員，新添額設巡查一十二員，新添額設營哨書、弁勇七百三十二名，新添額外火

---

① 中國第一歷史檔案館藏：《清單》，檔號：03-6000-044。

夫八十四名，新添額外馬夫、私夫、子藥夫、馱夫共計六百三十九名，新添額馬七百七十四匹，新添額外馱馬一百六十八匹。

開除：光緒二十六年七月底止，裁撤新字旗馬隊一旗，定邊中旗馬隊一旗，伊犁鎮標左營左旗馬隊一旗，駐扎省城上年新招撫標練軍行糧馬隊一旗，瑪納斯上年新招撫標練軍行糧馬隊一旗，定邊六旗馬隊一旗。以上六旗，共計減除額設旗官、哨長一十八員，減除額設巡查六員，減除額設營哨書、弁勇七百三十二名，減除額外火夫八十四名，減除額外馬夫、私夫、棚夫五百名，減除額馬七百六十八匹。

實在：光緒二十六年十二月底止，實存防軍行糧章程馬隊三旗，半行半坐章程馬隊六旗，標營章程馬隊四十八旗、步隊二十二營二十一旗二哨、開花炮隊六哨。共計實存額設統領營、旗官、哨長三百八十一員，實存額設巡查一百二十八員，實存額設營哨書、弁勇共二萬四千四百二十四名，實存額設火勇一千六百七十八名，實存額外火夫七百九十八名，實存額外馬夫、私夫、車夫、棚夫、子藥夫、馱夫五千六百六十一名，實存額馬七千三百二匹，實存額外馱馬一百六十八匹，實存炮車三十六輛、車騾九十六頭。

（硃批）：覽。[①]

○七六、奏請更正許榮貴保案緣由片

光緒二十九年六月初八日（1903年7月31日）

再，據頭品頂戴記名提督懋勇巴圖魯許榮貴稟稱，該員同治五年投營效力，於上蔡等處迭獲勝仗案内由軍功保以把總儘先拔補，誤將“榮貴”繕作“雲貴”；又於陝西同朝擊賊大獲勝仗、保固河防案内由把總保免補把總，以千總儘先拔補，并賞戴藍翎，誤將“榮貴”繕作“雲桂”；又於克復陝西綏德州并在河北直隸境内節次剿賊暨轟斃要逆案内，由千總保以守備儘先拔補，并换花翎，誤將“榮貴”繕作“雲桂”；又於陝西鳳翔地方堵剿河狄東竄回匪并解岐山城圍案内，

① 中國第一歷史檔案館藏：《清單》，檔號：03-6038-010。

由守備保以都司儘先補用，并加游擊銜，誤將“榮貴”繕作“雲桂”；又於克復蘇家燒房賊巢暨歷解寧夏等處城圍案内，誤由參將銜儘先游擊保免補游擊，以參將儘先即補，嗣由參將累保今職，懇請附奏遞減更正等情，前來。

臣覆核無異，合無仰懇天恩俯准將該員原由軍功保把總、由把總保藍翎千總、由千總保花翎守備、由守備保游擊銜都司四案誤繕“雲桂”，均改爲“榮貴”，并將攻克蘇家燒房賊巢暨解寧夏等處城圍案内誤由參將銜游擊所保儘先即補參將改爲由游擊銜都司保免補都司，以游擊儘先即補；剿辦寧夏後路竄匪、疏通運道并襲破賊圩案内由參將所保補缺後副將，改爲由游擊保補缺後以參將儘先即補；剿辦寧夏兩岸三縣回匪案内由參將所保免補參將以副將儘先即補，并賞加總兵銜，改爲由游擊保免補游擊以參將儘先即補，并加副將銜；克復肅州城垣甘肅關内外一律肅清案内由副將所保免補副將，以總兵記名簡放，改爲由參將保免補參將，以副將儘先補用；克復輯懷城、烏魯木齊、昌吉、呼圖壁各城案内由總兵保請賞給懋勇巴圖魯勇號，改爲由副將仍給勇號；克復瑪納斯南城案内由總兵所保以提督記名簡放，改爲由副將保以總兵記名簡放；收還伊犁歷年剿辦竄匪案内由提督賞加頭品頂戴并給三代正一品封典，改爲由總兵仍照原獎加給頭品頂戴、正一品封典。

如蒙俞允，敬懇飭部分别遞減更正，以實官階，出自逾格鴻施。除飭取該員履歷清册咨部外，謹附片具陳。伏乞聖鑒訓示。謹奏。

（硃批）：兵部知道。①

光緒二十九年七月十四日，奉硃批：兵部知道。欽此。②

○七七、請以李方學補授寧遠知縣摺

光緒二十九年六月十三日（1903年8月5日）

甘肅新疆巡撫西林巴圖魯臣潘效蘇跪奏，爲揀員請補要缺知縣，以重地方，

① 中國第一歷史檔案館藏：《硃批原件》，檔號：04-01-16-0277-045。

② 中國第一歷史檔案館藏：《軍機録副》，檔號：03-5957-084。

恭摺仰祈聖鑒事。

竊據署布政使李滋森會同署鎮迪道兼按察使銜慶秀詳稱：寧遠縣知縣高敬昌於光緒二十六年六月初三日病故，業經奏明在案，應以病故本日作爲開缺日期。所遺寧遠縣知縣係繁、難二項要缺，應即遴員請補，以重職守。查伊犁新設各缺，經前撫臣劉錦棠奏准由外揀補一次，後援照甘肅變通章程辦理。查章程内開：知縣要缺一項，初任、候補以及到省在後各員，均准通融揀選題補。又，部議隨營之他省候補人員，無論曾否委署地方，准其留於新疆補用各等語。

今寧遠縣知縣要缺，查有同知銜候補知縣李方學，現年六十四歲，湖南祁陽縣人，由從九職銜於同治二年投入内湖水師澄海營，幫辦營務；克復金陵城池案内奏保，四年四月初三日奉上諭：著以從九品留於安徽遇缺補用，并賞加六品銜。欽此。十年九月，在湖北協黔新捐總局遵例捐離原省，改指湖北，并捐免赴部驗看，十月十三日到省，旋委赴陝甘偵探軍務，經前烏魯木齊都統臣景廉①留營差遣。光緒元年三月，委署古城巡檢；克復輯懷城、烏魯木齊、昌吉、呼圖壁各城案内奏保免補本班，以州判仍留湖北，歸軍功候補班前儘先補用，并戴藍

---

① 景廉（1823—1885），字儉卿、季泉，號秋坪、朴孫、隅齋，顔札氏，滿洲正黄旗人。咸豐元年（1851），鄉試中舉。二年（1852），中式進士，改庶吉士。三年（1853），授翰林院編修，遷侍講，兼國史館協修、文淵閣校理。四年（1854），任日講起居注官，授翰林院侍講學士，兼文淵閣直閣事。五年（1855），升咸安宫總裁、管道大臣、内閣學士兼禮部侍郎銜。同年，充福建鄉試正考官。六年（1856），授會試覆試閲卷大臣、散館閲卷大臣、武會試磨勘試卷大臣、殿試讀卷大臣、朝考閲卷大臣、玉牒館副總裁。同年，補鑲白旗蒙古副都統。七年（1857），擢工部右侍郎，兼管錢法堂事務。同年，充考試漢御史閲卷大臣、考試漢教習閲卷大臣，管火藥局、鑲白旗蒙古新舊營房事務。八年（1858），授考試試差閲卷大臣。同年，改鑲紅旗滿洲副都統，署正藍旗滿洲副都統，署正紅旗滿洲副都統。九年（1859），補刑部右侍郎，兼吏部右侍郎。同年，調補伊犁參贊大臣。同治元年（1862），改葉爾羌參贊大臣。五年（1866），補哈密幫辦大臣，加頭等侍衛。十年（1871），擢烏魯木齊都統。光緒元年（1875），調補正白旗漢軍都統。同年，充覆勘各省鄉試閲卷、翻譯覆試閲卷大臣、武鄉試監射大臣、小考宗室翎緞大臣、武鄉試專司稽查大臣、點驗軍器大臣、驗放大臣，同年，署步軍統領、正白旗蒙古都統。二年（1876），授會試覆試閲卷大臣、補行大考閲卷大臣、文會試監射大臣，兼軍機大臣上學習行走、教習庶吉士、崇文門副監督。同年，署工部尚書，補正紅旗滿洲都統授，總理各國事務大臣。三年（1877），遷工部尚書，拜軍機大臣，兼管内翻書房、火藥局事務。同年，署正藍旗蒙古都統，兼署鑲紅旗漢軍都統。四年（1878），調户部尚書，署工部尚書，兼管新舊營房、户部三庫事務。同年，授國史館正總裁。五年（1879），署吏部尚書。同年，充會試正考官。六年（1880），管理左翼幼官學事務，補經筵講官。七年（1881），任前引大臣。九年（1883），授内閣學士、吏部左侍郎兼禮部侍郎。同年，調兵部尚書。十一年（1885），卒於任。有《奏疏》、《冰嶺紀程》、《古近體詩》等著述行世。

翎。旋經部議另核請獎，經前伊犁將軍臣金順[①]覆奏，改請免補本班，以縣丞仍留湖北，歸軍功候補班前儘先補用，并戴藍翎。四年十二月十四日奉旨：著照所請獎勵。欽此。克復瑪納斯南城、肅清天山北路案内奏保，五年七月初一日奉上諭：著照免補本班，以知縣仍留原省，歸候補班前儘先即補，并賞加同知銜。欽此。歷次剿辦竄擾塔爾巴哈臺及精河大河沿一帶陝回、擒斬净盡案内奏保，六年六月十一日奉上諭：著賞换花翎，并賞給一代正五品封典。欽此。九年，調赴廣東海防差遣；於全瓊一律肅清案内奏保，請俟補缺後，以直隸州用。旋經部議核，與例章相符，應請照准。十五年十二月二十二日具奏，奉旨：依議。欽此。十九年，調赴伊犁差遣。二十一年八月，留省候補。二十七年，委署寧遠縣知縣，二月十八日到任，二十九年三月初四日交卸。

查該員李方學，勇敢有爲，明敏誠樸，前署斯缺，辦理一切，諸臻妥協，并無參罰案件；在新疆年久，邊情最爲熟悉，以之請補寧遠縣知縣，實堪勝任，人地亦極相宜，等情。詳請具奏前來。

臣查該員李方學，篤敬交鄰，勤廉持己，合無仰懇天恩俯念要缺需員治理，准以候補知縣李方學補授寧遠縣知縣員缺，洵於地方有裨。如蒙俞允，俟奉部復，即行給咨送部引見，以符定制。

謹會同伊犁將軍臣馬亮、陝甘總督臣崧蕃，恭摺具陳。伏乞皇太后、皇上聖鑒訓示。謹奏。光緒二十九年六月十三日。

（硃批）：吏部議奏。[②]

光緒二十九年七月十九日，奉硃批：吏部議奏。欽此。[③]

---

① 金順（1831—1886），字和甫，伊爾根覺羅氏，世居吉林，隸滿洲鑲藍旗，圖爾格齊巴圖魯。咸豐四年（1854），充領催。六年（1856），補吉林驍騎校。八年（1858），升吉林防禦。十年（1860），授協領，加副都統銜。同治三年（1864），補鑲黄旗漢軍副都統。同年，調補西安左翼副都統。五年（1866），遷寧夏副都統。同年，署寧夏將軍。九年（1870），率軍下金積堡，平寧夏。十年（1871），擢烏里雅蘇臺將軍。十二年（1873），授正白旗漢軍都統。十三年（1874），充幫辦新疆軍務大臣。光緒元年（1875），調補烏魯木齊都統。二年（1876），授伊犁將軍，封雲騎尉。十二年（1886），回京述職，卒於途。贈太子太保，謚忠介。

② 中國第一歷史檔案館藏：《硃批原件》，檔號：04-01-12-0628-024。

③ 中國第一歷史檔案館藏：《軍機録副》，檔號：03-5420-039。

○七八、奏報廿七年春夏營勇臺局等數摺

光緒二十九年六月十三日（1903年8月5日）

甘肅新疆巡撫西林巴圖魯臣潘效蘇跪奏，爲新疆防營員弁勇丁、各臺、局、卡、義學自光緒二十七年正月初一日起至六月底止實在數目，繕具清單，恭摺仰祈聖鑒事。

竊新疆馬步營旗、炮隊、各臺、局、卡、義學實在數目，截至二十六年十月底止，業經臣分别奏咨在案。兹據新疆糧臺詳稱：自二十七年正月初一日起至六月底止，實存防軍行糧章程馬隊三旗，半行半坐章程馬隊六旗，標營章程馬隊四十八旗、步隊二十二營二十一旗二哨、開花炮隊六哨，共計額設統領、營旗官、哨長三百八十一員，巡查一百二十八員，營哨書、弁勇二萬四千四百二十四名，火勇一千六百七十八名，額外火夫、馬夫、私夫、車夫、棚夫、子藥夫、馱夫共六千四百五十九名，并各臺局卡、義學，繕具清單，詳請奏咨前來。

臣覆查無異，所有新疆防營員弁勇丁、各臺、局、卡、義學自光緒二十七年正月初一日起至六月底止實在數目，謹繕具清單，恭呈御覽。伏乞皇太后、皇上聖鑒，飭部立案施行。謹奏。光緒二十九年六月十三日。

（硃批）：該部知道，單二件并發。①

光緒二十九年七月十九日，奉硃批：該部知道，單二件并發。② 欽此。③

○七九、呈各營旗員弁勇丁夫炮數目清單

光緒二十九年六月十三日（1903年8月5日）

謹將新疆駐防馬步各營、旗、哨員弁勇丁、夫馬、炮車數目，自光緒二十七年正月初一日起至六月底止，繕具四柱清單，恭呈御覽。

---

① 中國第一歷史檔案館藏：《硃批原件》，檔號：04-01-16-0278-008。

② 其中一件查無下落，待考。

③ 中國第一歷史檔案館藏：《軍機錄副》，檔號：03-5957-102。

舊管：光緒二十六年十二月底止，實存防軍行糧章程馬隊三旗，半行半坐章程馬隊六旗，標營章程馬隊四十六旗、步隊二十二營二十一旗二哨、開花炮隊六哨。共計實存額設統領、營旗官、哨長三百八十一員，實存額設巡查一百二十八員，實存額設營哨書、弁勇二萬四千四百二十四名，實存額設火勇一千六百七十八名，實存額外火夫七百九十八名，實存額外馬夫、私夫、車夫、棚夫、子藥夫、駄夫五千六百六十一名，實存額馬七千三百二匹，實存額外駄馬一百六十八匹，實存炮車三十六輛、車騾九十六頭。

新收：無項。

開除：無項。

實在：光緒二十七年六月底止，實存防軍行糧章程馬隊三旗，半行半坐章程馬隊六旗，標營章程馬隊四十八旗、步隊二十二營二十一旗二哨、開花炮隊六哨。共計實存額設統領、營旗官、哨長三百八十一員，實存額設巡查一百二十八員，實存額設營哨書、弁勇二萬四千四百二十四名，實存額設火勇一千六百七十八名，實存額外火夫七百九十八名，實存額外馬夫、私夫、車夫、棚夫、子藥夫、駄夫五千六百六十一名，實存額馬七千三百二匹，實存額外駄馬一百六十八匹，實存炮車三十六輛、車騾九十六頭。

（硃批）：覽。①

○八○、請以張昔義升補寧遠營都司摺

光緒二十九年六月十三日（1903年8月5日）

甘肅新疆巡撫西林巴圖魯臣潘效蘇跪奏，爲揀員請補都司員缺，以重操防，恭摺仰祈聖鑒事。

竊照伊犁鎮屬寧遠營都司韓廷得病故，業經前任撫臣饒應祺奏明開缺，并將遺缺聲明扣留外補在案。旋准兵部咨開：其所遺寧遠營都司員缺係屬題缺，應令迅即揀員請補等因。臣查寧遠城都司係邊遠要缺，亟應揀員請補，以專責成。茲

① 中國第一歷史檔案館藏：《清單》，檔號：03-6038-014。

查有候補都司張昔義，樸實幹練，在新疆效力年久，邊情極爲熟悉，以之請補斯缺，洵堪勝任，人地亦最相宜。合無仰懇天恩俯准以張昔義請補伊犁鎮屬寧遠營都司員缺，實於營務有裨。如蒙俞允，并懇飭部發給札付，俟防務大定，即行給咨送部引見，以符定制。

除飭取履歷清册咨部查核外，謹會同伊犁將軍臣馬亮、陝甘總督臣崧蕃、喀什噶爾提督臣焦大聚，恭摺具奏。伏乞皇太后、皇上聖鑒訓示。謹奏。光緒二十九年六月十三日。

（硃批）：兵部議奏。[①]

光緒二十九年七月十九日，奉硃批：兵部議奏。欽此。[②]

〇八一、預估三十年關内外協餉緣由摺

光緒二十九年六月十八日（1903年8月10日）

頭品頂戴陝甘總督臣崧蕃、甘肅新疆巡撫臣潘效蘇跪奏，爲預估光緒三十年甘肅關内外協餉，遵旨會議減估四十萬兩，懇恩飭部籌撥的款四百四十萬，以固邊陲，恭摺仰祈聖鑒事。

竊查關内外軍餉，自光緒十一年起，每年定爲四百八十萬兩，户部按年指撥，由甘肅統收分解。關内外三七分攤，甘肅關内共分三成餉銀一百四十四萬兩，内甘庫緑營、防營俸餉、雜支一百一十八萬兩；青海、西寧、寧夏、凉莊各滿營俸餉二十二萬兩；甘新公用、轉運、脚價四萬兩。新疆關外共分七成餉銀三百三十六萬兩，内藩庫防餉、雜支二百七十九萬七千兩，伊犁將軍餉銀四十萬兩，塔城滿蒙俸餉十六萬三千兩。此原定關内外四百八十萬兩分起支銷之餉數也。

自後甘、新兩省裁兵節餉，屢次省出銀兩，均經户部提作封存，分儲兩省藩庫。良以甘、新僻處西陲，外逼强鄰，内連藏衛，蒙、番雜處，回、漢仇深，動尋衅端，地方難免無事。部臣籌邊用意深遠，迴非徒顧，目前者所能計及。臣崧

---

① 中國第一歷史檔案館藏：《硃批原件》，檔號：04-01-16-0278-009。

② 中國第一歷史檔案館藏：《軍機録副》，檔號：03-5957-101。

蕃目擊時艱，顧念承協省分籌解匪易，屢與甘藩司反復籌商，凡有可以裁并減省者，無不隨時撙節，固不待奉有裁減明文始行臨渴掘井也。

查二十三年以前，各省均能掃數解清，遞減封存。概經户部提充軍餉，是藏之外庫，實與部庫無殊。惟自庚子以後兩庫續積封存，又爲移緩救急搜羅罄盡，而各省關欠餉積至四百萬兩之譜，甘、新兩省驟添償款至七十萬兩，如本省籌辦學堂等事尚不在内，入款屢減而出款愈增，其支絀艱窘情形誠有難以言喻者。年前接准部咨，奏奉諭旨，飭再極力裁減等因，當以甘新伊塔相去萬里，商減需時，曾於二十八年估餉摺内聲明在案。

兹准伊犁將軍、塔爾巴哈臺大臣先後酌減咨覆到甘。臣崧蕃與臣潘效蘇往返電商，本擬從寬減估。嗣經逐款確核，實因歷年層層鋭減，有萬難再減之勢，强於無可如何之中勉作萬不得已之舉。請截至二十九年底止，仰懇天恩飭部在於甘、新、伊塔新舊節省封存項下，統共減估四十萬兩，藉紓各省關餉力；原提新疆裁兵報撥六萬兩，請免再提，以歸畫一。自光緒三十年起，請撥的款四百四十萬兩，内除應解償款甘肅三十萬兩，新疆四十萬兩，共銀七十萬兩，請照上届成案，仍由代解各省關就近撥解滬關交納，以免周折，而期迅速。甘、新兩省仍應自行籌款提還協餉，俾清款目。其餘三百七十萬兩，懇恩飭部申明舊章，嚴飭承協各省，俯念甘、新邊瘠苦區，極力減估，務按定限分批掃數解清。其各省欠解銀兩，甘省懸釜待炊，而新省改遣客勇存餉，虚懸待款，尤爲急切，應請由部分催補解，以顧邊防而維大局。

所有預估光緒三十年關内外協餉會議減估緣由，謹合詞恭摺具陳，并繕分餉清單，恭呈御覽。伏乞皇太后、皇上聖鑒訓示。飭部照撥施行。謹奏。光緒二十九年六月十八日。

（硃批）：户部知道。單并發。[1]

光緒二十九年七月十二日，奉硃批：户部知道，單并發。欽此。[2]

---

① 臺北“故宫博物院”藏：《軍機及宫中檔》，文獻編號：408009498。

② 中國第一歷史檔案館藏：《軍機録副》，檔號：03-6657-027。

〇八二、呈預估三十年協餉分支提存清單
光緒二十九年六月十八日（1903 年 8 月 10 日）

謹將光緒三十年預估甘肅關内外協餉分支、提存各數目，繕具清單，恭呈御覽，飭部照撥施行。

計開

甘肅關内外共估庫平銀四百四十萬兩内

一、甘、新兩省轉運公用銀四萬兩。

一、甘肅關内緑營、勇營俸餉、糧料、草折、廉費、製造、火藥、軍裝、倒馬價值等項銀八十八萬兩。

一、青海王公俸銀、西寧辦事大臣、寧夏、凉州、莊浪三滿營廉俸、紙紅、公費、兵餉銀二十二萬兩。

一、關内歷年裁節暨南續撥關外封存除減估外，分儲甘肅藩庫銀二十八萬兩。裁剩甘軍五營旗，經費、勇餉及子藥夫口糧，均照向章在此項存款内動支造報。合并聲明。

一、新疆巡撫、提、鎮、協各標營俸餉、暨司庫例支不敷等項銀二百二十二萬六千兩。

一、伊犂將軍標營、滿、蒙旗營俸廉、餉乾、軍裝、器械等項銀三十四萬兩。

一、塔爾巴哈臺參贊大臣標營、滿、蒙旗營俸廉、餉乾、軍裝、器械等項銀十三萬八千五百五十兩。

一、關外歷年裁節封存除減估外，分儲新疆藩庫銀二十七萬五千四百五十兩。沿邊營卡經費，照章在此項對存銀内動支造報。合并聲明。

（硃批）：覽。[1]

---

[1] 中國第一歷史檔案館藏：《清單》，檔號：03-6657-028。

○八三、奏報新疆本年四月雨水糧價摺

光緒二十九年七月初二日（1903年8月24日）

甘肅新疆巡撫西林巴圖魯臣潘效蘇跪奏，爲恭報光緒二十九年四月分糧價并得雨情形，謹繕摺具陳，仰祈聖鑒事。

竊照光緒二十九年三月分各屬糧價并得雨雪情形，業經臣奏報在案。兹據署新疆布政使李滋森詳稱：光緒二十九年四月分，鎮迪道屬綏來、庫爾喀喇烏蘇得雨，入土五寸；鎮西得雨，入土三寸；吐魯番得雨，入土二寸；迪化、阜康、奇臺得雨，入土一寸；昌吉微雨。伊塔道屬精河得雨，入土三寸；塔爾巴哈臺得雨，入土二寸；綏定、寧遠微雨。南路烏什得雨，入土五寸；英吉沙爾得雨，入土四寸；拜城得雨，入土三寸；于闐得雨，入土二寸；温宿、庫車、疏勒、疏附、莎車、葉城、瑪喇巴什微雨，餘未得雨。至通省糧價，阜康、綏來、鎮西、寧遠、温宿、烏什、莎車、和闐、瑪喇巴什等廳州縣俱與上月相同，其餘均有增減，匯詳請奏前來。

理合恭摺具陳，并繕糧價清單，敬呈御覽。伏乞皇太后、皇上聖鑒。謹奏。光緒二十九年七月初二日。

（硃批）：知道了。[①]

光緒二十九年八月初十日，奉硃批：知道了。欽此。[②]

○八四、呈新疆二十九年四月糧價清單

光緒二十九年七月初二日（1903年8月24日）

謹將新疆各屬光緒二十九年四月分米糧時估價值，繕具清單，恭呈御覽。

計開四月分

---

① 中國第一歷史檔案館藏：《硃批原件》，檔號：04-01-25-0581-030。

② 中國第一歷史檔案館藏：《軍機録副》，檔號：03-7017-011。

鎮迪道屬

迪化縣：大米每京石價銀三兩九錢四分六厘，較上月增七分。小麥每京石價銀一兩五錢二分一厘，與上月相同。豌豆每京石價銀一兩三錢六分八厘，較上月減一錢八厘。青稞每京石價銀九錢六分六厘，與上月相同。

昌吉縣：大米每京石價銀三兩一錢六分三厘，較上月增一錢八分七厘。小麥每京石價銀一兩八分七厘，與上月相同。豌豆每京石價銀一兩八分五厘，與上月相同。青稞每京石價銀七錢一分七厘，與上月相同。

阜康縣：粟米每京石價銀一兩二錢七分四厘，小麥每京石價銀一兩二錢二厘，豌豆每京石價銀一兩六分，高粱每京石價銀四錢九分，俱與上月相同。

綏來縣：大米每京石價銀二兩二錢九分四厘，小麥每京石價銀一兩五分三厘，豌豆每京石價銀一兩二錢四分八厘，高粱每京石價銀五錢六分八厘，俱與上月相同。

奇臺縣：大米每京石價銀二兩九錢三分四厘，較上月減五錢一分八厘。小麥每京石價銀一兩九錢四分六厘，較上月增三錢五分四厘。豌豆每京石價銀一兩七錢二分六厘，較上月增二錢七厘。

吐魯番直隸廳：小麥每京石價銀一兩三錢九分九厘，與上月相同。大麥每京石價銀六錢三分五厘，與上月相同。高粱每京石價銀八錢七分二厘，較上月減三分七厘。黃豆每京石價銀一兩五錢三分，與上月相同。

鎮西直隸廳：小麥每京石價銀二兩三分，豌豆每京石價銀一兩四錢八分，青稞每京石價銀一兩三錢，俱與上月相同。

哈密直隸廳：粟米每京石價銀二兩五錢二分，較上月增三錢六分。小麥每京石價銀一兩五錢八分九厘，與上月相同。豌豆每京石價銀一兩九錢八分，較上月增一錢七分。青稞每京石價銀一兩三錢九分，較上月增二錢三分二厘。

庫爾喀喇烏蘇直隸廳：小麥每京石價銀一兩一錢三分，與上月相同。豌豆每京石價銀一兩八錢四分三厘，較上月增一錢四分四厘。高粱每京石價銀一兩一錢三分，較上月增七分二厘。

伊塔道屬

綏定縣：大米每京石價銀五兩一錢八分，較上月增一兩三分六厘。小麥每京石價銀一兩三錢八分，與上月相同。大麥每京石價銀八錢二分五厘，與上月相同。豌豆每京石價銀一兩二錢六分，俱與上月相同。

寧遠縣：大米每京石價銀四兩四分，小麥每京石價銀一兩五分，大麥每京石價銀七錢三分，豌豆每京石價銀九錢八分，俱與上月相同。

塔爾巴哈臺直隸廳：小麥每京石價銀一兩一錢二分六厘，與上月相同。大麥每京石價銀一兩一分三厘，較上月增三分八厘。豌豆每京石價銀一兩九分八厘，與上月相同。

精河直隸廳：大米每京石價銀四兩二錢，較上月增三錢五分。小麥每京石價銀一兩六錢八分，較上月增二錢一分。大麥每京石價銀九錢四分五厘，與上月相同。豌豆每京石價銀一兩四錢，與上月相同。

阿克蘇道屬

焉耆府：大米每京石價銀三兩九錢九分六厘，與上月相同。小麥每京石價銀一兩七錢九分四厘，較上月增四錢二分六厘。豌豆每京石價銀一兩一錢五分二厘，與上月相同。包穀每京石價銀一兩二錢八分，較上月增三錢二分。

温宿直隸州：大米每京石價銀二兩一錢六分五厘，小麥每京石價銀一兩三分五厘，大麥每京石價銀四錢六分，包穀每京石價銀八錢五分，俱與上月相同。

拜城縣：小麥每京石價銀七錢，較增上月增一分。大麥每京石價銀四錢五分，較上月增二分。豌豆每京石價銀五錢六分，較上月增二分。包穀每京石價銀五錢，較上月增一分。

庫車直隸廳：大米每京石價銀三兩二錢八分，較上月增一分。小麥每京石價銀一兩，較上月增一分。豌豆每京石價銀六錢五分，與上月相同。包穀每京石價銀六錢七分，與上月相同。

烏什直隸廳：大米每京石價銀二兩一錢七分五厘，小麥每京石價銀七錢二分六厘，大麥每京石價銀三錢二分一厘，包穀每京石價銀五錢二分四厘，俱與上月相同。

喀什噶爾道屬

疏勒直隸州：大米每京石價銀三兩五錢一分五厘，較上月增一錢一分七厘。小麥每京石價銀一兩四錢一厘，與上月相同。包穀每京石價銀一兩四分六厘，與上月相同。高粱每京石價銀九錢八分八厘，較上月增一錢二分六厘。

疏附縣：大米每京石價銀三兩五錢一分五厘，較上月增一錢一分七厘。小麥每京石價銀一兩四錢一厘，與上月相同。包穀每京石價銀一兩四分六厘，與上月相同。高粱每京石價銀九錢八分八厘，較上月增一錢二分六厘。

莎車直隸州：大米每京石價銀二兩八錢一分二厘，小麥每京石價銀九錢六分六厘，大麥每京石價銀六錢八分七厘，包穀每京石價銀六錢二分，俱與上月相同。

葉城縣：大米每京石價銀三兩四錢二分，與上月相同。小麥每京石價銀八七錢九分，較上月減一分。包穀每京石價銀四錢九分，較上月減二分。

和闐直隸州：大米每京石價銀三兩八分，小麥每京石價銀一兩三分，包穀每京石價銀六錢二分，青稞每京石價銀六錢九分，俱與上月相同。

于闐縣：大米每京石價銀三兩五錢，與上月相同。小麥每京石價銀一兩六分，較上月增四分。包穀每京石價銀六錢五分，較上月增四分。

英吉沙爾直隸廳：大米每京石價銀三兩八錢，與上月相同。小麥每京石價銀一兩三錢八分，與上月相同。大麥每京石價銀六錢八分四厘，與上月相同。包穀每京石價銀八錢四厘，較上月減二分六厘。

瑪喇巴什直隸廳：大米每京石價銀三兩二錢五分六厘，小麥每京石價銀一兩二錢四分二厘，包穀每京石價銀七錢六分八厘，俱與上月相同。

（硃批）：覽。①

○八五、奏報二十三年支發驛站經費摺

光緒二十九年七月初二日（1903 年 8 月 24 日）

甘肅新疆巡撫西林巴圖魯臣潘效蘇跪奏，爲造報光緒二十三年分司庫支發通省驛站經費銀兩，分造總、散清册，懇恩飭部核銷，恭摺仰祈聖鑒事。

竊照新疆司庫支發驛站經費，歷隨廉費、俸工等項，按年請銷。嗣准部咨，所有驛站用款，應照成例，題報核銷等因，業經臣將二十二年分支發驛站經費提歸另案，仍請變通成例奏銷在案。兹據署新疆布政使李滋森詳稱：二十三年分，鎮迪、阿克蘇、喀什噶爾、伊塔四道屬，共管原設及改增一百七十一驛，額設驛書一百七十一名、馬夫九百四十三名、驛馬一千八百八十六匹，自二十三年正月初一日起至十二月底止，照章應支工食、油燭、紙張、料草、站價、倒馬等項銀一十一

① 中國第一歷史檔案館藏：《清單》，檔號：03-7017-012。

萬一千一百七兩一錢一分，均已全數給領。造具總、散清册，詳請奏咨前來。

臣覆核無異，相應仰懇天恩飭部核銷，以清款項。除將清册送部外，謹會同陝甘總督臣崧蕃，恭摺具陳。伏乞皇太后、皇上聖鑒訓示。謹奏。光緒二十九年七月初二日。

（硃批）：該部知道。①

光緒二十九年八月初十日，奉硃批：該部知道。欽此。②

〇八六、請開去瑞山等實缺留新補用摺

光緒二十九年七月初二日（1903年8月24日）

甘肅新疆巡撫西林巴圖魯臣潘效蘇跪奏，爲保舉理事同知、知縣、筆帖式六年俸滿，懇恩俯准開去實缺，以同知、知縣留於甘肅新疆補用，恭摺仰祈聖鑒事。

竊臣衙門筆帖式覺羅瑞山，年四十二歲，京城正藍旗滿洲覺羅寶麟佐領下人；愛紳泰，年四十五歲，京城鑲黄旗滿洲覺羅景厚佐領下人；均於光緒二十一年經欽派大臣考試揀選，六月十一日奉旨：甘肅新疆巡撫衙門筆帖式二缺，著覺羅瑞山、愛紳泰補授。欽此。二十二年八月初三日到任。嗣於新疆七載防戍案内匯保，經部核議，覺羅瑞山准以理事同知用，愛紳泰應俟俸滿後，以知縣用，并俟離筆帖式任，歸知縣班後，加同知銜。二十八年十二月初八日具奏，奉旨：依議。欽此。兹自二十二年八月初三日到任起，連閏扣至二十八年六月初三日止，歷俸六年期滿。據署布政使李滋森詳請核辦前來。

臣查覺羅瑞山，年壯才明，諳習吏事；愛紳泰年力富强，才職穩練，在新疆年久，吏治邊情均極熟悉，現已六年俸滿，本應照例辦理。惟覺羅瑞山已保理事同知，新疆衹有伊犁理事同知一缺，由部揀員請補，若以原保官階留省，無缺可補，核其理事同知與撫民同知，品級、官階均屬相等，擬請改爲撫民同知，留省補用，於地方不無裨益；愛紳泰已保俸滿後以知縣用。合無仰懇天恩俯念邊疆需

---

① 中國第一歷史檔案館藏：《硃批原件》，檔號：04-01-35-1065-003。

② 中國第一歷史檔案館藏：《軍機録副》，檔號：03-7139-049。

員，准將該二員開去筆帖式實缺，以撫民同知、知縣留於甘肅新疆補用。

如蒙俞允，并懇援照變通章程，俟補缺後再行送部引見。所遺筆帖式員缺，應請飭部另行揀員考補，以重翻譯。謹會同陝甘總督臣崧蕃，恭摺具陳。伏乞皇太后、皇上聖鑒訓示。謹奏。光緒二十九年七月初二日。

（硃批）：著照所請，吏部知道。[①]

光緒二十九年八月初十日，奉硃批：著照所請，吏部知道。欽此。[②]

○八七、委令蔣士修等署理知府等缺片

光緒二十九年七月初二日（1903年8月24日）

再，疏勒直隸州知州改升疏勒府知府，仍委現署疏勒直隸州知州請補庫爾喀喇烏蘇直隸廳同知蔣士修署理。又，莎車直隸州知州改升莎車府知府，仍委現署莎車直隸州知州候補知府聯恩署理。又，新設伽師縣知縣，查有同知銜候補知縣姚榮炳堪以署理。又，新設洛浦縣知縣，查有同知銜候補知縣陶甄堪以署理。據署新疆布政使李滋森、鎮迪道兼按察使銜慶秀會詳前來。

除由臣批飭分别給委外，謹會同陝甘總督臣崧蕃，附片具陳。伏乞聖鑒。謹奏。

（硃批）：吏部知道。[③]

光緒二十九年八月初十日，奉硃批：吏部知道。欽此。[④]

【案】此奏片之具奏日期，硃批目録署“光緒二十九年五月”，未確；而録副則以硃批日期爲之，亦未確。據此片硃批日期“光緒二十九年八月初十日”，查《隨手檔》[⑤]“硃批潘效蘇摺”一欄，并署有“報四百里，七月初二日”等字樣。據

① 中國第一歷史檔案館藏：《硃批原件》，檔號：04-01-12-0628-040。
② 中國第一歷史檔案館藏：《軍機録副》，檔號：03-5421-054。
③ 中國第一歷史檔案館藏：《硃批原件》，檔號：04-01-12-0627-070。
④ 中國第一歷史檔案館藏：《軍機録副》，檔號：03-5421-058。
⑤ 中國第一歷史檔案館藏：《軍機處隨手登記檔》，檔案編號：03-0317-1-1229-243。

此，此奏片具奏日期當爲“光緒二十九年七月初二日”無疑。兹據校正。

○八八、奏報新疆二十三年司庫收支情形摺

光緒二十九年七月二十二日（1903年9月13日）

甘肅新疆巡撫西林巴圖魯臣潘效蘇跪奏，爲造報新疆光緒二十三年分司庫收支銀糧、草束報銷，謹繕清單，懇恩飭部核銷，恭摺仰祈聖鑒事。

竊查前准部咨，令將新疆司庫收支銀糧、草束自光緒十六年起分案造報題銷，仍造四柱總册奏咨等因，歷經遵照辦理，業將光緒二十二年分報銷各册，經臣咨部開單具奏，於光緒二十九年閏五月十六日奉到硃批：該部知道，單并發。欽此。欽遵咨行遵照在案。

兹據署新疆布政使李滋森詳稱：光緒二十三年分司庫收支，各屬徵收本折糧草、地課、雜税等項，支發文武廉費、俸工、祭祀、驛站、孤貧等項經費，及古城旗營俸餉、草束折價各項銀五十一萬八千二百一兩四錢七分四厘，又補支二十二年分新餉不敷支發提用司庫銀五十二萬九千八十八兩八錢六分一厘，綜計支過庫平銀一百四萬七千二百九十兩三錢三分五厘，京斗糧一十九萬一千六百五十九石九斗七升三合九勺，草一千八百八十八萬七千五百二十三斤一十一兩六錢。遵例分案造報開單，詳請奏咨前來。

臣覆核無異，除將清册分送部、科外，理合繕具清單，恭呈御覽，仰懇天恩飭部核銷，俾令按年接續造報。謹會同陝甘總督臣崧蕃，恭摺具陳。伏乞皇太后、皇上聖鑒訓示。謹奏。光緒二十九年七月二十二日。

（硃批）：該部知道，單并發。[①]

光緒二十九年八月二十九日，奉硃批：該部知道，單并發。欽此。[②]

---

① 中國第一歷史檔案館藏：《硃批原件》，檔號：04-01-35-1065-011。

② 中國第一歷史檔案館藏：《軍機録副》，檔號：03-6582-030。

○八九、呈新疆光緒二十三年收支數目清單

光緒二十九年七月二十二日（1903年9月13日）

謹將新疆通省光緒二十三年分管、收、除、在各款銀糧、草束數目，繕具四柱清單，恭呈御覽。

計開

一、銀兩項下

舊管：

一、存銀一百九十二萬一千七百三十二兩七錢七分六厘。

新收：

一、收新餉項下撥解旗營經費并加撥銀八萬一千六百兩。

一、收新餉内提存司庫銀九萬一千二百兩。

一、收新餉内提歸司庫例款不敷銀二十八萬八千兩。

一、收通省文武核減三成養廉銀二萬四百五十八兩三厘。

一、收園地課銀三千七百五十四兩四錢八厘。

一、收折色糧價銀五萬二百二兩一錢五分三厘。

一、收折色草價銀五千七百一十九兩九錢三分二厘。

一、收牲税及税餘銀七千五百二十八兩一錢一分二厘。

一、收水磨碓課銀一萬四百九十四兩六錢一分六厘。

一、收契税銀四千八百一十二兩七錢三分四厘。

一、收房租銀一千九百四兩九錢二分六厘。

一、收地租銀一千一百五十七兩四錢二分四厘。

一、收園租銀六十一兩四錢四分。

一、收金課銀七十四兩八錢七厘。

一、收金砂變價銀二千三百三十八兩五錢六分。

一、收軍需、善後項下解繳各營旗及善後領用糧價銀九萬七百六十九兩一錢四分七厘。

一、收軍需、善後項下解繳各營旗及善後領用草價銀五千七百四十九兩二錢三分五厘。

一、收平糶變賣糧石價銀三萬二千二百三十八兩。

一、收變賣陳草價銀三千五百六十六兩六錢八分七厘。

一、收煙土、茶税銀二千一百三十九兩二錢。

一、收文武各職并旗營經費減平銀二萬六千五百一十兩一錢七分一厘。

一、收驛站書夫麵價銀六千四百八十七兩二錢。

一、補收二十二年分倒馬缺曠銀二十一兩二錢。

一、收哈密回子親王沙木胡索特十三次應扣銀一千兩。

一、收阿克蘇道庫墊發二十三年分例款不敷銀一萬二千二百九十五兩二錢三分三厘。

以上二十五款，共新收銀七十五萬八十三兩一錢八分八厘。總共管、收銀二百六十七萬一千八百一十五兩九錢六分四厘。

開除：

一、支發文職廉俸、公費、工食銀二十萬一千四百四十二兩八錢一分五厘。

一、支發驛站經費銀一十一萬一千一百七兩一錢一分。

一、支發文職廉俸、薪蔬、紙紅、馬乾、料草、折價、世俸、鞦鞋、鹽菜等項銀八萬二千一百二十五兩二錢八分。

一、支發祭祀銀二千七百三十六兩九錢三分。

一、支發孤貧花布銀一千四百六十六兩一錢一分二厘。

一、支發渡船水手工食、歲修經費及鑿修冰路民夫鹽菜、鋤鏟等項銀八百一十二兩七錢二分。

一、支發哈密、庫車、吐魯番、三處回王俸銀四千四百兩。

一、支發刊刷《時憲書》工料銀四百九十三兩四錢四分。

一、支發阿克蘇道庫墊發二十二年分例款不敷銀一萬四千九十兩五錢五分三厘。

一、支發古城旗營經費等項銀七萬六千二百三十八兩八錢二分三厘。

一、支發解繳部庫煙土、茶税并文武核減三成養廉銀二萬二千五百九十七兩二錢三厘。

一、補支二十二年分新餉不敷支發提用司庫銀五十二萬九千八十八兩八錢六分一厘。

一、支發伊塔道屬精河廳二十一、二十二、三三年分采買糧價銀六百九十兩四錢八分八厘。

以上共支發銀一百四萬七千二百九十兩三錢三分五厘。

實在：

一、存銀一百六十二萬四千五百二十五兩六錢二分九厘，内司庫存銀一百四十二萬三百六十八兩七錢二分七厘，伊塔道庫存銀二千四百五十三兩九錢八分五厘，喀什噶爾道庫存銀二十萬一千七百二兩九錢一分七厘。

一、阿克蘇道庫墊發二十三年分例款不敷銀一萬二千二百九十五兩二錢三分三厘。

一、糧石項下

舊管：

一、存各色京斗糧七十一萬二千六百六十七石二斗一升五合三勺。

新收：

一、收各色京斗糧二十三萬七千二百五十七石八斗三升六合九勺。

以上管、收共京斗糧九十四萬九千九百二十五石五升二合二勺。

開除：

一、支發各衙署書役口食京斗糧九千七百二石二斗二升二合二勺。

一、支發新疆巡撫衙門筆帖式二員家口、馬匹、粟米、馬料京斗糧六十四石一斗七升八合六勺。

一、支發驛站書夫口食京斗糧四千五百五石。

一、支發古城滿營并補支伊犁滿營二十二年分俸米食糧、馬料及喇嘛徒眾食糧京斗糧一萬三千四百六石三斗七升三合八勺。

一、支發孤貧口食京斗糧三千五十一石六斗一升二合二勺。

一、支發監犯口食京斗糧二石九斗三升八合二勺。

一、支發撫、提、鎮各標營并補支馬料京斗糧七百八十七石九斗二升八合七勺。

一、支發户民借領籽種京斗糧一萬一百一十五石四斗。

一、支發渡船水手及鑿修冰路民夫口食京斗糧三百四十二石四升八合。

一、支發軍需、善後領用扣價京斗糧一十萬六千三百三十四石二斗七升三合一勺。

一、支發平糶變賣京斗糧三萬五千二百石。

一、支發英吉沙爾、莎車兩處提存疏勒州倉京斗小麥七千五百石。

一、支發呼圖壁巡檢所屬芳草湖等七莊被災户民借給京斗籽種糧六百四十八石。

以上共支發本色京斗糧一十九萬一千六百五十九石九斗七升三合九勺。

實在：

一、存各色京斗糧七十五萬八千二百六十五石七升八合三勺。

一、存民欠未完本色京斗籽種糧一千七百九石七斗一升。

一、存民欠未完京斗額糧二千八百七十一石七斗三升六合七勺。

一、存民借民欠未完十四、十五、十六、十七、十八、十九、二十、二十一、二十二等年京斗額糧三萬四千三百五十四石九斗四升三合二勺。

一、存民欠未完十四、十五、十六、十七、十八、十九、二十、二十一、二十二等年京斗籽種糧一萬一百五十九石四斗二升六合六勺。

一、草束項下

舊管：

一、存草一千五百九十六萬九千五百八斤三兩一錢四分八厘。

新收：

一、收本色額草一千四百二十三萬九千二百斤五兩七錢二分。

以上管、收共草三千二十萬八千七百八斤八兩八錢六分八厘。

開除：

一、支發標營例馬及軍需、善後領用扣價并變賣陳草共草一千八百八十八萬七千五百二十三斤一十一兩六錢。

實在：

一、存草一千一百三十二萬一千一百八十四斤一十三兩二錢六分八厘。

（硃批）：覽。[1]

① 中國第一歷史檔案館藏：《清單》，檔號：03-6582-031。

○九○、奏報廿七年秋冬營勇臺局等數摺

光緒二十九年七月二十二日（1903年9月13日）

甘肅新疆巡撫西林巴圖魯臣潘效蘇跪奏，爲新疆防營員弁勇丁、各臺、局、卡、義學自光緒二十七年七月初一日起至十二月底止實在數目，繕具清單，恭摺仰祈聖鑒事。

竊新疆馬步營旗、炮隊、各臺、局、卡、義學實在數目，截至二十七年六月底止，業經臣分别奏咨在案。兹據新疆糧臺詳稱：自二十七年七月初一日起至十二月底止，實存防軍行糧章程馬隊三旗，半行半坐章程馬隊六旗，標營章程馬隊四十八旗、步隊二十二營二十一旗二哨、開花炮隊六哨。共額設統領、營旗官、哨長三百八十一員，巡查一百二十八員，營哨書、弁勇二萬四千四百二十四名，火勇一千六百七十八名，額外火夫、馬夫、私夫、車夫、棚夫、子藥夫、馱夫六千四百五十九名，并各臺、局、卡、義學，繕具清單，詳請奏咨前來。

臣覆查無異，所有新疆防營員弁勇丁、各臺、局、卡、義學自光緒二十七年七月初一日起至十二月底止實在數目，謹繕具清單，恭呈御覽。伏乞皇太后、皇上聖鑒，飭部立案施行。謹奏。光緒二十九年七月二十二日。

（硃批）：該部知道，單二件并發。[①]

光緒二十九年八月二十九日，奉硃批：該部知道，單二件并發。欽此。[②]

○九一、呈二十七年秋冬局卡義學等數清單

光緒二十九年七月二十二日（1903年9月13日）

謹將新疆各臺、局、卡、義學數目自光緒二十七年七月初一日起至十二月底止，繕具四柱清單，恭呈御覽。

---

① 中國第一歷史檔案館藏：《硃批原件》，檔號：04-01-16-0278-058。

② 中國第一歷史檔案館藏：《軍機録副》，檔號：03-5763-086。

舊管：光緒二十七年六月底止，實存新疆糧臺，省城軍裝總局，省城南梁機器局，省城采運局，新疆省城、伊犁寧遠城、喀什噶爾城三中俄通商局。

伊塔道、塔爾巴哈臺二善後局，塔城喀圖金礦局，省城、哈密新城、吐魯番新城、焉耆、庫車、阿克蘇、烏什、英吉沙爾、喀什噶爾漢城、葉爾羌、和闐、古城、綏來、綏定、寧遠、綏定城東關、廣仁城、塔爾巴哈臺等處十八保甲局。

霍爾果斯尼堪卡倫、果子溝、霍爾罕、明瑶路、伊蘭烏瓦斯、依斯里克、圖舒克、塔石可力峽、依布拉引、猩猩峽等處十稽查卡。

哈密、巴里坤、昌吉、吐魯番、焉耆、庫車、阿克蘇、烏什、喀什噶爾、英吉沙爾、瑪喇巴什、葉爾羌、和闐、塔爾巴哈臺等處十四牛痘局。

哈密義學三堂、吐魯番義學三堂、焉耆義學三堂、庫車義學三堂、拜城義學二堂、温宿義學二堂、烏什義學二堂、疏勒州義學二堂、疏附義學二堂、瑪喇巴什義學二堂、英吉沙爾義學二堂、莎車義學三堂、葉城義學二堂、和闐義學二堂、于闐義學二堂、巴里坤義學二堂、奇臺義學二堂、濟木薩義學一堂、阜康義學二堂、迪化義學三堂、昌吉義學二堂、綏來義學二堂、呼圖壁義學一堂、寧遠義學二堂、綏定義學二堂、廣仁城義學一堂、瞻德城義學一堂、霍爾果斯義學一堂、新平義學一堂、塔爾巴哈臺義學二堂，共義學六十堂。

新收：無項。

開除：無項。

實在：光緒二十七年十二月底止，實存新疆糧臺，省城軍裝總局，省城南梁機器局，省城采運局，新疆省城、伊犁寧遠城、喀什噶爾城三中俄通商局。

伊塔道、塔爾巴哈臺二善後局，塔城喀圖金礦局，省城、哈密新城、吐魯番新城、焉耆、庫車、阿克蘇、烏什、英吉沙爾、喀什噶爾漢城、葉爾羌、和闐、古城、綏來、綏定、寧遠、綏定城東關、廣仁城、塔爾巴哈臺等處十八保甲局。

霍爾果斯尼堪卡倫、果子溝、霍爾罕、明瑶路、伊蘭烏瓦斯、依斯里克、圖舒克、塔石可力峽、依布拉引、猩猩峽等處十稽查卡。

哈密、巴里坤、昌吉、吐魯番、焉耆、庫車、阿克蘇、烏什、喀什噶爾、英吉沙爾、瑪喇巴什、葉爾羌、和闐、塔爾巴哈臺等處十四牛痘局。

哈密義學三堂、吐魯番義學三堂、焉耆義學三堂、庫車義學三堂、拜城義學二堂、温宿義學二堂、烏什義學二堂、疏勒州義學二堂、疏附義學二堂、瑪喇巴什義學二堂、英吉沙爾義學二堂、莎車義學三堂、葉城義學二堂、和闐義學二堂、于闐義學二堂、巴里坤義學二堂、奇臺義學二堂、濟木薩義學一堂、阜康義學二堂、迪化義學三堂、昌吉義學二堂、綏來義學二堂、呼圖壁義學一堂、寧遠義學二堂、綏定義學二堂、廣仁城義學一堂、瞻德城義學一堂、霍爾果斯義學一堂、新平義學一堂、塔爾巴哈臺義學二堂，共義學六十堂。

（硃批）：覽。[①]

○九二、呈前年秋冬員勇夫馬炮車數目清單

光緒二十九年七月二十二日（1903年9月13日）

謹將新疆駐防馬步各營、旗、哨員弁勇丁、夫馬、炮車數目，自光緒二十七年七月初一日起至十二月底止，繕具四柱清單，恭呈御覽。

舊管：光緒二十七年六月底止，實存防軍行糧章程馬隊三旗，半行半坐章程馬隊六旗，標營章程馬隊四十八旗、步隊二十二營二十一旗二哨、開花炮隊六哨。共計實存額設統領、營旗官、哨長三百八十一員，實存額設巡查一百二十八員，實存額設營哨書、弁勇二萬四千四百二十四名，實存額設火勇一千六百七十八名，實存額外火夫七百九十八名，實存額外馬夫、私夫、車夫、棚夫、子藥夫、馱夫五千六百六十一名，實存額馬七千三百二匹，實存額外馱馬一百六十八匹，實存炮車三十六輛、車騾九十六頭。

新收：無項。

開除：無項。

實在：光緒二十七年十二月底止，實存防軍行糧章程馬隊三旗，半行半坐章程馬隊六旗，標營章程馬隊四十八旗、步隊二十二營二十一旗二哨、開花炮隊六哨。共計實存額設統領、營旗官、哨長三百八十一員，實存額設巡查一百二十八員，實存額設營哨書、弁勇共二萬四千四百二十四名，實存額設火勇一千六百七十八名，實存額外火夫七百九十八名，實存額外馬夫、私夫、車夫、棚夫、子藥夫、馱夫五千六百六十一名，實存額馬七千三百二匹，實存額外馱馬

① 中國第一歷史檔案館藏：《清單》，檔號：03-5742-038。

一百六十八匹，實存炮車三十六輛、車騾九十六頭。

（硃批）：覽。[①]

〇九三、奏報各屬應支官役等項經費摺

光緒二十九年七月二十二日（1903年9月13日）

甘肅新疆巡撫西林巴圖魯臣潘效蘇跪奏，爲新省南北兩路改設府、州、縣及添設廳、縣、縣丞應修衙署、壇廟、倉廒、監獄及官役廉費、俸工等項，分別仍舊、增新，酌議經費數目，懇恩飭部立案，恭摺仰祈聖鑒事。

竊照新省南北兩路改設、增設各府、廳、州、縣、縣丞，經前撫臣饒應祺奏明，經部議准，奉旨欽遵咨行到新。臣到任後，飭司委員勘分增設各處界址，辦理就緒，已將正、佐各缺陸續揀員委署，隨時奏咨在案。所有應支官役廉費、俸工以及增設廳、縣衙署、壇廟、倉廒、監獄等項經費銀兩，均應分別籌畫，酌議數目。值此款項奇絀，尤必可省即省，衹期足資辦公，不敢稍事鋪張。查疏勒、莎車、温宿三直隸州改升知府，三州吏目改升府經歷，庫車直隸廳同知改爲直隸州知州，瑪喇巴什直隸廳通判改爲知州，兩廳照磨改爲州吏目。以上改設正、佐十缺，衙署、壇廟、倉廒、監獄毋庸興修，廉費、俸工等項一概照舊，亦毋庸增減。

莎車府屬新設蒲犁通判、新設澤普縣，現另案奏請改名皮山縣，疏勒府屬新設伽師縣，和闐州屬新設洛浦縣，温宿府屬舊城巡檢升設温宿縣，柯坪新設縣丞，焉耆府屬布告爾巡檢改升輪臺縣，卡克里克縣丞改升婼羌縣，庫車直隸州屬新設沙雅縣，阜康縣屬之濟木薩縣丞改升孚遠縣，吐魯番廳屬闢展巡檢改升鄯善縣，共計九縣，各添設典史一員。以上添設正、佐二十缺，新修衙署經費正署酌發銀三千二百兩，佐署酌發銀五百兩，監獄酌發銀三百兩，總共以四千兩爲度。其舊有縣丞、巡檢衙門之處，或改作正署，或改作佐署，減去銀五百兩。此係酌定大數，以期辦理歸於畫一，仍飭令切實撙節，統由各該屬委署人員核實估報興工，不准浮冒分厘，一俟工竣，即委勘結報造銷，歸善後項下開支。

---

① 中國第一歷史檔案館藏：《清單》，檔號：03-6038-028。

至應修倉廒，須就糧數多寡估報，壇廟須就地方情形籌辦，均由地方官酌定，具稟請示飭辦。蒲犁通判應支官役廉費、俸工，仿照霍爾果斯通判章程開支。惟該處并無糧税，又與英、俄接壤，甞多交涉事件，擬再加公費銀四百兩。添改九縣應支官役養廉、俸工銀兩、麥麵，歸北路鎮迪道屬者，即照阜康縣章程開支；歸南路阿克蘇、喀什噶爾兩道屬者，即照拜城縣章程開支。其應支公費銀兩，除鎮迪道、伊塔道各屬仍照舊支發外，阿克蘇、喀什噶爾兩道各屬額支公費銀七百兩，有另加增公費銀六百兩者，抑有未加增者，擬將未加者仍支原額，凡有加增者各減去銀二百兩。新設之缺支額定公費銀七百兩外，又加增銀四百兩。温宿縣屬新設柯坪縣丞，呼圖壁巡檢改升縣丞，應支官役廉俸、工食，照前濟木薩縣丞章程開支。

以上總共歲支銀四萬五千六百九十九兩零，除裁改各缺原款抵支銀四千二百九十餘兩，尚需添支銀四萬一千餘兩，擬請以奏准自二十九年起，通省加收耗羨銀四萬一千餘兩，作爲前項動支，不另請款，以符原案。據署新疆布政使李滋森、署鎮迪道兼按察使銜慶秀會詳請奏前來。

臣覆核無異，除將各屬應分界址、户口、錢糧圖册仍由該司等另案匯詳、咨部查照外，相應開具養廉、俸工清單，敬呈御覽，仰懇天恩飭部立案。謹會同陝甘總督臣崧蕃，恭摺具陳。伏乞皇太后、皇上聖鑒訓示。謹奏。光緒二十九年七月二十二日。

（硃批）：該部知道，單并發。①

光緒二十九年八月二十九日，奉硃批：該部知道，單并發。②欽此。③

〇九四、委令易俊昌等署理通判等缺片

光緒二十九年七月二十二日（1903年9月13日）

再，署霍爾果斯廳通判陶炳南病故遺缺，查有候補直隸州知州易俊昌堪以委

① 中國第一歷史檔案館藏：《硃批原件》，檔號：04-01-01-1059-032。

② 此清單查無下落，待考。

③ 中國第一歷史檔案館藏：《軍機録副》，檔號：03-7165-014。

署。又，署婼羌縣知縣張舒鍔丁憂遺缺，查有現署新平縣知縣夏朝選堪以委署；遞遺新平縣知縣員缺，查有候補知縣章守銘堪以委署。據署布政使李滋森、署鎮迪道兼按察使銜慶秀會詳前來。

除由臣批飭分别給委外，謹會同伊犁將軍臣馬亮、陝甘總督臣崧蕃，附片具陳。伏乞聖鑒。謹奏。

（硃批）：吏部知道。[①]

光緒二十九年八月二十九日，奉硃批：吏部知道。欽此。[②]

【案】此奏片之具奏日期，硃批目録僅署“光緒二十九年五月”，具體日期未確；而録副則以硃批日期爲之，亦未確。據此片硃批日期“光緒二十九年八月二十九日”，查《隨手檔》[③]“硃批潘效蘇摺”一欄，并署有“報四百里，七月二十二日”等字樣。據此，此奏片具奏日期當爲“光緒二十九年七月二十二日”無疑。兹據校正。

〇九五、奏報新疆本年五月雨水糧價摺

光緒二十九年八月初八日（1903年9月28日）

甘肅新疆巡撫西林巴圖魯臣潘效蘇跪奏，爲恭報光緒二十九年五月分糧價并得雨情形，謹繕摺具陳，仰祈聖鑒事。

竊照光緒二十九年四月分各屬糧價并得雨情形，業經臣奏報在案。兹據署新疆布政使李滋森詳稱：光緒二十九年五月分，鎮迪道屬迪化、鎮西得雨，入土五寸；昌吉得雨，入土四寸；哈密得雨，入土三寸；阜康得雨，入土二寸；奇臺得雨，入土一寸；綏來、庫爾喀喇烏蘇、吐魯番微雨。伊塔道屬塔爾巴哈臺、精河得雨，入土一寸；綏定、寧遠微雨。南路烏什、葉城得雨，入土一寸；焉耆、温宿、拜城、庫車、疏勒、疏附、和闐、于闐、英吉沙爾并改設之温宿府、巴楚州

---

① 中國第一歷史檔案館藏：《硃批原件》，檔號：04-01-12-0627-067。

② 中國第一歷史檔案館藏：《軍機録副》，檔號：03-5422-139。

③ 中國第一歷史檔案館藏：《軍機處隨手登記檔》，檔案編號：03-0317-1-1229-262。

等屬微雨，餘未得雨。

至通省糧價，阜康、吐魯番、鎮西、焉耆、温宿、烏什、莎車、和闐、于闐、英吉沙爾等府廳州縣俱與上月相同，其餘均有增減，匯詳請奏前來。理合恭摺具陳，并繕糧價清單，敬呈御覽。伏乞皇太后、皇上聖鑒。謹奏。光緒二十九年八月初八日。

（硃批）：知道了。①

光緒二十九年九月十六日，奉硃批：知道了。欽此。②

○九六、呈各屬二十九年五月糧價清單

光緒二十九年八月初八日（1903年9月28日）

謹將新疆各屬光緒二十九年五月分米糧時估價值，繕具清單，恭呈御覽。

計開五月分

鎮迪道屬

迪化縣：大米每京石價銀四兩六錢一分六厘，較上月增六錢七分。小麥每京石價銀一兩六錢六分二厘，較上月增一錢四分一厘。豌豆每京石價銀一兩七錢六分四厘，較上月增三錢九分六厘。青稞每京石價銀一兩二錢七厘，較上月增二錢四分一厘。

昌吉縣：大米每京石價銀三兩六錢一分三厘，較上月增四錢五分。小麥每京石價銀一兩二錢三分三厘，較上月增一錢四分六厘。豌豆每京石價銀一兩一錢九分一厘，較上月增一錢六厘。青稞每京石價銀七錢一分七厘，與上月相同。

阜康縣：粟米每京石價銀一兩二錢七分四厘，小麥每京石價銀一兩二錢二厘，豌豆每京石價銀一兩六分，高粱每京石價銀四錢九分，俱與上月相同。

綏來縣：大米每京石價銀二兩八錢一分七厘，較上月增五錢二分三厘。小麥每京石價銀一兩四錢二分六厘，較上月增三錢七分三厘。豌豆每京石價銀一兩四

① 中國第一歷史檔案館藏：《硃批原件》，檔號：04-01-25-0581-031。

② 中國第一歷史檔案館藏：《軍機録副》，檔號：03-7018-025。

錢九分七厘，較上月增二錢四分九厘。高粱每京石價銀七錢一分，較上月增一錢四分二厘。

奇臺縣：大米每京石價銀三兩一錢七厘，較上月增一錢七分三厘。小麥每京石價銀一兩六錢九分八厘，較上月減二錢四分八厘。豌豆每京石價銀一兩七錢二分六厘，與上月相同。

吐魯番直隸廳：小麥每京石價銀一兩三錢九分九厘，大麥每京石價銀六錢三分五厘，高粱每京石價銀八錢七分二厘，黄豆每京石價銀一兩五錢三分，俱與上月相同。

鎮西直隸廳：小麥每京石價銀二兩三分，豌豆每京石價銀一兩四錢八分，青稞每京石價銀一兩三錢，俱與上月相同。

哈密直隸廳：粟米每京石價銀二兩五錢二分，與上月相同。小麥每京石價銀一兩七錢五分六厘，較上月增一錢六分七厘。豌豆每京石價銀二兩八分八厘，較上月增一錢八厘。青稞每京石價銀一兩四錢六分七厘，較上月增七分七厘。

庫爾喀喇烏蘇直隸廳：小麥每京石價銀一兩一錢七分一厘，較上月增四分一厘。豌豆每京石價銀一兩九錢五分二厘，較上月增一錢九厘。高粱每京石價銀一兩二錢四分二厘，較上月增一錢一分二厘。

伊塔道屬

綏定縣：大米每京石價銀五兩一錢八分，與上月相同。小麥每京石價銀一兩三錢八分，與上月相同。大麥每京石價銀一兩四分五厘，較上月增二錢二分。豌豆每京石價銀一兩二錢六分，與上月相同。

寧遠縣：大米每京石價銀四兩六錢七分三厘，較上月增六錢三分三厘。小麥每京石價銀一兩五分，與上月相同。大麥每京石價銀七錢三分，與上月相同。豌豆每京石價銀九錢八分，與上月相同。

塔爾巴哈臺直隸廳：小麥每京石價銀一兩三錢七分五厘，較上月增二錢四分九厘。大麥每京石價銀一兩一分三厘，與上月相同。豌豆每京石價銀一兩二錢三分七厘，較上月增一錢三分九厘。

精河直隸廳：大米每京石價銀四兩二錢，與上月相同。小麥每京石價銀一兩六錢八分，與上月相同。大麥每京石價銀一兩五分，較上月增一錢五厘。豌豆每京石價銀一兩六錢一分，較上月增一錢四分。

阿克蘇道屬

焉耆府：大米每京石價銀三兩九錢九分六厘，小麥每京石價銀一兩七錢九分四厘，豌豆每京石價銀一兩一錢五分二厘，包穀每京石價銀一兩二錢八分，俱與上月相同。

温宿府：大米每京石價銀二兩一錢六分五厘，小麥每京石價銀一兩三分五厘，大麥每京石價銀四錢六分，包穀每京石價銀八錢五分，俱與上月相同。

拜城縣：小麥每京石價銀七錢，與上月相同。大麥每京石價銀四錢四分，較上月減一分。豌豆每京石價銀五錢四分，較上月減二分。包穀每京石價銀五錢，與上月相同。

庫車直隸廳：大米每京石價銀三兩二錢八分，與上月相同。小麥每京石價銀一兩，與上月相同。豌豆每京石價銀六錢五分，與上月相同。包穀每京石價銀六錢八分，較上月增一分。

烏什直隸廳：大米每京石價銀二兩一錢七分五厘，小麥每京石價銀七錢二分六厘，大麥每京石價銀三錢二分一厘，包穀每京石價銀五錢二分四厘，俱與上月相同。

喀什噶爾道屬

疏勒直隸州：大米每京石價銀三兩五錢一分五厘，與上月相同。小麥每京石價銀一兩三錢三分五厘，較上月減六分六厘。包穀每京石價銀一兩四分六厘，與上月相同。高粱每京石價銀九錢三分四厘，較上月減五分四厘。

疏附縣：大米每京石價銀三兩五錢一分五厘，與上月相同。小麥每京石價銀一兩三錢三分五厘，較上月減六分六厘。包穀每京石價銀一兩四分六厘，與上月相同。高粱每京石價銀九錢三分四厘，較上月減五分四厘。

莎車直隸州：大米每京石價銀二兩八錢一分二厘，小麥每京石價銀九錢六分六厘，大麥每京石價銀六錢八分七厘，包穀每京石價銀六錢二分，俱與上月相同。

葉城縣：大米每京石價銀三兩四錢四分，較上月增二分。小麥每京石價銀七錢九分，與上月相同。包穀每京石價銀四錢九分，與上月相同。

和闐直隸州：大米每京石價銀三兩八分，小麥每京石價銀一兩三分，包穀每京石價銀六錢二分，青稞每京石價銀六錢九分，俱與上月相同。

于闐縣：大米每京石價銀三兩五錢，小麥每京石價銀一兩六分，包穀每京石價銀六錢五分，俱與上月相同。

英吉沙爾直隸廳：大米每京石價銀三兩八錢，小麥每京石價銀一兩三錢八分，大麥每京石價銀六錢八分四厘，包穀每京石價銀八錢四厘，俱與上月相同。

巴楚州：大米每京石價銀三兩七錢，較上月增四錢四分四厘。小麥每京石價銀一兩五錢一分八厘，較上月增二錢七分六厘。包穀每京石價銀七錢六分八厘，與上月相同。

（硃批）：覽。[①]

○九七、揀補古城滿營佐領等缺緣由摺

光緒二十九年八月初八日（1903年9月28日）

甘肅新疆巡撫西林巴圖魯臣潘效蘇跪奏，爲揀員請旨簡放古城滿營佐領、防禦、驍騎校各缺，恭摺具陳，仰祈聖鑒事。

竊古城滿營左翼蒙古旗佐領德克吉本請假開缺，仍回伊犁修理先塋遺缺，業經前任巡撫臣饒應祺奏明，容俟揀員請補，奉硃批：兵部知道。欽此。遵咨行在案。兹據古城城守尉雙林在於應升人員内逐加考驗，擬具正、陪，并造具旗佐清册，呈請奏補前來。

臣覆加揀選，所有新建古城滿營左翼蒙古旗佐領員缺，應以藍翎五品頂戴正黄正紅旗防禦現護左翼蒙古旗佐領多印擬正，藍翎鑲紅鑲藍旗防禦忠賜擬陪。遞遺防禦員缺，應以藍翎五品頂戴鑲白正藍旗驍騎校現護正黄正紅旗防禦阿勒錦圖擬正，藍翎六品頂戴鑲黄正白旗驍騎校全定擬陪。遞遺驍騎校員缺，應以防禦銜即補驍騎校年滿委筆帖式現護鑲白正藍旗驍騎校松緒擬正，六品頂戴年滿部缺筆帖式蘇勒屯擬陪。

理合繕具清單，恭呈御覽，仰懇天恩簡放佐領一員、防禦一員、驍騎校一員，以實營伍。除咨部外，謹會同伊犁將軍臣馬亮、陝甘總督臣崧蕃，恭摺具陳。伏乞皇太后、皇上聖鑒訓示。謹奏。光緒二十九年八月初八日。

（硃批）：均著擬正之員補授，兵部知道，單并發。[②]

---

① 中國第一歷史檔案館藏：《清單》，檔號：03-7018-026。

② 中國第一歷史檔案館藏：《硃批原件》，檔號：04-01-16-0278-072。

光緒二十九年九月十六日，奉硃批：均著擬正之員補授，兵部知道，單并發。欽此。①

〇九八、呈揀放滿營蒙古旗佐領等缺清單
光緒二十九年八月初八日（1903年9月28日）

謹將揀放古城滿營左翼蒙古旗佐領、防禦、驍騎校各缺擬定正、陪人員，繕具清單，恭呈御覽。

德克吉本因病請假，仍回伊犁原旗修塋。

所遺左翼蒙古四旗佐領一缺

揀選得藍翎五品頂戴正黃正紅旗防禦現護左翼蒙古四旗佐领多印擬正，食俸餉二十三年，現年六十歲。姓富佳氏，馬步箭平等。

揀選得藍翎鑲紅鑲藍旗防禦忠賜擬陪，食俸餉十八年，現年三十一歲。姓李佳氏，馬步箭平等。

多印遞遺正黃正紅旗防禦一缺

揀選得藍翎五品頂戴鑲白正藍旗驍騎校現護正黃正紅旗防禦阿勒錦圖擬正，食俸餉四十年，現年五十五歲。姓瑪佳氏，馬步箭平等。

揀選得藍翎六品頂戴鑲黃正白旗驍騎校全定擬陪，食俸餉二十五年，現年五十三歲。姓伊爾根覺羅氏，馬步箭平等。

阿勒錦圖遞遺鑲白正藍旗驍騎校一缺

揀選得防禦銜即補驍騎校正黃正紅旗年滿委筆帖式現護鑲白正藍旗驍騎校松緒擬正，食錢糧二十七年，現年四十二歲。姓巴岳特氏，馬步箭平等。

揀選得六品頂戴正黃正紅旗防禦年滿部缺筆帖式蘇勒屯擬陪，食錢糧二十二年，現年三十五歲。姓吴雅氏，馬步箭平等。

（硃批）：覽。②

---

① 中國第一歷史檔案館藏：《軍機録副》，檔號：03-5957-094。

② 中國第一歷史檔案館藏：《清單》，檔號：03-5958-090。

○九九、奏報新疆本年閏五月雨水糧價摺

光緒二十九年九月十三日（1903年11月1日）

甘肅新疆巡撫西林巴圖魯臣潘效蘇跪奏，爲恭報光緒二十九年閏五月分糧價并得雨情形，謹繕摺具陳，仰祈聖鑒事。

竊照光緒二十九年五月分各屬糧價并得雨情形，業經臣奏報在案。兹據署新疆布政使李滋森詳稱：光緒二十九年閏五月分，鎮迪道屬哈密得雨，入土六寸；昌吉、吐魯番、鎮西、庫爾喀喇烏蘇得雨，入土三寸；迪化、奇臺得雨，入土二寸；阜康得雨，入土一寸；綏來微雨。伊塔道屬寧遠得雨，入土三寸；精河得雨，入土二寸；綏定、塔爾巴哈臺微雨。南路于闐得雨，入土三寸；拜城、烏什、巴楚得雨，入土二寸；庫車得雨，入土一寸；焉耆、温宿、疏勒、疏附、莎車、葉城、和闐、英吉沙爾微雨。

至通省糧價，鎮西、綏定、寧遠、塔爾巴哈臺、焉耆、温宿、拜城、烏什、于闐等府廳州縣，俱與上月相同，其餘均有增減，匯詳請奏前來。

理合恭摺具陳，并繕糧價清單，敬呈御覽。伏乞皇太后、皇上聖鑒。謹奏。光緒二十九年九月十二日。

（硃批）：知道了。①

光緒二十九年十月二十日，奉硃批：知道了。欽此。②

一○○、呈新疆二十九年閏五月糧價清單

光緒二十九年九月十三日（1903年11月1日）

謹將新疆各屬光緒二十九年閏五月分米糧時估價值，繕具清單，恭呈御覽。

計開閏五月分

---

① 中國第一歷史檔案館藏：《硃批原件》，檔號：04-01-25-0580-035。

② 中國第一歷史檔案館藏：《軍機録副》，檔號：03-7019-026。

鎮迪道屬

迪化縣：大米每京石價銀四兩八錢六分二厘，較上月增二錢四分六厘。小麥每京石價銀一兩六錢九分八厘，較上月增三分六厘。豌豆每京石價銀一兩六錢九分二厘，較上月減七分二厘。青稞每京石價銀一兩二錢七厘，與上月相同。

昌吉縣：大米每京石價銀三兩一錢六分三厘，較上月減四錢五分。小麥每京石價銀一兩二錢三分三厘，與上月相同。豌豆每京石價銀一兩一錢九分一厘，與上月相同。青稞每京石價銀七錢一分七厘，與上月相同。

阜康縣：粟米每京石價銀一兩二錢七分四厘，與上月相同。小麥每京石價銀一兩二錢二厘，與上月相同。豌豆每京石價銀一兩二錢七分五厘，較上月增二錢一分五厘。高粱每京石價銀五錢六分五厘，較上月增七分五厘。

綏來縣：大米每京石價銀四兩五錢二厘，較上月增一兩六錢八分五厘。小麥每京石價銀一兩四錢二分六厘，與上月相同。豌豆每京石價銀一兩四錢九分七厘，與上月相同。高粱每京石價銀七錢一分，與上月相同。

奇臺縣：大米每京石價銀三兩九錢七分，較上月增八錢六分三厘。小麥每京石價銀一兩六錢九分八厘，與上月相同。豌豆每京石價銀一兩七錢二分六厘，與上月相同。

吐魯番直隸廳：小麥每京石價銀一兩三錢四分四厘，較上月減五分五厘。大麥每京石價銀六錢三分五厘，與上月相同。高粱每京石價銀八錢七分二厘，與上月相同。黃豆每京石價銀一兩五錢三分，與上月相同。

鎮西直隸廳：小麥每京石價銀二兩三分，豌豆每京石價銀一兩四錢八分，青稞每京石價銀一兩三錢，俱與上月相同。

哈密直隸廳：粟米每京石價銀二兩五錢二分，與上月相同。小麥每京石價銀一兩八錢八分一厘，較上月增一錢二分五厘。豌豆每京石價銀一兩九錢八分，較上月減一錢八厘。青稞每京石價銀一兩三錢九分，較上月減七分七厘。

庫爾喀喇烏蘇直隸廳：小麥每京石價銀一兩二錢四分二厘，較上月增七分一厘。豌豆每京石價銀一兩九錢五分二厘，與上月相同。高粱每京石價銀一兩二錢四分二厘，與上月相同。

伊塔道屬

綏定縣：大米每京石價銀五兩一錢八分，小麥每京石價銀一兩三錢八分，大麥每京石價銀一兩四分五厘，豌豆每京石價銀一兩二錢六分，俱與上月相同。

寧遠縣：大米每京石價銀四兩六錢七分三厘，小麥每京石價銀一兩五分，大麥每京石價銀七錢三分，豌豆每京石價銀九錢八分，俱與上月相同。

塔爾巴哈臺直隸廳：小麥每京石價銀一兩三錢七分五厘，大麥每京石價銀一兩一分三厘，豌豆每京石價銀一兩二錢三分七厘，俱與上月相同。

精河直隸廳：大米每京石價銀四兩四錢一分，較上月增二錢一分。小麥每京石價銀二兩三分，較上月增三錢五分。大麥每京石價銀一兩五分，較與上月相同。豌豆每京石價銀一兩六錢一分，與上月相同。

阿克蘇道屬

焉耆府：大米每京石價銀三兩九錢九分六厘，小麥每京石價銀一兩七錢九分四厘，豌豆每京石價銀一兩一錢五分二厘，包穀每京石價銀一兩二錢八分，俱與上月相同。

温宿府：大米每京石價銀二兩一錢六分五厘，小麥每京石價銀一兩三分五厘，大麥每京石價銀四錢六分，包穀每京石價銀八錢五分，俱與上月相同。

拜城縣：小麥每京石價銀七錢，大麥每京石價銀四錢四分，豌豆每京石價銀五錢四分，包穀每京石價銀五錢，俱與上月相同。

庫車直隸州：大米每京石價銀三兩二錢八分，與上月相同。小麥每京石價銀九錢三分，較上月減七分。豌豆每京石價銀六錢五分，與上月相同。包穀每京石價銀六錢，較上月減八分。

烏什直隸廳：大米每京石價銀二兩一錢七分五厘，小麥每京石價銀七錢二分六厘，大麥每京石價銀三錢二分一厘，包穀每京石價銀五錢二分四厘，俱與上月相同。

喀什噶爾道屬

疏勒直隸州：大米每京石價銀三兩七錢九分五厘，較上月增二錢八分。小麥每京石價銀一兩二錢九分三厘，較上月減四分二厘。包穀每京石價銀一兩四分六厘，與上月相同。高粱每京石價銀九錢三分四厘，與上月相同。

疏附縣：大米每京石價銀三兩七錢九分五厘，較上月增二錢八分。小麥每京石價銀一兩二錢九分三厘，較上月減四分二厘。包穀每京石價銀一兩四分六厘，與上月相同。高粱每京石價銀九錢三分四厘，與上月相同。

莎車直隸州：大米每京石價銀二兩八錢一分二厘，與上月相同。小麥每京石價銀九錢一分，較上月減五分六厘。大麥每京石價銀六錢八分七厘，與上月相同。包穀每京石價銀六錢八分六厘，較上月增六錢六分。

葉城縣：大米每京石價銀三兩四錢八分，較上月增四分。小麥每京石價銀八錢五分，較上月增六分。包穀每京石價銀五錢八分，較上月增九分。

和闐直隸州：大米每京石價銀三兩一分，較上月減七分。小麥每京石價銀一兩三分，與上月相同。包穀每京石價銀六錢二分，與上月相同。青稞每京石價銀六錢九分，與上月相同。

于闐縣：大米每京石價銀三兩五錢，小麥每京石價銀一兩六分，包穀每京石價銀六錢五分，俱與上月相同。

英吉沙爾直隸廳：大米每京石價銀四兩二錢五分六厘，較上月增四錢五分六厘。小麥每京石價銀一兩七厘，較上月減三錢七分三厘。大麥每京石價銀六錢二分七厘，較上月減五分七厘。包穀每京石價銀七錢六分三厘，較上月減四分一厘。

巴楚州：大米每京石價銀三兩七錢，與上月相同。小麥每京石價銀一兩五錢一分八厘，與上月相同。包穀每京石價銀八錢三分二厘，較上月增六分四厘。

（硃批）：覽。[①]

一〇一、奏報同知文立山因病出缺緣由摺

光緒二十九年九月十三日（1903年11月1日）

甘肅新疆巡撫西林巴圖魯臣潘效蘇跪奏，爲同知因病出缺，應請扣留外補，恭摺仰祈聖鑒事。

竊據署新疆布政使李滋森詳：據署迪化縣知縣蔣光陛申稱：卸任吐魯番直隸廳同知文立山，年五十九歲，湖南衡山縣附生，由保舉分省補用知縣留新候補，於伊犁搜勦零匪案内保俟補缺後以同知用。光緒十七年七月，借補布政司庫大使，照例以同知在任候補，嗣委署拜城縣知縣。二十二年九月，丁母憂，開缺回籍守制。二十六年五月，起復回省。先於關外肅清案内保俟補缺後，以知府補用。是年十月，奏補吐魯番直隸廳同知，經部覆准，十二月初八日到任，二十九

① 中國第一歷史檔案館藏：《清單》，檔號：03-7019-027。

年四月二十五日交卸，兹於閏五月初九日在省寓病故，等情。詳情奏咨前來。

臣覆查無異，所遺吐魯番直隸廳同知係衝、繁、難三項要缺，應請由外揀補，以重職守。除咨部外，謹會同陝甘總督臣崧蕃，恭摺具陳。伏乞皇太后、皇上聖鑒。謹奏。光緒二十九年九月十三日。

（硃批）：吏部知道。①

光緒二十九年十月二十日，奉硃批：吏部知道。欽此。②

一〇二、請銷新疆二十三年善後收支摺

光緒二十九年九月十三日（1903年11月1日）

甘肅新疆巡撫西林巴圖魯臣潘效蘇跪奏，爲造報甘肅新疆二十三年分善後收支各款，謹繕清單，并分造總、散清册，懇恩飭部核銷，恭摺仰祈聖鑒事。

竊查甘肅新疆省善後各項經費奉准部咨，自光緒十六年起另提專案報銷，歷經遵照辦理，已截至光緒二十二年底止分别造册請銷在案。兹據新疆糧臺詳稱：光緒二十三年分收支善後款目，自應仍接上案造報。

查舊管項目下，實存新餉平銀五千四百五兩四錢六分三厘。新收項下，由防軍報銷册内提撥新疆、伊犁、塔城善後經費，以及新疆藩庫對存項下提撥并采買運脚、扣回平餘等項，共計新餉平銀三十六萬四千五百九十六兩三錢四分四厘。開除項下，支發新疆各屬義學塾師薪水，通商、善後、保甲、稽查、牛痘各局卡經費，羅布淖爾善後、招徠津貼，遷徙川資，渡船水手、工食，防營薪糧，驛站經費，安插撫回食麵運脚、查勘邊界員役薪水、工食，俄洋學館及電報局經費，新疆伊塔各項雜差、車脚、口分，護送病故員弁靈柩夫價、車脚，查勘邊界馱脚，義學購買紙張、筆墨，寶爾吉銀礦局員役薪水等項，新餉平銀二十三萬一千一百兩四錢六分四厘。實在項下，截至二十三年十二月底止，共存新餉平銀一十三萬八千九百一兩三錢四分三厘，應歸下案接續造報。造具總散清册，詳請

---

① 中國第一歷史檔案館藏：《硃批原件》，檔號：04-01-12-0630-039。

② 中國第一歷史檔案館藏：《軍機録副》，檔號：03-5425-128。

奏咨前來。

臣覆查光緒二十三年分支發善後各款，均屬實用實銷，并無浮冒。除將清册分送各部外，相應繕具清單，會同陝甘總督臣崧蕃，恭摺具陳。伏乞皇太后、皇上聖鑒，飭部核銷施行。謹奏。光緒二十九年九月十三日。

（硃批）：該部知道，單并發。[①]

光緒二十九年十月二十日，奉硃批：該部知道，單并發。欽此。[②]

一〇三、呈新疆二十三年善後收支各款清單

光緒二十九年九月十三日（1903年11月1日）

謹將甘肅新疆光緒二十三年分善後收支各款數目，繕具清單，恭呈御覽。

計開

舊管：

一、上案截至光緒二十二年十二月底止，實存新餉平銀五千四百五兩四錢六分三厘。

新收：

一、收光緒二十三年分由防軍報銷册内劃撥新疆地方歲估善後經費新餉平銀七萬兩。

一、收光緒二十三年分由防軍報銷册内劃撥伊犁地方歲估善後經費新餉平銀六萬四千兩。

一、收光緒二十三年分由防軍報銷册内劃撥塔爾巴哈臺地方歲估善後經費新餉平銀三萬兩。

一、收新疆藩司庫封存項下提撥新疆糧臺新餉平銀二十萬兩。

一、收光緒二十三年分本案報銷款内支發采買、製辦、運脚等款扣回平餘新餉平銀五百九十六兩三錢四分四厘。

---

① 中國第一歷史檔案館藏：《硃批原件》，檔號：04-01-35-1065-046。

② 中國第一歷史檔案館藏：《軍機録副》，檔號：03-6658-017。

以上五款共收新餉平銀三十六萬四千五百九十六兩三錢四分四厘。

開除：

一、除第一册支發新疆義學塾師薪水暨購買紙張、筆墨等項新餉平銀三萬四百六十三兩三錢。

一、除第二册支發新疆通商、善後各局委員薪水、經貼、字職、護勇、通事、工匠工食等項新餉平銀二萬三百九十四兩八錢。

一、除第三册支發新疆保甲、稽查局卡委員、經貼書、護勇、通事薪糧并紙張、筆墨、油燭等項新餉平銀二萬二千五百四十二兩六錢八分一厘。

一、除第四册支發新疆牛痘、醫藥各局醫生工食、跟役、通事、伙夫口食、油燭、紙張、藥資等項新餉平銀七千四十八兩三錢六分九厘。

一、除第五册支發新疆羅布淖爾善後、撫輯、屯防各局招安新户津貼、户民遷徙川資、騾脚，并修蓋房屋、製辦農器、什物等項新餉平銀九千六百二十五兩。

一、除第六册支發新疆羅布淖爾善後各局、英格可立并卡克里克等處驛站書夫工食、驛馬料草、站價暨孔雀河渡船水手工食、歲修等項新餉平銀三千一百八十一兩。

一、除第七册支發伊犁、塔爾巴哈臺各旗員赴任、回京旗及蒙、回王公進京、伊塔呈進貢馬往返車馬脚價、口分等項新餉平銀二千八百三十五兩五錢八分一厘。

一、除第八册支發新疆護送馬步各營旗及在任、在差病故員弁勇丁靈柩回籍夫價、口糧、米折并車脚等項新餉平銀三千五百五十一兩五錢九分四厘。

一、除第九册支發新疆羅布淖爾防營馬步隊旗哨員弁勇夫薪糧等項新餉平銀二萬七千六十三兩八錢一分。

一、除第十册支發新疆查勘喀什噶爾邊界委員、書役薪糧、津貼、油燭、紙張、騎馬草乾、民駝脚價、蒙古包賃脚等項新餉平銀二千五百二十三兩三錢五分。

一、除第十一册支發新疆清、漢、蒙、俄文學翻譯館教習束脩、生徒膏火、獎賞、筆墨等項新餉平銀一千六百四十四兩九錢六分。

一、除第十二册支發新疆東、南、北三路電報總、分、子局及報房薪水、工食、紙張、筆墨、油燭等項經費新餉平銀三萬二百二十九兩。

一、除十三册支發新疆羅布淖爾安插撫回發給食麵、采買小麥、折價、運脚、委員、親兵、跟役等薪工、撫回賑糧、寒衣等項新餉平銀六萬五千八百一十三兩四錢二分三厘。

一、除第十四册支發寶爾吉銀礦局員役薪水、口糧并運脚等項銀四千一百八十三兩五錢九分六厘。

以上一十四款，共支發過新餉平銀二十三萬一千一百兩四錢六分四厘。統共開除新餉平銀二十三萬一千一百兩四錢六分四厘，内應請户部核銷義學塾師薪水、通商、善後、保甲、稽查、牛痘各局卡經費、羅布淖爾善後招徠津貼、遷徙川資、渡船水手工食、防營薪糧、安插撫回、查勘邊界員役薪水、工食、俄洋學館及電報局經費、寶爾吉銀礦局費等項，新餉平銀二十二萬五百九十五兩九錢七分厘；又應由兵部核銷羅布淖爾驛站經費、新疆、伊塔各項雜差車脚、口分、護送病故員弁靈柩夫價、車脚、查勘邊界駝脚等項新餉平銀九千一百四十七兩一錢九分四厘；又應由工部核銷義學購買紙張、筆墨等項新餉平銀一千三百五十七兩三錢。

實在：一、截至光緒二十三年十二月底止，實存新餉平銀一十三萬八千九百一兩三錢四分三厘，應歸下案接續造報。

（硃批）：覽。[①]

一〇四、阜康秋禾被災請緩徵糧石片

光緒二十九年九月十三日（1903年11月1日）

再，新疆鎮西廳綏來縣夏禾被凍、被蝗成災大概情形，前經臣具奏在案。兹據署阜康縣知縣朱希知詳報：該縣東鄉、二道河、東泉、梭梭溝、八户溝、中溝、商户溝、土墩子、五工渠等處今年夏禾被蝗食傷，幸爲時尚早，飭各民户翻犁補種秋糧，以資收穫。不意糜穀揚花之際，忽然連日降霜，致秋禾受凍，不能結粒，實屬成災。

查勘得二道河等八鄉莊共計成災上地三千九百九十六畝四分，每畝科糧七升，應徵糧二百七十九石七斗四升八合；中地四千二十九畝七分一厘，每畝科糧

① 中國第一歷史檔案館藏：《清單》，檔號：03-6658-018。

四升，應徵糧一百六十一石一斗八升八合四勺；下地五百五十七畝，每畝科糧三升，應徵糧一十六石七斗一升。三共三等地應徵糧四百五十七石六斗四升六合四勺，應即照例詳報，懇請緩至明年秋後徵收，以紓民力，等情。前來。經臣飭司移行該管道府委員前往該縣，會勘被災地畝，查明確實，一面出示曉諭，將被災鄉莊停徵，取具册結，詳轉核辦。

除俟詳覆至日再行奏明辦理外，所有阜康縣秋禾被災大概情形，謹附片具陳。伏乞聖鑒訓示。再，新疆本年北路鎮西、綏來、阜康等廳縣現有偏災，其餘各屬收成均稱中稔。目下糧價亦平，民情安謐。理合聲明。謹奏。

（硃批）：著照所請，户部知道。①

光緒二十九年十月二十日，奉硃批：著照所請，户部知道。欽此。②

【案】此奏片之具奏日期，原件署“光緒三十年”，具體日期未署；而録副署“光緒二十九年十月二十日”，即以硃批日期爲之。兩相懸殊、均未確。據硃批日期查《隨手檔》③“硃批潘效蘇摺”一欄，署有“報四百里、九月十三日新疆省城發”等字樣。據此，此片具奏日期應爲“光緒二十九年九月十三日”無疑。玆據校正。

一〇五、奏委謝維興署理皮山知縣片

光緒二十九年九月十三日（1903年11月1日）

再，新設澤普縣知縣經臣奏請改爲皮山縣知縣，於光緒二十九年八月二十八日奉硃批：該部知道。欽此。應即委員署理，以專責成。查有同知銜候補知縣謝維興，堪以委署。據署新疆布政使李滋森、署鎮迪道兼按察使銜慶秀會詳前來。

除由臣批飭給委外，謹會同陝甘督臣崧蕃，附片具陳。伏乞聖鑒。謹奏。

（硃批）：吏部知道。④

---

① 中國第一歷史檔案館藏：《硃批原件》，檔號：04-01-35-0126-023。

② 中國第一歷史檔案館藏：《軍機録副》，檔號：03-7110-024。

③ 中國第一歷史檔案館藏：《軍機處隨手登記檔》，檔案編號：03-0317-2-1229-311。

④ 中國第一歷史檔案館藏：《硃批原件》，檔號：04-01-13-0409-046。

光緒二十九年十月二十日，奉硃批：吏部知道。欽此。[1]

【案】此奏片之具奏日期，原件署“光緒三十年”，具體日期未署；而録副署“光緒二十九年十月二十日”，即以硃批日期爲之。兩相懸殊、均未確。據硃批日期查《隨手檔》[2]“硃批潘效蘇摺”一欄，署有“報四百里、九月十三日新疆省城發”等字様。據此，此片具奏日期應爲“光緒二十九年九月十三日”無疑。兹據校正。

一〇六、奏報上年春夏營勇臺局義學等數摺

光緒二十九年九月二十四日（1903年11月12日）

甘肅新疆巡撫西林巴圖魯臣潘效蘇跪奏，爲新疆防營、員弁勇丁、各臺、局、卡、義學自光緒二十八年正月初一日起至六月底止實在數目，繕具清單，恭摺仰祈聖鑒事。

竊新疆馬步營旗、炮隊、各臺、局、卡、義學實在數目，截至二十七年十二月底止，業經臣分别奏咨在案。兹據新疆糧臺詳稱：自二十八年正月初一日起至六月底止，實存防軍行糧章程馬隊三旗，半行半坐章程馬隊六旗，標營章程馬隊四十八旗、步隊二十二營二十一旗二哨、開花炮隊六哨。共額設統領、營旗官、哨長三百八十一員，巡查一百二十八員，營哨書、弁勇二萬四千四百二十四名，火勇一千六百七十八名，額外火夫、馬夫、私夫、車夫、棚夫、子藥夫、馱夫六千四百五十九名，并各臺、局、卡、義學，繕具清單，詳請奏咨前來。

臣覆查無異，所有新疆防營、員弁勇丁、各臺、局、卡、義學自光緒二十八年正月初一日起至六月底止實在數目，謹繕清單，恭呈御覽。伏乞皇太后、皇上聖鑒，飭部立案施行。謹奏。光緒二十九年九月二十四日。

（硃批）：該部知道，單二件并發。[3]

---

① 中國第一歷史檔案館藏：《軍機録副》，檔號：03-5425-129。
② 中國第一歷史檔案館藏：《軍機處隨手登記檔》，檔案編號：03-0317-2-1229-311。
③ 中國第一歷史檔案館藏：《硃批原件》，檔號：04-01-01-1062-086。

光緒二十九年十一月初一日，奉硃批：該部知道，單二件并發。[①] 欽此。[②]

一〇七、呈上年春夏營旗哨員弁勇丁等清單

光緒二十九年九月二十四日（1903 年 11 月 12 日）

謹將新疆駐防馬步各營、旗、哨員弁勇丁、夫馬、炮車數目，自光緒二十八年正月初一日起至六月底止，繕具四柱清單，恭呈御覽。

舊管：光緒二十七年十二月底止，實存防軍行糧章程馬隊三旗，半行半坐章程馬隊六旗，標營章程馬隊四十八旗、步隊二十二營二十一旗二哨、開花炮隊六哨。共計實存額設統領、營官、哨長三百八十一員，實存額設巡查一百二十八員，實存額設營哨書、弁勇共二萬四千四百二十四名，實存額設火勇一千六百七十八名，實存額外火夫七百九十八名，實存額外馬夫、私夫、車夫、棚夫、子藥夫、馱夫五千六百六十一名，實存額馬七千三百二匹，實存額外馱馬一百六十八匹，實存炮車三十六輛、車騾九十六頭。

新收：無項。

開除：無項。

實在：光緒二十八年六月底止，實存防軍行糧章程馬隊三旗，半行半坐章程馬隊六旗，標營章程馬隊四十六旗、步隊二十二營二十一旗二哨、開花炮隊六哨。共計實存額設統領、營旗官、哨長三百八十一員，實存額設巡查一百二十八員，實存額設營哨書、弁勇二萬四千四百二十四名，實存額設火勇一千六百七十八名，實存額外火夫七百九十八名，實存額外馬夫、私夫、車夫、棚夫、子藥夫、馱夫五千六百六十一名，實存額馬七千三百二匹，實存額外馱馬一百六十八匹，實存炮車三十六輛、車騾九十六頭。

（硃批）：覽。[③]

---

① 其中一件查無下落，待考。

② 中國第一歷史檔案館藏：《軍機錄副》，檔號：03-5960-008。

③ 中國第一歷史檔案館藏：《清單》，檔號：03-5942-123。

一〇八、請將滿營原撥地畝招民承墾緣由摺
光緒二十九年九月二十四日（1903 年 11 月 12 日）

甘肅新疆巡撫西林巴圖魯臣潘效蘇跪奏，爲古城滿營原撥地畝因官兵差操事繁，不暇屯種，懇請撤銷，招民承墾，以免曠廢，恭摺具陳，仰祈聖鑒事。

竊臣據古城城守尉呈稱：古城滿營官兵前由各城遷并時，於光緒十四年請由奇臺縣撥給東灣、中渠、大坂、河西坌等處地二萬餘畝，旋因官兵等差操緊要，不能兼顧屯墾，經各前任呈請展緩，均經奏明在案。該官兵等歲需糧料，又承照數分別撥供，足資養贍。所有前項地畝，應懇將原撥奏案撤銷，以免牽混，等情。

臣查新疆各城滿營移駐古城，光緒十四年經前撫臣劉錦棠奏明於古城東灣、中渠、大坂、河西坌等處撥地二萬餘畝，以資耕種。旋據前城守尉德勝呈請展緩三年，籍抒兵力，比經前撫臣劉錦棠奏奉硃批：户部知道，欽此。欽遵行知在案。光緒十八年，又據前城守尉克蒙額[①]呈請再緩三年，復經前任撫臣掏撲奏明，光緒十九年五月十七日奉硃批：著照所請，該部知道，欽此。欽遵行知亦在案。

現經十年之久，該員官兵因差操緊要，無暇兼顧屯種，且其地有經奇臺縣招民承墾者，查該官兵歲需糧料，均由奇臺濟木薩各處照數撥供，足資食用。所有原撥古城東灣、中渠、大坂、河西坌等處地二萬餘畝，相應仰懇天恩准其撤銷，歸奇臺縣招户墾種，升科納糧，以盡地利而免久荒。

是否有當？謹會同伊犁將軍臣馬亮、陜甘總督崧蕃，恭摺具陳。伏乞聖鑒訓示。謹奏。光緒二十九年九月二十四日。

（硃批）：户部知道。[②]

---

① 克蒙額（1842—1911），字矩庵、哲臣，滿洲鑲藍旗人。咸豐十年（1860），隨僧格林沁出師海口，任鳥槍護軍。同治元年（1862），赴天津學練威遠隊。二年（1863），隨通商大臣崇厚出師直隸，再隨直隸總督劉長佑出兵山東。四年（1865），隨欽差大臣文祥出師奉省，以鳥槍護軍校儘先即補。七年（1868），升鳥槍護軍校。光緒五年（1879），賞戴花翎。九年（1883），委鳥槍護軍參領。十一年（1885），補副鳥槍護軍參領。十二年（1886），擢正鳥槍護軍參領。十五年（1889），加二品頂戴。十六年（1890），擢新疆古城城守尉。二十三年（1897）加副都統銜。二十五年（1899），開缺以副都統用。二十六年（1900），補鑲白旗蒙古副都統，調西安右翼副都統，赴西巡行在扈從。宣統三年（1911），西安新軍起事，率部抵抗，力竭陣亡。

② 中國第一歷史檔案館藏：《硃批原件》，檔號：04-01-22-0066-038。

光緒二十九年十一月初一日，奉硃批：户部知道。欽此[①]。

【案】光緒十四年十月初八日，新疆巡撫劉錦棠具奏籌議古城滿營官兵隨缺地畝，曰：

尚書銜甘肅新疆巡撫二等男臣劉錦棠跪奏，爲滿營移并古城，遵旨籌撥官兵隨缺地畝，并懇暫緩屯墾，以紓兵力，恭摺仰祈聖鑒事。

竊臣於光緒十三年二月十六日承准軍機大臣字寄：光緒十三年正月十七日，奉上諭：富勒銘額奏，烏魯木齊滿營官兵議還古城，請援案撥還隨缺地畝一摺。據稱烏魯木齊、古城、巴里坤三營旗兵，前經撥給迪化州屬熟荒地兩萬一千餘畝，藉資生計。現遵部議，將該三營官兵一千餘名并還古城。查有古城地方頭、二、三屯地，約計一萬一千餘畝，向爲緑營屯耕之所。目前緑營屯兵無多，堪以撥歸滿營經理，并將古城迤東吉布庫地方官屯撥爲緑營屯地等語。烏魯木齊等處滿營還并古城，官兵隨缺地畝，自應豫爲籌撥，以資養贍。所請以頭、二、三屯地撥給滿營，以吉布庫官屯撥給緑營之處，著劉錦棠悉心酌核，奏明請旨辦理。原摺著鈔給劉錦棠閲看。欽此。遵旨寄信前來。等因。到臣。當經欽遵飭查，吉布庫地畝現係歸緑營耕種。其頭、二、三等屯向爲緑營屯地，自遭變亂，地畝盡荒。

光緒三年，經前陝甘總督臣左宗棠招集流亡，給資承墾，迄今陸續增添，已安插數百户，共男婦一千數百口，耕稼婚娶，漸成土著。若以此項地畝撥歸滿營，不但遷移改撥徒滋勞費，且甫經招集，忽議遷徙，亦甚非朝廷勞來還定之意。臣查古城東灣、中渠，地屬上中，接引山水澆灌，得地一萬餘畝，擬歸各滿營耕種，不敷由附近之大板河、西岔撥給。查大板河約地三四千畝，西岔約地四五千畝。該各處雖有户民耕種，爲數尚少，遷徙較易，毋庸將頭、二、三屯地撥歸滿營。如此辦理，似屬兵民兩便，并經行司飭縣，估計修渠經費，檄行城守尉德勝委勘覆辦去後。兹據德勝呈稱：查巴里坤滿營，現未還齊。烏魯木齊滿營雖經還并，安插尚未就緒。所撥東灣、中渠等處地畝，修理各渠，又非急切所能蕆事，擬請展緩三年，再行屯墾，藉紓兵力，等情。前來。

臣覆加查核，自係實情。惟事關旗屯，未敢擅便。除飭司查取迪化縣接收滿營原撥地畝，招民承種應完額糧清册，另案奏咨外，所有遵撥滿營官兵隨缺地畝

---

① 中國第一歷史檔案館藏：《軍機録副》，檔號：03-6732-051。

并暫緩屯墾各緑由，理合恭摺具陳。伏乞皇太后、皇上聖鑒訓示，施行。謹奏。光緒十四年十月初八日。

光緒十四年十一月十三日，奉硃批：户部知道。欽此。[①]

【案】光緒十九年三月十七日，新疆巡撫陶模奏報古城滿營仍難屯墾緣由，曰：

頭品頂戴甘肅新疆巡撫臣陶模跪奏，爲古城滿營官兵暫時仍難屯墾，懇恩再予展緩，以紓民力，恭摺仰祈聖鑒事。

竊烏魯木齊、巴里坤各滿營還并古城，光緒十四年十月初八日，前撫臣劉錦棠奏撥東灣等處地畝作爲隨缺地畝，當因還并尚未就緒，請緩三年，方令屯墾。十二月二十日，奉旨允准欽遵在案。計截至十七年底，已届三年期滿。上年復經臣咨部，請再緩三年，以便次第舉辦。嗣准部覆：該滿營如目下實難舉行屯墾，應由該撫奏明辦理等因。飭據布政使饒應祺詳准古城城守尉克蒙額查覆前來。

臣查古城滿營所撥東灣等處地畝，係屬久荒，開闢不易。牛具等項，均須籌辦；修濬渠道，需款甚鉅。該各營歸并古城，借支還費尚未扣清，現值邊防緊要，尤宜加意操演。分隊耕種，力實未逮。相應籲懇天恩俯准再緩三年，俟該滿營修養日久，兵力漸紓，酌量借給經費，飭令墾種，以實邊儲，出自鴻施。

除咨部查照外，謹會同伊犁將軍臣長庚、陝甘總督臣楊昌濬，恭摺具陳。伏乞皇上聖鑒訓示。謹奏。光緒十九年三月十七日。

光緒十九年四月十五日[②]，奉硃批：著照所請，該部知道。欽此。[③]

一〇九、請銷光緒二十三年防軍收支摺

光緒二十九年九月二十四日（1903年11月12日）

甘肅新疆巡撫西林巴圖魯臣潘效蘇跪奏，爲造報甘肅新疆光緒二十三年分防軍收支各款，謹繕清單，并分造總、散清册，懇恩飭部核銷，恭摺仰祈聖鑒事。

竊照甘肅新疆防軍、善後用款，每年合關内外指撥各省的款銀四百八十萬

---

① 中國第一歷史檔案館藏：《硃批原件》，檔號：04-01-01-0963-058。又，《軍機録副》，檔號：03-6719-026。

② 此奉旨日期與内容，據《軍機處隨手登記檔》（檔案編號：03-0276-2-1219-098）校補。

③ 臺北“故宫博物院”藏：《軍機及宫中檔》，文獻編號：408002790。

兩，新疆撫、提、鎮、協各標及伊犁鎮標并塔爾巴哈臺協標，除節省外，共應分庫平銀二百六十九萬七千兩，均歸甘肅布政司統收，扣除四分减平，分攤撥解。查上案截至二十二年年底止收支款項，前經臣將總、散清册分咨各部，開單具奏請銷，旋奉硃批：該部知道，單并發。欽此。欽遵咨行在案。

茲據新疆糧臺詳稱：自二十三年正月初一日起，截至十二月底止一切收支，自應仍接上案造報。計舊管項下，截至二十二年十二月底止，實存新餉平銀一十六萬三百八十二兩九錢一分一厘，欠發各營旗十年以前病故弁勇存餉銀一十一萬四千一百八十五兩二錢八分六厘。新收項下，收到甘肅藩司分解新疆及伊犁、塔爾巴哈臺應分新餉，并新疆馬步營旗報繳截曠、采買、製辦、運脚等款，扣回平餘，共計新餉平銀二百七十萬四千七百二兩七錢四分。開除項下，支發新疆馬步各營、旗、哨、開花炮隊薪糧、馬乾、倒馬價值及各臺局薪水、口糧、工食、油燭、紙張、采買、製辦、運脚、盤費等項，共計新餉平銀一百九十七萬三千三百一十一兩一錢八分九厘，又撥發新疆藩庫各項及糧臺、善後經費，共計新餉平銀八十三萬兩。實在項下，截至二十三年十二月底止，實存新餉平銀六萬一千七百七十四兩四錢六分二厘，應歸下案接續造報，仍欠發各營旗十年以前病故弁勇存餉銀一十一萬四千一百八十五兩二錢八分六厘，應俟各故弁勇親屬請領至日，即由二十四年以後新餉內匀給。造具總、散清册，詳請奏銷前來。

臣覆查支發各款，均係實用實銷，并無浮冒。除將清册分送各部外，相應繕具簡明清單，會同陝甘總督臣崧蕃，恭摺具陳。伏乞皇太后、皇上聖鑒，飭部核銷施行。謹奏。光緒二十九年九月二十四日。

（硃批）：該部知道，單并發。[①]

光緒二十九年十一月初一日，奉硃批：該部知道，單并發。欽此。[②]

---

① 中國第一歷史檔案館藏：《硃批原件》，檔號：04-01-30-0214-069。

② 中國第一歷史檔案館藏：《軍機録副》，檔號：03-6167-047。

一一〇、呈新疆二十三年防軍收支各款清單

光緒二十九年九月二十四日（1903年11月12日）

謹將甘肅新疆光緒二十三年分防軍收支各款并撥發善後經費、司庫例支、提存各項銀數，繕具簡明清單，恭呈御覽。

計開

舊管：

一、上案新疆糧臺防軍報銷款目，截至光緒二十二年十二月底止，實存新餉平銀一十六萬三百八十二兩九錢一分一厘。

一、截至光緒二十二年十二月底，欠發新疆馬步各營旗光緒十年以前病故弁勇存未領餉銀一十一萬四千一百八十五兩二錢八分六厘。

新收：

一、收協餉案内甘肅藩司分解新疆應分二十三年分新餉新平銀一百九十三萬三千兩。

一、收協餉案内甘肅藩司分解新疆應分二十三年分新疆餉款内提存新疆藩庫新平銀九萬五千兩，又提存伊犁屯牧、練軍經費九萬二千兩，共銀一十八萬七千兩。

一、收協餉案内甘肅藩司分解新疆應分二十三年分伊犁鎮標勇餉經費并提存款項新平銀三十八萬兩。

一、收協餉案内甘肅藩司分解新疆應分二十三年分塔城協標勇餉經費并提存款項新平銀一十九萬七千兩。

一、收新疆馬步各營、旗、哨光緒二十三年分報繳截曠新平銀六千一百三十二兩三錢一分二厘。

一、收本案報銷款内支發采買、製辦、運脚等款照章扣回平餘新餉平銀一千五百七十兩四錢二分八厘。

以上六款，共收新餉平銀二百七十萬四千七百二兩七錢四分。管、收兩項共銀二百八十六萬五千八十五兩六錢五分一厘。

開除：

一、除第一册支發馬隊各營旗薪糧、馬乾等項銀七十九萬一千二百六十五兩

三錢七分五厘。

一、除第二册支發步隊各營、旗、哨薪糧等項銀九十一萬二千七百六十九兩八錢五分。

一、除第三册支發開花炮隊勇夫薪糧、車騾、草乾等項銀三萬一千六百一十兩一錢六分。

一、除第四册支發馬步隊各營、旗、哨暨開花炮隊管帶、營旗官、哨長、巡查薪水、薪糧、馬夫、馬乾等項銀三萬七千六百一十二兩七錢三分三厘。

一、除第五册支發新疆馬隊各營旗支過倒馬價值新餉平銀一萬六千八百四十五兩三錢七分五厘。

一、除第六册支發新疆提鎮各衙門稿書、書辦、通事工食等項銀三千五十五兩二分。

一、除第七册支發隨營差遣暨各項差務、臺局文武員弁薪水等項銀一萬二千一百六十五兩。

一、除第八册支發新疆各臺局經貼書、字職、護勇、長夫、通事、倉夫、斗級工食、口糧暨辦公紙張、筆墨、油燭等項新餉平銀五千三百四十三兩四錢四分九厘。

一、除第九册支發軍裝製辦局招募浙、粵并關内外各匠工食等項新餉平銀五千三十九兩二錢八分。

一、除第十册支發采辦軍裝、修整軍械用過物料、製造火藥工料價值新餉平銀六萬九百一十六兩七錢。

一、除第十一册支發運解新疆南北兩路餉銀、軍裝等項車脚新餉平銀三萬九千七百二兩八錢一分五厘。

一、除第十二册支發運解新疆南北兩路餉銀、軍裝等件、押運委員、跟役騎騾脚價、鹽菜、口糧等項新餉平銀五千二十一兩六錢六分九厘。

一、除第十三册支發新疆南路喀什噶爾道屬各州縣供支邊防各營旗轉運軍餉、軍裝及糧料草、脚價并津貼、柴價等項新餉平銀五萬一千九百六十三兩七錢六分三厘。

以上十三款，共計支發新餉平銀一百九十七萬三千三百一十一兩一錢八分九厘。

一、除撥發、撥解交新疆藩庫例支不敷、供支古城旗營經費，并塔城同知、驛站經費，添撥司庫及阿克蘇道庫例支不敷，新疆新餉内提存款項，伊犁道庫及塔城同知庫提存款項，計八款，共新餉平銀六十六萬六千兩。查前項已於撥款册内開具細數，應由新疆藩司列收，分别請銷報存。理合登明。

一、除撥發新疆及伊犁、塔爾巴哈臺等三處歲估善後經費，計三款共新餉平銀一十六萬四千兩。查前項已於撥款册内開具細數，應仍由新疆糧臺另册列收，分别支發善後各項款目，造報請銷。理合登明。

以上二款，共計新餉平銀八十三萬兩。

統共開除新餉平銀二百八十萬三千三百一十一兩一錢八分九厘，内除撥發、撥解新疆藩庫各款新餉平銀六十六萬六千兩，應由新疆藩司列收，另案造報；又撥發新疆及伊犁、塔爾巴哈臺善後經費銀一十六萬四千兩，仍由新疆糧臺另案造報外，其餘支銷款内應請户部核銷馬步各營、旗、哨、開花炮隊餉項、薪水、薪糧、馬乾、料草、各衙門、臺局文武員弁薪水、稿書、經貼書、字職、工匠、護勇、長夫工食、紙張、油燭等項、押運員弁、跟役鹽菜、口糧、騾脚等款，共計新餉平銀一百八十四萬三千五百八十五兩三錢五分一厘。應請兵部核銷開花炮隊車夫口糧、車騾料草、馬隊各營旗倒馬價值、轉運餉銀、軍裝脚價、喀什噶爾邊防餉裝、食糧、料草、運脚等款新餉平銀六萬八千八百九兩一錢三分八厘。應請工部核銷采製軍裝、軍火、修整軍械、製造火藥等項價值，共計新餉平銀六萬九百一十六兩七錢。

實在：

一、截至光緒二十三年十二月底止，實存新餉平銀六萬一千七百七十四兩四錢六分二厘。查前兩項實存銀兩，係實在儲存現銀，應歸下案接續造報。

一、截至光緒二十三年十二月底止，尚欠發新疆馬步各營旗光緒十年以前病故弁勇存未領餉銀新平銀一十一萬四千一百八十五兩二錢八分六厘，應俟各故勇親屬請領至日，即由二十四年以後新餉内匀給。

（硃批）：覽。①

① 中國第一歷史檔案館藏：《清單》，檔號：03-6167-048。

一一一、奏報新疆本年六月雨水糧價摺

光緒二十九年十月二十七日（1903年12月15日）

甘肅新疆巡撫西林巴圖魯臣潘效蘇跪奏，爲恭報光緒二十九年六月分糧價并得雨情形，謹繕摺具陳，仰祈聖鑒事。

竊照光緒二十九年閏五月各屬糧價并得雨情形，業經臣奏報在案。茲據新疆布政使李滋森詳稱：光緒二十九年六月分，鎮迪道屬綏來、哈密得雨，入土五寸；鎮西得雨，入土三寸；庫爾喀喇烏蘇得雨，入土二寸；迪化得雨，入土一寸；昌吉、阜康、奇臺、吐魯番微雨。伊塔道屬塔爾巴哈臺得雨，入土三寸；精河得雨，入土二寸。南路疏附得雨，入土五寸；烏什得雨，入土二寸；焉耆、温宿、拜城、庫車、疏勒、莎車、葉城、于闐、英吉沙爾、巴楚微雨，餘未得雨。至通省糧價，綏來、吐魯番、鎮西、寧遠、塔爾巴哈臺、精河、温宿、烏什、莎車、于闐等府廳州縣，俱與上月相同，其餘均有增減，匯詳請奏前來。

理合恭摺具陳，并繕糧價清單，敬呈御覽。伏乞皇太后、皇上聖鑒。謹奏。光緒二十九年十月二十七日。

（硃批）：知道了。[①]

光緒二十九年十二月初六日，奉硃批：知道了。欽此。[②]

一一二、呈新疆二十九年六月糧價清單

光緒二十九年十月二十七日（1905年12月15日）

謹將新疆各屬光緒二十九年六月分米糧時估價值，繕具清單，恭呈御覽。

計開六月分

鎮迪道屬

---

① 中國第一歷史檔案館藏：《硃批原件》，檔號：04-01-25-0580-036。

② 中國第一歷史檔案館藏：《軍機録副》，檔號：03-7021-006。

迪化縣：大米每京石價銀四兩八錢六分二厘，與上月相同。小麥每京石價銀一兩八錢三分九厘，較上月增一錢四分一厘。豌豆每京石價銀一兩七錢二分八厘，較上月增三分六厘。青稞每京石價銀一兩二錢七分二厘，較上月增六分九厘。

昌吉縣：大米每京石價銀三兩三錢四分二厘，較上月增一錢七分九厘。小麥每京石價銀一兩二錢三分三厘，與上月相同。豌豆每京石價銀一兩一錢九分一厘，與上月相同。青稞每京石價銀七錢一分七厘，與上月相同。

阜康縣：粟米每京石價銀一兩五錢三分六厘，較上月增二錢六分二厘。小麥每京石價銀一兩四錢六分二厘，較上月增二錢六分。豌豆每京石價銀一兩五錢三分六厘，較上月增二錢六分一厘。高粱每京石價銀七錢六分，較上月增二錢。

綏來縣：大米每京石價銀四兩五錢二厘，小麥每京石價銀一兩四錢二分六厘，豌豆每京石價銀一兩四錢九分七厘，高粱每京石價銀七錢一分，俱與上月相同。

奇臺縣：大米每京石價銀四兩八錢三分三厘，較上月增八錢三分三厘。小麥每京石價銀一兩五錢九分二厘，較上月減一錢六厘。豌豆每京石價銀一兩四錢五分，較上月減二錢七分六厘。

吐魯番直隸廳：小麥每京石價銀一兩三錢四分四厘，大麥每京石價銀六錢三分五厘，高粱每京石價銀八錢七分二厘，黄豆每京石價銀一兩五錢三分，俱與上月相同。

鎮西直隸廳：小麥每京石價銀二兩三分，豌豆每京石價銀一兩四錢八分，青稞每京石價銀一兩三錢，俱與上月相同。

哈密直隸廳：粟米每京石價銀二兩一錢五分，較上月減三錢七分。小麥每京石價銀一兩七錢九分八厘，較上月減八分三厘。豌豆每京石價銀一兩四錢四分，較上月減五錢四分。青稞每京石價銀一兩三錢四分八厘，較上月減四分二厘。

庫爾喀喇烏蘇直隸廳：小麥每京石價銀一兩二錢四分二厘，與上月相同。豌豆每京石價銀一兩七錢七分五厘，較上月減一錢七分七厘。高粱每京石價銀一兩二錢四分二厘，與上月相同。

伊塔道屬

綏定縣：大米每京石價銀五兩一錢八分，與上月相同。小麥每京石價銀一兩三錢八分，與上月相同。大麥每京石價銀九錢三分五厘，較上月減一錢一分。豌豆每京石價銀一兩二錢六分，與上月相同。

寧遠縣：大米每京石價銀四兩六錢七分三厘，小麥每京石價銀一兩五分，大麥每京石價銀七錢三分，豌豆每京石價銀九錢八分，俱與上月相同。

塔爾巴哈臺直隸廳：小麥每京石價銀一兩三錢七分五厘，大麥每京石價銀一兩一分三厘，豌豆每京石價銀一兩二錢三分七厘，俱與上月相同。

精河直隸廳：大米每京石價銀四兩四錢一分，小麥每京石價銀二兩三分，大麥每京石價銀一兩五分，豌豆每京石價銀一兩六錢一分，俱與上月相同。

阿克蘇道屬

焉耆府：大米每京石價銀四兩四錢四分，較上月增四錢四分四厘。小麥每京石價銀一兩七錢九分四厘，與上月相同。豌豆每京石價銀一兩一錢五分二厘，與上月相同。包穀每京石價銀一兩二錢八分，與上月相同。

温宿府：大米每京石價銀二兩一錢六分五厘，小麥每京石價銀一兩三分五厘，大麥每京石價銀四錢六分，包穀每京石價銀八錢五分，俱與上月相同。

拜城縣：小麥每京石價銀七錢，與上月相同。大麥每京石價銀四錢五分，較上月增一分。豌豆每京石價銀五錢四分，與上月相同。包穀每京石價銀五錢一分，較上月增一分。

庫車直隸廳：大米每京石價銀三兩三錢三分，較上月增五分。小麥每京石價銀九錢三分，與上月相同。豌豆每京石價銀六錢五分，與上月相同。包穀每京石價銀六錢，與上月相同。

烏什直隸廳：大米每京石價銀二兩一錢七分五厘，小麥每京石價銀七錢二分六厘，大麥每京石價銀三錢二分一厘，包穀每京石價銀五錢二分四厘，俱與上月相同。

喀什噶爾道屬

疏勒府：大米每京石價銀三兩七錢九分五厘，與上月相同。小麥每京石價銀一兩二錢五分，較上月減四分三厘。包穀每京石價銀一兩四分六厘，與上月相同。高粱每京石價銀九錢三分四厘，與上月相同。

疏附縣：大米每京石價銀三兩七錢九分五厘，與上月相同。小麥每京石價銀一兩二錢五分，較上月減四分三厘。包穀每京石價銀一兩四分六厘，與上月相同。高粱每京石價銀九錢三分四厘，與上月相同。

莎車直隸州：大米每京石價銀二兩八錢一分二厘，小麥每京石價銀九錢一分，大麥每京石價銀六錢八分七厘，包穀每京石價銀六錢八分六厘，俱與上月相同。

葉城縣：大米每京石價銀三兩四錢八分，與上月相同。小麥每京石價銀七錢五分，較上月減一錢。包穀每京石價銀五錢八分，與上月相同。

和闐直隸州：大米每京石價銀三兩一分，與上月相同。小麥每京石價銀九錢八分，較上月減五分。包穀每京石價銀六錢二分，與上月相同。青稞每京石價銀六錢九分，與上月相同。

于闐縣：大米每京石價銀三兩五錢，小麥每京石價銀一兩六分，包穀每京石價銀六錢五分，俱與上月相同。

英吉沙爾直隸廳：大米每京石價銀四兩五錢六分，較上月增三錢四厘。小麥每京石價銀一兩七厘，與上月相同。大麥每京石價銀六錢二分七厘，與上月相同。包穀每京石價銀七錢六分三厘，與上月相同。

巴楚州：大米每京石價銀三兩七錢，與上月相同。小麥每京石價銀一兩四錢，較上月減一錢一分八厘。包穀每京石價銀八錢二分，較上月減一分二厘。

（硃批）：覽。[①]

一一三、請以彭緒瞻升補伊犁知府摺

光緒二十九年十月二十七日（1903年12月15日）

甘肅新疆巡撫西林巴圖魯臣潘效蘇跪奏，爲揀員升補要缺知府，以裨地方而專責成，恭摺仰祈聖鑒事。

竊據署新疆布政使李滋森會同署鎮迪道兼按察使銜慶秀詳稱：伊犁府知府黄丙焜[②]奏請開缺以道員遇缺題奏，光緒二十九年六月二十四日奉硃批：著照所請，吏部知道。欽此。應以奉旨後第五日由部行文起，按新疆照限減半計算，扣至是年九月十一日作爲開缺日期。所遺伊犁府知府係衝、繁、疲、難四項要缺，應即揀員請補，以重職守。查伊犁添改各缺，經前撫臣劉錦棠奏准由外揀補一次，以

---

① 中國第一歷史檔案館藏：《清單》，檔號：03-7021-007。

② 黄丙焜（1838—1919），字雲軒，湖南長沙縣人，附貢生。光緒二年（1876），隨前大學士左宗棠出關，保知州。八年（1882），借補吐魯番同知。十二年（1886），調署疏勒直隸州知州。十五年（1889），調署迪化府知府。十七年（1891），升補伊犁府知府。十九年（1893），署阿克蘇道。二十五年（1899），調署伊塔道。二十九年（1903），遷阿克蘇道。同年，調署鎮迪道兼按察使銜。嗣經伊犁將軍長庚、馬亮兩次奏保，交軍機處記名，請咨送引。三十三年（1907），由吏部帶領引見。三十四年（1908），交北洋大臣差遣委用，補授四川成棉龍茂道。同年，調補四川建昌道。民國八年（1919），卒於里。

後所出之缺，援照甘肅變通章程請補。

查章程内開：道、府、丞、倅各要缺，將現任各員按照應升官階，任内無論有無升案，并是否到任、實授，以及歷俸試、試俸未經期滿各員，准擇其人地相宜者一律升調等語。今伊犁府知府要缺，查有花翎知府銜實任庫車直隸廳同知彭緒瞻[①]，現年五十五歲，湖南湘鄉縣監生，遵籌餉例，報捐縣丞，分發浙江試用，同治十三年九月初一日到浙。光緒四年，在晉豫賑捐案内加捐雙月選用通判。旋投效軍營，於新疆南北兩路一舉蕩平案内匯保，六年正月三十日奉上諭：著以同知留於甘肅補用。欽此。是年三月初三日，到甘候補。七年三月，試看一年期滿，照例甄別，堪以繁缺補用。旋於各省關及後路各臺局籌解協餉出力案内匯保，十一年十二月十七日奉上諭：著賞加知府銜。欽此。十五年，委解新餉出關。十六年二月初九日到新，改留新疆候補。十七年三月，署理吐魯番直隸廳同知。二十年六月，署理温宿縣直隸州知州。二十一年，在部庫捐加三級。二十四年閏三月，奏補庫車直隸廳同知，經部覆准，是年十一月二十六日到任。二十七年，在新疆秦晉振捐案内捐戴花翎。是年三月，調署莎車直隸州知州。六月初九日交卸同知，七月初六日到署任，二十九年五月初一日卸事。

查該員彭緒瞻，廉明心細，有守有爲，歷任各缺，辦理一切，緒臻妥協，輿情極爲愛戴，并無參罰案件，以之升補伊犁府知府，實堪勝任，人地亦極相宜，等情。詳請具奏前來。

臣查該員彭緒瞻，爲守兼優，堪資表率，合無仰懇天恩俯念要缺需員，准以知府銜實任庫車直隸廳同知彭緒瞻升補伊犁府知府員缺，洵於地方有裨。如蒙俞允，俟奉部覆，并案給咨送部引見，以符定制。

謹會同陜甘總督臣崧蕃，恭摺具奏。伏乞皇太后、皇上聖鑒訓示。謹奏。光緒二十九年十月二十七日。

---

① 彭緒瞻（1848—？），湖南湘鄉縣人，監生。同治十三年（1874）遵籌餉例，報捐縣丞，分發浙江試用。光緒四年（1878），在晉豫賑捐案内加捐雙月選用通判，旋投效軍營。六年（1880），保同知留於甘肅補用。七年（1881），試看一年期滿，照例甄别，堪以繁缺補用。十一年（1885），賞加知府銜。十五年（1889），委解新餉出關。十六年（1890），改留新疆候補。十七年（1891），署理吐魯番直隸廳同知。二十年（1894），署理温宿縣直隸州知州。二十一年（1895），在部庫捐加三級。二十四年（1898），補授庫車直隸廳同知。二十七年（1901），捐戴花翎。同年，調署莎車直隸州知州。二十九（1903），交卸莎車直隸州知州篆務。三十一年（1905），署温宿府知府、莎車府知府。同年補授温宿府知府。三十三年（1907），署理烏什直隸廳同知。宣統三年（1911），調補迪化府知府。同年，署理阿克蘇道。

（硃批）：吏部議奏。[1]

光緒二十九年十二月初六日，奉硃批：吏部議奏。欽此。[2]

一一四、請以張樹焱借補吐魯番廳同知摺
光緒二十九年十月二十七日（1903年12月15日）

甘肅新疆巡撫西林巴圖魯臣潘效蘇跪奏，爲揀員借補要缺同知，以裨地方，恭摺仰祈聖鑒事。

竊據署新疆布政使李滋森會同署鎮迪道兼按察使銜慶秀詳稱：吐魯番直隸廳同知文立山於光緒二十九年閏五月初九日病故，業經奏明在案。應以病故本日作爲開缺日期，所遺吐魯番直隸廳同知係衝、繁、難三項要缺，例應由外揀員請補，以重職守。查北路舊有各缺，經前撫臣劉錦棠奏准援照甘肅變通章程辦理。查章程内開：丞、倅、州、縣各要缺，將現任各員擇其人地相宜者，一律升調。又，定例：應調缺出，現任人員内如無合例堪調之員，准以候補人員題補，各等語。今吐魯番直隸廳同知要缺，於通省現任人員内逐加揀選，非現居要缺，即人地不宜，實無堪以升調之員。

惟查有花翎補用知府候補直隸州知州張樹焱，年五十二歲，湖南巴陵縣人。光緒五年，在陝西賑捐案内報捐十成監生，加捐不論雙單月即選通判。十七年，投效新疆。十九年，在新疆捐局遵直隸賑捐例，報捐鹽提舉銜。二十年二月，赴部呈繳捐免保舉及逾限銀兩。二十一年十一月，留新候補；塔城九載邊防案内，奏保俟得缺後，以同知直隸州補用，先換頂戴，經部議准，二十二年四月初二日具奏，奉旨：依議。欽此。新疆各軍防剿西寧竄匪關外肅清案内，奏保免選本班，以直隸州知州留於新疆候補，經部核議照准，於二十四年二月二十二日具奏，奉旨：依議。欽此。二十六年，委署疏勒直隸州知州，八月初一日到任。是年十一月，在新疆捐局遵陝西賑捐例，捐戴花翎，并加知府銜。二十七年八月

---

① 中國第一歷史檔案館藏：《硃批原件》，檔號：04-01-12-0631-014。

② 中國第一歷史檔案館藏：《軍機録副》，檔號：03-5427-048。

二十六日，兼護喀什噶爾道。十二月初一日，卸護道篆。二十八年四月十九日，交卸州事。二十八年，於塔城七載邊防案内，奏保俟補缺後，以知府補用，經部核議照准。二十九年六月初二日奉旨：依議。欽此。欽遵在案。

查該員張樹猋，賦性靈敏，爲守兼優，前署任内辦理一切，諸臻妥協，并無參罰案件；在新疆年久，邊情最爲熟悉，以之借補吐魯番直隸廳同知，實堪勝任，人地亦極相宜。惟以直隸州知州借補直隸廳同知，銜缺雖異，而品級相同，且新疆同知各缺歷經借補有案，等情，詳請具奏前來。

臣查該員張樹猋才明識練，辦事精詳，合無仰懇天恩俯念要缺需員，准以候補直隸州知州張樹猋借補吐魯番直隸廳同知，洵於地方有裨。如蒙俞允，俟奉部覆，即行給咨送部引見，以符定制。

謹會同陝甘總督臣崧蕃，恭摺具陳。伏乞皇太后、皇上聖鑒訓示。謹奏。光緒二十九年十月二十七日。

（硃批）：吏部議奏。①

光緒二十九年十二月初六日，奉硃批：吏部議奏。欽此。②

一一五、請將保奬各員飭部核明給奬摺

光緒二十九年十月二十七日（1903 年 12 月 15 日）

頭品頂戴陝甘總督臣崧蕃、甘肅新疆巡撫西林巴圖魯臣潘效蘇跪奏，爲新疆文職邊防保案吏部分别准駁，所有飭取捐照及補送歷册并懇請改奬各員先後稟復賫呈前來，謹依限繕具清單，籲懇天恩飭部核明給奬，以昭激勸，恭摺仰祈聖鑒事。

竊新疆七載邊防照章應保在事出力文武員弁，經臣崧蕃與前任新疆撫臣饒應祺會銜具奏，奉到硃批：該部議奏，單并發。欽此。欽遵通行遵照在案。旋於光緒二十九年正月准吏部咨：按照保奬成案，分别准駁。其應取原捐執照送部查驗，以及未送履歷清册或履歷所敘不明，或重複列保，或呈請改奬各員，應令查

---

① 中國第一歷史檔案館藏：《硃批原件》，檔號：04-01-30-0066-013。

② 中國第一歷史檔案館藏：《軍機録副》，檔號：03-5427-044。

明復奏，再行核辦，敬繕清單，於二十八年十二月初八具奏，奉旨：依議。欽此。咨行到新，當經欽遵咨行遵照去後。旋據各員先後禀復，及呈賫原捐執照，并懇請改獎者共三十二員，其未據呈復尚有三十四員。

查吏部奏定章程：保案奉查，以一年爲限，逾限即行撤銷等語。兹將各員呈到原捐執照及禀復各節先行開單，敬呈御覽，伏懇天恩俯念該員等奔馳沙漠，久役邊陲，微勞足録，飭部核准給獎，以示鼓勵而免向隅。其未呈復各員，或已離新疆，或事遠出，或行知轉遞過手，接到甚遲，應并仰懇天恩准予展限，俟該員等呈復至日，再由臣等奏咨核獎，出自鴻施逾格。

除將已復各員捐照、歷册咨部，及誤繕不符字樣一并復部查核辦理外，謹合詞恭摺覆陳。伏乞皇太后、皇上聖鑒訓示。再，此摺係臣效蘇主稿。合并聲明。謹奏。光緒二十九年十月二十七日

（硃批）：該部議奏，單并發。①

光緒二十九年十二月十五日，奉硃批：該部議奏，單并發。欽此。②

一一六、呈新疆防戍案内另核請獎清單
光緒二十九年十月二十七日（1903年12月15日）

謹將新疆七載防戍案内部議另核請獎及飭取捐照并重複撤銷改保各員，繕具清單，恭呈御覽。

計開

在任候補直隸州知州准補于闐縣知縣韓瑶光，原請加知府銜。部議：該員因防剿西寧竄匪、關外肅清案内保加知府銜，光緒二十四年二月二十二日奉旨：依議。欽此。所請係屬重複，應令另核奏明請獎等因。擬改獎俟補直隸州缺後，以知府補用。

同知銜補用同知候補知縣英惠，原請俟補缺後，以同知仍留原省補用。部

① 中國第一歷史檔案館藏：《硃批原件》，檔號：04-01-12-0631-015。

② 中國第一歷史檔案館藏：《軍機録副》，檔號：03-5427-129。

議：查該員履歷内册聲叙因關外肅清案内於光緒二十四年二月二十二日匯保俟補知縣後，以同知仍留原省補用，此次所請係屬重複，應令另核奏明請獎等因。擬改請俟補缺離任歸同知班後，加四品銜。

補用主簿不論雙單月選用從九品楊敦濬，原請選缺後以主簿用。部議：查該員履歷册内聲叙由選用從九品，因防剿西寧竄匪關外肅清，經新疆巡撫饒應祺奏保選缺後以縣丞補用，經部照章改俟選缺後以縣主簿補用，於光緒二十四年二月二十二日奉旨：依議。欽此。所請係屬重複，應令另核奏明請獎等因。擬改請賞加六品銜。

分省補用通判王相廷，原請補本班後，以直隸州知州用。部議：查該員由保舉選用主簿於同治十三年報捐縣丞不論雙單月分省試用之案，片查户部，覆稱并無案據，礙難核議，應令將原捐縣丞執照送部，再行核辦等因。查該員於同治十三年在陝西西征糧臺遵籌餉例加捐縣丞分省試用，衹領實收，遲至光緒二十四年六月二十日，由户部换發執照，内載以縣丞指分新疆試用，并發給捐免逾限執照，且該員已於二十七年十一月初三日經前撫臣饒應祺奏請補授新疆瑪喇巴什直隸廳通判，經部議准在案，除將執照送部核辦外，擬請以直隸州知州補用。

雙單月選用縣丞鞠崧後，六品銜選用縣丞張應選，均請俟選缺後，以知縣補用。

縣主簿職銜周欣榮，原請以縣主簿選用；不論雙單月分省試用知縣李柄珩，原請俟補缺後，以直隸州知州用；試用巡檢周立藩，原請加六品銜；試用巡檢吕燾，原請俟得缺後以縣丞用；候補同知汪步端，原請俟候補後，以知府用；不論雙單月選用巡檢羅俊傑，原請俟選缺後，以縣丞不論雙單月選用；候補縣丞楊文濬，原請俟補缺後，以知縣用。以上九員，部議捐納之案或查官册内無名，或片查户部并無案據，礙難核議，應令將原捐執照送部，再行核辦等因。

查鞠崧後光緒十六年在新疆鄭工第一次捐輸案内，由保舉即選未入流加捐雙月選用縣丞，經户部核准咨由吏部於十七年四月二十日給領執照。原保底銜繕作“雙單月”，係屬筆誤。

張應選於光緒二十四年十二月在新疆新海防第四次捐輸案内，由保舉雙單月儘先選用從九品加捐雙月選用縣丞。嗣遵部駁補交不敷銀兩，并聲明已在山東順直賑捐案内補捐監生，經户部核准於二十八年十月十九日給領執照，是該員報捐在保獎之先，因部駁領照在後，實與獎案奏後始捐者有間。

周欣榮於光緒十九年在順直賑捐案内，由俊秀報捐監生并縣主簿銜，經户部核准於十九年九月十五日給領執照。

李柄珩係新疆鎮西廳舉人，上年赴河南會試，業將原捐執照帶去，已飭令該員就近赴部呈驗。

周立藩於二十二年四月在新疆新海防第四次捐輸案内，由俊秀捐監生，加捐巡檢不論雙單月，指分新疆試用。是年八月，復在新疆新海防第五次捐輸案内以本班捐免驗看。二十三年八月奉到吏部執照，十一月十五日到省，當將原捐執照咨送吏部查核在案。

吕燾於光緒二十三年由保舉歸部選用從九品，遵新海防例，加捐巡檢指分新疆試用，當即赴部，經欽派大臣驗放，祗領部照，於二十四年四月十三日到省繳照，咨送吏部查銷。

除將鞠崧後、張應選、周欣榮執照送部核辦外，擬懇恩均照原保給奬，以免向隅。至汪步端、羅俊杰、楊文濬均於伊犁歷年防戍案内列保，經部議駁，已由伊犁將軍臣馬亮覆奏，并將原捐執照送部核辦。所有新疆防戍案内列保各該員銜名，擬懇飭部撤銷，免其重複。

文童張煜，原請以巡檢不論雙單月選用；文童張煜原請以從九品不論雙單月選用。部議查該二員履歷内聲叙年貌、籍貫、三代均屬相同，是否兩人，抑係一人重複列保？應令查明覆奏，再行核辦。等因。

查該二員實係一人，前次匯案時重複列保，應懇飭部删正，仍請以從九品不論雙單月選用。

不論雙單月選用縣丞苗茂，原請俟得缺後以知縣用。部議：所請奬叙核與定章相符，應即照准等因。查該員於光緒二十七年七月在甘肅捐局，遵秦晉賑例，加捐不論雙單月選用知縣，并捐同知銜，領有户部執照。當開保時，并未呈請列作底銜，以致仍由縣丞列保。兹據稟請改奬前來。查驗該員奉到捐照係在奬案出奏之先，并無取巧情弊，擬懇恩飭部將該員原保底銜更作同知銜不論雙單月選用知縣，改請俟知縣得缺後以直隸州補用。

鎮迪道庫大使兼按司獄候補縣丞童光湖，原請俟補縣丞後以知縣用。部議：應俟履歷補送到部，再行照章核辦等因。查該員已於新疆城署各工案内保俟補縣丞缺後以知縣補用，經部議准於光緒十八年十月初八日具題，奉旨：依議。欽此。嗣經借補鎮迪道庫大使，照例以二十二年五月初四日接到准補部文之日作爲知縣到省候補日期，咨部覆准在案。此次所保係屬重複，除將履歷送部外，擬改請俟補知縣缺後，以直隸州知州補用。

歸部選用府照磨涂芳聲，原請俟選缺後以府經歷選用。部議：查該員履歷内并未聲叙因何勞績出力，經何人保奏，何年月日奉旨，應令查明覆奏，再行核辦。等因。查該員於新疆六載邊防案内出力，經前撫臣劉錦棠匯案保奏，光緒十年十月初四日内閣奉上諭：文童涂芳聲著以府照磨，歸部選用。欽此。欽遵在案。擬懇恩仍照原請給獎。

江西候補知縣王禮源，原請俟補缺後以直隸州知州用。部議：所請獎叙核與定章相符，應即照准。惟履歷内係江西候補知縣，應令查明聲覆等因。查該員原係江西候補知縣，於光緒十三年照變通章程留歸新省候補，嗣經委署鎮迪道庫大使、疏勒州吏目，原保清單及履歷内漏繕“留新”字樣，應請飭部查照施行。

不論雙單月儘先選用從九品吴廷桂，原請俟選缺後以縣丞不論雙單選用。部議：該員等十四員捐納之案，片查户部復稱，或捐案尚未核准，或捐案核准日期係在保案奉旨之後，核與定章不符，所請獎叙應毋庸議等因。查該員於光緒二十五年在新疆新海防第四次捐輸案内，由俊秀報捐監生，以從九品不論雙單選用。二十六年，京城有事，户部案卷焚毁，咨行補鈔，延至二十八年三月，始行核准給領執照，是否該員報捐在獎案出奏之先因補鈔案卷往返遲延以致核准在後，實與尋常捐案尚未核准，或核准在保案奉旨之後者不同，且該員原保底銜繕作“儘先”二字係屬筆誤，擬懇恩飭部删正，仍請俟選缺後，以縣丞補用。

不論雙單月選用府經歷蕭學琛，不論雙單月選用縣丞譚國琳、殷壽球，均原請俟得缺後以知縣用。以上三員，部議捐納之案或查官册内無名，或片查户部并無案據，礙難核議，應將原捐執照送部，再行核辦等因。查蕭學琛於光緒十六年在甘肅鄭工捐輸案内報捐監生，二十年在新疆新海防第八次捐輸案内加捐不論雙單月選用巡檢，二十二年在直隸新海防捐輸案内以巡檢捐指新疆試用，并免驗看。

譚國琳於光緒二十四年三月在新疆新海防第一次捐輸案内，由俊秀報捐監生，以巡檢不論雙單選用。

殷壽球於光緒二十一年九月在新疆捐局，遵直隸賑捐例，報捐監生。二十二年七月，在户部遵新海防例，加捐部司寺務銜，并捐以縣丞雙月選用，均已奉到部照。二十五年十二月，復在新疆新海防第四次捐輸案内，蕭學琛遞捐不論雙單月選用府經歷，譚國琳加捐以縣丞不論雙單月選用，殷壽球捐足縣丞三班。旋因京城有事，遲至二十八年四月，始准户部議復，令將蕭學琛、譚國琳原捐巡檢執照，殷壽球原捐縣丞執照，送部核辦等因。臣效蘇將該三員各捐照於二十九年三月十三日匯案咨送户部在案。擬懇恩飭部就近咨取查驗，如户部已將執照發還，邀免再驗，仍照原保給獎。

不論雙單月選用從九品譚承璠，原請選缺後以縣丞用。部議：張景崧等十四員捐納之案，當經片查户部覆稱，或捐案尚未核准，或捐案核准日期係在保案奉旨之後，核與定章不符，所有該員等獎叙，應毋庸議等因。兹據譚承璠稟稱：光緒二十二年，辦理撫標練軍左營馬隊文案，隨營堵剿河湟叛回，於昌馬地方衝鋒前敵，轉戰殺賊。迨匪平靖，匯案請獎，未蒙列保。復蒙俯念前敵出力實有微勞，會商巴里坤鎮，賞由二十六年新疆新海防第五次案内報捐監生，加捐從九品，奉到部照；又於順直股票案内蒙獎雙月縣丞，奉部核准，發給執照，所有前項保案，懇請覆奏保俟縣丞選缺後，以知縣用，等情。查該員譚承璠以書生隨營，前在玉門、敦煌等處堵剿竄匪，督隊打仗，最爲得力。臣效蘇比時調度各營，目擊該員奮勇，深爲嘉許，前撫臣饒應祺匯奏時，誤將該員銜名删去，迨後得知同事，深爲惋惜，商議劇貲爲之捐納官階，以孚公論。查譚承璠少年老練，膽識兼優，洵爲有用之才，所稟係屬實情，擬懇天恩飭部核獎俟縣丞選缺後，以知縣用，以示鼓勵而免向隅之處，出自高厚鴻施。

同知銜留甘歸候補班補用知縣黄賡陶，原請俟補缺後以直隸州知州用；文童鄒憲章，原請以從九品不論雙單月選用。以上二員，吏部議奏摺内聲明未據咨送履歷，應停其核議，俟補送履歷到部，再行照章核辦。等因。兹據該員等補呈履歷清册前來。除咨送吏部核辦外，擬懇恩飭部仍照原保核獎。

鹽提舉銜候選通判方鋆，原請俟補缺後以同知用。部議：查履歷册内聲叙該員係雙單月選用府經歷，係屬坐銜不符，應令查明覆奏，再行核辦等因。查該員於伊犁歷年防戍案内列保，經部議駁，已由伊犁將軍臣馬亮覆奏，所有新疆防戍案内列保該員銜名，擬懇飭部撤銷，以免重複。

州同職銜熊鶴年，原請以州同選用。部議：該員捐納之案，或查官册内無名，或片查户部并無案據，礙難核議，應令將原捐執照送部，再行核辦等因。查該員於光緒二十六年在直隸賑捐案内，由俊秀報捐監生，加捐州同職銜，均已奉到執照；二十七年六月，在新疆新海防第六次捐輸案内加捐以府經歷不論雙單月選用，嗣經户部議覆，令將原捐執照送部核辦等因。臣效蘇將執照於二十九年八月初三日匯案咨送户部在案，擬懇恩飭部就近咨取查驗，將該員原保底銜更作不論雙單選用府經歷，改請俟選缺後以知縣補用。

雙月選用縣丞鄒進德，原請加五品銜。部議：張景崧等十四員或捐案尚未核准，或捐案核准日期係在保案奉旨之後，核與定章不符，所有該員等獎敘，應毋庸議等因。飭據該員稟稱：光緒二十六年九月，在新疆報效股票第三次請獎案内，由保舉三班儘先選用從九品，遞獎雙月選用縣丞。旋遵部駁，補交不敷銀兩，是票案在應准之列，尤在保案出奏之先，况股票以後各捐案奉部核准者甚多，而以前票案尚未核准給照，致干吏部議駁，未得仰邀獎敘，不無向隅，懇請覆奏，等情。前來。查該員在營年久，防戍實屬出力，且原保五品銜非縣丞應加之銜，可否仰懇天恩飭部改獎俟選縣丞缺後以知縣用，以示鼓勵而免向隅。

鹽提舉縣候補通判曹凌漢，原請俟得缺後以直隸州補用。部議：該員捐納之案或查官册内無名，或片查户部并無案據，礙難核議，應令將原捐執照送部，再行核辦等因。查該員於光緒二十七年六月，在甘肅秦晉賑捐案内由保舉即選未入流，加捐通判不論雙單月歸部選用，并捐鹽提舉銜，領有户部執照。除將執照送部核辦外，擬懇恩仍照原保給獎。再，該員照變通章程留歸新省候補，是以原保底銜繕作“候補”字樣。合并聲明。

不論雙單月候選州判徐兆荃，原請俟選通州判後以知州用。部議：該員捐納之案或查官册内無名，或片查户部并無案據，礙難核議，應令將原捐執照送部，再行核辦等因。飭據該員呈齎原捐執照前來，臣蕃業經咨送吏部在案。擬懇恩仍照原保給獎。

試用從九品蔣先烈，原請加六品銜。部議：該員捐納之案，或查官册内無名，或片查户部并無案據，礙難核議，應令將原捐執照送部，再行核辦等因。查該員於光緒十八年十月在新疆捐局遵順直賑捐例，由俊秀報捐監生。二十一年十月，復遵新海防例，加捐從九品不論雙單月指分新疆試用，并免驗看。二十二年二月二十二日，奉到吏部執照，遵即到省，當將執照咨送吏部查核在案。二十七年七月，遵秦晉賑捐例加捐縣丞不論雙單月選用，旋遵陝西賑捐例捐戴藍翎，均已祗領部照。除咨明吏部查案核辦外，擬懇恩仍照原保給獎。

從九品賈鳳林，原請給五品翎頂。部議：查該員履歷册内并未聲叙從九品是否捐納，於何年月日上兑領照，抑係勞績保舉議叙，經何人保奏，於何年月日奉旨，礙難核議，應令詳細查明覆奏，再行核辦等因。查該員於光緒二十二年在新疆海防第三次捐輸案内，由俊秀報捐從九品職銜。是年十一月二十日，吏部給領執照，原保時漏繕“職銜”二字。除將執照送部核辦外，擬懇恩飭部更正，仍照原保給奬。

（硃批）：覽。[①]

【案】此清單目録既未署具呈者，具呈日期署“光緒二十九年十二月十五日”，即硃批日期，亦未確。查《隨手檔》[②]可知，此清單爲崧蕃、潘效蘇所呈；又據主摺内容可知，其具呈日期應爲“光緒二十九年十月二十七日”。兹據校正。

一一七、委任德徵等署理州縣員缺片

光緒二十九年十月二十七日（1903 年 12 月 15 日）

再，和闐直隸州知州劉光松迴避遺缺，查有運同銜候補直隸州知州德徵，堪以委署。又，署孚遠縣知縣羅霖潤期滿遺缺，查有同知銜候補知縣王懋勛，堪以委署。據署布政使李滋森、署鎮迪道兼按察使銜慶秀會詳前來。

除由臣批飭分别給委外，謹會同陝甘總督臣崧蕃，附片具陳。伏乞聖鑒。謹奏。

（硃批）：吏部知道。[③]

光緒二十九年十二月初六日，奉硃批：吏部知道。欽此。[④]

【案】此奏片之具奏日期，原件署“光緒三十年”，具體日期未確；録副以硃批日期代之，亦未確。據硃批日期查光緒二十九年十二月初六日《隨手檔》[⑤]“硃批潘效蘇摺”一欄，署有“報四百里、十月二十七日新疆省城發”等字樣。據

① 中國第一歷史檔案館藏：《清單》，檔號：03-5427-132。
② 中國第一歷史檔案館藏：《軍機處隨手登記檔》，檔案編號：03-0317-2-1229-365。
③ 中國第一歷史檔案館藏：《硃批原件》，檔號：04-01-13-0409-047。
④ 中國第一歷史檔案館藏：《軍機録副》，檔號：03-5427-045。
⑤ 中國第一歷史檔案館藏：《軍機處隨手登記檔》，檔案編號：03-0317-2-1229-356。

此，此片具奏日期應爲“光緒二十九年十月二十七日”無疑。兹據校正。

一一八、奏報伊犁同知長壽即赴新任片

光緒二十九年十月二十七日（1903 年 12 月 15 日）

再，准吏部咨開：光緒二十八年十二月初二日奉旨：伊犁理事同知員缺，著長壽補授。欽此。查該員現已到省，應即飭赴新任，以專責成。據署布政使李滋森、署鎮迪道兼按察使銜慶秀會詳前來。

除由臣批飭給委外，謹會同伊犁將軍臣馬亮、陝甘總督臣崧蕃，附片具陳。伏乞聖鑒。謹奏。

（硃批）：知道了。①

光緒二十九年十二月初六日，奉硃批：知道了。欽此。②

【案】此奏片之具奏日期，原件署“光緒三十年”，具體日期未確；録副以硃批日期代之，亦未確。據硃批日期查光緒二十九年十二月初六日《隨手檔》③“硃批潘效蘇摺”一欄，署有“報四百里、十月二十七日新疆省城發”等字樣。據此，此片具奏日期應爲“光緒二十九年十月二十七日”無疑。兹據校正。

一一九、奏報新疆本年七月雨水糧價摺

光緒二十九年十一月十五日（1904 年 1 月 2 日）

甘肅新疆巡撫西林巴圖魯臣潘效蘇跪奏，爲恭報光緒二十九年七月分糧價并得雨雪情形，謹繕具陳，仰祈聖鑒事。

---

① 中國第一歷史檔案館藏：《硃批原件》，檔號：04-01-13-0409-048。

② 中國第一歷史檔案館藏：《軍機録副》，檔號：03-5427-049。

③ 中國第一歷史檔案館藏：《軍機處隨手登記檔》，檔案編號：03-0317-2-1229-356。

竊照光緒二十九年七月分各屬糧價并得雨情形，業經臣奏報在案。兹據新疆布政使李滋森詳稱：光緒二十九年七月分，鎮迪道屬鎮西得雪，積地一尺；迪化、昌吉、哈密、庫爾喀喇烏蘇得雨，入土三寸；阜康、奇臺得雨，入土二寸；綏來、吐魯番微雨。伊塔道屬精河、寧遠得雨，入土三寸；綏定、塔爾巴哈臺得雨，入土二寸。南路烏什得雨，入土四寸；拜城、庫車、巴楚得雨，入土二寸；温宿、焉耆、疏勒、疏附、莎車、葉城、英吉沙爾微雨，其餘均未得雨，至通省糧價，綏來、鎮西、綏定、寧遠、精河、温宿等屬俱與上月相同，其餘各有增減，匯詳請奏前來。

理合恭摺具陳，并繕糧價清單，敬呈御覽。伏乞皇太后、皇上聖鑒。謹奏。光緒二十九年十一月十五日。

（硃批）：知道了。①

光緒二十九年十二月二十五日，奉硃批：知道了。欽此。②

一二〇、呈光緒二十九年七月糧價清單

光緒二十九年十一月十五日（1904年1月2日）

謹將新疆各屬光緒二十九年七月分米糧時估價值，繕具清單，恭呈御覽。

計開七月分

鎮迪道屬

迪化縣：大米每京石價銀四兩八錢六分二厘，與上月相同。小麥每京石價銀一兩八錢四厘，較上月減三分五厘。豌豆每京石價銀一兩八錢七分二厘，較上月增一錢四分四厘。青稞每京石價銀一兩二錢七分六厘，與上月相同。

昌吉縣：大米每京石價銀三兩五錢五分六厘，較上月增二錢一分四厘。小麥每京石價銀一兩二錢三分三厘，與上月相同。豌豆每京石價銀一兩三錢三分二厘，較上月增一錢四分一厘。青稞每京石價銀七錢一分七厘，與上月相同。

① 中國第一歷史檔案館藏：《硃批原件》，檔號：04-01-25-0580-037。

② 中國第一歷史檔案館藏：《軍機録副》，檔號：03-7021-041。

阜康縣：粟米每京石價銀一兩五錢三分六厘，與上月相同。小麥每京石價銀一兩四錢六分二厘，與上月相同。豌豆每京石價銀一兩五錢三分六厘，與上月相同。高粱每京石價銀七錢六分九厘，較上月增九厘。

綏來縣：大米每京石價銀四兩五錢二厘，小麥每京石價銀一兩四錢二分六厘，豌豆每京石價銀一兩四錢九分七厘，高粱每京石價銀七錢一分，俱與上月相同。

奇臺縣：大米每京石價銀四兩四錢八分八厘，較上月減三錢四分五厘。小麥每京石價銀一兩四錢八分六厘，較上月減一錢六厘。豌豆每京石價銀一兩七錢九分五厘，較上月增三錢四分五厘。

吐魯番直隸廳：小麥每京石價銀一兩三錢三分一厘，較上月減一分三厘。大麥每京石價銀六錢三分五厘，與上月相同。高粱每京石價銀八錢七分二厘，與上月相同。黃豆每京石價銀一兩五錢三分，與上月相同。

鎮西直隸廳：小麥每京石價銀二兩三分，豌豆每京石價銀一兩四錢八分，青稞每京石價銀一兩三錢，俱與上月相同。

哈密直隸廳：粟米每京石價銀二兩五錢二分，較上月增三錢七分。小麥每京石價銀一兩七錢五分六厘，較上月減四分二厘。豌豆每京石價銀一兩六錢九分二厘，較上月增二錢五分二厘。青稞每京石價銀一兩三錢九分，較上月增四分二厘。

庫爾喀喇烏蘇直隸廳：小麥每京石價銀一兩四錢二分，較上月增一錢七分八厘。豌豆每京石價銀一兩七錢七分五厘，與上月相同。高粱每京石價銀一兩六分五厘，較上月減一錢七分七厘。

伊塔道屬

綏定縣：大米每京石價銀五兩一錢八分，小麥每京石價銀一兩三錢八分，豌豆每京石價銀一兩二錢六分，大麥每京石價銀九錢三分五厘，俱與上月相同。

寧遠縣：大米每京石價銀四兩六錢七分三厘，小麥每京石價銀一兩五分，豌豆每京石價銀九錢八分，大米每京石價銀七錢三分，俱與上月相同。

塔爾巴哈臺直隸廳：小麥每京石價銀一兩三錢七分五厘，與上月相同。大麥每京石價銀一兩一分三厘，與上月相同。豌豆每京石價銀一兩一錢六分八厘，較上月減六分九厘。

精河直隸廳：大米每京石價銀四兩四錢一分，小麥每京石價銀二兩三分，豌豆每京石價銀一兩六錢一分，大麥每京石價銀一兩五分，俱與上月相同。

阿克蘇道屬

温宿府：大米每京石價銀二兩一錢六分五厘，小麥每京石價銀一兩三分五厘，大麥每京石價銀四錢六分，包穀每京石價銀八錢五分，俱與上月相同。

拜城縣：小麥每京石價銀七錢三分，較上月增三分。大麥每京石價銀四錢五分，與上月相同。豌豆每京石價銀五錢五分，較上月增一分。包穀每京石價銀五錢三分，較上月增二分。

焉耆府：大米每京石價銀四兩八錢八分四分，較上月增四錢四分四厘。小麥每京石價銀一兩七錢九分四厘，與上月相同。豌豆每京石價銀一兩一錢五分二厘，與上月相同。包穀每京石價銀一兩二錢八分，與上月相同。

庫車直隸廳：大米每京石價銀三兩三錢三分，與上月相同。小麥每京石價銀九錢，較上月減三分。豌豆每京石價銀六錢五分，與上月相同。包穀每京石價銀六錢，與上月相同。

烏什直隸廳：大米每京石價銀二兩一錢七分五厘，與上月相同。小麥每京石價銀六錢六分，較上月減六分六厘。大麥每京石價銀三錢二分一厘，與上月相同。包穀每京石價銀四錢五分八厘，較上月減六分六厘。

喀什噶爾道屬

疏勒府：大米每京石價銀三兩七錢五分，較上月減四分五厘。小麥每京石價銀一兩二錢九分三厘，較上月增四錢三分。包穀每京石價銀一兩一錢七分二厘，較上月增一錢二分六厘。高粱每京石價銀九錢三分四厘，與上月相同。

疏附縣：大米每京石價銀三兩七錢五分，較上月減四分五厘。小麥每京石價銀一兩二錢九分三厘，較上月增四分三厘。包穀每京石價銀一兩一錢七分二厘，較上月增一錢二分六厘。高粱每京石價銀九錢三分四厘，與上月相同。

莎車府：大米每京石價銀二兩九錢六分，較上月增一錢四分八厘。小麥每京石價銀八錢五分五厘，較上月減五分五厘。大麥每京石價銀七錢五分，較上月增六分三厘。包穀每京石價銀七錢二分六厘，較上月減四分。

葉城縣：大米每京石價銀三兩四錢，較上月減五分。小麥每京石價銀七錢五分，與上月相同。包穀每京石價銀六錢三分，較上月增五分。

和闐直隸州：大米每京石價銀三兩一分，與上月相同。小麥每京石價銀九錢八分，與上月相同。包穀每京石價銀五錢九分，較上月減三分。青稞每京石價銀六錢四分，較上月減五分。

于闐縣：大米每京石價銀三兩五錢，與上月相同。小麥每京石價銀一兩二分，較上月減四分。包穀每京石價銀六錢一分，較上月減四分。

英吉沙爾直隸廳：大米每京石價銀四兩二錢五分六厘，較上月減三錢四厘。小麥每京石價銀一兩七厘，與上月相同。包穀每京石價銀七錢六分三厘，與上月相同。大麥每京石價銀六錢二分七厘，與上月相同。

巴楚州：大米每京石價銀三兩九錢，較上月增二錢。小麥每京石價銀一兩四錢，與上月相同。包穀每京石價銀八錢二分，與上月相同。

（硃批）：覽。①

一二一、請准富尼善以原品休致緣由摺

光緒二十九年十一月十五日（1904年1月2日）

甘肅新疆巡撫西林巴圖魯臣潘效蘇跪奏，爲旗員呈請休致，懇恩賞給俸銀，以示體恤，恭摺仰祈聖鑒事。

竊臣據古城城守尉雙林呈稱：滿營右翼蒙古四旗佐領富尼善，年七十五歲，食俸餉五十八年，佐領任内加一級紀録三次。前於同治年間哈密、玉門等處逆回變亂，隨同各大臣出征一次，打仗八次，殺賊三名。現因年力衰憊，具稟乞休，并請賞給俸銀，等情。當經行司核議去後。兹據署布政使李滋森詳稱：查例載：内外三品以下官員老病告休，准其原品休致。其曾經出征打仗，或殺賊，或受傷，有一二項功績者，年至六十以上，可否賞給全俸，請旨等語。兹古城滿營佐領富尼善因年衰告休，據稱年逾七旬，曾經出征打仗殺賊，核與原品休致、請給全俸之例相符。具詳請奏前來。

臣覆核無異，合無仰懇天恩俯准，將古城滿營右翼蒙古四旗佐領富尼善開缺以原品休致，并可否支給全俸之處，出自鴻施。

除飭取該員履歷清册咨部外，謹會同伊犁將軍臣馬亮、陝甘總督臣崧蕃，恭摺具陳。伏乞皇太后、皇上聖鑒訓示。謹奏。光緒二十九年十一月十五日。

① 中國第一歷史檔案館藏：《清單》，檔號：03-7021-042。

（硃批）：富尼善著原品休致，賞食全俸，兵部知道。[①]

光緒二十九年十二月二十五日，奉硃批：富尼善著原品休致，賞食全俸，兵部知道。欽此。[②]

一二二、奏報馬廠收取孳生馬匹情形摺
光緒二十九年十一月十五日（1904年1月2日）

甘肅新疆巡撫西林巴圖魯臣潘效蘇跪奏，爲新疆濟木薩馬廠三次三年期滿，循例收取孳生馬匹數目，恭摺仰祈聖鑒事。

竊查濟木薩孳生馬廠，前於光緒二十四年八月十三日止，初、二兩次六年限滿，業將應辦考成照例造册，由前撫臣饒應祺并案奏咨在案。兹據署新疆布政使李滋森詳稱：前項馬廠自二十四年八月十四日起，截至二十七年八月十三日止，又滿三年，例應辦理三次均齊。前准署濟木薩營參將周升朝將孳生馬匹細數及官弁姓名分造清册，送請核辦前來。飭據署濟木薩縣丞羅霖潤就近驗報，該廠自二十四年八月十四日起，扣至二十七年八月十三日止，原牧大小兒騍馬六百三十九匹，内除原牧口老殘廢、碎小不堪兒騍馬一百匹，新收口老殘廢、碎小不堪騍馬三十九匹，例不取孳外，實在存廠取孳兒騍馬五百匹，照例每馬三匹三年取孳一匹，共應取孳馬一百六十七匹，三年内共産獲馬駒二百四十一匹。又，原牧騸馬一百二十八匹，新割騸馬八十匹，每百匹每年例准倒斃六匹，三年共應報倒馬三十八匹，實存在廠馬九百七十匹，内大小兒騍馬七百六十二匹，原牧及新割騸馬二百八匹。其新收孳生馬匹除取例孳并開除倒馬外，實多孳生馬駒三十六匹，照例計算在三分以上，取具馬匹數目及應賞官弁、牧兵姓名清册，詳請具奏前來。

臣覆核無異，除將清册咨部查照，并俟三十年三年限滿再行循例辦理外，謹會同陝甘督臣崧蕃，恭摺具陳。伏乞皇太后、皇上聖鑒，飭部議覆施行。再，此

---

① 中國第一歷史檔案館藏：《硃批原件》，檔號：04-01-16-0279-109。

② 中國第一歷史檔案館藏：《軍機録副》，檔號：03-5428-106。

案改題爲奏。合并聲明。謹奏。光緒二十九年十一月十五日。

（硃批）：兵部知道。[1]

光緒二十九年十二月二十五日，奉硃批：兵部知道。欽此。[2]

一二三、奏爲衙署失火自請議處片

光緒二十九年十一月十五日（1904 年 1 月 2 日）

再，臣署内於十一月初十日夜半不戒於火，燒毁三堂房屋五間。新省北路地氣苦寒，嚴冬之際，溝渠皆涸，池水凍結，井水亦屬無多，倉卒難於救急，以致燒毁房屋至五間之多，始行撲滅。幸前、旁各屋概未延燒，所有巡撫關防一顆并各項文案、卷宗、交代等件，毫無損失。現值冰凝不能動工，一俟春融，臣即賠修如式，以資居住。

惟衙署失火，臣實疏於防範，咎無可辭，相應請旨飭部將臣照例議處，以昭儆戒。理合附片由驛馳奏。伏乞聖鑒訓示。謹奏。

（硃批）：潘效蘇著交部照例議處。[3]

光緒二十九年十二月二十五日，奉硃批：潘效蘇著交部照例議處。欽此。[4]

一二四、請銷新疆二十四年防軍收支各款摺

光緒二十九年十一月二十五日（1904 年 1 月 12 日）

甘肅新疆巡撫西林巴圖魯臣潘效蘇跪奏，爲造報甘肅新疆光緒二十四年分防軍收支各款，謹繕清單，并分造總、散清册，懇恩飭部核銷，恭摺仰祈聖鑒事。

---

① 中國第一歷史檔案館藏：《硃批原件》，檔號：04-01-01-1060-067。
② 中國第一歷史檔案館藏：《軍機録副》，檔號：03-6167-124。
③ 中國第一歷史檔案館藏：《硃批原件》，檔號：04-01-13-0409-049。
④ 中國第一歷史檔案館藏：《軍機録副》，檔號：03-5742-102。

竊照甘肅新疆防軍、善後用款，每年合關内外指撥各省的款銀四百八十萬兩，新疆撫、提、鎮、協各標及伊犁鎮標并塔爾巴哈臺協標，除節省外，共應分庫平銀二百六十九萬七千兩，均歸甘肅布政司統收，扣除四分減平，分攤撥解。查上案截至二十三年年底止收支款項，前經臣將總、散清册分咨各部，開單具奏請銷在案。

兹據新疆糧臺詳稱：自二十四年正月初一日起，截至十二月底止，一切收支，自應仍接上案造報。

計舊管項下，截至二十三年十二月底止，實存新餉平銀六萬一千七百七百七十四兩四錢六分二厘，欠發各營旗十年以前病故弁勇存餉銀一十一萬四千一百八十五兩二錢八分六厘。新收項下，收到甘肅藩司分解新疆及伊犁、塔爾巴哈臺應分新餉，并新疆馬步各營旗報繳截曠、采買、製辦、運脚等款扣回平餘，共計新餉平银二百五十七萬七千五百四十五兩二錢五分九厘。開除項下，支發新疆馬步各營、旗、哨、開花炮隊薪糧、馬乾、倒馬價值及各臺局薪水、口糧、工食、油燭、紙張、采買、製辦、運脚、盤費等項，共計新餉平銀二百四萬九千四百一十二兩四分六厘，又撥發新疆藩庫各項及糧臺善後經費，共計新餉平銀五十五萬三千兩。實在項下，截至二十四年十二月底止，實存新餉平銀三萬六千九百七兩六錢七分五厘，應歸下案接續造報，仍欠發各營旗十年以前病故弁勇存餉銀一十一萬四千一百八十五兩二錢八分六厘，應俟各故弁勇親屬請領至日，即由二十五年以後新餉内匀給。造具總、散清册，詳請奏銷前來。

臣覆查支發各款，均係實用實銷，并無浮冒。除將清册分送各部外，相應繕具簡明清單，會同陝甘總督臣崧蕃，恭摺具陳。伏乞皇太后、皇上聖鑒，飭部核銷施行。謹奏。光緒二十九年十一月二十五日。

（硃批）：該部知道，單并發。[①]

光緒三十年正月初四日，奉硃批：該部知道，單并發。欽此。[②]

① 中國第一歷史檔案館藏：《硃批原件》，檔號：04-01-01-1063-063。
② 中國第一歷史檔案館藏：《軍機録副》，檔號：03-6168-001。

一二五、呈光緒二十四年防軍收支各款清單
光緒二十九年十一月二十五日（1904年1月12日）

謹將甘肅新疆光緒二十四年分防軍收支各款并撥發善後經費，司庫例支、提存各項銀數，繕具簡明清單，恭呈御覽。

計開

舊管：

一、上案新疆糧臺防軍報銷款目，截至光緒二十三年十二月底止，實存新餉平銀六萬一千七百七十四兩四錢六分二厘。

一、截至光緒二十三年十二月底止，欠發新疆馬步各營旗光緒十年以前病故弁勇存未領餉銀一十一萬四千一百八十五兩二錢八分六厘。

新收：

一、收協餉案内甘肅藩司分解新疆應分二十四年分新餉新平銀一百九十三萬三千兩。

一、收協餉案内甘肅藩司分解新疆應分二十四年分伊犁鎮標勇餉、經費等項新餉平銀三十三萬兩。

一、收協餉案内甘肅藩司分解新疆應分二十四年分塔城協標勇餉、經費等項新餉平銀一十五萬七千兩。

一、收新疆藩庫封存項下提撥新疆糧臺新餉平銀一十五萬兩。

一、收新疆馬步各營、旗、哨光緒二十四年分報繳截曠新平銀五千八百三十五兩一錢三分二厘。

一、收本案報銷款内支發采買、製辦、運脚等款照章扣回平餘新餉平銀一千七百一十兩一錢二分七厘。

以上六款，共收新餉平銀二百五十七萬七千五百四十五兩二錢五分九厘。

管、收兩項共銀二百六十三萬九千三百一十九兩七錢二分一厘。

開除：

一、除第一册支發馬隊各營旗薪糧、馬乾等項新餉平銀八十萬五千一百七十兩八錢三分。

一、除第二册支發步隊各營、旗、哨薪糧等項新餉平銀九十五萬七千三

百二十三兩一錢二分。

一、除第三册支發開花炮隊勇夫薪糧、車騾、草乾等項新餉平銀三萬四千二百八十七兩三錢六分。

一、除第四册支發馬步隊各營、旗、哨暨開花炮隊管帶、營旗官、哨長、巡查薪水、薪糧、馬夫、馬乾等項新餉平銀三萬一千七百八十四兩七錢六分。

一、除第五册支發新疆馬隊各營旗支過倒馬價值新餉平銀一萬五千九百一十六兩一錢二分五厘。

一、除第六册支發新疆提鎮各衙門稿書、書辦、通事工食等項新餉平銀三千三百一十三兩九錢二分。

一、除第七册支發隨營差遣暨各項差務、臺局文武員弁薪水等項新餉平銀一萬三千三百九十兩。

一、除第八册支發新疆各臺局經貼書、字職、護勇、長夫、通事、倉夫、斗級工食、口糧暨辦公紙張、筆墨、油燭等項新餉平銀五千七百九十五兩六錢七厘。

一、除第九册支發軍裝局招募浙、粤并關内外各匠工食等項新餉平銀五千四百二十八兩二錢九分六厘。

一、除第十册支發采辦軍裝、修整軍裝械用過物料、製造火藥工料價值等項新餉平銀一十萬四百七十八兩九錢八分。

一、除第十一册支發運解新疆南北兩路餉銀、軍裝車脚等項新餉平銀二萬五百四兩九錢九分七厘。

一、除第十二册支發運解新疆南北兩路餉銀、軍裝等件押運委員、跟役騎騾脚價、鹽菜、口糧等項新餉平銀四千六百六十兩二錢五厘。

一、除第十三册支發新疆南路喀什噶爾道屬各州縣供支邊防各營旗轉運軍餉、軍裝及糧料草、脚價并津貼、柴價等項新餉平銀五萬一千三百五十七兩八錢四分六厘。

以上十三款，共計支發新餉平銀二百四萬九千四百一十二兩四分六厘。

一、除撥發、撥解交新疆藩庫、例支不敷，供支古城旗營經費，塔城同知驛站經費，添撥司庫及阿克蘇道庫例支不敷，計六款，共新餉平銀三十八萬九千兩。查前項已於撥款册内開具細數，應由新疆藩司列收，分别請銷報存。

一、除撥發新疆及伊犁、塔爾巴哈臺等三處歲估善後經費，計三款共新餉平銀一十六萬四千兩。查前項已於撥款册内開具細數，應仍由新疆糧臺另册列收，分别支發，造報請銷。

以上二款，共計新餉平銀五十五萬三千兩。

統共開除新餉平銀二百六十萬二千四百一十二兩四分六厘，内除撥發、撥解新疆藩庫各款新餉平銀三十八萬九千兩，又撥發新疆及伊犁、塔爾巴哈臺善後經費銀一十六萬四千兩，仍由新疆糧臺另案造報外，其餘支銷款内應請户部核銷馬步各營、旗、哨、開花炮隊餉項、薪水、薪糧、馬乾、料草、各衙門、臺局文武員弁薪水、稿書、經貼書、字職、工匠、護勇、長夫工食、紙張、油燭等項，押運員弁、跟役鹽菜、口糧、騾脚等款，共計新餉平銀一百八十六萬七百八十一兩七錢七分八厘。應請兵部核銷開花炮隊車夫口糧、車騾料草、馬隊各營旗倒馬價值、轉運餉銀、軍裝脚價、喀什噶爾邊防餉裝、食糧、料草、運脚等項新餉平銀八萬八千一百五十一兩二錢八分八厘。應請工部核銷采製軍裝、軍火、修整軍械、製造火藥等項價值新餉平銀一十萬四百七十八兩九錢八分。

實在：

一、截至光緒二十四年十二月底止，實存新餉平銀三萬六千九百七兩六錢七分五厘，係實在儲存現銀，應歸下案接續造報。

一、截至光緒二十四年十二月底止，尚欠發新疆馬步各營旗光緒十年以前病故弁勇存未領餉銀新平銀一十一萬四千一百八十五兩二錢八分六厘，應俟各故勇親屬請領至日，即由二十五年以後新餉内匀給。

（硃批）：覽。①

一二六、請銷光緒二十四年司庫收支摺

光緒二十九年十一月二十五日（1904 年 1 月 12 日）

甘肅新疆巡撫西林巴圖魯臣潘效蘇跪奏，爲造報新疆光緒二十四年分司庫收支銀糧、草束報銷，謹繕清單，懇恩飭部核銷，恭摺仰祈聖鑒事。

① 中國第一歷史檔案館藏：《清單》，檔號：03-6168-002。

竊查前准部咨，令將新疆司庫收支銀糧、草束自光緒十六年起分案造報題銷，仍造四柱總册奏咨等因，歷經遵照辦理，業將光緒二十三年分司庫收支銀糧、草束報銷總、散各清册，經臣咨部開單具奏，於光緒二十九年十月十五日奉到硃批：該部知道，單并發。欽此。欽遵咨行遵照在案。

兹據署新疆布政使李滋森詳稱：光緒二十四年分司庫收支各屬徵收本折糧草、地課、雜税等項，支發文武廉費、俸工、祭祀、驛站、孤貧等項經費及古城旗營俸餉、草束折價各項銀五十八萬八千九百二十兩一錢九分四厘、京斗糧一十九萬九千二百八十三石七斗九升一合七勺、草一千二百二十二萬九千九百四十一斤一十兩，遵例分案造具總、散數目各清册，匯繕清單，詳請奏咨前來。

臣覆核無異，除將清册分送部、科外，理合繕具清單，恭呈御覽，仰懇天恩飭部核銷，俾令按年接續造報。謹會同陜甘總督臣崧蕃，恭摺具奏。伏乞皇太后、皇上聖鑒訓示。謹奏。光緒二十九年十一月二十五日。

（硃批）：該部知道，單并發。①

光緒三十年正月初四日，奉硃批：該部知道，單并發。欽此。②

一二七、呈光緒二十四年司庫收支清單
光緒二十九年十一月二十五日（1904年1月12日）

謹將新疆通省光緒二十四年分管、收、除、在各款銀糧、草束數目，繕具四柱清單，恭呈御覽。

計開

一、銀兩項下

舊管：

一、存銀一六十二萬四千五百二十五兩六錢二分九厘。

---

① 中國第一歷史檔案館藏：《硃批原件》，檔號：04-01-35-1066-011。

② 此硃批日期與内容，據《軍機處隨手登記檔》（檔案編號：03-0318-1-1230-003）校補。

新收：

一、收新餉項下撥解旗營經費并加撥銀八萬一千七百三十兩六錢八厘。

一、收新餉内提歸司庫例款不敷銀二十八萬八千兩。

一、收通省文武核減三成養廉銀一萬七千四百二十二兩六錢一分八厘。

一、收園地課銀四千一百八十二兩八錢八分三厘。

一、收折色糧價銀五萬四百二十一兩五錢八分五厘。

一、收折色草價銀五千七百五十一兩三錢四分七厘。

一、收牲税及税餘銀八千九十六兩一錢五厘。

一、收契税銀五千六百六兩二錢二分五厘。

一、收水磨碓課銀一萬六百二兩八錢一分二厘。

一、收房租銀二千三十兩二錢七分八厘。

一、收地租銀一千二百五十三兩八錢七分六厘。

一、收園租銀六十一兩四錢四分。

一、收金砂變價銀二千三百三十八兩五錢六分。

一、收金課銀七十四兩八錢七厘。

一、收軍需、善後項下解繳各營旗及善後領用糧價銀六萬三千二百四十六兩八分七厘。

一、收軍需、善後項下解繳各營旗及善後領用草價銀五千一百七十六兩八錢六分。

一、收各屬解繳折收伊犁滿營糧料價銀二萬三千一百六十兩。

一、收平糶變賣糧石價銀四萬三千五百六十一兩七錢六分。

一、收變賣陳草價銀八百三十三兩七錢七厘。

一、收煙土、茶税銀二千二百二兩八錢七分。

一、收文武各職并旗營經費減平銀二萬七千六百二十七兩七錢三分三厘。

一、收撫署筆帖式瑞山、豐紳泰二員長支款内初次應扣銀二百四十五兩。

一、收哈密回子親王沙木胡索特十四次應扣銀一千兩。

一、收阿克蘇道庫墊發二十四年分例款不敷銀一萬二千七百三十九兩六錢五分八厘。

一、收驛站書夫麵價銀七千二十七兩八錢。

一、收二十三、四兩年分缺曠銀二十兩五錢六分。

以上二十六款，共新收銀六十六四千四百一十五兩一錢七分九厘，通共管、收銀二百二十八萬八千九百四十兩八錢八厘。

開除：

一、支發文職廉俸、公費、工食等項銀二十萬四千五百一十四兩二錢二分六厘。

一、支發驛站經費銀一十一萬九千七百九十六兩三錢一分。

一、支發武職廉俸、薪蔬、紙紅、馬乾、料草、折價、世俸、鞦鞋、鹽菜等項銀八萬五千九百八十七兩九錢八分八厘。

一、支發祭祀銀二千七百三十六兩九錢三分。

一、支發孤貧花布銀一千五百二十兩八錢三分二厘。

一、支發渡船經費銀八百五十九兩一錢八分八厘。

一、支發哈密、吐魯番、庫車、拜城四處回王俸銀四千八百兩。

一、支發古城旗營經費等項銀八萬四千四百二十一兩九分四厘。

一、支發刊刷《時憲書》工料銀四百九十九兩二錢。

一、支發阿克蘇道庫墊發二十三年分例款不敷銀一萬二千二百九十五兩二錢三分三厘。

一、支發解繳部庫煙土、茶稅并文武核減三成養廉銀二萬四千四百二十九兩一錢九分三厘。

一、支發伊犁滿營二十三、四兩年分糧料折價銀四萬六千九百六十兩。

以上共支發銀五十八萬八千九百二十兩一錢九分四厘。

實在：

一、存銀一百七十萬二十兩六錢一分四厘，内司庫存銀一百四十七萬一千四百六十兩二錢六分一厘，伊塔道庫存銀三千一百一十兩八分一厘，喀什噶爾道庫存銀二十二萬五千四百五十兩二錢七分二厘。

一、阿克蘇道庫墊發二十四年分例款不敷銀一萬二千七百三十九兩六錢五分八厘。

一、糧石項下

舊管：

一、存各色京斗糧七十五萬八千二百六十五石七升八合三勺。

新收：

一、收各色京斗糧二十四萬五千五百二十七石二斗六升八勺。

以上管、收共京斗糧一百萬三千七百九十二石三斗三升九合一勺。

開除：

一、支發各衙署書役口食京斗糧一萬三百七十六石五斗三升七合。

一、支發新疆巡撫衙門筆帖式二員家口、馬匹、米料折支京斗糧六十五石六升三合。

一、支發驛站書夫口食京斗糧四千八百八十石四斗一升六合。

一、支發古城、伊犁二旗營官弁俸米、食糧、馬料及喇嘛徒眾食糧京斗糧四萬六千一百一十三石七斗三升一勺。

一、支發孤貧口糧京斗糧三千四百一十二石二斗一升五合二勺。

一、支發監犯口糧京斗糧三石一斗八升七合二勺。

一、支發撫、提、鎮各標營并補支馬料京斗糧七百六十四石六斗一升五勺。

一、支發渡船水手并鑿修冰路民夫口食京斗糧三百七十三石一斗二升八合。

一、支發軍需、善後領用扣價京斗糧七萬五千五百九十四石二斗一升一合二勺。

一、支發平糶變賣京斗糧四萬八千一百八十五石。

一、支發英吉沙爾廳提存疏勒州倉京斗糧八千五百石。

一、支發吐魯番、烏什二廳所屬吐峪溝、布漠莊等處被災窮黎賑濟京斗糧一千一十五石六斗九升三合五勺。

以上共支發本色京斗糧一十九萬九千二百八十三石七斗九升一合七勺。

實在：

一、存各色京斗糧八十萬四千五百八石五斗四升七合四勺。

一、存民欠未完額糧本色京斗糧二千二百四十五石七斗六合一勺。

一、存民欠未完光緒十四、十五、十六、十七、十八、十九、二十、二十一、二十二、二十三等年京斗額糧三萬六千四百八十石五斗三升七合六勺。

一、存民欠未完十四、十五、十六、十七、十八、十九、二十、二十一、二十二、二十三等年京斗籽種糧一萬四千五十六石八斗八升九合六勺。

一、草束項下

舊管：

一、存草一千一百三十二萬一千一百八十四斤一十三兩二錢六分八厘。

新收：

一、收本色額草一千四百二十五萬五千四百五十二斤一十五兩一錢六分。

以上管、收共草二千五百五十七萬六千六百三十七斤一十二兩四錢二分八厘。

開除：

一、支發標營例馬及軍需、善後領用扣價并變賣陳草共草一千二百二十二萬九千九百四十一斤一十兩。

實在：

一、存草一千三百三十四萬六千六百九十六斤二兩四錢二分八厘。

（硃批）：覽。①

一二八、請銷光緒二十四年善後收支摺

光緒二十九年十一月二十五日（1904年1月12日）

甘肅新疆巡撫西林巴圖魯臣潘效蘇跪奏，爲造報甘肅新疆光緒二十四年分善後收支各款，謹繕清單，并分造總、散清册，懇恩飭部核銷，恭摺仰祈聖鑒事。

竊查甘肅新疆省善後各項經費奉准部咨，自光緒十六年起另提專案報銷，歷經遵照辦理已截至二十三年年底止分别造册請銷在案。兹據新疆糧臺詳稱：光緒二十四年分收支善後款目，自應仍接上案造報。查舊管項下，實存新餉平銀一十三萬八千九百一兩三錢四分三厘。新收項下，由防軍報銷册内提撥新疆、伊犁、塔城善後經費，并采買運脚、扣回平餘等項，共計新餉平銀一十六萬四千八十五兩二錢五分八厘。開除項下，支發新疆各屬義學塾師薪水，通商、善後、保甲、稽查、牛痘各局卡經費，羅布淖爾善後、招徠津貼、遷徙川資，渡船水手工食、防營薪糧、驛站經費，俄洋學館及電報局經費，新疆伊塔各項雜差車脚、口分，護送病故員弁靈柩夫價、車脚，義學購買紙張、筆墨，寶爾吉銀礦局員役薪水等項，新餉平銀一十七萬二千二百六十三兩八錢六分四厘。實存項下，截至光緒二十四年十二月底止，共存新餉平銀一十三萬七百二十二兩七錢三分七厘，應歸下案接續造報。造具總、散清册，詳請奏咨前來。

---

① 中國第一歷史檔案館藏：《清單》，檔號：03-6659-002。

臣覆查光緒二十四年分支發善後各款，均屬實用實銷，并無浮冒。除將清册分送各部外，相應繕具清單，謹會同陝甘總督臣崧蕃，恭摺具陳。伏乞皇太后、皇上聖鑒，飭部核銷施行。謹奏。光緒二十九年十一月二十五日。

（硃批）：該部知道，單并發。①

光緒三十年正月初四日，奉硃批：該部知道，單并發。欽此。②

一二九、呈新疆光緒二十四年善後收支清單

光緒二十九年十一月二十五日（1904年1月12日）

謹將甘肅新疆光緒二十四年分善後收支各款數目，繕具清單，恭呈御覽。

計開

舊管：

一、上案截至光緒二十三年十二月底止，實存新餉平銀一十三萬八千九百一兩三錢四分三厘。

新收：

一、收光緒二十四年分由防軍報銷册内劃撥新疆地方歲估善後經費新餉平銀七萬兩。

一、收光緒二十四年分由防軍報銷册内劃撥伊犁地方歲估善後經費新餉平銀六萬四千兩。

一、收光緒二十四年分由防軍報銷册内劃撥塔爾巴哈臺地方歲估善後經費新餉平銀三萬兩。

一、收光緒二十四年分本案報銷款内支發采買、運脚等款扣回平餘新餉平銀八十五兩二錢五分八厘。

以上四款共收新餉平銀一十六萬四千八十五兩二錢五分八厘。

開除：

---

① 中國第一歷史檔案館藏：《硃批原件》，檔號：04-01-35-1066-013。

② 中國第一歷史檔案館藏：《軍機録副》，檔號：03-6659-001。

一、除第一册支發新疆義學塾師薪水暨購買紙張、筆墨等項新餉平銀三萬二千九百九十九兩五錢。

一、除第二册支發新疆通商、善後各局委員薪水、經貼書、字職、護勇、通事、工匠工食等項新餉平銀二萬二千一百三兩五錢五分八厘。

一、除第三册支發新疆保甲、稽查局卡委員、經貼書、護勇、通事薪糧并紙張、油燭、筆墨等項新餉平銀二萬四千四百四十二兩四錢五分八厘。

一、除第四册支發新疆牛痘、醫藥各局醫生工食、跟役、通事、伙夫口食、油燭、紙張、藥資等項新餉平銀七千六百二十二兩三錢六分九厘。

一、除第五册支發新疆羅布卓爾善後、撫輯、屯防各局招安新户津貼、户民遷徙川資、騾脚，并修蓋房屋、制辦農器、什物等項新餉平銀一萬七百七十二兩。

一、除第六册支發新疆羅布淖爾善後各局、英格可立并卡克里克等處驛站書夫工食、驛馬料草、站價暨孔雀河渡船水手工食、歲修等項新餉平銀三千四百三十一兩。

一、除第七册支發伊犁、塔爾巴哈臺各旗員赴任回京旗及蒙、回王公進京、伊塔呈進貢馬往返車馬脚價、口分等項新餉平銀三千四百三十五兩三錢九分五厘。

一、除第八册支發新疆馬步各營旗及在任、在差病故員弁勇丁靈柩回籍夫價、口糧、米折并車脚等項新餉平銀三千一百五十八兩六錢九分八厘。

一、除第九册支發新疆羅布淖爾防營馬步隊、旗、哨員弁勇夫薪糧等項新餉平銀二萬四千三百八兩一錢六分。

一、除第十册支發新疆清、漢、俄、蒙文學翻譯館教習束脩、生徒膏火、奬賞、筆墨等項新餉平銀一千七百八十二兩一錢六分。

一、除第十一册支發新疆東、南、北三路電報總、分、子局及報房薪水、工食、紙張、筆墨、油燭等項經費新餉平銀三萬二千七百五兩三錢。

一、除第十二册支發寶爾吉銀礦局員役薪水、口糧并運脚等項新餉平銀五千五百三兩二錢六分六厘。

以上十二款，共計支發新餉平銀一十七萬二千二百六十三兩八錢六分四厘。統共開除新餉平銀一十七萬二千二百六十三兩八錢六分四厘，内應請户部核銷義學塾師薪水、通商、善後、保甲、稽查、牛痘各局卡經費、羅布淖爾善後招徠津貼、遷徙川資、渡船水手工食、防銀薪糧、俄洋學館及電報局經費、寶爾吉銀礦局費等項，新餉平銀一十六萬一千八兩七分一厘；又，應請兵部核銷羅布淖爾驛站經費、新疆、伊塔各項雜差車脚、口分、護送病故員弁靈柩夫價、車價等項新餉平銀九千七百九十二兩二錢九分三厘。又，應請工部核銷義學購買紙張、筆墨等項新餉平銀一千四百六十三兩五錢。

實在：一、截至光緒二十四年十二月底止，實存新餉平銀一十三萬七百二十二兩七錢三分七厘，應歸下案接續造報。

（硃批）：覽。[①]

一三〇、揀選古城滿營佐領防禦等缺摺

光緒二十九年十二月初一日（1904年1月17日）

甘肅新疆巡撫西林巴圖魯臣潘效蘇跪奏，爲揀員請旨簡放古城滿營佐領、防禦、驍騎校各缺，以實營伍，恭摺仰祈聖鑒事。

竊照古城滿營鑲黄正白旗佐領雅爾杭阿前請告休，經臣具奏，嗣奉硃批：雅爾杭阿著原品休致，賞食全俸，兵部知道。欽此。欽遵轉行在案。所遺佐領員缺，應即揀員請補，以資辦理旗務。兹據古城城守尉雙林在於應升合例人員内逐加考驗，擬具正、陪，查造清册，呈請奏補前來。

臣覆加揀選，所有該滿營鑲黄正白旗佐領雅爾杭阿告休遺缺，應以鑲白正藍旗防禦代理鑲黄正白旗佐領倭仁布擬正，軍功藍翎左翼蒙古旗防禦喜奎擬陪。倭仁布遞遺鑲白正藍旗防禦一缺，應以軍功藍翎右翼蒙古旗驍騎校代理鑲白正藍旗防禦桂斌擬正，正黄正紅旗驍騎校世襲恩騎尉有世擬陪。桂斌遞遺右翼蒙古旗驍騎校一缺，應以六品頂戴鑲黄正白旗前鋒校代理右翼蒙古旗驍騎校金和擬正，鑲紅鑲藍旗前鋒校熙昌擬陪。理合繕具清單，恭呈御覽，仰懇天恩簡放佐領一員、防禦一員、驍騎校一員，以實營伍。

除咨部外，謹會同伊犁將軍臣馬亮、陝甘總督臣崧蕃，恭摺具奏。伏乞皇太后、皇上聖鑒訓示。謹奏。光緒二十九年十二月初一日。

---

① 中國第一歷史檔案館藏：《清單》，檔號：03-6168-004。

（硃批）：均著擬正之員補授，兵部知道，單并發。[①]

光緒三十年正月初八日，奉硃批：均著擬正之員補授，兵部知道，單并發。欽此。[②]

一三一、呈揀選古城滿營佐領等缺清單

光緒二十九年十二月初一日（1904年1月17日）

謹將揀選古城滿營佐領、防禦、驍騎校各缺擬定正、陪人員，繕具清單，恭呈御覽。

雅爾杭阿因呈請原品休致，所遺鑲黃正白旗佐領一缺

揀選得鑲白正藍旗防禦代理鑲黃正白旗佐領倭仁布擬正，食俸餉四十五年，現年六十歲。姓卓特氏，馬步箭平等。

揀選得左翼蒙古旗防禦喜奎擬陪，食俸餉三十年，現年四十六歲。姓白佳氏，馬步箭平等。

倭仁布遞遺鑲白正藍旗防禦一缺

揀選得軍功藍翎右翼蒙古旗驍騎校代理鑲白正藍旗防禦桂斌擬正，食俸餉四十二年，現年五十七歲。姓李佳氏，馬步箭平等。

揀選得正黃正紅旗驍騎校世襲恩騎尉有世擬陪，食俸餉二十五年，現年三十九歲。姓鄂爾圖特氏，馬步箭平等。

桂斌遞遺右翼蒙古旗驍騎校一缺

揀選得六品頂戴鑲黃正白旗前鋒校代理右翼蒙古旗驍騎校金和擬正，食錢糧二十八年，現年四十二歲。姓舒穆魯氏，馬步箭平等。

揀選得鑲紅鑲藍旗前鋒校熙昌擬陪，食錢糧二十六年，現年四十一歲。姓章京氏，馬步箭平等。[③]

---

① 中國第一歷史檔案館藏：《硃批原件》，檔號：04-01-16-0276-063。

② 中國第一歷史檔案館藏：《軍機録副》，檔號：03-5962-004。

③ 中國第一歷史檔案館藏：《清單》，檔號：03-5962-005。

一三二、奏報二十四年司庫支發驛站經費摺

光緒二十九年十二月初一日（1904 年 1 月 17 日）

甘肅新疆巡撫西林巴圖魯臣潘效蘇跪奏，爲造報光緒二十四年分司庫支發通省驛站經費銀兩，分造總、散清册，懇恩飭部核銷，恭摺仰祈聖鑒事。

竊照新疆司庫支發驛站經費歷隨廉費、俸工等項，按年請銷。嗣准部咨，所有驛站用款應照成例題報核銷等因，業經臣將二十三年分支發驛站經費提歸另案，仍請變通成例奏銷在案。兹據署新疆布政使李滋森詳稱：二十四年分，鎮迪、阿克蘇、喀什噶爾、伊塔四道屬共管原設及改增一百七十一驛，額設驛書一百七十一名、馬夫九百四十三名、驛馬一千八百八十六匹，自二十四年正月初一日起至十二月底止，照章應支工食、油燭、紙張、料草、站價、倒馬等項銀一十一萬九千七百九十六兩三錢一分，均已全數給領，造具總、散清册，詳請奏咨前來。

臣覆核無異，相應仰懇天恩飭部核銷，以清款項。除將清册送部外，謹會同陝甘總督臣崧蕃，恭摺具陳。伏乞皇太后、皇上聖鑒訓示。謹奏。光緒二十九年十二月初一日。

（硃批）：該部知道。①

光緒三十年正月初八日，奉硃批：該部知道。欽此。②

一三三、奏報新疆本年夏秋禾收成分數摺

光緒二十九年十二月初一日（1904 年 1 月 17 日）

甘肅新疆巡撫西林巴圖魯臣潘效蘇跪奏，爲查明甘肅新疆光緒二十九年夏、秋禾收成分數，繕具清單，恭摺仰祈聖鑒事。

---

① 中國第一歷史檔案館藏：《硃批原件》，檔號：04-01-35-1066-018。

② 中國第一歷史檔案館藏：《軍機録副》，檔號：03-7139-005。

竊查新疆每年收成分數，歷經奏報在案。玆據署新疆布政使李滋森詳稱：光緒二十九年，新疆通省夏、秋兩禾收成分數，據南北兩路各屬先後申報，除阜康、綏來、鎮西等屬被災地畝不計外，按通省實在收成多寡均匀牽算，共計夏禾收成七分有餘，秋禾收成七分有餘。匯詳請奏前來。

臣覆核無異，相應繕具各屬收成分數清單，恭呈御覽。除咨部查照外，理合會同陝甘總督臣崧蕃，恭摺具陳。伏乞皇太后、皇上聖鑒。謹奏。光緒二十九年十二月初一日。

（硃批）：知道了。①

光緒三十年正月初八日，奉硃批：知道了。欽此。②

一三四、呈二十九年夏秋禾收成分數清單

光緒二十九年十二月初一日（1904年1月17日）

謹將甘肅新疆光緒二十九年各屬夏秋禾收成分數，開具清單，恭呈御覽。

計開

夏禾約收九分者：温宿府、疏勒府、英吉沙爾廳。

約收八分者：吐魯番廳、寧遠縣、温宿縣、拜城縣、烏什廳、疏附縣、伽師縣、莎車府、和闐州、洛浦縣。

約收七分者：孚遠縣、鄯善縣、綏定縣、葉城縣、皮山縣、巴楚州、于闐縣。

約收六分者：迪化縣、昌吉縣、奇臺縣、庫爾喀喇烏蘇廳、庫車州、沙雅縣、新平縣、婼羌縣。

約收五分者：阜康縣、綏來縣、哈密廳、精河廳、焉耆府、輪臺縣。

約收四分者：呼圖壁縣丞、塔爾巴哈臺廳。

約收三分者：鎮西廳。

---

① 中國第一歷史檔案館藏：《硃批原件》，檔號：04-01-23-0219-027。

② 中國第一歷史檔案館藏：《軍機録副》，檔號：03-6323-002。

秋禾約收九分者：迪化縣、吐魯番廳、寧遠縣、温宿府、温宿縣、烏什廳、疏附縣、英吉沙爾廳。

約收八分者：綏定縣、疏勒府、伽師縣、葉城縣、皮山縣、和闐州、于闐縣、洛浦縣。

約收七分者：呼圖壁縣丞、孚遠縣、鄯善縣、拜城縣、莎車府、巴楚州。

約收六分者：昌吉縣、綏來縣、奇臺縣、庫爾喀喇烏蘇廳、庫車州、沙雅縣、焉耆府、輪臺縣、新平縣、婼羌縣。

約收五分者：阜康縣、精河廳。

約收四分者：哈密廳。

約收二分者：塔爾巴哈臺廳。

再，鎮西廳天氣早寒，向不種植秋禾，故無分數。合并聲明。

（硃批）：覽。[①]

一三五、委任黄廷珍等署理同知等缺片

光緒二十九年十二月初一日（1904年1月17日）

再，署鎮西直隸廳同知尋選期滿遺缺，查有同知銜候補知縣黄廷珍，堪以委署。又，署綏來縣知縣任兆觀期滿遺缺，查有同知銜候補知縣楊名樹，堪以委署。據署布政使李滋森、署鎮迪道兼按察使銜慶秀會詳前來。

除由臣批飭分别給委外，謹會同陝甘總督臣崧蕃，附片具陳。伏乞聖鑒。謹奏。

（硃批）：吏部知道。[②]

光緒三十年正月初八日，奉硃批：吏部知道。欽此。[③]

---

① 中國第一歷史檔案館藏：《清單》，檔號：03-6323-003。

② 中國第一歷史檔案館藏：《硃批原件》，檔號：04-01-13-0409-050。

③ 中國第一歷史檔案館藏：《軍機録副》，檔號：03-5429-025。

一三六、奏報新疆本年八月雨雪糧價摺

光緒二十九年十二月初十日（1904年1月26日）

甘肅新疆巡撫西林巴圖魯臣潘效蘇跪奏，爲恭報光緒二十九年八月分糧價并得雨雪情形，謹繕摺具陳，仰祈聖鑒事。

竊照光緒二十九年七月分各屬糧價并得雨雪情形，業經臣奏報在案。兹據署新疆布政使李滋森詳稱：光緒二十九年八月分，鎮迪道屬迪化得雨，入土四寸；哈密得雨，入土二寸；昌吉、阜康、庫爾喀喇烏蘇得雨，入土一寸；綏來、奇臺微雨，鎮西微雪。伊塔道屬綏定得雨，入土五寸；寧遠、精河得雨，入土三寸；塔爾巴哈臺得雨，入土二寸。南路庫車、葉城微雨，餘均未得雨雪。至通省糧價，阜康、庫爾喀喇烏蘇、綏定、寧遠、塔爾巴哈臺、烏什、和闐、于闐等屬俱與上月相同，餘均有增減，匯詳請奏前來。

理合恭摺具陳，并繕糧價清單，敬呈御覽。伏乞皇太后、皇上聖鑒。謹奏。光緒二十九年十二月初十日。

（硃批）：知道了。①

光緒三十年正月十五日，奉硃批：知道了。欽此。②

一三七、呈新疆二十九年八月糧價清單

光緒二十九年十二月初十日（1904年1月26日）

謹將新疆各屬光緒二十九年八月分米糧時估價值，繕具清單，恭呈御覽。

計開八月分

鎮迪道屬

迪化縣：大米每京石價銀四兩八錢六分二厘，與上月相同。小麥每京石價銀

---

① 中國第一歷史檔案館藏：《硃批原件》，檔號：04-01-25-0580-038。

② 中國第一歷史檔案館藏：《軍機録副》，檔號：03-7022-015。

一兩九錢四分六厘，較上月增一錢四分二厘。豌豆每京石價銀二兩一分六厘，較上月增一錢四分四厘。青稞每京石價銀一兩二錢四分二厘，較上月減三分四厘。

昌吉縣：大米每京石價銀三兩九錢一分四厘，較上月增三錢五分八厘。小麥每京石價銀一兩四錢五分二厘，較上月增二錢一分九厘。豌豆每京石價銀一兩五錢八厘，較上月增一錢七分六厘。青稞每京石價銀七錢一分七厘，與上月相同。

阜康縣：粟米每京石價銀一兩五錢三分六厘，小麥每京石價銀一兩四錢六分，豌豆每京石價銀一兩五錢三分六厘，高粱每京石價銀七錢六分九厘，俱與上月相同。

綏來縣：大米每京石價銀三兩三錢四分四厘，較上月減一兩一錢五分八厘。小麥每京石價銀一兩五錢九分二厘，較上月增一錢六分六厘。豌豆每京石價銀一兩四錢九分七厘，與上月相同。高粱每京石價銀七錢一分，與上月相同。

奇臺縣：大米每京石價銀四兩四錢八分八厘，與上月相同。小麥每京石價銀一兩八錢三分九厘，較上月增三錢五分三厘。豌豆每京石價銀一兩七錢九分五厘，與上月相同。

吐魯番直隸廳：小麥每京石價銀一兩二錢六分七厘，較上月減六分四厘。大麥每京石價銀六錢三分五厘，與上月相同。高粱每京石價銀八錢七分二厘，與上月相同。黃豆每京石價銀一兩五錢三分，與上月相同。

鎮西直隸廳：小麥每京石價銀二兩一錢八分，較上月增一錢五分。豌豆每京石價銀一兩四錢八分，與上月相同。青稞每京石價銀一兩三錢，與上月相同。

哈密直隸廳：粟米每京石價銀二兩八錢八分，較上月增三錢六分。小麥每京石價銀一兩七錢九分八厘，較上月增四分二厘。豌豆每京石價銀一兩八錢，較上月增一錢八厘。青稞每京石價銀一兩四錢七分六厘，較上月增八分六厘。

庫爾喀喇烏蘇直隸廳：小麥每京石價銀一兩四錢二分，豌豆每京石價銀一兩七錢七分五厘，高粱每京石價銀一兩六分五厘，俱與上月相同。

伊塔道屬

綏定縣：大米每京石價銀五兩一錢八分，小麥每京石價銀一兩三錢八分，大麥每京石價銀九錢三分五厘，豌豆每京石價銀一兩二錢六分，俱與上月相同。

寧遠縣：大米每京石價銀四兩六錢七分三厘，小麥每京石價銀一兩五分，大麥每京石價銀七錢三分，豌豆每京石價銀九錢八分，俱與上月相同。

塔爾巴哈臺直隸廳：小麥每京石價銀一兩三錢七分五厘，大麥每京石價銀一兩一分三厘，豌豆每京石價銀一兩一錢六分八厘，俱與上月相同。

精河直隸廳：大米每京石價銀四兩四錢一分，與上月相同。小麥每京石價銀一兩八錢九分，較上月減一錢四分。大麥每京石價銀一兩五分，與上月相同。豌豆每京石價銀一兩六錢一分，與上月相同。

阿克蘇道屬

溫宿府：大米每京石價銀二兩一錢六分五厘，與上月相同。小麥每京石價銀一兩三分五厘，與上月相同。大麥每京石價銀四錢四分七厘，較上月減一分三厘。包穀每京石價銀八錢四分六厘，較上月減四厘。

拜城縣：小麥每京石價銀七錢三分，與上月相同。大麥每京石價銀四錢三分，較上月減二分。豌豆每京石價銀五錢二分，較上月減三分。包穀每京石價銀五錢二分，較上月減一分。

焉耆府：大米每京石價銀四兩五錢八分八厘，較上月減二錢九分六厘。小麥每京石價銀一兩七錢九分四厘，與上月相同。豌豆每京石價銀一兩一錢五分二厘，與上月相同。包穀每京石價銀一兩二錢八分，與上月相同。

庫車直隸廳：大米每京石價銀三兩三錢，較上月減三分。小麥每京石價銀九錢，與上月相同。豌豆每京石價銀六錢五分，與上月相同。包穀每京石價銀六錢，與上月相同。

烏什直隸廳：大米每京石價銀二兩一錢七分五厘，小麥每京石價銀六錢六分，大麥每京石價銀三錢二分一厘，包穀每京石價銀四錢五分八厘，俱與上月相同。

喀什噶爾道屬

疏勒府：大米每京石價銀三兩一錢六分五厘，較上月減五錢八分五厘。小麥每京石價銀一兩五錢九厘，較上月增二錢一分六厘。包穀每京石價銀一兩一錢五分一厘，較上月減二分一厘。高粱每京石價銀九錢三分三厘，較上月減一厘。

疏附縣：大米每京石價銀三兩一錢六分五厘，較上月減五錢八分五厘。小麥每京石價銀一兩五錢九厘，較上月增二錢一分六厘。包穀每京石價銀一兩一錢五分一厘，較上月減二分一厘。高粱每京石價銀九錢三分三厘，較上月減一厘。

莎車府：大米每京石價銀二兩九錢六分，與上月相同。小麥每京石價銀八錢五分五厘，與上月相同。大麥每京石價銀七錢五分，與上月相同。包穀每京石價銀七錢五分二厘，較上月增二分六厘。

葉城縣：大米每京石價銀三兩三錢五分，較上月減五分。小麥每京石價銀八錢七分，較上月增一錢二分。包穀每京石價銀八錢，較上月增一錢七分。

和闐直隸州：大米每京石價銀三兩一分，小麥每京石價銀九錢八分，包穀每京石價銀五錢九分，青稞每京石價銀六錢四分，俱與上月相同。

于闐縣：大米每京石價銀三兩五錢，小麥每京石價銀一兩二分，包穀每京石價銀六錢一分，俱與上月相同。

英吉沙爾直隸廳：大米每京石價銀三兩八錢，較上月減四錢五分六厘。小麥每京石價銀一兩七厘，與上月相同。大麥每京石價銀六錢二分七厘，與上月相同。包穀每京石價銀七錢六分三厘，與上月相同。

巴楚州：大米每京石價銀三兩七錢，較上月減二錢。小麥每京石價銀一兩四錢，與上月相同。包穀每京石價銀八錢二分，與上月相同。

（硃批）：覽。①

一三八、請將精河營參將改隸伊犁鎮屬摺

光緒二十九年十二月初十日（1904年1月26日）

頭品頂戴陝甘總督臣崧蕃、甘肅新疆巡撫西林巴圖魯臣潘效蘇跪奏，爲新疆撫標所屬精河參將擬請改隸伊犁鎮，就近管轄，以裨地方，恭摺仰祈聖鑒事。

竊惟新疆幅員周二萬里，通省營伍向分五標，北路鎮迪道屬地方近省各營隸巡撫本標，東路鎮西哈密、奇臺各營隸巴里坤鎮標，南路喀什噶爾道屬地方分駐各營隸喀什噶爾提標，阿克蘇道屬地方分駐各營隸阿克蘇鎮標，西路伊塔道屬地方分駐各營隸伊犁鎮標，界限分明，督察均便。惟伊塔道屬精河廳地方向設參將一員、守備一員、步隊一營、馬隊一旗，係隸巡撫本標，距省千有餘里，平日調省合操，諸多不便；點驗察閱，鞭長莫及。

查前次欽奉上諭：陸軍須歸并訓練，方能得力，著各該督撫各就地方形勢，量更舊汛，合營并操，畫一訓練等因。自應欽遵辦理。精河距伊犁衹四百餘里，且伊犁鎮道均歸將軍節制，若將撫屬精河一營改隸伊犁鎮就近管轄，實於營務、

---

① 中國第一歷史檔案館藏《單》，檔號：03-7022-016。

邊防均有裨益。惟撫屬庫爾喀喇烏蘇營從前分哨設防，與精河營定期會哨，互相稽查，將來精河營改隸伊犁鎮標，仍應照常與庫爾喀喇烏蘇營會哨，以資聯絡。如蒙俞允，飭部立案施行。

所有新疆撫標所屬精河營參將擬請改隸伊犁鎮屬就近管轄以裨地方各緣由，謹會同伊犁將軍臣馬亮、喀什噶爾提督臣焦大聚，恭摺具陳。伏乞皇太后、皇上聖鑒訓示。再，此摺係臣效蘇主稿。合并聲明。謹奏。光緒二十九年十二月初十日。

（硃批）：該部知道，片并發。①

光緒三十年正月十五日，奉硃批：該部知道，片并發。欽此。②

一三九、請將新疆洋務在事人員獎敘摺

光緒二十九年十二月初十日（1904年1月26日）

甘肅新疆巡撫西林巴圖魯臣潘效蘇跪奏，爲新疆洋務繁難，在事人員歷時已久，不無微勞，援案籲懇天恩，准給獎敘，恭摺仰祈聖鑒事。

竊查新省自與俄國通商，凡照約准設領事地方，如省城、喀什噶爾、伊犁、塔爾巴哈臺等處，均設有中俄通商局及通商卡倫，揀派委員、翻譯人等，辦理交涉一切事件，并稽查出入商務，歷經各前任撫臣奏報有案。蓋中俄接壤南北互數千里，分界以後，布魯特、哈薩克諸族依違兩端，有華籍者，有俄籍者，甚或一家之中半華半俄，一人之身，忽華忽俄，因事紛争，隨意避就。此外安集延亂時，流寓中土之衆、陝西回匪、曩年逃居俄境之人，來往經商，互相勾引，其中情僞百出，動啓猜嫌。每遇交涉轇轕紛紜，殊難著手。溯自開辦以來，在事各員均能隨時因應，慎固邦交。其辦理之艱難，固有什伯於尋常者，洵屬不無微勞足録，特以從前并未奏獎有案，未敢遽請獎敘。光緒二十八年，科布多參贊大臣奏改稽查俄商局爲洋務局，聲請仿照南北洋章程，將在事人員每届三年給予保獎，

① 中國第一歷史檔案館藏：《硃批原件》，檔號：04-01-16-0276-086。

② 中國第一歷史檔案館藏：《軍機録副》，檔號：03-5962-017。

經外務部議准，於二十八年七月十七日奉旨：依議。欽此。欽遵咨行前來。

新疆事同一律，而洋務之繁重，且較科布多數倍過之。在辦事各員雖不敢少有觖望，然以此例，彼何嘗不希冀恩施。竊維懋賞之典，朝廷用以勵有勞甄叙之權，疆臣藉以策群力。矧值此餉項奇絀，廪給匪優，亦惟此章服階級之榮，恃以爲維繫人材之具，合無仰懇天恩，准臣查明光緒二十九年以前歷辦洋務出力人員，擇優酌保，以勵前勞；以後自三十年起，即照科布多奏准成案，在事人員如果得力，每届三十年酌保一次，以策後效。通省四局各卡每次以十數員爲率，決不敢稍涉冒濫。如蒙俞允，伏懇飭部遵照立案。

是否有當？謹會同伊犁將軍臣馬亮、陝甘總督臣崧蕃、塔爾巴哈臺參贊臣春滿①，恭摺具陳。伏乞皇太后、皇上聖鑒訓示。謹奏。光緒二十九年十二月初十日。

（硃批）：外務部議奏。②

光緒三十年正月十五日，奉硃批：外務部議奏。欽此。③

【案】光緒三十年二月初十日，總理王大臣奕劻等奏報議覆新疆巡撫潘效蘇請奬辦理洋務出力人員一案情形，曰：

臣奕劻等跪奏，爲遵旨議奏，恭摺仰祈聖鑒事。

竊光緒三十年正月十五日，准軍機處鈔交甘肅新疆巡撫潘效蘇奏新疆洋務繁難，在事人員援案懇給奬叙一摺，奉硃批：外務部議奏。欽此。欽遵到部。查原奏稱：新省自與俄國通商，凡照約准設領事地方，如省城、喀什噶爾、伊犁、塔爾巴哈臺等處，均設有中俄通商局及通商卡倫，揀派委員、翻譯人等，辦理交涉一切事件，并稽查出入商務，歷經各前任撫臣奏報有案。溯自開辦以來，在事各員均能隨時因應，慎固邦交，不無微勞足録，請照光緒二十八年科布多參贊大臣奏准成案，查明光緒二十九年以前歷辦洋務出力人員，擇優酌保，以後每届三十年酌保一次，通省四局各卡每次以十數員爲率等語。

---

① 春滿（1839—1905），字少珊，滿洲鑲白旗人，伊爾根覺羅氏，克勇巴圖魯。同治二年（1863），充吉林伊通驍騎校。三年（1864），補三姓正白旗防禦。四年（1865），擢吉林滿洲正黄旗佐領。七年（1868），調補烏拉正黄旗佐領，轉烏拉鑲白旗佐領。光緒三年（1877），加副都統銜。九年（1883），署理伊犁索倫領隊大臣，旋實授。十二年（1886），調補額魯特領隊大臣。同年，署理塔爾巴哈臺參贊大臣。十九年（1893），補授察哈爾領隊大臣。二十三年（1897）擢伊犁副都統。三十一年（1905），卒。

② 中國第一歷史檔案館藏：《硃批原件》，檔號：04-01-12-0633-034。

③ 中國第一歷史檔案館藏：《軍機録副》，檔號：03-5429-058。

臣等查新疆與俄接壤，南北綿亙數千里。近來交涉事件日益繁多，所有承辦洋務人員，邊徼奉差，歷經勤苦，自係實在情形。該撫請援照臣部議准科布多奏案懇給獎敘，應即准如所請，擇其尤爲出力者，奏請褒獎，以資鼓勵。惟吏部奏定章程，隨同南北洋大臣專辦洋務出力人員，自奉委之日起，扣滿三年請獎，以十員爲率。嗣後該新疆省辦理洋務局卡，凡在事出力人員，每届三年酌保一次，亦應遵照定章，不得有逾十員之數。如蒙俞允，即由臣部咨行該撫欽遵辦理，并知照吏部備案。

所有遵議緣由，理合恭摺覆陳。伏乞皇太后、皇上聖鑒訓示。謹奏。二月初十日。

光緒三十年二月初十日，奉硃批：依議。欽此。①

一四〇、請將添改州縣壇宇祀典立案摺

光緒二十九年十二月初十日（1904年1月26日）

甘肅新疆巡撫西林巴圖魯臣潘效蘇跪奏，爲新疆添改各廳縣應設壇、廟、祠、宇祀典，請旨敕部立案，以重明禋，恭摺具陳，仰祈聖鑒事。

竊據署新疆布政使李滋森詳稱：新疆自建省以後，各屬祀典業經照例舉行。現在添設、改設各廳縣應行祭祀，典禮攸關，亟應一律釐定，以昭誠敬而符例章。除疏勒、莎車、温宿三直隸州知州改爲知府，庫車直隸廳同知改爲直隸州知州，瑪喇巴什直隸通判改爲知州，舊有祀典毋庸議及外，其莎車府屬新設蒲犁通判、皮山縣，疏勒府屬新設伽師縣，和闐直隸州屬新設洛浦縣，温宿府屬舊城巡檢改升温宿縣，焉耆府屬布告爾巡檢改升輪臺縣，卡克里克縣丞改升婼羌縣，庫車直隸州屬新設沙雅縣，吐魯番廳屬闢展巡檢改升鄯善縣，阜康縣屬濟木薩縣丞改升孚遠縣。

以上添設十廳、縣，擬請照例各額設文廟、武廟、文昌廟、社稷壇、神祇壇、先農壇、龍神祠一所，列入祀典，自光緒二十九年秋季起，一體春秋致祭。

---

① 臺北“故宫博物院”藏：《軍機及宫中檔》，文獻編號：158647。

每歲共需祭祀經費湘平銀一千三十三兩五錢二分，請由司庫作正開支，俾歸劃一。造具細數清摺，詳請奏咨前來。

臣覆核無異，相應請旨敕部立案，以重明禋。除將清摺咨部查照外，謹會同陜甘總督臣崧蕃，恭摺具陳。伏乞皇太后、皇上聖鑒訓示。謹奏。光緒二十九年十二月初十日。

（硃批）：該部知道。①

光緒三十年正月十五日，奉硃批：該部知道。欽此。②

一四一、請將劉謨援照原保給獎緣由片

光緒二十九年十二月初十日（1904年1月26日）

再，臣據署新疆布政使李滋森詳稱：鹽提舉銜候補州同劉謨於光緒二十四年七月在新疆捐輸局遵新海防例第二次案内由六品銜不論雙單月選用府經歷加捐州判，遞捐州同不論單雙月選用。旋奉部駁，欠實銀一百兩八錢，應令補交，當飭該員如數呈繳，經前任藩司文光匯入第五次正案，詳經咨部請照原案給獎，頒發執照在案。迄今數年之久，未奉部覆。光緒二十七年，新疆七載邊防案内由州同保俟補缺後，以知州用。旋奉部駁該員報捐州同，應令呈驗執照，再行核辦等因。查前項執照未奉頒給，理合詳請咨部核發給領，以昭信守。該員在新多年，隨營尋訪喀什極邊一帶，不辭勞瘁。所有邊防保案，并請奏咨請照原保給獎，免驗執照，等情。前來。

臣查該員劉謨樸誠歷練，邊防在事出力，經前撫臣饒應祺匯案保請俟補缺後以知州用，相應仰懇天恩飭部核發劉謨原捐州同執照，并將邊防保案照原保給獎，以示鼓勵而免向隅，出自鴻施逾格。

除咨部外，謹會同陜甘總督臣崧蕃，附片具陳。伏乞聖鑒訓示。謹奏。

（硃批）：該部知道。③

---

① 中國第一歷史檔案館藏：《硃批原件》，檔號：04-01-01-1059-055。

② 中國第一歷史檔案館藏：《軍機録副》，檔號：03-5571-003。

③ 中國第一歷史檔案館藏：《硃批原件》，檔號：04-01-35-0704-057。

光緒三十年正月十五日，奉硃批：該部知道。欽此。[①]

一四二、奏報同知袁運鴻留新辦理洋務片

光緒二十九年十二月初十日（1904年1月26日）

再，新疆緊與俄鄰，通商以來交涉事宜極爲重要，馴至今日，倍益繁難，辦理洋務必得熟習情形、善持大體之員，始克勝任。兹查有降選教職前新疆升用知府候補直隸州知州借補烏什直隸廳同知袁運鴻，於前撫臣劉錦棠任内委辦洋務有年，諸臻妥洽，曾以熟習邊情奏留新疆委用，旋借補烏什同知。光緒十九年，經前撫臣陶模以該員性情偏執，用人欠慎，奏改教職，清厘交代，隨即回籍。上年措資出關，適省城辦理通商事務需員，經臣委令入局會辦，冀資熟手。一年以來，凡遇交涉要件，均能盡心籌畫，因應咸宜。該員原日參案較輕，并無營私骫法劣迹，近已深知愧奮。邊地人材缺乏，自應棄短録長。檢查部章：凡參革降調人員委辦差務，應准奏咨立案，合無仰懇天恩俯念通商關重，准將降選教職前新疆升用知府候補直隸州知州烏什同知袁運鴻留於新疆辦理洋務，俾收得人之效，并懇飭部立案，以符定章。除履歷咨部外，謹附片具奏。伏乞聖鑒訓示。謹奏。

（硃批）：該部知道。[②]

光緒三十年正月十五日，奉硃批：該部知道。欽此。[③]

一四三、查明被灾地方來春酌籌調劑片

光緒二十九年十二月初十日（1904年1月26日）

再，臣於光緒二十九年十一月二十六日承准軍機大臣字寄：光緒二十九年十

---

① 中國第一歷史檔案館藏：《軍機録副》，檔號：03-5429-059。

② 中國第一歷史檔案館藏：《硃批原件》，檔號：04-01-13-0409-063。

③ 中國第一歷史檔案館藏：《軍機録副》，檔號：03-5429-060。

月初三日奉上諭：直隸、吉林、山東、廣東、廣西、甘肅、新疆、江蘇、陜西、湖北、浙江、雲南、江西曾報偏災，已飭各該將軍、督撫等妥籌撫恤。惟念來春青黄不接之時，民力未免拮据，著傳諭該將軍、督撫等體察情形，如有應行接濟之處查明，於封印以前奏到。此外，各該省有無被災地方應行調劑撫恤之處，著該將軍、督撫等一體查明具奏。欽此。遵旨寄信前來。仰見聖主軫念民依，無微不至，凡有血氣，感戴同深。

遵查新疆各屬本年夏秋禾收成，通計七分有餘，尚稱中稔。惟阜康、綏來兩縣被蝗，鎮西、吐魯番兩廳被凍，業將成災大概情形經臣查先後奏明，飭司移道委員，會同該廳縣印官查勘，分别量予賑撫，并造具被灾地畝結報，蠲緩本年應徵錢糧，藉紓民困，一俟該司詳轉至日，再行奏咨辦理。至此次被灾廳縣係屬一隅之地，已飭查察民情，來春青黄不接之時，於被灾各户仍飭該廳縣發給食糧、籽種，以資耕種，務使灾黎不至失所，以仰副聖朝子惠元元至意。

所有遵旨查明新疆被灾地方，來春酌籌調劑緣由，謹會同陜甘總督臣崧蕃，附片具陳。伏乞聖鑒。謹奏。

（硃批）：知道了。[①]

光緒三十年正月十五日，奉硃批：知道了。欽此。[②]

一四四、請將木壘河等守備改隸緣由片

光緒二十九年十二月初十日（1904年1月26日）

再，新疆地方遼闊，各營分段駐扎，本難遍及，自應隨時變通移駐，以資防守。兹查巴里坤鎮署木壘河守備，距該鎮營九站，計程七百餘里，差操點驗，諸多不便。木壘河四面戈壁，而通衝大道，巡護一切，諸關緊要。該處近接古城，巴里坤鎮標左營游擊向駐古城，就近管轄，操防均易聯絡，擬請將該守備改隸巴里坤鎮標左營游擊，作爲該游擊中旗守備。

① 中國第一歷史檔案館藏：《硃批原件》，檔號：04-01-02-0100-029。

② 中國第一歷史檔案館藏：《軍機録副》，檔號：03-7110-044。

又，吐魯番托克遜地方，自標營定章後，該處無營分駐，而道路紛歧窵遠，邏察非易，經前任撫臣饒應祺將塔城右旗馬隊調扎該處，擬請即將該馬隊一旗改隸吐魯番游擊，就近統馭，作爲吐魯番左旗守備。

又，哈密協標塔爾納沁屯田守備地處偏隅，頻年屯種，亦無大益。現在闢展巡檢改設鄯善縣治，地署衝衢，巡查彈壓，應駐防營。鄯善縣歸吐魯番廳屬，擬請將哈密協屬塔爾納沁屯田守備改隸吐魯番游擊，作爲吐魯番右旗守備，移駐鄯善縣，各專責成。似此變通移防，無需另添餉項，而於地方實有裨益。如蒙俞允，敬懇飭部立案施行。

謹會同伊犁將軍臣馬亮、塔爾巴哈臺參贊大臣臣春滿、喀什噶爾提督臣焦大聚，合詞附片具陳。伏乞聖鑒訓示。謹奏。

（硃批）：覽。①

光緒三十年正月十五日，奉硃批：覽。欽此。②

一四五、請以賀家棟補授洛浦縣知縣摺

光緒二十九年十二月十五日（1904年1月31日）

甘肅新疆巡撫西林巴圖魯臣潘效蘇跪奏，爲揀員請補新設知縣，以資治理，恭摺仰祈聖鑒事。

竊據署新疆布政使李滋森會同署鎮迪道兼按察使銜慶秀詳稱：新設洛浦縣知縣係由和闐、于闐兩州縣劃分土地，塞夫和、于之間，人民羼雜，撫輯匪易，應請定爲繁、難二項請調中缺，亟應遴員請補，以重職守。查南路從前新設各缺，經前撫臣劉錦棠奏准仿照吉林章程，由外先行揀補一次在案。

今新設洛浦縣知縣一缺，自應援照舊章請補。查有候補知縣賀家棟，現年三十四歲，湖南善化縣人，由附生於光緒二十一年三月初八日在甘肅捐局遵新海防例報捐貢生，加捐縣丞雙月選用。八月二十七日，經户部核准給照。十一月初

① 中國第一歷史檔案館藏：《硃批原件》，檔號：04-01-03-0066-024。

② 中國第一歷史檔案館藏：《軍機録副》，檔號：03-6039-005。

十日，在新疆新海防捐輸案内捐足三班，指分江西試用。嗣於會剿甘肅北大通踞匪、連克十人回莊案内奏保，二十二年十月初五奉上諭：著免補本班，以知縣仍留原省，歸候補班補用。欽此。二十四年，留新候補。二十八年，委代庫爾喀喇烏蘇直隸廳同知，十一月初三日到任，二十九年二月初二日卸事。

查該員賀家棟，賦性靈敏，行止端方，在新疆年久，邊情最爲熟悉，以之請補洛浦縣知縣，實堪勝任，人地亦極相宜，等情。詳請具奏前來。

臣查該員賀家棟，年力富强，才識明練，合無仰懇天恩俯念新設員缺需人治理，准以候補知縣賀家棟補授洛浦縣知縣，於地方實有裨益。仍俟試署期滿，果能稱職，另請實授。如蒙俞允，俟奉部覆，即行給咨送部引見，以符定制。

謹會同陝甘總督臣崧蕃，恭摺具奏。伏乞皇太后、皇上聖鑒訓示。謹奏。光緒二十九年十二月十五日。

（硃批）：吏部議奏。①

光緒三十年正月十八日，奉硃批：吏部議奏。欽此。②

一四六、請以左新藻借補伽師縣知縣摺

光緒二十九年十二月十五日（1903年1月31日）

甘肅新疆巡撫西林巴圖魯臣潘效蘇跪奏，爲揀員借補新設要缺知縣，以裨地方，恭摺具陳，仰祈聖鑒事。

竊據署新疆布政使李滋森會同署鎮迪道兼按察使銜慶秀詳稱：新設伽師縣知縣，東通巴楚州，西南與本管疏勒府接壤，北至巴圖瑪納克達坂，與俄國交界，東北直達烏什廳，地當衝要，五方雜處，彈壓撫綏，均關緊要，應請定爲衝、疲、難三項要缺，應即揀員請補，以資治理。查南路從前新設各缺，經前撫臣劉錦棠奏准，仿照吉林章程，由外先行揀補一次在案。今新設伽師縣知縣一缺，自應援照舊章請補。

① 中國第一歷史檔案館藏：《硃批原件》，檔號：04-01-12-0633-091。

② 中國第一歷史檔案館藏：《軍機録副》，檔號：03-5429-076。

查有四品銜候補知州左新藻，現年四十六歲，湖南湘陰縣人，由監生於光緒三年八月在浙江滇捐局遵籌餉例，報捐雙月選用通判。二十一年，投效湘軍，於克復甘肅西寧西北兩川及巴燕戎格廳屬水地川各逆巢、搜捕青海餘匪一律肅清案内，匯保免選本班，以知州遇缺即選，經部議准具奏，二十三年十二月初三日奉旨：依議。欽此。二十五年八月，留新候補。查該員左新藻，謹慎廉明，有爲有守，在新疆年久，邊情最爲熟悉，以之借補伽師縣知縣，實堪勝任，人地亦極相宜，且新疆知縣各缺歷經借補有案，等情。詳請具奏前來。

臣查該員左新藻，心地光明，才識穩練，合無仰懇天恩俯念新設要缺需員，准以四品銜候補知州左新藻借補伽師縣知縣，洵於地方有裨。仍俟試署期滿，果能稱職，另請實授。如蒙俞允，俟奉部覆，即行給咨送部引見，以符定制。

謹會同陝甘總督臣崧蕃，恭摺具奏。伏乞皇太后、皇上聖鑒訓示。謹奏。光緒二十九年十二月十五日。

（硃批）吏部議奏。①

光緒三十年正月十八日，奉硃批：吏部議奏。欽此。②

一四七、滿營糧料請按折色支給緣由摺

光緒二十九年十二月十五日（1904年1月31日）

甘肅新疆巡撫西林巴圖魯臣潘效蘇跪奏，爲古城滿營官兵歲需糧料，擬請按三季本色一季折色支給，以免賠累，懇恩飭部立案，恭摺仰祈聖鑒事。

竊照新疆滿營自光緒十四年遷并古城，經前任撫臣劉錦棠奏准撥給古城、东灣等處地二萬餘畝，以資屯種。旋因差操緊要，兵力無多，不能兼顧，屢請展緩，均經奏明奉旨允准欽遵在案。查原撥之地荒置已十餘年，内中間有民户墾熟之處。本年九月，據城守尉雙林呈請將原撥地畝奏案撤銷，經臣奏明滿營兵需糧料均由奇臺各處照數撥供，請將原撥地畝撤銷歸縣，招户承種升科在案。所有

① 中國第一歷史檔案館藏：《硃批原件》，檔號：04-01-12-0633-001。

② 中國第一歷史檔案館藏：《軍機録副》，檔號：03-5429-075。

該營官兵家口食糧、馬料，本應遵照向章每年支領本色一季、折色三季，以符定制。惟近年糧價昂貴，采買爲難，擬請變通辦理，少支折色，多支本色，由附近各縣攤撥供支，以示體恤而免賠累。雖公家不無虧貼，而兵丁受益良多。核計滿營官兵每年春、夏、冬三季應需本色京斗糧料一萬四千九百一十三石三斗六升八合八勺五抄。據城守尉雙林呈請定撥，等情。

臣飭署布政使李滋森分别定攤糧數，由孚遠縣撥糧四千石，阜康縣撥糧二千石，昌吉縣撥糧二千石，呼圖壁縣丞撥糧一千石。以上四處共撥糧九千石，脚糧均照伊犁滿營撥糧章程，每糧一石每百里亦按減半七升五合開支。其餘不敷五千九百一十三石三斗六升八合八勺五抄，概由奇臺縣如數撥給。該縣近在同城，毋庸開支脚糧，由布政司轉飭各屬遵照，按年照數撥支，給領具報。其每年秋季分仍照舊章，發給折色銀兩。

所有古城滿營官兵歲需糧料，擬請按三季本色、一季折色支給，以免賠累各緣由，理合仰懇天恩飭部立案，出自鴻慈。

除咨部查照外，謹會同伊犁將軍臣馬亮、陝甘總督臣崧蕃，恭摺具陳。伏乞皇太后、皇上聖鑒訓示。謹奏。光緒二十九年十二月十五日。

（硃批）：户部知道。①

光緒三十年正月十八日，奉硃批：户部知道。欽此。②

一四八、奏委成壽等護理佐領等缺片

光緒二十九年十二月十五日（1904年1月31日）

再，臣據古城城守尉雙林呈稱：右翼蒙古旗佐領富尼善年老禀請休致，并懇賞給俸銀，等情。經臣具奏請旨在案。所遺佐領員缺，據該城守尉呈稱，應即委員護理，以專責成。查有該旗防禦成壽，堪以護理。遞遺防禦員缺，查有鑲紅鑲藍旗驍騎校全象，堪以護理。遞遺驍騎校員缺，查有印房部缺筆帖式慶祥，堪以

---

① 中國第一歷史檔案館藏：《硃批原件》，檔號：04-01-01-1062-028。

② 中國第一歷史檔案館藏：《軍機録副》，檔號：03-5429-075。

護理，等情。呈請核辦前來。

臣覆核無異，除給委并咨部外，謹會同伊犁將軍臣馬亮、陝甘總督臣崧蕃，附片具陳。伏乞聖鑒，謹奏。

（硃批）：兵部知道。[①]

光緒三十年正月十八日，奉硃批：兵部知道。欽此。[②]

【案】此奏片之具奏日期，原件署“光緒三十年”，具體日期未確；録副以硃批日期代之，亦未確。據硃批日期查光緒三十年正月十八日《隨手檔》[③]“硃批潘效蘇摺”一欄，署有“報四百里、二十九年十二月十五日新疆省城發”等字樣。據此，此片具奏日期應爲“光緒二十九年十二月十五日”無疑。兹據校正。

一四九、奏報派員會辦中俄積案緣由摺

光緒二十九年十二月十七日（1904年2月2日）

伊犁將軍臣馬亮、甘肅新疆巡撫西林巴圖魯臣潘效蘇跪奏，爲喀什噶爾邊界中俄積案歷年未辦，擬照伊犁、塔城會辦司牙孜成案，選派大員會同俄官清理，以重交涉，恭摺仰祈聖鑒事。

竊查新疆北路伊犁、塔城、南路喀什噶爾沿邊一帶，均與俄境毗連，兩國交界人民錯處，種類龐雜，獷悍成性，互相劫殺，習爲故常。兼以訂約通商，往來貿易之人既多，雀角鼠牙，無時不有。彼此互控，兩國官員展轉行查，動輒累月經年不能了結。伊、塔兩處積案經前署伊犁將軍錫綸奏定，每届三年，派員會同俄官清理一次。俄語譯爲“司牙孜”，即猶華言“清理積案”。其法先由兩國邊界官員將未結各案事由及原、被人證姓名匯造清册，彼此互换，預定日期，擇中俄交界水草兩便地方，設立會所，兩國另派妥員，各帶辦事人等，届期同赴會所，傳集案内人證，秉公持平剖斷，不用中、俄法律，各隨其俗，察酌案情大小，或

① 中國第一歷史檔案館藏：《硃批原件》，檔號：04-01-17-0171-019。

② 中國第一歷史檔案館藏：《軍機録副》，檔號：03-5763-123。

③ 中國第一歷史檔案館藏：《軍機處隨手登記檔》，檔案編號：03-0318-1-1230-017。

罰或賠，或令入暫理處，一經斷結，兩造不得再有翻異，實於息事寧人、安邊睦鄰，均有裨益。歷經會辦有案。

喀什自設道通商以來將近二十年，并未辦過司牙孜，以致兩國民人互控未結之案積壓甚多，上則官長徒滋文牘之煩，下則邊氓難免拖累之苦。當此時局艱危，交涉之事日繁一日，因應之機亦日難一日，前項積案若再遲延时日，轇轕不清，不獨將來愈難辦理，且恐因此另生枝節。臣效蘇正擬飭喀什噶爾道與駐喀俄領事商辦間，兹據該道袁鴻祐詳准俄領事照會，亦因積案終無了期，擬照伊、塔成案，由兩國派員，定於明年俄曆六月二十日，即中曆五月二十日，在喀什所屬奇木霍爾罕地方會同辦理。適與臣效蘇意見相同，業經批准照辦，以清積牘而重交涉。惟初次開辦，情形未熟，意見難融，得其人則措施得當，固可化有爲無；不得其人則區處失宜，亦虞釀小成大。出口興戎，關係匪淺，必須一洞達邊情之員前往督辦，庶可隱消邊釁，益固邦交。

臣效蘇與臣亮往復籌商，惟有伊犁索倫營領隊大臣志鋭[①]，勤能敏練，聲望素孚，莅任以來，於伊犁邊界諸事與調任將軍長庚及臣亮，均能和衷商辦，力任其艱，中外人民咸深信服。上年伊犁會辦中俄積案，該大臣總司其事，悉協機宜，一月之間，結案一千七百餘件，實爲歷此辦理所無，經長庚奏明在案。本年臣亮奏派學生赴俄肄業，該大臣親自送往，措置諸臻妥協，於俄國政治、民情實能留心體察。此次喀什清理中俄積案，若令與俄官會商一切，必能使彼悦服，就我範圍。相應仰懇天恩俯准，即派該大臣前往督辦。如蒙俞允，再由臣等照會該大臣酌帶員弁，馳赴喀什，與俄官會辦，以昭慎重。

至會辦積案應需各項經費，擬請照伊犁成案，在於新疆善後項下作正開銷，由喀什道領支造報。其辦事人員，伊塔道定章每届准照尋常勞績，酌保文職二員、武職四員。此次司牙孜歷年既久，隨帶人員稍多，事竣後擬由臣效蘇援案擇尤酌保數員，以示鼓勵。

是否有當？理合恭摺具陳。伏乞皇太后、皇上聖鑒訓示。再此摺係臣效蘇主

---

① 志鋭（1852—1912），字伯愚、廓軒，號公穎、迂安、姜盦，滿洲正紅旗人。光緒二年（1876），鄉試中舉。六年（1880），中式進士，改翰林院庶吉士，散館授編修，旋補翰林院侍讀。光緒十五年（1889），充詹事府詹事。二十年（1894），升禮部右侍郎。同年，充會試朝考閲卷大臣。是年，調補烏里雅蘇臺參贊大臣。二十五年（1899），轉伊犁領隊大臣。三十二年（1906），遷寧夏副都統。宣統二年（1910），擢杭州將軍。三年（1911），調伊犁將軍，加太子少保。1912 年 1 月，辛亥革命中被殺。著有《同聽秋聲館長短句》、《廓軒竹枝詞百首》、《寧西藏賦》、《魁城賦》等行世。

稿。合并聲明。謹奏。光緒二十九年十二月十七日。①

光緒三十年正月二十六日，奉硃批：著照所請。欽此②。

一五〇、請以錢炳煥補授皮山縣知縣摺
光緒二十九年十二月二十日（1904年2月5日）

甘肅新疆巡撫西林巴圖魯臣潘效蘇跪奏，爲揀員請補新設要缺知縣，以資治理，恭摺具陳，仰祈聖鑒事。

竊據署新疆布政使李滋森會同署鎮迪道兼按察使銜慶秀詳稱：新設皮山縣知縣係由葉城縣劃撥地界，東與和闐接壤，南多卡倫，爲温鄰斯坦商民來往要道，稽查彈壓，治理匪易，應請定爲衝、疲、難三項要缺，亟應揀員請補，以重職守。查南路從前新設各缺，經前撫臣劉錦棠奏准仿照吉林章程由外先行揀補一次在案。

今新設皮山縣知縣一缺，自應援照舊章請補。查有現署巴楚州知州同知銜候補知縣錢炳煥，年七十一歲，係湖北蒲圻縣人，由文童於同治五年投效甘肅軍營，克復狄道州城案内匯保，十年三月二十八日奉上諭：著以從九品遇缺儘先選用。欽此。克復渭源狄道城池、擊退金積堡竄逆、剿辦岷州潰卒案内匯保，十年十一月初十日奉上諭：著賞戴藍翎。欽此。光緒二年，隨隊出關，歷次剿辦陝回擒斬净盡、西北兩路肅清案内匯保，六年六月十一日奉上諭：著免選本班，以府經歷留於甘肅，歸軍功候補班前遇缺儘先即補，并隨帶軍功加一級。欽此。九年六月，委署伊犁綏定城巡檢。收還伊犁、歷年剿辦竄匪案内匯保免補本班，以知縣仍留原省，歸軍功候補班前遇缺儘先即補，并請賞加同知銜。十一年二月初一日奉旨：著照所請。欽此。十三年十月，以知縣歸省候補。十五年五月初三日，丁父憂，給咨回籍守制。十七年八月初三日，服滿起復，十八年四月二十三日回省。二十三年，委署拜城縣知縣，二十四年二月初四日到任，二十五年八月初一

---

① 臺北“中央研究院”近史所藏：《外交檔案》，館藏號：02-10-019-01-018。

② 此奉旨日期與内容，據《軍機處随手登記檔》（檔案編號：03-0318-1-1230-025）校補。

日卸事。二十九年，委署巴楚州知州，五月初七接印任事。

查該員錢炳煥，諳達時務，公正廉明，歷署各缺，辦理一切，諸臻妥協，并無參罰案件；在新疆年久，邊情最爲熟悉，以之請補皮山縣知縣，實堪勝任，人地亦極相宜，等情。詳請具奏前來。

臣查該員錢炳煥，悃愊無華，勤廉自愛，合無仰懇天恩俯念新設要缺需員，准以現署巴楚州知州同知銜候補知縣錢炳煥補授皮山縣知縣，洵於地方有裨。如蒙俞允，俟奉部覆，即行給咨送部引見，以符定制。

謹會同陝甘總督臣崧蕃，恭摺具陳。伏乞皇太后、皇上聖鑒訓示。謹奏。光緒二十九年十二月二十日。

（硃批）：吏部議奏。①

光緒三十年正月二十六日，奉硃批：吏部議奏。欽此。②

一五一、請以魯鼎緒補授温宿縣知縣摺

光緒二十九年十二月二十日（1904年2月5日）

甘肅新疆巡撫西林巴圖魯臣潘效蘇跪奏，爲揀員請補改設要缺知縣，以裨地方，恭摺具陳，仰祈聖鑒事。

竊據署新疆布政使李滋森會同署鎮迪道兼按察使銜慶秀詳稱：原設温宿直隸州屬舊城巡檢改升温宿縣知縣，地當冰嶺，與伊犁緊接，時有俄商、土客纏回，往來貿易，均出其途。稽查彈壓，最關緊要，應請定爲衝、繁、難三項要缺，亟應遴員請補，以資治理。查南路從前新設各缺，經前撫臣劉錦棠奏准仿照吉林章程由外先行揀補一次在案。

今改設温宿縣知縣一缺，自應援照舊章請補。查有現署新疆布政司經歷同知銜候補知縣魯鼎緒，年四十七歲，湖北東湖縣人，由文童於光緒十七年在新疆藩庫遵新海防例，報捐監生，加捐縣丞雙月選用。十八年，留新疆候補。二十一

---

① 中國第一歷史檔案館藏：《硃批原件》，檔號：04-01-12-0633-016。

② 中國第一歷史檔案館藏：《軍機録副》，檔號：03-5429-132。

年十月，復遵新海防例，報捐以縣丞不論雙單選用。塔爾巴哈臺九年防軍出力案内奏保，俟得缺後以知縣儘先補用，并加六品銜，經部議准，二十二年四月初二日具奏，奉旨：依議。欽此。二十三年二月，借補莎車直隸州吏目，八月初一日先行到任，九月初四日奉部覆准，照例以是日作爲知縣到省候補日期。二十七年正月二十二日，俸滿交卸。八月，在新疆藩庫遵陝西賑捐例，加捐同知銜。新疆七載防戍案内奏保，俟補知縣缺後以直隸州知州用，經部議准。二十八年十二月初八日具奏，奉旨：依議。欽此，旋委署布政司經歷。二十九年正月初二日，接印任事。現在莎車直隸州吏目改升莎車府經歷，應將該員照例歸入裁缺即用班内補用。

查該員魯鼎緒，心明質樸，爲守兼優，正、署各任内辦理一切，悉臻妥協，并無參罰案件；在新疆年久，邊情最爲熟悉，以之請補温宿縣知縣，實堪勝任，人地亦極相宜，等情。詳請具奏前來。

臣查該員魯鼎緒，才猷穩練，局度安詳，合無仰懇天恩俯念要缺需員，准以同知銜候補知縣魯鼎緒補授温宿縣知縣，於地方實有裨益。如蒙俞允，俟奉部覆，再行給咨送部引見，以符定制。

謹會同陝甘總督臣崧蕃，恭摺具奏。伏乞皇太后、皇上聖鑒訓示。謹奏。光緒二十九年十二月二十日。

（硃批）：吏部議奏。[①]

光緒三十年正月二十六日，奉硃批：吏部議奏。欽此。[②]

一五二、請以唐寶臣補授巴里坤鎮游擊摺

光緒二十九年十二月二十日（1904年2月5日）

甘肅新疆巡撫西林巴圖魯臣潘效蘇跪奏，爲揀員請補游擊員缺，以裨營伍，恭摺仰祈聖鑒事。

竊照新疆巴里坤鎮標中營游擊宋賢聲，經前撫臣饒應祺奏請借補哈密協副將

① 中國第一歷史檔案館藏：《硃批原件》，檔號：04-01-12-0633-017。
② 中國第一歷史檔案館藏：《軍機録副》，檔號：03-5429-135。

員缺，奉旨允准在案。旋准部咨：所遺游擊員缺係題補之缺，應令迅揀合例人員請補等因。臣查巴里坤鎮標中營游擊，有管理錢糧之責，非廉明勤幹之員，難期勝任。兹查有迪化城守協中旗中軍都司在任候補游擊雲騎尉世職唐寶臣，精明强幹，熟悉營務，在新疆帶隊，補署各缺多歷年所，以之請補巴里坤鎮標中營游擊員缺，洵堪勝任，於地方、營伍均有裨益。合無仰懇天恩俯准以在任候補游擊雲騎尉世職唐寶臣補授巴里坤鎮標中營游擊員缺，以重操防。如蒙俞允，敬懇飭部發給劄付，俟防務大定，即行給咨送部引見，以符定制。

所遺迪化城守協中旗都司員缺，容臣另行揀員請補。除飭取該員履歷咨部外，謹會同陝甘總督臣崧蕃、喀什噶爾提督臣焦大聚，恭摺具陳。伏乞皇太后、皇上聖鑒訓示。謹奏。光緒二十九年十二月二十日。

（硃批）：兵部議奏。①

光緒三十年正月二十六日，奉硃批：兵部議奏。欽此。②

一五三、請以李捷榮補授巴里坤鎮游擊摺

光緒二十九年十二月二十日（1904年2月5日）

甘肅新疆巡撫西林巴圖魯臣潘效蘇跪奏，爲揀員請補游擊員缺，以重操防，恭摺仰祈聖鑒事。

竊照新疆巴里坤鎮標左營游擊易盛富，前經臣奏請借補喀什噶爾提屬回城協副將員缺，奉旨允准在案。旋准部咨：所遺游擊員缺係題補之缺，應令迅揀合例人員請補等因。臣查巴里坤鎮標左營游擊，駐扎古城地方。古城四面衝衢，五方雜處，游民、匪類，出没其間，彈壓巡防，在在均關緊要。且北邊草地寬延遼闊，商賈往來數千餘里，尤須與科布多防營遙聯聲氣，以資保衛。非得熟悉情形、勤明幹練之員，難期勝任。

兹查有花翎留甘肅新疆儘先即補游擊李捷榮，熟悉營務，剛毅有爲，在新疆

① 中國第一歷史檔案館藏：《硃批原件》，檔號：04-01-16-0276-090。

② 中國第一歷史檔案館藏：《軍機録副》，檔號：03-5962-046。

年久，帶隊素稱得力，於各處地方情形亦極爲明悉。自到塔城綏靖右營馬隊守備任以來，操練、巡防皆能認真經理，以之借補斯缺，洵堪勝任，人地亦屬相宜。合無仰懇天恩俯准以花翎留甘肅新疆儘先即補游擊李捷榮補授巴里坤鎮標左營游擊員缺，以裨營伍。如蒙俞允，敬懇飭部發給劄付，俟防務大定，即行給咨送部引見，以符定制。

所遺綏靖右營守備員缺，容臣咨明塔爾巴哈臺參贊大臣春滿，另行揀員請補。除飭取該員履歷清册咨部查核外，謹會同陝甘總督臣崧蕃、喀什噶爾提督臣焦大聚，恭摺具陳。伏乞皇太后、皇上聖鑒訓示。謹奏。光緒二十九年十二月二十日。

（硃批）：兵部議奏。①

光緒三十年正月二十六日，奉硃批：兵部議奏。欽此。②

一五四、密陳新疆現任文武官員考語摺

光緒二十九年十二月二十日（1904 年 2 月 5 日）

甘肅新疆巡撫西林巴圖魯臣潘效蘇跪奏，爲新疆現任提、鎮、城守尉、司、道、知府循例年終密考，繕具清單，恭摺仰祈聖鑒事。

竊查定例：各省提、鎮、司、道、知府等官，由督撫於年終出具考語，密行陳奏。新疆文武各官，歷經前任各撫臣密陳在案。二十八年底，臣甫到任，未及辦理。兹本年又已届期，自應循例辦理。臣惟吏治不修，民心所由變也；士氣不振，外侮所由生也。是故察吏安民，司道宜先廉正；整軍經武，提鎮首貴嚴明。矧逼近强鄰，雜居種族，值時事艱難之會，處邊防緊要之區，尤在達變通權，剛柔互濟。武必緩急可恃，文必爲守兼優，民心固，庶足以靖内訌；士氣揚，乃克隱消邊患。臣在新疆年久，各員賢否，見聞有素。兹忝膺疆寄，復加考核，知之最詳，謹循例分别注考。

---

① 中國第一歷史檔案館藏：《硃批原件》，檔號：04-01-16-0276-092。

② 中國第一歷史檔案館藏：《軍機録副》，檔號：03-5429-136。

除實缺未到任及署事人員例不注考外，謹將現任提、鎮、城守尉、司、道、知府出具切實考語，密繕清單，恭呈御覽。伏乞皇太后、皇上御鑒。謹奏。光緒二十九年十二月二十日。

（硃批）：知道了，單留中。[①]

光緒三十年正月二十六日，奉硃批：知道了，單留中。欽此。[②]

一五五、呈二十九年新疆文武考語清單

光緒二十九年十二月二十日（1904年2月5日）

謹將光緒二十九年年底新省現任司、道、府、提、鎮、城守尉循例注考，密繕清單，恭呈御覽。

二品頂戴新授甘肅新疆布政使吴引孫，現年五十一歲，江蘇儀征縣人。該司現未到任，例不加考。

二品頂戴署甘肅新疆布政使本任鎮迪道兼按察使銜李滋森，現年六十一歲，湖北興國州人，於光緒二十八年二月初一日到署事任。該署司才猷穩練，器識閎通，用人理財，措施悉當。

二品頂戴署鎮迪道兼按察使銜本任伊塔道慶秀，現年六十歲，鑲紅旗滿洲恒喜佐領下人，於光緒二十八年四月初七日到署事任。該道篤信交鄰，勤明莅政，有守有爲。

二品頂戴阿克蘇道江遇璞，現年七十九歲，湖北隨州人，於光緒二十五年八月二十日到任。該道老成練達，熟悉邊情。二品頂戴喀什葛爾道袁鴻祐，現年六十三歲，安徽泗州人，於光緒二十九年正月二十日到本任。該道廉明沈毅，表率有方。

鹽運使銜在任候補道迪化府知府潘震，現年五十四歲，安徽當塗縣人，於光緒二十九年十月二十七日接准部文，實授斯缺。該府實授未及三月，例不加考。

---

① 中國第一歷史檔案館藏：《硃批原件》，檔號：04-01-12-0633-015。

② 中國第一歷史檔案館藏：《軍機録副》，檔號：03-5429-140。

請補伊犁府知府彭緒瞻，現年五十五歲，湖南湘鄉縣人。該府甫經請補，尚未到任，例不加考。

鹽運使銜焉耆府知府劉嘉德，現年六十六歲，安徽霍邱縣人，於光緒二十七年四月初三日接准部文，實授斯缺。該府性情疏闊，人地不宜。

新設温宿府知府、新設疏勒府知府、新設莎車府知府，該府均尚未請補有人，現係署事人員，例不加考。

甘肅新疆喀什噶爾提督胡松額巴圖魯焦大聚，現年五十五歲，江蘇上元縣人，於光緒二十九年四月十三日到任。該提督性情肫摯，智勇沈忱，盡信勗忠，威望卓著。

頭品頂戴記名提督阿克蘇鎮總兵奇臣巴圖魯張宗本，現年六十六歲，山東鉅野縣人。該鎮現經請假回籍，例不加考。

伊犁鎮總兵馬安良，該鎮尚未到任，例不加考。再，查該員現在原籍督帶鎮南軍，履歷、官册未據呈送來新，無從查叙。合并聲明。

頭品頂戴記名提督巴里坤鎮總兵調署伊犁鎮總兵額騰依巴圖魯牛允誠，現年五十三歲，安徽宿州人，於光緒二十六年十月十六日到署事任。該鎮曉暢戎機，驍勇善戰。

二品銜古城城守尉世襲輕車都尉兼勳舊佐領雙林，現年五十四歲，鑲藍旗滿洲三甲本佐領臺吉蒙古，於光緒二十八年四月二十日到本任。該城守尉年富才明，諳悉旗務。①

一五六、奏委汪步端署伊犁知府等情片

光緒二十九年十二月二十日（1904年2月5日）

再，臣據署新疆布政使李滋森、署鎮迪道兼按察使銜慶秀會詳稱：伊犁地方種民錯處，與俄交涉，事務繁難，知府表率僚屬，必須明敏諳練、爲守兼優之員，方能整飭吏治、鎮服遠人。署理伊犁府知府奎光期滿遺缺，查有三品銜候補

① 中國第一歷史檔案館藏：《清單》，檔號：04-01-13-0405-021。

同知汪步端，精明穩練，通達時務，在伊犁年久，熟悉邊情，前任伊犁將軍臣長庚委辦一切，均能措置裕如；前署寧遠縣知縣，於交涉事件尤能睦鄰得體，毫無齟齬，以之委署伊犁府知府，洵於地方有益，人地亦極相宜。惟該員與現署伊塔道黄丙焜係屬兒女姻親，新疆變通辦理，該員等均係署任，應請免其迴避，等情。詳請具奏前來。

臣覆查無異，除批飭給委外，謹會同伊犁將軍臣馬亮、陝甘總督臣崧蕃，附片具陳。伏乞聖鑒訓示。謹奏。

（硃批）：吏部知道。①

光緒三十年正月二十六日，奉硃批：吏部知道。欽此。②

【案】此奏片之具奏日期，原件署“光緒三十年”，具體日期未確，録副以硃批日期爲之，亦未確。據硃批日期查光緒三十年正月二十六日《隨手檔》③“硃批潘效蘇摺”一欄，署有“報四百里、十二月二十日新疆省城發”等字樣。據此，此片具奏日期應爲“光緒二十九年十二月二十日”無疑。玆據校正。

一五七、請將新疆應認賠款援案撥解片

光緒二十九年十二月二十日（1904年2月5日）

再，新疆賠款連補關平共銀四十萬六千五百七十二兩。光緒二十九年分應解銀兩，分作二期撥解，每期應解銀三萬三千八百八十一兩，兩淮代解一、三、五、七、九五期銀一十六萬九千四百五兩，江蘇代解二、四、六、八四期銀一十三萬五千五百二十四兩，江西代解第十、十一、十二三期銀十萬一千六百四十三兩，均經各省咨明在案。

所有光緒三十年分應解賠款，自應援案辦理。惟准户部咨，預撥光緒三十年分甘肅新餉單内開兩淮原撥銀二十萬兩，議減銀一萬兩，應解銀十九萬兩，代

① 中國第一歷史檔案館藏：《硃批原件》，檔號：04-01-13-0409-051。

② 中國第一歷史檔案館藏：《軍機録副》，檔號：03-5962-048。

③ 中國第一歷史檔案館藏：《軍機處隨手登記檔》，檔案編號：03-0318-1-1230-025。

解新疆應認賠款十六萬九千四百五兩，實應解甘銀二萬五百九十五兩；江蘇原撥銀二十萬兩，議減銀一萬兩，實應解銀十九萬兩，代解新疆應認賠款十三萬五千五百二十四兩，及撥補厘金六萬兩，計不敷銀五千五百二十四兩，如何劃扣之處，應令新疆巡撫妥籌辦理等因。

臣查賠款緊要，所有光緒三十年分應解銀四十萬六千五百七十二兩，擬請援案辦理，仍由江蘇、江西、兩淮分期撥解。其江蘇不敷銀五千五百二十四兩，即在兩淮應解甘肅新餉銀二萬五百九十五兩内劃撥，就近解交江海關道查收，以足江蘇四期銀兩之數。其餘銀一萬五千七十一兩，仍由兩淮照章撥解。

所有光緒三十年分新疆應認賠款銀兩援案撥解及在兩淮協款内劃撥銀兩以補江蘇尾數各緣由，是否有當？理合附片陳明。伏乞聖鑒訓示。謹奏。

（硃批）：該部知道。①

光緒三十年正月二十六日，奉硃批：該部知道。欽此。②

【案】此奏片之具奏日期，原件署“光緒三十年”，具體日期未確，録副以硃批日期爲之，亦未確。據硃批日期查光緒三十年正月二十六日《隨手檔》③“硃批潘效蘇摺”一欄，署有“報四百里、十二月二十日新疆省城發”等字樣。據此，此片具奏日期應爲“光緒二十九年十二月二十日”無疑。兹據校正。

一五八、奏報新疆停辦彩票緣由片

光緒二十九年十二月二十日（1904年2月5日）

再，前准部咨，議覆微臣附奏開辦彩票一片内開：擬請飭下該撫切實核計，如果該省開辦彩票每年所得報款銀數較之廣西、浙江所請報效銀數大有所增，再行詳細具奏，請旨遵行。否則毋庸開辦，免致利少害多，徒變風氣，而於軍餉仍無甚裨益等因。於光緒二十九年閏五月初五日具奉，本日奉旨：依議。欽此。欽

① 中國第一歷史檔案館藏：《硃批原件》，檔號：04-01-35-0868-037。
② 中國第一歷史檔案館藏：《軍機録副》，檔號：03-6699-017。
③ 中國第一歷史檔案館藏：《軍機處隨手登記檔》，檔案編號：03-0318-1-1230-025。

遵咨行前來。

查新疆地方遠處荒瘠，人民、商賈遠不逮内地各省，且相沿邊俗風氣未開。臣前奏開辦彩票，亦以籌補賠款，冀於無可設法之中，聊爲集腋成裘之舉，本非得已。試辦以來，迄無起色，自應遵照部議，即行停辦。

除咨部查照外，謹附片具陳。伏乞聖鑒。謹奏。

（硃批）：户部知道。①

光緒三十年正月二十六日，奉硃批：户部知道。欽此。②

【案】此奏片之具奏日期，原件署“光緒三十年”，具體日期未確，録副以硃批日期爲之，亦未確。據硃批日期查光緒三十年正月二十六日《隨手檔》③“硃批潘效蘇摺”一欄，署有“報四百里、十二月二十日新疆省城發”等字樣。據此，此片具奏日期應爲“光緒二十九年十二月二十日”無疑。兹據校正。

---

① 中國第一歷史檔案館藏：《硃批原件》，檔號：04-01-35-0704-053。

② 中國第一歷史檔案館藏：《軍機録副》，檔號：03-5962-047。

③ 中國第一歷史檔案館藏：《軍機處隨手登記檔》，檔案編號：03-0318-1-1230-025。

光緒三十年

（1904 年）

〇〇一、奏報二十九年九月雨水糧價摺
光緒三十年正月二十二日（1904年3月8日）

甘肅新疆巡撫西林巴圖魯臣潘效蘇跪奏，爲恭報光緒二十九年九月分糧價并得雨雪情形，謹繕摺具陳，仰祈聖鑒事。

竊照光緒二十九年八月分各屬糧價并得雨雪情形，業經臣奏報在案。兹據署新疆布政使李滋森詳稱：光緒二十九年九月分，鎮迪道屬迪化得雨，入土五寸；昌吉、奇臺得雨，入土三寸；綏來得雨，入土二寸；阜康得雨，入土一寸；鎮西得雪，積地一尺；庫爾喀喇烏蘇得雪，積地四寸。伊塔道屬綏定、寧遠得雪，積地二寸；塔爾巴哈臺得雪，積地一寸；精河微雪，餘未得雨雪。至通省糧價，阜康、綏來、寧遠、温宿、烏什、于闐等屬俱與上月相同，其餘均有增減，匯詳請奏前來。

理合恭摺具陳，并繕糧價清單，敬呈御覽。伏乞皇太后、皇上聖鑒。謹奏。光緒三十年正月二十二日。

（硃批）：知道了。①

光緒三十年二月二十九日，奉硃批：知道了。欽此。②

〇〇二、呈新疆二十九年九月糧價清單
光緒三十年正月二十二日（1904年3月8日）

謹將新疆各屬光緒二十九年九月分米糧時估價值，繕具清單，恭呈御覽。

計開九月分

鎮迪道屬

迪化縣：大米每京石價銀四兩八錢二分九厘，較上月减三分三厘。小麥每京

① 中國第一歷史檔案館藏：《硃批原件》，檔號：04-01-25-0583-037。

② 臺北“故宫博物院”藏：《軍機及宫中檔》，文獻編號：159025。

石價銀二兩一錢九分三厘，較上月增二錢四分七厘。豌豆每京石價銀二兩一分六厘，與上月相同。青稞每京石價銀一兩二錢四分二厘，與上月相同。

昌吉縣：大米每京石價銀四兩二錢七分一厘，較上月增三錢五分七厘。小麥每京石價銀一兩六錢三分五厘，較上月增一錢八分三厘。豌豆每京石價銀一兩七錢一分九厘，較上月增二錢一分一厘。青稞每京石價銀七錢一分七厘，與上月相同。

阜康縣：粟米每京石價銀一兩五錢三分六厘，小麥每京石價銀一兩四錢六分，豌豆每京石價銀一兩五錢三分六厘，高粱每京石價銀七錢六分九厘，俱與上月相同。

綏來縣：大米每京石價銀三兩三錢四分四厘，小麥每京石價銀一兩五錢九分二厘，豌豆每京石價銀一兩四錢九分七厘，高粱每京石價銀七錢一分，俱與上月相同。

奇臺縣：大米每京石價銀四兩四錢八分八厘，與上月相同。小麥每京石價銀二兩四錢八分五厘，較上月增六錢四分六厘。豌豆每京石價銀二兩三分七厘，較上月增二錢四分二厘。

吐魯番直隸廳：小麥每京石價銀一兩一錢九分三厘，較上月減七分四厘。大麥每京石價銀六錢三分五厘，與上月相同。高粱每京石價銀八錢一分七厘，較上月減五分五厘。黄豆每京石價銀一兩五錢三分，與上月相同。

鎮西直隸廳：小麥每京石價銀二兩一錢八分，與上月相同。豌豆每京石價銀一兩七錢一分三厘，較上月增二錢三分三厘。青稞每京石價銀一兩五錢四分五厘，較上月增二錢四分五厘。

哈密直隸廳：粟米每京石價銀二兩八錢八分，與上月相同。小麥每京石價銀一兩八錢八分一厘，較上月增八分三厘。豌豆每京石價銀一兩九錢八分，較上月增一錢八分。青稞每京石價銀一兩三錢五分一厘，較上月減一錢二分五厘。

庫爾喀喇烏蘇直隸廳：小麥每京石價銀一兩五錢九分七厘，較上月增一錢七分七厘。豌豆每京石價銀一兩七錢七分五厘，與上月相同。高粱每京石價銀一兩六錢五厘，與上月相同。

伊塔道屬

綏定縣：大米每京石價銀五兩一錢八分，小麥每京石價銀一兩三錢八分，大麥每京石價銀九錢三分五厘，豌豆每京石價銀一兩二錢六分，俱與上月相同。

寧遠縣：大米每京石價銀四兩六錢七分三厘，小麥每京石價銀一兩五分，大麥每京石價銀七錢三分，豌豆每京石價銀九錢八分，俱與上月相同。

塔爾巴哈臺直隸廳：小麥每京石價銀一兩五錢四分六厘，較上月增一錢七分一厘。大麥每京石價銀一兩一分三厘，與上月相同。豌豆每京石價銀一兩一錢六分八厘，與上月相同。

精河直隸廳：大米每京石價銀四兩四錢一分，與上月相同。小麥每京石價銀一兩八錢九分，與上月相同。大麥每京石價銀一兩五分，與上月相同。豌豆每京石價銀一兩五錢四分，較上月減七分。

阿克蘇道屬

溫宿府：大米每京石價銀二兩一錢六分五厘，小麥每京石價銀一兩三分五厘，大麥每京石價銀四錢四分七厘，包穀每京石價銀八錢四分六厘，俱與上月相同。

拜城縣：小麥每京石價銀七錢三分，與上月相同。大麥每京石價銀四錢二分，較上月減一分。豌豆每京石價銀五錢二分，與上月相同。包穀每京石價銀五錢二分，與上月相同。

焉耆府：大米每京石價銀四兩五錢八分八厘，與上月相同。小麥每京石價銀二兩七分，較上月增二錢七分六厘。豌豆每京石價銀一兩一錢五分二厘，與上月相同。包穀每京石價銀一兩二錢八分，與上月相同。

庫車直隸州：大米每京石價銀三兩三錢四分，較上月增四分。小麥每京石價銀九錢五分，較上月增五分。豌豆每京石價銀六錢五分，與上月相同。包穀每京石價銀六錢五分，較上月增五分。

烏什直隸廳：大米每京石價銀二兩一錢七分五厘，小麥每京石價銀六錢六分，大麥每京石價銀三錢二分一厘，包穀每京石價銀四錢五分八厘，俱與上月相同。

喀什噶爾道屬

疏勒府：大米每京石價銀三兩二錢八分一厘，較上月增一錢一分六厘。小麥每京石價銀一兩八錢一分一厘，較上月增三錢二厘。包穀每京石價銀一兩四分六厘，較上月減一錢五厘。高粱每京石價銀八錢六分二厘，較上月減七分一厘。

疏附縣：大米每京石價銀三兩二錢八分一厘，較上月增一錢。小麥每京石價銀一兩八錢一分一厘，較上月增三錢二厘。包穀每京石價銀一兩四分六厘，較上月減一錢五厘。高粱每京石價銀八錢六分二厘，較上月減七分一厘。

莎車府：大米每京石價銀二兩八錢一分二厘，較上月減一錢四分八厘。小麥每京石價銀八錢五分五厘，與上月相同。大麥每京石價銀七錢二分五厘，較上月減二分五厘。包穀每京石價銀七錢五分二厘，與上月相同。

葉城縣：大米每京石價銀三兩三錢，較上月減五分。小麥每京石價銀九錢，較上月增三分。包穀每京石價銀八錢，與上月相同。

和闐直隸州：大米每京石價銀三兩八分，較上月增七分。小麥每京石價銀九錢八分，與上月相同。包穀每京石價銀五錢九分，與上月相同。青稞每京石價銀六錢四分，與上月相同。

于闐縣：大米每京石價銀三兩五錢，小麥每京石價銀一兩二分，包穀每京石價銀六錢一分，俱與上月相同。

英吉沙爾直隸廳：大米每京石價銀三兩八錢，與上月相同。小麥每京石價銀一兩一錢七分三厘，較上月增一錢六分六厘。大麥每京石價銀六錢二分七厘，與上月相同。包穀每京石價銀七錢六分三厘，與上月相同。

巴楚州：大米每京石價銀三兩三錢三分，較上月減三錢七分。小麥每京石價銀一兩四錢，與上月相同。包穀每京石價銀八錢二分，與上月相同。

（硃批）：覽。[①]

○○三、奏報阿克蘇道江遇璞病故緣由摺

光緒三十年正月二十二日（1904年3月8日）

甘肅新疆巡撫西林巴圖魯臣潘效蘇跪奏，爲道員因病出缺，照章扣留外補，恭摺仰祈聖鑒事。

竊據署温宿府知府聞端蘭申稱：阿克蘇道江遇璞[②]，現年八十歲，湖北隨州監生，由捐指江西分缺先補用知縣投效卓勝軍，累保花翎知府用補用直隸州知州。

---

① 臺北“故宫博物院”藏：《軍機及宫中檔》，文獻編號：159025-0-A。

② 江遇璞（1824—1904），湖北隨州人，監生。同治八年（1869），報捐知縣，指分江西，嗣投效卓勝軍。十年（1871），以功保知州。光緒二年（1876），賞戴藍翎。三年（1877），保升知府。十年（1884），换花翎。十二年（1886），經劉錦棠奏准留新補用。同年，署喀喇沙爾同知。十四年（1888），調署温宿直隸州知州。十五年（1889），借補喀喇沙爾同知，歷署和闐直隸州知州，兼護阿克蘇道。二十四年（1898），遷阿克蘇道，加二品頂戴。三十年（1904），因病出缺。

光緒十二年，留新候補，歷署喀喇沙爾廳同知、温宿、和闐各直隸州知州，兼護阿克蘇道，嗣借補喀喇沙爾廳同知。剿辦關外河湟竄匪肅清案内，保開缺免補知府，以道員留新補用，并加鹽運使銜。二十四年十一月，奏補阿克蘇道，二十五年八月二十日到任。新疆七載防戍案内，保加二品頂戴。二十九年十二月，偶感風寒，醫藥罔效，延至三十年正月初五日，在任病故，等情。詳請奏咨前來。

臣覆查無異。所遺阿克蘇道係衝、繁、疲三項要缺，從前設省時議定由外揀補，容臣會商督臣另行遴員請補，以重職守。除咨部外，謹會同陝甘總督臣崧蕃，恭摺具陳。伏乞皇太后、皇上聖鑒。謹奏。光緒三十年正月二十二日。

（硃批）：吏部知道。[①]

光緒三十年二月二十九日，奉硃批：吏部知道。欽此。[②]

○○四、請銷光緒二十五年司庫收支摺

光緒三十年正月二十二日（1904年3月8日）

甘肅新疆巡撫西林巴圖魯臣潘效蘇跪奏，爲造報新疆二十五年分司庫收支銀、糧、草束報銷，謹繕清單，懇恩飭部核銷，恭摺仰祈聖鑒事。

竊查前准部咨，令將新疆司庫收支銀、糧、草束自光緒十六年起分案造報題銷，仍造四柱總册奏咨等因，歷經遵照辦理，業將二十四年分司庫收支銀、糧、草束報銷總、散各册，經臣咨部開單具奏在案。兹據署新疆布政使李滋森詳稱：光緒二十五年分司庫收支各屬徵收本折糧草、地課、雜税等項，支發文武廉費、俸工、祭祀、驛站、孤貧等項經費及古城旗營俸餉、草束折價各項銀五十六萬二千八百六十兩二分二厘，又補支二十三、四兩年分新餉不敷提用司庫銀三十三萬六千兩，共銀八十九萬八千八百六十兩二分二厘、京斗糧二十一萬四百五十七石五斗一升八合六勺、草一千五百九十六萬三千三十二斤一十兩九錢，遵例分案造具總、散數目各清册，匯繕清單，詳請奏咨前來。

---

① 中國第一歷史檔案館藏：《硃批原件》，檔號：04-01-12-0634-019。

② 臺北“故宫博物院”藏：《軍機及宫中檔》，文獻編號：159018。

臣覆核無異。除將清册分送部、科外，理合繕具清單，恭呈御覽，仰懇天恩飭部核銷，俾令按年接續造報。謹會同陝甘總臣崧蕃，恭摺具陳。伏乞皇太后、皇上聖鑒訓示。謹奏。光緒三十年正月二十二日。

（硃批）：該部知道，單并發。①

光緒三十年二月二十九日，奉硃批：該部知道，單并發。欽此。②

○○五、呈光緒二十五年司庫收支清單

光緒三十年正月二十二日（1904年3月8日）

謹將新疆通省光緒二十五年分收支各款銀、糧、草束數目，繕具四柱清單，恭呈御覽。

計開

一、銀兩項下

舊管：

一、存銀一百七十萬二十兩六錢一分四厘。

新收：

一、收新餉項下撥解旗營經費并加撥銀八萬一千六百兩。

一、收新餉内提歸司庫例款不敷銀二十八萬八千兩。

一、收新餉内撥存司庫屯牧、練軍經費銀八萬八千三百二十兩。

一、收通省文武核減三成養廉銀九千三百六十四兩三錢五分五厘。

一、收園地課銀三千九百八十三兩三錢三分三厘。

一、收折色糧價銀五萬六百四十一兩一分九厘。

一、收折色草價銀五千七百八十五兩七錢七分六厘。

一、收牲税及餘銀七千五百兩八錢六厘。

一、收契税銀八千一百一十八兩二錢一分四厘。

---

① 中國第一歷史檔案館藏：《硃批原件》，檔號：04-01-35-1067-009。

② 臺北“故宫博物院”藏：《軍機及宫中檔》，文獻編號：159024。

一、收水磨碓課銀一萬四百九十九兩八錢。

一、收房租銀一千九百五兩七錢三分三厘。

一、收地租銀一千一百五十七兩四錢二分四厘。

一、收園租銀六十一兩四錢四分。

一、收金課銀七十四两八錢七厘。

一、收金砂變價銀二千三百三十八兩五錢六分。

一、收軍需、善後項下解繳各營旗及善後領用糧草價銀八萬一千二百三十五兩八錢五厘。

一、收伊犁滿營糧料價銀二萬三千一百六十兩。

一、收變賣糧草價銀四萬二千七百二十四兩八分。

一、收煙土、茶税銀一千八百三十九兩七錢七分二厘。

一、收文武各職并旗營經費減平銀二萬六千七百二十八兩四錢六分六厘。

一、收撫院筆帖式瑞山、豐紳泰二員長支款内二次扣清銀二百五十五兩。

一、收哈密回子親王沙木胡索特十五次應扣銀一千兩。

一、收阿克蘇道庫墊發二十五年分例款不敷銀一萬二千三百七十七兩九錢六分二厘。

一、收驛站書夫麵價銀六千四百八十七兩二錢。

一、收驛站倒馬缺曠料草銀八兩九錢六分。

以上二十五款，共新收銀七十五萬五千一百六十八兩五錢一分二厘，通共管、收銀二百四十五萬五千一百八十九兩一錢二分六厘。

開除：

一、支發文職廉俸、公費、工食銀一十九萬九千一百七十一兩六錢一分八厘。

一、支發驛站經費銀一十一萬三千七百七十一兩九錢一分七厘。

一、支發文職廉俸、薪蔬、紙紅、馬乾、料草、折價、世俸、鹽菜、鞦韆銀八萬五千二百五十六兩一錢八分七厘。

一、支發祭祀銀二千七百三十六兩九錢三分。

一、支發孤貧花布銀一千五百四十兩三分二厘。

一、支發渡船經費銀九百五十兩四分三厘。

一、支發哈密、庫車、吐魯番、拜城四處回子王公俸銀四千六百兩。

一、支發古城旗營經費銀七萬七千一百七十九兩三錢八分四厘。

一、支發刊刷謄黄工料銀四百三十四兩四厘。

一、支發刊刷《時憲書》工料銀四百九十三兩四錢四分。

一、支發阿克蘇道庫墊發二十四年分例款不敷銀一萬二千七百三十九兩六錢五分八厘。

一、支發新平縣采買糧價銀一百三十三兩八錢三分三厘。

一、支發伊犁滿營糧料折價銀二萬三千四百八十兩。

一、補支二十三、四兩年分新餉不敷提用司庫銀三十三萬六千兩。

一、支發解繳部庫煙土、茶、契各税并減平核減三成養廉銀四萬三百七十二兩九錢七分六厘。

以上共支發銀八十九萬八千八百六十兩二分二厘。

實在：

一、存銀一百五十五萬六千三百二十九兩一錢四厘，内司庫存銀一百三十萬一千五百四十五兩六錢二厘，伊塔道庫存銀三千五百四十兩八錢六分七厘，喀什噶爾道庫存銀二十五萬一千二百四十二兩六錢三分五厘。

一、阿克蘇道庫墊發二十二年分例款不敷銀一萬二千三百七十七兩九錢六分二厘。

一、糧石項下

舊管：

一、存各色京斗糧八十萬四千五百八石五斗四升七合四勺。

新收：

一、收各色京斗額糧二十三萬六千四百二十七石九斗六升七合九勺。

以上管、收共京斗糧一百四萬九百三十六石五斗一升三勺。

開除：

一、支發各衙署書役口食京斗糧一萬六百十八石八斗七升八合七勺。

一、支發巡撫衙門筆帖式二員家口、馬匹、米料、折支京斗糧六十五石一斗三合三勺。

一、支發驛站書夫口食京斗糧四千五百五石。

一、支發古城、伊犁二旗營官兵俸米、食糧、馬料及喇嘛徒眾食糧京斗糧五萬一千一百五十一石四斗五升一合二勺。

一、支發孤貧口食京斗糧三千一百七十一石三合七勺。

一、支發監犯口糧京斗糧二石九斗四升六合五勺。

一、支發撫、提、鎮各標營并補支馬料京斗糧五百四十九石四斗九升四合一勺。

一、支發渡船水手及鑿修冰路民夫口食京斗糧三百四十二石九斗一升六合。

一、支發軍需、善後領用扣價京斗糧九萬一千七百八十七石三斗四升四合八勺。

一、支發平糶變賣京斗糧四萬一百七十八石。

一、支發迪化縣提運呼圖壁巡檢倉京斗糧五千六十六石四斗。

一、支發迪化縣屬板房溝東工渠被灾户民賑糧京斗糧七百八十八石八斗五升。

一、支發拜城縣屬大板岐鴦斯塘不一大小黑米孜地等莊村被灾户民賑糧京斗糧一千二百一十六石四斗三升五勺。

一、支發濟木薩縣丞屬户民春借籽種京斗糧九百六十三石七斗。

以上共支發京斗糧二十一萬四百五十七石五斗一升八合六勺。

實在：

一、存各色京斗糧八十三萬四百七十八石九斗九升六合七勺。

一、存民欠未完本色京斗額糧二千七百五十二石四斗四升一勺。

一、存民欠緩徵本色京斗額糧一百三十五石一斗二升八合五勺。

一、存民借未還京斗籽種糧九百六十三石七斗。

一、存民欠未完光緒二十一、二、三、四等年京斗額糧一萬一千一十六石六斗二升一合一勺。

一、存民欠未完光緒二十一、二、三、等年京斗籽種糧三千九百四石三斗九升八合。

一、草束項下

舊管：

一、存草一千三百三十四萬六千六百九十六斤二兩四錢二分四厘。

新收：

一、收本色額草一千四百四十二萬七百七十斤一十兩四分。

以上管、收共草二千七百七十六萬七千四百六十六斤一十二兩四錢六分八厘。

開除：

一、支發標營例馬及軍需、善後領用扣價并變賣陳草一千五百九十六萬三千三十二斤一十兩九錢。

實在：

一、存草一千一百八十萬四千四百三十四斤一兩五錢六分八厘。

（硃批）：覽。①

〇〇六、請開去趙有正原補游擊實缺片
光緒三十年正月二十二日（1904年3月8日）

再，臣據署阿克蘇鎮總兵谷振傑呈稱：該鎮標中營實任游擊趙有正，於光緒二十一年奉調入關，迄今年久，尚未回標。現值整頓營務之際，該游擊爲閤標領袖，督率操練，兼理錢糧，在在均關緊要。該員既在甘省供差不能回任，自未便懸缺久待，應請奏明開缺，另行揀補，以專責成，等情。前來。

臣覆查所請係屬實在情形，相應仰懇天恩俯准開去趙有正原補阿克蘇鎮標中營游擊實缺，由臣另行揀員請補，以重營伍。

除咨部外，謹會同陝甘總督臣崧蕃、喀什噶爾提督臣焦大聚，合詞附片具陳。伏乞聖鑒訓示。謹奏。

（硃批）：兵部知道。②

光緒三十年二月二十九日，奉硃批：兵部知道。欽此。③

【案】此奏片之具奏日期，原件署"光緒三十年"，具體日期未確，録副未署具奏日期。據硃批日期查光緒三十年二月二十九日《隨手檔》④"硃批潘效蘇摺"一欄，署有"報四百里、正月二十二日發"等字樣。據此，此片具奏日期應爲"光緒三十年正月二十二日"無疑。兹據校正。

---

① 臺北"故宫博物院"藏：《軍機及宫中檔》，文獻編號：159024-0-A。

② 中國第一歷史檔案館藏：《硃批原件》，檔號：04-01-17-0171-018。

③ 臺北"故宫博物院"藏：《軍機及宫中檔》，文獻編號：159019。

④ 中國第一歷史檔案館藏：《軍機處隨手登記檔》，檔案編號：03-0318-1-1230-058。

○○七、奏委陳純治署理阿克蘇道篆片

光緒三十年正月二十二日（1904年3月8日）

再，阿克蘇道江遇璞病故遺缺，查有花翎二品頂戴鹽運使銜留新疆候補道陳純治，老成練達，爲守兼優，堪以委署。該道未到任以前，應委署温宿府知府聞端蘭暫行兼護。

除由臣分別給委外，謹會同陝甘總督臣崧蕃，附片具奏。伏乞聖鑒。謹奏。

（硃批）：吏部知道。[①]

光緒三十年二月二十九日，奉硃批：吏部知道。欽此。[②]

【案】此奏片之具奏日期，原件署“光緒三十年”，具體日期未確，録副未署具奏日期。據硃批日期查光緒三十年二月二十九日《隨手檔》[③]“硃批潘效蘇摺”一欄，署有“報四百里、正月二十二日發”等字樣。據此，此片具奏日期應爲“光緒三十年正月二十二日”無疑。兹據校正。

○○八、飭令知縣劉兆棟即赴本任片

光緒三十年正月二十二日（1904年3月8日）

再，署拜城縣知縣鄭有叙期滿遺缺，應以准補該縣知縣劉兆棟飭赴本任，以專責成。據署布政使李滋森、署鎮迪道兼按察使銜慶秀會詳前來。

除由臣批飭給委外，謹會同陝甘總督臣崧蕃，附片具奏。伏乞聖鑒。謹奏。

（硃批）：吏部知道。[④]

光緒三十年二月二十九日，奉硃批：吏部知道。欽此。[⑤]

---

① 中國第一歷史檔案館藏：《硃批原件》，檔號：04-01-13-0409-052。

② 臺北“故宫博物院”藏：《軍機及宫中檔》，文獻編號：159021。

③ 中國第一歷史檔案館藏：《軍機處隨手登記檔》，檔案編號：03-0318-1-1230-058。

④ 中國第一歷史檔案館藏：《硃批原件》，檔號：04-01-13-0409-053。

⑤ 臺北“故宫博物院”藏：《軍機及宫中檔》，文獻編號：159020。

【案】此奏片之具奏日期，原件署“光緒三十年”，具體日期未確，録副未署具奏日期。據硃批日期查光緒三十年二月二十九日《隨手檔》[①]“硃批潘效蘇摺”一欄，署有“報四百里、正月二十二日發”等字樣。據此，此片具奏日期應爲“光緒三十年正月二十二日”無疑。兹據校正。

○○九、奏報曾殿明請假回籍開缺片
光緒三十年正月二十二日（1904年3月8日）

再，臣據署伊犁鎮總兵官牛允誠呈稱，該標實任寧遠營中軍守備曾殿明請假回籍營葬終制，當經批准并取原領札付呈請開缺。又，實任中營左旗守備何振元因染患心氣疼痛，醫藥罔效，於光緒二十九年閏五月十六日在任病故，例應委員查取嫡親印、甘各結并原領札付，呈請核辦前來。

臣覆查無異，相應奏明開缺。所遺伊犁寧遠營中軍守備缺及鎮標中營左旗守備員缺，容臣另行揀員請補。除將曾殿明原領札付并故員何振元劄付、印、甘各結咨部外，謹會同伊犁將軍臣馬亮、陝甘督臣崧蕃、喀什噶爾提督臣焦大聚，附片具陳。伏乞聖鑒訓示。謹奏。

（硃批）：兵部知道。[②]

光緒三十年二月二十九日，奉硃批：兵部知道。欽此。[③]

【案】此奏片之具奏日期，原件署“光緒三十年”，具體日期未確，録副未署具奏日期。據硃批日期查光緒三十年二月二十九日《隨手檔》[④]“硃批潘效蘇摺”一欄，署有“報四百里、正月二十二日發”等字樣。據此，此片具奏日期應爲“光緒三十年正月二十二日”無疑。兹據校正。

---

① 中國第一歷史檔案館藏：《軍機處隨手登記檔》，檔案編號：03-0318-1-1230-058。

② 中國第一歷史檔案館藏：《硃批原件》，檔號：04-01-17-0171-017。

③ 臺北“故宫博物院”藏：《軍機及宫中檔》，文獻編號：159022。

④ 中國第一歷史檔案館藏：《軍機處隨手登記檔》，檔案編號：03-0318-1-1230-058。

○一○、請以王金樞借補寧遠營守備摺

光緒三十年二月初十日（1904年3月26日）

甘肅新疆巡撫西林巴圖魯臣潘效蘇跪奏，爲揀員借補守備員缺，以重邊防，恭摺仰祈聖鑒事。

竊照新疆伊犁鎮屬寧遠營中軍守備曾殿明請假回籍，業經臣奏明開缺在案。兹查該守備員缺，係邊遠題補要缺，亟應揀員請補，以專責成。臣於儘先合例人員内逐加揀選，查有留新疆儘先補用都司雲騎尉世職王金樞，年富力强，熟悉營務，在新疆出力年久，邊疆情形最爲熟悉，以之借補斯缺，洵堪勝任，人地亦極相宜。合無仰懇天恩俯准以該員王金樞借補伊犁鎮屬寧遠遠營中軍守備員缺，以重邊防。如蒙俞允，并懇飭部發給札付，王金樞應照烏魯木齊補放守備例，毋庸送部引見，以符定制。

除飭取該員履歷清册咨部查照外，謹會同伊犁將軍臣馬亮、陝甘總督臣崧蕃、喀什噶爾提督臣焦大聚，恭摺具陳。伏乞皇太后、皇上聖鑒訓示。謹奏。光緒三十年二月初十日。

（硃批）：兵部議奏。①

光緒三十年三月十六日，奉硃批：兵部議奏。欽此。②

○一一、請將鎮西等處額糧蠲緩緣由摺

光緒三十年二月初十日（1904年3月26日）

甘肅新疆巡撫西林巴圖魯臣潘效蘇跪奏，爲光緒二十九年新疆鎮西、阜康、綏來等廳縣被灾地畝應徵額糧，籲懇天恩分别蠲緩，以紓民困，恭摺仰祈聖鑒事。

竊查光緒二十九年新疆鎮西廳屬田禾被凍，阜康、綏來等縣被蝗成灾，業

① 中國第一歷史檔案館藏：《硃批原件》，檔號：04-01-16-0281-022。

② 臺北“故宫博物院”藏：《軍機及宫中檔》，文獻編號：159436。

經臣據報將大概情形先後附片奏明，并飭司移道委員覆勘結報去後。兹於光緒三十年正月二十八日，據署新疆藩司李滋森詳：轉准鎮迪道咨：據印委各員會同覆勘，計鎮西廳屬東、西、北三鄉被凍十分成灾地二萬二百五十畝，應徵京斗糧一千五百四十石二斗八升七合九勺，應懇全數蠲免。又，阜康縣屬東鄉、二道河等八處被蝗成灾上、中、下三等地八千五百八十三畝一分一厘，應徵京斗糧四百五十七石六斗四升六合四勺，應懇緩至次年帶徵。又，綏來縣屬東頭工等處被蝗成灾五分至七分上、中、下三等地三萬四千九百三十九畝一分七厘八毫，應徵京斗糧一千五百九十石二斗九升七合七勺，應懇分作二年帶徵。其被灾各户，應查明極貧、次貧，照例分別賑撫接濟，另案詳辦。造具册結，由司詳請具奏前來。

臣覆查無異，合無仰懇天恩俯念邊氓被灾困苦，准將鎮西、阜康、綏來等廳縣光緒二十九年被灾地畝應徵額糧，分別蠲緩，以紓民困。如蒙俞允，俟奉到諭旨後，即由臣飭司將被灾各户蠲緩糧數，分別詳悉開載，敬刊謄黄，徧行曉諭，咸使周知，以廣皇仁而昭實惠。

除將册結咨部查核外，謹會同陝甘督臣崧蕃，恭摺具陳。伏乞皇太后、皇上聖鑒訓示。謹奏。光緒三十年二月初十日。

（硃批）：著照所請，户部知道。①

光緒三十年三月十六日，奉硃批：著照所請，户部知道。欽此②。

○一二、奏報二十五年司庫支發驛站經費摺

光緒三十年二月初十日（1904年3月26日）

甘肅新疆巡撫西林巴圖魯臣潘效蘇跪奏，爲造報光緒二十五年分司庫支發通省驛站經費銀兩，分造總、散清册，懇恩飭部核銷，恭摺仰祈聖鑒事。

竊照新疆司庫支發驛站經費，歷隨廉費、俸工等項，按年請銷。嗣准部

① 中國第一歷史檔案館藏：《硃批原件》，檔號：04-01-35-0124-055。
② 臺北“故宮博物院”藏：《軍機及宮中檔》，文獻編號：159439。

咨，所有驛站用款應照成例題報核銷等因，業經臣將二十四年分支發驛站經費提歸另案，仍請變通成例奏銷在案。兹據署新疆布政使李滋森詳稱：二十五年分，鎮迪、阿克蘇、喀什噶爾、伊塔道屬共管原設及改增一百八十五驛，額設驛書一百八十五名、馬夫九百八十五名、驛馬一千九百七十四，自二十五年正月初一日起至十二月底止，照章應支工食、油燭、紙張、料草、站價、倒馬等項銀一十一萬三千七百七十一兩九錢一分七厘，均已全數給領。造具總、散清册，詳請奏咨前來。

臣覆核無異，相應仰懇天恩飭部核銷，以清款項。除將清册送部外，謹會同陝甘總督臣崧蕃，恭摺具陳。伏乞皇太后、皇上聖鑒訓示。再，此案係改題爲奏。合并聲明。謹奏。光緒三十年二月初十日。

（硃批）：該部知道。[①]

光緒三十年三月十六日，奉硃批：該部知道。欽此。[②]

〇一三、奏報守備廖玉貴病故日期片

光緒三十年二月初十日（1904年3月26日）

再，新疆撫屬濟木薩營中軍守備員缺，經臣奏請以儘先都司廖玉貴借補，經部議覆，奉旨允准欽遵發給劄付到新，當經轉發去後。兹據迪化城守協副將查春華呈稱，該員廖玉貴於本年正月初五日因病身故，仍將原發劄付呈繳前來。

臣復查無異，相應奏明開缺。所遺濟木薩營中軍守備員缺，容臣另行揀員請補。除將原劄咨部查銷外，謹會同陝甘總督臣崧蕃、喀什噶爾提督臣焦大聚，附片具陳。伏乞聖鑒訓示。謹奏。

（硃批）：兵部知道。[③]

光緒三十年三月十六日，奉硃批：兵部知道。欽此。[④]

---

① 中國第一歷史檔案館藏：《硃批原件》，檔號：04-01-35-1067-021。
② 臺北“故宫博物院”藏：《軍機及宫中檔》，文獻編號：159435。
③ 中國第一歷史檔案館藏：《硃批原件》，檔號：04-01-17-0170-032。
④ 臺北“故宫博物院”藏：《軍機及宫中檔》，文獻編號：159438。

【案】此奏片之具奏日期，原件僅署“光緒三十年”，具體日期未確；録副未署具呈日期。據硃批日期查光緒三十年三月十六日《隨手檔》[①]“硃批潘效蘇摺”一欄，署有“報四百里、二月初十日發”等字樣。據此，此片具奏日期應爲“光緒三十年二月初十日”無疑。玆據校正。

○一四、奏報吐魯番廳園地被風情形片

光緒三十年二月初十日（1904年3月26日）

再，臣前據署新疆藩司李滋森詳：轉據已故吐魯番廳同知文立山禀報：廳屬於光緒二十九年三月二十七、八兩日狂風大作，至二十九日夜寒冷異常，園地葡萄多被吹殘、凍傷。計沙河子等五處園地八千一百四十餘畝，凍壞者二千三百七十餘畝，等情。詳經臣附片奏明，并飭司移道委員，會同接任同知劉澄清覆勘去後。

玆據該署司詳覆：據印委各員會勘前項園地，葡萄雖經被風凍傷，因該廳地氣較暖，被風後旋復結實如故，尚未成灾。所有園課銀兩，應請照舊徵收，等情。詳請具奏前來。

臣覆查無異，除咨部外，理合附片具奏。伏乞聖鑒。謹奏。

（硃批）：户部知道。[②]

光緒三十年三月十六日，奉硃批：户部知道。欽此。[③]

【案】此奏片之具奏日期，原件僅署“光緒三十年”，具體日期未確；録副未署具呈日期。據硃批日期查光緒三十年三月十六日《隨手檔》[④]“硃批潘效蘇摺”一欄，署有“報四百里、二月初十日發”等字樣。據此，此片具奏日期應爲“光緒三十年二月初十日”無疑。玆據校正。

---

① 中國第一歷史檔案館藏：《軍機處隨手登記檔》，檔案編號：03-0318-1-1230-075。

② 中國第一歷史檔案館藏：《硃批原件》，檔號：04-01-23-0220-037。

③ 臺北“故宫博物院”藏：《軍機及宫中檔》，文獻編號：159444。

④ 中國第一歷史檔案館藏：《軍機處隨手登記檔》，檔案編號：03-0318-1-1230-075。

〇一五、請准調署員數册籍暫緩造報摺

光緒三十年三月初二日（1904年4月17日）

甘肅新疆巡撫西林巴圖魯臣潘效蘇跪奏，爲新疆調署員缺向照變通章程辦理，并未核計成數按季報部，擬懇天恩俯准，飭部暫緩造報，并免查取遲延職名，恭摺仰祈聖鑒事。

竊臣前准吏部咨開：新疆四季分調署各員未據造册咨報，應令該撫迅速咨報，再行核辦。其咨報遲延職名，應照例一并查取議處等因。光緒二十八年五月二十日具奏，奉旨：依議。欽此。欽遵咨行到臣。當即行司查明新疆文職升、調、補、署，奏准援照變通章程辦理，所有實缺州、縣、佐、雜調署他缺，係因地擇人，并無一定數目。若照例額，窒礙實多，從未按季造報，請暫緩造報，免其開送遲延職名等情，咨覆去從。兹復准吏部咨開：應令奏明辦理等因，前來。

臣伏查新疆地處極邊，情形本與内地縣殊，自改設行省以來，諸事均屬草創，文職升、調、補、署曾經奏明援照變通章程辦理，各項人員均係隨營效力，量才録用。所有實缺州、縣、佐、雜調署他缺，實須因地擇人，不能拘以定例，且現在奏明新設州、縣、佐、雜各缺，有揀員請補尚未到任者，有缺分繁簡未定須從緩請補者，實缺人員較少，實難計成造報。查新疆實缺人員調署，均經隨時奏咨有案，雖未細核成數按季造報，亦未敢漫無限制。據署新疆藩司李滋森詳請具奏前來。

合無仰懇天恩俯准，飭部將新疆四季調署員數册籍暫緩造報，俟數年後再行察酌情形奏明辦理，并免查取遲延職名之處，出自逾格鴻慈。

除咨部查照外，謹會同陝甘總督臣崧蕃，恭摺具陳。伏乞皇太后、皇上聖鑒訓示。謹奏。光緒三十年三月初二日。

（硃批）：吏部知道。[①]

光緒三十年四月初八日，奉硃批：吏部知道。欽此。[②]

---

① 中國第一歷史檔案館藏：《硃批原件》，檔號：04-01-01-1066-009。

② 臺北“故宫博物院”藏：《軍機及宫中檔》，文獻編號：159861。

○一六、奏銷光緒二十五年防軍收支摺
光緒三十年三月初二日（1904年4月17日）

甘肅新疆巡撫西林巴圖魯臣潘效蘇跪奏，爲造報甘肅新疆光緒二十五年分防軍收支各款，謹繕清單，并分造總、散清册，懇恩飭部核銷，恭摺仰祈聖鑒事。

竊照甘肅新疆防軍善後用款，每年合關内外指撥各省的款銀四百八十萬兩，新疆撫、提、鎮、協各標及伊犁鎮標并塔爾巴哈臺協標，除節省外，共應分庫平銀二百六十九萬七千兩，均歸甘肅布政司統收，扣除四分減平，分攤撥解。查上案截至光緒二十四年年底止收支款項，前經臣將總、散清册分咨各部，開單具奏請銷在案。

兹據新疆糧臺詳稱：自二十五年正月初一日起，截至十二月底止，一切收支應仍跟接上案造報，計舊管項下：截至二十四年十二月底止，實存新湘平銀三萬六千九百七兩六錢七分五厘，欠發各營旗光緒十年以前病故弁勇存餉銀一十一萬四千一百八十五兩二錢八分六厘。新收項下：收到甘肅藩司分解新疆及伊犁、塔爾巴哈臺應分新餉并新疆馬步各營旗報繳截曠、采買、製辦、運脚等款扣回平餘，共計新湘平銀二百三十八萬一百九十兩錢五分三厘。開除項下：支發新疆馬步各營、旗、哨、開花炮隊薪糧、馬乾、倒馬價值及各臺、局薪水、口糧、工食、油燭、紙張，采買、製辦、運脚、盤費等項，共計新湘平銀一百九十七萬一千七百四十九兩二錢二分五厘。又，撥發新疆藩庫各項及糧臺善後經費，共計新湘平銀五十五萬三千兩。實在項下，截至二十五年十二月底止，實不敷新湘平銀一十萬七千六百五十兩八錢九分七厘，已由解到二十六年新餉内暫行支給。截至二十五年年底止，各省關尚欠未解新湘平銀四萬八千二百六十一兩四錢九厘，應俟收到，歸入下案，接續造報；仍欠發各營旗十年以前病故弁勇存餉銀一十一萬四千一百八十五兩二錢八分六厘，應俟各故弁勇親屬請領至日，即由二十六年以後新餉内均給。造具總、散清册，詳請奏銷前來。

臣覆查支發各款，均係實用實銷，并無浮冒。除將清册分送各部外，相應繕具簡明清單，會同陝甘總督臣崧蕃，恭摺具陳。伏乞皇太后、皇上聖鑒，飭部核銷施行。謹奏。光緒三十年三月初二日。

（硃批）：該部知道，單并發。[①]

光緒三十年四月初八日，奉硃批：該部知道，單并發。欽此。[②]

○一七、呈光緒二十五年防軍收支清單

光緒三十年三月初二日（1904年4月17日）

謹將甘肅新疆光緒二十五年分防軍收支各款，并撥發善後經費、司庫例支、提存各項銀數，繕具簡明清單，恭呈御覽。

計開

舊管：

一、上案新疆糧臺防軍報銷款内，截至光緒二十四年十二月底止，實存新餉平銀三萬六千九百七兩六錢七分五厘。

一、截至光緒二十四年十二月底止，欠發新疆馬步各營旗光緒十年以前病故弁勇原存未領餉銀一十一萬四千一百八十五兩二錢八分六厘。

新收：

一、收協餉案内甘肅藩司分解新疆應分二十五年分新餉新湘平銀一百九十三萬一千四百九十五兩四錢四分。

一、收協餉案内甘肅藩司分解新疆應分二十五年分伊犂鎮標勇餉、經費等項新餉新湘平銀三十一萬五千八百五十五兩九分一厘。

一、收協餉案内甘肅藩司分解新疆應分二十五年分塔城協標勇餉、經費等項新餉新湘平銀一十五萬四千三百八十八兩六分。

一、收新疆馬步各營、旗、哨光緒二十五年分報繳截曠新湘平銀五千七百九十四兩五錢二分三厘。

一、收本案報銷款内支發采買、製辦、運脚等款照章扣回平餘新湘平銀二千六百五十七兩五錢三分九厘。

---

① 中國第一歷史檔案館藏：《硃批原件》，檔號：04-01-01-1067-058。

② 臺北“故宫博物院”藏：《軍機及宫中檔》，文獻編號：159865。

以上五款，共收新湘平銀二百三十八萬一百九十兩六錢五分三厘。

管、收兩項共銀二百四十一萬七千九十八兩三錢二分八厘。

開除：

一、除第一册支發馬隊各營旗薪糧、馬乾等項新湘平銀七十三萬七千八百九十一兩八錢二分四厘。

一、除第二册支發步隊各營、旗、哨薪糧等項新湘平銀八十四萬五千六百一十一兩二錢。

一、除第三册支發開花炮隊勇夫薪糧、車騾草乾等項新湘平銀三萬一千六百九十六兩二錢。

一、除第四册支發馬步隊各營、旗、哨暨開花炮隊管帶、營旗官、哨長、巡查薪水、薪糧、馬夫、馬乾等項新湘平銀二萬四千一百五十七兩八錢。

一、除第五册支發新疆馬隊各營旗支過倒馬價值新湘平銀一萬五千六百七十七兩九錢二分五厘。

一、除第六册支發新疆提鎮各衙門稿書、書辦、通事工食等項新湘平銀三千六十三兩六錢五分。

一、除第七册支發隨營差遣及各項差務、臺局文武員弁薪水等項新湘平銀一萬二千三百六十兩。

一、除第八册支發新疆各臺局經貼書、字職、護勇、長夫、通事、倉夫、斗級工食、口糧暨辦公紙張、筆墨、油燭等項新湘平銀五千三百五十七兩一錢八分四厘。

一、除第九册支發軍製辦局招募浙、粵并關内外各匠工食等項新平銀五千二十二兩五錢五分二厘。

一、除第十册支發采製軍裝、修整軍械用過物料、製造火藥工料價值新湘平銀一十四萬三千三百四兩八錢四分七厘。

一、除第十一册支發運解軍裝、分解南北兩路餉銀、軍裝等項車脚新湘平銀七萬二千六百二十六兩八錢二厘。

一、除第十二册支發運解軍裝、分解南北兩路餉銀、軍裝等件押運委員、跟役、騎騾、脚價、鹽菜、口糧等項新湘平銀五千二百一十九兩六錢六分三厘。

一、除第十三册支發轉運軍裝水路脚價、并扛撥夫價、賃居棧價等項新湘平銀三千六百二十八兩一分。

一、除第十四册支發新疆南路喀什噶爾道屬各州縣供支邊防各營旗轉運軍裝、軍餉及糧料、草、脚價并津貼、柴價等項新餉平銀四萬五千六百四十七兩一分。

一、除第十五册支發各州縣聚練馬步團勇津貼、薪水、糧料、口糧等項新湘平銀二萬四百八十四兩五錢五分八厘。

以上十五款，共計支發新湘平銀一百九十七萬一千七百四十九兩二錢二分五厘。

一、除撥發、撥解交新疆藩庫例支、不敷，供支古城旗營經費、塔城同知驛站經費、添撥司庫及阿克蘇道庫例支、不敷，計六款，共新湘平銀三十八萬九千兩。查前項已於撥款册内開具細數，應由新疆藩司列收，分别請銷報存。

一、除撥發新疆及伊犁、塔爾巴哈臺等三處歲估善後經費，計三款，共新湘平銀一十六萬四千兩。查前項已於撥款册内開具細數，應仍由新疆糧臺另册列收，分别支發善後各項款目，造報請銷。

以上二款，共計新湘平銀五十五萬三千兩。

統共開除新湘平銀二百五十二萬四千七百四十九兩二錢二分五厘，内除撥發、撥解新疆藩庫各款新湘平銀三十八萬九千兩。

又撥發新疆及伊犁、塔爾巴哈臺善後經費銀一十六萬四千兩，仍由新疆糧臺另案造報外，其餘支銷款内應請户部核銷馬步各營、旗、哨、開花炮隊餉項、薪水、薪糧、馬乾，料草、各衙門、臺局文武員弁薪水、稿書、經貼書、字職、工匠、護勇、長夫、工食、紙張、油燭等項，押運員弁、跟役鹽菜、口糧、騾脚等款，共計新湘平銀一百六十八萬五千一百三十八兩九錢七厘。

應請兵部核銷開花炮隊車夫口糧、車騾料草、馬隊各營旗倒馬價值、轉運餉銀、軍裝、脚價、喀什噶爾邊防餉裝、食糧、料草、運脚等款，新餉平銀一十四萬二千五百八十三兩三錢四分三厘。

應請工部核銷采製軍裝、軍火、修整軍械、製造火藥等項價值，共計新湘平銀一十四萬四千二十六兩九錢七分五厘。

實在：

一、截至光緒二十五年十二月底止，實不敷新湘平銀一十萬七千六百五十兩八錢九分七厘。查前兩項銀兩，係立待支付之款，無從籌措，已由解到二十六年新餉内暫行支給。

一、截至光緒二十五年十二月底止，各省關尚欠未解新湘平銀四萬八千二百六十一兩四錢九厘。查前項銀兩，應俟收到歸入下案列收造報。

一、截至光緒二十五年十二月底止，尚欠發新疆馬步各營旗光緒十年以前病故弁勇存未領餉銀一十一萬四千一百八十五兩二錢八分六厘，俟各故勇親屬請領至日，即由二十六年以後新餉内匀給。理合登明。

（硃批）：覽。①

○一八、造報二十五年善後收支情形摺

光緒三十年三月初二日（1904年4月17日）

甘肅新疆巡撫西林巴圖魯臣潘效蘇跪奏，爲造報甘肅新疆光緒二十五年分善後收支各款，謹繕清單，并分造總、散清册，懇恩飭部核銷，恭摺仰祈聖鑒事。

竊查甘肅新疆省善後各項經費奉准部咨，自光緒十六年起另提專案報銷，歷經遵照辦理，已截至二十四年底止分别造册請銷在案。兹據新疆糧臺詳稱：光緒二十五年分收支善後款目，應仍跟接上案造報。

查舊管項下：實存新湘平銀一十三萬七百二十二兩七錢三分七厘。新收項下：由防軍報銷册内提撥新疆、伊犁、塔城善後經費，并采買運脚、扣回平餘等項，共計新湘平銀一十六萬四千一百九兩八錢五厘。

開除項下：支發新疆各屬義學塾師薪水、通商、善後、保甲、稽查、牛痘各局卡經費，羅布淖爾善後、招徠津貼、遷徙川資，渡船水手工食、防營薪糧、驛站經費、俄洋學館及電報局經費，新疆伊塔各項雜差車脚、口分，護送病故員弁靈柩夫價、車脚，義學購買紙張、筆墨，寶爾吉銀礦局、喀圖金礦局員役薪水等項，撥發建修電桿并武職各衙門工程經費，共新湘平銀二十七萬八千九百六十一兩七千六分五厘。

實存項下：截至光緒二十五年十二月底止，存新湘平銀一萬五千八百七十兩七錢七分七厘，應歸下案接續造報。造具總、散清册，詳請奏咨前來。

臣覆查光緒二十五年分支發善後各款，均屬實用實銷，并無浮冒。除將清册

---

① 臺北“故宫博物院”藏：《軍機及宫中檔》，文獻編號：159865-0-A。

分送各部外，相應繕具清單，謹會同陝甘總督臣崧蕃，恭摺具陳。伏乞皇太后、皇上聖鑒，飭部核銷施行。謹奏。光緒三十年三月初二日。

（硃批）：該部知道。單并發。①

光緒三十年四月初八日，奉硃批：該部知道，單并發。欽此。②

〇一九、呈光緒二十五年善後收支清單

光緒三十年三月初二日（1904 年 4 月 17 日）

謹將甘肅新疆光緒二十五年分收支善後各款數目，繕具清單，恭呈御覽。

計開

舊管：

一、上案截至光緒二十四年十二月底止，實存新湘平銀一十三萬七百二十二兩七錢三分七厘。

新收：

一、收光緒二十五年分由防軍報銷册内劃撥新疆地方歲估善後經費新湘平銀七萬兩。

一、收光緒二十五年分由防軍報銷册内劃撥伊犁地方歲估善後經費新湘平銀六萬四千兩。

一、收光緒二十五年分由防軍報銷册内劃撥塔爾巴哈臺地方歲估善後經費新湘平銀三萬兩。

一、收光緒二十五年分本案報銷款内支發采買、運脚等款扣回平餘新湘平銀一百九兩八錢五厘。

以上四款共收新湘平銀一十六萬四千一百九兩八錢五厘。

開除：

一、除第一册支發新疆義學塾師薪水暨購買紙張、筆墨等項新湘平銀二萬

---

① 中國第一歷史檔案館藏：《硃批原件》，檔號：04-01-35-1067-035。

② 臺北“故宫博物院”藏：《軍機及宫中檔》，文獻編號：159872。

四百一十七兩二錢六分二厘。

一、除第二册支發新疆通商、善後各局委員薪水、經貼書、字職、護勇、通事、工匠工食等項新湘平銀二萬二千一百八十八兩八分五厘。

一、除第三册支發新疆保甲、稽查局卡委員、經貼書、護勇、通事薪糧并紙張、筆墨、油燭等項新湘平銀二萬二千七百五兩一錢九厘。

一、除第四册支發新疆牛痘、醫藥各局醫生工食、跟役、通事、火夫口食、油燭、紙張、藥資等項新湘平銀七千六十三兩四分。

一、除第五册支發新疆羅布淖爾善後、撫輯、屯防各局招安新户津貼、户民遷徙川資、騾脚，并修蓋房屋、製辦農器、什物等項新湘平銀五千四百八十四兩。

一、除第六册支發新疆羅布淖爾善後各局、英格可立并卡克里克等處驛站書夫工食、驛馬料草、站價暨孔雀河渡船水手工食、歲修等項新湘平銀一千八百五十九兩二錢七分四厘。

一、除第七册支發伊犁、塔爾巴哈臺各旗員赴任、回京旗及蒙、回王公進京、伊塔呈進貢馬往返車馬、脚價、口分等項新湘平銀六千七百七十一兩六錢二分九厘。

一、除第八册支發新疆護送馬步各營旗及在任、在差病故員弁勇丁靈柩回籍夫價、口糧米折并車脚等項新湘平銀二千四百八十一兩五錢八分四厘。

一、除第九册支發新疆羅布淖爾防營馬步隊、旗、哨員弁勇夫薪糧等項新湘平銀二萬二千二百四十五兩八錢六分九厘。

一、除第十册支發新疆清、漢、俄、蒙文學翻譯館教習束脩、生徒膏火、獎賞、筆墨等項新湘平銀一千六百四十五兩二錢。

一、除第十一册支發新疆東、南、北三路電報總、分、子局及報房薪水、工食、紙張、筆墨、油燭等項新湘平銀三萬二百二十九兩。

一、除第十二册支發寶爾吉銀礦局役薪水、口糧并運脚等項新湘平銀五千一百六十三兩一錢二分五厘。

一、除第十三册支發塔城喀圖金礦局公會成本并員役薪工及新添驛站夫馬經費等項新湘平銀三萬二千一百七十六兩八錢七分七厘。

以上一十三款，共支發過銀一十八萬四百三十四兩五分四厘。

又除撥發新疆建脩東、南、北三路電桿、局屋、護墩、工程尾數銀五千三百兩七錢二分七厘。又除新疆建脩通省武職各衙門工程經費銀九萬三千二百三十兩九錢八分四厘。

查前二項銀兩，應由新疆糧臺另案造報。理合登明。

統共開除新湘平銀二十七萬八千九百六十一兩七錢六分五厘，内除新疆建修電桿、局屋、護墩以及武職各衙門工程經費等項新湘平銀九萬八千五百三十一兩七錢一分一厘，應由新疆糧臺另案造報外，内應請户部核銷義學塾師薪水，通商、善後、保甲、稽查、牛痘各局卡經費，羅布淖爾善後招徠津貼、遷徙川資、渡船水手工食、防營薪糧、俄洋學館及電報局經費、寶爾吉銀礦局、喀圖金礦局經費等項新湘平銀一十六萬八千四百三十七兩三分八厘。又應請兵部核銷羅布淖爾驛站經費、新疆伊塔各項雜差、車脚、口分、護送病故員弁靈柩夫價等項新湘平銀一萬九百八十五兩七錢五分四厘。又應請工部核銷義學購買紙張、筆墨等項新湘平銀一千七兩二錢六分二厘。

實在：

一、截至光緒二十五年十二月底止，實存新湘平銀一萬五千八百七十兩七錢七分七厘，應歸下案接續造報。理合登明。

（硃批）：覽。[①]

〇二〇、委任傅澤霖署理温宿知縣片

光緒三十年三月初二日（1904年4月17日）

再，署温宿縣知縣陳秉烈丁憂遺缺，查有候補知州傅澤霖，堪以委署。兹據署新疆布政使李滋森、署鎮迪道兼按察使銜慶秀會詳前來。

除由臣批飭分别給委外，謹會同陝甘督臣崧蕃，附片具奏。伏乞聖鑒。謹奏。

（硃批）：吏部知道。[②]

光緒三十年四月初八日，奉硃批：吏部知道。欽此。[③]

---

① 臺北“故宫博物院”藏：《軍機及宫中檔》，文獻編號：159872-0-A。

② 中國第一歷史檔案館藏：《硃批原件》，檔號：04-01-13-0409-054。

③ 臺北“故宫博物院”藏：《軍機及宫中檔》，文獻編號：156421。

〇二一、奏報二十九年十月雨水糧價摺

光緒三十年三月十八日（1904年5月3日）

甘肅新疆巡撫西林巴圖魯臣潘效蘇跪奏，爲恭報光緒二十九年十月分糧價并得雪情形，謹繕摺具陳，仰祈聖鑒事。

竊照光緒二十九年九月分各屬糧價并得雪情形，業經臣奏報在案。兹據署新疆布政使李滋森詳稱：光緒二十九年十月分，鎮迪道屬迪化得雪，積地四寸；鎮西、哈密得雪，積地三寸；綏來得雪，積地二寸；奇臺、庫爾喀喇烏蘇得雪，積地一寸；昌吉、阜康微雪。伊塔道屬綏定、寧遠得雪，積地四寸；塔爾巴哈臺、精河得雪，積地二寸。南路英吉沙爾微雪，其餘并未得雪。至通省糧價，吐魯番、鎮西、綏定、寧遠、温宿、拜城、庫車、烏什等屬俱與上月相同，其餘均有增減，匯詳請奏前來。

理合恭摺具陳，并繕糧價清單，敬呈御覽。伏乞皇太后、皇上聖鑒。謹奏。光緒三十年三月十八日。

（硃批）：知道了。[1]

光緒三十年五月初三日，奉硃批：知道了。欽此。[2]

〇二二、呈新疆光緒三十年十月糧價清單

光緒三十年三月十八日（1904年5月3日）

謹將新疆各屬光緒二十九年十月分米糧時估價值，繕具清單，恭呈御覽。

計開十月分

鎮迪道屬

迪化縣：大米每京石價銀四兩六錢四分九厘，較上月減一錢八分。小麥每京

---

① 中國第一歷史檔案館藏：《硃批原件》，檔號：04-01-25-0583-036。

② 臺北“故宫博物院”藏：《軍機及宫中檔》，文獻編號：160379。

石價銀二兩二錢九分九厘，較上月增一錢六厘。豌豆每京石價銀二兩一錢九分六厘，較上月增一錢八分。青稞每京石價銀一兩四錢八分三厘，較上月增二錢四分一厘。

昌吉縣：大米每京石價銀四兩二錢七分一厘，與上月相同。小麥每京石價銀二兩，較上月增三錢六分五厘。豌豆每京石價銀二兩三分六厘，較上月增三錢一分七厘。青稞每京石價銀七錢一分七厘，與上月相同。

阜康縣：粟米每京石價銀一兩九錢一分二厘，較上月增三錢七分六厘。小麥每京石價銀一兩九錢八分七厘，較上月增五錢二分七厘。豌豆每京石價銀一兩九錢一分二厘，較上月增三錢七分六厘。高粱每京石價銀一兩一分七厘，較上月增二錢四分八厘。

綏來縣：大米每京石價銀三兩五錢二分三厘，較上月增一錢七分九厘。小麥每京石價銀一兩五錢九分二厘，與上月相同。豌豆每京石價銀一兩六錢五厘，較上月增一錢八厘。高粱每京石價銀八錢八分八厘，較上月增一錢七分八厘。

奇臺縣：大米每京石價銀四兩四錢八分八厘，與上月相同。小麥每京石價銀二兩一錢九分三厘，較上月減二錢九分二厘。豌豆每京石價銀二兩二錢四分四厘，較上月增二錢七厘。

吐魯番直隸廳：小麥每京石價銀一兩一錢九分三厘，大麥每京石價銀六錢三分五厘，高粱每京石價銀八錢一分七厘，黄豆每京石價銀一兩五錢三分，俱與上月相同。

鎮西直隸廳：小麥每京石價銀二兩一錢八分，豌豆每京石價銀一兩七錢一分三厘，青稞每京石價銀一兩五錢四分五厘，俱與上月相同。

哈密直隸廳：粟米每京石價銀二兩五錢二分，較上月減三錢六分。小麥每京石價銀一兩九錢二分三厘，較上月增四分二厘。豌豆每京石價銀二兩三錢四分，較上月增三錢六分。青稞每京石價銀一兩三錢五分一厘，與上月相同。

庫爾喀喇烏蘇直隸廳：小麥每京石價銀一兩九錢五分二厘，較上月增三錢五分五厘。豌豆每京石價銀一兩七錢七分五厘，與上月相同。高粱每京石價銀一兩六錢五厘，與上月相同。

伊塔道屬

綏定縣：大米每京石價銀五兩一錢八分，小麥每京石價銀一兩三錢八分，大麥每京石價銀九錢三分五厘，豌豆每京石價銀一兩二錢六分，俱與上月相同。

寧遠縣：大米每京石價銀四兩六錢七分三厘，小麥每京石價銀一兩五分，大麥每京石價銀七錢三分，豌豆每京石價銀九錢八分，俱與上月相同。

塔爾巴哈臺直隸廳：小麥每京石價銀一兩五錢四分六厘，與上月相同。大麥每京石價銀一兩八分，較上月增六分七厘。豌豆每京石價銀一兩一錢六分八厘，與上月相同。

精河直隸廳：大米每京石價銀四兩二錢，較上月減二錢一分。小麥每京石價銀一兩八錢二分，較上月減七分。大麥每京石價銀九錢八分，較上月減七分。豌豆每京石價銀一兩五錢四分，與上月相同。

阿克蘇道屬

温宿府：大米每京石價銀二兩一錢六分五厘，小麥每京石價銀一兩三分五厘，大麥每京石價銀四錢四分七厘，包穀每京石價銀八錢四分六厘，俱與上月相同。

拜城縣：小麥每京石價銀七錢三分，大麥每京石價銀四錢二分，豌豆每京石價銀五錢二分，包穀每京石價銀五錢二分，俱與上月相同。

焉耆府：大米每京石價銀四兩八錢八分四厘，較上月增二錢九分六厘。小麥每京石價銀二兩七分，與上月相同。豌豆每京石價銀一兩二錢九分六厘，較上月增一錢四分四厘。包穀每京石價銀一兩二錢八分，與上月相同。

庫車直隸州：大米每京石價銀三兩三錢四分，小麥每京石價銀九錢五分，豌豆每京石價銀六錢五分，包穀每京石價銀六錢五分，俱與上月相同。

烏什直隸廳：大米每京石價銀二兩一錢七分五厘，小麥每京石價銀六錢六分，大麥每京石價銀三錢二分一厘，包穀每京石價銀四錢五分八厘，俱與上月相同。

喀什噶爾道屬

疏勒府：大米每京石價銀三兩三錢七分五厘，較上月增九分四厘。小麥每京石價銀一兩八錢一分一厘，與上月相同。包穀每京石價銀一兩一錢七分二厘，較上月增一錢二分六厘。高粱每京石價銀九錢三分四厘，較上月增七分二厘。

疏附縣：大米每京石價銀三兩三錢七分五厘，與上月相同。小麥每京石價銀一兩八錢九分七厘，與上月相同。包穀每京石價銀一兩一錢七分二厘，較上月增一錢二分六厘。高粱每京石價銀九錢三分四厘，較上月增七分二厘。

莎車府：大米每京石價銀二兩八錢一分二厘，與上月相同。小麥每京石價銀一兩三錢二分四厘，較上月增四錢六分九厘。大麥每京石價銀七錢二分五厘，與上月相同。包穀每京石價銀七錢五分二厘，與上月相同。

葉城縣：大米每京石價銀三兩二錢五分，較上月減五分。小麥每京石價銀九錢，與上月相同。包穀每京石價銀八錢，與上月相同。

和闐直隸州：大米每京石價銀三兩八分，與上月相同。小麥每京石價銀一兩三分，較上月增五分。包穀每京石價銀六錢二分，較上月增三分。青稞每京石價銀六錢四分，與上月相同。

于闐縣：大米每京石價銀三兩二錢，較上月減三錢。小麥每京石價銀一兩，較上月減二分。包穀每京石價銀六錢，較上月減一分。

英吉沙爾直隸廳：大米每京石價銀四兩一錢四厘，較上月增三錢四厘。小麥每京石價銀一兩二錢五分五厘，較上月增八分二厘。大麥每京石價銀六錢二分七厘，與上月相同。包穀每京石價銀七錢七分七厘，較上月增一分四厘。

巴楚州：大米每京石價銀三兩三錢三分，與上月相同。小麥每京石價銀一兩五錢五分，較上月增一錢五分。包穀每京石價銀八錢二分，與上月相同。

（硃批）：覽。[①]

○二三、奏爲恩賞福壽字謝恩摺

光緒三十年三月十八日（1904 年 5 月 3 日）

甘肅新疆巡撫西林巴圖魯臣潘效蘇跪奏，爲恭摺叩謝天恩，仰祈聖鑒事。

竊臣於光緒三十年二月十四日准兵部火票由驛遞到恩賞福、壽字各一方，當即恭設香案，望闕叩頭祗領。欽惟皇太后、皇上澤被垓埏，仁周寰宇，誕膺多祜，開壽域以延厘；敷錫庶民，衍福疇而介祉。熙春化洽，函夏歡勝。臣質愧駑愚，毫無報稱，膺西陲之重任，持邊節而心懍冰淵；迎北闕之殊施，捧宸翰而輝聯奎璧。自天賜寵，伏地增慚。臣惟有勉竭愚忱，宣揚聖德，合準回而向化，率鞮譯以同文。瑞啓璇宫，式上日月升恒之頌；祥徵寶籙，載賡星雲糺縵之歌。

所有微臣感激榮幸下忱，謹繕摺叩謝天恩。伏乞皇太后、皇上聖鑒。謹奏。光緒三十年三月十八日。

---

① 臺北“故宫博物院”藏：《軍機及宫中檔》，文獻編號：160379-0-A。

（硃批）：知道了。[1]

光緒三十年五月初五日，奉硃批：知道了。欽此。[2]

○二四、奏爲密陳薦舉人才可備大用摺

光緒三十年三月十八日（1904年5月3日）

甘肅新疆巡撫西林巴圖魯臣潘效蘇跪奏，爲薦舉人才可備大用，恭摺密陳，仰祈聖鑒事。

竊時艱孔亟，補敘需才，朝廷屢頒明詔，飭中外臣工各舉所知，秉公保薦，以備任使。在聖明虚衷延攬，期收得人之效者，至爲深切；在臣工職在薦賢，必稔知其才堪濟變，學可匡時。安内與攘外，因應不窮；吏治與兵韜，講求有素，而又必徵諸實事，不徒采自虚聲，始爲不負黼座之旁求，用備棟樑之精選。臣平日留心考察，所深知而洞悉者，雖不乏可造之士、有用之材，而求其堪勝大任，如上所謂通時達變、文武兼資者，究難多得。

竊見候補四品京堂左孝同[3]，將門胄裔，世篤忠貞，前年經故大學士李鴻章保薦，荷蒙特恩賞給京秩。該員感激圖報，職分攸宜，臣前在甘肅軍營相知有素，見其隨侍故大學士左宗棠營幕，親承將略，襄籌兵餉，秩秩有條；復博通古今經濟之學，考究中外特務之宜。嗣經南、北洋大臣奏調差委，深資臂助。李鴻章原奏稱其治軍察吏具有淵源，洵非虚語。儻蒙天恩優加簡擢，畀以藩、臬實任，必

① 中國第一歷史檔案館藏：《硃批原件》，檔號：04-01-12-0635-066。

② 臺北“故宫博物院”藏：《軍機及宫中檔》，文獻編號：160413。

③ 左孝同（1857—1924），字子異、子禩，號逸叟，湖南湘陰人，左宗棠之子，廪貢生出身。光緒十一年（1885），中式舉人。二十年（1894），捐花翎，嗣以四品京堂候補。二十六年（1900），保道員，分發浙江使用。二十九年（1903），署光禄寺少卿。三十年（1904），補太常寺少卿。三十一年（1905），充政務處總辦，兼署順天府府丞。三十二年（1906），還光禄寺卿。同年，補宗人府府丞。三十三年（1907），授憲政編查館王大臣。同年，簡河南按察使。三十四年（1908），補授江蘇按察使。同年，署江蘇布政使。宣統元年（1909），署理河南布政使。二年（1910），調補江蘇提法使。三年（1911），署江蘇布政使。民國十三年（1924），卒。

能有裨時局。在朝廷眷念舊勳至優極渥，如袁世凱[①]、岑春煊[②]，皆以勳閥之後，薦陟封疆，功績昭著。如左孝同之志慮忠純，才識閎毅，洵屬遠大之器、幹濟之才。惟該員係卿貳清班，職位較崇，應否由軍機處存記遇有缺出請旨簡放，出自高厚鴻施。

又，二品頂戴現署新疆布政使正任鎮迪道兼按察使銜李滋森，秉性忠誠，老成持重，前隨任伊犁將軍金順大軍出關，疊著戰績，薦保道員；收還伊犁，籌辦善後，綱舉目張；交涉之初，諸無頭緒，屢出俄疆，商辦案件，剛柔互用，中外交孚。金順用兵前後二十餘載，將吏不下百數十員，始終無間言者，惟該員一人，足見其誠信入人之深。前撫臣陶模知其才，留新委用，兩署伊塔道篆。俄領事信其誠實無僞，遇事帖然。旋署阿克蘇道篆，補授鎮迪道兼按察使銜。所至勤懇公明，民懷吏服。署任藩司迄今兩年，餉絀時艱，殫精擘畫，措置裕如，若蒙聖恩責以用人、理財，必能裨益邊局。

又，二品銜現任雲南臨安開廣道威勇巴圖魯魏景桐，學術統正，器識閎通，曩以諸生入前雲貴督臣劉長佑[③]幕中，即爲該故督臣所器重。時值西北回亂未靖，

---

① 袁世凱（1859—1916），字慰亭、慰廷，號容庵，河南項城縣人。光緒五年（1879），捐納中書科中書。七年（1881），幫辦山東海防事宜。八年（1882），以總理前敵營務處功，賞戴花翎，保知府。十一年（1885），辦理朝鮮商務。同年，旋保道員，加三品銜。十七年（1891），在籍丁憂。十九年（1893），升浙江温處道。同年，赴平壤辦理撫輯事宜。二十一年（1895），督練新建陸軍。二十三年（1897），晉直隸按察使。二十五年（1899），擢工部右侍郎。同年，署山東巡撫。二十六年（1900），補授山東巡撫。二十七年（1901），署直隸總督。二十八年（1902），實授直隸總督。三十三年（1907），授外務部尚書。宣統三年（1911），拜内閣總理大臣。民國元年（1912），任中華民國臨時大總統。五年（1916），稱帝，旋被迫退位。同年，病逝。有《袁世凱奏議》存世。

② 岑春煊（1861—1933），又名岑春澤，字雲階，號西林，廣西西林人。光緒十一年（1885），中式舉人，選工部主事。同年，升郎中。十五年（1889），以五品京堂候補。十八年（1892），補光禄寺少卿。同年，轉太僕寺少卿。二十年（1894），署大理寺卿。二十四年（1898），簡放廣東布政使。同年，調甘肅布政使。二十六年（1900），擢陝西巡撫。二十七年（1901），調補山西巡撫。二十八年（1902）補授廣東巡撫。同年，署四川總督。二十九年（1903），署兩廣總督。三十二年（1906），補授雲貴總督。三十三年（1907），調補四川總督。同年，拜郵傳部尚書，授兩廣總督。民國元年（1912），主張共和，組建國民公党，任名譽總理。二年（1913），任各省討袁軍大元帥。二次革命失敗後，流亡南洋。五年（1916），任護國軍都司令、軍務院副撫軍長。七年（1918），任廣州護法軍政府主席。八年（1919），通電辭職，隱居上海。二十二年（1933），病逝。著有《樂齋漫筆》等行世。

③ 劉長佑（1818—1887），字爾眷、子默、印渠，號蔭渠，湖南新寧人。道光二十九年（1849），拔貢。咸豐二年（1852），充教諭，選知縣。六年（1856），加按察使銜。七年（1857），晋布政使銜，加齊普圖巴圖魯勇號。九年（1859），補廣西按察使。同年，授廣西布政使。十年（1860），擢廣西巡撫。十一年（1861），兼署廣西提督。同治元年（1862），補授兩廣總督。同年，調補直隸總督。十年（1871），補廣東巡撫。同年，調廣西巡撫。光緒元年（1875），補雲貴總督。九年（1883），開缺回籍。十三年（1887），卒於里。贈太子太保，謚武慎。著有《劉武慎奏稿》、《稟牘》、《尺牘》、《札諭營規》、《雜文詩札記》等行世。

該員赴甘肅軍營投效，遂受現任兩江督臣魏光燾國士之知。嗣魏光燾由甘而新，以及轉戰牛莊、西寧等處，馳驅贊畫，靡役不從。旋由陝隨魏光燾入覲，荷蒙召見，賞給道員，發陝委用，隨奏調甘肅，綜理營務，兼統督標練軍各營。臣入關後，接統其軍，見其軍法整嚴，爲他營所未覯。及調入滇南，蒙恩簡授斯缺。維時粵匪竄擾滇邊，勢甚猖獗。該道轄境緊接桂邊，烽火相望，尤爲吃緊。該道不動聲色，籌辦戰守事宜，調度有方，卒能肅清疆圉，竟厥全功。蓋其經世之學，早究心於初佐幕日，而又閲歷日深，貫通時務，蘊蓄既久，設施愈宏。臣於此益服魏光燾知人善任爲不謬也。若蒙特恩拔擢，實爲藩、臬中出色之員。

又，鹽運使銜在任候補道現任新疆迪化府知府潘震，才猷穩練，廉幹有爲，亦隨魏光燾營幕多年，最爲得力。初以戰功保舉甘肅知縣，補授華亭知縣。新疆初設行省，魏光燾調同出關，草昧經營，百凡待理，釐定吏制，更設營章，一切規模皆該員一手經畫。前撫臣劉錦棠、陶模相繼倚賴，歷補庫車同知、和闐直隸州，政聲卓著。其任莎車州也，邊英兵襲破坎巨提，坎酋脅部民狂竄莎屬之色勒庫爾。該處山寒磽瘠，户鮮蓋藏。時值隆冬，千百之衆，深慮因饑寒而肆劫殺，又懼竄越俄境、爲害更深，一時人心惶惶，沿邊震動。該員分遣回目，密授機宜，復不惜重資飛運糧食，八百里奇險山經，甫三日而糧到。因得賑撫逃民，陸續資遣回部。迨隊伍齊集，僅餘二三酋長，遂能就我範圍。乃不兼旬，俄亦稱兵帕密爾境，兩大相争。該員轉輪撫輯，百計支持，卒使邊防完固，於大局保全不小。臣履新後，該員權迪化府篆，遇事咨商，深資其力。自蒙恩補授是缺以來，感奮圖報，表率有方，擴其猷爲，堪膺司道之選。若荷聖恩甄拔，必能有所建樹。

以上四員，或與臣共事日深，或與臣同官最久，均相信於二十五年前。如蒙破格擢用，可保其決不辜恩，決不溺職。臣忝任邊疆，愧無報稱、上紓宵旰勤勞。謹體求賢若渴之思，勉副以人事君之義。

所有薦舉人才可備大用各緣由，理合繕摺密陳。伏乞皇太后、皇上聖鑒訓示。謹奏。光緒三十年三月十八日。

（硃批）：左孝同等均著交軍機處存記。[①]

光緒三十年五月初三日，奉硃批：左孝同等均著交軍機處存記。欽此。[②]

---

① 中國第一歷史檔案館藏：《硃批原件》，檔號：04-01-16-0280-054。

② 臺北“故宫博物院”藏：《軍機及宫中檔》，文獻編號：160377。

○二五、請准故督臣陶模在新建祠緣由摺

光緒三十年三月十八日（1904年5月3日）

甘肅新疆巡撫西林巴圖魯臣潘效蘇跪奏，爲已故疆臣遺愛在民，據呈籲懇天恩，准在新疆建立專祠，并請將政績宣付國使館立傳，以順輿情，恭摺仰祈聖鑒事。

竊據署新疆布政使李滋森、署鎮迪道兼按察使慶秀詳：據迪化府知府潘震詳：據新疆在籍紳士總兵徐學功、都司張九齡、舉人劉熺、歲貢生嚴國楨、貢生蔣舉清等呈稱：已故兩廣總督升任新疆巡撫臣陶模，光緒六年，任迪化州，時值大亂之後，城鄉漢回居民不滿二千户，又皆各省從軍流寓之眾，納户認墾，作輟靡常，人無固志。陶模准周禮易田之制而變通之，折正等則分年升科，由是僑民始稍作久居之計，至今比户樂業，實陶模善後初政有以基之。至招徠商賈，和輯土客漢回軍民，遷築烏魯木齊滿城，重建祠廟、公廨，兩年之間，百廢具舉，皆大有裨益於地方，邊氓蒙福不淺。

十七年，來撫是邦，值英人入坎巨提，俄亦陳兵帕米爾境，各蓄陰謀。時内外議者皆主戰。陶模獨力排群論，徐以理爭，而邊釁不開。巴爾魯克山地方寬廣，爲塔城屏蔽，俄初借，以十年爲期，實有久假不歸之意。陶模内請政府，外商伊犁將軍，與之往復辯論，逾年乃如約交還，而邊要以守。仿效德操新法，遠致教習，分遣各營，層遞教練，時集教場，統文武各員習學槍法，廣購新式利炮，儲備不虞，而軍政以修。俄商販貨，定約暫不納稅。華商狡黠，求庇假託，弊端百出。陶模以商務漸旺，議收洋稅，不果，乃請免通省華稅，而商力以紓。

二十一年，甘肅河湟回變。其年九月初四夜，綏來縣城内回民托昌等乘間爲亂，幸城外民團已先整練，援賊隔絶，得即撲滅，而省垣莠回亦蠢蠢欲動。陶模從容鎮定，密擒反側數人而置之法，人心大定。是年冬，遷任陝甘總督，入關，布置後路，節節嚴防，而後前進。逆酋劉四伏窮蹙出關，就擒於和爾昂，關内外同報肅清，皆陶模籌畫布置之力也。

他如整頓義塾，教以禮儀，不尚虚文，開南北路金、銀、銅、鐵、煤炭、石油諸礦穴，靡不實力講求，以期利賴無窮者，不勝枚舉。總之，新疆地曠人稀，民生凋敝，休養生息，待理百端，而接壤强鄰，種人雜處，華洋交涉，動礙邦

交。陶模一意以安邊息民爲本，卒使中外輯睦，黔黎遂生。凡茲公德之及民，實動閭閻之思慕，惟有懇乞奏准在新疆省城捐建專祠，藉隆報饗，并請將政績宣付國使館立傳，以彰忠藎，各等情。前來。

臣維故撫臣陶模，忠誠根於至性，學術本乎儒，先内行篤修，不苟言動。其爲人也，剛方廉正；其爲政也，平易慈祥。先後建言敷陳時政，莫不以憂勤惕厲之懷，發爲正本清源之論。服官三十餘載，政績多在甘、新，蓋自牧令以至封圻，適值亂離之後、艱危之秋，凡所設施，處處以國計民生爲重。宜輿情之愛戴，更歷久而不忘。此又臣相隨日深、知之最悉者也。

茲據士民公呈，合無仰懇天恩，俯如所請，准於新疆省城捐建已故兩廣總督升任新疆巡撫臣陶模專祠，并請將政迹宣付國史館立傳以順輿情之處，出自高厚鴻慈！

除咨部查照外，謹會同陝甘總督臣崧蕃，恭摺具陳。伏乞皇太后、皇上聖鑒訓示。謹奏。光緒三十年三月十八日。

（硃批）：著照所請，該部知道。①

光緒三十年五月初三日，奉硃批：著照所請，該部知道。欽此。②

〇二六、奏报呈進新疆回部貢金情形摺

光緒三十年三月十八日（1904年5月3日）

甘肅新疆巡撫西林巴圖魯臣潘效蘇跪奏，爲呈進回部貢金，恭摺具陳，仰祈聖鑒事。

竊照新疆色勒庫爾之南回部坎巨提，向來按年進貢砂金，歷經前撫臣及臣循例奏明，賞給緞匹在案。茲據喀什噶爾道袁鴻祐③申稱：據坎巨提頭目摩韓美

① 中國第一歷史檔案館藏：《硃批原件》，檔號：04-01-14-0099-041。

② 臺北“故宫博物院”藏：《軍機及宫中檔》，文獻編號：160394。

③ 袁鴻祐（1841—1912），字樵蓀，安徽泗縣人。光緒十七年（1891），經護理新疆巡撫魏光燾奏調赴新差遣，以功保道員。二十二年（1896），赴部引見。二十九年（1903），署喀什噶爾道篆。民國元年（1912），任新疆都督。同年，遇刺身亡。

德拏星呈到光緒二十九年分進貢砂金一兩五錢，遵將例賞大緞二疋發給該頭目祗領。懇請具奏前來。

臣覆查無異，除將砂金咨送内務府呈進外，理合恭摺具陳。伏乞皇太后、皇上聖鑒。謹奏。光緒三年三月十八日。

（硃批）：該衙門知道。①

光緒三十年五月初三日，奉硃批：該衙門知道。欽此。②

○二七、奏爲代奏回王叩謝御賞緣由摺

光緒三十年三月十八日（1904年5月3日）

甘肅新疆巡撫西林巴圖魯臣潘效蘇跪奏，爲據情代奏恭謝天恩，仰祈聖鑒事。

竊據哈密札薩克回子親王沙木胡索特呈稱：承准軍機處咨開年終恩賞荷包、銀錁、銀錢、食物等項，交兵部由驛遞到，遵即恭設香案，望闕叩頭祗領。伏念奴才職備藩封，恩承帝陛。兹值寅纏轉運，正遵申錫懋膺，叠被鴻施，彌深黿戴！所有感激下忱，呈請代奏前來。

理合據情代奏，叩謝天恩。伏乞皇太后、皇上聖鑒。謹奏。三月十六日。

光緒三十年五月初五日，奉硃批：知道了。欽此。③

○二八、委任徐鼎藩署理精河廳同知片

光緒三十年三月十八日（1904年5月3日）

再，署精河直隸廳同知易潤庠調省另有差委，所遺員缺查有四品銜候補知州徐鼎藩，堪以委署。據署新疆布政使李滋森、署鎮迪道兼按察使慶秀會詳前來。

---

① 中国第一历史档案馆藏：《硃批原件》，檔號：04-01-14-0099-042。

② 臺北“故宫博物院”藏：《軍機及宫中檔》，文獻編號：160422。

③ 臺北“故宫博物院”藏：《軍機及宫中檔》，文獻編號：160421。

除由臣批飭給委外，謹會同陝甘總督臣崧蕃，附片具奏。伏乞聖鑒。謹奏。

（硃批）：吏部知道。[①]

光緒三十年五月初三日，奉硃批：吏部知道。欽此。[②]

【案】此奏片之具奏日期，原件署“光緒三十年”，具體日期未確，録副亦未確。據硃批日期查光緒三十年五月初三日《隨手檔》[③]“硃批潘效蘇摺”一欄，署有“報四百里、三月十八日新疆發”等字樣。據此，此片具奏日期應爲“光緒三十年三月十八日”無疑。兹據校正。

○二九、委任韓瑶光署英吉沙爾同知片

光緒三十年三月十八日（1904年5月3日）

再，英吉沙爾直隸廳同知王炳堃俸滿調省另有差委，所遺員缺查有三品銜候補直隸州知州實任于闐縣知縣韓瑶光，堪以委署。據署新疆布政使李滋森、署鎮迪道兼按察使銜慶秀會詳前來。

除由臣批飭給委外，謹會同陝甘總督臣崧蕃，附片具奏。伏乞聖鑒。謹奏。

（硃批）：吏部知道。[④]

光緒三十年五月初三日，奉硃批：吏部知道。欽此。[⑤]

【案】此奏片之具奏日期，原件署“光緒三十年”，具體日期未確，録副亦未確。據硃批日期查光緒三十年五月初三日《隨手檔》[⑥]“硃批潘效蘇摺”一欄，署有“報四百里、三月十八日新疆發”等字樣。據此，此片具奏日期應爲“光緒三十年三月十八日”無疑。兹據校正。

① 中國第一歷史檔案館藏：《硃批原件》，檔號：04-01-13-0409-055。
② 臺北“故宫博物院”藏：《軍機及宫中檔》，文獻編號：160397。
③ 中國第一歷史檔案館藏：《軍機處隨手登記檔》，檔案編號：03-0318-2-1230-121。
④ 中國第一歷史檔案館藏：《硃批原件》，檔號：04-01-13-0409-056。
⑤ 臺北“故宫博物院”藏：《軍機及宫中檔》，文獻編號：160396。
⑥ 中國第一歷史檔案館藏：《軍機處隨手登記檔》，檔案編號：03-0318-2-1230-121。

〇三〇、奏報二十九年十一月雨水糧價摺

光緒三十年四月十六日（1904 年 5 月 30 日）

甘肅新疆巡撫西林巴圖魯臣潘效蘇跪奏，爲恭報光緒二十九年十一月分糧價并得雪情形，謹繕摺具陳，仰祈聖鑒事。

竊照光緒二十九年十月分各屬糧價并得雪情形，業經臣奏報在案。玆據署新疆布政使李滋森詳稱：光緒二十九年十一月分，鎮迪道屬迪化得雪，積地三寸；庫爾喀喇烏蘇得雪，積地二寸；昌吉、鎮西得雪，積地一寸；阜康、綏來、奇臺微雪。伊塔道屬綏定得雪，積地八寸；塔爾巴哈臺得雪，積地五寸；寧遠得雪，積地四寸；精河得雪，積地三寸。南路烏什、疏附、和闐得雪，積地二寸；温宿、疏勒微雪，其餘并未得雪。至通省糧價，昌吉、阜康、綏來、綏定、塔爾巴哈臺、温宿、焉耆、烏什等屬俱與上月相同，餘均略有增減，匯詳請奏前來。

理合恭摺具陳，并繕糧價清單，敬呈御覽。伏乞皇太后、皇上聖鑒。謹奏。光緒三十年四月十六日。

（硃批）：知道了。①

光緒三十年五月二十日，奉硃批：知道了。欽此。②

〇三一、呈新疆二十九年十一月糧價清單

光緒三十年四月十六日（1904 年 5 月 30 日）

謹將新疆各屬光緒二十九年十一月分米糧時估價值，繕具清單，恭呈御覽。

計開十一月分

鎮迪道屬

迪化縣：大米每京石價銀四兩七錢五分六厘，較上月增一錢七厘。小麥每京

① 中國第一歷史檔案館藏：《硃批原件》，檔號：04-01-25-0583-035。

② 臺北“故宫博物院”藏：《軍機及宫中檔》，文獻編號：160721。

石價銀二兩二錢九分九厘，與上月相同。豌豆每京石價銀二兩三錢四分，較上月增一錢四分四厘。青稞每京石價銀一兩五錢一分八厘，較上月增三分五厘。

昌吉縣：大米每京石價銀四兩二錢七分一厘，小麥每京石價銀二兩，豌豆每京石價銀二兩三分六厘，青稞每京石價銀七錢一分七厘，俱與上月相同。

阜康縣：粟米每京石價銀一兩九錢一分二厘，小麥每京石價銀一兩九錢八分七厘，豌豆每京石價銀一兩九錢一分二厘，高粱每京石價銀一兩一分七厘，俱與上月相同。

綏來縣：大米每京石價銀三兩五錢二分三厘，小麥每京石價銀一兩五錢九分二厘，豌豆每京石價銀一兩六錢五厘，高粱每京石價銀八錢八分八厘，俱與上月相同。

奇臺縣：大米每京石價銀五兩一錢七分八厘，較上月增六錢九分。小麥每京石價銀二兩二錢九分九厘，較上月增一錢六厘。豌豆每京石價銀二兩三錢一分三厘，較上月增六分九厘。

吐魯番直隸廳：小麥每京石價銀一兩六錢二分七厘，較上月增四錢三分四厘。大麥每京石價銀六錢三分五厘，與上月相同。高粱每京石價銀八錢七分二厘，較上月增五錢五分。黄豆每京石價銀一兩五錢三分，與上月相同。

鎮西直隸廳：小麥每京石價銀二兩四錢二分，較上月增二錢四分。豌豆每京石價銀一兩七錢一分三厘，與上月相同。青稞每京石價銀一兩五錢四分五厘，與上月相同。

哈密直隸廳：粟米每京石價銀二兩五錢二分，與上月相同。小麥每京石價銀二兩七厘，較上月增八分四厘。豌豆每京石價銀二兩三錢四分，與上月相同。青稞每京石價銀一兩四錢六分七厘，較上月增一錢一分六厘。

庫爾喀喇烏蘇直隸廳：小麥每京石價銀二兩一錢三分，較上月增一錢七分八厘。豌豆每京石價銀一兩七錢七分五厘，與上月相同。高粱每京石價銀一兩六錢五厘，與上月相同。

伊塔道屬

綏定縣：大米每京石價銀五兩一錢八分，小麥每京石價銀一兩三錢八分，大麥每京石價銀九錢三分五厘，豌豆每京石價銀一兩二錢六分，俱與上月相同。

寧遠縣：大米每京石價銀四兩六錢七分三厘，與上月相同。小麥每京石價銀一兩二錢，較上月增一錢五分。大麥每京石價銀七錢三分，與上月相同。豌豆每京石價銀九錢八分，與上月相同。

塔爾巴哈臺直隸廳：小麥每京石價銀一兩五錢四分六厘，大麥每京石價銀一兩八分，豌豆每京石價銀一兩一錢六分八厘，俱與上月相同。

精河直隸廳：大米每京石價銀四兩四錢八分，較上月增二錢八分。小麥每京石價銀一兩八錢二分，與上月相同。大麥每京石價銀九錢八分，與上月相同。豌豆每京石價銀一兩六錢八分，較上月增一錢四分。

阿克蘇道屬

温宿府：大米每京石價銀二兩一錢六分五厘，小麥每京石價銀一兩三分五厘，大麥每京石價銀四錢四分七厘，包穀每京石價銀八錢四分六厘，俱與上月相同。

拜城縣：小麥每京石價銀七錢三分，與上月相同。大麥每京石價銀四錢四分，較上月增二分。豌豆每京石價銀五錢二分，與上月相同。包穀每京石價銀五錢三分，較上月增一分。

焉耆府：大米每京石價銀四兩八錢八分四厘，小麥每京石價銀二兩七分，豌豆每京石價銀一兩二錢九分六厘，包穀每京石價銀一兩二錢八分，俱與上月相同。

庫車直隸州：大米每京石價銀三兩三錢八分，較上月增四分。小麥每京石價銀一兩一錢三分，較上月增一錢八分。豌豆每京石價銀七錢五分，較上月增一錢。包穀每京石價銀七錢八分，較上月增一錢三分。

烏什直隸廳：大米每京石價銀二兩一錢七分五厘，小麥每京石價銀六錢六分，大麥每京石價銀三錢二分一厘，包穀每京石價銀四錢五分八厘，俱與上月相同。

喀什噶爾道屬

疏勒府：大米每京石價銀三兩五錢一分六厘，較上月增一錢四分一厘。小麥每京石價銀一兩八錢一分一厘，與上月相同。包穀每京石價銀一兩三錢四分，較上月增一錢六分八厘。高粱每京石價銀一兩一錢五分，較上月增二錢一分六厘。

疏附縣：大米每京石價銀三兩五錢一分六厘，較上月增一錢四分一厘。小麥每京石價銀一兩九錢四分，較上月增四分三厘。包穀每京石價銀一兩四錢二分三厘，較上月增二錢五分一厘。高粱每京石價銀一兩一錢五分，較上月增二錢一分六厘。

莎車府：大米每京石價銀四兩一錢四分四厘，較上月增一兩三錢三分二厘。小麥每京石價銀一兩四錢六分二厘，較上月增一錢三分八厘。大麥每京石價銀一兩一錢二分五厘，較上月增四錢。包穀每京石價銀一兩一錢三分五厘，較上月增三錢八分二厘。

巴楚州：大米每京石價銀三兩五錢一分五厘，較上月增一錢八分五厘。小麥每京石價銀一兩八錢九分七厘，較上月增三錢四分七厘。包穀每京石價銀九錢六分，較上月增一錢四分。

葉城縣：大米每京石價銀三兩三錢，較上月增五分。小麥每京石價銀九錢五分，較上月增五分。包穀每京石價銀八錢三分，較上月增三分。

和闐直隸州：大米每京石價銀三兩八分，與上月相同。小麥每京石價銀一兩三分，與上月相同。包穀每京石價銀六錢二分，與上月相同。青稞每京石價銀六錢九分，較上月增五分。

于闐縣：大米每京石價銀三兩二錢，與上月相同。小麥每京石價銀一兩一錢五分，較上月增一錢五分。包穀每京石價銀六錢二分，較上月增二分。

英吉沙爾直隸廳：大米每京石價銀四兩一錢四厘，與上月相同。小麥每京石價銀一兩三錢一分一厘，較上月增五分六厘。大麥每京石價銀六錢二分七厘，與上月相同。包穀每京石價銀八錢四厘，較上月增二分七厘。

（硃批）：覽。[①]

○三二、請將胡岑革職勒令回籍緣由摺

光緒三十年四月十六日（1904年5月30日）

甘肅新疆巡撫西林巴圖魯臣潘效蘇跪奏，爲候補同知因委署缺分瘠苦，無理取鬧，辱詈藩司，謹據實嚴參，以肅官方而飭綱紀，恭摺具陳，仰祈聖鑒事。

竊新疆地處邊荒，雖改建行省，而所設府、廳、州、縣僅四十員缺，類多瘠苦。近年投效人員較多，缺少人浮，不能不量材器使。臣到任後，凡遇補署各缺，隨時飭司擇人地相宜之員給委，原期於變通補署之中仍寓整飭吏治之意，凡在署僚應如何奉公循分，恪守官箴。乃有花翎三品銜新疆補用知府候補同知胡岑，臣與署藩司李滋森、署鎮迪道兼按察使銜慶秀因其在新年久，於光緒二十八年十一月服闋到省，委辦軍裝局事務，尚無貽誤，於本年四月初七日牌示，委署

① 臺北“故宫博物院”藏：《軍機及宫中檔》，文獻編號：160721-0-A。

焉耆府知府員缺。

詎該員於懸牌後，親赴藩司頭門，將牌示擦抹，口稱缺分瘠苦，委署遲延。入内堂，向署藩司李滋森大肆咆哮，出言無狀。似此無理取鬧，蔑視長官，實屬毫無忌憚。若不據實從嚴參辦，何以肅綱紀而儆效尤？據署新疆布政使李滋森、署鎮迪道兼按察使銜慶秀會詳請參前來。

相應請旨將花翎三品銜新疆補用知府候補同知胡岑革職，勒令回籍，以爲性情浮躁、不守官箴者戒。是否有當？謹會同陝甘總督臣崧蕃，恭摺具奏。伏乞皇太后、皇上聖鑒訓示。謹奏。光緒三十年四月十六日。

（硃批）：著照所請，吏部知道。①

光緒三十年五月二十日，奉硃批：著照所請，吏部知道。欽此。②

○三三、請以趙懷林補撫標守備緣由摺

光緒三十年四月十六日（1904年5月30日）

甘肅新疆巡撫西林巴圖魯臣潘效蘇跪奏，爲揀員請補守備員缺，以重操防，恭摺仰祈聖鑒事。

竊照新疆撫標中營左旗守備謝典禮聞訃丁憂，業經前撫臣饒應祺奏明開缺，奉到硃批：兵部知道。欽此。欽遵咨行遵照在案，所遺員缺聲明容俟另行揀員請補。兹查有補缺後補用都司儘先補用守備趙懷林，年壯技精，以之請補撫標中營左旗守備員缺，可期得力，人地亦極相宜。合無仰懇天恩俯准以趙懷林補授撫標中營左旗守備員缺，以專責成。如蒙俞允，并懇飭部發給劄付，仍照烏魯木齊補放守備之例，毋庸送部引見，以符定制。

除飭取該員履歷清册咨部查照外，謹會同陝甘督臣崧蕃、喀什噶爾提督臣焦大聚，恭摺具陳。伏乞皇太后、皇上聖鑒訓示。謹奏。光緒三十年四月十六日。

（硃批）：兵部議奏。③

---

① 中國第一歷史檔案館藏：《硃批原件》，檔號：01-01-12-0636-017。

② 臺北“故宫博物院”藏：《軍機及宫中檔》，文獻編號：160735。

③ 中國第一歷史檔案館藏：《硃批原件》，檔號：04-01-16-0281-048。

光緒三十年五月二十日，奉硃批：兵部議奏。欽此。[①]

○三四、委任文雅林等署理知縣員缺片

光緒三十年四月十六日（1904年5月30日）

再，綏定縣知縣安允升調省候升，所遺員缺查有同知銜候補知縣文雅林，堪以委署。又，署鄯善縣知縣何象堃病故遺缺，查有現署布政使司庫大使同知銜候補知縣苗茂，堪以委署。據署新疆布政使李滋森、署鎮迪道兼按察使銜慶秀會詳前來。

除由臣批飭分別給委外，謹會同伊犁將軍臣馬亮、陝甘總督臣崧蕃，附片具陳。伏乞聖鑒。謹奏。

（硃批）：吏部知道。[②]

光緒三十年五月二十日，奉硃批：吏部知道。欽此。[③]

【案】此奏片之具奏日期，原件署“光緒三十年”，具體日期未確，録副亦未確。據硃批日期查光緒三十年五月二十日《隨手檔》[④]“硃批潘效蘇摺”一欄，署有“報四百里、四月十六日新疆發”等字樣。據此，此片具奏日期應爲“光緒三十年四月十六日”無疑。兹據校正。

○三五、請將知縣黄賡陶即行革職片

光緒三十年四月十六日（1904年5月30日）

再，同知銜新疆候補知縣黄賡陶在新候補有年，雖無勞績，而資格尚深，經

---

① 臺北“故宫博物院”藏：《軍機及宫中檔》，文獻編號：160733。

② 中國第一歷史檔案館藏：《硃批原件》，檔號：04-01-13-0409-057。

③ 臺北“故宫博物院”藏：《軍機及宫中檔》，文獻編號：160729。

④ 中國第一歷史檔案館藏：《軍機處隨手登記檔》，檔案編號：03-0318-2-1230-138。

臣飭司將該員擬補新平縣知縣。詎該員規避苦缺，於縣牌後具稟請假回籍省親，并致商署藩司李滋森，謂代辦書啓文案事件十餘年未領薪水，現在回籍缺資，乞算明發給等語。函中竟敢以兄弟相稱，語多不遜。查該員從前雖聞與李滋森代辦筆墨，并未訂有關聘，李滋森亦曾餽贈酬勞。乃事後藉端要索，實屬行同無賴，未便稍事姑容，相應請旨將同知銜新疆候補知縣黄賡陶革職，并不准在新疆逗遛生事，以儆官邪，是否有當？謹會同陝甘總督臣崧蕃，附片具陳。伏乞聖鑒訓示。謹奏。光緒三十年。新疆巡撫潘效蘇。

（硃批）：著照所請，吏部知道。

光緒三十年五月二十日，奉硃批：著照所請，吏部知道。欽此。①

【案】此奏片之具奏日期，原件署“光緒三十年”，具體日期未確，録副亦未確。據硃批日期查光緒三十年五月二十日《隨手檔》②“硃批潘效蘇摺”一欄，署有“報四百里、四月十六日新疆發”等字樣。據此，此片具奏日期應爲“光緒三十年四月十六日”無疑。兹據校正。

○三六、奏報署中被火自請議處謝恩摺

光緒三十年五月初二日（1904年6月15日）

甘肅新疆巡撫西林巴圖魯臣潘效蘇跪奏，爲恭摺叩謝天恩，仰祈聖鑒事。

竊臣於上年十一月初十日夜，因署中不戒於火，燒毁三堂房屋五間，曾經奏請飭部將臣照例議處，奉硃批：潘效蘇著交部照例議處。欽此。兹准吏部咨開：應照例罰俸一年，係公罪，可否准其抵銷，恭候欽定等因。於光緒三十年二月初二日具奏，奉旨：著准其抵銷。欽此。欽遵咨行到臣。

伏思臣猥以駑質，渥受鴻施。建樹無方，愧邊符之忝綰；徙薪乏術，昧厝火之宜防。即兹薄罰以示懲，本係微臣所應受。乃荷聖慈逾格，竟蒙恩准抵銷。聞

① 臺北“故宫博物院”藏：《軍機及宫中檔》，文獻編號：160731。

② 中國第一歷史檔案館藏：《軍機處隨手登記檔》，檔案編號：03-0318-2-1230-138。

命自天，感慚無地！臣惟有益加修省，時惕冰淵，以期仰酬高厚於萬一。

所有臣感激惶悚下忱，理合具摺叩謝天恩。伏乞皇太后、皇上聖鑒。再，所有燒毁三堂房屋，現在業經臣一律賠修完竣。合并陳明。謹奏。光緒三十年五月初二日。

（硃批）：知道了。①

光緒三十年六月十五日，奉硃批：知道了。欽此②。

〇三七、奏報二十九年十二月雨水糧價摺

光緒三十年五月十二日（1904年6月25日）

甘肅新疆巡撫西林巴圖魯臣潘效蘇跪奏，爲恭報光緒二十九年十二月分糧價并得雪情形，謹繕摺具陳，仰祈聖鑒事。

竊照光緒二十九年十一月分各屬糧價并得雪情形，業經臣奏報在案。兹據署新疆布政使李滋森詳稱：光緒二十九年十二月分，鎮迪道屬迪化、奇臺得雪，積地五寸；昌吉、鎮西、哈密、庫爾喀喇烏蘇得雪，積地三寸；阜康得雪，積地一寸；綏來微雪。伊塔道屬綏定得雪，積地六寸；寧遠得雪，積地五寸；塔爾巴哈臺得雪，積地三寸；精河微雪。南路葉城得雪，積地二寸；疏附得雪，積地一寸；庫車、疏勒、莎車、于闐、英吉沙爾微雪，其餘未得雪。至通省糧價，阜康、奇臺、鎮西、綏定、寧遠、温宿、焉耆、庫車、烏什、疏勒等屬俱與上月相同，餘均略有增減，匯詳請奏前來。

理合恭摺具陳，并繕糧價清單，敬呈御覽。伏乞皇太后、皇上聖鑒。謹奏。光緒三十年五月十二日。

（硃批）：知道了。③

光緒三十年六月十九日，奉硃批：知道了。欽此。④

---

① 中國第一歷史檔案館藏：《硃批原件》，檔號：04-01-12-0636-060。

② 臺北“故宫博物院”藏：《軍機及宫中檔》，文獻編號：161373。

③ 中國第一歷史檔案館藏：《硃批原件》，檔號：04-01-25-0583-034。

④ 臺北“故宫博物院”藏：《軍機及宫中檔》，文獻編號：161485。

〇三八、呈光緒二十九年十二月糧價清單
光緒三十年五月十二日（1904年6月25日）

謹將新疆各屬光緒二十九年十二月分米糧時估價值，繕具清單，恭呈御覽。

計開十二月分

鎮迪道屬

迪化縣：大米每京石價銀五两七錢八厘，較上月增九錢五分二厘。小麥每京石價銀二兩四錢五厘，較上月增一錢六厘。豌豆每京石價銀二兩五錢五分六厘，較上月增二錢一分六厘。青稞每京石價銀一兩四錢四分九厘，較上月減六分九厘。

昌吉縣：大米每京石價銀五兩六分，較上月增七錢八分九厘。小麥每京石價銀二兩五分二厘，較上月增五分二厘。豌豆每京石價銀二兩三分六厘，與上月相同。青稞每京石價銀七錢一分七厘，與上月相同。

阜康縣：粟米每京石價銀一兩九錢一分二厘，小麥每京石價銀一兩九錢八分七厘，豌豆每京石價銀一兩九錢一分二厘，高粱每京石價銀一兩一分七厘，俱與上月相同。

綏來縣：大米每京石價銀三兩八錢七分六厘，較上月增三錢五分三厘。小麥每京石價銀一兩九錢四厘，較上月增三錢一分二厘。豌豆每京石價銀一兩六錢五厘，與上月相同。高粱每京石價銀一兩六分六厘，較上月增一錢七分八厘。

奇臺縣：大米每京石價銀五兩一錢七分八厘，小麥每京石價銀二兩二錢九分九厘，豌豆每京石價銀二兩三錢一分三厘，俱與上月相同。

吐魯番直隸廳：小麥每京石價銀一兩三錢五厘，較上月減三錢二分二厘。大麥每京石價銀六錢三分五厘，與上月相同。高粱每京石價銀八錢七分二厘，與上月相同。黄豆每京石價銀一兩五錢三分，與上月相同。

鎮西直隸廳：小麥每京石價銀二兩四錢二分，豌豆每京石價銀一兩七錢一分三厘，青稞每京石價銀一兩五錢四分五厘，俱與上月相同。

哈密直隸廳：粟米每京石價銀二兩三錢四分，較上月減一錢八分。小麥每京石價銀二兩九分，較上月增八分三厘。豌豆每京石價銀二兩五錢二分，較上月增一錢八分。青稞每京石價銀一兩四錢二分八厘，較上月減三分九厘。

庫爾喀喇烏蘇直隸廳：小麥每京石價銀二兩一錢三分，與上月相同。大麥每

京石價銀一兩四錢二分，較上月增三錢五分五厘。豌豆每京石價銀一兩九錢五分二厘，較上月增一錢七分七厘。

伊塔道屬

綏定縣：大米每京石價銀五兩一錢八分，小麥每京石價銀一兩三錢八分，大麥每京石價銀九錢三分五厘，豌豆每京石價銀一兩二錢六分，俱與上月相同。

寧遠縣：大米每京石價銀四兩六錢七分三厘，小麥每京石價銀一兩二錢，大麥每京石價銀七錢三分，豌豆每京石價銀九錢八分，俱與上月相同。

塔爾巴哈臺直隸廳：小麥每京石價銀一兩五錢四分六厘，與上月相同。大麥每京石價銀一兩八分二厘，較上月增二厘。豌豆每京石價銀一兩一錢六分八厘，與上月相同。

精河直隸廳：大米每京石價銀四兩四錢八分，與上月相同。小麥每京石價銀二兩三分，較上月增二錢一分。大麥每京石價銀九錢八分，與上月相同。豌豆每京石價銀一兩六錢八分，與上月相同。

阿克蘇道屬

温宿府：大米每京石價銀二兩一錢六分五厘，小麥每京石價銀一兩三分五厘，大麥每京石價銀四錢四分七厘，包穀每京石價銀八錢四分六厘，俱與上月相同。

拜城縣：小麥每京石價銀七錢五分，較上月增二分。大麥每京石價銀四錢五分，較上月增一分。豌豆每京石價銀五錢二分，與上月相同。包穀每京石價銀五錢三分，與上月相同。

焉耆府：大米每京石價銀四兩八錢八分四厘，小麥每京石價銀二兩七分，豌豆每京石價銀一兩二錢九分六厘，包穀每京石價銀一兩二錢八分，俱與上月相同。

庫車直隸州：大米每京石價銀三兩三錢八分，小麥每京石價銀一兩一錢三分，豌豆每京石價銀七錢五分，包穀每京石價銀七錢八分，俱與上月相同。

烏什直隸廳：大米每京石價銀二兩一錢七分五厘，小麥每京石價銀六錢六分，大麥每京石價銀三錢二分一厘，包穀每京石價銀四錢五分八厘，俱與上月相同。

喀什噶爾道屬

疏勒府：大米每京石價銀三兩五錢一分六厘，小麥每京石價銀一兩八錢一分一厘，包穀每京石價銀一兩三錢四分，高粱每京石價銀一兩一錢五分，俱與上月相同。

疏附縣：大米每京石價銀三兩六錢三分三厘，較上月增一錢一分七厘。小麥每京石價銀一兩八錢七分六厘，較上月減六分四厘。包穀每京石價銀一兩四錢六分五厘，較上月增四分二厘。高粱每京石價銀一兩一錢六分八厘，較上月增一分八厘。

莎車府：大米每京石價銀四兩一分三厘，較上月減一錢三分一厘。小麥每京石價銀一兩三錢八分，較上月減八分二厘。大麥每京石價銀一兩二錢五分，較上月增一錢二分五厘。包穀每京石價銀一兩一錢八分八厘，較上月增五分三厘。

巴楚州：大米每京石價銀三兩三錢八分，較上月減八錢三分五厘。小麥每京石價銀一兩八錢九分七厘，與上月相同。包穀每京石價銀九錢六分，與上月相同。

葉城縣：大米每京石價銀三兩三錢三分，較上月增三分。小麥每京石價銀九錢五分，與上月相同。包穀每京石價銀八錢三分，與上月相同。

和闐直隸州：大米每京石價銀三兩八分，較上月減二錢二分。小麥每京石價銀一兩一錢二分，較上月增九分。包穀每京石價銀七錢四分，較上月增一錢二分。青稞每京石價銀六錢九分，與上月相同。

于闐縣：大米每京石價銀三兩二錢，與上月相同。小麥每京石價銀一兩二錢，較上月增五分。包穀每京石價銀七錢五分，較上月增一錢三分。

英吉沙爾直隸廳：大米每京石價銀四兩一錢四厘，與上月相同。小麥每京石價銀一兩三錢八分，較上月增六分九厘。大麥每京石價銀六錢二分七厘，與上月相同。包穀每京石價銀九錢三分八厘，較上月增一錢三分四厘。

（硃批）：覽。①

○三九、請以聯恩補授莎車知府緣由摺

光緒三十年五月十二日（1904 年 6 月 25 日）

甘肅新疆巡撫西林巴圖魯臣潘效蘇跪奏，爲揀員請補改設要缺知府，以裨地方，恭摺具陳，仰祈聖鑒事。

竊據署新疆布政使李滋森會同署鎮迪道兼按察使銜慶秀詳稱：原設莎車直隸

① 臺北“故宫博物院”藏：《軍機及宫中檔》，文獻編號：161485-0-A。

州知州定爲衝、繁、難三項要缺，業經奏准升直隸州爲知府，名曰莎車府，管轄四廳、州、縣。該處仍係東南毗連葉城，西北與英吉沙爾接壤，東北界新改之巴楚州，正南即增設之蒲犁廳，并以達瓦罕暨坎巨提各回部地廣丁多，商賈輻輳，各外部往來貿易，雜處其間，稽查彈壓，在在悉關緊要，應請照舊定爲三項要缺，遴員請補，以重職守。查南路從前新設各缺，經前撫臣劉錦棠奏准，仿照吉林新設各缺章程，先行由外揀補一次在案。今改設莎車府知府員缺，自應援照舊章請補。

查有現署斯缺之候補知府聯恩，現年五十五歲，鑲白旗滿洲續格佐領下貢生，由捐納筆帖式補授翰林院筆帖式，旋充功臣館謄録官。同治九年，京察一等，奉旨：著以理事同知、通判用。欽此。十年四月，調補户部銀庫大使。十一年七月，功臣館纂辦昭忠列傳奏保，奉旨：專以理事同知儘先帶領，先换頂戴。欽此。嗣調補太常寺、户部三庫檔房及刑部各筆帖式。光緒十年五月，奉硃筆圈出：伊犁理事同知，著聯恩補授。欽此。十一年四月到任。十三年十一月，調署伊犁撫民同知，於伊犁歷年剿捕回匪出力案内奏保，經部議奏，准其在任以知府儘先補用。十四年六月初三日奉旨：依議。欽此。是年四月，仍回理事同知本任。十七年六月十一日，丁母憂。十九年八月初一日回旗。九月初七日，由本旗帶領引見，奉旨：交部照例辦理。欽此。十月，籤分刑部行走，旋經吏部查辦外任回京人員，於十一月十四日帶領引見，奉旨：著外用。欽此。十二月十四日，復經吏部帶領引見，奉旨：著照例用。欽此。二十一年正月到省。二十三年，委署烏什同知，四月二十日到任，二十四年十一月十八日卸事。二十六年十一月，在新疆藩庫遵陕西賑捐例捐戴花領。二十七年，委署迪化府，九月初八日到任，二十八年十一月初八日交卸。二十九年五月初一日，到莎車州署任。七月十二日，仍委接署改設莎車府篆務。

查該員聯恩，才識明敏，爲守兼優，歷任各缺，辦理一切，諸臻妥協，并無參罰案件；在新疆年久，邊情最爲熟悉，以之請補莎車府知府員缺，實堪勝任，人地亦極相宜，等情。詳請具奏前來。

臣查該員聯恩，才情穩練，局度安詳，合無仰懇天恩俯念要缺需員，准以現署斯缺之候補知府聯恩補授改設莎車府知府員缺，洵於地方有裨。如蒙俞允，該員係曾經引見回省人員，毋庸送部引見。

謹會同陕甘總督臣崧蕃，恭摺具奏。伏乞皇太后、皇上聖鑒訓示。謹奏。光緒三十年五月十二日。

（硃批）：吏部議奏。[①]

光緒三十年六月十九日，奉硃批：吏部議奏。欽此。[②]

○四○、請以蔣士修升補疏勒府知府摺

光緒三十年五月十二日（1904年6月25日）

甘肅新疆巡撫西林巴圖魯臣潘效蘇跪奏，爲揀員升補改設要缺知府，以重地方，恭摺具陳，仰祈聖鑒事。

竊據署新疆布政使李滋森會同署鎮迪道兼按察使銜慶秀詳稱：原設疏勒直隸州知州定爲衝、繁、疲、難四項要缺，業經奏准升直隸州爲知府，名曰疏勒府，管轄疏附、伽師兩縣。該處仍係地當衝要，政務殷繁，外則緊接俄疆，内則安集延與纏民錯雜而處，且俄領事駐扎於此，交涉尤極繁難，應請照舊定爲四項要缺，亟應遴員請補，以重職守。查南路從前新設各缺，經前撫臣劉錦棠奏准仿照吉林新設各缺章程，先行由外揀補一次在案。今改設疏勒府知府員缺，自應援照舊章請補。

查有現署斯缺之升用知府准補庫爾喀喇烏蘇直隸同知蔣士修，現年五十一歲，湖南湘鄉縣人，由文童於光緒四年二月在河南協黔捐局報捐監生，加捐選用縣丞。旋投效軍營，於蕩平新疆南北兩路案内奏保，六年正月三十日奉上諭：著免選本班，以州判留甘補用。欽此。新疆五次剿平邊寇案内奏保，七年五月二十日奉上諭：著免補本班，以知縣仍留原省，歸候補班前先補用，并賞加同知銜。欽此。新疆六載邊防案内奏保，十年十月初四日奉上諭：著賞戴花翎。欽此。十四年九月，留新候補。十六年九月，借補布政司經歷。十七年二月，經部覆准。先於伊犁搜剿零匪案内奏保，經部核議准俟補缺後以直隸州知州用。十七年十二月二十五日具奏，奉旨：依議。欽此。照例扣至十八年三月初十接到保案部

---

① 中國第一歷史檔案館藏：《硃批原件》，檔號：04-01-12-0636-071。

② 臺北“故宫博物院”藏：《軍機及宫中檔》，文獻編號：161453。

文之日，作爲直隸州知州到省候補日期。是年四月二十六日，丁母憂，開缺回籍守制。先於新疆七載防戍案内奏保，請俟補直隸州知府後，以知府升用，經部議准。十九年十二月初二日具奏，奉旨：依議。欽此。二十年七月二十六日，服滿起復。二十一年二月初一日，回省候補。二十二年二月，委署瑪喇巴什直隸廳通判。二十五年八月，委署英吉沙爾直隸廳同知。二十七年十一月，委署疏勒直隸州知州，二十八年四月十九日到任。二十九年二月，借補庫爾喀喇烏蘇直隸廳同知。是年七月，經部覆准。是月初六日，仍委接署改設疏勒府知府。

查該員蔣士修，精明諳練，有守有爲，歷署各缺，辦理一切，諸臻妥協，并無参罰案件；在新疆年久，邊情最爲熟悉，以之升補疏勒府知府員缺，實堪勝任，人地亦極相宜，等情。詳請具奏前來。

臣查該員蔣士修，才猷邁眾，識解超群，合無仰懇天恩俯念要缺需員，准以現署斯缺之升用知府准補庫爾喀喇烏蘇直隸廳同知蔣士修升補疏勒府知府，於地方實有裨益。如蒙俞允，俟奉部覆，并案給咨送部引見，以符定制。

謹會同陝甘督臣崧蕃，恭摺具陳。伏乞皇太后、皇上聖鑒訓示。至所遺庫爾喀喇烏蘇廳同知，係衝、繁、難三項要缺，應請由外揀補。合并聲明。謹奏。光緒三十年五月十二日。

（硃批）：吏部議奏。①

光緒三十年六月十九日，奉硃批：吏部議奏。欽此。②

〇四一、委任張樹焱等署理知府等缺片

光緒三十年五月十二日（1904年6月25日）

再，署温宿府知府聞端蘭期滿遺缺，查有三品頭銜候補知府准補吐魯番直隸廳同知張樹焱，堪以委署。又，署吐魯番直隸廳同知劉澄清調省另有差委，所遺員缺查有鹽提舉銜候補通判方鋆，堪以委署。據署新疆布政使李滋森、署鎮迪道兼按察使銜慶秀會詳前來。

---

① 中國第一歷史檔案館藏：《硃批原件》，檔號：04-01-12-0636-072。

② 臺北“故宫博物院”藏：《軍機及宫中檔》，文獻編號：161455。

除由臣批飭分别給委外，謹會同陝甘總督臣崧蕃，附片具陳。伏乞聖鑒。謹奏。

（硃批）：吏部知道。[①]

光緒三十年六月十九日，奉硃批：吏部知道。欽此。[②]

【案】此奏片之具奏日期，原件署“光緒三十年”，具體日期未確，録副亦未確。據硃批日期查光緒三十年六月十九日《隨手檔》[③]“硃批潘效蘇摺”一欄，署有“報四百里、五月十二日新疆發”等字樣。據此，此片具奏日期應爲“光緒三十年五月十二日”無疑。兹據校正。

〇四二、委任危兆麟等署理知府等缺片

光緒三十年五月十二日（1904年6月25日）

再，電傳光緒三十年四月初七日奉上諭：新疆焉耆府知府劉嘉德著開缺送部引見。欽此。應即委員接署，以便交卸北上。查有三品銜候補知府危兆麟，堪以委署。又，署迪化縣知縣蔣光陞期滿遺缺，查有候補通判易潤庠，堪以委署。據署新疆布政使李滋森、署鎮迪道兼按察使銜慶秀會詳前來。除由臣批飭分别給委外，謹會同陝甘總督臣崧蕃，附片具陳。伏乞聖鑒。謹奏。

（硃批）：吏部知道。[④]

光緒三十年六月十九日，奉硃批：吏部知道。欽此。[⑤]

【案】此奏片之具奏日期，原件署“光緒三十年”，具體日期未確，録副亦未確。據硃批日期查光緒三十年六月十九日《隨手檔》[⑥]“硃批潘效蘇摺”一欄，署

---

① 中國第一歷史檔案館藏：《硃批原件》，檔號：04-01-13-0409-059。

② 臺北“故宫博物院”藏：《軍機及宫中檔》，文獻編號：161456。

③ 中國第一歷史檔案館藏：《軍機處隨手登記檔》，檔案編號：03-0318-2-1230-166。

④ 中國第一歷史檔案館藏：《硃批原件》，檔號：04-01-13-0409-061。

⑤ 臺北“故宫博物院”藏：《軍機及宫中檔》，文獻編號：161457。

⑥ 中國第一歷史檔案館藏：《軍機處隨手登記檔》，檔案編號：03-0318-2-1230-166。

有“報四百里、五月十二日新疆發”等字樣。據此，此片具奏日期應爲“光緒三十年五月十二日”無疑。兹據校正。

○四三、奏報三十年正月雨水糧價情形摺

光緒三十年五月二十日（1904年7月3日）

甘肅新疆巡撫西林巴圖魯臣潘效蘇跪奏，爲恭報光緒三十年正月分糧價并得雨雪情形，謹繕摺具陳，仰祈聖鑒事。

竊照光緒二十九年十二月分糧價并得雨雪情形，業經臣奏報在案。兹據署新疆布政使李滋森詳稱：光緒三十年正月分，鎮迪道屬迪化得雪，積地三寸；鎮西得雪，積地二寸；昌吉、奇臺、庫爾喀喇烏蘇得雪，積地一寸。伊塔道屬綏定、塔爾巴哈臺、精河微雪，寧遠微雨。其餘南路等府、廳、州、縣均未得雨雪。至通省糧價，阜康、吐魯番、寧遠、塔爾巴哈臺、温宿、烏什、和闐、于闐等府廳州縣俱與上月相同，餘均略有增減，匯詳請奏前來。

理合恭摺具陳，并繕糧價清單，敬呈御覽。伏乞皇太后、皇上聖鑒。謹奏。光緒三十年五月二十日。

（硃批）：知道了。[①]

光緒三十年六月二十七日，奉硃批：知道了。欽此。[②]

○四四、呈光緒三十年正月糧價清單

光緒三十年五月二十日（1904年7月3日）

謹將新疆各屬光緒三十年正月分米糧時估價值，繕具清單，恭呈御覽。

---

① 中國第一歷史檔案館藏：《硃批原件》，檔號：04-01-25-0583-033。

② 臺北“故宫博物院”藏：《軍機及宫中檔》，文獻編號：161627。

計開正月分

鎮迪道屬

迪化縣：大米每京石價銀五两九錢二分，較上月增二錢一分二厘。小麥每京石價銀二兩四錢五厘，與上月相同。豌豆每京石價銀二兩五錢九分二厘，較上月增三分六厘。青稞每京石價銀一兩五錢五分二厘，較上月增一錢三厘。

昌吉縣：大米每京石價銀五兩六分，與上月相同。小麥每京石價銀二兩五分二厘，與上月相同。豌豆每京石價銀二兩三分六厘，與上月相同。青稞每京石價銀一兩一錢，較上月增三錢八分三厘。

阜康縣：粟米每京石價銀一兩九錢一分二厘，小麥每京石價銀一兩九錢八分七厘，豌豆每京石價銀一兩九錢一分二厘，高粱每京石價銀一兩一分七厘，俱與上月相同。

綏來縣：大米每京石價銀四兩七錢五分六厘，較上月增八錢八分。小麥每京石價銀二兩一分四厘，較上月增一錢一分。豌豆每京石價銀一兩九錢六分一厘，較上月增三錢五分六厘。高粱每京石價銀一兩四錢二分四厘，較上月增三錢五分八厘。

奇臺縣：大米每京石價銀五兩五錢二分三厘，較上月增三錢四分五厘。小麥每京石價銀二兩二錢九分九厘，與上月相同。豌豆每京石價銀二兩四錢一分七厘，較上月增一錢四厘。

吐魯番直隸廳：小麥每京石價銀一兩三錢五厘，大麥每京石價銀六錢三分五厘，高粱每京石價銀八錢七分二厘，黄豆每京石價銀一兩五錢三分，俱與上月相同。

鎮西直隸廳：小麥每京石價銀二兩六錢四分，較上月增二錢二分。豌豆每京石價銀二兩七錢一分，較上月增九錢九分七厘。青稞每京石價銀一兩五錢四分五厘，與上月相同。

哈密直隸廳：粟米每京石價銀二兩五錢二分，較上月增一錢八分。小麥每京石價銀二兩九分，與上月相同。豌豆每京石價銀二兩五錢二分，與上月相同。青稞每京石價銀一兩六錢二分二厘，較上月增一錢九分四厘。

庫爾喀喇烏蘇直隸廳：小麥每京石價銀二兩一錢三分，與上月相同。大麥每京石價銀一兩五錢九分七厘，較上月增一錢七分七厘。豌豆每京石價銀一兩九錢五分二厘，與上月相同。

伊塔道屬

綏定縣：大米每京石價銀五兩七錢七分二厘，較上月增五錢九分二厘。小麥每京石價銀一兩六錢五分六厘，較上月增二錢七分六厘。大麥每京石價銀一兩一錢，較上月增一錢六分五厘。豌豆每京石價銀一兩四錢，較上月增一錢四分。

寧遠縣：大米每京石價銀四兩六錢七分三厘，小麥每京石價銀一兩二錢，大麥每京石價銀七錢三分，豌豆每京石價銀九錢八分，俱與上月相同。

塔爾巴哈臺直隸廳：小麥每京石價銀一兩五錢四分六厘，大麥每京石價銀一兩八分二厘，豌豆每京石價銀一兩一錢六分八厘，俱與上月相同。

精河直隸廳：大米每京石價銀四兩六錢三分，較上月增一錢五分五厘。小麥每京石價銀二兩三分，與上月相同。大麥每京石價銀一兩五分，較上月增七分。豌豆每京石價銀一兩六錢八分，與上月相同。

阿克蘇道屬

温宿府：大米每京石價銀二兩一錢六分五厘，小麥每京石價銀一兩三分五厘，大麥每京石價銀四錢四分七厘，包穀每京石價銀八錢四分六厘，俱與上月相同。

拜城縣：小麥每京石價銀七錢六分，較上月增一分。大麥每京石價銀四錢五分，與上月相同。豌豆每京石價銀五錢二分，與上月相同。包穀每京石價銀五錢三分，與上月相同。

焉耆府：大米每京石價銀四兩八錢八分四厘，與上月相同。小麥每京石價銀二兩一厘，較上月減六分九厘。豌豆每京石價銀一兩二錢九分六厘，與上月相同。包穀每京石價銀一兩二錢八分，與上月相同。

庫車直隸州：大米每京石價銀三兩三錢八分，與上月相同。小麥每京石價銀一兩四分，較上月減九分。豌豆每京石價銀七錢，較上月減五分。包穀每京石價銀七錢一分，較上月減七分。

烏什直隸廳：大米每京石價銀二兩一錢七分五厘，小麥每京石價銀六錢六分，大麥每京石價銀三錢二分一厘，包穀每京石價銀四錢五分八厘，俱與上月相同。

喀什噶爾道屬

疏勒府：大米每京石價銀三兩五錢一分六厘，與上月相同。小麥每京石價銀一兩七錢二分五厘，較上月減八分六厘。包穀每京石價銀一兩三錢四分，與上月相同。高粱每京石價銀一兩一錢五分，與上月相同。

疏附縣：大米每京石價銀三兩七錢五分，較上月增一錢一分七厘。小麥每京石價銀一兩九錢八分，較上月增六分四厘。包穀每京石價銀一兩六錢七分五厘，較上月增二錢一分。高粱每京石價銀一兩三錢一分九厘，較上月增一錢六分一厘。

莎車府：大米每京石價銀四兩四錢四分，較上月增四錢二分七厘。小麥每京石價銀一兩三錢八分，與上月相同。大麥每京石價銀一兩，較上月減二錢五分。包穀每京石價銀一兩一錢八分八厘，與上月相同。

巴楚州：大米每京石價銀三兩三分，較上月減三分五厘。小麥每京石價銀一兩八錢九分七厘，與上月相同。包穀每京石價銀一兩二錢八分，較上月增三錢二分。

葉城縣：大米每京石價銀三兩三錢五分，較上月增二分。小麥每京石價銀一兩，較上月增五分。包穀每京石價銀八錢六分，較上月增三分。

和闐直隸州：大米每京石價銀三兩八分，小麥每京石價銀一兩一錢二分，包穀每京石價銀七錢四分，青稞每京石價銀六錢九分，俱與上月相同。

于闐縣：大米每京石價銀三兩二錢，小麥每京石價銀一兩二錢，包穀每京石價銀七錢五分，俱與上月相同。

英吉沙爾直隸廳：大米每京石價銀三兩九錢五分二厘，較上月減一錢五分二厘。小麥每京石價銀一兩三錢八分，與上月相同。大麥每京石價銀七錢九分八厘，較上月增一錢七分一厘。包穀每京石價銀一兩一錢二分五厘，較上月增一錢八分七厘。

（硃批）：覽。[①]

○四五、請銷補修三路電桿工程收支摺

光緒三十年五月二十日（1904年7月3日）

甘肅新疆巡撫西林巴圖魯臣潘效蘇跪奏，爲造報甘肅新疆補修東、南、北三路電桿工程收支銀兩數目，懇恩飭部核銷，恭摺仰祈聖鑒事。

竊查新疆東、南、北三路電桿前屆大修之期，曾經前撫臣饒應祺飭據電報總局

---

① 臺北“故宫博物院”藏：《軍機及宫中檔》，文獻編號：161627-0-A。

按五成估計，共需采運脚價銀六萬五千餘兩，於光緒二十八年正月奏咨立案，并飭各廳、州、縣遵照補换在案。現在一律補修完竣，一切工程均係按照前案辦理，所换舊桿擇其木質未甚損壞者，均裁截就用，作爲幫桿，力求節省。惟前項桿木原止按十成之五估計，無如關外風高，地多潮鹻，朽壞者多，現换桿木已過六成。

又，各局承修經費實係必不可省之款，原估漏未計及，亦應一并據實造銷。通計補修三路電桿，共用運脚、犒賞并各局經費銀七萬二千八百六兩五錢三分四厘。除扣回平餘銀六百四十三兩六錢六分七厘，實用新湘平銀七萬二千一百六十二兩八錢六分七厘，業已在於歲撥善後經費項下勻支動用，不另請款。委員分路勘驗，均係實銷，并無浮冒。據印委各員造具册結，詳由新疆糧臺核轉前來。

臣覆查無異，除將册結分送各部外，理合繕具簡明清單，會同陝甘總督臣崧蕃，恭摺具奏。伏乞皇太后、皇上聖鑒，飭部核銷。謹奏。光緒三十年五月二十日。

（硃批）：該部知道，單并發。[①]

光緒三十年六月二十七日，奉硃批：該部知道，單并發。欽此。[②]

○四六、呈修補電桿工程動支銀兩清單

光緒三十年五月二十日（1904年7月3日）

謹將甘肅新疆補修東、南、北三路電桿工程收支銀兩數目，繕具簡明清單，恭呈御覽。

計開

收款項下：

一、收由新疆協餉撥給繕後經費銀七萬二千一百六十二兩八錢六分七厘。

一、收照章劃扣平餘銀六百四十三兩六錢六分七厘。

---

① 中國第一歷史檔案館藏：《硃批原件》，檔號：04-01-01-1069-010。

② 臺北“故宫博物院”藏：《軍機及宫中檔》，文獻編號：161624。

以上共收新湘平銀七萬二千八百六兩五錢三分四厘。

支款項下：

一、支東路補修電桿一册共發過采運電桿、脚價、犒賞、器具、工資銀二萬五千二百八十八兩七錢一分四厘。

一、支南路補修電桿一册共發過采運電桿、脚價、犒賞、器具、工資銀三萬二千六百七十三兩六錢七分三厘。

一、支北路補修電桿一册共發過采運電桿、脚價、犒賞、器具、工資銀一萬四千八百四十四兩一錢四分七厘。

以上共發新湘平銀七萬二千八百六兩五錢三分四厘。前項銀兩除扣收平餘外，實用銀七萬二千一百六十二兩八錢六分七厘，已在善後經費項下如數動用，歸入二十七年銷案列支。理合登明。

（硃批）：覽。[1]

〇四七、請以黄丙焜補阿克蘇道緣由摺

光緒三十年五月二十日（1904年7月3日）

甘肅新疆巡撫西林巴圖魯臣潘效蘇跪奏，爲揀員請補兵備道要缺，以重職守，恭摺仰祈聖鑒事。

竊照阿克蘇兵備道江遇璞於光緒三十年正月初五日在任病故，業經臣奏明在案。所遺阿克蘇兵備道，應以江遇璞病故本日作爲開缺日期，係衝、繁、疲三項要缺，例應由外揀員請補。查新疆各項員缺，經前撫臣劉錦棠奏准，一體援照變通章程請補。又，變通章程内開：道府要缺，將現任各員擇其人地相宜者升調。又，留甘尚未引見、先經隨營當差，無論正、佐，擇其人地相宜之缺，准其酌補。又，定例：各省道府係題明留於該省候補者，無論應題、應調之缺，令該督撫酌量才具，擇其人地相宜者，悉准補用，各等語。

今阿克蘇兵備道要缺，於通省現任道府内逐加遴選，非現居要缺，即人地不

---

① 臺北“故宫博物院”藏：《軍機及宫中檔》，文獻編號：161624-0-A。

宜，一時實乏堪以升調之員。惟查有二品頂戴遇缺題奏道現署伊塔道黄丙焜，年五十四歲，湖南長沙縣人，由附生於光緒三年在湖南援防捐局報捐貢生，加捐布理問雙月選用；投效恪靖大營，克復吐魯番等城案内，保以知州分省歸候補班前先補用；新疆南北兩路一舉蕩平案内，保以直隸州知州留甘肅新疆候補班前先補用；新疆五次剿平邊寇案内，保俟補缺後，再行送部引見，并戴花翎。九年九月，奏補吐魯番同知。十年二月，經部議准。新疆六載邊防案内，保照頭等軍功，交部從優議叙，經部議給予軍功加三級。十二年十月，調署疏勒直隸州知州。十五年八月，委署迪化府知府。十六年五月，奏請升補伊犁府知府。十九年九月，委署阿克蘇道篆。新疆七載防戍案内，保以道員在任遇缺題奏，并加鹽運使銜。二十一年正月，到伊犁府本任。十二月，經調任伊犁將軍長庚奏保，二十二年三月十一日奉硃批：著交軍機處存記，免其來京引見。欽此。新疆各軍防剿西寧竄匪、關外肅清案内，保請交部從優議叙，經部議給尋常加一級記録二次。二十五年四月，署理伊塔道篆。二十六年四月，回伊犁府本任。二十八年二月，復署伊塔道篆。新疆七載防戍案内，保俟歸道員班後，加二品頂戴。旋經伊犁將軍馬亮奏保，二十九年四月初三日奉硃批：著交軍機處存記。欽此。閏五月，經臣奏請開去伊犁府缺，以道員遇缺題奏，仍懇交軍機處存記擢用，八月初五奉硃批：著照所請，該部知道。欽此。

查該員黄丙焜，才猷卓越，操守謹嚴，歷任府、廳、直隸州各缺，均能實心勤政，潔己愛民，迭署各道，措置亦復裕如。現在伊犁署任，辦理中俄交涉，因應咸宜，尤爲外人悦服。各任内并無參罰案件，在新年久，資格已深，邊情最爲熟悉，以之請補阿克蘇兵備道員缺，實堪勝任，人地亦極相宜。該道係曾任伊犁府知府奏請開缺以道員遇缺題奏、奉旨交軍機處存記擢用之員，今請補授巡道要缺，核與例章均屬相符，合無仰懇天恩，俯念邊地要缺需員，准以二品頂戴遇缺題奏道現署伊塔道黄丙焜，補授阿克蘇兵備道員缺，實於地方有裨。如蒙俞允，俟接准部覆後，并案給咨送部引見，以符定制。

所有揀員請補兵備道要缺緣由，謹會同陜甘總督臣崧蕃，恭摺具陳。伏乞皇太后、皇上聖鑒訓示。謹奏。光緒三十年五月二十日。

（硃批）：吏部議奏。[1]

---

① 中國第一歷史檔案館藏：《硃批原件》，檔號：04-01-16-0280-040。

光緒三十年六月二十七日，奉硃批：吏部議奏。欽此。[①]

○四八、請以蔣光陞補庫車知州緣由摺

光緒三十年六月初二日（1904年7月14日）

甘肅新疆巡撫西林巴圖魯臣潘效蘇跪奏，爲揀員請補改設直隸州員缺，以裨地方，恭摺仰祈聖鑒事。

竊據署新疆布政使李滋森會同署鎮迪道兼按察使銜慶秀詳稱：原設庫車直隸廳同知，定爲衝、繁二項請調中缺，業經奏准改同知爲直隸州，名曰庫車直隸州知州，管轄沙雅縣。該處仍係地當衝要，轄境遼闊，户口殷繁，應請照舊定爲二項中缺，應即遴員請補，以資治理。查南路從前新設各缺，經前撫臣劉錦棠奏准仿照吉林新設各缺章程，由外先行揀補一次在案。今改設庫車直隸州知州員缺，自應援照舊章請補。

查有在任候補直隸州知州實任葉城縣知縣蔣光陞，現年五十四歲，湖南湘陰縣人，由文童投效楚軍，蕩平甘肅金積堡賊巢、寧靈肅清案内，保以從九品歸部不論雙單月，遇缺儘先即選；克復甘肅巴燕戎格及剿滅河州竄賊案内，保以縣丞不論雙單月，遇缺儘先即選；克復肅州、關隴一律肅清案内，保俟選缺後，以州同歸部即選，經部核議改爲俟選缺後，以州同仍留原省即補；新疆南北兩路一舉蕩平案内，保免補本班，以知縣分省補用；新疆六載邊防案内，保加同知銜。光緒十一年，留新候補。十五年十月，委署霍爾果斯通判。伊犁搜剿零匪暨撲滅潰勇、游勇案内，保俟補缺後，以直隸州知州補用。新疆七載防戍案内，保俟補直隸州後，以知府用。二十三年六月，奏補葉城縣知縣，十一月二十日經吏部覆准，照例以是日作爲候補直隸州知州到省日期。新疆各軍防剿西寧竄匪迭次獲勝、關外肅清案内，保請給予隨帶加一級，經部改爲尋常加一級。二十五年九月，在新疆順直賑捐案内捐戴花翎。是年十二月十七日，到葉城縣本任。二十七年，在新疆遵秦晉賑捐例，報捐隨帶加三級。新疆七載防戍案内，保俟歸知府班

---

① 臺北“故宫博物院”藏：《軍機及宫中檔》，文獻編號：161622。

後，加道銜。二十八年，調署迪化縣知縣。二十九年二月二十二日，交卸葉城縣篆，六月初三日到署任，三十年四月二十二日卸事。

查該員蔣光陞，廉潔誠樸，撫字耐勞，正、署各任内辦理一切，悉臻妥協，并無參罰案件；在新疆年久，邊情最爲熟悉，以之請補庫車直隸州知州，實堪勝任，人地亦極相宜，等情。詳請具奏前來。

臣查該員蔣光陞，悃愊無華，實心任事，合無仰懇天恩俯念邊缺需員治理，准以在任候補直隸州知州實任葉城縣知縣蔣光陞補授庫車直隸州知州員缺，洵於地方有裨。如蒙俞允，俟接准部覆後，并案給咨送部引見，以符定制。

謹會同陝甘總督臣崧蕃，恭摺具奏。伏乞皇太后、皇上聖鑒訓示。至所遺葉城縣知縣係衝、繁、疲、難四項要缺，應請由外揀補。合并聲明。謹奏。光緒三十年六月初二日。

（硃批）：吏部議奏。①

光緒三十年七月初八日，奉硃批：吏部議奏。欽此。②

○四九、請以黄桂芳借補阿克蘇游擊摺

光緒三十年六月初二日（1904年7月14日）

甘肅新疆巡撫西林巴圖魯臣潘效蘇跪奏，爲揀員借補游擊員缺，以重操防，恭摺仰祈聖鑒事。

竊照阿克蘇鎮標中營實任游擊趙有正，於光緒二十一年奉調入關，久未回任，經臣附片奏請開缺，另行揀員請補，於光緒三十年二月二十九日奉硃批：兵部知道。欽此。欽遵行知在案。其所遺阿克蘇鎮標中營游擊員缺，亟應揀員請補，以專責成。

兹查有現署斯缺之補用副將留甘補用參將黄桂芳，精明穩練，久歷戎行，且在甘肅新疆效力多年，於營務、邊情最爲熟悉，以之借補阿克蘇鎮標中營游擊員

① 中國第一歷史檔案館藏：《硃批原件》，檔號：04-01-01-1066-007。

② 臺北“故宫博物院”藏：《軍機及宫中檔》，文獻編號：161874。

缺，必能勝任，人地亦極相宜。合無仰懇天恩俯准，即以黄桂芳借補阿克蘇鎮標中營游擊員缺，實於操防有裨。如蒙俞允，并懇飭部發給署劄，俟防務大定，再行給咨赴部引見，以符定制。

除飭取該員履歷咨部查核外，謹會同陝甘總督臣崧蕃、喀什噶爾提督臣焦大聚，恭摺具陳。伏乞皇太后、皇上聖鑒訓示。謹奏。光緒三十年六月初二日。

（硃批）：兵部議奏。[①]

光緒三十年七月初八日，奉硃批：兵部議奏。欽此。[②]

〇五〇、奏銷修理廠屋衙署工程經費摺

光緒三十年六月初二日（1904年7月14日）

甘肅新疆巡撫西林巴圖魯臣潘效蘇跪奏，爲造報修理機器廠、屋并新平縣正、佐衙署等項工程動用經費，懇恩飭部核銷，恭摺仰祈聖鑒事。

竊查新疆省城修蓋機器局廠、房屋、水渠等工，估需銀二萬四千餘兩；羅布淖爾建設新平縣，創修正、佐衙署、糧倉、驛站等工，估需銀一萬一千餘兩，經前撫臣饒應祺於光緒二十八年正月二十八日奏明奉旨允准立案，并陸續飭令興修在案。

兹據新疆糧臺詳稱：據各印委次第營造蕆事，共用工料銀三萬五千七百一兩三錢八分一厘，内扣收平餘銀二百七十八兩二錢八分三厘，實支發新湘平銀三萬五千四百二十三兩九分八厘，由善後經費項下開支，不另請款。業經委勘驗收，均屬工堅料實。匯造丈尺、做法、工料、銀糧、圖册，取具印結，詳齎前來。

臣查新疆地處極邊，百物昂貴，應用物料或由内地購用，或就本地采買，均按從前准銷成案價值酌減核發，實用實銷，并無浮冒。理合繕具簡明清單，恭呈御覽，仰懇天恩飭部一律核銷，以清款目。

除將册結、圖説咨部外，謹會同陝甘總督臣崧蕃，恭摺具奏。伏乞皇太后、皇上聖鑒訓示。謹奏。光緒三十年六月初二日。

---

① 中國第一歷史檔案館藏：《硃批原件》，檔號：04-01-16-0281-101。

② 臺北“故宫博物院”藏：《軍機及宫中檔》，文獻編號：161861。

（硃批）：該部知道，單并發。[1]

光緒三十年七月初八日，奉硃批：該部知道，單并發。欽此。[2]

〇五一、呈修機器廠屋衙署經費清單

光緒三十年六月初二日（1904年7月14日）

謹将新疆建修機器廠屋、水渠暨新平縣正、佐衙署、糧倉、驛站各工收支銀兩數目，開具簡明清單，恭呈御覽。

計開

收款項下：

一、收由新疆協餉内撥給善後經費銀三萬五千四百二十三兩九分八厘。

一、收照章劃扣平餘銀二百七十八兩二錢八分三厘。

以上共收新湘平銀三萬五千七百一兩三錢八分一厘。

支款項下：

一、支建修機器局廠房屋、水渠一册，共發過工料銀二萬二千四百四十二兩三錢三分二厘。

一、支建修新平縣衙署、糧倉一册，共發過工料銀七千八百三十兩二錢五分四厘。

一、支建修新平縣典史衙署、監獄一册，共發過工料銀二千一十六兩九錢三分八厘。

一、建修新平驛站、官店一册，共發過工料銀三千四百一十一兩八錢五分七厘。

以上總共支發新餉平銀三萬五千七百一兩三錢八分一厘。查前項銀兩，除扣平餘外，實用銀三萬五千四百二十三兩九分八厘，已在善後經費項下支用，歸入二十七年銷案列支。合并聲明。

---

① 中國第一歷史檔案館藏：《硃批原件》，檔號：04-01-35-1068-001。

② 臺北“故宮博物院”藏：《軍機及宫中檔》，文獻編號：161872。

（硃批）：覽。[①]

○五二、奏估迪化至奇臺電綫經費片

光緒三十年六月初二日（1904年7月14日）

再，查新省自光緒十八、九年安設東、南、北三路電綫，與腹地各省聯爲一氣，報務靈通迅速，於邊疆大有裨益。二十二年河湟竄回出關，二十五年綏來土回滋事，皆賴電報布置調度，得以及時剿減，洵屬事省功倍。

兹查古城爲省城天山以北屏蔽，北通蒙古，東通歸化、包頭、京城、天津等處，地面遼闊，行旅往來絡繹，兼以駐防滿營暨奇臺縣治移設於斯，商賈雲集，民雜五方，控制撫綏，最關緊要。從前有關内接辦關外電綫，因巴里坤天山險峻，冬令雪深，巡守不易，由哈密繞經吐魯番以達省城，是以該處未通電報，擬自迪化北經阜康、孚遠以達古城，添設電綫，即於前改奇臺縣城内設立子局一處，以便商旅而通聲息。當飭電報總局委員查勘，計程六站，截曲取直，共四百里有零，確估電綫、桿木、運脚及修理護墩、局屋、添置器具等項經費，共需銀二萬兩以内，實較從前估修電綫有減無增。惟值帑藏支絀之時，未便另請公款，擬由歲撥善後經費項下撙節匀支，核實造報。將來養電、歲修及局費等項仍照通省電局辦法，將所收報資劃抵，并動用平餘。如再不敷，仍於善後款内開支，以資經久。據新疆糧臺詳情奏咨前來。

臣覆核無異，除咨部并批飭遵辦外，所有估需安設迪化至奇臺電綫各項經費緣由，謹會同陝甘總督臣崧蕃，附片具陳。伏乞聖鑒訓示。謹奏。

（硃批）：該部知道。[②]

光緒三十年七月初八日，奉硃批：該部知道。欽此。[③]

---

① 臺北“故宫博物院”藏：《軍機及宫中檔》，文獻編號：161872-0-A。

② 中國第一歷史檔案館藏：《硃批原件》，檔號：04-01-07-0026-006。

③ 臺北“故宫博物院”藏：《軍機及宫中檔》，文獻編號：161873。

【案】此奏片之具奏日期，原件署“光緒三十年”，具體日期未署，録副亦未確。據硃批日期查光緒三十年七月初八日《隨手檔》[①]“硃批潘效蘇摺”一欄，署有“報四百里、六月初二日發”等字樣。據此，此片具奏日期應爲“光緒三十年六月初二日”無疑。兹據校正。

○五三、奏陳收哈及議定文武功過情形摺

光緒三十年六月十九日（1904年7月31日）

甘肅新疆巡撫西林巴圖魯臣潘效蘇跪奏，爲陳明驅收哈薩克情形，并遵旨議定文武各員弁功過，以示勸懲，恭摺仰祈聖鑒事。

竊臣於光緒三十年五月初二日承准軍機大臣電傳奉旨：瑞洵電奏，收哈事宜須地方官切實查辦，非嚴定功過，難期得力。著潘效蘇體察情形，妥議具奏。欽此。臣維哈薩克族類甚蕃，其隸塔城者，原在邊外之齋桑諾爾俄楝河、布昆河等處游牧，不准私越卡倫。自同治三年分界後，將其牧地劃入俄境，各部哈薩克大半隨地歸俄，内附之衆避俄東徙，遂在阿勒臺山陽一帶住牧，後復越竄山北，與烏梁海蒙古錯雜而居，以致科布多境内亦有哈薩克蹤迹。光緒初年，新疆回匪甫平，哈薩克因牧地未定，管束無人，貪逐水草，又相率潛逃來新。歷年既久，南北兩路所在皆有。前任撫臣饒應祺雖迭經派員驅逐，無如該哈薩克或恃衆抗違，或藉端狡展，饒應祺因慮激生他變，莫可如何，是以二十八年七月有設法羈縻之奏。

臣到任後，欽奉諭旨飭令確查情形，詳細妥議，和衷商辦。因哈薩克嚮本不准入卡，雖今昔情形不同，然安插新疆境内，終恐養癰成患，當即分飭踞有哈薩克北路之精河、庫爾喀喇烏蘇、綏來、呼圖壁、昌吉、迪化、阜康、孚遠、奇臺縣，西南路之吐魯番、鄯善、焉耆、婼羌、新平、于闐等十六府廳縣、縣丞，各派練團；及北路撫屬之中營、中旗、右營中旗，瑪納斯協中、左、右三營旗，庫爾喀喇烏蘇之中營、中旗，濟木薩之中營、中旗，迪化城守協中、左、右三旗，

---

① 中國第一歷史檔案館藏：《軍機處隨手登記檔》，檔案編號：03-0319-1-1230-184。

吐魯番營之左旗，練軍左翼中、左、右三旗，右翼中、左、右三旗，伊犁鎮屬之精河中營、中旗，巴里坤鎮屬之中營、中旗，城守營古城之中營旗，南路阿克蘇鎮屬之喀喇沙爾中營、中旗、蒲昌營、婼羌營，喀什噶爾提屬之和闐營等馬步三十三營旗，各抽隊伍，并加派文武委員，會同驅逐；一面咨請科、塔兩城派撥文武員弁、勇丁，隨帶哈薩克頭目、通事前來摎查，隨時接收，各歸各牧。除南路婼羌縣所屬屈莽山一股氈房五十餘頂、男女丁口二百餘人，竄近青海蒙古地界，臣正電請陝甘總督臣崧蕃飛咨青海大臣，飭派蒙兵，嚴行堵截。該處距新疆省城三千餘里，距阿勒臺山約六千餘里，斷非臣等所能了事，應另案辦理。

其餘南北兩路各處逃哈約已驅收八成，尚餘二成之譜。因地方遼闊，小徑紛歧，散股零星，隨處皆可藏匿，此搜彼竄，飄忽無定，實難收束。會奉諭旨飭臣議定功過，仰見聖明洞燭萬里，賞罰無私，曷勝欽服。自應欽遵妥議，分別勸懲，以期早竟全功。伏查該哈薩克竄匿新疆境内已十餘年，散處各屬地方，蔓延數千里，男女丁口以萬餘計，漫無限制，法令難施，不獨侵占蒙番、回、纏牧場，時虞紛擾，甚且結夥持械，肆意横行，小則搶劫牲畜，大則傷害人命，爲禍最大。急之既虞走險，緩之又復難馴，操縱之間，實形艱棘。該文武弁兵等辦理已及兩年，或相機計誘，或入險窮搜，或駐卡梭巡，不分晝夜；或長途押解，備歷艱辛。冬則馳驅於冰天雪地之中，墮指裂膚，僵凍相屬；夏則奔走於烈日炎風之下，灼肌銷骨，疾疫侵尋，實屬有勞可録。現餘逃哈，經臣與瑞洵往復咨商，擬勒限科、新文武弁兵，於本年九月底一律驅收净盡，肅清地方。

除科城員弁應由瑞洵奏請獎叙外，所有新疆在事出力文武，可否仰懇天恩俯准俟事竣後，并計前功，由臣分别勞績等次，擇尤酌保，以示鼓勵。如逾期不能辦結，應酌量情事輕重，或撤委記過，或立予奏參，决不姑貸。瑞洵在邊年久，辦事認真。本次驅收逃哈，尤與臣同心共濟，勞怨不辭。現又力疾親赴古城，就近調度一切，無不悉合機宜，殫竭心力，實能顧全大局，公爾忘私。今甫莅新疆境内，洞悉驅收爲難情形，奏奉諭旨，嚴定功過，辦理較有把握，結案有期，實非臣籌慮所能及也。

所有陳明驅收哈薩克情形及議定文武員弁功過各緣由，是否有當？理合恭摺具陳。伏乞皇太后、皇上聖鑒訓示。謹奏。六月十九日。

光緒三十年七月二十七日，奉硃批：歸哈一事務宜妥爲開導，妥慎辦理。

欽此。[①]

【案】光緒三十年四月二十九日，科布多參贊大臣瑞洵電奏行抵古城日期并督辦收哈事宜一摺，曰：

北京外務部洪密：瑞洵四月初八日自鄂倫布拉克啓程，十五日抵古城。哈事節經督催，據潘效蘇函稱：東、西兩路已無哈迹，惟南路羅布淖爾、屈莽山等處及北路巴里坤尚未遷動，地方掣肘，十分爲難。現委員紛來行營請示，容瑞洵與潘效蘇隨時會商，竭力妥籌。查驅哈非地方官切實查辦，委員勢孤力弱，無能爲役。瑞洵雖已駐古城督辦，奈係客官，於地方呼應不靈，自非奏明嚴定功過，難期得力。潘效蘇前於瑞洵商定以收哈委員艱苦出力，事竣應會摺請獎。

兹擬增地方文武考成，如實力協助，應并核保；如不認真，或反有意容留，即行撤參。委員亦同一律。如此勸懲，冀可稍儆疲玩。事關邊局，不敢引嫌避怨。潘效蘇覆文，意見相同。應懇俯准潘效蘇會同瑞洵，秉公查核辦理。至接收借地，已電催春滿，俟得復再奏。謹請代奏候旨。瑞洵。艶。[②]

【案】光緒二十八年七月十四日，新疆巡撫饒應祺等奏報辦理逃哈情形，曰：

頭品頂戴陝甘總督臣崧蕃、新授伊犁將軍臣馬亮、甘肅新疆巡撫臣饒應祺跪奏，爲科、塔沿邊哈薩克民户相率潛逃，分往南疆，現擬設法羈縻，以全游牧而防外出生事，合詞恭摺具陳，仰祈聖鑒事。

竊查新疆西北一帶沿邊地方向極寬廣，各哈薩克種民游牧，夏令在卡外逐水草、就樹林；冬則入卡，伴山岡插帳，以避風雪，歷經各參贊大臣管理在案。分界以來，卡外地段多半分屬俄境，比時議定各哈薩克願歸俄者即住俄境，願歸中者即入卡内游牧。塔爾巴哈臺就近四部落哈薩克插帳地方水草暢茂，各户尚屬安居樂業。其柯勒依哈衆舊住阿爾泰山，户口繁多，前因借地未定，故未指名游牧地段，該哈衆擅自投科布多，經科城安插，遂歸科屬。近因二十年來科、塔哈衆生聚日多，勾引搬移，逃入奇臺、昌吉、綏來及喀喇峽一帶，或二百餘户，或百數十户，凑集人衆，相率潛牧，疊據蒙古漢民控其侵占牧地。

上年，臣應祺准塔城參贊大臣臣春滿咨：委員張仕林查收各處哈薩克回塔

① 臺北“故宫博物院”藏：《軍機及宫中檔》，文獻編號：162294。
② （清）瑞洵著，杜宏春校：《散木居奏稿》，商務印書館2018年版，第666—667頁。

城原牧，請飭地方官幫同查辦。其初俱各遵依，惟潛往喀喇沙爾哈薩克四千餘人抗違不遵，張仕林回省請兵查辦，經臣應祺飭該處文武派撥勇役驅逐。行至迪化境地，該哈薩克頭目忽稱係科布多人，執有科布多中國所屬哈薩克頭目諭飭回牧文爲據。復經臣應祺咨請科布多參贊大臣臣瑞洵派員迎護接收，旋准瑞洵咨覆，科屬并無哈眾逃往他處情事。又經臣應祺改令仍由塔城派隊押送，交塔城委員張仕林接收轉解。該哈眾等行至呼圖壁地方，竟敢恃眾持槍，硬抗不回。比以嚴冬，該哈薩克人眾數千，牲畜過萬，水草不便，從寬准其暫留待春融再回原牧在案。

本年五月，准喀喇沙爾和碩特貝子牘稱：有哈薩克二百餘頂帳房，來他什河地方居住，牛羊馬匹蹧踐地畝，請飭驅逐出境。又據新平縣稟報：有哈薩克氈房數百頂逃往該處，至卡克里縣丞所屬屈莽山一帶游牧，且有逃往他處者。臣應祺以該哈眾搶劫爲生，恐其出境滋事，電商臣崧蕃設法安置。臣亮赴伊犁將軍新任，道過蘭州晤面，再四籌商。臣崧蕃查哈薩貪逐水草是其本性，且因科、塔爭地，牧場未定，彼得有詞，應俟臣亮到任，妥籌會商奏結，地界一定，游牧相安，則逃亡自少，囑與臣應祺面商辦理。臣亮至新時，適接于闐縣稟報，該哈眾逃至卡牆買糧，據云原牧地方狹隘，特來和、于一帶游牧。并准青海大臣咨稱：左翼噶斯地方新來異言服人眾，形勢凶猛，欺凌逼處，盤問不肯吐實，是否纏回，請查明驅逐，咨請招回原籍，勿任越界滋事。

昨又據焉耆府劉守嘉德電稟：該哈眾二千餘人入境以來，染患時疫，傷亡甚多，牲畜倒斃殆盡，嗷嗷待哺，朝不謀夕。已飭署新平縣丞發糧五百石，以資口食，免致滋事。臣亮在邊疆年久，稔知哈薩克狡悍成性，搶劫爲能，非妥爲撫綏，難資約束。其相率潛逃，亦由生齒日繁，原牧地段不敷插帳，係屬實在情形。倘必勒令回牧，則該哈薩克等已竄至新平及于闐一帶，該處東界青海，南界英境，恐逃竄外方，致滋口舌，且皆中國子民，應即設法安置，以免流離。臣應祺查該哈薩不回原牧，係因有冬窩而少夏場，貪逐水草，潛逃來新，已非一日。惟均在北路一帶，未逾天山，兹復不遠數千里逃往南路人眾數千，强占居民牧場，不聽地方官管束，縱之不可，迫之生變，自非設法羈縻，不足以服人心而安邊圉，仍即咨商科、塔兩處，如能收回以實邊地，固爲上策，否則惟於羅布淖爾及奇臺、鎮西空曠有水草之處，暫准分段游牧，勉加約束，并禁止在塔哈眾，不准再行出境，以免邊界空虛，且防其逃出華界，轉貽外人口實。

至科塔借地之案，臣等既奉諭旨體察會辦，臣亮與臣應祺商擬，委員先赴阿爾泰山科、塔交界地段，查明牧場是否足敷安插哈衆，再行奏明辦理外，謹將哈衆現已逃赴新疆南路各處，設法羈縻，以防出境生事情形，合詞恭摺具陳。伏祈皇太后、皇上聖鑒訓示。再，此摺係臣亮與臣應祺主稿。合并聲明。謹奏。光緒二十八年七月十四日。①

○五四、請以孫傳淮補授精河直隸同知摺

光緒三十年六月十九日（1904年7月31日）

甘肅新疆巡撫西林巴圖魯臣潘效蘇跪奏，爲揀員請補要缺同知，以裨地方，恭摺仰祈聖鑒事。

竊據署新疆布政使李滋森會同署鎮迪道兼按察使銜慶秀詳稱：精河直隸同知劉澄清前經詳請具奏開缺以知府敘補，光緒二十九年六月二十四日奉硃批：著照所請，吏部知道。欽此。應以奉旨後第五日由部行文之日起，按新疆程限減半計算，扣至是年九月十一日，作爲開缺日期。所遺精河直隸同知係衝、繁、難三項要缺，應即揀員請補，以重職守。

查新疆各項員缺，經前撫臣劉錦棠奏准援照甘肅變通章程請補。又，章程內開：試用人員，無論正佐各官，如遇要缺，准其請補。又，分省人員准其留於新疆補用，各等語。

今精河直隸同知要缺，查有花翎試用同知孫傳淮，現年三十歲，安徽壽州人，由增貢生於光緒二十三年八月二十八日在湖北賑捐案內報捐郎中職銜。是年九月初一日，由郎中職銜增貢生在直隸遵新海防例，加捐同知不論雙單月分省試用。是年，復於湖北賑捐案內獎戴藍翎。二十七年正月，留新疆試用。是年八月二十五日，在甘肅遵秦晉賑捐例捐換花翎。

查該員孫傳淮，精明强幹，有守有爲，以之請補精河直隸同知，實堪勝任，人地亦極相宜，等情。詳請具奏前來。

---

① 臺北“故宫博物院”藏：《軍機及宫中檔》，文獻編號：408006439、148886。

臣查該員孫傳湝，年富力强，才明識卓，合無仰懇天恩俯念要缺需員，准以試用同知孫傳湝補授精河直隸同知員缺，洵於地方有裨。仍俟試署一年，期滿另請實授。如蒙俞允，俟接准部覆後，再行送部引見，以符定制。

謹會同伊犁將軍臣馬亮、陝甘總督臣崧蕃，恭摺具陳。伏乞皇太后、皇上聖鑒訓示。謹奏。光緒三十年六月十九日。

（硃批）：吏部議奏。①

光緒三十年七月二十七日，奉硃批：吏部議奏。欽此。②

〇五五、奏報馬廠取孳馬匹數目緣由摺

光緒三十年六月十九日（1904年7月31日）

甘肅新疆巡撫西林巴圖魯臣潘效蘇跪奏，爲新疆巴里坤馬廠三年期滿，循例收取孳生馬匹數目，及應辦第四次均齊考成，恭摺具陳，仰祈聖鑒事。

竊查巴里坤孳生馬廠第三次均齊應辦考成，業經截至光緒二十五年六月底止，由前任撫臣饒應祺奏咨在案。兹自光緒二十五年七月初一日起，截至二十八年六月底止，又滿三年，例應辦理四次均齊。

查前項馬廠截至二十五年六月底止，各群原牧兒騍馬五千六百三十四匹，内除第二次均齊案内挑出口老殘廢馬匹五百八十三匹，及此次已屆六年照例挑出口老殘廢馬匹六百四匹，實存兒騍馬四十四百四十七匹。又，二十二年七月至二十三年六月，産獲兒騍馬五百七匹，内除割騸兒馬一百八十八匹，留存三百一十九匹。又，二十三年七月至二十四年六月，産獲兒騍馬五百三十三匹，内除割騸兒馬二百一十四匹，留存馬三百一十九匹。又，二十四年七月至二十五年六月，産獲兒騍馬五百七十六匹，内除割騸兒馬二百二十八匹，留存馬三百四十八匹。統計各群實牧取孳大小兒騍馬五千四百三十三匹，按每馬三匹，三年取孳生馬一匹，核計照例共應取孳生馬一千六百九十五匹。此次三年

---

① 中國第一歷史檔案館藏：《硃批原件》，檔號：04-01-12-0637-009。

② 臺北“故宫博物院”藏：《軍機及宫中檔》，文獻編號：162292。

均齊，陸續産獲馬駒一千七百八匹，實多孳生馬一十三匹，經管官弁牧兵，例應分别給獎。

其騸馬一項，上案造報共隨群帶牧騸馬六百一匹，本案陸續新割騸馬六百三十匹，共新舊騸馬一千二百三十一匹。計三年内撥過鎮西、哈密、奇臺各廳縣驛馬二百八十五匹。又，例准倒馬一百八匹，實存騸馬八百三十八匹。經巴里坤鎮咨由署理新疆布政使李滋森，飭據署鎮西廳同知尋選就近驗烙，取具馬匹數目并官弁牧兵姓名清册，核轉詳請奏咨前來。

臣覆核無異，除將清册咨部外，謹會同陝甘總督臣崧蕃，恭摺具奏。伏乞皇太后、皇上聖鑒，飭部核覆。謹奏。光緒三十年六月十九日。

（硃批）：兵部知道。①

光緒三十年七月二十七日，奉硃批：兵部知道。欽此。②

○五六、請將守備李永時等留新補用片

光緒三十年六月十九日（1904年7月31日）

再，新疆從前征剿出力各武員迭經奏留甘肅新疆補用，奉旨允准欽遵辦理在案。兹查有花翎儘先補用守備李永時、韓景泰二員，在新疆效力有年，邊情熟悉，合無仰懇天恩俯准均以原官原銜留於甘肅新疆儘先補用，以備任使。

除將履歷清册咨部查照，并俟續查有應行留省人員隨時奏請外，謹會同陝甘總督臣崧蕃，附片具陳。伏乞聖鑒訓示。謹奏。

（硃批）：著照所請，兵部知道。③

光緒三十年七月二十七日，奉硃批：著照所請，兵部知道。欽此。④

【案】此奏片之具奏日期，原件、録副均未確。據硃批日期查光緒三十年七

① 中國第一歷史檔案館藏：《硃批原件》，檔號：04-01-01-162-1444。
② 臺北“故宫博物院”藏：《軍機及宫中檔》，文獻編號：162283。
③ 中國第一歷史檔案館藏：《硃批原件》，檔號：04-01-17-0171-016。
④ 臺北“故宫博物院”藏：《軍機及宫中檔》，文獻編號：162284。

月二十七日《隨手檔》[①]“硃批潘效蘇摺”一欄，署有“報四百里、六月十九日新疆省城發”等字樣。據此，此片具奏日期應爲“光緒三十年六月十九日”無疑。茲據校正。

○五七、委任蔣光陞等署理知州等缺片

光緒三十年六月十九日（1904年7月31日）

再，署庫車直隸州知州甘曜湘期滿遺缺，查有請補該州知州蔣光陞，堪以先行署理。又，署烏什直隸廳同知桂榮調省遺缺，查有現署庫爾喀喇烏蘇直隸廳同知李振鑾，堪以委署。遞遺庫爾喀喇烏蘇直隸廳同知員缺，查有候補直隸州知州汝恒年，堪以委署。據署新疆布政使李滋森、署鎮迪道兼按察使銜慶秀會詳前來。

除由臣批飭分別給委外，謹會同陝甘總督臣崧蕃，附片具陳。伏乞聖鑒。謹奏。

（硃批）：吏部知道。[②]

光緒三十年七月二十七日，奉硃批：吏部知道。欽此。[③]

【案】此奏片之具奏日期，原件、録副均未確。據硃批日期查光緒三十年七月二十七日《隨手檔》[④]“硃批潘效蘇摺”一欄，署有“報四百里、六月十九日新疆省城發”等字樣。據此，此片具奏日期應爲“光緒三十年六月十九日”無疑。茲據校正。

---

① 中國第一歷史檔案館藏：《軍機處隨手登記檔》，檔案編號：03-0319-1-1230-203。

② 中國第一歷史檔案館藏：《硃批原件》，檔號：04-01-13-0409-060。

③ 臺北“故宮博物院”藏：《軍機及宮中檔》，文獻編號：162285。

④ 中國第一歷史檔案館藏：《軍機處隨手登記檔》，檔案編號：03-0319-1-1230-203。

○五八、奏請照章收煙酒税撥抵賠款片
光緒三十年六月十九日（1904年7月31日）

再，承准軍機大臣字寄：光緒二十九年十一月初六日奉上諭：百度之興，端資經費。現值帑藏支絀，理財籌款尤爲救時急務，前經户部通行各省整頓煙酒税，以濟要需。直隸抽收煙、酒兩税，歲入八十餘萬兩，著鈔録直隸現辦章程，咨送各省一體仿行，量其省分繁簡，派定税額多寡，新疆每年應派十萬兩等因。欽此。臣維方今時局多艱，度支告匱，苟有可興之利，自應悉心籌畫，以應急需。無如地方事勢各殊，彼此情形互異，有不能不瀝陳於聖主之前者。

查税務之盈縮，必視物産爲轉移。物産之盛衰，仍以人民爲消長，所謂有人此有土，有土此有財也。新疆遠懸關外，地曠人稀，兵燹之餘，元氣未復。初設行省，開辦華商貨税，極旺之歲徵收不過五六萬金。升任撫臣掏摸因其收數無多，且俄商貿易并未納税，未便偏苦華商，是以於光緒十八年奏請停止在案。二十七年，前任撫臣饒應祺因認攤賠款，無法可設，奏請復開華税，藉資挹注，每歲所入亦與往年不相上下，煙、酒兩税即在其中。約計所獲僅三四千金之譜，良以新疆户口通省不過百餘萬人，不敵東南繁盛省分之一府，且纏民居多，回民次之，漢民則寡，寥寥無幾。纏回各自爲教，嗜好不同，向以煙酒兩項爲厲禁，故南北兩路絶少栽種煙葉之家，亦無人開設煙行、煙鋪。平日漢民所吸各種煙葉均係由關内販運而來，爲數有限；酒則本地間有燒酒坊，然銷路不寬，亦不能如内地之隨處可以開設。即照直隸章程再行加重，而所銷煙酒止有此數，所收税額萬難取盈。況邊荒瘠苦，民困商艱，較之内地尤甚，修養猶虞未逮，多取更恐難堪。淘沙得金，所得不償所失，十萬鉅款，實無可籌。

伏思奉天、吉林、廣西均蒙恩准緩辦，新疆艱窘倍於三省，早在聖明洞察之中，惟有籲懇天恩俯准將奉派煙酒税十萬兩免其分派，仍由臣飭屬照章認真抽收，儘徵儘解，歸入百貨華税内，統計造報，撥抵賠款，以昭核實，於國計、民生兩有裨益。據税務局司道會詳前來。

理合附片具陳。伏乞聖鑒訓示。謹奏。

（硃批）：户部議奏。①

---

① 中國第一歷史檔案館藏：《硃批原件》，檔號：04-01-35-0583-010。

光緒三十年七月二十七日，奉硃批：户部議奏。欽此。[①]

【案】此奏片之具奏日期，原件、録副均未確。據硃批日期查光緒三十年七月二十七日《隨手檔》[②]“硃批潘效蘇摺”一欄，署有“報四百里、六月十九日新疆省城發”等字樣。據此，此片具奏日期應爲“光緒三十年六月十九日”無疑。兹據校正。

○五九、奏明地方官受賄容留逃哈片

光緒三十年六月十九日（1904年7月31日）

再，臣前准瑞洵電開：巴里坤逃哈結稱，在境牧養牲畜，出有水草銀兩，且應官差等語。當經咨請瑞洵飭令該哈目指明所出銀兩係何人收受，有無過付證據，所應何項官差，以便行提被告之人，押赴古城，與原告哈目發交奇臺縣，就近審訊究追，以昭核實在案。

應俟查明如果地方官吏確有受賄容留情弊，再由臣據實從嚴參辦，以示儆戒。理合附片陳明。伏乞聖鑒。謹奏。

（硃批）：知道了。[③]

光緒三十年七月二十七日，奉硃批：知道了。欽此。[④]

【案】此奏片之具奏日期，原件、録副均未確。據硃批日期查光緒三十年七月二十七日《隨手檔》[⑤]“硃批潘效蘇摺”一欄，署有“報四百里、六月十九日新疆省城發”等字樣。據此，此片具奏日期應爲“光緒三十年六月十九日”無疑。

---

① 臺北“故宫博物院”藏：《軍機及宫中檔》，文獻編號：162288。

② 中國第一歷史檔案館藏：《軍機處隨手登記檔》，檔案編號：03-0319-1-1230-203。

③ 中國第一歷史檔案館藏：《硃批原件》，檔號：04-01-08-0184-005。

④ 臺北“故宫博物院”藏：《軍機及宫中檔》，文獻編號：162276。

⑤ 中國第一歷史檔案館藏：《軍機處隨手登記檔》，檔案編號：03-0319-1-1230-203。

玆據校正。

〇六〇、奏報新疆本年二月雨水糧價摺
光緒三十年七月初八日（1904年8月18日）

甘肅新疆巡撫西林巴圖魯臣潘效蘇跪奏，爲恭報光緒三十年二月分新省府、廳、州、縣以及改設、增設各屬糧價并得雨雪情形，謹繕摺具陳，仰祈聖鑒事。

竊照光緒三十年正月分糧價并得雨雪情形，業經臣奏報在案。玆據署新疆布政使李滋森詳稱：光緒三十年二月分，鎮迪道屬呼圖壁得雨，入土五寸；鄯善得雨，入土三寸；阜康得雨，入土一寸；吐魯番、庫爾喀喇烏蘇微雨；鎮西得雪，積地二尺；迪化得雪，積地四寸；綏來、奇臺得雪，積地三寸；昌吉、孚遠得雪，積地二寸；哈密微雪。伊塔道屬綏定得雨，入土四寸；塔爾巴哈臺得雨，入土三寸；寧遠得雨，入土二寸；精河微雨。南路庫車得雨，入土四寸；拜城得雨，入土三寸；焉耆、新平得雨，入土二寸；輪臺得雨，入土一寸；巴楚、葉城、皮山、于闐、洛浦、英吉沙爾微雨，餘均未得雨雪。

至通省糧價，除新平一處因地尚未成熟暫緩具報，改設、增設各屬係屬初次，祇列某項價銀若干，無從比較增減數目，婼羌、柯坪兩處未據報到，容俟下月再行匯列外，其昌吉、吐魯番、鎮西、綏定、精河、温宿、巴楚等府、廳、州、縣俱與上月相同，餘均各有增減，匯詳請奏前來。

理合恭摺具陳，并繕糧價清單，敬呈御覽。伏乞皇太后、皇上聖鑒。謹奏。光緒三十年七月初八日。

（硃批）：知道了。①

光緒三十年八月十五日，奉硃批：知道了。欽此。②

---

① 中國第一歷史檔案館藏：《硃批原件》，檔號：04-01-25-0584-028。

② 臺北“故宫博物院”藏：《軍機及宫中檔》，文獻編號：162768。

〇六一、呈光緒三十年二月糧價清單

光緒三十年七月初八日（1904年8月18日）

謹將新疆各屬光緒三十年二月分米糧時估價值，繕具清單，恭呈御覽。

計開二月分

鎮迪道屬

迪化縣：大米每京石價銀五两七錢八厘，較上月減二錢一分二厘。小麥每京石價銀二兩四錢五厘，與上月相同。豌豆每京石價銀二兩七錢七分二厘，較上月增一錢八分。青稞每京石價銀一兩六錢五分六厘，較上月增一錢四厘。

昌吉縣：大米每京石價銀五兩六分，小麥每京石價銀二兩五分二厘，豌豆每京石價銀二兩三分六厘，青稞每京石價銀一兩一錢，俱與上月相同。

綏來縣：大米每京石價銀四兩七錢五分六厘，與上月相同。小麥每京石價銀二兩一錢九分四厘，較上月增一錢八分。豌豆每京石價銀二兩二錢八分二厘，較上月增三錢二分一厘。高粱每京石價銀一兩九錢五分四厘，較上月增五錢三分。

呼圖壁縣丞：大米每京石價銀四兩二錢二分，小麥每京石價銀一兩四錢一分四厘，豌豆每京石價銀一兩六錢八分七厘。

阜康縣：粟米每京石價銀一兩九錢一分二厘，與上月相同。小麥每京石價銀一兩九錢八分七厘，與上月相同。豌豆每京石價銀一兩九錢一分二厘，與上月相同。高粱每京石價銀一兩三錢五分六厘，較上月增三錢三分九厘。

孚遠縣：小麥每京石價銀一兩八錢六分三厘，豌豆每京石價銀一兩八錢二分，高粱每京石價銀八錢八分。

奇臺縣：大米每京石價銀五兩五錢二分三厘，與上月相同。小麥每京石價銀二兩一錢二分三厘，較上月減一錢七分六厘。豌豆每京石價銀二兩一錢六厘，較上月減三錢一分一厘。

吐魯番直隸廳：小麥每京石價銀一兩三錢五厘，大麥每京石價銀六錢三分五厘，高粱每京石價銀八錢七分二厘，黃豆每京石價銀一兩五錢三分，俱與上月相同。

鄯善縣：小麥每京石價銀一兩六錢六分七厘，高粱每京石價銀一兩一錢三分一厘，大麥每京石價銀八錢二分三厘。

鎮西直隸廳：小麥每京石價銀二兩六錢四分，豌豆每京石價銀二兩七錢一分，青稞每京石價銀一兩五錢四分五厘，俱與上月相同。

哈密直隸廳：粟米每京石價銀二兩五錢二分，與上月相同。小麥每京石價銀二兩九分，與上月相同。豌豆每京石價銀二兩三錢四分，較上月減一錢八分。青稞每京石價銀一兩四錢六分七厘，較上月減一錢五分五厘。

庫爾喀喇烏蘇直隸廳：小麥每京石價銀二兩三錢七厘，較上月增一錢七分七厘。大麥每京石價銀一兩五錢九分七厘，與上月相同。豌豆每京石價銀一兩九錢五分二厘，與上月相同。

伊塔道屬

綏定縣：大米每京石價銀五兩七錢七分二厘，小麥每京石價銀一兩六錢五分六厘，大麥每京石價銀一兩一錢，豌豆每京石價銀一兩四錢，俱與上月相同。

寧遠縣：大米每京石價銀五兩三錢八分一厘，較上月增七錢八厘。小麥每京石價銀一兩三錢一分一厘，較上月增一錢一分一厘。大麥每京石價銀九錢六分三厘，較上月增二錢三分三厘。豌豆每京石價銀一兩二錢九分六厘，較上月增三錢一分六厘。

塔爾巴哈臺直隸廳：小麥每京石價銀一兩五錢四分六厘，與上月相同。大麥每京石價銀一兩一錢五分一厘，較上月增六分九厘。豌豆每京石價銀一兩一錢六分八厘，與上月相同。

精河直隸廳：大米每京石價銀四兩六錢三分，小麥每京石價銀二兩三分，大麥每京石價銀一兩五分，豌豆每京石價銀一兩六錢八分，俱與上月相同。

阿克蘇道屬

温宿府：大米每京石價銀二兩一錢六分五厘，小麥每京石價銀一兩三分五厘，大麥每京石價銀四錢四分七厘，包穀每京石價銀八錢四分六厘，俱與上月相同。

温宿縣：大米每京石價銀二兩二錢八分，小麥每京石價銀一兩四錢八分，大麥每京石價銀八錢四分，包穀每京石價銀九錢四分二厘。

拜城縣：小麥每京石價銀七錢六分，與上月相同。大麥每京石價銀四錢五分，與上月相同。豌豆每京石價銀五錢四分，較上月增二分。包穀每京石價銀五錢四分，較上月增一分。

焉耆府：大米每京石價銀四兩八錢八分四厘，與上月相同。小麥每京石價銀二兩一厘，與上月相同。包穀每京石價銀一兩四錢八厘，較上月增一錢二分八釐。豌豆每京石價銀一兩四錢四分，較上月增一錢六分。

輪臺縣：大米每京石價銀四兩九錢，小麥每京石價銀一兩六錢五分六釐，包穀每京石價銀一兩二錢二分八釐。

庫車直隸州：大米每京石價銀三兩三錢，較上月減八分。小麥每京石價銀一兩四分，與上月相同。包穀每京石價銀七錢一分，與上月相同。豌豆每京石價銀七錢，與上月相同。

沙雅縣：大米每京石價銀三兩三錢七分，小麥每京石價銀一兩一錢五分，包穀每京石價銀八錢。

烏什直隸廳：大米每京石價銀二兩一錢七分五釐，與上月相同。小麥每京石價銀七錢二分六釐，較上月增六分六釐。大麥每京石價銀三錢七分四釐，較上月增五分三釐。包穀每京石價銀五錢二分四釐，較上月增六分六釐。

喀什噶爾道屬

疏勒府：大米每京石價銀三兩七錢五分，較上月增二錢三分四釐。小麥每京石價銀一兩八錢一分一釐，較上月增八分六釐。包穀每京石價銀一兩三錢四分，與上月相同。高粱每京石價銀一兩一錢五分，與上月相同。

疏附縣：大米每京石價銀三兩八錢四分三釐，較上月增九分三釐。小麥每京石價銀二兩二分七釐，較上月增八分七釐。包穀每京石價銀一兩七錢一分六釐，較上月增四分一釐。高粱每京石價銀一兩四錢三分七釐，較上月增一錢一分八釐。

伽師縣：大米每京石價銀三兩九錢八分四釐，小麥每京石價銀一兩六錢四分五釐，包穀每京石價銀一兩二錢九分八釐，高粱每京石價銀九錢三分四釐。

莎車府：大米每京石價銀四兩四錢四分，與上月相同。小麥每京石價銀一兩三錢八分，與上月相同。大麥每京石價銀一兩一錢五分，較上月增一錢五分。包穀每京石價銀一兩一錢八分八釐，與上月相同。

巴楚州：大米每京石價銀三兩三分，小麥每京石價銀一兩八錢九分七釐，包穀每京石價銀一兩二錢八分，俱與上月相同。

葉城縣：大米每京石價銀三兩三錢八分，較上月增三分。小麥每京石價銀一兩五分，較上月增五分。包穀每京石價銀八錢八分，較上月增二分。

皮山縣：大米每京石價銀三兩八錢，小麥每京石價銀一兩五錢，大麥每京石價銀八錢五分，包穀每京石價銀九錢五分。

和闐直隸州：大米每京石價銀三兩五分，較上月減三分。小麥每京石價銀一兩七分，較上月減一兩五分。包穀每京石價銀六錢六分，較上月減八分。青稞每京石價銀六錢四分，較上月減五分。

于闐縣：大米每京石價銀三兩二錢，與上月相同。小麥每京石價銀一兩一錢二分，較上月減八厘。包穀每京石價銀六錢八分，較上月減七分。

洛浦縣：大米每京石價銀三兩六錢四分，小麥每京石價銀一兩五錢七分三厘，包穀每京石價銀一兩二分四厘。

英吉沙爾直隸廳：大米每京石價銀四兩一錢四分三厘，較上月增一錢九分一厘。小麥每京石價銀一兩四錢二分，較上月增四分。大麥每京石價銀八錢二分一厘，較上月增二分三厘。包穀每京石價銀一兩一錢三分，較上月增五厘。

（硃批）：覽。①

○六二、奏報同知駱恩綬因病出缺緣由摺

光緒三十年七月初八日（1904年8月18日）

甘肅新疆巡撫西林巴圖魯臣潘效蘇跪奏，爲同知因病出缺，應請由外揀補，恭摺仰祈聖鑒事。

竊據署新疆布政使李滋森詳：據署塔城直隸廳照磨熊瑾儒申稱：該管同知駱恩綬，現年六十七歲，湖北鄖縣人，由歲貢生以訓導注册候選，投效新疆軍營，累保花翎補缺後補用知府分省歸候補班前遇缺儘先補用直隸州知州。光緒十一年，留新候補，歷署伊犁撫民、庫爾喀喇烏蘇各同知及伊犁府知府、綏定縣知縣。二十六年九月，借補塔城直隸廳同知。二十八年正月經部覆准，十一月初四日到任。茲於三十年四月二十八日在任病故，等情。詳請奏咨前來。

臣覆查無異，所遺塔城直隸廳同知係繁、疲、難三項要缺，應請由外揀員請補，以重職守。除咨部外，謹會同伊犁將軍臣馬亮、陝甘總督臣崧蕃，恭摺具陳。伏乞皇太后、皇上聖鑒。謹奏。光緒三十年七月初八日。

---

① 臺北“故宮博物院”藏：《軍機及宮中檔》，文獻編號：162768-0-A。

（硃批）：吏部知道。[①]

光緒三十年八月十五日，奉硃批：吏部知道。欽此。[②]

○六三、奏報揀補滿營佐領等缺緣由摺

光緒三十年七月初八日（1904年8月18日）

甘肅新疆巡撫西林巴圖魯臣潘效蘇跪奏，爲揀員請旨簡放古城滿營佐領、防禦、驍騎校各缺，以實營伍，恭摺仰祈聖鑒事。

竊照古城滿營右翼蒙古旗佐領富尼善前請告休，經臣具奏，嗣奉硃批：富尼善著照原品休致，賞食全俸，兵部知道。欽此。欽遵轉行去後。嗣據古城城守尉雙林呈稱：該員富尼善於光緒二十九年十一月十三日病故，業經咨明兵部在案。富尼善所遺佐領員缺，應即揀員請補，以資辦理旗務。兹據該守尉雙林在於應升合例人員内逐加考驗，擬具正、陪，查造清册，呈請奏補前來。

臣覆加揀選，所有該滿營右翼蒙古旗佐領富尼善告休遺缺，應以藍翎五品頂戴右翼蒙古旗防禦署理本旗佐領成壽擬正，藍翎五品軍功正黄正紅旗防禦阿勒歸圖擬陪。成壽遞遺右翼蒙古旗防禦一缺，應以六品頂戴鑲紅鑲藍旗驍騎校署右翼蒙古旗防禦全象擬正，正黄正紅旗驍騎校世襲恩騎尉有世擬陪。全象遞遺鑲紅鑲藍旗驍騎校一缺，應以鑲黄正白旗年滿部缺筆帖式署鑲紅鑲藍旗驍騎校慶祥擬正，藍翎五品軍功補用驍騎校左翼蒙古旗前鋒校喜克德柯擬陪。理合繕具清單，恭呈御覽，仰懇天恩簡放佐領一員、防禦一員、驍騎一員，以實營伍。

除咨部外，謹會同伊犁將軍臣馬亮、陝甘總督臣崧蕃，恭摺具奏。伏乞皇太后、皇上聖鑒訓示。謹奏。光緒三十年七月初八日。

（硃批）：均著擬正之員補授，該衙門知道，單并發。[③]

光緒三十年八月十五日，奉硃批：均著擬正之員補授，該衙門知道，單并

---

① 中國第一歷史檔案館藏：《硃批原件》，檔號：04-01-16-0282-015。

② 臺北“故宫博物院”藏：《軍機及宫中檔》，文獻編號：162743。

③ 中國第一歷史檔案館藏：《硃批原件》，檔號：04-01-16-0282-016。

發。欽此。[①]

○六四、呈簡放滿營佐領各缺正陪清單

光緒三十年七月初八日（1904年8月18日）

謹將揀選古城滿營佐領、防禦、驍騎校各缺擬定正、陪人員，繕具清單，恭呈御覽。

富尼善呈請原品休致，嗣因病故，遞遺右翼蒙旗佐領一缺

揀選得藍翎五品頂戴右翼蒙古旗防禦署理本旗佐領成壽擬正，食俸餉四十二年，現年五十七歲。姓李佳氏，馬步箭平等。

揀選得藍翎五品軍功正黃正紅旗防禦阿勒錦圖擬陪，食俸餉四十一年，現年五十六歲。姓章佳氏，馬步箭平等。

成壽遞遺右翼蒙古旗防禦一缺

揀選得六品頂戴鑲紅鑲藍旗驍騎校署右翼蒙古旗防禦全象擬正，食俸餉二十二年，現年三十七歲。姓陶佳氏，馬步箭平等。

揀選得正黃正紅旗世襲恩騎尉驍騎校有世擬陪，食俸餉二十五年，現年四十歲。姓額爾圖特氏馬步箭平等。

全象遞遺鑲紅鑲藍旗驍騎校一缺

揀選得鑲黃正白旗年滿部缺筆帖式署鑲紅鑲藍旗驍騎校慶祥擬正，食俸餉二十一年，現年三十六歲。姓章京氏，馬步箭平等。

揀選得藍翎五品軍功補用驍騎校左翼蒙古旗前鋒校喜克德柯擬陪，食錢糧當差四十三年，現年五十九歲。姓吴雅氏，馬步箭平等。

（硃批）：覽。[②]

---

① 臺北“故宫博物院”藏：《軍機及宫中檔》，文獻編號：162772。

② 臺北“故宫博物院”藏：《軍機及宫中檔》，文獻編號：162772-0-A。

〇六五、奏報布政使吴引孫即赴新任片

光緒三十年七月初八日（1904 年 8 月 18 日）

再，臣前准吏部咨：光緒二十八年十二月十八日奉上諭：甘肅新疆布政使著吴引孫補授。欽此。查該司現已抵省，應即飭赴新任；署布政使鎮迪道兼按察使銜李滋森、署鎮迪道兼按察使銜伊塔道慶秀，應飭交卸，各回本任，以專責成。

除由臣分别給委外，謹會同陝甘總督臣崧蕃，附片具陳。伏乞聖鑒。謹奏。

（硃批）：知道了。[①]

光緒三十年八月十五日，奉硃批：吏部知道。欽此。[②]

【案】此奏片之具奏日期，原件、録副均未確。據硃批日期查光緒三十年八月十五日《隨手檔》[③]“硃批潘效蘇摺”一欄，署有“報四百里、七月初八日發”等字樣。據此，此片具奏日期應爲“光緒三十年七月初八日”無疑。兹據校正。

〇六六、奏報劉文龍署理塔城同知片

光緒三十年七月初八日（1904 年 8 月 18 日）

再，塔城直隸廳同知駱恩綬病故遺缺，查有候補直隸州知州劉文龍，堪以委署。據署新疆布政使李滋森、署鎮迪道兼按察使銜慶秀會詳前來。

除由臣批飭給委外，謹會同伊犁將軍臣馬亮、陝甘總督臣崧蕃，附片具奏。伏乞聖鑒。謹奏。

（硃批）：吏部知道。[④]

---

① 中國第一歷史檔案館藏：《硃批原件》，檔號：04-01-13-0409-062。

② 臺北“故宫博物院”藏：《軍機及宫中檔》，文獻編號：162744。

③ 中國第一歷史檔案館藏：《軍機處隨手登記檔》，檔案編號：03-0319-1-1230-221。

④ 中國第一歷史檔案館藏：《硃批原件》，檔號：04-01-13-0409-037。

光緒三十年八月十五日，奉硃批：吏部知道。欽此。[①]

【案】此奏片之具奏日期，原件、録副均未確。據硃批日期查光緒三十年八月十五日《隨手檔》[②]“硃批潘效蘇摺”一欄，署有“報四百里、七月初八日發”等字樣。據此，此片具奏日期應爲“光緒三十年七月初八日”無疑。兹據校正。

〇六七、奏報參將蔡義興病故日期片

光緒三十年七月初八日（1904年8月18日）

再，臣據署改隸伊犁鎮屬精河營中軍守備劉志玉申稱：署精河營參將實任撫標中軍參將蔡義興因舊傷復發，醫藥罔效，於光緒三十年三月初五日在營病故，當經稟請委員接署在案。所有查取該故員原領劄付并嫡親甘結、委員承查印結，呈請核辦前來。臣覆查無異，相應奏明開缺。所遺撫標中軍參將員缺，容臣另行揀員請補。

除劄付照例截角并委員承查及嫡親印、甘各結咨部查核外，謹會同伊犁將軍臣馬亮、陝甘總督臣崧蕃、喀什噶爾提督臣焦大聚，附片具陳。伏乞聖鑒訓示。謹奏。

（硃批）：兵部知道。[③]

光緒三十年八月十五日，奉硃批：兵部知道。欽此。[④]

【案】此奏片之具奏日期，原件、録副均未確。據硃批日期查光緒三十年八月十五日《隨手檔》[⑤]“硃批潘效蘇摺”一欄，署有“報四百里、七月初八日發”等字樣。據此，此片具奏日期應爲“光緒三十年七月初八日”無疑。兹據校正。

---

① 臺北“故宫博物院”藏：《軍機及宫中檔》，文獻編號：162742。

② 中國第一歷史檔案館藏：《軍機處隨手登記檔》，檔案編號：03-0319-1-1230-221。

③ 中國第一歷史檔案館藏：《硃批原件》，檔號：04-01-17-0170-031。

④ 臺北“故宫博物院”藏：《軍機及宫中檔》，文獻編號：162745。

⑤ 中國第一歷史檔案館藏：《軍機處隨手登記檔》，檔案編號：03-0319-1-1230-221。

○六八、奏請停辦徵收錢糧比較清册片

光緒三十年七月初八日（1904年8月18日）

再，臣准户部咨，匯核各直省光緒二十八年分徵收舊賦錢糧，比較上三年完欠分數一摺内開：新疆應徵舊賦自二十五年以後均未造報到部，應令將未報各年舊賦隨同二十九年分舊賦，務於三十年十月以前按年開具比較清單，補行奏報等因。於光緒二十九年十二月二十日具奏，奉旨：依議。欽此。欽遵咨行到臣。當即轉飭新疆布政司遵辦去後。

兹據署新疆布政使李滋森詳稱：查新疆自設行省，迄今垂二十年，應徵錢糧向係年清年款，是以應辦比較歷任均未照例舉辦。現查二十五年以後應徵舊賦，南路喀什噶爾、阿克蘇兩道所屬實無絲毫蒂欠，北路鎮迪、伊塔兩道所屬亦多年清年款。即間有一二處因灾歉收未能全完者，亦經隨時奏請分别蠲緩，其應徵之數仍均按年完清。良以邊氓樸實，咸知錢糧乃國家維正之供，無不踴躍奉公，輸將恐後。其經徵官吏類皆各顧考成，尚無以完作欠情弊。伏思四川應辦錢糧比較，因係年清年款，曾經奏明停辦。新疆事同一律，所有徵收錢糧亦應奏請免其辦理比較，等情。詳覆前來。

臣覆查無異，相應仰懇天恩俯准將新疆應辦徵收錢糧比較，援照四川成案，年清年款，即行停辦，以省案牘。除咨部外，理合附片具陳。伏乞聖鑒訓示。謹奏。

（硃批）：户部知道。[①]

光緒三十年八月十五日，奉硃批：户部知道。欽此[②]。

【案】此奏片之具奏日期，原件、録副均未確。據硃批日期查光緒三十年八月十五日《隨手檔》[③]“硃批潘效蘇摺”一欄，署有“報四百里、七月初八日發”等字樣。據此，此片具奏日期應爲“光緒三十年七月初八日”無疑。兹據校正。

---

① 中國第一歷史檔案館藏：《硃批原件》，檔號：04-01-35-0126-022。

② 臺北“故宫博物院”藏：《軍機及宫中檔》，文獻編號：162746。

③ 中國第一歷史檔案館藏：《軍機處隨手登記檔》，檔案編號：03-0319-1-1230-221。

○六九、請飭指撥協餉以清積欠緣由摺
光緒三十年七月二十四日（1904年9月3日）

甘肅新疆巡撫西林巴圖魯臣潘效蘇跪奏，爲新疆標營欠餉過鉅，汰弱留强，藉資節省，以清積欠而免謡噪，謹將辦理情形陳明立案，恭摺仰祈聖鑒事。

竊新疆每年原分協餉二百四十餘萬，均係計口授食之需。自二十六年拳匪肇衅，各省關衹到銀一百七十八萬餘。二十七年衹解到銀一百六十五萬餘，二十八年亦衹解到銀二百五萬餘。賠款一項，前任撫臣饒應祺誤作一年認解銀四十萬兩，并未慮及逐年攤解之難。内地協餉既不足數，復添此賠款四十萬，以入抵出，益形拮据。而新疆地方遼闊，兵力太單，不敷分布，又未敢輕議裁減，於是每月衹發兵勇現餉二十日，扣存十日，通計每年發餉八個月，欠餉四個月。存餉日積日多，終無了局。而各兵勇原定坐餉每月三兩六錢，扣發十日，衹得二兩四錢。邊地百物昂貴，食用不足，怨讟迭興，譁潰勢所不免。

臣於二十八年蒙恩補授斯缺，冬間入新，沿途兵勇求發欠餉，情詞急迫，經臣剴切開導，俟到任後設法清厘，尚無異言。迨抵省接篆之次日，饒應祺定於辰刻啓程，省城兵勇紛紛聚論，欲攔輿索餉，語多無狀。復經臣再三傳諭，無論欠餉若干，均惟新任是問，但不得聚衆譁譟，致干軍律。各將領亦多方勸諴，謡詠乃息。饒應祺延至申刻始得出城。旋傳藩司查問，庫存餉銀五十餘萬，積欠營勇餉銀一百二十餘萬。臣與司道、將領反覆籌商，苦無善策。内地協餉解不足數，本省又無款可籌，今欲清償舊餉，滿發新餉，舍裁兵别無辦法。然新疆與内地不同，疆域廣遠，種類龐雜，且喀什、伊犂、塔城與英俄接壤，自東省事起，邊防尤爲吃緊，駐兵太少，不足以資彈壓。况一議裁汰，各兵勇皆關内之人，若不妥爲安插，資遣歸籍，必致流離滋事。有此數端，無怪乎前任之不議裁兵，衹圖短欠，暫顧目前之急也。

臣初莅任，即值此艱窘萬分之際，通盤籌畫，分别緩急輕重，與其留兵不裁，禍鉅且遠，不如决意裁汰，督飭地方文武，嚴防地面，整飭營規，或可消患於未形。定議後，即通飭撫、提、鎮、協各標，嚴加裁汰。截至二十八年底止，查原存員弁勇夫三萬二千餘人，内車夫、馬夫、子藥夫、馱夫、棚夫、私夫、火夫八千餘名，正勇、火勇二萬四千餘名。此次裁汰老弱，挑選精壯，凡步隊四百餘人一營者，挑留正勇二百人；三百餘人一旗者，挑留正勇一百六十人；馬隊一百二十餘人一旗者，挑留正勇五十人。其餘各項營夫亦隨同正勇分別遣、存。所有裁汰之兵，願留新者，存餉如數發給，并發恩餉一月，由各營旗官按名分起包固，連兵并餉，就近送交各地方官，按名點發。凡種地者，交農約保領；貿易者，交商首保領；作藝者，交行頭保領；不服約束、流蕩無歸者，以游勇論。其情願歸籍者，存餉如數發給，恩餉發至到籍之日止。自出營日起，派員分起管解，按日發給餉銀，送至嘉峪關内肅州遣散，仍扣算到籍站程，應發餉銀若干，交肅州牧點發，令其自行回籍；并造册咨明陝甘督、撫、提、鎮臣，轉飭沿途文武，嚴行稽察，以免滋生事端。

至挑留之兵，自二十九年正月起，按名按月發給滿餉，極力整頓，務期一兵得一兵之用。惟幅員周二萬里，留兵無多，又皆衹發坐餉，僅能專顧城防、卡隘及護送餉裝、人犯諸事。設南北兩路一旦有警，仍苦無兵調撥，自不得不預爲籌備。除省城原有衛隊兩旗左右兩翼、練軍馬隊六旗、親軍炮隊一哨均未敢更動外，復將新字營步隊一營全數裁改，并在各標遣勇内挑留續備中、前、左、右、後五營，每營四百人，共二千人，照坐餉章程，量爲加增，以中營駐省城，前營駐喀什，左營駐阿克蘇，右營駐伊犁，後營駐哈密，勤時操練，以資游巡而備征調。

又於省城設巡警兵一營，凡四百人。其餘各府、廳、州、縣，相度城關之廣狹、户口之繁簡，以定巡警兵之多寡。五人爲伍，大約極繁極寬之處，以十五伍爲度；其次以十伍爲度，又次以五伍爲度。現據報辦成者已六百人以上，標、防、巡、練各軍馬步合算，除各項營夫外，原存正勇、火勇二萬四千餘人，裁汰正勇九千餘人。其火勇一千六百餘人，全數裁撤。共衹挑存正勇一萬三千餘人，均匀布置，嚴密巡防。自上年春季起以迄今日，辦理一年有餘，差幸地方安謐，宵小潛蹤。西、南、北三面强鄰逼處，交涉繁多，亦幸相安無事。均堪仰慰宸廑。刻下，庫存五十餘萬雖已用罄，然去、今兩年，兵勇均發滿餉，不獨新欠未增，即舊欠一百二十餘萬亦已清償過半。向使拘守地闊兵單之説，不早設法變通，譁潰情形實有不堪設想者矣。

惟念新疆轄地之廣，處處宜防，兵力不可不厚。以餉項奇絀而論，自應體察情形，量爲騰挪，以期斟酌盡善。爲今之計，欲增兵減餉，惟有挑選土著中之精壯者，編入行伍，束以兵法，給以羊隻、地畝，廣籌屯牧，以爲養兵之具。無事則盡力開墾，有事可備征調，隱寓《管子》内政寄軍令之意，名曰常備世襲兵，與續備、巡警各軍相輔而行，既於邊防有益，復與軍制相符。臣上年奏請息借洋款，遣散客兵，改練土著，嗣因洋款息重未借，接准户部電覆，令就現有之餉，均撥辦理。在部臣洞悉邊情，體察辦事苦衷，不以文法相繩。

臣此次裁汰老弱節省之餉，除挑留之兵應均發給滿餉、不再扣存外，既欲通挪撥解賠款，又欲陸續清償舊欠，及舉辦常備世襲兵，三者并力經營，勉爲邊疆謀十世之利。即使各省協餉如數如期解到，仍不免有左支右絀之勢。若因裁汰老弱遽議減撥餉銀，有法仍不能行。是新疆終無自立之日矣。應請飭下户部將各省協餉照舊指撥，俾臣得以稍事通挪，從容展布，臣不勝悚惶待命之至。將來一切用款，容俟另案據實造報，不敢稍涉虚浮，致乖實事求是之義。騰公家之餉，練公家之兵，但於邊疆有一分之益，即當盡一分之力。臣非敢妄事變更致違舊章也。

所有新疆標營欠餉過鉅，汰弱留强，藉資節省，以清積欠而免譁譟，并將辦理情形陳明立案各緣由，謹會同陝甘總督臣崧蕃、喀什噶爾提督臣焦大聚，合詞具奏。伏乞皇太后、皇上聖鑒訓示。謹奏。光緒三十年七月二十四日。

（硃批）：户部議奏。[①]

光緒三十年八月二十九日，奉硃批：户部議奏。欽此。[②]

○七○、奏銷二十六年善後收支情形摺

光緒三十年七月二十四日（1904年9月3日）

甘肅新疆巡撫西林巴圖魯臣潘效蘇跪奏，爲造報甘肅新疆光緒二十六年分善後收支各款，謹繕清單，并分造總、散清册，懇恩飭部核銷，恭摺仰祈聖鑒事。

竊查甘肅新疆省善後各項經費，奉准部咨，自光緒十六年起，另提專案報銷，已截至二十五年底止，分别造册請銷在案。兹據新疆糧臺詳稱：光緒二十六年分收支善後款目，應仍跟接上案造報。查舊管項下，實存湘平銀一萬五千八百七十兩七錢七分七厘；新收項下，由防軍報銷册内提撥新疆、伊犁、塔

① 中國第一歷史檔案館藏：《硃批原件》，檔號：04-01-01-1068-003。

② 臺北“故宫博物院”藏：《軍機及宫中檔》，文獻編號：163065。

城善後經費，并采買運脚扣回平餘、寶爾吉銀礦局提獲礦銀、喀圖金礦局兑换金價，共計湘平銀一十七萬八千一百四十七兩五錢五分六厘；開除項下，支發新疆各屬義學及通商、善後、保甲、稽查、牛痘各局卡薪水經費、羅布淖爾防營薪糧、俄洋學館及電報局經費、新疆、伊、塔各項雜差、車脚、口分，護送病故員弁靈柩夫價、車脚、寶爾吉銀礦局、喀圖金礦局員役薪水等項，共新湘平銀二十萬一千一百二兩四分五厘；實在項下，截至光緒二十六年十二月底止，實不敷新湘平銀七千八十三兩七錢一分二厘，已由二十七年新餉内暫行支給，應歸下案接續造報。造具總、散清册，詳請奏咨前來。

臣覆查光緒二十六年分支發善後各款，均屬實用實銷，并無浮冒。除將清册分送各部外，相應繕具清單，謹會同陜甘總督臣崧蕃，恭摺具陳。伏乞皇太后、皇上聖鑒，飭部核銷施行。謹奏。光緒三十年七月二十四日。

（硃批）：該部知道，單并發。[①]

光緒三十年八月二十九日，奉硃批：該部知道，單并發。欽此。[②]

○七一、呈二十六年分善後收支各款清單

光緒三十年七月二十四日（1904年9月3日）

謹將甘肅新疆光緒二十六年分善後收支各款數目，繕具清單，恭呈御覽。

計開

舊管：

一、上案截至光緒二十五年十二月底止，實存新湘平銀一萬五千八百七十兩七錢七分七厘。

新收：

一、收光緒二十六年分由防軍報銷册内劃撥新疆地方歲估繕後經費新湘平銀七萬兩。

---

① 中國第一歷史檔案館藏：《硃批原件》，檔號：04-01-01-108-004。

② 臺北“故宫博物院”藏：《軍機及宫中檔》，文獻編號：163062。

一、收光緒二十六年分由防軍報銷册内劃撥伊犂地方歲估善後經費新湘平銀六萬四千兩。

一、收光緒二十六年分由防軍報銷册内劃撥塔爾巴哈臺地方歲估善後經費新湘平銀三萬兩。

一、收光緒二十六年分由寶爾吉銀礦局提獲銀一千四百四十二兩二錢。

一、收光緒二十六年分由喀圖金礦局獲礦金换合銀一萬二千六百兩。

一、收光緒二十六年分本案報銷款内支發采買、運脚等款扣回平餘新湘平銀一百五兩三錢五分六厘。

以上六款，共收新湘平銀一十七萬八千一百四十七兩五錢五分六厘。

開除：

一、除第一册支發新疆義學塾師薪水暨購買紙張、筆墨等項新湘平銀二萬二千六十八兩九錢五分。

一、除第二册支發新疆通商、善後各局委員薪水、經貼書、字職、護勇、通事、工匠工食等項新湘平銀二萬二百七兩七錢三分。

一、除第三册支發新疆保甲、稽查局卡委員、經貼書、護勇、通事薪糧并紙張、筆墨、油燭等項新湘平銀二萬四千四百四十二兩四錢五分八厘。

一、除第四册支發新疆牛痘、醫藥各局醫生工食、跟役、通事、火夫口食、油燭、紙張、醫資等項新湘平銀七千六百二十八兩五錢七分。

一、除第五册支發伊犂、塔爾巴哈臺各旗官員赴任、回京旗及蒙、回王公進京、伊塔呈進貢馬往返車馬、脚價、口分等項新湘平銀七千六百四十六兩八錢二分九厘。

一、除第六册支發新疆護送馬步各營旗及在任、在差病故員弁勇丁靈柩回籍夫價、口糧、米折并車脚等項新湘平銀二千四百五十四兩一錢二分二厘。

一、除第七册支發新疆羅布淖爾防營步隊旗哨員弁勇夫薪糧等項新湘平銀二萬三千五百一十四兩。

一、除第八册支發新疆清、漢、俄、蒙文學翻譯館教習束脩、生徒膏火、獎賞、筆墨等項新湘平銀一千七百八十二兩一錢六分。

一、除第九册支發新疆東、南、北三路電報總、分、子局及報房薪水、工食、紙張、筆墨、油燭等項新湘平銀三萬二千七百五兩三錢。

一、除第十册發寶爾吉銀礦局員役薪水、口糧并運脚等項新湘平銀五千四百七十四兩一錢二分六厘。

一、除第十一册支發塔城喀圖金礦局公會成本并員役薪工及新添驛站夫馬、經費等項新湘平銀五萬三千一百七十七兩八錢。

以上十一款，共開除銀二十萬一千一百二兩四分五厘，内應請户部核銷義學塾師薪水、通商、善後、保甲、稽查、牛痘各局卡經費、羅布淖爾防營薪糧、俄洋學館及電報局經費、寶爾吉銀礦局、喀圖金礦局經費等項，新湘平銀一十八萬九千九百五十六兩一錢四分四厘；又應請兵部核銷新疆伊、塔各項雜差車脚、口分、護送病故弁靈柩夫價、車價等項新湘平銀一萬一百兩九錢五分一厘；又應請工部核銷義學購買紙張、筆墨等項新湘平銀一千四十四兩九錢五分。

實在：一、截至光緒二十六年十二月底止，實不敷新湘平銀七千八十三兩七錢一分二厘，已由二十七年新餉内暫行支給，應歸下案接續造報。理合登明。

（硃批）：覽。[①]

○七二、奏銷二十六司庫支發驛站經費摺

光緒三十年七月二十四日（1904年9月3日）

甘肅新疆巡撫西林巴圖魯臣潘效蘇跪奏，爲造報光緒二十六年分司庫支發通省驛站經費銀兩，分造總、散清册，懇恩飭部核銷，恭摺仰祈聖鑒事。

竊照新疆司庫支發驛站經費，歷隨廉費、俸工等項，按年請銷。嗣准部咨，所有驛站用款，應照成例，題報核銷等因，業經臣將二十五年分支發驛站經費提歸另案奏銷在案。兹據署新疆布政使李滋森詳稱：二十六年分，鎮迪、阿克蘇、喀什葛爾、伊塔四道屬，共管一百八十五驛，額設驛書一百八十五名，馬夫九百八十五名，驛馬一千九百七十匹。自二十六年正月初一日起至十二月底止，照章應支工食、油燭、紙張、料草、站價、倒馬等項銀一十二萬五千八百一兩五分，均已全數給領，造具總、散清册，詳請奏咨前來。

臣覆核無異，相應仰懇天恩，飭部核銷，以清款項。除將清册送部外，謹會

① 臺北“故宫博物院”藏：《軍機及宫中檔》，文獻編號：163062-0-A。

同陝甘總督臣崧蕃，恭摺具奏。伏乞皇太后、皇上聖鑒訓示。再，此案係改題爲奏。合并聲明。謹奏。光緒三十年七月二十四日。

（硃批）：該部知道。①

光緒三十年八月二十九日，奉硃批：該部知道。欽此。②

○七三、奏報新疆本年三月雨水糧價摺

光緒三十年八月十九日（1904年9月28日）

甘肅新疆巡撫西林巴圖魯臣潘效蘇跪奏，爲恭報光緒三十年三月分各屬糧價并得雨雪情形，謹繕摺具陳，仰祈聖鑒事。

竊本年二月分糧價并得雨雪情形，業經臣奏報在案。茲據新疆布政使吴引孫③詳稱：光緒三十年三月分，鎮迪道屬綏來、庫爾喀喇烏蘇得雨，入土二寸；昌吉得雨，入土一寸；阜康、孚遠、奇臺微雨；呼圖壁得雪，積地四寸；迪化、鎮西得雪，積地二寸。伊塔道屬綏定得雨，入土四寸；寧遠、精河得雨，入土二寸；塔爾巴哈臺得雪，積地一寸。南路于闐得雨，入土三寸；拜城、洛浦得雨，入土二寸；温宿府縣、新平、庫車、疏勒、疏附、伽師、莎車、巴楚、葉城、皮山、和闐、英吉沙爾微雨；烏什得雪，積地二寸；餘均未得雨雪。

至通省糧價，除新平一處因地尚未成熟，暫緩具報，婼羌、柯坪兩處仍應俟

---

① 中國第一歷史檔案館藏：《硃批原件》，檔號：04-01-01-1068-005。

② 臺北“故宫博物院”藏：《軍機及宫中檔》，文獻編號：163066。

③ 吴引孫（1851—1921），字福茨，祖籍安徽歙縣，改籍江蘇儀徵。同治二年（1863），拔貢。十二年（1873），以七品小京官於刑部浙江司行走。光緒四年（1878），捐納額外主事。五年（1879），中式舉人，考取軍機章京，兼總辦秋審處。七年（1881），保刑部候補主事。九年（1883），補湖廣司主事，升貴州司員外郎。十二年（1886），考試漢御史奉旨記名，以御史用，充軍機幫領班章京、領班章京，歷充方略館協修、纂修、收掌提調等差，并派兼充總理各國事務衙門章京上行走差。十四年（1888），京察一等保以道府用。同年，補授浙江寧紹臺道。十六年（1890），兼辦寧鎮海防營務處，總理鎮海南北岸炮臺事務。二十五年（1899），升廣東按察使。二十八年（1902），總理廣東省城武備學堂事宜。同年，遷甘肅新疆布政使。三十年（1904），總理全省營務處。三十一年（1905），署理甘肅新疆巡撫。三十三年（1907），補授安徽布政使，旋調補福建布政使。同年，再調湖南布政使。三十四年（1908），丁母憂，回籍守制。宣統二年（1910）服滿起複，補授浙江布政使。民國元年（1912），充國民協會參事。十年（1921），卒。有《自述年譜》等行世。

具報至日再行匯列外，所有阜康、鄯善、寧遠、塔爾巴哈臺、烏什等廳縣俱與上月相同，餘均各有增減，匯詳請奏前來。

理合恭摺具陳，并繕糧價清單，敬呈御覽。伏乞皇太后、皇上聖鑒。謹奏。光緒三十年八月十九日。

（硃批）：知道了。[①]

光緒三十年九月二十六日，奉硃批：知道了。欽此。[②]

○七四、呈光緒三十年三月各屬糧價清單

光緒三十年八月十九日（1904 年 9 月 28 日）

謹將新疆各屬光緒三十年三月分米糧時估價值，繕具清單，恭呈御覽。

計開三月分

鎮迪道屬

迪化縣：大米每京石價銀六两四錢一分三厘，較上月增七錢五厘。小麥每京石價銀二兩五錢四分七厘，較上月增一錢四分二厘。豌豆每京石價銀三兩二分四厘，較上月增二錢五分二厘。青稞每京石價銀一兩七錢九分七厘，較上月增一錢四分一厘。

昌吉縣：大米每京石價銀五兩六分，與上月相同。小麥每京石價銀二兩一錢二分五厘，較上月增七分三厘。豌豆每京石價銀二兩一錢四分七厘，較上月增一錢一分一厘。青稞每京石價銀一兩一錢，與上月相同。

綏來縣：大米每京石價銀四兩七錢五分六厘，與上月相同。小麥每京石價銀二兩一錢九分四厘，與上月相同。豌豆每京石價銀二兩二錢八分二厘，與上月相同。高粱每京石價銀一兩九錢五分五厘，較上月增一分。

呼圖壁縣丞：大米每京石價銀四兩四錢三厘，較上月增一錢八分三厘。小麥每京石價銀一兩七錢六分六厘，較上月增三錢五分二厘。豌豆每京石價銀二兩四

① 中國第一歷史檔案館藏：《硃批原件》，檔號：04-01-25-0584-029。

② 臺北“故宫博物院”藏：《軍機及宫中檔》，文獻編號：163816。

分二厘，較上月增三錢五分五厘。

阜康縣：粟米每京石價銀一兩九錢一分二厘，小麥每京石價銀一兩九錢八分七厘，豌豆每京石價銀一兩九錢一分二厘，高粱每京石價銀一兩三錢五分六厘，俱與上月相同。

孚遠縣：小麥每京石價銀一兩九錢三分二厘，較上月增六分九厘。豌豆每京石價銀一兩九錢一分一厘，較上月增九分一厘。高粱每京石價銀九錢一分四厘，較上月增三分四厘。

奇臺縣：大米每京石價銀六兩九錢四厘，較上月增一兩三錢八分一厘。小麥每京石價銀二兩二錢六分四厘，較上月增一錢四分一厘。豌豆每京石價銀二兩四分二厘，較上月增二錢四分二厘。

吐魯番直隸廳：小麥每京石價銀一兩三錢五厘，與上月相同。大麥每京石價銀六錢九分四厘，較上月增五分九厘。高粱每京石價銀八錢七分二厘，與上月相同。黄豆每京石價銀一兩五錢三分，與上月相同。

鄯善縣：小麥每京石價銀一兩六錢六分七厘，高粱每京石價銀一兩一錢三分一厘，大麥每京石價銀八錢二分三厘，俱與上月相同。

鎮西直隸廳：小麥每京石價銀二兩六錢四分，與上月相同。豌豆每京石價銀二兩一錢六分，較上月減五錢五分。青稞每京石價銀一兩四錢四分，較上月減一錢五厘。

哈密直隸廳：小麥每京石價銀二兩七厘，較上月減八分三厘。粟米每京石價銀二兩八錢八分，較上月增三錢六分。豌豆每京石價銀二兩三錢四分，與上月相同。青稞每京石價銀一兩六錢九分八厘，較上月增二錢三分一厘。

庫爾喀喇烏蘇直隸廳：小麥每京石價銀二兩三錢七厘，與上月相同。大麥每京石價銀一兩七錢七分五厘，較上月增一錢七分八厘。豌豆每京石價銀一兩九錢五分二厘，與上月相同。

伊塔道屬

綏定縣：大米每京石價銀五兩七錢七分，較上月減二厘。小麥每京石價銀一兩六錢五分六厘，與上月相同。大麥每京石價銀一兩一錢，與上月相同。豌豆每京石價銀一兩四錢，與上月相同。

寧遠縣：大米每京石價銀五兩三錢八分一厘，小麥每京石價銀一兩三錢一分一厘，大麥每京石價銀九錢六分三厘，豌豆每京石價銀一兩二錢九分六厘，俱與上月相同。

塔爾巴哈臺直隸廳：小麥每京石價銀一兩五錢四分六厘，大麥每京石價銀一兩一錢五分一厘，豌豆每京石價銀一兩一錢六分八厘，俱與上月相同。

精河直隸廳：大米每京石價銀四兩六錢三分，與上月相同。小麥每京石價銀二兩三分，與上月相同。大麥每京石價銀一兩五分，與上月相同。豌豆每京石價銀一兩八錢二分，較上月增一錢四分。

阿克蘇道屬

温宿府：大米每京石價銀二兩四錢三分二厘，較上月增二錢六分七厘。小麥每京石價銀一兩五錢九厘，較上月增四錢七分四厘。大麥每京石價銀四錢四分七厘，與上月相同。包穀每京石價銀一兩六分二厘，較上月增二錢一分六厘。

温宿縣：大米每京石價銀二兩四錢三分二厘，較上月增一錢五分二厘。小麥每京石價銀一兩七錢二分八厘，較上月增二錢四分八厘。大麥每京石價銀八錢六分二厘，較上月增二分二厘。包穀每京石價銀一兩，較上月增五分八厘。

拜城縣：小麥每京石價銀七錢七分，較上月增一分。大麥每京石價銀四錢七分，較上月增二分。豌豆每京石價銀五錢五分，較上月增一分。包穀每京石價銀五錢五分，較上月增一分。

焉耆府：大米每京石價銀四兩八錢八分四厘，與上月相同。小麥每京石價銀二兩七分，較上月增六分九厘。包穀每京石價銀一兩四錢八厘，與上月相同。豌豆每京石價銀一兩四錢四分，與上月相同。

輪臺縣：大米每京石價銀四兩九錢，與上月相同。小麥每京石價銀一兩六錢五分六厘，與上月相同。包穀每京石價銀一兩二錢八分，較上月增五分二厘。

庫車直隸州：大米每京石價銀三兩三錢，與上月相同。小麥每京石價銀一兩一錢二分，較上月增八分。包穀每京石價銀七錢五分，較上月增四分。豌豆每京石價銀七錢，與上月相同。

沙雅縣：大米每京石價銀三兩三錢八分，較上月增一分。小麥每京石價銀一兩一錢七分，較上月增二分。包穀每京石價銀八錢一分，較上月增一分。

烏什直隸廳：大米每京石價銀二兩一錢七分五厘，小麥每京石價銀七錢二分六厘，大麥每京石價銀三錢七分四厘，包穀每京石價銀五錢二分四厘，俱與上月相同。

喀什噶爾道屬

疏勒府：大米每京石價銀四兩三分一厘，較上月增二錢八分一厘。小麥每京石價銀一兩九錢八分三厘，較上月增一錢七分二厘。包穀每京石價銀一兩五錢七分，較上月增二錢三分。高粱每京石價銀一兩一錢五分，與上月相同。

疏附縣：大米每京石價銀三兩八錢九分，較上月增四分七厘。小麥每京石價銀二兩七分，較上月增四分三厘。包穀每京石價銀一兩七錢一分六厘，與上月相同。高粱每京石價銀一兩四錢三分七厘，與上月相同。

伽師縣：大米每京石價銀三兩九錢八分四厘，與上月相同。小麥每京石價銀二兩七分，較上月增四錢二分五厘。包穀每京石價銀一兩八錢三分四厘，較上月增五錢三分六厘。高粱每京石價銀九錢三分四厘，與上月相同。

莎車府：大米每京石價銀四兩五錢八分八厘，較上月增一錢四分八厘。小麥每京石價銀一兩四錢五分，較上月增七分。大麥每京石價銀一兩七錢七厘，較上月增五錢五分七厘。包穀每京石價銀一兩四錢七分八厘，較上月增二錢九分。

巴楚州：大米每京石價銀三兩七錢，較上月增六錢七分。小麥每京石價銀二兩七錢六分，較上月增八錢六分三厘。包穀每京石價銀一兩六錢，較上月增三錢二分。

葉城縣：大米每京石價銀三兩四錢，較上月增二分。小麥每京石價銀一兩二錢，較上月增一錢五分。包穀每京石價銀九錢八分，較上月增一錢。

皮山縣：大米每京石價銀三兩九錢五分，較上月增一錢五分。小麥每京石價銀一兩六錢，較上月增一錢。大麥買京石價銀八錢五分，與上月相同。包穀每京石價銀一兩，較上月增五分。

和闐直隸州：大米每京石價銀三兩五分，與上月相同。小麥每京石價銀一兩五分，較上月減二分。包穀每京石價銀六錢五分，較上月減一分。青稞每京石價銀六錢四分，俱與上月相同。

于闐縣：大米每京石價銀三兩二錢，與上月相同。小麥每京石價銀一兩一錢二分，與上月相同。包穀每京石價銀七錢一分，較上月增三分。

洛浦縣：大米每京石價銀四兩二錢，較上月增五錢六分。小麥每京石價銀一兩七錢九分四厘，較上月增二錢二分一厘。包穀每京石價銀一兩二錢八分，較上月增二錢五分六厘。

英吉沙爾直隸廳：大米每京石價銀四兩二錢五分六厘，較上月增一錢一分三厘。小麥每京石價銀一兩六錢五分六厘，較上月增二錢三分六厘。大麥每京石價銀九錢八分，較上月增一錢五分九厘。包穀每京石價銀一兩三錢四分，較上月增二錢一分。

（硃批）：覽。[①]

○七五、奏報在新效力贖罪官犯情形摺

光緒三十年八月十九日（1904年9月28日）

甘肅新疆巡撫西林巴圖魯臣潘效蘇跪奏，爲遵旨查辦官犯，開單具陳，仰祈聖鑒事。

竊臣准陝甘總督咨：准刑部咨開：光緒三十年正月十五日，欽奉恩詔查辦軍流官犯，事犯在本年正月初一日以前，無論到配已、未滿三年，實係安静守法，别無過犯，鈔録犯事全案到配年月日期，造具清册，匯案具奏等因。轉咨到臣。遵即轉飭查辦。兹據鎮迪道兼按察使銜李滋森造具發往新疆效力贖罪官犯共三十三員，犯事全案到配年月日期清册前來。

臣查官犯已革都司馬仲篪、驍騎校吉通、筆帖式惠恭、都司謝智夫即謝永謙、東邊道宜麟、游擊王正堃、千總馬振芳、知縣鄭廷壁、筆帖式馬世芳、雲騎尉勝亮、千總劉起瑞、幫帶官佐領恒喜、總兵江起龍、副都統榮和、游擊岑盛靄、參將李春意、哨官把總王同仁、驍騎校王地山即沛謙、游擊李得續、參將劉芳池、游擊祝鴻標、都司馬紹星、縣丞韋享承、把總劉春集、盛京禮部助教官王瑞聯、副將趙貴華、江蘇海州分司運判徐紹垣、游擊馬福興、直隸阜平縣幕友申瑞琳、參將王得貴、知縣羅楨、守備明立、千總王豐田，於光緒十六年七月十七日起至三十年七月十三日止，陸續到配，均安静守法，别無遇犯，或提調巡警，或稽查保甲，或幫辦礦務，或經理屯田，無不奮勉從事，力贖前愆。察其悔過自新，實堪矜憫。相應摘録該官犯等犯事案由及到配年月日期，開單恭呈御覽，聽候恩施。

除將各官犯犯事全案清册咨部外，所有恭逢恩詔查辦官犯緣由，恭摺具陳。

---

① 臺北“故宫博物院”藏：《軍機及宫中檔》，文獻編號：163816-0-A。

伏乞皇太后、皇上聖鑒訓示。謹奏。光緒三十年八月十九日。

（硃批）：該部知道，單并發。[1]

光緒三十年九月二十六日，奉硃批：該部知道，單并發。欽此。[2]

○七六、呈查辦發新軍流官犯清單

光緒三十年八月十九日（1904年9月28日）

謹將本年恭逢恩詔查辦發往新疆效力贖罪官犯，摘叙犯案事由暨到配年月日期，開具清單，恭呈御覽。

計開

已革都司馬仲篪，腐蝕兵餉，被參潛逃，擬絞減發新疆效力贖罪，光緒十六年起月十七日到配。

已革驍騎校吉通，勒索臺費，擬流，從重發新疆效力贖罪，光緒十九年八月二十九日到配。

已革筆帖式惠恭，糾眾奪犯傷差，擬流從重發新疆效力贖罪，光緒二十一年久月二十日到配。

已革都司謝智夫，即謝勇謙，詐爲文書，希圖誆騙，擬流發新疆效力贖罪，光緒二十二年八月十六日到配。

已革東邊道宜麟，失陷城池，發新疆效力贖罪，光緒二十三年四月十三日到配。

已革游擊王正堃，帶兵覆敗，冒功邀賞，發新疆效力贖罪，光緒二十三年六月十一日到配。

已革千總馬振芳，失守吉東峪，擬軍從重發往新疆效力贖罪，光緒二十三年十月十二日到配。

已革知縣鄭廷璧，投遞匿名書信，揑造奸情，擬絞減發新疆充當苦差，光緒

---

① 中國第一歷史檔案館藏：《硃批原件》，檔號：04-01-12-0639-019。

② 臺北“故宫博物院”藏：《軍機及宫中檔》，文獻編號：163814。

二十四年二月初五日到配。

已革筆帖式馬世芳，指官詐取財物，擬軍發往新疆效力贖罪，光緒二十五年八月初一日到配。

已革千總劉起瑞，誣良爲盗，擬軍從重發新疆效力贖罪，光緒二十六年七月初十日到配。

已革雲騎尉勝亮，受賄縱囚，擬流發新疆效力贖罪，光緒二十五年十一月十七日到配。

已革神機營幫帶官佐領恒喜，兵丁滋事，毫無覺察，發新疆效力贖罪，光緒二十七年二月二十三日到配。

已革記名總兵江起龍，畏葸無能，居心狡詐，發往新疆，充當苦差，光緒二十七年四月二十二日到配。

已革副都統榮和，玩視軍務，苟圖安逸，擬流從重發往新疆效力贖罪，光緒二十七年五月初七日到配。

已革游擊岑盛靄，辦團貪利，容留夥盗，發新疆效力贖罪，光緒二十七年六月初七日到配。

已革參將李春意，輕聽人言，越境捕匪，致斃民命，發往新疆，永不釋回，光緒二十八年四月二十日到配。

已革哨官把總王同仁，約束不嚴，發新疆效力贖罪，光緒二十八年五月二十日到配。

已革驍騎校王地山即沛謙，充當巡捕，明知郝福等鑄賣私錢，圖賄隱匿，擬流發新疆效力贖罪，光緒二十八年七月十一日到配。

已革游擊李得績、參將劉芳池、游擊祝鴻標、都司馬紹星，缺額侵餉，查有實據，從寬貸其一死，發往新疆效力贖罪，光緒二十八年七月十八同日到配。

已革縣丞韋享承，誣竊綑縛，搜去銀兩，發往新疆效力贖罪，光緒二十八年十月二十三日到配。

已革把總劉春集，縱民索擾，釀成命件，擬流從重發新疆效力贖罪，光緒二十九年正月二十六日到配。

已革盛京禮部助教官王瑞聯，因賭捏搶誣控，擬流加徒役三年，從重發往新疆效力贖罪，光緒二十九年四月十七日到配。

已革副將趙貴華，侵吞兵餉，隱匿軍裝，發新疆充當苦差，光緒二十九年五月十一日到配。

已革運判徐紹垣，官售私鹽，種種舞弊，發往軍臺效力贖罪，改發新疆，光緒二十九年六月十一日到配。

已革游擊馬福興，膽大妄爲，性情殘暴，從重發新疆充當苦差，光緒二十九年六月三十日到配。

已革阜平縣幕友申瑞琳，營私罔利，遇事招搖，發新疆效力贖罪，光緒二十九年十月二十八日到配。

已革參將王得貴，管帶營勇，缺額尅扣，役使勇丁，發新疆效力贖罪，光緒三十年正月二十四日到配。

已革知縣羅楨，以酷濟貪，民情共怨，從重發新疆效力贖罪，光緒三十年二月十二日到配。

已革洗馬林守備明立，被搶捏報，規避處分，查參革職，抗不交印，發新疆效力贖罪，光緒三十年四月初九日到配。

已革千總王豊田，詐索民錢，財未入手，擬流從重發新疆效力贖罪，光緒三十年七月十三日到配。

（硃批）：覽。[①]

○七七、華商貨税請照現在章程緣由摺

光緒三十年八月十九日（1904年9月28日）

甘肅新疆巡撫西林巴圖魯臣潘效蘇跪奏，爲陳明新疆向未抽厘，現徵華税與百貨統捐，名雖不同，實則無異，擬請仍照舊章辦理，恭摺仰祈聖鑒事。

竊臣准户部咨，奏請通飭各省籌辦百貨統捐一摺内稱：厘金一項，各省積弊甚深，近日訂議商約，有免厘加税之舉，竊恐所加之税未必能敵所免之厘，亟應預籌便商裕餉之道。惟統捐最爲善策，凡貨物由初次産地發運，將各局卡應完之厘歸并，統計成總，完納以後，概不重徵，貨到銷貨之地，再酌收一銷場税。江

① 臺北“故宫博物院”藏：《軍機及宫中檔》，文獻編號：163814-0-A。

西先後將大宗貨物、各處土産及外省運來之麻、福建所産之茶一律改收統捐，并在湖口設局，抽收入口華税，各省應一律推行，將來免厘加税辦成，應徵出産、銷場等税，亦可以統捐立其基，請飭各省將軍、督撫督飭司道，妥議章程，奏咨辦理等因。奏奉諭旨咨行到新，當即轉飭税務局司道妥議去後。

兹據復稱：伏查户部議辦統捐，係爲厘剔厘金積弊并預籌將來免厘加税後便商裕餉起見，在東南各省人民蕃庶，物産富饒，從前局卡本多，歸并統收，實於國課、商情兩有裨益。新省邊荒瘠苦，土曠人稀，富商大賈裹足不前，外來之貨除茶葉一項銷數尚多，係由甘肅官商領票承運，已照舊章完納税課外，其餘均係零星販運，并無大宗成蠆之物。土産各貨爲數寥寥，僅供本省之用。其運銷俄境及内地較鉅者，除羊毛、皮張外，惟和闐之絲與氈毯、吐魯番之棉花、葡萄數宗。然因道遠運艱，行銷亦不甚暢，故設省之初曾經開辦華商貨税，旋因收數無多，經升任撫臣陶模奏明停止。

光緒二十七年，前撫臣饒應祺以每年認攤賠款四十萬兩，爲數過鉅，無款可籌，不得已奏請復開華税，藉資挹注。因關外情形與内地不同，徵收未便過於繁重，故按各海關值百抽五税則，酌減改爲值百抽三，無論外來、土産，各貨衹按一起一落徵收，經過地方概不重徵，以示寬大而廣招徠。現在僅於哈密設局一處，收由甘肅入口貨物起税；古城設立局一處，收由草地入口貨物起税；省城設立總局，收各處赴省售銷落税。此外喀什噶爾、莎車、伊犁、塔城、阿克蘇、庫車、吐魯番各設分局一處，抽收各路貨物落税及本處運赴各路土貨起税，較之内地厘金處處設卡、節節盤查者，辦法迥殊，與此次部議抽收入口、出産、銷場等税及江西所辦統捐，名雖不同，實則無異，即將未免加税辦成，新疆本係華税，并非厘金，亦不在議停之列，擬請仍照現章徵收，毋庸另議更張，等情。詳請奏咨前來。

臣查新省向未抽收厘金，現徵華税，本與統捐無異，將來原可毋庸停免。惟榷税章程較各關稍從輕減，不無區别，良以一省有一省之情形，即一省有一省之辦法。在邊省與各省固不必故爲抵牾，而各省於邊省亦斷難强使劃一，自可仍照舊章辦理，毋庸與各省互商，轉多牽制。惟事貴因時制宜，法期推行盡利，臣惟有督飭司道，認真整頓，切實考求，如有應行捐益更張之處，仍當隨時察酌情形，妥爲籌辦，總期下無隱瞞之弊，上無苛擾之端，以仰副朝廷恤商裕課之至意。

所有陳明新疆向未抽厘，現徵華税與百貨統捐無異，擬請仍照舊照辦理各緣由，是否有當？理合恭摺具陳。伏乞皇太后、皇上聖鑒訓示。謹奏。光緒三十年八月十九日。

（硃批）：户部知道。[1]

光緒三十年九月二十六日，奉硃批：户部知道。欽此。[2]

【案】光緒十八年十一月初六日，新疆巡撫陶模奏請暫停華商貨税一摺，曰：

頭品頂戴甘肅新疆巡撫臣陶模跪奏，爲新疆華商貨税暫請停收，俟俄商税則議定，再行辦理，以紓民困而昭平允，恭摺仰祈聖鑒事。

竊查咸豐年間，軍務殷繁，各省抽收厘税，權濟餉需，原屬不得已之舉。新疆底定後，前陝甘督臣左宗棠以關外軍餉全恃各省協撥，因議行田賦、水利諸政，并及税厘，藉資挹注，用意亦良深遠。嗣經總理各國事物衙門於光緒八年五月二十三日奏奉上諭：新疆地方設卡徵厘，藉資軍食，現在俄民運貨往來，暫不納税，而各部落人及内地華商仍令照章完納，未免苦樂不均。著概行暫免厘税，俟商務興旺，照約議立税則時，再復舊章等因。欽此。欽遵在案。時劉錦棠奉命督辦新疆軍務，以諭旨准予暫免自是專指中外往來行商而言，本地土産税銀係屬正供，奏請仍飭户民交納，旋於十一、十三等年奏明，南路委員按章抽收，古城、哈密并省城、綏來、吐魯番設立總、分各局，冀於餉需少有裨益。

惟利之所在，弊因以生。新疆貿易以洋貨爲大宗，各屬土産不多，又乏貴重之物，華商土貨并帶運洋貨，一局數卡，分段稽查，照章繳銀，罔敢或後。俄商則車載驢運，百十成群，驗票放行，毫無阻滯。同爲生計所係，彼此竟至懸殊，誠有如聖諭“未免苦樂不均”者。在華商明知定章如此，何敢稍有違言，而避重就輕非法令所能禁止。因俄商并不納税，賄託包庇，謂較赴局完納，尚爲合算。俄商視爲利藪，不論土貨、洋貨，輒行包攬，甚至屬中各回部，亦復冒稱俄人，希圖蒙混。一經查出，則又揑報領事，文牘往返，轇轕滋多。華商藉其庇護，雖得微利，生計仍是日窮，而以應納之税銀，隱入俄商之手，輿情即嫌未順，事理尤覺未平。

現查歷年所收，自二萬至五六萬兩而止，局卡經費又於收數内統以二成開支，近更報解寥寥，日形減色。通盤計算，所籌之款，爲數究屬不多。即無此

---

① 中國第一歷史檔案館藏：《硃批原件》，檔號：04-01-25-0582。

② 臺北“故宫博物院”藏：《軍機及宫中檔》，文獻編號：163800。

銀，公家不至大損。臣到任後，與藩司再四籌商，以爲救弊補偏，惟有籲懇天恩，將華商貨税暫行停止，以紓民困。仍欽遵光緒八年諭旨“俟商務興旺，照約議立税則時，再復舊章”。届時華商、俄商一律徵收，用昭平允。如蒙恩准，新疆歲少此項税銀，經費愈形支絀，臣當督率司道，遇事節省，極力彌補，斷不敢以出款不敷另請指撥，仰副朝廷鄭重帑儲至意。除咨部外，謹會同陝甘總督臣楊昌濬，恭摺具奏。伏乞皇上聖鑒訓示。謹奏。光緒十八年十一月初六日。①

【案】光緒二十七年五月二十六日，新疆巡撫饒應祺奏請復開華税一摺，曰：

甘肅新疆巡撫臣饒應祺跪奏，爲新疆餉項支絀，擬請復辦華商貨税，以資補救，恭摺仰祈聖鑒事。

竊查新疆自底定後，前撫臣劉錦棠因本省用款全資各省協濟，亟應少圖自立之計，因於光緒十一、十三等年奏明在於省城及南北兩路設立總、分各局委員，抽收華商貨税，藉資挹注。開辦之初，歲收二三萬，嗣後每年收五六萬兩不等。除開支二成局費而外，餘剩無多。光緒十八年，升任撫臣陶模因俄商入卡貨物尚未按約議立税則，照章完納，專收華商貨税，覺於事理未平，且有奸巧華商隱託俄人包庇瞞漏，以致收數不旺，無補公家，與臣在藩司任内再四籌商，即將應收華商貨税於是年十一月内奏明停止，并將總、分各局先行裁撤，聲明仍俟議立俄商税則，再行開辦等因。

伏查中俄商販遠貿邊庭，同係資本經營，而於關税一事，竟令此徵彼免，洵屬苦樂不均。若庫儲果可勉强支持，仍應暫停華税，以昭公允。惟新疆全賴各省協餉爲進款，歷年計口授食，絶少贏餘。近際時艱，庫款支多存少，殊形竭蹶。兹因賠償洋款，臣與布政使文光熟商，將每年封儲藩庫、伊塔道庫、廳庫十八萬暫亦緩解，合前次所籌二十萬兩，再加二萬兩，共請每年短解協餉四十萬兩，以濟賠款。從此來源較減，餉款益形奇絀。若不設法補救，恐不免坐困之虞。督臣崧蕃與臣往復電商，惟有仍開税務，以爲挹注之資。據布政使文光兼按察使銜鎮迪道李滋森會詳請奏前來。

臣查新疆邊荒枯瘠，生計維艱，開礦興屯既難遽收成效，墾荒升賦亦難急議加徵。惟税務取之於商，尚於民生無損，雖從前徵數無多，究於公用不無裨益。現在漢民、回民陸續出關，日增月盛，人數較衆，貨物銷路當亦較寬，如能經理

① 臺北“故宫博物院”藏：《軍機及宫中檔》，文獻編號：408002763。

得人，嚴禁偷漏，力杜中飽，涓滴歸公，歲收或有起色。如蒙俞允，先就省城設立總局，遴委精明廉幹之員充當提調，查照原案舊章，就今昔情形，斟酌損益，再行擇要設立各路分局，委員按章抽收，嚴查包庇、營私諸弊，以塞漏卮，涓涓之流，浸成江河，似亦於餉源不無補濟也。

再查光緒七年《中俄條約》，准俄民在伊犁、塔爾巴哈臺、喀什噶爾、烏魯木齊及關外之天山南北兩路各城貿易，暫不納稅，俟將來商務興旺，由兩國議定將免稅之例廢棄等語。查十三年開辦稅務，俄商進口貨物計價銀六十八萬六千有奇，出口三十四萬一千有奇。至二十五年，計進口貨物價銀一百二十九萬八千有奇，出口九十五萬五千有奇，較前加倍，不得謂非興旺免稅之條，似已可以廢棄。現屆換約之期，可否飭下總理各國事務大臣會商駐京俄使，飭總稅務司照約議立稅則，俾華商、俄商一律徵收，以昭平允，恭候核酌議准，再行遵辦。

所有擬請先辦華商貨稅緣由，謹會同陝甘總督臣崧蕃，恭摺具陳。伏乞皇太后、皇上聖鑒訓示。謹奏。光緒二十七年五月二十六日。①

○七八、奏報各省代解新疆應還賠款片

光緒三十年八月十九日（1904年9月28日）

再，查新疆光緒三十年應解賠款，業經臣奏明由兩淮、江蘇、江西協甘新餉内分期代解在案。現在光緒三十一年，各省關應協新餉已由陝甘總督臣崧蕃援案奏請指撥，所有三十一年賠款，自應仍由協餉内撥解，以免遲誤。計新疆歲認賠款，連補關平共需庫平銀四十萬六千五百七十二兩，按十二期攤解，每期應解銀三萬三千八百八十一兩，擬請由兩淮代解一、三、五、七、九五期銀一十六萬九千四百五兩，江蘇代解二、四、十一三期賠款銀十萬一千六百四十三兩，江西代解六、八、十、十二四期銀一十三萬五千五百二十四兩，均於三十一年協甘新餉内按期劃撥，就近解交江海關道查收。相應請旨飭下户部咨行兩江總督、江西巡撫轉飭遵照撥解，俾顧要需。

① 臺北“故宫博物院”藏：《軍機及宫中檔》，文獻編號：408006381。

至各該省應找解協餉銀數，仍解交甘肅統收分撥，各清款目。除分咨外，理合附片具奏。伏乞聖鑒訓示。謹奏。

（硃批）：該部知道。[①]

光緒三十年九月二十六日，奉硃批：該部知道。欽此。[②]

○七九、前報民穀遲延職名請免查取片

光緒三十年八月十九日（1904年9月28日）

再，臣迭准户部咨催補造光緒二十七年民數、穀數及二十九年應辦二十八年民數、穀數，均經先後轉飭前署新疆布政使李滋森遵辦，未據詳覆。復於本年七月十一日准吏部咨查取造報遲延職名到新，當即飭司查覆去後。兹據布政使吴引孫覆稱：查此案前奉部催，經前署司移行，迄今未據各屬造賫，察核情形，委係新疆地處極邊，自改設行省以來，諸凡草創，此項應造民數、穀數，向未舉辦，無案可稽，以故造報寥寥，與其敷衍塞責，不如寬其既往，先示限期，從容查辦，實事求是，等情。詳請奏咨前來。

臣查部臣催造民數、穀數，原爲稽查户口、慎重倉儲起見，本應遵例辦理。惟新疆改設行省，諸事變通，部臣向來以文法相繩，所以民數、穀數歷年均未造報，無案可循，本與各省情形不同。且二十八年奏准添設、改設各府、廳、州、縣、縣丞，其户口、倉穀多經分撥更易，清理尤難。其不能按限查造，亦有可原，合無仰懇天恩俯准，將以前造報遲延職名免其查取，出自逾格鴻施。如蒙俞允，許再由臣督飭蕃司自光緒三十一年起照例將民數、穀數按年造册，報部匯辦，不准再事宕延，以符定制。是否有當？理合會同陜甘督臣崧蕃，附片具陳。伏乞聖鑒訓示。謹奏。

（硃批）：該部知道。[③]

---

① 中國第一歷史檔案館藏：《硃批原件》，檔號：04-01-35-0867-062。

② 臺北“故宫博物院”藏：《軍機及宫中檔》，文獻編號：163795。

③ 中國第一歷史檔案館藏：《軍機録副》，檔號：04-01-01-1066-017。

光緒三十年九月二十六日，奉硃批：該部知道。欽此。[①]

○八○、奏報安允升等回任署任緣由片

光緒三十年八月十九日（1904年9月28日）

再，署綏定縣知縣文雅林到任未久，因病身故。所遺員缺，應以實任該縣知縣安允升仍回本任。又，署哈密直隸廳通判顏廷奎期滿遺缺，查有候補知縣談鎮堃，堪以委署。據新疆布政使吴引孫、鎮迪道兼按察使銜李滋森會詳前來。

除由臣批飭分别給委外，謹會同陝甘總督臣崧蕃，附片具陳。伏乞聖鑒。謹奏。

（硃批）：吏部知道。[②]

光緒三十年九月二十六日，奉硃批：吏部知道。欽此。[③]

○八一、請將署奇臺知縣左兆鳳開復片

光緒三十年八月十九日（1904年9月28日）

再，新疆候補知縣左兆鳳於前署奇臺縣知縣任内因公晉省，失防監犯吴二即吴生財等，越獄脱逃，經前撫臣饒應祺於光緒二十四年十二月十五日隨案奏奉諭旨，著先行交部議處。旋准部咨：應將有獄官署奇臺知縣左兆鳳照例議以革職留任公罪，二十五年十一月初二日題，初五日奉旨：依議。欽此。欽遵行知在案。今留緝限滿，犯未弋獲，自應照例辦理。惟本年恭逢皇太后七旬萬壽，於正月十五日頒詔内開：内外文職自四品以下降、革、留任處分，准其開復等因。

臣查該員左兆鳳，老成鍊達，爲守俱優，且在新年久，於邊情最爲熟悉，從

① 臺北"故宫博物院"藏：《軍機及宫中檔》，文獻編號：163792。

② 中國第一歷史檔案館藏：《硃批原件》，檔號：04-01-13-0407-029。

③ 臺北"故宫博物院"藏：《軍機及宫中檔》，文獻編號：163796。

前歷奉差委，貽誤毫無，而又留心時務，自卸署奇臺縣篆留緝，限滿回省，時正值舉辦通省巡警諸務，權令效力自贖，尤爲奮勉異常，勤勞足録，合無仰懇天恩，俯念邊地需材，准將前署奇臺縣知縣左兆鳳革職留任公罪處分予以開復，俾資委用，出自逾格鴻施。

除咨部外，謹附片具陳。伏乞聖鑒訓示，施行。謹奏。

（硃批）：著照所請，該部知道。[①]

光緒三十年九月二十六日，奉硃批：著照所請，該部知道。欽此。[②]

【案】此奏片之具奏日期，原件署“光緒三十年”，具體日期未署，録副亦未確。據硃批日期查光緒三十年九月二十六日《隨手檔》[③]“硃批潘效蘇摺”一欄，署有“報四百里、八月十九日發”等字樣。據此，此片具奏日期應爲“光緒三十年八月十九日”無疑。兹據校正。

〇八二、請將宗室載瀾減免配期緣由片

光緒三十年八月十九日（1904年9月28日）

再，臣於本年七月十八日准陝西撫臣升允[④]咨：准兵部火票遞到刑部咨開：内閣鈔出光緒三十年五月初八日奉上諭：朕欽奉慈禧端佑康頤昭豫莊誠壽恭欽獻崇熙皇太后懿旨：本年七旬萬壽，迭經降旨施恩，京外臣民無不均沾闓澤。因思從前獲罪人員除謀叛立會之康有爲、梁啓超、孫文三名，實屬罪大惡極，無可赦免外，其餘戊戌案内各員，均著寬其既往，予以自新。曾經革職者，俱著開復原

① 中國第一歷史檔案館藏：《硃批原件》，檔號：04-01-12-0639-102。

② 臺北“故宫博物院”藏：《軍機及宫中檔》，文獻編號：163785。

③ 中國第一歷史檔案館藏：《軍機處隨手登記檔》，檔案編號：03-0319-1-1230-261。

④ 升允（1858—1931），字吉甫，號素庵，蒙古鑲黄旗人。光緒八年（1882），中式舉人。十二年（1886），補總理各國事務衙門章京。十六年（1890），充出使俄國參贊。十八年（1892），報捐知府。二十年（1894），加布政使銜。二十四年（1898），署陝安道。二十五年（1899），授陝西督糧道。同年，遷陝西布政使。二十六年（1900），補山西按察使。同年，授甘肅布政使。是年，回任山西布政使。二十七年（1901），調補陝西布政使。同年，擢陝西巡撫。三十年（1904），調補江西巡撫。同年，授察哈爾都統。三十一年（1905），拜陝甘總督。民國二十年（1931），卒於天津。贈謚文忠。

銜。其通飭緝拏并現在監禁及交地方官管束者，著即一體開釋。事犯在此次恩旨以前者，概行免究，以示覃敷慶典法外施仁之至意。著該部及各省督撫迅即查明具奏，欽遵辦理。欽此。

臣查新疆并無戊戌案内人員，惟查有已革輔國公載瀾，從前因公獲咎，遠戍新疆。計自光緒二十七年五月二十四日到配，迄今已逾三年。自念分屬宗支，受恩深重，衹以一時一事之誤，致貽君國之憂，痛悔前非，愧恨莫釋。每聞談及時事，内而宗社之安危，外而交涉之艱窘，無不憂形於色，涕淚交縈。其志慮忠純，殊堪矜憫。惟誼屬懿親，可否從寬減免，出自特恩，非臣下所敢擅請。

所有遵查新疆并無戊戌案内人員各緣由，謹附片陳明。伏乞聖鑒。謹奏。

光緒三十年九月二十六日，奉旨：留中。欽此。①

【案】此奏片之具奏日期，原件署“光緒三十年”，具體日期未署，録副亦未確。據硃批日期查光緒三十年九月二十六日《隨手檔》②“硃批潘效蘇摺”一欄，署有“報四百里、八月十九日發”等字樣。據此，此片具奏日期應爲“光緒三十年八月十九日”無疑。兹據校正。

○八三、請銷二十六年防軍收支各款摺

光緒三十年九月初一日（1904年10月9日）

甘肅新疆巡撫西林巴圖魯臣潘效蘇跪奏，爲造報甘肅新疆光緒二十六年分防軍收支各款，謹繕清單，并分造總、散清册，懇恩飭部核銷，恭摺仰祈聖鑒事。

竊照甘肅新疆防軍善後用款，每年合關内外捐撥各省的款銀四百八十萬兩，新疆撫、提、鎮各標及伊犁鎮標、塔爾巴哈臺協標并司庫例支善後經費等項，共應分銀二百七十九萬七千兩，内除歲銀一十萬兩封存甘肅藩庫，又除提存新疆藩庫及伊塔道庫、塔城同知庫封存銀二十七萬七千兩，已撥董軍支給行餉，兩次裁

① 臺北“故宫博物院”藏：《軍機及宫中檔》，文獻編號：163807。
② 中國第一歷史檔案館藏：《軍機處隨手登記檔》，檔案編號：03-0319-1-1230-261。

兵節省銀一十一萬三千六百兩外，新疆實應分新湘平銀二百三十萬六千四百兩。上案截至光緒二十五年底止收支款項，前經臣將總、散清册分咨各部，開單具奏請銷在案。

兹據新疆糧臺詳稱：自二十六年正月初一日起，截至十二月底止，一切收支應仍跟接上案造報。計舊管項下：截至二十五年十二月底止，實不敷新湘平銀一十萬七千六百五十兩八錢九分七厘，尚欠未解新湘平銀四萬八千二百六十一兩四錢九厘。欠發各營旗光緒十年以前病故弁勇存餉銀一十一萬四千一百八十五兩二錢八分六厘。新收項下：收到甘肅藩司分解新疆及伊犁鎮標、塔爾巴哈臺協標應分新餉并新疆馬步各營旗報繳截曠、采買、製辦、運脚等款扣回平餘，并由新疆藩庫提撥，共計新湘平銀二百四十八萬八千四百二兩四分四厘。開除項下：支發新疆馬步各營、旗、哨、開花炮隊薪糧、馬乾、倒馬價值及各臺局薪水、口糧、工食、油燭、紙張、采買、製辦、運脚、盤費等項，共計新湘平銀一百九十八萬六千三百四十四兩七錢七分六厘，又撥發新疆庫各項及糧臺善後經費，共計新湘平銀五十五萬三千兩，又支發上案二十五年防軍報銷款内不敷新湘平銀一十萬七千六百五十兩八錢九分七厘。實在項下：截至二十六年底止，實不敷新湘平銀一十五萬八千五百九十三兩六錢二分九厘，已由解到二十七年新餉内暫行支給。

又，各省關尚欠未解二十五年新餉新湘平銀四萬八千二百六十一兩四錢九厘。又，二十六年分應分新餉各省關尚欠未解新湘平銀五十二萬五千五百七十二兩六錢七分一厘，應歸入下案接續造報。仍欠發各營旗十年以前病故弁勇存餉銀一十一萬四千一百八十五兩二錢八分六厘，應俟各故弁勇親屬請領至日，即由二十七年以後新餉内匀給，造具總、散清册，詳請奏銷前來。

臣覆查支發各款，均係實用實銷，并無浮冒。除將清册分送各部外，相應繕具簡明清單，會同陝甘總督臣崧蕃，恭摺具陳。伏乞皇太后、皇上聖鑒，飭部核銷施行。謹奏。光緒三十年九月初一日。

（硃批）：該部知道，單并發。[①]

光緒三十年十月初九日，奉硃批：該部知道，單并發。欽此。[②]

---

① 中國第一歷史檔案館藏：《硃批原件》，檔號：04-01-01-1068-043。

② 中國第一歷史檔案館藏：《軍機録副》，檔號：03-6168-058。

○八四、呈二十六年防軍善後收支清單
光緒三十年九月初一日（1904年10月9日）

謹將甘肅新疆光緒二十六年分防軍收支各款并撥發善後經費、司庫例支、提存各款銀數，繕具簡明清單，恭呈御覽。

計開

舊管：

一、上案新疆糧臺防軍報銷款内，截至光緒二十五年十二月底止，實不敷新湘平銀一十萬七千六百五十兩八錢九分七厘。

一、上案新疆糧臺防軍報銷款内，截至光緒二十五年十二月底止，各省關尚欠未解新湘平銀四萬八千二百六十一兩四錢九厘。

一、截至光緒二十五年十二月底止，欠發新疆馬步各營旗光緒十年以前病故弁勇原存未領餉銀一十一萬四千一百八十五兩二錢八分六厘。

新收：

一、收協餉案内甘肅藩司分解新疆應分二十六年分新餉新湘平銀一百四十五萬四千五百二十九兩八錢三分。

一、收協餉案内甘肅藩司分解新疆應分二十六年分伊犁鎮標勇餉、經費等項新湘平銀二十一萬二千四百六十七兩八錢九分。

一、收協餉案内甘肅藩司分解新疆應分二十六年分塔城協標勇餉、經費等項新湘平銀一十一萬三千八百二十九兩六錢九厘。

一、收新疆馬步各營、旗、哨光緒二十六年分報繳截曠新湘平銀六千二百三十九兩五錢二分三厘。

一、收本案報銷款内支發采買、製辦運脚等款照章扣回平餘新湘平銀一千三百三十五兩一錢九分二厘。

一、收提新疆藩庫用存新湘平銀七十萬兩。

以上六款，共收新湘平銀二百四十八萬八千四百二兩四分四厘。

開除：

一、除第一册支發馬隊各營旗薪糧、馬乾等項新湘平銀八十一萬九千七百三十六兩。

一、除第二册支發步隊各營、旗、哨薪糧等項新湘平銀九十一萬四千七百五十七兩九錢二分。

一、除第三册支發開花炮隊勇夫薪糧、車騾草乾等項新湘平銀三萬四千二百八十七兩三錢六分。

一、除第四册支發馬步隊各營、旗、哨暨開花炮隊管帶、營旗官、哨長、巡查薪水、薪糧、馬夫、馬乾等項新湘平銀二萬五千九百九十八兩四錢八分。

一、除第五册支發新疆馬隊各營旗支過倒馬價值新湘平銀一萬六千一百八兩七錢二分五厘。

一、除第六册支發新疆提、鎮各衙門稿書、書辦、通事工食等項新湘平銀三千三百一十三兩九錢二分。

一、除第七册支發隨營差遣暨各項差務臺局文武員弁薪水等項新湘平銀一萬三千三百九十兩。

一、除第八册支發新疆各臺局經貼書、字職、護勇、通事、倉夫、斗級工食、口糧暨辦公、紙張、筆墨、油燭等項新湘平銀五千七百九十五兩六錢七厘。

一、除第九册支發軍裝製辦局招募浙、粤并關内外各匠工食等項新湘平銀五千四百三十七兩八錢九分七厘。

一、除第十册支發采製軍裝、修整軍械用過物料、製造火藥工料價值等項新湘平銀六萬八百一十七兩一錢八分。

一、除第十一册支發運解軍裝、餉銀、分解南北兩路運脚等項新湘平銀二萬五百四兩九錢九分七厘。

一、除第十二册支發運解南北兩路餉銀、軍裝等項押運委員、跟役、騎騾、脚價、鹽菜、口糧等項新湘平銀四千四百四十四兩五錢七分二厘。

一、除第十三册支發新疆南路喀什噶爾道屬各州縣供支邊防各營旗轉運軍裝及糧料、草、脚價并津貼、柴價等項新湘平銀四萬八千二百三兩五錢五分九厘。

一、除第十四册支發各州、縣聚練馬步團勇津貼、薪水、口糧、料草等項新湘平銀一萬三千五百四十八兩五錢六分。

以上一十四款，共計支發新湘平銀一百九十八萬六千三百四十四兩七錢七分六厘。

一、除撥發、撥解交新疆藩庫例支不敷、供支古城旗營經費、塔城同知驛站經費、添撥司庫及阿克蘇道庫例支不敷，計六款，共新湘平銀三十八萬九千兩。

查前項已於撥款册内開具細數，應由新疆藩司列收，分别請銷報存。

一、除撥發新疆及伊犁、塔爾巴哈臺等三處歲估善後經費計三款，共新湘平銀一十六萬四千兩。查前項已於撥款册内開具細數，應仍由新疆糧臺另册列收，分别支發善後各項款目，造報請銷。

以上二款，共計新湘平銀五十五萬三千兩。

一、除支發光緒二十五年防軍報銷款内開支不敷新湘平銀一十萬七千六百五十兩八錢九分七厘。查前項銀兩已由光緒二十六年新餉内支給。

統共開除新湘平銀二百六十四萬六千九百九十五兩六錢七分三厘，内除撥發、撥解新疆藩庫各款新湘平銀三十八萬九千兩，又撥發新疆及伊犁、塔爾巴哈臺善後經費銀一十六萬四千兩，仍由新疆糧臺另案造報，及支發二十五年銷款不敷銀一十萬七千六百五十兩八錢九分七厘，應歸上案核計外，其餘支銷款，内應請户部核銷馬步各營、旗、哨、開花炮隊餉項、薪水、薪糧、馬乾，料草、各衙門、臺局文武員弁薪水、稿書、經貼書、字職、工匠、護勇、長夫工食、紙張、油燭等項，押運員弁、跟役鹽菜、口糧、騾脚等款，共計新湘平銀一百八十萬六千四百二十二兩九錢六分。

應請兵部核銷開花炮隊車夫口糧、車騾料草、馬隊各營旗倒馬價值、轉運餉銀、軍裝、脚價、喀什噶爾邊防餉裝、食糧、料草、運脚等項，新餉平銀一十一萬九千一百四兩六錢三分六錢。

應請工部核銷采製軍裝、軍火、修整軍械、製造火藥等項價值，共計新湘平銀六萬八百一十七兩一錢八分。

實在：

一、截至光緒二十六年十二月底止，實不敷新湘平銀一十五萬八千五百九十三兩六錢二分九厘。查前兩項銀兩，係立待支付之款，已由解到二十七年新餉内暫行支給。

一、截至光緒二十六年十二月底止，各省關尚欠未解十五年新湘平銀四萬八千二百六十一兩四錢九厘，應俟解到，歸入下案，列收造報。

一、截至光緒二十六年十二月底止，尚欠發新疆馬步各營旗光緒十年以前病故弁勇存未領餉銀一十一萬四千一百八十五兩二錢八分六厘，應俟各故勇親屬請領至日，即由二十七年以後新餉内匀給。

一、欠收光緒二十六年分應分新餉新湘平銀五十二萬五千五百七十二兩六錢七分一厘，應俟收到，歸入下案，列收造報。

（硃批）：覽。[①]

○八五、請將胡義和開缺回籍就醫緣由摺

光緒三十年九月初一日（1904年10月9日）

甘肅新疆巡撫西林巴圖魯臣潘效蘇跪奏，爲副將因病呈請開去本缺，并交卸總兵署篆，以便回籍就醫，恭摺仰祈聖鑒事。

竊臣據署巴里坤鎮總兵莎車協副將霍羅奇巴圖魯胡義和呈稱：前在莎車協任内蒙前任撫臣饒應祺委署巴里坤鎮總兵，到任以來，矢慎矢勤，幸免貽誤。當此時局艱難，本應力圖報稱，無如早年從征打仗，在軍營染受潮濕，得患喘嗽等證，時發時愈。兼以巴里坤地方坐山面海，煙瘴寒氣甲於新疆，本年觸發舊疾，勢更增劇。若以孱病之軀久於戀棧，不獨邊地醫藥兩缺，不能專心調理，難望就痊，且恐有誤操防，負咎滋甚。惟有懇請開去莎車協副將本缺，并卸巴里坤總兵署篆，俾得回籍就醫，等情。呈請具奏前來。

臣查該員胡義和，壯年隨同湘軍轉戰各省，頗著勤勞，在新疆歷任各缺亦無貽誤，現因年力就衰，喘嗽時發，呈請回籍就醫，係屬實在情形。合無仰懇天恩俯准開去該員莎車協副將本缺，并令交卸巴里坤總兵署篆，以便回籍就醫之處，出自逾格鴻慈。

除將所遺各缺另行揀員分別奏請補署并咨部外，理合會同陝甘總督臣崧蕃、喀什噶爾提督臣焦大聚，恭摺具奏。伏乞皇太后、皇上聖鑒訓示。謹奏。光緒三十年九月初一日。

（硃批）：著照所請，兵部知道。[②]

光緒三十年十月初九日，奉硃批：著照所請，兵部知道。欽此。[③]

---

① 中國第一歷史檔案館藏：《清單》，檔號：03-6168-059。

② 中國第一歷史檔案館藏：《硃批原件》，檔號：04-01-16-0282-093。

③ 中國第一歷史檔案館藏：《軍機録副》，檔號：03-5962-131。

〇八六、請以吴首懷借補烏什協副將摺
光緒三十年九月初一日（1904年10月9日）

甘肅新疆巡撫西林巴圖魯臣潘效蘇跪奏，爲揀員借補副將要缺，以實營伍，恭摺仰祈聖鑒事。

竊照新疆阿克蘇鎮屬烏什協副將湯咏山，已奉諭旨補授阿克蘇鎮總兵。所遺副將員缺，亟應揀員請補。兹查有留新疆儘先補用提督借補撫標左營游擊納清額巴圖魯吴首懷，性情樸訥，智深勇沈，向隨湘軍轉戰陝西、甘肅、新疆等省，久歷戎行。光緒二十五年綏來回匪之變，該員帶隊剿賊，以少擊衆，踔厲無前，受傷不却，竄匪就殲，實賴該員奮往之力。現統練軍左翼馬隊，於訓練邊防，事事均能認真整頓，洵爲將領中不可多得之員，以之借補烏什協副將，銜缺既屬合例，人地亦極相宜。合無仰懇天恩俯准以該員吴首懷借補烏什協副將，實於營務、邊防大有裨益。如蒙俞允，并懇飭部先給劄付，俟防務大定，再行給咨送部引見，以符定制。

除飭取履歷清册咨部外，謹會同陝甘總督臣崧蕃、喀什噶爾提督臣焦大聚，恭摺具陳。伏乞皇太后、皇上聖鑒訓示。至所遺撫標左營游擊係屬題缺，新疆現有應補人員，應請由外另行揀員請補。合并聲明。謹奏。光緒三十年九月初一日。

（硃批）：兵部議奏。①

光緒三十年十月初九日，奉硃批：兵部議奏。欽此。②

〇八七、奏委易盛富等署理鎮將緣由片
光緒三十年九月初一日（1904年10月9日）

再，署巴里坤鎮總兵莎車協副將胡義和呈請開缺回籍，業經臣批准具奏在案。所遺巴里坤鎮總兵員缺，查有記名提督准補喀什噶爾回城協副將署哈密協副

---

① 中國第一歷史檔案館藏：《硃批原件》，檔號：04-01-16-0282-095。

② 中國第一歷史檔案館藏：《軍機録副》，檔號：03-5962-130。

將易盛富，謀猷素裕，勇敢超群，堪以署理。遞遺哈密協副將缺，查有記名總兵借補庫車營游擊現帶續備中營周陞朝，樸實耐勞，邊情熟悉，堪以署理。

除給委并咨部外，謹會同陝甘督臣崧蕃、喀什噶爾提督臣焦大聚，附片具陳。伏乞聖鑒訓示。謹奏。

（硃批）：兵部知道。①

光緒三十年十月初九日，奉硃批：兵部知道。欽此。②

○八八、奏委周開曙等署理同知員缺片

光緒三十年九月初一日（1904年10月9日）

再，英吉沙爾直隸同知王炳堃調省遺缺，業經奏委候補直隸州知州韓瑶光署理在案。該員久病不愈，未能赴任，應即另行委員接署，查有分缺間即補通判周開曙堪以委署。又，署葉城縣知縣楊方熾期滿遺缺，查有候補知縣王禮源堪以委署。據新疆布政使吴引孫、鎮迪道兼按察使銜李滋森會詳前來。

除由臣批飭分别給委外，謹會同陝甘總督臣崧蕃，附片具陳。伏乞聖鑒。謹奏。

（硃批）：吏部知道。③

光緒三十年十月初九日，奉硃批：吏部知道。欽此。④

【案】此奏片之具奏日期，硃批目録署“光緒三十年”，未確；而録副則以硃批日期爲之，亦未確。據此片硃批日期“光緒三十年十月初九日”，查《隨手檔》⑤“硃批潘效蘇摺”一欄，并署有“報四百里，九月初一日新疆發”等字樣。據此，此奏片具奏日期當爲“光緒三十年九月初一日”無疑。兹據校正。

---

① 中國第一歷史檔案館藏：《硃批原件》，檔號：04-01-16-0282-092。
② 中國第一歷史檔案館藏：《軍機録副》，檔號：03-5962-129。
③ 中國第一歷史檔案館藏：《硃批原件》，檔號：04-01-16-0282-094。
④ 中國第一歷史檔案館藏：《軍機録副》，檔號：03-5430-031。
⑤ 中國第一歷史檔案館藏：《軍機處隨手登記檔》，檔案編號：03-0319-2-1230-273。

○八九、請以徐績誠借補撫標中軍參將摺

光緒三十年九月十五日（1904年10月23日）

甘肅新疆巡撫西林巴圖魯臣潘效蘇跪奏，爲揀員請補參將要缺，以重操防，恭摺仰祈聖鑒事。

竊照新疆撫標中軍參將蔡義興，前在署精河參將任内病故，經臣附片奏明在案。所遺撫標中軍參將員缺，亟應揀員請補，以專責成。兹查有留新疆遇缺儘先推補副將庫爾喀喇烏蘇營游擊依博德恩巴圖魯徐積誠，樸實勇敢，心地光明，在新疆效力多年，邊情最爲熟悉；歷任參將、游擊、都司、守備各缺，於營務、操防均能認真整頓，實爲邊疆有用之才，以之借補撫標中軍參將員缺，銜缺既屬合例，人地亦極相宜，合無仰懇天恩俯准，以該員徐積誠借補撫標中軍參將，以專責成。如蒙俞允，并懇飭部先給劄付，俟防務大定，再行給咨送部引見，以符定制。

除飭取履歷清册咨部外，謹會同陝甘總督臣崧蕃、喀什噶爾提督臣焦大聚，恭摺具陳。伏乞皇太后、皇上聖鑒訓示。再，所遺庫爾勒喀喇烏蘇營游擊係屬題缺，應請由外揀員請補。合并陳明。謹奏。光緒三十年九月十五日。

（硃批）：兵部議奏。①

光緒三十年十月二十三日，奉硃批：兵部議奏。欽此。②

○九○、奏報新疆無力兼顧練兵餉需摺

光緒三十年九月十五日（1904年10月23日）

甘肅新疆巡撫西林巴圖魯臣潘效蘇跪奏，爲新疆籌款異常艱窘，實無餘力兼顧練兵餉需，恭摺瀝陳，仰祈聖鑒事。

---

① 中國第一歷史檔案館藏：《硃批原件》，檔號：04-01-16-0282-085。

② 中國第一歷史檔案館藏：《軍機録副》，檔號：03-5962-139。

竊臣承准軍機大臣字寄：光緒三十年五月二十八日，奉上諭：朕欽奉慈禧端佑康頤昭豫莊誠壽恭欽獻崇熙皇太后懿旨：自日俄開釁，中國勢處兩難，戰事定後，因應必多棘手。現在各省空虛，西北邊防尤關緊要，近畿一帶非有數枝勁旅，難期鞏固。上年特設練兵處，整齊軍制，惟練兵以籌餉爲先，數月來，叠經諭令各省通力合作，現雖陸續奏到，除安徽每年認解十萬，其餘各省不無敷衍。兹特將此次練兵之重密爲宣示，務須不分畛域，共濟艱難，以身作則，崇儉去奢，就各省財力，實心籌措。外銷之款，核實騰挪；中飽之數，從嚴厘剔。歸并局所，裁汰冗員，請提陋規，力除糜費，每年勻出的款若干，爲練兵之用等因。欽此。正飭司籌議間，復奉六月二十一日懿旨：前因時事方般，需款孔亟，曾密諭各督撫切實籌辦。現在庫藏空虛，内外同一支絀，然事勢迫切，練兵籌餉，實刻不容緩之時，無論如何爲難，總當先顧根本，應如何移緩就急，騰挪接濟，仍遵前旨一并速籌具奏等因。欽此。復行司核議去後。

臣維方今時局艱危，非寬籌的款，無以備急需而固根本。前准户部咨具奏籌餉十條，當與布政使再四籌商，因新疆財力支絀，籌措萬分爲難，是以未及隨時奏覆。兹復叠奉諭旨，飭令通力合作，共濟艱難。誥誡諄諄，仰見聖慈裕餉重兵之至意。臣受恩深重，何敢稍存膜視，不思上紓兩宫宵旰憂勞？無如新疆遠懸關外，土瘠民貧，通省財力每年賦税不過三十萬之譜，全恃各省關協餉接濟。歷年迭經核減，本屬有絀無盈。庚子以後，復多欠解，加以歲認賠款四十萬兩，入款頓減，出款頓增，竭蹶情形，實難言狀。反覆思維，有不能不爲我皇太后、皇上披瀝陳之者。

伏讀諭旨指示籌款之法，大要以騰挪外銷、厘剔中飽、歸并局所、裁汰冗員、請提陋規、力除靡費爲宗旨。查外銷一項，新省向無專款，凡遇事在必需而又爲定章所無者，向由善後項下撙節勻支，每歲至多不過數萬兩。近年因餉項支絀，外銷各款多已停支，其未停者皆係刻不容緩之項，挖肉醫瘡，已難爲繼。復思羅掘，計更將窮。此外銷之款無可騰挪者也。

中飽一項，無非指公家固有之利，而爲官吏所侵者而言。查公家之利，莫如糧税，凡此惟正之供，本不容屬員稍有侵蝕。第關外物用昂貴，較之内地迥殊，各該員廉俸公費，所入甚微，不能不借此盈餘以佐辦公之用，并非盡屬肥私。且新疆各税惟牲税一項收數較多，升任藩司趙爾巽前在藩司任内曾經飭屬報繳税餘以備公用，每年計已增銀二萬餘兩。臣到任後，因念邊氓生計維艱，復經嚴定徵收糧草章程，不准額外浮勒，是糧稅等弊均經切實厘剔。總之正項止有此數，則羨餘無幾，可想而知。縱令點滴歸公，杯水之微，所補亦屬有限。而事近搜刮，在謹廉者既絶無津貼，固非朝廷恤吏本懷。在不省者或轉向民間取盈，更恐得不償失；善理財者莫如唐臣劉晏然，其言曰：大國不可以小道理，凡所創制，必使人有餘潤，可知竭澤而漁，本非善策。此中飽之數難再厘剔者也。

新疆自戡定後，規模草創，原設局所本屬無多。改省後，所有善後、轉運、柴草等局概行裁撤，現在所存者僅止糧臺及軍裝、電報、税務、巡警、機器、通商、發審、牛痘等局數項而已。綜計各局開支經費，每歲不過數萬金，其中尚有由地方官兼辦及就地自行籌款者，實係裁無可裁。新省百端待理，近日舉行新政，應辦之事尤多，徒以款項難籌，不能不因陋就簡。若并此僅存之局所復議歸并，則外交、内政更有發弛之虞。此無局所之可歸并者也。

新省幅員周二萬里，此之各行省地方，實加數倍。舊制治民之官少，治兵之官多，是以議建行省。前撫臣劉錦棠所定官制已較前督臣左宗棠原議減少甚多。上年前撫臣饒應祺尚因各府、廳、州、縣轄境太寬，難於兼顧，不得已奏請增改。現計通省道、府、同、通、州、縣僅止四十餘缺，佐職不滿五十員。就地而論，設官尚嫌其少。惟邊地文教未興，教職之事尚簡，然僅止五缺，且新設三缺仍係虛懸，并未揀員補署。此無冗員之可裁汰者也。

至於陋規，在内地各省日久相沿，或所不免。新疆設省未久，且歷任撫臣皆能以廉正率屬，官場習氣沾染未深，向無一切規費名目。臣到任後，復經迭加申儆，總期上下弊絶風清，漸收大法小廉之效，現在實無陋規可提。

至於糜費，新省入款既少，則出款之糜費自屬無多。查虛糜之弊，自來論者多以兵餉爲中國一大漏卮。新疆邊防緊要，兵力本宜稍厚，餉需本宜稍優，衹以帑項艱難，迭經各前任酌量裁減，營則改防爲標，餉則改行爲坐，已屬力求撙節。臣到任後，因餉數積欠過鉅，且慮協款難恃，不能不豫策久長，復經汰弱留强，并擬改練土著，興辦屯牧，均先後奏明有案。惟舊勇積存之款即須清理，新兵屯牧之費又須兼籌，兩者并營，動形棘手，欲炊無米，焦灼徒深。此外實無糜費可節。

惟是時至今日，實非臣子可以空言敷衍之時，縱使一無籌措，何敢再蹈因循。現就户部議奏籌餉十條切實妥籌，除清厘兩淮額鹽，整頓兩浙鹽務，酌辦加丁加閏引額課款，核提漕務閑款，清查沙田、沙洲地畝，暫停不急工程六條均與新省無涉外，其嚴核錢糧一條，部臣所指各弊，在内地各省或難盡無，新省改設郡縣日淺，官吏各顧考成，因緣爲奸者尚少。原定額徵錢糧并無隱漏，即新墾地畝亦經前任撫臣查明奏報，定限升科，間有逃亡之户，皆由地方官隨時招民頂種，實無以熟作荒、以完作欠情弊。

上年，前撫臣饒應祺因認攤賠款無出，復經奏請照甘肅章程加徵耗羨。本年，臣又請將徵收錢糧定爲年清年款，免辦比較。是新省錢糧清厘尚屬核實，惟關外土廣人稀，且亂後元氣未復，渠道失修，未墾荒地實尚不少，業已飭屬清查，擬撥爲裁練世襲兵屯地。現據各屬陸續查覆，應俟兵額挑齊，地畝撥定，再行匯報，總期荒蕪漸開，以裕利源。

又，酌提雜税一條，查新疆地宜畜牧，本省出産惟牲畜尚屬大宗，應完税課向由地方官徵收，已經升任藩司趙爾巽飭令報繳盈餘，現在似可毋庸再定章程，另行委員徵收，致涉紛擾，轉滋糜費。惟新疆認攤賠款過鉅，前項税餘應請免其提解，藉資挹注。

又，嚴查鹽厘一條，部臣以新疆鹽厘向無報部專案，若仿照吉林辦法將鹽税提出徵收，當可湊成鉅款，係爲整頓鹾政起見。查新省地多斥鹵，到處産鹽，居民隨地可以取食，并無富商大賈販運銷售，是以向未榷厘。惟精河、迪化兩處各有鹽池，經官就地徵税，亦係零星馱運，獲利甚微，故每年祇能收銀三四千兩。前請開辦百貨，華税作抵賠款，鹽税即在其内。吉林税鹽章程，新省無案可考，且各處情形互異，仍須因地制宜，似可毋屬仿辦。至前項鹽税雖歸税局匯報，本係另款列明，仍當飭令該局督飭經徵之員，儘徵儘解，分晰造報，以昭核實。

又，變通土藥税厘一條，部臣擬由官籌款設局，收買轉銷，或招商股，設立公司，總收分售，係爲嚴杜偷漏起見。查新疆雖産土藥，惟南路纏民以煙爲禁，向無栽種罌粟之人。北路間有漢民種植，因銷路不寬，出産亦不甚旺，故每年收税無多。兹若由官設局，或招商設立公司收銷，不獨公中現無閑款可籌，關外商股難集，且銷場易滯，出數難知，辦理實多窒礙。至新疆土藥本係由出産地方徵税，按畝可稽，非同商販可以繞越偷漏。臣上年因恐地方官收多報少，復委員會同切實清查，不准稍有隱匿，以期寓禁於徵，應請仍照舊章辦理，儘數報解，准其留於新疆備用。

抑臣更有進者，新疆遠處極邊，强鄰緊逼，從前餉項充裕，且有封存之款可備緩急，故二十餘年得以藉紓西顧之憂。今則庫儲提撥已盡，餉源日窘，積欠未清，加以賠款數鉅難籌，伊犁、塔城亦因協餉不繼，尚須設法接濟。臣處此山窮水盡之時，自愧術乏點金，不能稍竭涓埃以濟君父之急，寢饋實有難安。然厲害兼權，實不敢遷就目前，轉滋貽誤。惟有籲懇聖恩俯鑒西陲窘迫，迥異曩時，免其籌撥此次練兵餉需，俾得從容措置，邊計幸甚，大局幸甚。

所有新疆籌款異常艱窘，力難兼顧練兵餉需各緣由，理合恭摺瀝陳。伏乞皇太后、皇上聖鑒訓示。謹奏。光緒三十年九月十五日。

（硃批）：練兵處、户部知道。[①]

光緒三十年十月二十三日，奉硃批：練兵處、户部知道。欽此。[②]

【案】光緒二十八年七月初二日，新疆巡撫饒應祺奏請增改州縣緣由，曰：

頭品頂戴陝甘總督臣崧蕃、甘肅新疆巡撫臣饒應祺跪奏，爲新疆幅員遼闊，開省十八年，地闢民繁，原設地方官太少，遠轄難周，擬請增改廳、州、縣，并升三直隸州爲府，以資治理，合詞奏懇，仰祈聖鑒事。

竊維綏邊置吏，因地以制宜；增治建官，隨時而盡善。新疆爲古西域三十六國，周迴二萬餘里。前任督臣左宗棠於光緒四年克復全疆後，奏請改建行省，擬設郡縣頗多；督臣譚鍾麟以地方新復，議暫於南路喀什噶爾、阿克蘇兩處各設巡道，七城各設一官。復經撫臣劉錦棠通籌全局，會商具奏，於東四城設喀喇沙爾直隸廳、温宿直隸州轄拜城縣、庫車直隸廳、烏什直隸廳，西四城設疏勒直隸州轄疏附縣、英吉沙爾廳、莎車直隸州轄葉城縣、和闐直隸州轄于闐縣、瑪喇巴什廳。南八城建置既定，始建省治於迪化城。十一年，簡放劉錦棠爲甘肅新疆巡撫，調甘肅布政使魏光燾爲新疆布政使，原設鎮迪道加按察使銜，兼管全疆刑名、驛傳事務；奏請升迪化直隸州爲迪化府，添設迪化縣爲附郭首縣，餘仍舊。又升伊犁廳爲伊犁府，增綏定、寧遠兩縣，添設庫爾喀喇烏蘇直隸廳、精河直隸廳，升塔城通判爲直隸廳同知，裁霍爾果斯巡檢，改設分防通判。計通省四道、二府、十一廳、四直隸州、十一縣。

其時種民多未復業，地曠人稀，所設地方官足資控制。迄今已十有八年，土、客回、纏，生齒日衆，邊境安謐，歲事屢豐，關内漢回攜眷來新就食承墾、

① 中國第一歷史檔案館藏：《硃批原件》，檔號：04-01-01-1068-039。
② 中國第一歷史檔案館藏：《軍機録副》，檔號：03-6168-061。

傭工經商者，絡繹不絶，土地開闢，户口日繁，而原設一州縣所轄或千餘里、數百里，撫字催科，遠難親到，不得不分派司事，并用鄉約、回目以助之。而弊端歧出，良懦之民多受其魚肉，狡詐之民動肆其刁强。牧令疏於防範，率多撤任，遇有命盜案件呈報，勘驗往來，動經彌月，傷形腐變，凶犯遠颺，辦理實多爲難。且府少而直隸廳州較多，升調鼓舞之術有時而窮，表率督察之權亦欠專重。揆之今日形勢，非增設廳縣、升設郡守，不足以宏（弘）治化而安邊氓。

查喀什噶爾道屬無知府，惟三直隸州，而疏勒州爲道首轄，廣延一千一百餘里，徵糧一萬八千餘石，地富民繁，五方雜處，極邊重要，擬請改升爲府，名曰疏勒府。原轄疏附縣徵糧一萬九千餘石，兩處轄境均寬，訟獄、錢糧多難兼顧。查有距府八十里之排素巴特，當東路之衝，居民繁庶，歷駐防營彈壓，不如添設縣治，劃附近罕愛里克大莊轄之。增設一縣，其地屬唐伽師城，擬名曰伽師縣。莎車直隸州袤延一千一百餘里，地廣而腴，近年新墾三十餘萬畝，爲通省之最。英商麕集，交涉尤繁，擬請改升爲府，名曰莎車府。所轄葉城縣，地亦膏腴且廣，應劃府之坡斯坎，再益以縣北之一肯蘇各莊，增設一縣，其水爲澤勒普善河，擬名曰澤普縣。又莎車西南七百四十里之色勒庫爾爲坎巨提，出入要路，西逾阿克塔什，又與英、俄接壤，年來駐扎防營，當多交涉，采運糧草，開墾地畝，必需得人經理，擬請設分防通判，地爲故蒲犁國，擬名曰蒲犁通判。和闐直隸州廣延一千八百里，徵糧二萬五千餘石、銀一千四百餘兩。轄縣于闐，徵糧八千三百餘石、銀九千八百九十餘兩。距縣四百里之洛浦莊，地廣民强，擬劃兩屬地糧，增設一縣，名曰洛浦縣。瑪喇巴什直隸廳水利通判廣延八百里，徵糧九百石、銀一千三百餘兩，時與疏勒有争水、争界之事，擬請改廳爲知州，歸疏勒府管轄，庶無畛域之分，地爲古巴爾楚，名曰巴楚州。此擬西四城增設大略也。

阿克蘇道屬温宿直隸州廣延一千五十里，徵糧一萬九百九十餘石、銀六千八百餘兩，地腴民富，南疆要衝，擬請升爲府，曰温宿府。舊城巡檢距府二十餘里，巡檢職卑，難資管轄，擬請升爲縣，曰温宿縣。距縣四百八十里之柯爾坪，地遠民頑，擬請增設分防縣丞，曰柯坪縣丞一員以資佐理。焉耆府南六百三十里布告爾分防巡檢，地廣民多，詞訟、錢糧向由該巡檢就近代理，不如分設一縣以專責成；其地爲古輪臺，擬名曰輪臺縣。新平縣轄境二千餘里，光緒二十四年，臣以羅布淖爾撫輯纏回均已歸化安插，甘回亦已就緒，奏請改設一縣以資撫綏。近因升署該府現任阿克蘇道江遇璞與現署該府劉嘉德設法開通溝渠，招民屯墾，業已水利暢行，足蔭地數十萬畝。該縣令草創經營，近且不遑，難再遠及。距縣十餘站之卡克里克分防縣丞，地小而腴，轄境甚遠，東接敦煌，南通于闐，爲邊隅衝要之區，擬請升爲縣，以便專意開墾地方，經理民事。其地爲古婼羌國，即名曰婼羌縣。庫車直隸廳廣延八百里，徵糧一萬餘石、銀五千五百餘兩，土性沃饒，轄境遼闊，擬請改爲州，曰庫車直隸州。州南一百八十里之沙雅爾，民風强健，地僻而寬，先年開辦善後，本爲庫車分局，不可無官鎮攝，擬請添設一縣，名曰沙雅縣，仍歸庫車轄。此擬東四城增設大略也。

至於北路原設廳縣尚多，惟迪化府阜康縣屬濟木薩縣丞距縣二百五十里，土地膏腴，錢糧、户口較阜康爲多，未使末大於本，擬請升爲縣；其底驛爲孚遠，即名曰孚遠縣。吐魯番直隸廳同知廣袤六百餘里，徵糧一萬七千餘石、銀二千一百餘兩。距廳二百四十里之闢展巡檢，轄境甚遠，物産頗饒，爲東南路衝要，擬請分劃地糧，改升爲縣。地爲古鄯善國，即名曰鄯善縣，仍歸廳轄。濟木薩縣丞既升爲縣，昌吉所屬之呼圖壁巡檢向收錢糧，應改爲縣丞，以便升調。

以上計擬升設三府，改一直隸州、一州增一通判、九縣、兩縣丞，并各縣擬增設一典史。如此分地而理，庶民事可就近經理，地利可逐漸墾興，邊防亦益增嚴密矣。升設之知府，即仿照焉耆府例，仍舊徵收錢糧，管理訟獄，即以該直隸州舊有之養廉移爲知府養廉。直隸廳改直隸州知州亦然。其缺均優，原准公費悉行裁減。增設，分設之縣，即以該州縣原有之公費移作養廉。所升三府之州吏目，即改爲府經歷。改直隸州之庫車照磨，改州之瑪喇巴什廳照磨，均改爲州吏目。其餘有應添廉俸及縣丞、典史俸薪、書役工食、修理衙署、倉厫、監獄經費，擬仿照内地經徵錢糧例，加收耗羨，酌留動支。升增各州縣皆舊有驛站，不過酌增數處，不須多添驛費，均暫由善後項下開支，不另請款。除原有防營照舊駐防外，其無防營者，由就近防營撥駐，亦毋再添防兵。此皆亟應變置之事，就地可以籌辦。

臣應祺自光緒十五年出塞宣藩，察看地勢、民情，即擬變通辦理，而未敢操切圖功。歷經十四年，悉心考察，欲圖長治久安之策，實無逾此，亦何敢苟且遷延因循以廢吏治？與臣蕃再三往復函電相商，臣蕃查從前設官甚少，係因地曠人稀，現在人稠地闢，政務殷繁，委屬鞭長難及，增設邊縣實爲良圖，亟應詳議入告，於吏事、邊事均有裨益。所有酌擬增設郡縣情形，玆據甘肅新疆布、按兩司會議請奏前來。

謹會同伊犁將軍臣長庚、署喀什噶爾提督臣谷振傑，合詞恭摺具奏。是否有當？仰懇天恩俯念邊疆重要，地多官少，飭部議准照辦。如蒙俞允，即請飭鑄各、府、廳、州、縣印信，并補刊焉耆府、新平縣印信，派員祗領，頒發啓用，以昭信守。

至各府、廳、州、縣如何劃分地界、匀撥錢糧及各應作何項缺分與一切未盡事宜，容俟奉准部覆後，再行陸續分别奏陳。伏乞皇太后、皇上聖鑒訓示。遵行。再，此摺係臣應祺主稿。合并聲明。謹奏。光緒二十八年七月初二日。[①]

【案】光緒二十八年七月十四日，新疆巡撫饒應祺奏請加徵耗羡，得允行。曰：

甘肅新疆巡撫臣饒應祺跪奏，爲新疆現擬仿照内省錢糧加收耗羡，以資撥發而使騰挪凑補賠款，恭摺具陳，仰祈聖鑒事。

竊維新疆地屬邊荒，向稱瘠苦，一切餉項全恃各省關協解接濟。自海防多故，頻經裁減，已屬不敷支發。前年新定賠款，新疆攤銀四十萬兩，數鉅期迫，由協餉撥還，愈形艱窘。新疆既無財源可開，而邊民生計無多。臣仰體聖朝子惠元元至德，俯念窮邊景況，不敢操切稍事苛派，慎重圖維，百慮千思，實無一策可得鉅款。而要需難緩，又不得不搜羅凑集，稍事補苴。

查例載：各直省額徵耗羡銀兩，隨地糧編徵，甘肅每銀一兩，收耗羡銀一錢五分；每糧一石，每耗羡糧一斗五升。耗銀歸公，開支各官廉俸；耗糧或開支估撥兵糧、運脚，或隨同正糧統收撥用。各省情形不同，要皆於奏銷案内作正造報。新疆兵燹後，檔案蕩然，無從稽考。迨議設行省，始分别酌定糧額，奏咨立案。其耗羡一項，迄未議及。新省一切正、雜支款，本賴協餉通融，是以司庫例支不敷銀兩，有由新餉項下歲撥三十萬一款。現值歲攤賠款，由協餉抵除，入款益形短絀，不得不勉爲籌措，稍資挹注。

惟此例徵耗羡計每徵銀一兩，隨徵耗羡銀一錢五分；徵糧一石，隨徵耗羡糧一斗五升。新疆南北兩路糧價恒多參差，此項耗羡既爲開支公用而設，與其隨時變價未能一致，弊混易滋，不如逕收銀兩較爲直捷。核計新疆通省額徵本色糧二十一萬七千九百二十一石零，額徵折色銀五萬一千七百六十兩零，折色草五千七百兩零。統按一五加耗，歲可增銀四萬一千餘兩，即解司庫爲文職養廉、

---

① 臺北“故宫博物院”藏：《軍機及宫中檔》，文獻編號：408006436。

公費之用，年終隨同正項銀糧造報。此後凡有新墾地畝升科銀糧，統照此例徵耗。而新餉項下歲撥司庫例支不敷銀兩一項，即可照數減撥，騰出以補賠款之不足。據署布政使李滋森、兼按察使衡鎮迪道慶秀會詳請奏前來。

臣覆加察核，所籌辦法仿照内省，與例相符，嚴杜中飽，亦不至於病民。新疆别無款項可籌，合無仰懇天恩俯准，仿照内省錢糧加收耗羨銀兩，以資湊補賠款，不無稍裨。如蒙俞允，擬請自光緒二十九年起一律徵收報解。是否有當？謹會同陝甘總督臣崧蕃恭摺具陳。伏乞皇太后、皇上聖鑒訓示。謹奏。光绪二十八年七月十四日。[①]

〇九一、請將滿營原撥地畝奏案撤銷摺

光緒三十年九月十五日（1904年10月23日）

甘肅新疆巡撫西林巴圖魯臣潘效蘇跪奏，爲覆陳古城滿營原撥地畝已經民墾，匀給兵丁耕種，實多窒礙，籲懇特恩准將原撥奏案撤銷，以免擾累，恭摺仰祈聖鑒事。

竊臣前據古城城守尉以古城滿營原撥地畝官兵差操緊要，不能兼顧懇種，呈由臣奏請將原撥奏案撤銷，奉硃批：户部議奏，欽此。旋經户部議覆，應仍責成城守尉將原撥地畝匀給兵丁耕種，妥定章程，認真屯墾等因。於光緒二十九年十一月二十九日具奏，奉旨：依議，欽此。欽遵咨行到新，當即轉飭古城城守尉遵辦去後。

兹據該城守尉雙林覆稱：伏查部議，古城滿營原撥地畝仍應匀給兵丁耕種，實於講武之中，兼寓務農之意。其所以爲該官兵謀生計策久長者，至周且切。當此時局艱難，新疆各路標營尚擬改練土著，興辦屯牧，况滿營官兵丁本係朝廷世僕，既經撥有地畝，豈敢任其惡勞就逸，反不督飭實力屯墾，以期成效漸收。惟體察情形，權度事勢，實有窒礙難行者。查古城滿營兵燹之後，靡有孑遺，現存兵額七百餘名，多係由新疆各城遷并，鋒鏑餘生，情殊困苦。撥地之初，因人

① 臺北“故宫博物院”藏：《軍機及宫中檔》，文獻編號：408006441。

力、經費兩絀，未及屯墾，故兩次奏請展緩，均蒙俞允。是該兵等種地爲難，情形早在聖明洞鑒之中。今若責令屯墾，不惟耕作之事素所未習，斷難服事田疇，且農家作苦，必須田廬相依。該兵丁等駐防滿城，所撥地畝均離城數十百里不等，相距窵遠，尤難兼顧。此窒礙難行者一也。

查《新疆識略》内載：嘉慶九年，前伊犁將軍松筠奏請分給八旗滿洲田畝，欽奉諭旨分給地畝，係旗人生計起見。惟新疆重地武備最爲緊要，祇可專交閑散餘丁代爲耕作，不當令官兵親身力作等因，欽此。古城地處衝途，形勢扼要，五方雜處，人類不齊，彈壓迅防，均關緊要。兵丁既須種地，即難保其不誤差操，若令閒散餘丁代耕，則自遷并成營僅止十餘丁口，除挑補兵額外，餘丁無幾，且多老弱，難堪修養，尚恐未暇，何暇責其力田？此窒礙難行者二也。

所撥東灣、中渠、大坂、河西岔地等處地畝，向有户名耕種。前任撫臣劉錦棠原奏，因户民尚少，本擬遷徙撥歸滿營。嗣因滿營未及往耕，不獨舊有之民未遷，且有陸續新增之户，現在地多墾熟，業經奇臺縣具報升科納糧，永爲定額。現若勻給兵丁，則户民必須遷徙，事近紛擾，不免有拂輿情。此窒礙難行者三也。

滿營官兵歲需糧料，雖須動撥正供，然前項地畝既經升科徵糧，仍可以之抵補，實於國賦無損。若歸兵丁屯墾，則原有額徵糧石既須開除，而修渠、蓋房以及牛具、籽種一切屯本經費，均不能不由公中籌撥，將來成效尚難預期，轉恐所得不償所失。此窒礙難行者四也。

有此數難，與其徒託空言，有名無實，不如仍請將原撥地畝奏案撤銷，無於兵民生計兩有裨益，等情。呈請奏咨前來。

臣覆查屬實，合無仰懇天恩俯准將古城滿營原撥地畝奏案撤銷，免其勻給兵丁墾種，以免擾累之處，出自逾格鴻施。除咨部外，謹會同伊犁將軍臣馬亮、陜甘總督臣崧蕃，恭摺具陳。伏乞皇太后、皇上聖鑒訓示。謹奏。光緒三十年九月十五日。

（硃批）：著照所請，户部知道，片并發。①

光緒三十年十月二十三日，奉硃批：户部知道，片并發。欽此。②

---

① 中國第一歷史檔案館藏：《硃批原件》，檔號：04-01-22-0066-153。

② 中國第一歷史檔案館藏：《軍機録副》，檔號：03-6733-016。

○九二、奏委忠賜護理古城佐領員缺摺

光緒三十年九月十五日（1904年10月23日）

再，臣據古城城守尉雙林呈稱：鑲白正藍旗佐領哈隆阿身得勞傷，醫藥罔效，於光緒三十年七月二十九日病故，等情。臣覆查無異，相應奏請開缺，另行揀員請補。其所遺鑲白正藍旗佐領員缺，兹查有鑲紅鑲藍旗防禦世襲雲騎尉忠賜，堪以護理。遞遺防禦員缺，查有正黄正紅旗驍騎校世襲恩騎尉有世，堪以護理。遞遺驍騎校員缺，查有右翼蒙古旗降二級調用佐領候補驍騎校都成額，堪以護理。

除分别給委并咨部外，謹會同伊犁將軍臣馬亮、陜甘總督臣崧蕃，附片具奏。伏乞聖鑒。謹奏。光緒三十年九月十五日。

（硃批）：兵部知道。①

光緒三十年十月二十三日，奉硃批：兵部知道。欽此。②

○九三、請照原案支給滿營官兵糧料片

光緒三十年九月十五日（1904年10月23日）

再，臣前因近年糧價昂貴，滿營官兵歲需糧料照章每年支領一季本色、三季折色，采買爲難，奏請按三季本色、一季折色支給，以恤兵艱，欽奉硃批：户部知道。欽此。旋經户部議覆，以古城原撥地畝應責成該兵丁等屯墾，將糧料遞年扣减，所請將官兵歲需糧料按三季本色、一季折色支給之處，應毋庸議等因。於光緒三十年二月十三日具奏，奉旨：依議。欽此。遵照咨行到新臣。

查古城原撥地畝，現在既經臣覆陳，籲懇特恩准其撤銷，所有該官兵等歲需糧料，自應一并奏請仍按三季本色、一季折色支給，以示體恤。如蒙俞允，再由臣分别飭知仍照原奏，將每年春、夏、冬三季應需本色京斗糧料一萬四千九百一十三

---

① 中國第一歷史檔案館藏：《硃批原件》，檔號：04-01-16-0282-086。

② 中國第一歷史檔案館藏：《軍機録副》，檔號：03-5962-140。

石三斗六升八合八勺五抄，在於孚遠縣撥糧四千石，阜康縣撥糧二千石，昌吉縣撥糧二千石，呼圖壁縣丞撥糧一千石，均照伊犁滿營章程，每糧一石，每百里加給脚糧七升五合，按上下色各半折支。其餘不敷糧五千九百一十三石三斗六升合八勺五抄，概由奇臺縣就近撥給。

除咨部外，謹會同伊犁將軍臣馬亮、陝甘總督臣崧蕃，附片具奏。伏乞聖鑒，飭部立案。謹奏。

（硃批）：覽。[①]

光緒三十年十月二十三日，奉硃批：覽。欽此。[②]

○九四、奏爲遵旨會議籌防事宜摺

光緒三十年九月二十一日（1904年10月29日）

兵部侍郎甘肅新疆巡撫臣潘效蘇、頭品頂戴伊犁將軍臣馬亮、駐塔爾巴哈臺伊犁副都統臣春滿跪奏，爲遵旨會議具奏事。

竊臣等承准軍機大臣字寄：光緒三十年四月二十四日，奉上諭：瑞洵[③]奏，邊備宜嚴，請加意布置一摺。西北一帶，毗連俄界，自應嚴密防維，慎固封守。現在確守局外中立之例，尤當加意彈壓，不涉張皇，務令一切照常相安，毋滋口實。兹據瑞洵所奏各節，著馬亮、春滿、潘效蘇會商，悉心統籌，妥議具奏。將此各諭令知之。欽此。遵旨寄信前來。等因。承准此，臣等正咨商間，適准瑞洵咨稱，該大臣前因科布多轄境綿遠，迤北一帶處處與俄接壤，蒙、哈雜處，守衛

① 中國第一歷史檔案館藏：《硃批原件》，檔號：04-01-01-1068-038。

② 中國第一歷史檔案館藏：《軍機録副》，檔號：03-6053-067。

③ 瑞洵（1858—1936），字信夫，號景蘇、井蘇，又號坦園，博爾濟吉特氏，滿洲正黄旗人，光緒元年（1875），中舉人，充户部筆帖式。九年（1883），赴劉錦棠軍營差委。十二年（1886），中式進士，改庶吉士。十六年（1890），授翰林院編修，旋補右中允。二十年（1894），充國子監司業。二十三年（1897），升翰林院侍講學士。同年，充順天鄉試同考官，歷翰林院侍讀學士、日講起居注官、功臣館滿總纂、功臣館纂修、國史館協修、會典館漢文總校、會典館詳校、大學堂文案處總辦。二十五年（1899），擢科布多參贊大臣，兼伊犁副都統，加總理各國事務大臣銜。二十九年（1903），派辦阿爾臺山安輯事宜。後解職。晚年潛心修佛。民國二十五年（1936），卒。有《犬羊集》、《犬羊續集》、《散木居奏稿》等著述行世。

空虚，儻有事端，無法彈壓，必至不能相安，滋人口實。抑或外兵闌入，無從禁阻，均爲有背中立之條，必須預事綢繆，稍厚兵力，俾知早有戒備，方足以杜窺伺，是必無實力充足，却有以自立而後可保中立。事關大局，詎容稍涉懈馳！爰將所屬昌吉斯臺、瑪尼圖嘎圖幹等八卡趕緊加派蒙兵，扼要川駐，遵旨加意嚴防，以期慎固封守。惟倉卒集事，經費無著，不得已竭蹶經營，摒擋挪湊，計員弁兵丁薪公、口分、軍火、氈房等項，月已需銀五千餘兩，自二月初一日起支，仍先借貸墊辦，一面專摺馳奏，請部接濟。此本自陳科防辦法，并非條奏鄰省防務。兹奉寄諭，仰見朝廷慎重邊要至意，欽佩難名。

至防勒臺防費，原爲接收以後、未經派員以前暫支一時之需要，當時以地尚未收，款亦無從再措，尚在候旨遵行，今該處已特簡大員駐辦，該大臣復經電奏，應俟錫恒到彼，竟行管理科城，毋庸再辦接收。其防費自應由錫恒查照長庚原奏，歸於全案估請。惟錫恒到任需時，究當如何辦理，因由臣等通籌妥議覆奏等因。咨行前來。

臣等覆查瑞洵原奏，本係自陳科防辦法，因地制宜。臣等均相距寫遠，勢難懸揣代謀，況現在已欽奉特旨簡派錫恒駐扎該處，相機因應。即瑞洵所奏各節，將來錫恒到彼，亦難無免更章。若再由臣等參議其間，轉恐謀夫孔多，事無專責，擬懇天恩飭令錫恒[①]到任後，會同瑞洵和衷商辦，以一事權而重邊寄。所有遵旨會議緣由，是否有當？謹合詞恭摺具陳。伏乞皇太后、皇上聖鑒訓示。再此摺係臣馬亮主稿。合并陳明。謹奏。光緒三十年九月二十一日。

欽命新疆甘肅巡撫部院潘效蘇，欽命總統伊犁等處將軍馬亮，欽命接辦塔爾巴哈臺參贊大臣事務伊犁副都統春滿。

（硃批）：俟錫恒到任後，仍著會商妥籌辦理，片并發。[②]

光緒三十年十一月十一日奉硃批：俟錫恒到任後，仍著會商妥籌辦理，片并

① 錫恒（1857—1910），字遠齋，内務府漢軍鑲黄旗人，貢生。光緒二年（1876），由議叙筆帖式充堂筆帖式。七年（1881），加委護軍參領銜。十年（1884），保員外郎。十二年（1886），升補員外郎。十三年（1887），考署奏事官。十五年（1889），賞戴花翎。十六年（1890），實授奏事官。十七年（1891），題升郎中，仍充奏事官。二十年（1894），晉四品銜。二十五年（1899），京察一等。二十六年（1900），放直隸承德府知府。三十年（1904），擢科布多辦事大臣。宣統二年（1910），署塔爾巴哈臺參贊大臣。同年，卒於任。

② 臺北“故宫博物院”藏：《軍機及宫中檔》，文獻編號：408004152。

發。欽此。[①]

【案】光緒三十年三月二十一日，科布多參贊大臣瑞洵具奏曰：

奴才瑞洵跪奏，爲俄情叵測，邊備宜嚴，遵旨加意布置，情形緊要，辦理竭蹶，懇飭户部速籌接濟，撥給庫款，俾重邊要而免疏虞，繕摺馳陳，仰祈聖鑒事。

竊奴才於光緒三十年正月十六日接奉諭旨：現在日俄兩國失和，非與中國開釁，京外各處地方均應照常安堵。本日業經明降諭旨，按照局外中立之例辦理。所有各省及沿邊各地方，著該將軍、督撫等加意嚴防，慎固封守，凡有通商口岸及各國人民財産、教堂，一體認真保護，隨時防範等因。欽此。并先後准外務部密電，以西北一帶處處毗連俄界，俄人往來境内，蒙漢錯雜，恐滋事端，應嚴密防維，隨時稽查彈壓，務令照常相安，勿稍生事，總期邊界靖謐，毋使外人乘機藉口，致生他變，是爲至要。又，各省及沿邊内外蒙古，均按照局外中立例辦理，兩國兵隊勿少侵越。儻闌入疆内，中國自當攔阻，各等因。

奴才於未經奉旨之先查閲中外報章，知日俄相持甚急，勢將交綏，盱衡時局，控揣鄰交，實已默籌防範。及恭奉諭旨，奴才已在行次，隨經飛咨幫辦英秀，轉飭蒙古各旗盟長、札薩克散秩大臣、總管及哈薩克頭目、總管等，各飭所屬，凡遇外人前來，無論經商、游歷，務須照常相待，加意保護，毋稍滋事，并嚴札各卡倫侍衛，督率卡兵，密事巡邏，勿得稍露張皇、傳駭眾聽，以冀稍紓朝廷北顧之憂，勉副部臣綏邊至計，顧無米之炊，巧婦所難；空拳徒張，志士所慨。現有迫不待請業已舉辦及必須舉辦，應請敕下部臣速籌的款接濟者，擇其要端，敬爲皇太后、皇上覼縷陳之。

科布多轄境，自昌吉斯臺至瑪呢圖噶圖勒幹八卡倫，及兼管烏里雅蘇臺之索果克罕、達蓋圖等十六卡倫，統計與俄接壤不下三千餘里，沿邊苦寒，蒙部相率内徙，每卡倫守兵不過四十名，少止十名，此外絶鮮人踪。轉視彼界，則隨在屯防，設備整嚴，疏密相形，大相懸絶，况彼在我各游牧内收販駝絨、羊毛以營生者，踵趾相錯。其於我之虚實久已瞭若指掌，至纖至悉。藩籬薄弱，易啓戎心，儻有數十騎托故涉境，我即無方阻禁。凡此情形，聖慈明燭萬里，無待喋陳。惟强鄰逼處，邊境綿延，彼則窺伺已深，我是鞭長莫及。徹桑之計，何可再涉緩

---

① 中國第一歷史檔案館藏：《軍機録副》，檔號：03-6039-020。

圖。不得已將科布多所管八卡倫每各添派蒙兵馬隊一百五十名，扼要填扎，密加巡防，以杜侵軼。明知械敝兵單，難當大敵，要未便視若無睹，不備不虞，約計月需員弁兵丁薪公、口分、軍火、氈房等項，每月已需銀五千餘兩。此不得不勞部臣力籌接濟者也。

阿勒臺山、額爾齊斯河，凡山之陰面、水之下游，悉爲俄境。其地土脉衍沃，水草豐饒，材木、魚鹽甲於西北諸部，久爲彼族所歆羡。現在貿易往來業已走成熟路，河内時有小輪游弋。前年，俄人在克色勒烏雍克地方，潛來燒房割草，派隊駐扎。上年復來度地建房，并擬築城，雖經行文派員詰阻，暫允停工待勘。究其大欲，有加無已。彼國之齊桑斯克距阿勒臺之哈巴河僅百數十里。其斜米省距齊桑亦止七日程，形勢岌岌，萬不容再有袖視。現在促辦交收，且議設官分治，刻已咨商會奏。山河襟帶，自宜羅設大防，徐圖整理。然當接收以後、未經設官以前，何可不謀暫時防守之策？儻仍稍存得過且過之心，互相推諉，必有如長庚所言“恐一置之度外，後將補救無及”者。現擬酌委文武人員，權令暫駐該處，管理蒙哈及營務、交涉事宜。此次即由新疆招練壯勇二百名，遴員管帶，擇要屯扎，少張聲勢，以待後圖，庶不致留此大竅大却，致生覬覦。計采購馬匹、槍枝、藥彈，計需銀一萬八千餘兩。其營務、文案、營哨各員弁薪水、辦公經費、勇丁口糧、製辦氈房、操衣、鞾袴等項，每月約需銀二千餘兩，此更不得不勞部臣力籌接濟者也。

以上兩端，一爲現今阻截設謀，一爲將來布置張本，要皆盡我修備之實，以禦外侮，不爲敷衍，不尚鋪張。本屬邊方應辦之事，即日俄未嘗開釁，亦應及早舉行。今則時異事殊，稍縱即逝，更不能再事稽緩。説者謂北路邊防相安已久，或無意外之虞，不知自同治八年分界，將阿勒臺山西北數千里地劃入俄界。光緒九年，重訂阿拉克别克界約，則浸淫又及山南矣。現方薦食未已，烏可以乾隆、嘉慶軍威正盛時相提并論。或又謂此次戰務，中國方自居局外中立，若遽添兵防卡，似涉張皇，恐貽外人口實，不知中國得設兵防堵本國疆界，不得視爲失和。此條久經宣示，況此次日俄交戰，歐洲各國尚且整軍經武，以備非常。而我壤地與之相連，且素爲彼所注意者，詎可轉忘戒備。查伊犁、塔爾巴哈臺，均歲撥鉅款，悉力經營，而科布多形勝，實爲新疆鎖鑰，本不宜視同甌脱。第常年經費止五萬餘兩，毫無餘蓄閑款可以騰挪。往者内省撥解偶延，輒須向市商通融告貸。奴才到任，適逢庚子辦防，復經借墊商款，迄今尚欠銀四萬九千餘兩，無力籌還。近因開辦屯田，收撫哈眾，又叠向挪借銀兩、茶、畜。科布多城商鋪無多，一再籌借，已同悉索。該商等雖尚曉急公，然每以成本有限、難資周轉爲言，自係實情。此後不但無法再借，并須設法歸還，方足以昭大信而示體恤。

奴才忝竊邊符，媿無績效，連年抱病，心力已虧，極應早干罷斥，以免貽誤。兹復蒙恩賞价，實荷逾格優容，然疆埸之事瞚息萬變，一日當爲百年之計，何敢偷安視息，冀省事而墮狡謀。惟兵械餉糈不能應手，雖有智者，亦將坐以待困，況奴才才力淺短，百不如人，此所以激切征營不得不呼田請命也。查防卡蒙兵，應俟時局大定，即當遣撤。所支口分等項，須按一年核算。阿勒臺暫防經費則應先以一年計，但止權顧一隅，尚容通籌詳擬，會摺陳奏。凡此皆一定機宜、刻不容緩之需。科布多財殫力竭，迥與鄰省他城不同，實已無從籌措，伏求聖慈俯念邊鎖重要，敕下部臣統籌接濟，無論如何爲難，即行撥給庫款十萬兩，電知奴才派員，派員星馳赴領，速解濟急，邊局幸甚！奴才幸甚！

奴才志切憂時，非并不知惜費，顧念方域綦廣，蕃扞太疏，我不預防，彼將乘隙，實不能不稍爲規畫，聊固吾圉。當與英秀往返函商，意見相同。謹將俄情叵測，邊備宜嚴，遵旨加意布置，情形緊要，辦理竭蹶，懇飭户部速籌接濟，撥給庫款，俾重邊要而免疏虞各緣由，繕摺馳陳，是否有當？伏乞皇太后、皇上聖鑒訓示，敕部施行。謹奏。光緒三十年三月二十一日。[①]

○九五、遵議科布多邊備事宜緣由片

光緒三十年九月二十一日（1904年10月29日）

再，正繕摺間，承准軍機大臣字寄：光緒三十年七月十七日，奉上諭：前據瑞洵奏邊備布置事宜，當經諭令馬亮等妥籌具奏，兹復據該大臣奏稱，卡倫增兵，未便遽撤等語。著馬亮等歸入前摺，一并妥議具奏等因。欽此。臣等查瑞洵此次奏陳各節，與前咨臣等之意大致相同。此案現經臣等會商，以該大臣係自陳科防辦法，勢難懸揣代謀，擬請由該大臣自行商辦，以一事權。所有卡倫增兵既

---

① 臺北“故宫博物院”藏：《軍機及宫中檔》，文獻編號：160177。

據奏稱而未便遽撤，該大臣身在局中，所見自較真切，所籌自屬周詳。誠如原奏云“有非鄰省可盡明者”，自可毋庸再由臣等擬議。其增兵應需經費，該大臣原請由户部籌濟，應仍請旨飭下户部核議，以昭慎重。

至阿勒臺山借地，現在科城尚未接收，自應仍由春滿照舊管理，固不敢稍涉張皇、轉生枝節，亦不敢故存推諉、致昧機宜，仍俟錫恒到任後再行移交，以符原案。 該大臣原擬募勇二百，本爲暫駐阿勒臺起見。該處借地現尚未辦接收，既據奏稱以無欵尚未舉辦，請即暫從緩議。

所有遵旨續議科布多邊備事宜緣由，是否有當？謹合詞附片具陳。伏乞聖鑒訓示。謹奏。

（硃批）：覽。[①]

光緒三十年十一月十一日，奉硃批：覽。欽此。[②]

〇九六、奏報本年四月雨水糧價情形摺

光緒三十年十月初八日（1904年11月14日）

甘肅新疆巡撫西林巴圖魯臣潘效蘇跪奏，爲恭報光緒三十年四月分各屬糧價并得雨情形，謹繕摺具陳，仰祈聖鑒事。

竊本年三月分糧價并得雨雪情形，業經臣奏報在案。兹據新疆布政使吴引孫詳稱：光緒三十年四月分，鎮迪道屬呼圖壁、孚遠、奇臺得雨，入土五寸；迪化、綏來得雨，入土二寸；昌吉、阜康、鎮西得雨，入土一寸；庫爾喀喇烏蘇微雨。伊塔道屬綏定得雨，入土四寸；寧遠、精河得雨、入土三寸；塔爾巴哈臺微雨。南路葉城得雨，入土二寸；烏什得雨，入土一寸；温宿府、縣、焉耆、輪臺、新平、庫車、疏勒、疏附、伽師、莎車、巴楚、皮山、洛浦、英吉沙爾微雨，餘屬并未得雨。

至通省糧價，除新平一處因地尚未成熟，暫緩具報，婼羌、柯坪兩處仍應俟

---

① 臺北“故宫博物院”藏：《軍機及宫中檔》，文獻編號：408004152-A。

② 中國第一歷史檔案館藏：《軍機録副》，檔號：03-6039-021。

具報至日再行匯列外，所有呼圖壁、阜康、吐魯番、鄯善、鎮西、庫爾喀喇烏蘇、寧遠、温宿府、烏什、洛浦等屬俱與上月相同，餘均各有增減，匯詳請奏前來。

理合恭摺具陳，并繕糧價清單，敬呈御覽。伏乞皇太后、皇上聖鑒。謹奏。光緒三十年十月初八日。

（硃批）：知道了。[①]

光緒三十年十一月二十五日，奉硃批：知道了。欽此。[②]

〇九七、呈新疆三十年四月糧價清單

光緒三十年十月初八日（1904年11月14日）

謹將新疆各屬光緒三十年四月分米糧時估價值，繕具清單，恭呈御覽。

計開四月分

鎮迪道屬

迪化縣：大米每京石價銀六两四錢一分三厘，與上月相同。小麥每京石價銀二兩四錢五厘，較上月減一錢四分二厘。豌豆每京石價銀二兩九錢五分二厘，較上月減七分二厘。青稞每京石價銀一兩七錢九分四厘，較上月減三分。

昌吉縣：大米每京石價銀五兩四分二厘，較上月減一分八厘。小麥每京石價銀二兩五分二厘，較上月減七分三厘。豌豆每京石價銀二兩一錢四分一厘，較上月增六厘。青稞每京石價銀一兩一錢，與上月相同。

綏來縣：大米每京石價銀四兩九錢三分二厘，較上月增一錢七分六厘。小麥每京石價銀二兩一錢九分四厘，與上月相同。豌豆每京石價銀二兩六錢七分四厘，較上月增三錢九分二厘。高粱每京石價銀一兩九錢五分五厘，與上月相同。

呼圖壁縣丞：大米每京石價銀四兩四錢三厘，小麥每京石價銀一兩七錢六分六厘，豌豆每京石價銀二兩四分二厘，俱與上月相同。

阜康縣：粟米每京石價銀一兩九錢一分二厘，小麥每京石價銀一兩九錢八分

---

① 中國第一歷史檔案館藏：《硃批原件》，檔號：04-01-25-0584-025。

② 中國第一歷史檔案館藏：《軍機録副》，檔號：03-7024-035。

七厘，豌豆每京石價銀一兩九錢一分二厘，高粱每京石價銀一兩三錢五分六厘，俱與上月相同。

孚遠縣：小麥每京石價銀二兩一厘，較上月增六分九厘。豌豆每京石價銀二兩一錢七分，較上月增二錢五分九厘。高粱每京石價銀九錢六分，較上月增四分六厘。

奇臺縣：大米每京石價銀六兩二錢一分四厘，較上月減六錢九分。小麥每京石價銀二兩三錢三分五厘，較上月增七分四厘。豌豆每京石價銀一兩九錢三分三厘，較上月減四錢一分五厘。

吐魯番直隸廳：小麥每京石價銀一兩三錢五厘，大麥每京石價銀六錢九分四厘，高粱每京石價銀八錢七分二厘，黄豆每京石價銀一兩五錢三分，俱與上月相同。

鄯善縣：小麥每京石價銀一兩六錢六分七厘，大麥每京石價銀八錢二分三厘，高粱每京石價銀一兩一錢三分一厘，俱與上月相同。

鎮西直隸廳：小麥每京石價銀二兩六錢四分，豌豆每京石價銀二兩一錢六分，青稞每京石價銀一兩四錢四分，俱與上月相同。

哈密直隸廳：粟米每京石價銀二兩八錢八分，與上月相同。小麥每京石價銀二兩九分，較上月增八分二厘。豌豆每京石價銀二兩五錢二分，較上月增一錢八分。青稞每京石價銀一兩八錢五分三厘，較上月增一錢五分五厘。

庫爾喀喇烏蘇直隸廳：小麥每京石價銀二兩三錢七厘，大麥每京石價銀一兩七錢七分五厘，豌豆每京石價銀一兩九錢五分二厘，俱與上月相同。

伊塔道屬

綏定縣：大米每京石價銀五兩七錢七分二厘，較上月增二厘。小麥每京石價銀一兩六錢五分六厘，與上月相同。大麥每京石價銀一兩一錢，與上月相同。豌豆每京石價銀一兩四錢，與上月相同。

寧遠縣：大米每京石價銀五兩三錢八分一厘，小麥每京石價銀一兩三錢一分一厘，大麥每京石價銀九錢六分三厘，豌豆每京石價銀一兩二錢九分六厘，俱與上月相同。

塔爾巴哈臺直隸廳：小麥每京石價銀二兩六分二厘，較上月增五錢一分六厘。大麥每京石價銀一兩三錢七分四厘，較上月增二錢二分三厘。豌豆每京石價銀一兩五錢四分六厘，較上月增三錢七分八厘。

精河直隸廳：大米每京石價銀四兩六錢三分，與上月相同。小麥每京石價銀二兩二錢四分，較上月增二錢一分。大麥每京石價銀一兩二錢六分，較上月增二錢一分。豌豆每京石價銀一兩八錢二分，與上月相同。

阿克蘇道屬

溫宿府：大米每京石價銀二兩四錢三分二厘，小麥每京石價銀一兩五錢九厘，大麥每京石價銀四錢四分七厘，包穀每京石價銀一兩六分二厘，俱與上月相同。

溫宿縣：大米每京石價銀二兩二錢八分，較上月減一錢五分二厘。小麥每京石價銀一兩七錢二分八厘，與上月相同。大麥每京石價銀八錢六分二厘，與上月相同。包穀每京石價銀一兩，與上月相同。

拜城縣：小麥每京石價銀七錢九分，較上月增二分。大麥每京石價銀四錢八分，較上月增一分。豌豆每京石價銀五錢七分，較上月增二分。包穀每京石價銀五錢六分，較上月增一分。

焉耆府：大米每京石價銀五兩一錢八分，較上月增二錢九分六厘。小麥每京石價銀二兩七分，與上月相同。豌豆每京石價銀一兩四錢四分，與上月相同。包穀每京石價銀一兩四錢八厘，與上月相同。

輪臺縣：大米每京石價銀五兩二錢七分，較上月增三錢七分。小麥每京石價銀一兩八錢六分三厘，較上月增二錢七厘。包穀每京石價銀一兩五錢三分六厘，較上月增二錢五分六厘。

庫車直隸州：大米每京石價銀三兩三錢，與上月相同。小麥每京石價銀一兩一錢，較上月減二分。豌豆每京石價銀七錢，與上月相同。包穀每京石價銀七錢，較上月減五分。

沙雅縣：大米每京石價銀三兩三錢八分，與上月相同。小麥每京石價銀一兩一錢七分，與上月相同。包穀每京石價銀八錢三分，較上月增二分。

烏什直隸廳：大米每京石價銀二兩一錢七分五厘，小麥每京石價銀七錢二分六厘，大麥每京石價銀三錢七分四厘，包穀每京石價銀五錢二分四厘，俱與上月相同。

喀什噶爾道屬

疏勒府：大米每京石價銀四兩三分一厘，與上月相同。小麥每京石價銀一兩八錢一分一厘，較上月減一錢七分二厘。包穀每京石價銀一兩五錢七分，與上月相同。高粱每京石價銀一兩一錢五分，與上月相同。

疏附縣：大米每京石價銀三兩八錢四分三厘，較上月減四分七厘。小麥每京石價銀一兩九錢四分，較上月減一錢三分。包穀每京石價銀一兩六錢七分五厘，較上月減四分一厘。高粱每京石價銀一兩四錢，較上月減三分七厘。

伽師縣：大米每京石價銀三兩九錢八分四厘，與上月相同。小麥每京石價銀一兩九錢八分三厘，較上月減八分七厘。包穀每京石價銀一兩七錢七分五厘，較上月減五分九厘。高粱每京石價銀九錢三分四厘，與上月相同。

莎車府：大米每京石價銀三兩七錢，較上月增八錢八分八厘。小麥每京石價銀一兩四錢四分九厘，較上月減一厘。大麥每京石價銀一兩二錢五分，較上月減四錢五分七厘。包穀每京石價銀一兩一錢八分八厘，較上月減二錢九分。

巴楚州：大米每京石價銀三兩七錢，與上月相同。小麥每京石價銀二兩四錢一分五厘，較上月減三錢四分五厘。包穀每京石價銀一兩六錢，與上月相同。

葉城縣：大米每京石價銀三兩五錢五分，較上月增一錢五分。小麥每京石價銀一兩二錢五分，較上月增五分。包穀每京石價銀一兩一錢六分，較上月增一錢八分。

皮山縣：大米每京石價銀四兩，較上月增五分。小麥每京石價銀一兩六錢，與上月相同。大麥買京石價銀八錢五分，與上月相同。包穀每京石價銀一兩，與上月相同。

和闐直隸州：大米每京石價銀三兩一錢一分，較上月增六分。小麥每京石價銀一兩一錢，較上月增五分。包穀每京石價銀六錢八分，較上月增三分。青稞每京石價銀六錢四分，與上月相同。

于闐縣：大米每京石價銀三兩二錢，與上月相同。小麥每京石價銀一兩一錢四分，較上月增二分。包穀每京石價銀七錢一分，與上月相同。

洛浦縣：大米每京石價銀四兩二錢，小麥每京石價銀一兩七錢九分四厘，包穀每京石價銀一兩二錢八分，俱與上月相同。

英吉沙爾直隸廳：大米每京石價銀四兩五錢六分，較上月增三錢四厘。小麥每京石價銀二兩七分，較上月增四錢一分四厘。大麥每京石價銀一兩八分三厘，較上月增一錢三厘。包穀每京石價銀一兩七錢四分二厘，較上月增四錢二厘。

（硃批）：覽。[①]

○九八、造報二十六年司庫收支銀糧摺

光緒三十年十月初八日（1904年11月14日）

甘肅新疆巡撫西林巴圖魯臣潘效蘇跪奏，爲造報新疆光緒二十六年分司庫收支銀、糧、草束報銷，謹繕清單，懇恩飭部核銷，恭摺仰祈聖鑒事。

竊查光緒二十五年分新疆司庫收支銀、糧、草束報銷，業經奏咨請銷在案。兹據署新疆布政使李滋森詳稱：光緒二十六年分司庫收支各項銀、糧、草束，自應跟接造報，共計舊管存銀一百五十五萬六千三百二十九兩一錢四厘，存糧八十三萬四百七十八石九斗九升六合八勺，存草一千一百八十萬四千四百三十四斤一兩五錢六分八厘。新收共銀六十六萬三千八百五十八兩二錢二分六厘，共糧二十二萬七千三百三十八石四斗六升一合九勺，共草一千四百三十一萬五千八百八十二斤一十一兩。開除各項庫平銀六十七萬四千九百六十兩五錢九分九厘，又防軍案内提用司庫銀七十萬兩，共銀一百三十七萬四千九百六十兩五錢九分九厘，京斗糧二十三萬六千七百石八升六合七勺，湘秤草一千四百二萬五千二百七十六斤一十四兩八分。遵例分案造具總、散數目各清册，匯繕清單，詳請奏咨前來。

臣覆核無異，除將清册分送部、科外，理合繕具清單，恭呈御覽，仰懇天恩飭部核銷，以便按年接續造報。謹會同陜甘總督臣崧蕃，恭摺具奏。伏乞皇太后、皇上聖鑒訓示。謹奏。光緒三十年十月初八日。

（硃批）：該部知道，單并發。[②]

光緒三十年十一月二十五日，奉硃批：該部知道，單并發。欽此。[③]

---

① 中國第一歷史檔案館藏：《清單》，檔號：03-7024-036。

② 中國第一歷史檔案館藏：《硃批原件》，檔號：04-01-35-0848-046。

③ 中國第一歷史檔案館藏：《軍機録副》，檔號：03-6583-034。

○九九、呈新疆二十六年司庫收支清單

光緒三十年十月初八日（1904 年 11 月 14 日）

一、收水磨碓課銀一萬六百一十兩四厘。

一、收房租銀二千三十兩二錢七分八厘。

一、收地租銀一千二百五十三兩八錢七分六厘。

一、收園租銀六十一兩四錢四分。

一、收金課銀七十四兩八錢七厘。

一、收金砂變價銀二千三百三十八兩五錢六分。

一、收軍需、善後項下解繳各營旗及善後領用糧草價銀八萬九千四百九十五兩三錢四厘。

一、收折收伊犁滿營糧料銀二萬三千一百六十兩。

一、收變賣糧草價銀三萬三千八百一兩三錢一厘。

一、收烟土、茶税銀二千八兩三錢八分。

一、收文武各職并旗營經費減平銀二萬八千四百六十二兩九錢二分三厘。

一、收哈密回子親王沙木胡索特十六次應扣銀一千兩。

一、收阿克蘇道庫墊發二十六年分例款不敷銀一萬三千一百二十兩六錢四分。

一、收驛站書夫麵價銀七千六百五十五兩七錢。

一、收驛站倒馬、缺曠、料草銀二十兩八錢八分。

一、收新平縣卡克里克縣丞二十五年驛站書夫麵折價銀一百二十二兩一錢四分。

以上十六款，共新收銀六十六萬三千八百五十八兩二錢二分六厘。通共舊存、新收銀二百二十二萬一百八十七兩三錢三分。

開除：

一、支發文職俸廉、公費、公食銀二十一萬二千六百三十一兩五錢七分。

一、支發武職俸廉、薪蔬、紙紅、馬乾、料草、折價、世俸、鞦鞋、鹽菜銀八萬九千七百六十二兩五錢一分八厘。

一、支發驛站經費銀一十二萬五千八百一兩五分。

一、支發祭祀銀二千七百三十六兩九錢三分。

一、支發孤貧花布銀一千五百四十兩三分二厘。

一、支發渡船經費銀一千二百一十六兩。

一、支發哈密、吐魯番、庫車、拜城、和闐五處回子王公俸銀五千兩。

一、支發古城旗營經費銀七萬七千七百七十四兩二分一厘。

一、支發刊刷誊黄工料銀六百一兩九錢五分八厘。

一、支發刊刷《時憲書》工料銀四百九十九兩二錢。

一、支發阿克蘇道庫墊發二十五年分例款不敷銀一萬二千三百七十七兩九錢六分二厘。

一、支發精河廳、新平縣采買糧價銀六百一兩四錢七分五厘。

一、支發伊犁滿營糧料折價銀二萬三千四百八十兩。

一、補支伊犁滿營屯牧、練軍經費銀八萬八千三百二十兩。

一、支發解繳部庫煙土、茶、契各税并減平銀三萬二千六百一十七兩八錢八分三厘。

一、支發防軍案内提用司庫銀七十萬兩。

以上一十六款，共支發庫平銀一百三十七萬四千九百六十兩五錢九分九厘。

實在：

一、存銀八十四萬五千二百二十六兩七錢三分一厘，内司庫存銀五十七萬五千七百九十九兩二錢三分，伊塔道庫存四千五十六兩四錢八分四厘，喀什噶爾道庫存銀二十六萬五千三百七十一兩一分七厘。

一、阿克蘇道庫墊發二十六年分例款不敷銀一萬三千一百二十兩六錢四分。

一、糧石項下

舊管：

一、存各色京斗糧八十三萬四百七十八石九斗九升六合八勺。

一、存民欠未完光緒二十五年京斗額糧二千七百五十二石四斗四升一勺。

一、存民欠緩徵光緒二十五年京斗額糧一百三十五石一斗二升八合五勺。

一、存民借未還光緒二十五年京斗籽種糧九百六十三石七斗。

一、存民欠未完光緒二十一、二、三、四等四年分京斗額糧一萬一千一十六石六斗二升一合一勺。

一、存民借未還光緒二十一、二、三等三年分京斗籽種糧三千九百四石三斗九升八合。

新收：

一、收各色京斗糧二十二萬二千六百二石六斗九升一合。

一、收迪化、昌吉、奇臺三縣繳還春借京斗籽種糧三千四百八十六石五斗六升一合四勺。

一、收新平縣采買京斗糧二百一十六石六斗七升六合七勺。

一、收民欠未完光緒二十一、二、三、四、五等五年分京斗額糧四十九石三斗四升二合八勺。

一、收民欠未還光緒二十一、二、三、五等四年分京斗籽種糧九百八十三石二斗。

以上共新收各色糧二十二萬七千三百三十八石四斗七升一合九勺。

開除：

一、支發各衙署書役口食京斗糧一萬一千六十五石四斗六升二合九勺。

一、支發巡撫衙門筆帖式二員家口、馬匹、米料折支京斗糧六十五石六升三合五勺。

一、支發驛站書夫口食京斗糧五千三百一十六石四斗五升四合四勺。

一、支發古城伊犁二旗營官兵俸米食糧、馬料及喇嘛徒眾食糧京斗糧五萬六千三百一十九石九斗三升三合。

一、支發孤貧口糧京斗糧三千四百四十七石七斗七升一合二勺。

一、支發監犯口糧京斗糧三石一斗八升七合二勺。

一、支發撫、提鎮各標并補支馬料京斗糧五百五十石九斗九升七合六勺。

一、支發渡船水手并鑿修冰路民夫口食京斗糧三百七十二石九斗六升。

一、支發軍需、善後領用扣價京斗糧一十萬五千九百二十九石一斗九升五合六勺。

一、支發平糶變賣京斗糧三萬四千五百四十二石九斗五升。

一、支發喀什噶爾提標提運英吉沙爾廳倉京斗糧一萬二千九百九十九石八升。

一、支發鎮西廳賑濟被灾窮黎京斗糧二百七十一石八斗八升。

一、支發塔城廳賑濟被灾户民京斗糧三百三石一斗四升五合。

一、補支疏附縣屬阿斯圖什、阿爾湖兩莊二十五年被灾户民賑糧京斗糧一千二百五石七斗七升五合。

一、支發迪化、奇臺、阜康三縣各户民春借籽種京斗糧四千三百六石二斗三升一合三勺。

以上共支發京斗糧二十三萬六千七百石八升六合七勺。

實在：

一、存各色京斗糧八十二萬一千一百一十七石三斗七升二合。

一、存民欠未完京斗額糧三千七十八石四斗六合三勺。

一、存民欠緩徵京斗額糧二千六百四十九石五斗八升三合。

一、存民借未還京斗籽種糧八百一十九石六斗六升九合九勺。

一、存民欠未完光緒二十一、二、三、四、五等五年分京斗額糧一萬三千八百五十四石七升六合九勺。

一、存民欠未完光緒二十一、二、三等三年分京斗籽種糧三千八百八十四石九斗二合。

一、草束項下

舊管：

一、存草一千一百八十萬四千四百三十四斤一兩五錢六分八厘。

新收：

一、收湘秤額草一千四百三十一萬五千八百八十二斤一十一兩。

以上管、收共草二千六百一十二萬三百一十六斤一十二兩五錢六分八厘。

開除：

一、支發軍需、善後領用扣價草一千九萬三千八百八十三斤。

一、支發修理城垣動用草九萬斤。

一、支發各標營例馬草一十四萬四千三百四十斤。

一、支發變賣陳草三百六十九萬七千五十三斤一十四兩八分。

以上共支發湘秤草一千四百二萬五千二百七十六斤一十四兩八分。

實在：

一、存草一千二百九萬五千三十九斤一十四兩四錢八分八厘。

（硃批）：覽。[①]

---

① 中國第一歷史檔案館藏：《清單》，檔號：03-6583-035。

一〇〇、請將坎巨提廢酋等編入户籍片

光緒三十年十月初八日（1904年11月14日）

再，坎巨提舊酋賽必德哎里罕前因與英人搆釁，經前任撫臣陶模派員會同英員另立新酋，將該酋提省訊辦，於光緒十八年先後奏陳，并聲明莎車熱瓦奇地方舊有該部莊田，如一二年後照常安静，即還赴該處居住，奉旨欽遵在案。二十七年冬間，該廢酋禀經前撫臣饒應祺遣回莎車，行至庫車，因俄領事以該廢酋舊案未結，恐回莎車致生異議，商知喀什噶爾通商道，轉禀饒應祺，電飭截留。本年五月，據庫車州禀稱：該廢酋呈請願在庫車置産務農度日，其莎車舊産給伊子管業，等情。經臣批行藩司分飭查明，妥爲安置去後。

兹據庫車州查明：該廢酋賽必德哎里罕在距庫城二里之西鄉沙滿巴克莊置買房屋、果園一處，與其妾居住，安心在庫爲民。又據莎車府查明該廢酋原在府屬熱民奇之和加艾里克莊置有房院，共地五百六十餘畝，已傳其子米則拜爾里等接管，計家屬十三户，大小男女五十二丁口，編籍爲民，先後詳覆前來。

臣查該廢酋賽必德哎里罕，前因英兵進踞坎部逃竄，經前撫臣陶模查明其不法情事，均係幫辦買賣塔力所爲，本難深究，且在省城廢居十年，尚屬安静，復經前撫臣饒應祺遣回莎車，衹因俄領事恐其回莎有礙，留住庫車，自不能不另籌安置。現既飭據查明該廢酋已在庫車置業，并將莎車舊産給予伊子接管，相應奏明准其將該廢酋及其家屬分别編入户籍爲民，俾免失所而便約束。

除分咨外務部、户部查照外，所有分别安置坎巨提廢酋及其家屬各緣由，謹會同陝甘總督臣崧蕃，附片具奏。伏乞聖鑒訓示。謹奏。

（硃批）：該部知道。①

光緒三十年十一月二十五日，奉硃批：該部知道。欽此。②

【案】光緒十八年正月十九日，新疆巡撫陶模奏報英兵入侵坎巨提，頭目率衆逃竄，現擬遣送歸部各情形，曰：

---

① 中國第一歷史檔案館藏：《硃批原件》，檔號：04-01-01-1066-016。

② 此硃批日期與内容，據《軍機處隨手登記檔》（檔案編號：03-0319-2-1230-318）校補。

頭品頂戴甘肅新疆巡撫臣陶模跪奏，爲英兵由哪格爾入坎巨提，頭目率眾逃竄，現擬遣送歸部各情形，恭摺仰祈聖鑒事。

竊查回部坎巨提居色勒庫爾大小帕米爾之南，歲進貢金，歸附已久。該處地勢險要，實爲喀什噶爾西南屏蔽。上年十二月并本年正月，疊據署喀什噶爾道李宗賓稟報：英兵伐哪格爾欲修路通帕米爾，坎巨提頭目賽必德哎里罕以該部與哪格爾毗連，遣兵往助，旋以兵力不敵，棄城而逃，英兵遂由哪格爾進駐其地。該頭目與哪格爾頭目烏孜爾罕率眾竄至色勒庫爾地方，臣當飭該道派員籌運食糧，暫爲賑撫，咨由喀什噶爾提督臣董福祥飭派馬隊，分扎色勒庫爾、帕米爾一帶，以資防範，并先後咨明總理各國事務衙門在案。嗣據探報：英人已將大隊撤回，另立哪格爾頭目，留步兵百餘名駐坎巨提城外。該道擬將哪格爾逃眾酌給糧斤，先送出卡，再將坎巨提頭目人等分起資送，令回原部，并先行照會英官，等情。

臣查哪格爾附屬於英，應即遣送歸部。坎巨提係中國屬部，現值遷徙流離，自應曲爲排解，仰副朝廷撫綏外部之意。惟此次英兵進駐，該部并未先行知會，該道亦未接准英官覆文，能否撤兵退地，俾賽必德哎里罕率眾歸部，仍復舊業，尚未可知。

除咨呈總理各國事務衙門與駐京英使理論斟酌辦理外，所有英兵入坎巨提、頭目逃竄緣由，謹恭摺具陳。伏乞皇上聖鑒。謹奏。光緒十八年正月十九日。①

【案】此摺於是年二月二十四日得允行，《清實録》：

癸丑，甘肅新疆巡撫陶模奏，英兵由哪格爾入回部坎巨提，坎巨提頭目賽必德哎里罕與哪格爾頭目烏孜爾罕率眾竄至色勒庫，已妥爲賑撫，并擬照會英官排解送歸原部。下所司知之。②

【案】光緒十八年五月十三日，新疆巡撫陶模奏報廢黜坎巨提舊酋緣由，曰：

再，英兵入坎巨提，頭目賽必德哎里罕率眾逃竄各情形，前經臣奏明在案。旋查該頭目及幫辦買賣塔力，均有不法情事，其弟買賣提艾孜木素得人心，飭署喀什噶爾道李宗賓，即令帶領難民歸部，代理頭目事務，暫資鎮撫。嗣准總理各國事務衙門先後來電：英人以賽必得哎里罕悖逆不道，擬更立新酋，由中國派員會立等因。當派補阜康縣知縣田鼎銘迅赴該部，察看情形，會同英官妥商辦理，

① 臺北“故宫博物院”藏：《軍機及宫中檔》，文獻編號：408002696。

② 《德宗景皇帝實録（五）》，卷之三百八，光緒十八年二月，第18頁。

一面飭將賽必德哎里罕及買賣塔力分解來省。除俟解到訊取確供，并田鼎銘前往會辦詳覆至日再行具奏外，謹附片陳明。伏乞聖鑒。謹奏。[①]

【案】此片奏旋於是年六月十六日得允行，《清實録》：

壬寅，甘肅新疆巡撫陶模奏，派阜康縣知縣田鼎銘，會同英官更立坎巨提頭目。下所司知之。[②]

【案】光緒十八年九月二十六日，新疆巡撫陶模具奏會立坎部新酋情形一摺，曰：

頭品頂戴甘肅新疆巡撫臣陶模跪奏，爲委員會立坎巨提新酋事竣，并擬安置舊酋各情形，恭摺仰祈聖鑒事。

竊坎巨提頭目賽必德哎里罕因英兵進踞，率眾逃竄。臣查其弟買賣提艾孜木素得人心，暫令代理。委准補阜康縣知縣田鼎銘前赴該部，會同英員議立，并將舊酋及幫辦買賣塔力分解來省，奏明在案。嗣准總理各國事務衙門電稱：英允以摩韓美德拏星，即買賣提艾孜木充當頭目等因。臣以更立新酋事屬創辦，加委都司張鴻疇前往，以昭慎重。兹據稟報：光緒十八年七月二十五日，會同英員熱布生，立摩韓美德拏星爲坎巨提頭目。封立儀節，華員居右，英員次之，英屬克什米爾委員居右稍下，新酋又次之。張鴻疇等宣布皇上德意，賞給大緞，諭令貢金照舊呈進，鎮撫部民，毋任剽掠。該酋俯首敬聽，部眾環觀，罔弗歡舞，等情。前來。

臣維坎巨提爲邊徼小部，朝廷以歸附有年，未忍聽其廢滅，懷柔之德，實屬有加。新酋摩韓美得拏星自必勉矢恪共，永守世業，用副聖朝綏撫遠服至意。至舊酋賽必得哎里罕等先後到省，訊取供詞，其不法情事均係幫辦買賣塔力所爲。買賣塔力旋即病故。該酋現經廢立，似未便再行深究，亦未便仍令歸部。查莎車州屬熱瓦奇地方，舊有該部莊田，如一二年後照常安静，擬即遷赴該處居住，以示矜恤，容俟奏明辦理。

所有委員會立新酋事竣并擬安置舊酋各緣由，謹恭摺具陳。伏乞皇上聖鑒。謹奏。光緒十八年九月二十六日。[③]

【案】光緒十八年十一月十四日，新疆巡撫陶模咨呈總理衙門曰：

---

① 臺北"故宫博物院"藏：《軍機及宫中檔》，文獻編號：408002719-1-A。

② 《德宗景皇帝實録（五）》，卷之三百十二，光緒十八年六月，第60頁。

③ 臺北"故宫博物院"藏：《軍機及宫中檔》，文獻編號：408002751。

十一月十四日，新疆巡撫陶模文稱：光緒十八年九月二十六日，在新疆省城由驛具奏，委員會立坎巨提新酋事竣，并擬安置舊酋各情形一摺。除俟奉到硃批恭録咨呈外，相應抄稿咨呈。爲此咨呈貴衙門，謹請鑒照施行。計抄摺一紙（詳見十月二十六日軍機處抄摺）。[①]

【案】關於會立坎巨提新酋之情形，光緒十八年十一月十六日，總理衙門奏稱：

總理各國事務慶親王奕劻等奏，爲新疆派員會立坎巨提頭目事竣，謹將辦理情形恭摺具陳，仰祈聖鑒事。

竊查新疆西南徼外坎巨提回部，舊稱喀楚特，每歲欽天監刊發《時憲書》，具載其地太陽出入、節氣時刻，亦譯作乾竺特，其變文爲坎巨提，則始於前陝甘督臣左宗棠光緒四年奏疏。向來該部歲貢金砂一兩五錢。嗣因叛回阻隔，無路自通。光緒四年，官軍收復南八城，該部復修歲貢，疆臣回賞大緞二匹，歷經遵辦在案。其地北連帕米爾，東北接莎車州所屬之塞呼庫勒，南鄰爲哪格爾，再南爲印度之克什米爾，東南有路可通後藏之阿里噶爾，彈丸而控扼要塞。其頭目嗣立，疆臣向不預謀，義取羈縻勿絶。迨光緒十四年，坎部與印度部人搆釁，經臣衙門照會英使轉達英外部，約束印人。英使華爾身覆文，謂該部英屬，故坎巨提亦屬於英，不能任其猖獗等語。是後兵釁旋□，争論亦輟。嗣於上年七月，新疆護撫臣魏光燾咨部：印度兵逼坎境。本年正月，新疆撫臣陶模電稱：上年十一月，英兵已入坎境，該部頭目賽必德哎里罕率眾敗竄塔墩巴什卡外，酌給糧食、帳棚，嚴禁入卡。

臣衙門上年已電出使大臣薛福成，詰問英廷。本年復令再行詰責，旋據電覆：英兵修路，坎酋合哪格爾部阻攔。英兵攻之，坎酋出奔，揚言將借俄兵恢復。英謂賽必德哎里罕殺父虐民，擬廢其位。臣等以爲坎爲中屬，不能任英擅自廢立，且疆撫文稱，英欲開通帕帕米爾道路，致起核端，其曲不專在坎。迭於英使筆舌互争，而廢立之謀彼族持之甚力。

三四月間，續接疆撫文稱：查悉賽必德哎里罕，内政不修，部眾解馳，又陰通信俄人，遵以由帕入坎。現在莎車州地方看管，屢圖逃入俄境，深費防閑。其弟摩韓美德拏星能得人心，已令督率逃眾還歸本部。薛福成亦電稱，英外部以新疆遣摩韓美德拏星頗能管轄部人，擬如新官吏之言，令繼首位。坎爲中晉兩屬，

---

① 臺北“中央研究院”近代史所藏：《外交檔案》，館藏號：01-17-056-20-004。

請我此次派員前往會立，以後事宜仍循曩例，英使華爾身來署，告語相同。

臣等竊念坎巨提雖在邊荒，然既隸屬部，修貢有年，繼絶存亡，義難漠視。其納貢於印度，數年前已有所聞，逼處强鄰，固難以首鼠兩端爲責。其沙金之貢，物雖微末，藉存藩屬之名。英已據地駐兵，而不能謂非我屬邦，悍然翦滅。其故酋歷爲不法，速禍致兵，誠未可再令復位。兩屬之説、會立之謀，於體制尚覺無傷，於藩部亦爲有係。爰如英人所請，電屬疆撫趕速派員，勿誤七月内會立之期。十月二十六日，據撫臣陶模馳奏，會立事竣，由軍機處恭録批旨，抄交前來。

查該撫所奏中英派員位次及會立該頭目一切情形，於字小之中兼寓輯鄰之意，與臣衙門原議相符。至故酋賽必德哎里罕，固不究其既往，亦須防其將來。應如該撫所陳，妥爲安置，勿令再出滋事。所有籌辦坎巨提蕆事情形，理合繕摺縷陳。伏乞皇上聖鑒。謹奏。光緒十八年十一月十六日，奏奉硃批：知道了。欽此。[①]

一〇一、請以張璪光補授巴楚州知州摺

光緒三十年十月二十日（1904年11月26日）

甘肅新疆巡撫西林巴圖魯臣潘效蘇跪奏，爲揀員請補改設要缺知州，以裨地方，恭摺具陳，仰祈聖鑒事。

竊據新疆布政使吴引孫會同鎮迪道兼按察使銜李滋森詳稱：原設瑪喇巴什直隸廳通判定爲衝、繁、疲、難四項要缺，業經奏准改通判爲知州，名曰巴楚州。該處東連温宿，西通疏勒，西南與該管莎車府接壤，北有小徑直達布魯特，地瘠民貧，兼司水利，加以所屬土著之民與各城纏回種類不同，撫輯匪易，應請照舊定爲四項要缺，亟應遴員請補，以重職守。查南路從前新設各缺，經前撫臣劉錦棠奏准仿照吉林章程，先行由外揀補一次在案。今改設巴楚州知州員缺，自應援照舊章請補。

查有候補知州張璪光，現年六十歲，湖南湘潭縣人，由俊秀於同治九年六

---

① 臺北“中央研究院”近代史所藏：《外交檔案》，館藏號：01-17-056-20-002。

月在西征糧臺遵籌餉例，報捐監生，以從九品不論雙單月選用。克復巴燕戎格城池、擒獲叛逆、肅清河州案内匯保，十三年八月初三日奉上諭：著免選本班，以主簿分省補用。欽此。光緒三年五月，代理迪化州巡檢。十四年八月，在新疆捐局遵鄭工例，加捐布理問雙月選用。二十年三月，留新候補，旋赴部庫，補交四成監生實銀；於截剿湟回、關外肅清案内匯保免選本班，以知州分省補用，經吏部議准。二十四年二月二十四日具奏，奉旨：依議。欽此。

查該員張璪光，老成練達，辦事勤能，在新疆年久，邊情最爲熟悉，以之請補改設巴楚州知州員缺，實堪勝任，人地亦極相宜，等情。詳請具奏前來。

臣查該員張璪光，才情邁眾，識解超群，合無仰懇天恩俯念要缺需員治理，准以候補知州張璪光補授巴楚州知州，於地方實有裨益。如蒙俞允，俟接准部覆，再行給咨送部引見，以符定制。謹會同陝甘總督臣崧蕃，恭摺具奏。伏乞皇太后、皇上聖鑒訓示。謹奏。光緒三十年十月二十日。

（硃批）：吏部議奏。①

光緒三十年十二月初五日，奉硃批：吏部議奏。欽此。②

一〇二、請以羅正湘補授鄯縣知縣摺

光緒三十年十月二十日（1904 年 11 月 26 日）

甘肅新疆巡撫西林巴圖魯臣潘效蘇跪奏，爲揀員請補改設要缺知縣，以資治理，恭摺具陳，仰祈聖鑒事。

竊據新疆布政使吴引孫會同鎮迪道兼按察使銜李滋森詳稱：原設吐魯番直隸同知所屬闢展巡檢，改升鄯善縣知縣。該處東通哈密，西與該管廳接壤，北連鎮西，南爲阿克蘇、喀什噶爾門户，地當孔道，應請定爲衝、繁、難三項要缺，亟應遴員請補，以重職守。查北路從前添改各缺，經前撫臣劉錦棠奏准仿照吉林章程，先行由外揀補一次在案。今改設鄯善縣知縣一缺，自應援照舊章請補。

---

① 中國第一歷史檔案館藏：《硃批原件》，檔號：04-01-12-0640-006。
② 中國第一歷史檔案館藏：《軍機録副》，檔號：03-5433-045。

查有現署奇臺縣知縣候補知縣羅正湘，年六十三歲，湖南寧鄉縣人，由貢監生於同治七年投效軍營，攻克陝西宜川雲岩鎮巨股賊匪堅剿案内奏保，是年六月十八日奉上諭：著以縣丞留於陝西遇缺即補，并賞加鹽提舉銜。欽此。陝西全境肅清案内奏保，九年十月二十六日奉上諭：著免補本班，以知縣留於陝西，遇缺儘先即補。欽此。十一年，因案奏參革職。克復西四城新疆南路一律肅清案内奏保，經部核議，准其開復原官原銜，以本班分省儘先補用。光緒四年十二月二十五日具奏，奉旨：依議。欽此。新疆南路諸軍五次剿平邊寇案内奏保，七年五月二十日奉上諭：著免繳捐復銀兩，仍以知縣留於甘肅，儘先補用。欽此。拏辦纏回阿不拉圖當帕夏糾眾謀亂案内奏保，經部議給予加一級，八年九月十八日具奏，奉旨：依議。欽此。九年十一月，署理烏什直隸廳同知。新疆六載邊防案内奏保，十年十月初四奉上諭：著賞戴花翎。欽此。十四年四月，署理綏定縣知縣。新疆城、署各工案内奏保，俟補缺後，以直隸州知州補用，經部議准。十八年十月初八日具題，奉旨：依議。欽此。十九年，回籍省親，嗣丁父、母憂，服滿起復，於二十六年五月回省候補。二十八年，委署奇臺縣知縣，十二月十三日接即任事。

查該員羅正湘，諳練精詳，勤求治理，歷署各缺，辦理一切，諸臻妥協，在新疆年久，邊情最爲熟悉，以之請補鄯善縣知縣，實堪勝任，人地亦極相宜，等情。詳請具奏前來。

臣查該員羅正湘，才識優長，心地明白，合無仰懇天恩俯念要缺需員，准以候補知縣羅正湘補授鄯善縣知縣，洵於地方有裨。如蒙俞允，俟接准部覆，再行給咨送部引見，以符定制。謹會同陝甘總督臣崧蕃，恭摺具奏。伏乞皇太后、皇上聖鑒訓示。謹奏。光緒三十年十月二十日。

（硃批）：吏部議奏。①

光緒三十年十二月初五日，奉硃批：吏部議奏。欽此。②

---

① 中國第一歷史檔案館藏：《硃批原件》，檔案：04-01-12-0640-005。

② 中國第一歷史檔案館藏：《軍機録副》，檔號：03-5433-046。

一〇三、奏報籌辦屈莽山尾逃哈情形摺

光緒三十年十月二十日（1904年11月26日）

甘肅新疆巡撫西林巴圖魯臣潘效蘇跪奏，爲屈莽山尾股逃哈不服驅收，傷害弁兵團丁，現籌辦理情形，恭摺馳陳，仰祈聖鑒事。

竊本年六月十九日經臣將驅收哈薩克情形專摺具奏，并聲明南路婼羌縣所屬屈莽山一股氈房五十餘頂，距新疆省城三千餘里，距阿勒臺山約六千餘里，非今年所能了事，應另案辦理在案。嗣於七月二十八日承准軍機大臣電開：奉旨：瑞洵電奏，白塔山有早年潛哈，逼遷抗拒，人衆勢悍，現潘效蘇調隊防逐，并派員前往開導等語。收哈一事，不宜操切，務當體察情形，善爲開導，隨時妥協辦理，切勿稍涉孟浪等因。欽此。當經臣以驅收逃哈非借兵力萬難遷動，二十八年有逃哈伯克在昌吉拒斃營兵一名，此次白塔山逃哈喬米西等拒傷兵馬，奪去槍械，皆兵少之故，是以多派馬隊前往，仍飭將弁遥作聲勢，决不敢孟浪各情，電請軍機大臣代奏，亦在案。

查白塔山逃哈經臣派隊後聞風知懼，各將弁分扎各要隘，秉受機宜，亦未嘗操切從事。現據具報，陸續遷徙，尚屬安静，且白塔山與科布多連界，距阿勒臺山不遠，解送、接收，均易爲力，不日可期辦竣，堪以上紓聖廑。其屈莽山一股，臣因其地近青海，曾一面電請陝甘督臣崧蕃，飛咨青海大臣派兵嚴堵；一面檄飭喀喇沙爾營參將張復良、蒲昌營游擊張春林、署婼羌縣知縣夏朝選，分派弁兵民團，設法往收。昨於九月二十三日，據夏朝選稟稱：哈目布克即伯克，又名伯哨克，先踞屈莽山口，後遷山内昆瑪可利地方，距山口八站。該令先派纏商阿西木進山貿易，借探情形。八月初八日，阿西木回稱：哈薩克已分三起，願回者二起，一起氈房二十一頂，已出山口；一起氈房十三頂，離山口四站，因牲畜疲弱難行。其附從布克一起，氈房三十餘頂，仍踞昆瑪可利。該令因商喀喇沙爾營右哨把總王得勝、馬隊中哨經制張壽人，各帶馬勇二十名，把總張鳳生帶團丁四十名往收。八月十八日進山，留團丁四人，將願回之十三頂氈房哈衆催押起程。十九日，馳至昆瑪可利。張鳳生帶通事愛買提、鄉約庫爾玩，至布克氈房，勸諭布克應允出山。不意是夜五鼓，忽率哈衆百餘人掩至，槍棒齊施，混喊混打。兵團倉卒起禦，整隊不及，王得勝被槍子穿胸，張鳳生被亂棒叢毆，均登時

殞命，并陣亡馬兵、團丁二十四名，帶傷十五名。哈眾亦傷亡不少，等情。稟請核辦前來。

臣查哈薩克頭目布克，亦名伯克，光緒初年即經潛入新疆，維時軍務甫平，一切草創，該頭目遂得翔泳自如，歷年即久，因貪逐新疆水草，互相勾引，族類愈來愈多，時有搶劫滋擾情事。二十八年，經駐塔爾巴哈臺、伊犁副都統春滿派委弁兵來新收解，該頭目忽稱係歸科布多屬，不肯回塔，行至昌吉拒斃解兵李源翰，乘間逃逸。前撫臣因恐操之過急，激生他變，奏請設法羈縻。臣到任後，以哈薩克久踞新境，慮其滋蔓，會商科、塔兩城，合力驅收。各起哈眾均經陸續遷動辦理，已有歸宿。獨該頭目遠逃至屈莽山，負隅盤踞，經官兵往收，復敢陽奉陰違，將兵團傷害，固由凶狡成性，亦未始非從前過於寬縱。且因此次入山兵隊無多，意存藐玩，遂逞詭謀，實屬罪不容誅。若不稍加懲創，實不足以昭炯戒。惟該哈薩克所踞之屈莽山地方，在新省極南四十餘站，東通青海，南通西藏，西通于闐，綿亙千有餘里，邊遠遐荒，頭頭是道，又與英、俄邊界毗連，自應欽遵前奉諭旨，體察情形，妥協辦理，不敢稍涉大意。

查有管帶撫標左翼右旗練軍馬隊副將銜補用參將唐華光，驍勇善戰；丁憂新疆候補知縣張舒鍔，精明强幹，前在婼羌縣署任驅收各起逃哈，交卸後經臣飭留該處，會同地方文武，辦理收哈事務均合機宜，於該處地方及哈薩克情形亦皆熟悉，現已進省銷差，請咨回籍。以上二員堪以會同往辦，擬飭唐華光帶所部馬隊一旗，與張舒鍔剋期馳往；并飭署婼羌縣知縣夏朝選，預購眼綫，探明賊踪，俟唐、張二員到婼羌後，和衷商辦，或離間黨羽，綑獻首逆；或繞出賊前，攔回新疆，就地處治。如山徑崎嶇，無路可繞。該哈薩克等隨逐水草，行走必遲，則裹帶鍋帳、糧料，兼程前進，跟蹤追捕，誅其首逆，招收脅從。如敢公然抗拒，即相機剿辦，免貽後患。

至該哈薩克人數無多，且與漢、回、蒙、番種類各異，無虞勾結，尚不至別生事故。第慮官兵未到之先畏罪遠颺，致該頭目倖逃法網，已由臣電咨陝甘督臣，轉咨青海大臣，飛飭蒙部攔阻，或由西寧鎮派隊，督同堵截。西藏道路情形，此間無從遥揣，已電咨四川督臣咨明駐藏大臣酌辦。于闐各路，已咨行喀什噶爾提督及喀什噶爾道，飛飭所屬文武各官，嚴密巡防，以杜紛竄。

其續收之二起逃哈，現已據報押解在途，尚未滋事，已飭沿途營汛遞解前進，交科布多委員接收，解回原牧，聽候安插。陣亡之把總張鳳生、王得勝，兩年以來，辦理驅哈事宜，不辭勞瘁，頗資得力，事將就竣，遽爾遇害捐軀，殊堪矜憫。合無仰懇天恩飭部從優議恤，俾慰忠魂。陣亡兵團二十四名，帶傷十五名，擬由臣分別照例給予恤傷銀兩，以示體恤。

是否有當？謹會同伊犁將軍臣馬亮、陝甘總督臣崧蕃、喀什噶爾提督臣焦大聚，恭摺馳陳。伏乞皇太后、皇上聖鑒訓示。謹奏。光緒三十年十月二十日。

（硃批）：仍著妥慎辦理，餘依議。①

光緒三十年十二月初五日，奉硃批：仍著妥慎辦理，餘依議。欽此。②

一〇四、奏報新疆本年五月雨水糧價摺

光緒三十年十一月初十日（1904年12月16日）

甘肅新疆巡撫西林巴圖魯臣潘效蘇跪奏，爲恭報光緒三十年五月分各屬糧價并得雨情形，謹繕摺具陳，仰祈聖鑒事。

竊本年四月分糧價并得雨情形，業經臣奏報在案。玆據新疆布政使吳引孫詳稱：光緒三十年五月分，鎮迪道屬孚遠得雨，入土八寸；迪化得雨，入土六寸；呼圖壁、奇臺、庫爾喀喇烏蘇得雨，入土五寸；昌吉、綏來、鎮西得雨，入土二寸；阜康、吐魯番、哈密微雨。伊塔道屬綏定得雨，入土八寸；寧遠、塔爾巴哈臺、精河得雨，入土五寸。南路拜城、庫車、烏什、葉城得雨，入土三寸；温宿縣得雨，入土一寸；温宿府、輪臺、婼羌、沙雅、疏勒、疏附、伽師、莎車、巴楚、皮山、于闐、洛浦、英吉沙爾微雨，餘屬并未得雨。

至通省糧價，除新平一處因地尚未成熟暫緩具報，柯坪等處仍應俟具報至日再行匯列外，所有阜康、鄯善、鎮西、寧遠、塔爾巴哈臺、焉耆、庫車、烏什等屬具與上月相同，餘均各有增減，匯詳請奏前來。

理合恭摺具陳，并繕糧價清單，敬呈御覽。伏乞皇太后、皇上聖鑒。謹奏。光緒三十年十一月初十日。

---

① 中國第一歷史檔案館藏：《硃批原件》，檔號：04-01-01-1067-016。

② 此硃批日期與內容，據《軍機處隨手登記檔》（檔案編號：03-0319-2-1230-328）校補。

（硃批）：知道了。[①]

光緒三十年十二月二十四日，奉硃批：知道了。欽此。[②]

一〇五、呈新疆光緒三十年五月糧價清單
光緒三十年十一月初十日（1904年12月16日）

謹將新疆各屬光緒三十年五月分米糧時估價值，繕具清單，恭呈御覽。

計開五月分

鎮迪道屬

迪化縣：大米每京石價銀六两四錢八分，較上月增六分七厘。小麥每京石價銀二兩五錢五厘，與上月相同。豌豆每京石價銀二兩四錢四分八厘，較上月減五錢四厘。青稞每京石價銀一兩七錢九分四厘，與上月相同。

昌吉縣：大米每京石價銀五兩四錢二厘，較上月增三錢六分。小麥每京石價銀一兩九錢四分二厘，較上月減一錢一分。豌豆每京石價銀二兩七分，較上月減七分一厘。青稞每京石價銀一兩一錢，與上月相同。

呼圖壁縣丞：大米每京石價銀四兩四錢三厘，與上月相同。小麥每京石價銀一兩五錢八分七厘，較上月減一錢七分九厘。豌豆每京石價銀一兩八錢三分五厘，較上月減二錢七厘。

綏來縣：大米每京石價銀四兩七錢五分六厘，較上月增一錢七分六厘。小麥每京石價銀一兩八錢七分五厘，較上月減三錢一分九厘。豌豆每京石價銀一兩九錢五分九厘，較上月減七錢一分五厘。高粱每京石價銀一兩一錢七分七厘，較上月減七錢七分八厘。

阜康縣：粟米每京石價銀一兩九錢一分二厘，小麥每京石價銀一兩九錢八分七厘，豌豆每京石價銀一兩九錢一分二厘，高粱每京石價銀一兩三錢五分六厘，俱與上月相同。

---

① 中國第一歷史檔案館藏：《硃批原件》，檔號：04-01-25-0584-027。

② 中國第一歷史檔案館藏：《軍機録副》，檔號：03-7025-037。

孚遠縣：小麥每京石價銀二兩四分二厘，較上月增四分一厘。豌豆每京石價銀二兩二厘，較上月減一錢六分八厘。高粱每京石價銀九錢六分，與上月相同。

奇臺縣：大米每京石價銀六兩二錢一分四厘，與上月相同。小麥每京石價銀二兩一錢二分三厘，較上月減二錢一分二厘。豌豆每京石價銀二兩一錢七分五厘，較上月增二錢四分二厘。

吐魯番直隸廳：小麥每京石價銀一兩四錢一分六厘，較上月增一錢一分一厘。大麥每京石價銀六錢九分四厘，與上月相同。高粱每京石價銀九錢六分五厘，較上月增九分三厘。黃豆每京石價銀一兩五錢三分，與上月相同。

鄯善縣：小麥每京石價銀一兩六錢六分七厘，大麥每京石價銀八錢二分三厘，高粱每京石價銀一兩一錢三分一厘，俱與上月相同。

鎮西直隸廳：小麥每京石價銀二兩六錢四分，豌豆每京石價銀二兩一錢六分，青稞每京石價銀一兩四錢四分，俱與上月相同。

哈密直隸廳：粟米每京石價銀三兩六錢，較上月增七錢二分。小麥每京石價銀二兩三錢九分九厘，較上月增三錢九厘。豌豆每京石價銀二兩五錢二分，與上月相同。青稞每京石價銀一兩九錢六分九厘，較上月增一錢一分六厘。

庫爾喀喇烏蘇直隸廳：小麥每京石價銀二兩一錢三分，較上月減一錢七分七厘。大麥每京石價銀一兩七錢七分五厘，與上月相同。豌豆每京石價銀一兩九錢五分二厘，與上月相同。

伊塔道屬

綏定縣：大米每京石價銀五兩七錢七分二厘，與上月相同。小麥每京石價銀一兩七錢九分四厘，較上月增一錢三分八厘。大麥每京石價銀一兩一錢，與上月相同。豌豆每京石價銀一兩四錢，與上月相同。

寧遠縣：大米每京石價銀五兩三錢八分一厘，小麥每京石價銀一兩三錢一分一厘，大麥每京石價銀九錢六分三厘，豌豆每京石價銀一兩二錢九分六厘，俱與上月相同。

塔爾巴哈臺直隸廳：小麥每京石價銀二兩六分二厘，大麥每京石價銀一兩三錢七分四厘，豌豆每京石價銀一兩五錢四分六厘，俱與上月相同。

精河直隸廳：大米每京石價銀四兩六錢三分，與上月相同。小麥每京石價銀二兩二錢四分，與上月相同。大麥每京石價銀一兩二錢六分，與上月相同。豌豆每京石價銀二兩三分，較上月增二錢一分。

阿克蘇道屬

温宿府：大米每京石價銀二兩四錢三分二厘，與上月相同。小麥每京石價銀一兩七錢二分五厘，較上月增二錢一分六厘。大麥每京石價銀六錢，較上月增一錢五分三厘。包穀每京石價銀一兩六分二厘，與上月相同。

温宿縣：大米每京石價銀二兩四錢七分，較上月增一錢九分。小麥每京石價銀一兩八錢四分，較上月增一錢一分二厘。大麥每京石價銀九錢，較上月增三分八厘。包穀每京石價銀一兩四分，較上月增四分。

拜城縣：小麥每京石價銀八錢，較上月增一分。大麥每京石價銀五錢，較上月增二分。豌豆每京石價銀五錢八分，較上月增一分。包穀每京石價銀五錢七分，較上月增一分。

焉耆府：大米每京石價銀五兩一錢八分，小麥每京石價銀二兩七分，豌豆每京石價銀一兩四錢四分，包穀每京石價銀一兩四錢八厘，俱與上月相同。

輪臺縣：大米每京石價銀五兩六錢四分，較上月增三錢七分。小麥每京石價銀二兩一錢三分八厘，較上月增二錢七分五厘。包穀每京石價銀一兩七錢九分二厘，較上月增二錢五分六厘。

庫車直隸州：大米每京石價銀三兩三錢，小麥每京石價銀一兩一錢，豌豆每京石價銀七錢，包穀每京石價銀七錢，俱與上月相同。

沙雅縣：大米每京石價銀三兩四錢，較上月增二分。小麥每京石價銀一兩一錢七分，與上月相同。包穀每京石價銀八錢三分，與上月相同。

烏什直隸廳：大米每京石價銀二兩一錢七分五厘，小麥每京石價銀七錢二分六厘，大麥每京石價銀三錢七分四厘，包穀每京石價銀五錢二分四厘，俱與上月相同。

喀什噶爾道屬

疏勒府：大米每京石價銀三兩九錢三分七厘，較上月減九分四厘。小麥每京石價銀一兩八錢一分一厘，與上月相同。包穀每京石價銀一兩五錢七厘，較上月減六分三厘。高粱每京石價銀一兩一錢五分，與上月相同。

疏附縣：大米每京石價銀三兩九錢三分七厘，較上月增九分四厘。小麥每京石價銀一兩九錢四分，與上月相同。包穀每京石價銀一兩六錢七分五厘，與上月相同。高粱每京石價銀一兩四錢三分七厘，較上月增三分七厘。

伽師縣：大米每京石價銀三兩七錢五分，較上月減二錢三分四厘。小麥每京石價銀一兩七錢六分八厘，較上月減二錢一分五厘。包穀每京石價銀一兩六錢三分三厘，較上月減一錢四分三厘。高粱每京石價銀九錢三分四厘，與上月相同。

莎車府：大米每京石價銀三兩七錢，與上月相同。小麥每京石價銀一兩三錢八分，較上月減六分九厘。大麥每京石價銀一兩一錢二分五厘，較上月減一錢二分五厘。包穀每京石價銀一兩一錢八分八厘，與上月相同。

巴楚州：大米每京石價銀四兩七錢，較上月增三錢七分。小麥每京石價銀二兩四錢一分五厘，與上月相同。包穀每京石價銀一兩六錢，與上月相同。

葉城縣：大米每京石價銀三兩五錢五分，與上月相同。小麥每京石價銀一兩三錢五分，較上月增一錢。包穀每京石價銀一兩一錢五分，較上月減一分。

皮山縣：大米每京石價銀四兩，與上月相同。小麥每京石價銀一兩六錢，與上月相同。大麥買京石價銀八錢五分，與上月相同。包穀每京石價銀一兩五分，較上月增五分。

和闐直隸州：大米每京石價銀三兩一錢一分，與上月相同。小麥每京石價銀一兩五分，較上月減五分。包穀每京石價銀六錢五分，較上月減三分。青稞每京石價銀六錢四分，與上月相同。

于闐縣：大米每京石價銀三兩二錢，與上月相同。小麥每京石價銀一兩一錢一分，較上月減三分。包穀每京石價銀七錢三分，較上月增二分。

洛浦縣：大米每京石價銀三兩九錢二分，較上月減二錢八分。小麥每京石價銀一兩五錢一分八厘，較上月減二錢七分六厘。包穀每京石價銀一兩一錢五分二厘，較上月減一錢二分八厘。

英吉沙爾直隸廳：大米每京石價銀四兩五錢六分，與上月相同。小麥每京石價銀一兩七錢九分四厘，較上月減二錢七分六厘。大麥每京石價銀九錢六分九厘，較上月減一錢一分四厘。包穀每京石價銀一兩七錢四分二厘，與上月相同。

（硃批）：覽。①

① 中國第一歷史檔案館藏：《清單》，檔號：03-7025-038。

一〇六、奏報廿八年秋冬營員臺局義學摺

光緒三十年十一月初十日（1904年12月16日）

甘肅新疆巡撫西林巴圖魯臣潘效蘇跪奏，爲新疆防營、員弁勇丁、各臺、局、卡、義學自光緒二十八年七月初一日起至十二月底止實在數目，繕具清單，恭摺仰祈聖鑒事。

竊新疆馬步營旗、炮隊、各臺、局、卡、義學實在數目，截至二十八年六月底止，業經臣分别奏咨在案。兹據新疆糧臺詳稱：自二十八年七月初一日起至十二月底止，實存防軍行糧章程馬隊三旗，半行半坐章程馬隊六旗，標營章程馬隊四十六旗、步隊二十二營二十一旗二哨、開花炮隊六哨。共額設統領、營旗官、哨長三百七十五員，巡查一百二十六員，營哨書、弁勇二萬四千一百八十名，火勇一千六百七十八名，額外火夫、馬夫、私夫、車夫、棚夫、子藥夫、馱夫共六千二百七十三名，并各臺、局、卡、義學，繕具清單，詳請咨奏前來。

臣覆查無異，除咨部外，謹繕清單，恭呈御覽。伏乞皇太后、皇上聖鑒，飭部立案施行。謹奏。光緒三十年十一月初十日。

（硃批）：該部知道，單二件并發。[①]

光緒三十年十二月二十四日，奉硃批：該部知道，單二件并發。欽此。[②]

一〇七、呈營旗弁勇夫馬炮車數目清單

光緒三十年十一月初十日（1904年12月16日）

謹將新疆駐防馬步各營、旗、哨員弁勇丁、夫馬、炮車數目，自光緒二十八年七月初一日起至十二月底止，繕具四柱清單，恭呈御覽。

舊管：光緒二十八年六月底止，實存防軍行糧章程馬隊三旗，半行半

① 中國第一歷史檔案館藏：《硃批原件》，檔號：04-01-16-0283-072。

② 中國第一歷史檔案館藏：《軍機録副》，檔號：03-6039-036。

坐章程馬隊六旗，標營章程馬隊四十八旗、步隊二十二營二十一旗二哨、開花炮隊六哨。共計實存額設統領、營官、哨長三百八十一員，實存額設巡查一百二十八員，實存額設營哨書、弁勇共二萬四千四百二十四名，實存額設火勇一千六百七十八名，實存額外火夫七百九十八名，實存額外馬夫、私夫、車夫、棚夫、子藥夫、馱夫五千六百六十一名，實存額馬七千三百二匹，實存額外馱馬一百六十八匹，實存炮車三十六輛、車騾九十六頭。

新收無項。

開除：駐防羅布淖爾撫標練軍左旗標營章程馬隊一旗，駐防喀什提標右旗標營章程馬隊一旗，均截至十二月底一律裁撤。減旗官、哨長六員，減巡查二員，減營哨書、弁勇二百四十四名，減額外火夫二十八名，減額外馬夫、私夫一百五十八名，減額馬二百五十六匹。

實在：光緒二十八年十二月底止，實存防軍行糧章程馬隊三旗，半行半坐章程馬隊六旗，標營章程馬隊四十六旗、步隊二十二營二十一旗二哨、開花炮隊六哨。共計實存額設統領、營旗官、哨長三百七十五員，實存額設巡查一百二十六員，實存額設營哨書、弁勇二萬四千一百八十名，實存額設火勇一千六百七十八名，實存額外火夫七百七十名，實存額外馬夫、私夫、車夫、棚夫、子藥夫、馱夫五千五百三名，實存額馬七千四十六匹，實存額外馱馬一百六十八匹，實存炮車三十六輛、車騾九十六頭。

（硃批）：覽。[①]

一〇八、呈前年秋冬臺局卡義學數目清單

光緒三十年十一月初十日（1904年12月16日）

謹將新疆各臺、局、卡、義學數目自光緒二十八年七月初一日起至十二月底止，繕具四柱清單，恭呈御覽。

舊管：光緒二十八年六月底止，實存新疆糧臺，省城軍裝總局，省城南梁機

① 中國第一歷史檔案館藏：《清單》，檔號：03-6038-010。

器局，省城采運局，新疆省城、伊犁寧遠城、喀什噶爾城三中俄通商局。

伊塔道、塔爾巴哈臺二善後局，塔城喀圖金礦局，省城、哈密新城、吐魯番新城、焉耆、庫車、阿克蘇、烏什、英吉沙爾、喀什噶爾漢城、葉爾羌、和闐、古城、綏來、綏定、寧遠、綏定城東關、廣仁城、塔爾巴哈臺等處十八保甲局。

霍爾果斯尼堪卡倫、果子溝、霍爾罕、明瑶路、依蘭烏瓦斯、依斯里克、圖舒克、塔石可力峽、依布拉引、猩猩峽等處十稽查卡。

哈密、巴里坤、昌吉、吐魯番、焉耆、庫車、阿克蘇、烏什、喀什噶爾、英吉沙爾、瑪喇巴什、葉爾羌、和闐、塔爾巴哈臺等處十四牛痘局。

哈密義學三堂、吐魯番義學三堂、焉耆義學三堂、庫車義學三堂、拜城義學二堂、温宿義學二堂、烏什義學二堂、疏勒州義學二堂、疏附義學二堂、瑪喇巴什義學二堂、英吉沙爾義學二堂、莎車義學三堂、葉城義學二堂、和闐義學二堂、于闐義學二堂、巴里坤義學二堂、奇臺義學二堂、濟木薩義學一堂、阜康義學二堂、迪化義學三堂、昌吉義學二堂、綏來義學二堂、呼圖壁義學一堂、寧遠義學二堂、綏定義學二堂、廣仁城義學一堂、瞻德城義學一堂、霍爾果斯義學一堂、新平義學一堂、塔爾巴哈臺義學二堂，計義學六十堂。

新收：無項。

開除：無項。

實在：光緒二十八年十二月底止，實存新疆糧臺，省城軍裝總局，省城南梁機器局，省城采運局，新疆省城、伊犁寧遠城、喀什噶爾城三中俄通商局。

伊塔道、塔爾巴哈臺二善後局，塔城喀圖金礦局，省城、哈密新城、吐魯番新城、焉耆、庫車、阿克蘇、烏什、英吉沙爾、喀什噶爾漢城、葉爾羌、和闐、古城、綏來、綏定、寧遠、綏定城東關、廣仁城、塔爾巴哈臺等處十八保甲局。

霍爾果斯尼堪卡倫、果子溝、霍爾罕、明瑶路、伊蘭烏瓦斯、依斯里克、圖舒克、塔石可力峽、依布拉引、猩猩峽等處十稽查卡。

哈密、巴里坤、昌吉、吐魯番、焉耆、庫車、阿克蘇、烏什、喀什噶爾、英吉沙爾、瑪喇巴什、葉爾羌、和闐、塔爾巴哈臺等處十四牛痘局。

哈密義學三堂、吐魯番義學三堂、焉耆義學三堂、庫車義學三堂、拜城義學二堂、温宿義學二堂、烏什義學二堂、疏勒義學二堂、疏附義學二堂、瑪喇巴什義學二堂、英吉沙爾義學二堂、莎車義學三堂、葉城義學二堂、和闐義學二堂、于闐義學二堂、巴里坤義學二堂、奇臺義學二堂、濟木薩義學一堂、阜康義學二堂、迪化義學三堂、昌吉義學二堂、綏來義學二堂、呼圖壁義學一堂、寧遠義學二堂、綏定義學二堂、廣仁城義學一堂、瞻德城義學一堂、霍爾果斯義學一堂、新平義學一堂、塔爾巴哈臺義學二堂，共計義學六十堂。

（硃批）：覽。[①]

一〇九、請以王金樞揀補寧遠營守備摺

光緒三十年十一月初十日（1904年12月16日）

甘肅新疆巡撫西林巴圖魯臣潘效蘇跪奏，爲守備員缺緊要，請仍以原揀之員准補，恭摺具陳，仰祈聖鑒事。

竊臣前因伊犁鎮署寧遠營中軍守備員缺，奏請以新疆儘先補用都司雲騎尉王金樞借補，經兵部議覆以該員原保都司，議俟雲騎尉期滿引見後，再歸都司班序補。今以未歸都司班之雲騎尉借補守備，與例不符，應仍另揀合例人員請補等因，於光緒三十年五月十六日具奏，奉旨：依議。欽此。欽遵咨行前來。

查部臣以該員王金樞未歸都司班借補守備與例不符，係指該員應俟雲騎尉學習期滿引見後方准以都司留新疆儘先即補而言。惟世職雲騎尉照例到營學習期滿，原准以守借補用。該員王金樞經前撫臣陶模咨留新疆，歸巴里坤鎮標差遣，於光緒十八年六月十三日到標，扣算留營學習之期早經屆滿，即未得保都司，以雲騎尉請補守備，本與定例相符，銜缺亦屬相當。若因其續著戰功請獎升階未及過班不准借補守備，反不足以昭激勵。況該員曾於光緒二十九年經伊犁將軍馬亮奏請留於伊犁軍標差遣，欽奉硃批：著照所請。欽此。嗣准兵部咨覆，應俟引見後歸班注册。復經馬亮以該員在營年久，現充要差，既經欽奉硃批照准，請照新疆變通章程，准其先行歸班注册咨覆在案，實與無故未經赴引者有間。且伊犁駐防世職雲騎尉因程途寫遠，無力赴京，歷經前任將軍咨部免其送部有案。

又，伊犁、烏魯木齊等處補放守備，照例毋庸送部，該員事同一律，若必俟引見後始准補缺，亦非朝廷體恤藎臣後嗣之意。合無仰懇天恩俯念極邊員缺緊

① 中國第一歷史檔案館藏：《清單》，檔號：03-6169-106。

要，與内地情形不同，該員王金樞在邊年久，熟悉情形，揀補伊犁鎮屬寧遠營守備，人地亦極相宜，飭部仍照原案核准，并先行發給劄付，俟有差便，再補行給咨送部引見，以符定制。

是否有當？謹會同伊犁將軍臣馬亮、陝甘總督臣崧蕃、喀什噶爾提督臣焦大聚，恭摺具陳。伏乞皇太后、皇上聖鑒訓示。謹奏。光緒三十年十一月初十日。

（硃批）：兵部議奏。①

光緒三十年十二月二十四日，奉硃批：兵部議奏。欽此。②

一一〇、奏委左新藻署理伽師縣知縣事

光緒三十年十一月初十日（1904年12月16日）

再，署伽師縣知縣姚榮炳撤任察看，所遺員缺應以准補該縣知縣左新藻飭赴新任，以專責成。據新疆布政使吴引孫、鎮迪道兼按察使銜李滋森會詳前來。

除由臣批飭給委外，謹會同陝甘總督臣崧蕃，附片具奏。伏乞聖鑒。謹奏。

（硃批）：吏部知道。③

光緒三十年十二月二十四日，奉硃批：吏部知道。欽此。④

【案】此奏片之具奏日期，原件署“光緒三十年”，具體日期未署，録副則以硃批日期爲之，亦未確。據硃批日期查光緒三十年十二月二十四日《隨手檔》⑤“硃批潘效蘇摺”一欄，署有“報四百里、十一月初十日發”等字樣。據此，此片具奏日期應爲“光緒三十年十一月初十日”無疑。兹據校正。

---

① 中國第一歷史檔案館藏：《硃批原件》，檔號：04-01-16-0283-071。

② 此硃批日期與内容，據《軍機處隨手登記檔》（檔案編號：03-0319-2-1230-347）校補。

③ 中國第一歷史檔案館藏：《硃批原件》，檔號：04-01-12-0640-120。

④ 中國第一歷史檔案館藏：《軍機録副》，檔號：03-5434-056。

⑤ 中國第一歷史檔案館藏：《軍機處隨手登記檔》，檔案編號：03-0319-1-1230-261。

一一一、奏報各屬本年六月雨水糧價摺

光緒三十年十一月二十八日（1905年1月3日）

甘肅新疆巡撫西林巴圖魯臣潘效蘇跪奏，爲恭報光緒三十年六月分各屬糧價并得雨情形，謹繕摺具陳，仰祈聖鑒事。

竊本年五月分糧價并得雨情形，業經臣奏報在案。兹據新疆布政使吴引孫詳稱：光緒三十年六月分，鎮迪道屬庫爾喀喇烏蘇得雨，入土八寸；呼圖壁得雨，入土五寸；迪化、奇臺得雨，入土四寸；昌吉、綏來、阜康得雨，入土二寸；孚遠、吐魯番、鎮西、哈密微雨。伊塔道屬綏定得雨，入土八寸；精河得雨，入土二寸；寧遠、塔爾巴哈臺微雨。南路温宿縣、烏什得雨，入土三寸；温宿府、拜城、庫車、莎車、皮山、于闐微雨。餘屬并未得雨。

至通省糧價，除新平一處因地尚未成熟，暫緩具報，柯坪等處仍應俟具報至日再行匯列外，所有綏定、寧遠、焉耆、庫車、烏什、和田等處俱與上月相同，餘均各有增減，匯詳請奏前來。

理合恭摺具陳，并繕糧價清單，敬呈御覽。伏乞皇太后、皇上聖鑒。謹奏。光緒三十年十一月二十八日。

（硃批）：知道了。[①]

光緒三十一年正月初十日，奉硃批：知道了。欽此。[②]

一一二、呈新疆光緒三十年六月糧價清單

光緒三十年十一月二十八日（1905年1月3日）

謹將新疆各屬光緒三十年六月分米糧時估價值，繕具清單，恭呈御覽。

計開六月分

① 中國第一歷史檔案館藏：《硃批原件》，檔號：04-01-25-0584-026。

② 中國第一歷史檔案館藏：《軍機録副》，檔號：03-7026-012。

鎮迪道屬

迪化縣：大米每京石價銀六两一錢六分六厘，較上月減三錢一分四厘。小麥每京石價銀一兩九錢八分，較上月減五錢二分五厘。豌豆每京石價銀二兩八分八厘，較上月減三錢六分。青稞每京石價銀一兩六錢五分六厘，較上月減一錢三分八厘。

昌吉縣：大米每京石價銀五兩四錢二厘，與上月相同。小麥每京石價銀一兩八錢六分九厘，較上月減七分三厘。豌豆每京石價銀一兩九錢二分九厘，較上月減一錢四分一厘。青稞每京石價銀一兩一錢，與上月相同。

呼圖壁縣丞：大米每京石價銀四兩二錢二分四厘，較上月減一錢七分九厘。小麥每京石價銀一兩三錢四分五厘，較上月減二錢四分二厘。豌豆每京石價銀一兩五錢八分五厘，較上月減二錢五分。

綏來縣：大米每京石價銀四兩四錢四厘，較上月減三錢五分二厘。小麥每京石價銀一兩三錢四分四厘，較上月減五錢三分一厘。豌豆每京石價銀一兩七錢八分二厘，較上月減一錢七分七厘。高粱每京石價銀一兩六錢，與較上月增四錢二分三厘。

阜康縣：粟米每京石價銀一兩九錢一分二厘，與上月相同。小麥每京石價銀一兩六錢五分六厘，較上月減三錢三分一厘。豌豆每京石價銀一兩五錢九分四厘，較上月減三錢一分八厘。高粱每京石價銀一兩三錢五分六厘，與上月相同。

孚遠縣：小麥每京石價銀一兩九錢九分八厘，較上月減四分四厘。豌豆每京石價銀一兩九錢六分，較上月減四分二厘。高粱每京石價銀九錢六分，與上月相同。

奇臺縣：大米每京石價銀六兩二錢一分四厘，與上月相同。小麥每京石價銀一兩八錢三錢三分九厘，較上月減二錢八分四厘。豌豆每京石價銀一兩八錢三分，較上月減三錢四分五厘。

吐魯番直隸廳：小麥每京石價銀一兩四錢一分六厘，與上月相同。大麥每京石價銀六錢九分四厘，與上月相同。高粱每京石價銀一兩二厘，較上月增三分七厘。黄豆每京石價銀一兩五錢三分，與上月相同。

鄯善縣：小麥每京石價銀一兩五錢六分六厘，較上月減一錢一厘。大麥每京石價銀七錢六分四厘，較上月減五分九厘。高粱每京石價銀一兩一錢三分一厘，與上月相同。

鎮西直隸廳：小麥每京石價銀二兩五錢六分，較上月減八分。豌豆每京石價銀二兩一錢六分，與上月相同。青稞每京石價銀一兩二錢八分，較上月減一錢六分。

哈密直隸廳：粟米每京石價銀四兩三錢二分，較上月增七錢二分。小麥每京石價銀二兩七厘，較上月減九分二厘。豌豆每京石價銀二兩三錢四分，較上月減一錢八分。青稞每京石價銀一兩七錢三分七厘，較上月減二錢三分二厘。

庫爾喀喇烏蘇直隸廳：小麥每京石價銀一兩七錢七分五厘，較上月減三錢五分五厘。大麥每京石價銀一兩二錢四分二厘，較上月減五錢三分三厘。豌豆每京石價銀一兩二錢四分二厘，較上月減七錢一分。

伊塔道屬

綏定縣：大米每京石價銀五兩七錢七分二厘，小麥每京石價銀一兩七錢九分四厘，大麥每京石價銀一兩一錢，豌豆每京石價銀一兩四錢，俱與上月相同。

寧遠縣：大米每京石價銀五兩三錢八分一厘，小麥每京石價銀一兩三錢一分一厘，大麥每京石價銀九錢六分三厘，豌豆每京石價銀一兩二錢九分六厘，俱與上月相同。

塔爾巴哈臺直隸廳：小麥每京石價銀一兩七錢五厘，較上月減三錢五分七厘。大麥每京石價銀一兩一錢六厘，較上月減二錢六分八厘。豌豆每京石價銀一兩二錢三厘，較上月減三錢四分三厘。

精河直隸廳：大米每京石價銀四兩九錢，較上月增二錢七分。小麥每京石價銀二兩三分，較上月減二錢一分。大麥每京石價銀一兩二錢六分，與上月相同。豌豆每京石價銀萬二兩三分，與上月相同。

阿克蘇道屬

温宿府：大米每京石價銀二兩二錢八分，較上月減一錢五分二厘。小麥每京石價銀一兩一錢，較上月減六錢二分五厘。大麥每京石價銀五錢二分六厘，較上月減七分四厘。包穀每京石價銀一兩一錢三分，較上月增六分八厘。

温宿縣：大米每京石價銀二兩四錢七分，與上月相同。小麥每京石價銀一兩二錢五分，較上月減五錢九分。大麥每京石價銀八錢，較上月減一錢。包穀每京石價銀一兩三錢一分五厘，較上月增二錢七分五厘。

拜城縣：小麥每京石價銀八錢，與上月相同。大麥每京石價銀四錢八分，較上月減二分。豌豆每京石價銀五錢七分，較上月減一分。包穀每京石價銀五錢七分，與上月相同。

焉耆府：大米每京石價銀五兩一錢八分，小麥每京石價銀二兩七分，豌豆每京石價銀一兩四錢四分，包穀每京石價銀一兩四錢八厘，俱與上月相同。

輪臺縣：大米每京石價銀五兩六錢四分，與上月相同。小麥每京石價銀二兩一錢三分八厘，與上月相同。包穀每京石價銀二兩四分八厘，較上月增二錢五分六厘。

庫車直隸州：大米每京石價銀三兩三錢，小麥每京石價銀一兩一錢，豌豆每京石價銀七錢，包穀每京石價銀七錢，俱與上月相同。

沙雅縣：大米每京石價銀三兩四錢，與上月相同。小麥每京石價銀一兩一錢五分，較上月減二分。包穀每京石價銀八錢三分，與上月相同。

烏什直隸廳：大米每京石價銀二兩一錢七分五厘，小麥每京石價銀七錢二分六厘，大麥每京石價銀三錢七分四厘，包穀每京石價銀五錢二分四厘，俱與上月相同。

喀什噶爾道屬

疏勒府：大米每京石價銀三兩九錢三分七厘，與上月相同。小麥每京石價銀一兩七錢二分五厘，較上月減八分六厘。包穀每京石價銀一兩五錢七厘，與上月相同。高粱每京石價銀一兩一錢五分，與上月相同。

疏附縣：大米每京石價銀三兩三分一厘，較上月增九分四厘。小麥每京石價銀一兩八錢九分七厘，較上月減四分三厘。包穀每京石價銀一兩六錢七分五厘，與上月相同。高粱每京石價銀一兩四錢一厘，較上月減三分六厘。

伽師縣：大米每京石價銀三兩七錢五分，與上月相同。小麥每京石價銀一兩七錢二分五厘，較上月減四分三厘。包穀每京石價銀一兩五錢九分一厘，較上月減四分二厘。高粱每京石價銀九錢三分四厘，與上月相同。

莎車府：大米每京石價銀三兩七錢，與上月相同。小麥每京石價銀一兩三錢八分，與上月相同。大麥每京石價銀一兩三錢七分五厘，較上月減二錢五分。包穀每京石價銀一兩三錢二分，較上月增一錢三分二厘。

巴楚州：大米每京石價銀四兩四錢四分，較上月增三錢七分。小麥每京石價銀二兩四錢一分五厘，與上月相同。包穀每京石價銀一兩六錢，與上月相同。

葉城縣：大米每京石價銀三兩六錢五分，較上月增一錢。小麥每京石價銀一兩二錢五分，較上月減一錢。包穀每京石價銀一兩一錢三分，較上月減二分。

皮山縣：大米每京石價銀五兩九分，較上月增一兩九分。小麥每京石價銀九錢，較上月減七錢。大麥每京石價銀八錢，較上月減五分。包穀每京石價銀七錢七分五厘，較上月減二錢七分五厘。

和闐直隸州：大米每京石價銀三兩一錢一分，小麥每京石價銀一兩五分，包穀每京石價銀六錢五分，青稞每京石價銀六錢四分，俱與上月相同。

于闐縣：大米每京石價銀三兩二錢，與上月相同。小麥每京石價銀一兩八分，較上月增三分。包穀每京石價銀六錢八分，較上月減五分。

洛浦縣：大米每京石價銀三兩九錢二分，與上月相同。小麥每京石價銀一兩三錢八分，較上月減一錢三分八厘。包穀每京石價銀一兩五分二厘，較上月減一錢。

英吉沙爾直隸廳：大米每京石價銀四兩一錢四厘，較上月減四錢五分六厘。小麥每京石價銀一兩七錢二分五厘，較上月減六分九厘。大麥每京石價銀九錢六分九厘，與上月相同。包穀每京石價銀一兩七錢四分二厘，與上月相同。

（硃批）：覽。[①]

一一三、揀補古城滿營佐領等缺緣由摺

光緒三十年十一月二十八日（1905年1月3日）

甘肅新疆巡撫西林巴圖魯臣潘效蘇跪奏，爲揀員請旨簡放古城滿營佐領、防禦、驍騎校各缺，恭摺具陳，仰祈聖鑒事。

竊古城滿營鑲白正藍旗佐領哈撒阿病故遺缺，業經臣奏明以忠賜等三員護理在案。兹據古城城守尉雙林在於應升人員内逐加考驗，擬具正、陪，并造具旗佐清册，呈請奏補前來。

臣覆加揀選，所有新疆古城滿營鑲白正藍旗佐領員缺，應以藍翎鑲紅鑲藍旗防禦現護鑲白正藍旗世襲雲騎尉忠賜擬正，軍功藍翎左翼蒙古旗防禦喜奎擬陪。忠賜所遺防禦員缺，應以正黄正紅旗驍騎校現護鑲紅鑲藍旗防禦世襲恩騎尉有世

① 中國第一歷史檔案館藏：《清單》，檔號：03-7025-038。

擬正，鑲黄正白旗雲騎尉録忠擬陪。有世遞遺驍騎校員缺，應以右翼蒙古旗降二級調用佐領候補驍騎校現護正黄正紅旗驍騎都成額擬正，左翼蒙古旗年滿委筆帖式春山擬陪。

理合繕具清單，恭呈御覽，仰懇天恩簡放佐領一員、防禦一員、驍騎校一員，以實營伍。除咨部外，謹會同伊犁將軍臣馬亮、陝甘總督臣崧蕃恭摺具奏。伏乞皇太后、皇上聖鑒訓示。謹奏。光緒三十年十一月二十八日。

（硃批）：均著擬正之員補授，該衙門知道，單并發。[①]

光緒三十一年正月初十日，奉硃批：均著擬正之員補授，該衙門知道，單并發。欽此。[②]

一一四、請准新疆本届計典暫緩辦理摺

光緒三十年十一月二十八日（1905年1月3日）

甘肅新疆巡撫西林巴圖魯臣潘效蘇跪奏，爲新疆本届計典仍難舉行，懇恩緩至下届再行辦理，恭摺仰祈聖鑒事。

竊新疆自設省以來，五次恭逢計典，均因俸滿人少，經各前撫臣奏准展緩在案。兹届光緒三十年大計之期，經吏部具奏，奉旨咨行遵照，自應欽遵辦理，以副朝廷三載考績之至意。惟新疆實缺道、府、丞、倅、州、縣到任，歷俸已滿三年者仍衹數人，尚未引見。其餘或因事調省，或委署他缺，或歷俸未滿，或尚未到任。按照十五員准薦一人之例，核計不符。至佐雜、教職不敷一百三十員額數，照例應毋庸議。據新疆布政使吴引孫、鎮迪道兼按察使銜李滋森會詳請奏前來。

臣覆查無異，合無仰懇天恩俯准緩至下届再行舉辦，儻有干六法人員，仍由臣隨時參劾，斷不敢稍事姑容，致滋貽誤。謹會同陝甘總督臣崧蕃，恭摺具陳。伏乞皇太后、皇上聖鑒訓示。謹奏。光緒三十年十一月二十八日。

---

① 中國第一歷史檔案館藏：《硃批原件》，檔號：04-01-16-0283-033。

② 中國第一歷史檔案館藏：《軍機録副》，檔號：03-5436-059。

（硃批）：吏部知道。[①]

光緒三十一年正月初十日，奉硃批：吏部知道。欽此。[②]

一一五、委任張璪光署理巴楚知州片

光緒三十年十一月二十八日（1905 年 1 月 3 日）

再，署巴楚州知州錢炳煥期滿遺缺，查有請補該州知州張璪光，堪以先行署理。據新疆布政使吴引孫、鎮迪道兼按察使銜李滋森會詳前來。除由臣批飭給委外，謹會同陝甘督臣崧蕃，附片具奏。伏乞聖鑒。謹奏。

（硃批）：吏部知道。[③]

光緒三十一年正月初十日，奉硃批：吏部知道。欽此。[④]

【案】此奏片之具奏日期，原件署“光緒三十年”，具體日期未署，録副以硃批日期爲之，亦未確。據硃批日期查光緒三十一年正月初十日《隨手檔》[⑤]“硃批潘效蘇摺”一欄，署有“報四百里、三十年十一月二十八日由新疆省城發”等字樣。據此，此片具奏日期應爲“光緒三十年十一月二十八日”無疑。兹據校正。

一一六、奏報光緒三十年七月雨水糧價摺

光緒三十年十二月初十日（1905 年 1 月 15 日）

甘肅新疆巡撫西林巴圖魯臣潘效蘇跪奏，爲恭報光緒三十年七月分各屬糧價

---

① 中國第一歷史檔案館藏：《硃批原件》，檔號：04-01-01-1066-028。
② 中國第一歷史檔案館藏：《軍機録副》，檔號：03-5436-055。
③ 中國第一歷史檔案館藏：《硃批原件》，檔號：04-01-12-0640-106。
④ 中國第一歷史檔案館藏：《軍機録副》，檔號：03-5436-057。
⑤ 中國第一歷史檔案館藏：《軍機處隨手登記檔》，檔案編號：03-0320-1-1231-009。

并得雨情形，謹繕摺具陳，仰祈聖鑒事。

竊本年六月分糧價并得雨情形，業經臣奏報在案。兹據新疆布政使吴引孫詳稱：光緒三十年七月分，鎮迪道屬迪化、綏來、奇臺得雨入土三寸，昌吉、孚遠、鎮西得雨入土二寸，阜康、庫爾喀喇烏蘇得雨入土一寸，呼圖壁、鄯善、哈密微雨。伊塔道屬寧遠、精河得雨入土二寸，塔爾巴哈臺得雨入土一寸，綏定微雨。南路烏什、葉城得雨入土二寸，拜城、新平、庫車、沙雅、沙車、巴楚、皮山微雨，餘屬并未得雨。

至通省糧價，除新平一處因地尚未成熟，暫緩具報，柯坪等處仍應俟具報至日再行匯列外，所有阜康、鄯善、鎮西、綏定、寧遠、嗒爾巴哈臺、輪臺、烏什、莎車等屬，俱與上月相同。餘均各有增減，匯詳請奏前來。

理合恭摺具陳，并繕糧價清單，敬呈御覽。伏乞皇太后、皇上聖鑒。謹奏。十二月初十日。

（硃批）：知道了。[①]

光緒三十一年正月二十二日，奉硃批：知道了。欽此。[②]

一一七、呈各屬光緒三十年七月糧價清單

光緒三十年十二月初十日（1905年1月15日）

謹將新疆各屬光緒三十年七月分米糧時估價值，繕具清單，恭呈御覽。

計開七月分

鎮迪道屬

迪化縣：大米每京石價銀六两一錢六分六厘，與上月相同。小麥每京石價銀一兩九錢八分，與上月相同。豌豆每京石價銀一兩九錢四分四厘，較上月減一錢四分四厘。青稞每京石價銀一兩六錢五分六厘，與上月相同。

昌吉縣：大米每京石價銀五兩四錢二厘，與上月相同。小麥每京石價銀一兩

① 此硃批内容據《軍機録副》推補。

② 中國第一歷史檔案館藏：《軍機録副》，檔號：03-7026-028。

六錢九分一厘，較上月減一錢七分八厘。豌豆每京石價銀一兩七錢一分八厘，較上月減二錢一分一厘。青稞每京石價銀一兩一錢，與上月相同。

呼圖壁縣丞：大米每京石價銀四兩二錢二分四厘，與上月相同。小麥每京石價銀一兩三錢四分五厘，與上月相同。豌豆每京石價銀一兩四錢一分三厘，較上月減一錢七分二厘。

綏來縣：大米每京石價銀四兩五分二厘，較上月減三錢五分二厘。小麥每京石價銀一兩三錢八分，較上月增三分六厘。豌豆每京石價銀一兩四錢二分六厘，較上月減三錢五分六厘。高粱每京石價銀一兩四錢二分二厘，與較上月減一錢七分八厘。

阜康縣：粟米每京石價銀一兩九錢一分二厘，小麥每京石價銀一兩六錢五分六厘，豌豆每京石價銀一兩五錢九分四厘，高粱每京石價銀一兩三錢五分六厘，俱與上月相同。

孚遠縣：大米每京石價銀一兩九錢八分一厘，較上月減一分七厘。豌豆每京石價銀一兩九錢六分，與上月相同。高粱每京石價銀九錢六分，與上月相同。

奇臺縣：大米每京石價銀六兩二錢一分四厘，與上月相同。小麥每京石價銀一兩六錢二分七厘，較上月減二錢一分二厘。豌豆每京石價銀一兩八錢九分九厘，較上月增六分九厘。

吐魯番直隸廳：小麥每京石價銀一兩四錢一分六厘，與上月相同。大麥每京石價銀六錢九分四厘，與上月相同。高粱每京石價銀一兩三分九厘，較上月增三分七厘。黃豆每京石價銀一兩五錢三分，與上月相同。

鄯善縣：小麥每京石價銀一兩五錢六分六厘，大麥每京石價銀七錢六分四厘，高粱每京石價銀一兩一錢三分一厘，俱與上月相同。

鎮西直隸廳：小麥每京石價銀二兩五錢六分，豌豆每京石價銀二兩一錢六分，青稞每京石價銀一兩二錢八分，俱與上月相同。

哈密直隸廳：粟米每京石價銀三兩九錢六分，較上月減三錢六分。小麥每京石價銀二兩一錢七分四厘，較上月增一錢六分七厘。豌豆每京石價銀二兩二錢三分二厘，較上月減一錢八厘。青稞每京石價銀一兩八錢一分四厘，較上月增七分七厘。

庫爾喀喇烏蘇直隸廳：小麥每京石價銀一兩七錢七分五厘，與上月相同。大麥每京石價銀一兩二錢四分二厘，與上月相同。豌豆每京石價銀一兩九錢五分二厘，較上月增七錢一分。

伊塔道屬

綏定縣：大米每京石價銀五兩七錢七分二厘，小麥每京石價銀一兩七錢九分四厘，大麥每京石價銀一兩一錢，豌豆每京石價銀一兩四錢，俱與上月相同。

寧遠縣：大米每京石價銀五兩三錢八分一厘，小麥每京石價銀一兩三錢一分一厘，大麥每京石價銀九錢六分三厘，豌豆每京石價銀一兩二錢九分六厘，俱與上月相同。

塔爾巴哈臺直隸廳：小麥每京石價銀一兩七錢五厘，大麥每京石價銀一兩一錢六厘，豌豆每京石價銀一兩二錢三厘，俱與上月相同。

精河直隸廳：大米每京石價銀四兩九錢，與上月相同。小麥每京石價銀二兩三分，與上月相同。大麥每京石價銀一兩一錢五分五厘，較上月減一錢五厘。豌豆每京石價銀一兩八錢九分，較上月減一錢四分。

阿克蘇道屬

温宿府：大米每京石價銀二兩一錢二分，較上月減一錢六分。小麥每京石價銀一兩一錢，與上月相同。大麥每京石價銀五錢二分六厘，與上月相同。包穀每京石價銀七錢四分八厘，較上月減三錢八分二厘。

温宿縣：大米每京石價銀二兩一錢二分，較上月減三錢五分。小麥每京石價銀一兩二錢，較上月減五分。大麥每京石價銀八錢，與上月相同。包穀每京石價銀一兩三錢一分五厘，與上月相同。

拜城縣：小麥每京石價銀八錢，與上月相同。大麥每京石價銀四錢七分，較上月減一分。豌豆每京石價銀五錢五分，較上月減二分。包穀每京石價銀五錢六分，較上月減一分。

焉耆府：大米每京石價銀五兩一錢八分，與上月相同。小麥每京石價銀一兩九錢三分二厘，較上月減一錢三分八厘。豌豆每京石價銀一兩四錢四分，與上月相同。包穀每京石價銀一兩一錢五分二厘，較上月減二錢五分六厘。

輪臺縣：大米每京石價銀五兩六錢四分，小麥每京石價銀二兩一錢三分八厘，包穀每京石價銀二兩四分八厘，俱與上月相同。

庫車直隸州：大米每京石價銀三兩三錢三分，較上月增三分。小麥每京石價銀一兩九分，較上月減一分。豌豆每京石價銀七錢，與上月相同。包穀每京石價銀七錢，與上月相同。

沙雅縣：大米每京石價銀三兩三錢八分，較上月減二分。小麥每京石價銀一兩一錢三分，較上月減二分。包穀每京石價銀八錢二分，較上月減一分。

烏什直隸廳：大米每京石價銀二兩一錢七分五厘，小麥每京石價銀七錢二分六厘，大麥每京石價銀三錢七分四厘，包穀每京石價銀五錢二分四厘，俱與上月相同。

喀什噶爾道屬

疏勒府：大米每京石價銀三兩九錢三分七厘，與上月相同。小麥每京石價銀一兩八錢一分一厘，較上月增八分六厘。包穀每京石價銀一兩五錢七厘，與上月相同。高粱每京石價銀一兩一錢五分，與上月相同。

疏附縣：大米每京石價銀三兩九錢三分七厘，較上月減九分四厘。小麥每京石價銀一兩八錢九分七厘，與上月相同。包穀每京石價銀一兩五錢四分九厘，較上月減一錢二分六厘。高粱每京石價銀一兩二錢九分三厘，較上月減一錢八厘。

伽師縣：大米每京石價銀三兩九錢三分七厘，較上月增一錢八分七厘。小麥每京石價銀二兩七分，較上月增三錢四分五厘。包穀每京石價銀一兩八錢七分六厘，較上月增二錢八分五厘。高粱每京石價銀九錢三分四厘，與上月相同。

莎車府：大米每京石價銀三兩七錢，小麥每京石價銀一兩三錢八分，大麥每京石價銀一兩三錢七分五厘，包穀每京石價銀一兩三錢二分，俱與上月相同。

巴楚州：大米每京石價銀四兩七分，較上月減三錢七分。小麥每京石價銀一兩七錢二分五厘，較上月減六錢九分。包穀每京石價銀一兩六錢，與上月相同。

葉城縣：大米每京石價銀三兩六錢五分，與上月相同。小麥每京石價銀一兩二錢，較上月減五分。包穀每京石價銀一兩一錢三分，與上月相同。

皮山縣：大米每京石價銀四兩一錢五厘，較上月減九錢八分五厘。小麥每京石價銀九錢四分五厘，較上月增四分五厘。大麥每京石價銀八錢，與上月相同。包穀每京石價銀七錢七分五厘，與上月相同。

和闐直隸州：大米每京石價銀三兩二錢五分，較上月增一錢四分。小麥每京石價銀九錢六分，較上月減九分。包穀每京石價銀六錢五分，與上月相同。青稞每京石價銀六錢四分，與上月相同。

于闐縣：大米每京石價銀三兩二錢，與上月相同。小麥每京石價銀一兩二分，較上月減六分。包穀每京石價銀六錢八分，與上月相同。

洛浦縣：大米每京石價銀三兩九錢二分，與上月相同。小麥每京石價銀一兩二錢四分二厘，較上月減一錢三分八厘。包穀每京石價銀一兩二分四厘，較上月減二分八厘。

英吉沙爾直隸廳：大米每京石價銀四兩一錢四厘，與上月相同。小麥每京石價銀一兩八錢二分一厘，較上月增九分六厘。大麥每京石價銀一兩四分八厘，較上月增七分九厘。包穀每京石價銀一兩七錢四分二厘，與上月相同。

（硃批）：覽。[①]

一一八、奏保辦理洋務人員擇尤請奬摺

光緒三十年十二月初十日（1905年1月15日）

甘肅新疆巡撫西林巴圖魯臣潘效蘇跪奏，爲遵保新疆辦理洋務在事出力人員，籲懇天恩照請給奬，以示鼓勵，恭摺仰祈聖鑒事。

竊臣前因新疆辦理洋務人員異常出力，奏請擇尤酌保，經外務部議准，於光緒三十年二月初十日具奏，奉旨：依議。欽此。欽遵鈔行到臣。跪聆之下，感激同深。伏查新疆自光緒九年開辦通商，於省城、伊犁、塔爾巴哈臺、喀什噶爾等處前後設局，派委專員以及翻译人等經理其事，并設通商卡倫，隨時稽查。創辦之始，諸無依傍，一切固屬艱難。數年後，稍有頭緒，又值英人入坎巨提，俄人忌之，陳兵帕密爾境上，兩大相持，百般要挾。我與委曲求全，兩嫌胥泯，幸未致開邊核。

甲午以來，邊事日亟。庚子之役，俄人到處增兵，幾至決裂，交涉之間，益形棘手，深賴在事各員據理執約，不激不隨，遇事切磋，相機因應，得以弭隱患而圖邦交。迹其瀕危險而履晏安，實屬異常出力。況先後二十年之久，綜計四局各卡在事不下數十員之多，兹僅擇其在事最久、出力尤著者，酌保二十一員，照依部議以後每届三年酌保一次，不得逾十員之數，則以前二十年按三年一次爲數，實屬減而又減，毫無冒濫。矧同此邊徼，奉差後叙既有可期，前勞又奚容没。理合繕具清單，籲懇天恩俯准照請給奬，以示鼓勵而策將來。

---

① 中國第一歷史檔案館藏：《清單》，檔號：03-7025-038。

除造具履歷清册咨部外，所有新疆辦理洋務出力人員擇尤請獎緣由，謹會同伊犁將軍臣馬亮、陜甘總督臣崧蕃、署理塔爾哈巴臺參贊臣徐炘[①]，恭摺具陳。伏乞皇太后、皇上聖鑒訓示。謹奏。光緒三十年十二月初十日。

（硃批）：該部議奏，單并發。[②]

光緒三十一年正月二十二日，奉硃批：該部議奏，單并發。欽此。[③]

一一九、呈歷年辦理洋務出力各員清單

光緒三十年十二月初十日（1905年1月15日）

謹將新疆歷年辦理洋務出力各員，匯繕清單，恭呈御覽。

計開

補用員外郎分部即補主事桂煜，請免補主事，以直隸州知州留新疆補用。

花翎新疆候補同知覺羅瑞山，請俟補缺後以知府用，先换頂戴。

花翎不論雙單月選用同知張嗣業，請俟選缺後以知府補用，先换頂戴。

花翎新疆候補知州陳光煒，鹽提舉銜新疆候補通判袁産董，均請免補本班，以直隸州知州仍留新疆補用。

花翎候選知州劉謨，請免選本班，以直隸州知州不論雙單月即選。

花翎鹽提舉銜知州用新疆候補通判劉昌濤，請免補本班，以直隸州知州仍留新疆補用。

四品銜新疆候補知縣張紹伯，五品銜新疆候補知縣閻緒昌，均請免補本班，以直隸州知州仍留新疆補用。

新疆候補府經歷段子麟，請免補本班，以知縣仍留新疆補用。

准補莎車府經歷鄒長禄，請以知縣在任候補。

---

① 徐炘（1840—？），正藍旗漢軍成瑞佐領下人。同治間，充印務筆帖式。十三年（1874），補驍騎校。光緒五年（1879），授印務章京。八年（1882），晋副參領。十六年（1890）升正藍旗漢軍參領。二十七年（1901），補印務參領。二十八年（1902），遷伊犁額魯特領隊大臣，加副都統銜。三十年（1904），署塔爾巴哈臺參贊大臣。同年，署伊犁副都統。三十一年（1905），回京當差。

② 中國第一歷史檔案館藏：《硃批原件》，檔號：04-01-12-0641-028。

③ 中國第一歷史檔案館藏：《軍機録副》，檔號：03-5436-134。

六品藍翎遇缺儘先前選用縣丞李義，請免選本班，以知縣不論雙單月即選。

花翎鹽提舉銜分省補用州判常永慶，請免補本班，以知縣仍分省補用。

新疆候補縣丞李遠觀，請俟補缺後以知縣補用。

選用巡檢魏廷弼，不論單雙月遇缺儘先即選巡檢李炳文，不論雙單月選用從九品李宗彝，均請免選本班，以縣丞不論雙單月即選。

藍翎六品銜不論雙單月選用從九品方玉田，請免選本班，以縣丞不論雙單月選用。

附生黃石瑛，請以縣丞不論雙單月選用。

文童陳昭澧，請以巡檢不論雙單月選用。

吉林伯都訥鑲黃旗藍翎防禦瑞麟，請以佐領儘先即補。

（硃批）：覽。[①]

一二〇、請以黃蔚森借補莎車協副將摺

光緒三十年十二月初十日（1905年1月15日）

甘肅新疆巡撫西林巴圖魯臣潘效蘇跪奏，爲揀員借補副將員缺，以重邊防，恭摺仰祈聖鑒事。

竊照喀什噶爾提屬莎車協副將胡義和，前在巴里坤鎮總兵署任内因病呈請開缺回籍就醫，業經臣具奏在案。所遺莎車協副將員缺，查該處係南疆要衝，且與外部接壤，操練、巡防在在均關緊要，非聲威素著、幹練有爲之員，難期得力。

兹查有提督銜留新補用總兵借補喀什噶爾提屬英吉沙爾營參將調署提標中軍參將精勇巴圖魯黃蔚森，精明勇敢，熟悉邊情。同治四年，隨同湘軍轉戰陝西、甘肅等省，迭著戰功。光緒初年，隨軍出關征剿南、北兩路，靡役不從。嗣復委帶馬步各隊及歷次補署都司、游擊、參將各缺，於操防、營伍均能認真整頓，洵爲將領中不可多得之員，以之借補莎車協副將員缺，實堪勝任，人地亦極相宜。合無仰懇天恩俯准以總兵黃蔚森借補莎車協副將員缺，實於邊防有裨。如蒙俞

---

① 中國第一歷史檔案館藏：《清單》，檔號：03-5436-135。

允，并懇飭部先給署劄，俟防務大定，即行并案給咨送部引見，以符定制。所遺英吉沙爾營參將員缺，應請扣留，由臣另行揀員請補。

除將該員履歷清册咨部查照外，謹會同陝甘總督臣崧蕃、喀什噶爾提督臣焦大聚，恭摺具陳。伏乞皇太后、皇上聖鑒訓示。謹奏。光緒三十年十二月初十日。

（硃批）：兵部議奏。①

光緒二十二年正月二十二日，奉硃批：兵部議奏。欽此。②

一二一、請將本年州縣事實清册展緩片
光緒三十年十二月初十日（1905年1月15日）

再，前承准政務處咨：五月十四日奉上諭：朕欽奉慈禧端佑康頤昭豫莊誠壽恭欽獻崇熙皇太后懿旨，責成各省督撫，考查州縣。著自本年爲始，每届年終，將各州縣臚列銜名、年歲、籍貫清單，注明何年月日補、署、到任，經徵錢糧完、欠分數及有無命盜各案，詞訟已結、未結若干起，監禁、羈押各若干名，均令據實開報。尋常公罪處分，准予寬免，不准諱飾。任内興建學堂幾所，種植、工藝、巡警諸要政是否舉辦，一并分别優劣，開列簡明事實，不准出籠統寬泛考語。奏到後，著交政務處詳加查核，分起具奏，請旨勸懲等因。欽此。欽遵咨行到臣。當即轉飭遵辦在案。

旋復承准政務處咨：議覆直隸總督袁世凱等奏請將州縣事實清册展限辦理一片内稱：該督撫所請展期具奏，係爲慎重考核起見，應請照准，并通行各省，如須展限，亦照此辦理，不得再逾次年三月之限等因。於九月十九日具奏，奉旨：依議。欽此。咨行前來。復經飭司核議去後。

兹據新疆布政使吴引孫、鎮迪道兼按察使銜李滋森會銜詳稱：遵查新疆幅員遼闊，各府、廳、州、縣距省數十站、十數站不等。南疆如莎車、和闐兩府州暨所屬各縣尤爲寫遠，且邊地節氣寒冷，收穫較遲，徵收錢糧向係八月内開徵，年

① 中國第一歷史檔案館藏：《軍機録副》（據摺面當爲硃批無疑），檔號：03-5964-050。
② 中國第一歷史檔案館藏：《軍機録副》，檔號：03-5436-132。

終截數，并無上下忙之分。檢查向來錢糧册報到司，總在次年三月底始能匯齊，核轉到院已在四月。至訟獄諸務，亦須年終方可分別優劣，層遞核轉，亦非三四月不能蕆事。伏思新疆與内地情形本不相同，辦理實難一致，擬請將應辦州縣事實展至次年五月具奏，以昭核實，等情。詳請奏覆前來。

臣查該司等所議，係屬實在情形，可否仰懇天恩俯准將新疆州縣事實展至次年五月奏報？理合附片陳明。伏乞聖鑒訓示。謹奏。

（硃批）：政務處知道。[①]

光緒三十一年正月二十二日，奉硃批：政務處知道。欽此。[②]

【案】此奏於光緒三十年十二月十五日咨呈政務處，曰：

欽命兵部侍郎銜都察院右副督御史甘肅新疆巡撫西林巴圖魯潘，爲咨呈事。

竊照本部院於光緒三十年十二月初十日在新疆省城由驛附奏懇恩俯准將新疆州縣事實展至次年五月奏報一片，除俟奉到硃批恭録另呈并分別咨行外，相應鈔稿咨呈。爲此咨呈貴處，謹請鑒照施行。須至咨呈者（計鈔片稿一紙）。右咨呈政務處。光緒三十年十二月十五日。[③]

一二二、奏報各屬來春毋庸接濟緣由片

光緒三十年十二月初十日（1905年1月15日）

再，臣於光緒三十年十一月十四日承准軍機大臣字寄：光緒三十年九月二十九日奉上諭：本年直隸、四川、廣東、甘肅、福建、江西、雲南曾報偏灾，已飭各該督撫等妥籌撫恤。惟念來春青黄不接之時，民力未免拮据，著傳諭該督撫等體察情形，如有應行接濟之處查明，於封印以前奏到。此外，各該省有無被灾地方應行調劑、撫恤之處，著該督撫等一體查明具奏。欽此。遵旨寄信前來。仰見聖主軫念民依，無微不至，凡有血氣，感戴同深。當經飭司遵辦去後。

① 中國第一歷史檔案館藏：《硃批原件》，檔號：04-01-12-0641-111。
② 中國第一歷史檔案館藏：《軍機録副》，檔號：03-5436-133。
③ 中國第一歷史檔案館藏：《咨呈》，檔號：252-013-001-000-007-010。

茲據布政使吴孫引詳稱：遵查新疆各屬本年夏秋禾收成，通計七分有餘，尚稱中稔。惟鄯善縣屬連木沁、二工等處秋禾被凍，雖禾成灾，究屬收成歉薄，業經由司飭令該縣一俟來春青黄不接之時，察看情形，在於義倉項下酌量借給籽種、食糧，以資接濟，務使窮民不至失所，以仰副聖主子惠元元至意。此外各屬并無被灾地方，來春自可毋庸接濟，等情。詳請奏覆前來。

臣覆核無異，理合會同陝甘總督臣崧蕃，附片具陳。伏乞聖鑒。謹奏。

（硃批）：知道了。[①]

光緒三十一年正月二十二日，奉硃批：知道了。欽此。[②]

【案】此奏片之硃批日期，録副署“光緒三十一年正月二十一日”，然查此日《隨手檔》[③]，并未見此片；隨據原件具奏日期“光緒三十年十二月初十日”，考諸是月二十二日《隨手檔》[④]“硃批潘效蘇摺”，内即署有此片。據此，此片之硃批日期當爲“光緒三十一年正月二十二日”無疑。茲據校正。

一二三、奏爲御賞散發貧民銀兩謝恩摺

光緒三十年十二月十六日（1905年1月21日）

甘肅新疆巡撫西林巴圖魯臣潘效蘇跪奏，爲蒙恩賞給貧民銀兩業已散放完竣，恭摺代謝天恩，仰祈聖鑒事。

竊臣前准户部咨聞：光緒二十九年十月初五奉上諭：朕欽奉慈禧端佑康頤昭豫莊誠壽恭欽獻崇熙皇太后懿旨：明年七旬萬壽，闓澤覃敷，各省貧民著每省賞銀二萬兩，由藩庫給發等因。欽此。欽遵咨行到臣。聖恩汪濊，薄海同沾，跪誦之餘，莫名欽感。臣當即飭司遵辦去後。

茲據新疆布政使吴引孫詳稱：已由藩庫提銀二萬兩，按照地方繁瘠，酌定

① 中國第一歷史檔案館藏：《硃批原件》，檔號：04-01-01-1066-027。
② 中國第一歷史檔案館藏：《軍機録副》，檔號：03-7111-003。
③ 中國第一歷史檔案館藏：《軍機處隨手登記檔》，檔案編號：03-0320-1-1231-019。
④ 中國第一歷史檔案館藏：《軍機處隨手登記檔》，檔案編號：03-0320-1-1231-020。

數目，分發各屬，查造清册，按名散放，并出示曉諭，俾衆周知。南回北準，悉沐皇仁；僻壤遐荒，咸叨帝澤。無不同聲慶幸，鼓舞歡欣，等情。詳請具奏前來。

臣覆查無異，理合恭摺代謝天恩。伏乞皇太后、皇上聖鑒。謹奏。光緒三十年十二月十六日。

（硃批）：户部知道。[①]

光緒三十一年二月二十一日，奉硃批：户部知道。欽此。[②]

一二四、代奏總兵易盛富接篆謝恩摺

光緒三十年十二月十六日（1905年1月21日）

甘肅新疆巡撫西林巴圖魯臣潘效蘇跪奏，爲據情代奏叩謝天恩，仰祈聖鑒事。

竊臣據署巴里坤鎮總兵卸署哈密協副將本任喀什噶爾提屬回城協副將易盛富呈稱：接奉檄委署理巴里坤鎮總兵篆務，遵將哈密協副將署篆交卸，馳赴巴里坤，於十一月二十七日准前署鎮胡義和委署中軍游擊黄清發，將光字二十二號鎮守巴里坤鎮總兵銀印一顆并王命、旗牌、令箭、卷宗等件一并賫送前來。當即恭設香案，望闕叩頭謝恩，祗領任事。

伏念盛富久事戎軒，毫無知識，歷經補署副將各缺，荷聖恩之稠叠，未圖報乎涓埃。兹復署理巴里坤鎮總兵篆務，重任忝膺，時艱莫補，撫躬循省，倍切悚惶！惟有殫竭愚忱，矢勤矢慎，將營務、邊防一切應辦事宜認真整頓，以期仰答高厚鴻慈於萬一。

所有到任接印日期并感激下忱，懇請據情代奏叩請謝天恩前來。理合據情代奏。伏乞皇太后、皇上聖鑒。謹奏。光緒三十年十二月十六日。

（硃批）：知道了。[③]

---

① 中國第一歷史檔案館藏：《硃批原件》，檔號：04-01-12-0641-044。

② 中國第一歷史檔案館藏：《軍機録副》，檔號：03-5608-011。

③ 中國第一歷史檔案館藏：《硃批原件》，檔號：04-01-16-0284-060。

光緒三十一年二月二十二日，奉硃批：知道了。欽此。[①]

一二五、請准額爾德柯原品休致緣由摺
光緒三十年十二月十七日（1905年1月22日）

甘肅新疆巡撫西林巴圖魯臣潘效蘇跪奏，爲古城滿營驍騎校呈請休致，懇恩賞給全俸，以示體恤，恭摺仰祈聖鑒事。

竊臣據古城城守尉雙林呈稱：滿營左翼蒙古旗驍騎校額爾德柯，現年六十二歲，於同治年間伊犁回匪變亂，隨同領隊大臣出征一次，打仗二次，身帶重傷二處，殺賊二名。現因年力衰憊，具稟乞休，并請賞給全俸，等情。當經行司核議去後。

兹據布政使吴引孫詳稱：查例載：内外三品以下官員老病告休，准其原品休致。其曾經出征打仗，或殺賊或受傷有一二項功績者，年至六十以上，可否賞給全俸請旨等語。兹古城滿營驍騎校額爾德柯因年衰告休，據稱年逾六旬，曾經出征打仗殺賊，核與原品休致、請給全俸之例相符，具詳請奏前來。

臣覆核無異，合無仰懇天恩俯准，將古城滿營左翼蒙古旗驍騎校額爾德柯開缺，以原品休致，可否支給全俸之處，出自鴻施。

除將該員履歷清册咨部查照外，謹會同伊犁將軍臣馬亮、陝甘總督臣崧蕃，恭摺具陳。伏乞皇太后、皇上聖鑒訓示。謹奏。光緒三十年十二月十七日。

（硃批）：額爾德柯著原品休致，賞食全俸，兵部知道。[②]

光緒三十一年正月二十七日，奉硃批：額爾德柯著原品休致，賞食全俸，兵部知道。欽此。[③]

---

① 中國第一歷史檔案館藏：《軍機録副》，檔號：03-5965-047。

② 中國第一歷史檔案館藏：《硃批原件》，檔號：04-01-16-0284-067。

③ 中國第一歷史檔案館藏：《軍機録副》，檔號：03-5965-010。

一二六、密陳新省現任文武各員考語摺

光緒三十年十二月十七日（1905年1月22日）

甘肅新疆巡撫西林巴圖魯臣潘效蘇跪奏，爲現屆年終，謹將新省現任提、鎮、城守尉、司、道、知府循例出具密考，繕列清單，恭摺仰祈聖鑒事。

竊查定例：各省提、鎮、司、道、知府，由督撫於年終出具考語，密行陳奏。新省文武各官上年業經臣密陳在案。本年又屆年終，自應循例辦理。臣維圖治之本，首重察吏安民；自强之方，尤貴整軍經武。新省遠居邊徼，緊接强鄰，交涉繁難，種民龐雜，端賴文武大員講求吏治，整飭戎行，庶幾共濟時艱，隱消邊患。

臣在新年久，向於各員賢否聞見較真。兹忝綰疆符已逾兩載，或於接見時覘其志趨之淺深，或於公牘中驗其才識之優劣，考察即久，鑒别彌詳。除實缺尚未到任及實授未及三月、例不注考外，謹將現任提、鎮、城守尉、司、道、知府出具切實考語，密繕清單，恭呈御覽。伏乞皇太后、皇上聖鑒訓示。謹奏。光緒三十年十二月十七日。

（硃批）：知道了，單留中。[①]

光緒三十一年正月二十七日，奉硃批：知道了，單留中。[②] 欽此。[③]

一二七、奏報各屬本年夏秋收成情形摺

光緒三十年十二月十七日（1905年1月22日）

甘肅新疆巡撫西林巴圖魯臣潘效蘇跪奏，爲查明甘肅新疆各屬光緒三十年夏、秋禾收成分數，繕具清單，恭摺仰祈聖鑒事。

竊查新疆每年收成分數，歷經奏報在案。兹據新疆布政使吴引孫詳稱：光緒

---

① 中國第一歷史檔案館藏：《硃批原件》，檔號：04-01-12-0641-063。

② 此清單查無下落，待考。

③ 中國第一歷史檔案館藏：《軍機録副》，檔號：03-5436-180。

三十年，新疆通省夏、秋雨禾收成分數，據南北兩路各屬先後申報，按通省實在收成多寡，均勻牽算，共計夏禾收成七分有餘，秋禾收成七分有餘。匯詳請奏前來。臣覆核無異，相應繕具各屬收成分數清單，恭呈御覽。

除咨部查照外，理合會同陝甘總督臣崧蕃，恭摺具陳。伏乞皇太后、皇上聖鑒。謹奏。光緒三十年十二月十七日。

（硃批）：知道了。①

光緒三十一年正月二十七日，奉硃批：知道了。欽此。②

一二八、呈新疆本年夏秋收成分數清單

光緒三十年十二月十七日（1905年1月22日）

謹將甘肅新疆光緒三十各屬夏秋禾收成分數，開具清單，恭呈御覽。

計開

夏禾約收九分者：拜城縣。

約收八分者：鄯善縣、庫爾喀喇烏蘇廳、柯坪縣丞、沙雅縣、烏什廳、葉城縣、和闐直隸州、于闐縣、洛浦縣。

約收七分者：寧遠縣、温宿府、温宿縣、焉耆府、輪臺縣、庫車直隸州、伽師縣、皮山縣。

約收六分者：迪化縣、昌吉縣、呼圖壁縣丞、綏來縣、阜康縣、孚遠縣、奇臺縣、鎮西廳、哈密廳、綏定縣、精河廳、新平縣、疏勒府、疏附縣、莎車府、巴楚州、英吉沙爾廳。

約收五分者：吐魯番廳、婼羌縣。

約收四分者：塔爾巴哈臺廳。

秋禾約收九分者：寧遠縣、沙雅縣、烏什廳、疏勒府。

約收八分者：呼圖壁縣丞、柯坪縣丞、拜城縣、疏附縣、伽師縣、和闐直隸

---

① 中國第一歷史檔案館藏：《硃批原件》，檔號：04-01-23-0220-040。

② 中國第一歷史檔案館藏：《軍機録副》，檔號：03-6734-007。

州、于闐縣、洛浦縣、英吉沙爾廳。

約收七分者：綏來縣、阜康縣、庫爾喀喇烏蘇廳、精河廳、温宿府、温宿縣、莎車府、巴楚州、葉城縣、皮山縣、焉耆府。

約收六分者：迪化縣、昌吉縣、奇臺縣、吐魯番廳、鄯善縣、綏定縣、輪臺縣、新平縣、庫車直隸州。

約收五分者：哈密廳、婼羌縣。

約收四分者：孚遠縣。

約收一分者：塔爾巴哈臺廳。

再，鎮西廳天氣早寒，向不種植秋禾，故無分數。合并聲明。

（硃批）：覽。[①]

一二九、奏報新疆世襲兵改常備兵緣由摺

光緒三十年十二月十七日（1905年1月22日）

甘肅新疆巡撫西林巴圖魯臣潘效蘇跪奏，爲新疆辦理世襲兵改爲常備兵，照原擬章程，量爲更易，謹將籌畫情形據實覆陳，恭摺仰祈聖鑒事。

竊臣於上年三月具奏新疆餉源短絀，擬請息假洋款，遣散内地客勇，改練土著世襲兵，以固邊防而紓餉力一摺，奉硃批：該部議奏，片并發。欽此。臣原奏籌借洋款二百萬兩，係指以江西、湖南、湖北三省協餉作抵，均經商允就近撥解滬關，分作三年，本利全還。嗣經南洋大臣飭知上海關道與洋商議借，索息八厘，已屬太重，且只交金鎊，并無現銀，以鎊易銀，又多折耗，甚不合算，是以電商户部借款，作爲罷論，請催各省協餉如數如期解到，臣即就解到之餉匀撥辦理，業經户部照准，分咨催解在案。

新疆向有馬步客勇二萬八千餘人，原擬盡數遣散，籌練土著二萬人，名爲世襲兵，每步兵一名，撥給上地十畝、牛馬各二十五隻、羊五十隻，共一百隻。馬兵加倍。自什長以至營、旗、哨官，層遞加增，俾資屯牧。惟牛、馬、羊三項登

---

① 中國第一歷史檔案館藏：《清單》，檔號：03-6734-008。

時如數籌給，需價太多，且急切難於購買，議先發給二成，估需價銀二百三十餘萬，而各省協餉又未能如數如期解到，不得已爲減兵省費之計。原議某地當駐一營者，改駐一旗；當駐一旗者，改駐一哨。擬籌練一萬四千人，勉爲分布，照原議減練六千人。又以牲畜需價購買，地則所在皆有，無俟外求。因議多撥地畝，少給牲畜。而牲畜又衹籌給羊隻，不給牛馬，蓋牛馬成本重而獲利輕，羊則購價無多，而孳生又較蕃盛，皮可裘，毛可織，乳可酪，肉可充食，利用尤多。因議馬步兵丁各撥給上地二十畝，自什長以至營、旗、哨官，酌量加增，或二畝折一，或畝半折一，即地少之處，亦須加撥二三成，務使有餘，不使不足。羊則先給二成，馬兵應給羊二百隻，先給四十隻；步兵應給羊一百隻，先給二十隻。餘皆類推。計官兵一萬四千人，共需籌撥上地三十七萬六千六百五十畝，成本羊四十三萬四千八百五十隻，每羊一隻估價銀一兩，計需銀四十三萬四千八百五十兩。加以開鑿渠井、製備農具及委員薪水、車價等項，估銀一十六萬餘兩，總共需銀六十萬左右，分作三年辦理，每年只須勻撥銀二十萬上下，較原議經費銀二百三十餘萬幾減四成之三，費省事集，既不籌借洋款，又不另請帑項。此目前經費無多，不可不辦者一也。

至常年餉項，即此一萬四千人，按照新疆現在餉章計算，歲需銀一百二十餘萬兩，加以續備、巡警、練勇一十五營、旗、哨三千九百餘人，歲餉三十二萬餘兩，歲共需銀一百五十二萬餘兩；練兵一萬四千人，營、旗、官給地二百畝、羊二千隻，哨長給地一百畝、羊一千隻，馬兵給地二十畝、羊二百隻，步兵給地二十畝、羊一百隻。其餘差弁、什長、親兵、護兵人等，遞有加增地畝，登時籌給羊隻，先給二成，令其在山牧放，生生不息。約計五六年後，即可積足本羊額數。此五六年中，各該弁兵等衹有地土收成，尚無羊隻之利。營、旗、哨官照章歲支辦公銀一十一萬八千五百一十二兩，又營、旗、哨官、營旗書薪水銀六萬九百二十四兩，又弁兵每名每月發給鹽菜銀九錢；馬乾向月支銀二兩四錢，今減作一兩八錢，歲支銀二十四萬五千八兩八錢；每弁兵一名，月支食糧四斗，歲支糧六萬六千一十四石四斗，每石作價銀一兩，統共歲支銀四十九萬餘兩，連續備巡警、練勇歲餉銀三十二萬餘兩，每歲共只需銀八十一萬餘兩，計每年可省銀七十一萬餘兩。此常年餉項可省不可不辦者二也。

俟五六年後本羊足額，此後孳生之羊謂之利羊，必在山牧放三年，長大膘壯，始能作用。通計八九年後，以步兵計之，每本羊百隻，至少可收利羊三十隻，每隻價銀至少可售銀一兩，計可獲銀三十兩；上地二十畝，每畝至少可收倉斗糧一石五斗，共可收糧三十石，每石作價銀一兩，計可獲銀三十兩，二共銀六十兩。較之現在餉章每步兵一名，月支銀三兩六錢，歲支銀四十三兩二錢，其贏絀大相懸殊。利之所在，人共趨之。無論土、客兵丁，未有不爭先恐後者。自玆以後，除營旗官辦公經費銀兩照舊支給外，所有營、旗、哨官薪水銀兩以及馬步兵丁鹽菜、糧價、馬乾銀兩皆可停支，計每年又可省銀三十一萬餘兩，計每年衹須發給營旗官辦公經費銀一十一萬餘兩，連續備巡警、練勇歲餉三十二萬餘兩，統計每年衹需餉銀四十三萬餘兩。此將來歲餉所省更多不可不辦者三也。

原議客軍全行遣散，專用土著漢、纏，搭用回民、蒙古。具奏後，博采眾論，覆察邊情，回民性異，不宜使之入伍充兵，授人以柄；纏民性懦，營兵全募此種，誠慮緩急難恃。若今選募二三成雜入漢隊中，隨同操練，一步一趨，可期得力，且素悉土性、水草，於屯、牧二事較客兵尤爲熟習。查新疆客兵，臣於前年抵任後，因欠餉過鉅，不得不大加裁汰，權顧目前，步隊一營衹留二百人，一旗衹留一百六十人，馬隊一旗衹留五十人，前經奏明在案。現將此項客兵概行留用，次選流寓漢人中之年力精壯、毫無嗜好者，酌量添募，緣在營兵丁與流寓漢人共知屯、牧之利，較現在口分大有長餘，情願先行入籍，然後歸伍。

北路鎮迪道屬向係漢回雜處，玆專加選土著漢人以補客兵之不足，回民概不録用。南路喀什噶爾、阿克蘇兩道屬盡纏民，今擬擇其精壯而有身家者，每棚兵丁十名，搭用纏兵二三人，以補客兵之不足。現在北路撫標及巴里坤鎮標、南路喀什提標、阿克蘇鎮標，委員分投辦理，已有規模。土客互用，不無更替。若仍名爲世襲，名實未盡相符，應請名爲常備兵，以符國朝新制。

至伊犁、塔城漢民極少，流寓無多，暫未舉辦。兩處蒙古雖多，然慣於游牧，不願居住營房。若令官兵異處，於營制殊不相宜，容與伊犁將軍及塔城參贊大臣徐徐商辦，另案奏陳。

伏查新疆孤懸關外，逼處强鄰，向係仰食内地。自庚子事起，各省協餉欠解甚多，而每年認解賠款四十萬兩，必須如期撥解，刻不容緩。現已杼柚其空，朝不謀夕。若不早爲變計，勉圖自存，將來愈久而愈難支持，邊局何堪設想。本省無源可開，惟此地土肥沃，水草豐茂，尚爲地方自然美利，棄之誠爲可惜。今廣籌屯牧以養兵丁，即古者寓兵於農之意，舍此別無辦法。合無仰懇天恩俯准照辦，俾臣得以一意經理，期底於成，邊局幸甚。

除將屯牧糧餉章程咨呈軍機處、政務處、練兵處、户部、兵部外，所有新疆辦理世襲兵改爲常備兵，照原擬章程量爲更易，謹將籌畫情形據實覆陳各緣由，是否有當？謹會同伊犁將軍臣馬亮、陜甘總督臣崧蕃、署塔爾巴哈臺參贊大臣臣徐炘、喀什噶爾提督臣焦大聚，合詞恭摺具奏。伏乞皇太后、皇上聖鑒訓示。再，此摺係臣效蘇主稿。合并陳明。謹奏。光緒三十年十二月十七日。

（硃批）：著照所請，該部知道，片二件并發。①

光緒三十一年正月二十七日，奉硃批：著照所請，該部知道，片二件并發。欽此。②

一三〇、奏報馬廠孳生馬匹情形摺

光緒三十年十二月十七日（1905年1月22日）

再，巴里坤、濟木薩孳生馬廠二處所存各色馬匹，經臣於上年三月附片奏明，分給各營以爲屯牧之用，奉硃批：覽。欽此。查巴里坤廠截止本年六月底辦理均齊之日止，應存各色馬六千四百七十四匹；濟木薩廠截至二十七年八月十三辦理均齊之日止，實存各色馬一千八匹。自二十七年八月十四日起，截至本年八月十三日止，又届三年期滿，應辦均齊，尚未據該營造册前來。

此三年内照例取孳二百八十九匹，内除照例報倒五十四匹外，計應餘馬二百三十五匹。是濟木薩廠應存各色馬一千二百四十三匹。總計巴里坤、濟木薩兩廠共存馬七千七百一十七匹。臣現飭令各營辦理常備兵，以屯、牧二事爲主，屯田必須籌給耕牛，實苦經費無出。西北農人牛馬并用，此項孳生馬匹擬分給各營，專爲耕地之用。其願以馬易牛者聽。

所有巴里坤、濟木薩二廠孳生馬匹擬分給各營專爲耕地之用，是否有當？理合附片陳明。伏乞聖鑒訓示。謹奏。

---

① 中國第一歷史檔案館藏：《硃批原件》，檔號：04-01-01-1068-072。

② 中國第一歷史檔案館藏：《軍機録副》，檔號：03-5764-001。

（硃批）：覽。[1]

光緒三十一年正月二十七日，奉硃批：覽。欽此。[2]

一三一、奏委吴引孫等總辦屯牧總局片
光緒三十年十二月十七日（1905年1月22日）

再，臣奏請辦理常備兵，專以屯牧爲主。創辦之初，事務紛繁，待人而理。現於省城設立屯牧總局，委新疆布政使吴引孫、鎮迪道兼按察使銜李滋森總司其事，委二品頂戴分省補用道劉兆松駐局辦理，并派正、佐數員經理銀錢數目及文案等件。

又委在任候補道迪化府知府潘震，辦理北路撫屬及巴里坤鎮署屯牧事宜，并派候補通判袁産薰、候補知縣吴翰章、李華嵩、候補縣丞周知榮、廖焜、張鼎勛、王儀隆、候補巡檢蔡世長隨同前往。

又委鹽運使銜候補知府劉澄清，辦理南路喀什提屬、阿克蘇鎮屬屯牧事宜，并派候補通判周開曙、候補知縣易建藩、劉慶臣、蕭貽蓼、候補縣丞劉炎昌、章鶴斌、候補巡檢喻東國、何嶽峻、候補主簿馮卓英、林希濤、從九品黄高霖、齊漢隨同前往，均分赴南北兩路各府、廳、州、縣，會同地方文武，辦理丈撥地畝，劃分草山，購買羊隻，選募兵丁，以及開渠鑿井、購買農器諸事。如果辦有成效，事竣之日，應請將出力文武奏懇天恩，優加奬勵，以爲趨事赴功者勸。

所有省城設立屯牧總局，委員辦理并派員分赴南北兩路辦理常備兵屯牧事宜各緣由，理合附片具奏。伏乞聖鑒訓示。謹奏。

（硃批）：知道了。[3]

光緒三十一年正月二十七日，奉硃批：知道了。欽此。[4]

---

① 中國第一歷史檔案館藏：《硃批原件》，檔號：04-01-1067-005。
② 中國第一歷史檔案館藏：《軍機録副》，檔號：03-6053-078。
③ 中國第一歷史檔案館藏：《硃批原件》，檔號：04-01-16-0284-062。
④ 中國第一歷史檔案館藏：《軍機録副》，檔號：03-5764-002。

一三二、辦理常備兵發半價派買羊隻片
光緒三十年十二月十七日（1905年1月22日）

再，新疆南路阿克蘇、喀什噶爾兩道屬各府、廳、州、縣，地方向有草湖，爲民間上業。每大湖一處，牧放牲畜以數萬計，小湖亦數千不等，而以羊隻爲大宗。從前本有草湖羊税，每羊百隻，抽收羊三四隻，每隻折收銀數錢，年年抽取，民間苦之，經前任撫臣魏光燾一律裁革。前年新疆認解賠款四十萬兩，有議及此項羊税可以復興者，臣尚未之舉辦。此次議辦屯牧，共需成本羊四十三萬餘隻，每隻估價銀一兩，計需銀四十三萬餘兩。

正苦無從籌撥，因飭南路辦理屯牧委員會同各地方官，查明各屬共有草湖若干，孳生羊若干，令其每羊百隻，派買五六隻，每隻發給半價銀五錢。約計各屬草湖所牧之羊不下二三百萬隻，計可派買羊十數萬隻，即可省銀數萬兩，於牧事不無裨益。前此抽收草湖羊税，均係折收銀兩，民力未免爲難。今派買羊隻，發給半價，在民間以本地出産，取之不甚爲虐。擬自此派買之後停止數年，不復抽取，以資休息。

所有辦理南路常備兵酌發半價買草湖羊隻各緣由，理合附片陳明。伏乞聖鑒訓示。謹奏。

（硃批）：覽。[①]

光緒三十一年正月二十七日，奉硃批：覽。欽此。[②]

---

① 中國第一歷史檔案館藏：《硃批原件》，檔號：04-01-01-1069-013。

② 中國第一歷史檔案館藏：《軍機録副》，檔號：03-6053-077。

光緒三十一年

（1905 年）

○○一、奏爲御賞壽字等物謝恩摺

光緒三十一年正月初六日（1905年2月9日）

甘肅新疆巡撫西林巴圖魯臣潘效蘇跪奏，爲恭謝天恩，仰祈聖鑒事。

光緒三十年十月初十日，恭逢皇太后七旬萬壽，蒙恩頒發御書壽字一方、嵌玉如意一柄、蟒袍面一件，於光緒三十一年正月初一日由摺弁賫捧到臣。當即恭設香案，望闕叩頭，謝恩祗領。

伏念臣疆符忝握，壽寓同登，萬里雲開，遥覲祥華之靄；九如日仰，早賡天保之章。歲序頻移，涓埃莫補，何意邊庭遠隔，猶蒙宸注殷垂。喜自天來，慶長生而種果；澤隨春至，錫益壽以開花。奉詔指揮，軍中效命；傾心拜舞，闕下依光。粲三英而織繡彌工，深慚美産；備五采而華蟲有耀，用壯觀瞻。凡兹稠叠之恩施，悉出非常之寵遇。叨榮已過，循分益驚，臣惟有自勵悃忱，勉酬高厚。遠持邊節，得沾湛露之濃；永祝長春，敬上重華之頌。

所有微臣感悚榮幸下忱，謹繕摺叩謝天恩。伏乞皇太后、皇上聖鑒。謹奏。光緒三十一年正月初六日。

（硃批）：知道了。①

光緒三十一年二月二十三日，奉硃批：知道了。欽此。②

○○二、奏報光緒三十年八月雨水糧價摺

光緒三十一年正月二十四日（1905年2月27日）

甘肅新疆巡撫西林巴圖魯臣潘效蘇跪奏，爲恭報光緒三十年八月分各屬糧價并得雨情形，謹繕摺具陳，仰祈聖鑒事。

竊本年③七月分糧價并得雨情形，業經臣奏報在案。兹據新疆布政使吴引孫

---

① 中國第一歷史檔案館藏：《硃批原件》，檔號：04-01-12-0642-014。

② 中國第一歷史檔案館藏：《軍機録副》，檔號：03-5572-057。

③ 本年，當爲“上年”，即光緒三十年。

詳稱：光緒三十年八月分，鎮迪道屬呼圖壁得雨，入土五寸；昌吉、綏來、鎮西得雨，入土三寸；迪化、阜康、孚遠、鄯善得雨，入土二寸；奇臺得雨，入土一寸；吐魯番、庫爾喀喇烏蘇微雨。伊塔道屬寧遠得雨，入土三寸；綏定得雨，入土一寸；塔爾巴哈臺、精河微雨。南路拜城、新平、伽師微雨，餘屬均未得雨。

至道省糧價，除新平一處因地尚未成熟暫緩具報，柯坪等處仍應俟具報至日再行匯列外，所有呼圖壁、阜康、鄯善、鎮西、綏定、寧遠、塔爾巴哈臺、温宿府、焉耆、輪臺、庫車、和闐、于闐等處俱與上月相同，餘均各有增減，匯詳請奏前來。

理合恭摺具陳，并繕糧價清單，敬呈御覽。伏乞皇太后、皇上聖鑒。謹奏。光緒三十一年正月二十四日。

（硃批）：知道了。[①]

光緒三十一年三月初五日，奉硃批：知道了。欽此。[②]

○○三、呈各屬光緒三十年八月糧價清單
光緒三十一年正月二十四日（1905年2月27日）

謹將新疆各屬光緒三十年八月分米糧時估價值，繕具清單，恭呈御覽。

計開八月分

鎮迪道屬

迪化縣：大米每京石價銀五兩八錢八分四厘，較上月減二錢八分二厘。小麥每京石價銀一兩九錢八分，與上月相同。豌豆每京石價銀一兩九錢八分，較上月增三分六厘。青稞每京石價銀一兩五錢八分七厘，較上月減六分九厘。

昌吉縣：大米每京石價銀五兩四錢二厘，與上月相同。小麥每京石價銀一兩五錢八分二厘，較上月減一錢九厘。豌豆每京石價銀一兩五錢四分二厘，較上月減一錢七分六厘。青稞每京石價銀一兩一錢，與上月相同。

---

① 中國第一歷史檔案館藏：《硃批原件》，檔號：04-01-25-0587-017。

② 中國第一歷史檔案館藏：《軍機録副》，檔號：03-7028-011。

呼圖壁縣丞：大米每京石價銀四兩二錢二分四厘，小麥每京石價銀一兩三錢四分五厘，豌豆每京石價銀一兩四錢一分三厘，俱與上月相同。

綏來縣：大米每京石價銀四兩五分二厘，與上月相同。小麥每京石價銀一兩三錢八分，與上月相同。豌豆每京石價銀一兩四錢九分七厘，較上月增七分一厘。高粱每京石價銀一兩四錢二分二厘，與上月相同。

阜康縣：粟米每京石價銀一兩九錢一分二厘，小麥每京石價銀一兩六錢五分六厘，豌豆每京石價銀一兩五錢九分四厘，高粱每京石價銀一兩三錢五分六厘，俱與上月相同。

孚遠縣：小麥每京石價銀一兩九錢九分八厘，較上月增一分七厘。豌豆每京石價銀一兩九錢七分四厘，較上月增一分四厘。高粱每京石價銀一兩，較上月增四分。

奇臺縣：大米每京石價銀六兩二錢一分四厘，與上月相同。小麥每京石價銀二兩二錢九分九厘，較上月增六錢七分二厘。豌豆每京石價銀二兩一錢六厘，較上月增二錢七厘。

吐魯番直隸廳：小麥每京石價銀一兩四錢一分六厘，與上月相同。大麥每京石價銀六錢九分四厘，與上月相同。高粱每京石價銀一兩七分六厘，較上月增三分七厘。黄豆每京石價銀一兩五錢三分，與上月相同。

鄯善縣：小麥每京石價銀一兩五錢六分六厘，大麥每京石價銀七錢六分四厘，高粱每京石價銀一兩一錢三分一厘，俱與上月相同。

鎮西直隸廳：小麥每京石價銀二兩五錢六分，豌豆每京石價銀二兩一錢六分，青稞每京石價銀一兩二錢八分，俱與上月相同。

哈密直隸廳：粟米每京石價銀三兩六錢，較上月減三錢六分。小麥每京石價銀三兩二錢一分六厘，較上月增四分二厘，豌豆每京石價銀二兩七錢，較上月增四錢六分八厘。青稞每京石價銀一兩八錢五分三厘，較上月增三分九厘。

庫爾喀喇烏蘇直隸廳：小麥每京石價銀一兩七錢七分五厘，與上月相同。大麥每京石價銀一兩六分五厘，較上月減一錢七分七厘。豌豆每京石價銀一兩九錢五分二厘，與上月相同。

伊塔道屬

綏定縣：大米每京石價銀五兩七錢七分二厘，小麥每京石價銀一兩七錢九分四厘，大麥每京石價銀一兩一錢，豌豆每京石價銀一兩四錢，俱與上月相同。

寧遠縣：大米每京石價銀五兩三錢八分一厘，小麥每京石價銀一兩三錢一分一厘，大麥每京石價銀九錢六分三厘，豌豆每京石價銀一兩二錢九分六厘，俱月上月相同。

塔爾巴哈臺直隸廳：小麥每京石價銀一兩七錢五厘，大麥每京石價銀一兩一錢六厘，豌豆每京石價銀一兩二錢三厘，俱與上月相同。

精河直隸廳：大米每京石價銀四兩九錢，與上月相同。小麥每京石價銀一兩八錢九分，較上月減一錢四分。大麥每京石價銀一兩五分，較上月減一錢五厘。豌豆每京石價銀一兩八錢二分，較上月減七分。

阿克蘇道屬

温宿府：大米每京石價銀二兩一錢二分，小麥每京石價銀一兩一錢，大麥每京石價銀五錢二分六厘，包穀每京石價銀七錢四分八厘，俱與上月相同。

温宿縣：大米每京石價銀二兩二錢四厘，較上月增八分四厘。小麥每京石價銀一兩二錢，與上月相同。大麥每京石價銀八錢，與上月相同。包穀每京石價銀一兩三錢一分五厘，與上月相同。

拜城縣：小麥每京石價銀八錢，與上月相同。大麥每京石價銀四錢六分，較上月減一分。豌豆每京石價銀五錢三分，較上月減二分。包穀每京石價銀五錢四分，較上月減二分。

焉耆府：大米每京石價銀五兩一錢八分，小麥每京石價銀一兩九錢三分二厘，豌豆每京石價銀一兩四錢四分，包穀每京價銀一兩一錢五分二厘，俱與上月相同。

輪臺縣：大米每京石價銀五兩六錢四分，小麥每京石價銀二兩一錢三分八厘，包穀每京石價銀二兩四分八厘，俱與上月相同。

庫車直隸州：大米每京石價銀三兩三錢三分，小麥每京石價銀一兩九分，豌豆每京石價銀七錢，包穀每京石價銀七錢，俱與上月相同。

沙雅縣：大米每京石價銀三兩三錢二分，較上月減六分。小麥每京石價銀一兩八分，較上月減五分。包穀每京石價銀七錢八分，較上月減四分。

烏什直隸廳：大米每京石價銀二兩一錢七分五厘，與上月相同。小麥每京石價阿銀六錢六分，較上月減六分六厘。大麥每京石價銀三錢二分一厘，較上月減五分三厘。包穀每京石價銀五錢二分四厘，與上月相同。

喀什噶爾道屬

疏勒府：大米每京石價銀三兩九錢三分七厘，與上月相同。小麥每京石價銀一兩九錢八分三厘，較上月增一錢七分二厘。包穀每京石價銀一兩五錢九分一厘，較上月增八分四厘。高粱每京石價銀一兩二錢二分一厘，較上月增七分四厘。

疏附縣：大米每京石價銀三兩九錢三分七厘，與上月相同。小麥每京石價銀一兩八錢九分七厘，與上月相同。包穀每京石價銀一兩五錢七厘，較上月減四分二厘。高粱每京石價銀一兩二錢二分一厘，較上月減七分一厘。

伽師縣：大米每京石價銀三兩九錢三分七厘，與上月相同。小麥每京石價銀二兩一錢三分九厘，較上月增六分九厘。包穀每京石價銀一兩八錢八分四厘，較上月增八厘。高粱每京石價銀九錢三分四厘，與上月相同。

莎車府：大米每京石價銀四兩四錢四分，較上月增七錢四分。小麥每京石價銀一兩六錢五分六厘，較上月增二錢七分六厘。大麥每京石價銀一兩一錢二分五厘，較上月減二錢五分。包穀每京石價銀一兩五分六厘，較上月減二錢六分四厘。

巴楚州：大米每京石價銀三兩七錢，較上月減三錢七分。小麥每京石價銀二兩七分，較上月增三錢四分五厘。包穀每京石價銀一兩二錢八分，較上月減三錢二分。

葉城縣：大米每京石價銀三兩六錢八分，較上月增三分。小麥每京石價銀一兩二錢，與上月相同。包穀每京石價銀一兩一錢四分，較上月增一分。

皮山縣：大米每京石價銀三兩八錢，較上月減三錢五厘。小麥每京石價銀九錢，較上月減四分五厘。大麥每京石價銀八錢，與上月相同。包穀每京石價銀七錢五分，較上月減二分五厘。

和闐直隸州：大米每京石價銀三兩二錢五分，小麥每京石價銀九錢六分，包穀每京石價銀六錢，青稞每京石價銀六錢四分，俱與上月相同。

于闐縣：大米每京石價銀三兩二錢，小麥每京石價銀一兩二分，包穀每京石價銀六錢二分，俱與上月相同。

洛浦縣：大米每京石價銀三兩五錢，較上月減四錢二分。小麥每京石價銀一兩一錢四厘，較上月減一錢三分八厘。包穀每京石價銀八錢三分二厘，較上月減一錢九分二厘。

英吉沙爾直隸廳：大米每京石價銀三兩八錢，較上月減三錢四厘。小麥每京石價銀一兩八錢二分一厘，與上月相同。大麥每京石價銀一兩四分八厘，與上月相同。包穀每京石價銀一兩七錢四分二厘，與上月相同。

（硃批）：覽。[①]

○○四、請以周芳煦升補新平知縣片

光緒三十一年正月二十四日（1905年2月27日）

甘肅新疆巡撫西林巴圖魯臣潘效蘇跪奏，爲揀員升補新設知縣員缺，以資治理，恭摺具陳，仰祈聖鑒事。

竊據新疆布政使吴引孫會同鎮迪道兼按察使銜李滋森詳稱：新設新平縣知縣地屬偏僻，回纏雜處，土瘠民頑，應請定爲疲、難二項請調中缺，遴員請補，以重職守。查羅布淖爾增設各缺，經前撫臣饒應祺奏准仿照吉林章程，由外先行揀補一次在案。

今新設新平縣知縣一缺，查有補用知縣迪化府經歷周芳煦，現年六十三歲，湖南湘鄉縣人，由文童於同治九年在湖南遵籌餉例，報捐從九職銜。十年，投效甘肅軍營，關隴肅清案内奏保，經部核議准，以從九品選用，光緒二年十月十五日具奏，奉旨：依議。欽此。克復烏魯木齊、瑪納斯滿、漢城池案内奏保，三年九月初五日奉上諭：著免選本班，以主簿留甘，歸軍功班前補用。欽此。克復魯克沁、哈拉和卓、闢展、吐魯番等處案内奏保，四年四月初二日奉上諭：著以縣丞仍留原省，歸軍功班補用。欽此。七年八月，委署迪化州巡檢。歷辦邊防善後案内奏保，請加理問銜，經部議准具奏，九年十月初八日奉旨：依議。欽此。十年二月，委署呼圖壁巡檢。十二年六月，調署精河巡檢。十六年十一月，借補迪化府經歷，十七年五月經部覆准，十八年初十日到任。新疆七載邊防戍案内保奏，請俟俸滿後，以知縣補用，經部議准具奏，十九年十二月初二日奉旨：依議。欽此。二十三年五月，調署莎車州回城巡檢，六月初一日交卸經歷。新疆各軍防勦西寧竄匪、關外肅清案内奏保，經部核議，俟歸知縣班後，加同知銜。二十四年二月二十二日具奏，奉旨：依議。欽此。二十七年六月二十一日，仍回迪化府經歷本任。

---

① 中國第一歷史檔案館藏：《清單》，檔號：03-7023-007。

查該員周芳煦，律身廉謹，任事勤能，歷任各佐缺，辦理一切，諸臻妥協，并無參罰案件，且在經歷本任兩次俸滿，在新疆年久，邊情熟悉，以之升補新平縣知縣，實堪勝任，人地亦極相宜，等情。詳請具奏前來。

臣查該員周芳煦，悃愊無華，實心任事，合無仰懇天恩俯念邊缺需員治理，准以補用知縣迪化府經歷周芳煦升補新平縣知縣，於地方實有裨益。如蒙俞允，俟接准部覆，即行給咨送部引見，以符定制。

再，所遺迪化府經歷係屬要缺，應請由外另行揀員請補。謹會同陝甘總督臣崧蕃，恭摺具奏。伏乞皇天后、皇上聖鑒訓示。謹奏。光緒三十一年正月二十四日。

（硃批）：吏部議奏。①

光緒三十一年三月初五日，奉硃批：吏部議奏。欽此。②

○○五、請以胡冠漢等借補守備員缺摺

光緒三十一年正月二十四日（1905年2月27日）

甘肅新疆巡撫西林巴圖魯臣潘效蘇跪奏，爲揀員請補守備各缺，以實營伍，恭摺仰祈聖鑒事。

竊照喀什噶爾提標中營左旗守備石光賢，自光緒二十二年進關，久未回任，應即開缺另補，以專責成。兹查有花翎儘先補用都司胡冠漢，年力富强，堪以借補。又，英吉沙爾營中軍守備員缺係屬題補之缺，應即揀員請補，以重操防，查有花翎留新補用守備何得仁，明白安詳，堪以請補。該員等在新有年，營務、邊情均極熟悉，以之請補守備各缺，可期勝任，相應仰懇天恩俯准以胡冠漢借補喀什噶爾提標中營左旗守備，以何得仁補授英吉沙爾營中軍守備各缺，以裨營伍。如蒙俞允，并懇飭部發給劄付，均照烏魯木齊補放守備之例，毋庸送部引見，以符定制。

---

① 中國第一歷史檔案館藏：《硃批原件》，檔號：04-01-12-0642-006。

② 中國第一歷史檔案館藏：《軍機録副》，檔號：03-5438-026。

除將各該員履歷清册咨部查照外，謹會同陝甘督臣崧蕃、喀什噶爾提督臣焦大聚，恭摺具奏。伏乞皇太后、皇上聖鑒訓示。謹奏。光緒三十一年正月二十四日。

（硃批）：兵部議奏。[①]

光緒三十一年三月初五日，奉硃批：兵部議奏。欽此。[②]

〇〇六、特參官炭局委員張壽齡緣由片

光緒三十一年正月二十四日（1905 年 2 月 27 日）

再，據布政使吴引孫詳稱：前辦阿克蘇官炭局委員候補從九品張壽齡應交石炭二百八十九萬六千三百六十四斤，現經接辦委員巡檢吴業精實收石炭一百六十四萬八千一百四十五斤，計短石炭一百二十四萬八千二百一十九斤，按官價每萬斤合湘平銀二十八兩，應賠價銀三千四百餘兩，以另存炭磚五萬八千八百四十二塊作價銀一千三百餘萬兩，除由吴委員照數接收搭發作抵外，計實虧湘平銀二千一百七十六兩九錢五分二厘四毫，應由張委員賠繳，屢飭回阿清理，乃迄今數月，仍敢逗遛省會，并不啓程赴阿，詳請參革追繳，等情。前來。

臣查該委員前辦炭局，虧款過鉅，遲延未繳，膽敢逗留省會，實屬目無紀律，想應請旨將候補從九品張壽齡先行革職，飭司嚴限照數追繳，以儆效尤而重公款。

所有委員虧短公款參追各緣由，除咨部外，謹會同陝甘督臣崧蕃，合詞附片具奏。伏乞聖鑒訓示。謹奏。

（硃批）：著照所請，該部知道。[③]

光緒三十一年三月初五日，奉硃批：著照所請，該部知道。欽此。[④]

---

① 中國第一歷史檔案館藏：《硃批原件》，檔號：04-01-16-0286-008。

② 中國第一歷史檔案館藏：《軍機録副》，檔號：03-5965-089。

③ 中國第一歷史檔案館藏：《硃批原件》，檔號：04-01-12-1643-114。

④ 中國第一歷史檔案館藏：《軍機録副》，檔號：03-6585-057。

○○七、飭令道員黄炳焜即赴本任片

光緒三十一年正月二十四日（1905年2月27日）

再，阿克蘇兵備道員缺，臣於光緒三十年五月二十日奏請以二品頂戴遇缺題奏道黄丙焜補授，經部覆准在案。應即飭赴本任，以專責成。

除給委外，謹會同陝甘總督臣崧蕃，附片具奏。伏乞聖鑒。謹奏。

（硃批）：知道了。[①]

光緒三十一年三月初五日，奉硃批：知道了。欽此。[②]

○○八、飭令賀家棟等即赴新任情形片

光緒三十一年正月二十四日（1905年2月27日）

再，署洛浦縣知縣陶甄期滿遺缺，應以准補該縣知縣賀家棟飭赴新任，以專責成。又，署奇臺縣知縣羅正湘期滿遺缺，查有候補知縣楊存蔚，堪以署理。署阜康縣知縣朱希知因案調省察看，所遺員缺查有候補知縣陳方義，堪以署理。沙雅縣知縣張駿期滿遺缺，查有候補知縣章燿郇，堪以署理。據新疆布政使吴引孫、鎮迪道兼按察使銜李滋森會詳前來。

除由臣批飭分別給委外，謹會同陝甘總督臣崧蕃，附片具陳。伏乞聖鑒。謹奏。

（硃批）：吏部知道。[③]

光緒三十一年三月初五日，奉硃批：吏部知道。欽此。[④]

【案】此奏片之具奏日期，原件署“光緒三十一年”，具體日期未確，録副以

---

① 中國第一歷史檔案館藏：《硃批原件》，檔號：04-01-16-0286-013。
② 中國第一歷史檔案館藏：《軍機録副》，檔號：03-5438-030。
③ 中國第一歷史檔案館藏：《硃批原件》，檔號：04-01-12-0642-198。
④ 中國第一歷史檔案館藏：《軍機録副》，檔號：03-5438-028。

硃批日期爲之，亦未確。據硃批日期查光緒三十一年三月初五日《隨手檔》[1]“硃批潘效蘇摺”一欄，署有“報四百里、正月二十四日發”等字樣。據此，此片具奏日期應爲“光緒三十一年正月二十四日”無疑。兹據校正。

〇〇九、請將蕭學琛等仍照原案給奬片

光緒三十一年正月二十四日（1905年2月27日）

再，據布政使吴引孫詳稱：候補府經歷蕭學琛、候補縣丞譚國琳、候補縣丞借補温宿府經歷殷壽球、候補縣丞借補阿克蘇道庫大使張應選、選用從九品借補孚遠縣典史吴廷桂等五員，於光緒二十七年新疆七載防戍案内聲覆原捐各案請奬，經吏部議駁，捐案核准係在二十七年保案奉旨交議之後，核與部章不符，咨行到新。

查蕭學琛報捐府經歷，譚國琳、殷壽球、張應選報捐縣丞，吴廷桂報捐從九品，均係二十五年由新疆藩庫上兑，二十六年兩次造册咨部，適值拳匪滋事，户部檔册焚毁，捐案無從核議。二十七年春間，造册補送，又復佚失。直至冬間第四次補造之册，始經户部核辦，報轉遲延，以致捐案核准均在保案之後，仍懇准照原案給奬，以免向隅。再，殷壽球、張應選、吴廷桂均於三十年借補實缺，殷壽球、張應選擬請改奬以知縣在任候補，吴廷桂擬請改奬以縣丞在任候補，蕭學琛、譚國琳仍請俟補缺後以知縣補用，等情。詳請具奏前來。

臣覆加查核，蕭學琛等五員捐案核准在後，實因户部檔册焚毁、咨册數次佚失所致，且二十五年報捐之册早經達部，有案可稽。合無仰懇天恩俯准飭部查明，仍照原案給奬，以示鼓勵。

除將履歷咨部查核外，謹會同陝甘總督臣崧蕃，附片具陳。伏乞聖鑒。謹奏。

（硃批）：吏部議奏。[2]

光緒三十一年三月初五日，奉硃批：吏部議奏。欽此。[3]

---

① 中國第一歷史檔案館藏：《軍機處隨手登記檔》，檔案編號：03-0320-1-1231-062。

② 中國第一歷史檔案館藏：《硃批原件》，檔號：04-01-12-0642-202。

③ 中國第一歷史檔案館藏：《軍機録副》，檔號：03-5438-027。

【案】此奏片之具奏日期，原件署“光緒三十一年”，具體日期未確，録副以硃批日期爲之，亦未確。據硃批日期查光緒三十一年三月初五日《隨手檔》[1]“硃批潘效蘇摺”一欄，署有“報四百里、正月二十四日發”等字樣。據此，此片具奏日期應爲“光緒三十一年正月二十四日”無疑。玆據校正。

〇一〇、奏委多凌署理驍騎校員缺片

光緒三十一年正月二十四日（1905年2月27日）

再，據古城城守尉雙林呈稱，左翼蒙古旗驍騎校額爾德柯因病呈請告休前來，業經臣奏請原品休致并賞食全俸在案。其額爾德柯所遺左翼蒙古旗驍騎校員缺，玆查有五品頂戴印房部缺筆帖式多凌，堪以署理。所遺印房部缺筆帖式員缺，查有五品頂戴户司委筆帖式諾穆歡，堪以署理。遞遺户司委筆帖式員缺，查有五品頂戴左翼蒙古旗領催貴禄，堪以署理。

除給委并咨部外，謹會同伊犁將軍臣馬亮、陝甘總督臣崧蕃，附片具陳。伏乞聖鑒。謹奏。

光緒三十一年三月初五日，奉硃批：該部知道。欽此。[2]

【案】此奏片之具奏日期，録副署光緒三十一年三月初五日，未確。據硃批日期查光緒三十一年三月初五日《隨手檔》[3]“硃批潘效蘇摺”一欄，署有“報四百里、正月二十四日發”等字樣。據此，此片具奏日期應爲“光緒三十一年正月二十四日”無疑。玆據校正。

---

① 中國第一歷史檔案館藏：《軍機處隨手登記檔》，檔案編號：03-0320-1-1231-062。

② 中國第一歷史檔案館藏：《軍機録副》，檔號：03-5965-090。

③ 中國第一歷史檔案館藏：《軍機處隨手登記檔》，檔案編號：03-0320-1-1231-062。

〇一一、請以易紹昌補授輪臺知縣摺

光緒三十一年三月初三日（1905年4月7日）

甘肅新疆巡撫西林巴圖魯臣潘效蘇跪奏，爲揀員請補改設要缺知縣，以資治理，恭摺具陳，仰祈聖鑒事。

竊據新疆布政使吴引孫會同鎮迪道兼按察使銜李滋森詳稱：原設焉耆府分放布告爾巡檢改升輪臺縣知縣，該處地當庫車、焉耆、新平、婼羌衝途，漢、回、纏、蒙雜處，土瘠民貧，彈壓撫綏，均關緊要，應請定爲衝、疲、難三項要缺，遴員請補，以重職守。查南路從前新設各缺，經前任撫臣劉錦棠奏准仿照吉林章程，由外先行揀補一次在案。今改設輪臺縣知縣一缺，自應援照舊章請補。

查有現署輪臺縣知縣候補知縣易紹昌，年六十一歲，湖南長沙縣人，由文童於同治五年在湖南協黔捐局遵籌餉例，報捐從九職銜，投效楚軍。克復金積堡、蕩平中北兩路案内奏保，十一年二月二十日奉上諭：著以從九品歸部選用。欽此。克復肅州、關隴肅清案内奏保，光緒二年二月初四日奉上諭：著免選本班，以縣丞分省補用。欽此。克復烏魯木齊、瑪納斯各城池案内奏保，三年九月初五日奉上諭：著免補本班，以知縣分省歸候補班補用。欽此。十五年八月，奏准留於新疆補用。新疆城、署各工案内奏保，請加同知銜，經部議准具奏，十八年十月初八日奉旨：依議。欽此。十九年九月，委署布政司經歷。新疆七載防戍案内奏保俟補缺後，以直隸州知州補用，經部議准具奏，是年十二月初二日奉旨：依議。欽此。二十四年十二月，奏補阜康縣知縣員缺，經部核議，准其署理。二十五年八月十六日具奏，奉旨：依議。欽此。二十六年七月十六日到任。二十九年，調署輪臺縣知縣，七月初六日任事。

查該員易紹昌，悃愊無華，辦事穩練，前署各缺，辦理一切，悉臻妥協，且在新疆年久，邊情熟悉。輪臺縣係屬新設，創治繁難。該員在任年餘，撫綏安插，措置裕如，民情極爲愛戴，并無參罰案件，以之請補斯缺，實堪勝任，人地亦極相宜，等情。詳請具奏前來。

臣查該員易紹昌，性情樸實，潔己愛民，合無仰懇天恩俯念新設要缺需員，准以候補知縣易紹昌補授輪臺縣知縣，藉資治理而裨地方。如蒙俞允，俟接准部覆，再行給咨送部引見，以符定制。

謹會同陝甘督臣崧蕃，恭摺具陳。伏乞皇太后、皇上聖鑒訓示。謹奏。光緒三十一年三月初三日。

（硃批）：吏部議奏。[①]

光緒三十一年四月十一日，奉硃批：吏部議奏。欽此。[②]

〇一二、請銷廿七年司庫支發驛站經費摺

光緒三十一年三月初三日（1905年4月7日）

甘肅新疆巡撫西林巴圖魯臣潘效蘇跪奏，爲造報光緒二十七年分司庫支發通省驛站經費銀兩，分造總、散清册，懇恩飭部核銷，恭摺仰祈聖鑒事。

竊照新疆司庫支發驛站經費，歷隨廉費、俸工等項，按年請銷。嗣准部咨，所有驛站用款，應照成例題報核銷等因，業經臣將二十六年分支發驛站經費提歸另案奏銷在案。兹據新疆布政使吴引孫詳稱：二十七年分，鎮迪、阿克蘇、喀什噶爾、伊塔四道屬共管一百八十五驛，額設驛書一百八十五名，馬夫九百八十五名，驛馬一千九百七十四，自二十七年正月初一日起至十二月底止，照章應支工食、油燭、紙張、料草、站價、倒馬等項銀一十一萬六千六百七十五兩五分，均已全數給領。造具總散清册，詳請奏咨前來。

臣覆核無異，相應仰懇天恩飭部核銷，以清款項。除將清册送部外，謹會同陝甘總督臣崧蕃，恭摺具陳。伏乞皇太后、皇上聖鑒訓示。再，此案係改題爲奏。合并聲明。謹奏。光緒三十一年三月初三日。

（硃批）：該部知道。[③]

光緒三十一年四月十一日，奉硃批：該部知道。欽此。[④]

---

① 中國第一歷史檔案館藏：《硃批原件》，檔號：04-01-12-0643-002。

② 中國第一歷史檔案館藏：《軍機録副》，檔號：03-5440-069。

③ 中國第一歷史檔案館藏：《硃批原件》，檔號：04-01-35-1071-032。

④ 中國第一歷史檔案館藏：《軍機録副》，檔號：03-6585-047。

○一三、奏報各屬三十年九月雨水糧價摺

光緒三十一年三月十三日（1905年4月17日）

甘肅新疆巡撫西林巴圖魯臣潘效蘇跪奏，爲恭報光緒三十年九月分各屬糧價并得雨雪情形，謹繕摺具陳，仰祈聖鑒事。

竊本年八月分糧價并得雨情形，業經臣奏報在案。兹據新疆布政使吴引孫詳稱：光緒三十年九月分，鎮迪道屬呼圖壁得雨，入土六寸；昌吉、綏來、阜康得雨，入土二寸；庫爾喀喇烏蘇得雨，入土一寸；孚遠、鄯善微雨；迪化得雪，積地五寸；奇臺得雪，積地三寸；鎮西微雪。伊塔道屬綏定得雨，入土八寸；塔爾巴哈臺得雨，入土五寸；寧遠得雨，入土三寸；精河微雨。南路巴楚微雨；烏什得雪，積地六寸；温宿府得雪，積地七寸；温宿縣、庫車、沙雅得雪，積地一寸；餘均未得雨雪。

至通省糧價，除新平一處因地尚未成熟暫緩具報，柯坪等處仍應俟具報至日再行匯列外，所有綏定、寧遠、精河、烏什、和闐、洛浦等屬俱與上月相同，其餘均各有增減，匯詳請奏前來。

理合恭摺具陳，并繕糧價清單，敬呈御覽。伏乞皇太后、皇上聖鑒。謹奏。光緒三十一年三月十三日。

（硃批）：知道了。[①]

光緒三十一年四月二十一日，奉硃批：知道了。欽此。[②]

○一四、呈各屬光緒三十年九月糧價清單

光緒三十一年三月十三日（1905年4月17日）

謹將新疆各屬光緒三十年九月分米糧時估價值，繕具清單，恭呈御覽。

---

① 中國第一歷史檔案館藏：《硃批原件》，檔號：04-01-25-0587-019。

② 中國第一歷史檔案館藏：《軍機録副》，檔號：03-7029-020。

計開九月分

鎮迪道屬

迪化縣：大米每京石價銀五兩七錢八分九厘，較上月減九分五厘。小麥每京石價銀二兩一錢八分五厘，較上月增二錢五厘。豌豆每京石價銀二兩二錢三分二厘，較上月增二錢五分二厘。青稞每京石價銀一兩五錢八分七厘，與上月相同。

昌吉縣：大米每京石價銀五兩四錢二厘，與上月相同。小麥每京石價銀一兩八錢三分七厘，較上月增二錢五分五厘。豌豆每京石價銀一兩八錢五分八厘，較上月增三錢一分六厘。青稞每京石價銀一兩一錢，與上月相同。

呼圖壁縣丞：大米每京石價銀四兩五錢八分，較上月增三錢五分六厘。小麥每京石價銀一兩六錢九分七厘，較上月增三錢五分二厘。豌豆每京石價銀一兩七錢六分一厘，較上月增三錢四分八厘。

綏來縣：大米每京石價銀四兩五錢八分，較上月增五錢二分八厘。小麥每京石價銀一兩四錢一分五厘，較上月增三分五厘。豌豆每京石價銀一兩六錢四分，較上月增一錢四分三厘。高粱每京石價銀七錢一分一厘，較上月減七錢一分一厘。

阜康縣：粟米每京石價銀一兩五錢九分四厘，較上月減三錢一分八厘。小麥每京石價銀一兩六錢五分六厘，與上月相同。豌豆每京石價銀一兩五錢九分四厘，與上月相同。高粱每京石價銀九錢四厘，較上月減四錢五分二厘。

孚遠縣：小麥每京石價銀一兩九錢九分八厘，與上月相同。豌豆每京石價銀一兩九錢七分四厘，與上月相同。高粱每京石價銀一兩四分，較上月增四分。

奇臺縣：大米每京石價銀六兩二錢一分四厘，與上月相同。小麥每京石價銀二兩七錢六分一厘，較上月增四錢六分二厘。豌豆每京石價銀二兩二錢一分，較上月增五分。

吐魯番直隸廳：小麥每京石價銀一兩四錢八分五厘，較上月增六分九厘。大麥每京石價銀六錢九分四厘，與上月相同。高粱每京石價銀一兩一錢一分四厘，較上月增三分八厘。黄豆每京石價銀一兩五錢三分，與上月相同。

鄯善縣：小麥每京石價銀一兩六錢六分七厘，較上月增一錢一厘。大麥每京石價銀七錢六分四厘，與上月相同。高粱每京石價銀一兩二錢九分七厘，較上月增一錢六分六厘。

鎮西直隸廳：小麥每京石價銀二兩六錢四分，較上月增八分。豌豆每京石價銀二兩一錢六分，與上月相同。青稞每京石價銀一兩三錢六分，較上月增八分。

哈密直隸廳：粟米每京石價銀二兩八錢八分，較上月減七錢二分。小麥每京石價銀二兩九錢九厘，較上月減一錢一分七厘，豌豆每京石價銀三兩六分，較上月增三錢六分。青稞每京石價銀二兩七厘，較上月增一錢五分四厘。

庫爾喀喇烏蘇直隸廳：小麥每京石價銀一兩七錢七分五厘，與上月相同。大麥每京石價銀一兩二錢四分二厘，較上月增一錢七分七厘。豌豆每京石價銀二兩一錢三分一厘，較上月增一錢七分九厘。

伊塔道屬

綏定縣：大米每京石價銀五兩七錢七分二厘，小麥每京石價銀一兩七錢九分四厘，大麥每京石價銀一兩一錢，豌豆每京石價銀一兩四錢，俱與上月相同。

寧遠縣：大米每京石價銀五兩三錢八分一厘，小麥每京石價銀一兩三錢一分一厘，大麥每京石價銀九錢六分三厘，豌豆每京石價銀一兩二錢九分六厘，俱與上月相同。

塔爾巴哈臺直隸廳：小麥每京石價銀二兩六分二厘，較上月增三錢五分七厘。大麥每京石價銀一兩二錢四分，較上月增八分。豌豆每京石價銀一兩五錢二厘，較上月增二錢九分九厘。

精河直隸廳：大米每京石價銀四兩九錢，小麥每京石價銀一兩八錢九分，大麥每京石價銀一兩五分，豌豆每京石價銀一兩八錢二分，俱與上月相同。

阿克蘇道屬

温宿府：大米每京石價銀二兩一錢二分，與上月相同。小麥每京石價銀一兩一錢八分，較上月增八分。大麥每京石價銀五錢二分六厘，與上月相同。包穀每京石價銀七錢四分八厘，與上月相同。

温宿縣：大米每京石價銀二兩二錢四厘，與上月相同。小麥每京石價銀一兩二錢，與上月相同。大麥每京石價銀八錢，與上月相同。包穀每京石價銀一兩一錢七分，較上月減一錢四分五厘。

拜城縣：小麥每京石價銀八錢二分，較上月增二分。大麥每京石價銀四錢八分，較上月增二分。豌豆每京石價銀五錢四分，較上月增一分。包穀每京石價銀五錢五分，較上月增一分。

焉耆府：大米每京石價銀五兩一錢八分，與上月相同。小麥每京石價銀二兩七厘，較上月增七分五厘。豌豆每京石價銀一兩四錢四分，與上月相同。包穀每京價銀一兩一錢五分二厘，與上月相同。

輪臺縣：大米每京石價銀五兩三錢二分八厘，較上月減三錢一分二厘。小麥每京石價銀二兩一錢三分八厘，與上月相同。包穀每京石價銀二兩四分，較上月減八厘。

庫車直隸州：大米每京石價銀三兩三錢六分，較上月增三分。小麥每京石價銀一兩三錢九分，較上月增三錢。豌豆每京石價銀七錢，與上月相同。包穀每京石價銀七錢五分，較上月增五分。

沙雅縣：大米每京石價銀三兩二錢六分，較上月減六分。小麥每京石價銀一兩二分，較上月減六分。包穀每京石價銀七錢四分，較上月減四分。

烏什直隸廳：大米每京石價阿銀二兩一錢七分五厘，小麥每京石價銀六錢六分，大麥每京石價銀三錢二分一厘，包穀每京石價銀五錢二分四厘，俱與上月相同。

喀什噶爾道屬

疏勒府：大米每京石價銀三兩九錢三分七厘，與上月相同。小麥每京石價銀二兩六分一厘，較上月增七分八厘。包穀每京石價銀一兩六錢七分二厘，較上月增八分一厘。高粱每京石價銀一兩一錢五分，較上月減七分五厘。

疏附縣：大米每京石價銀三兩九錢三分七厘，與上月相同。小麥每京石價銀一兩八錢一分一厘，較上月減八分六厘。包穀每京石價銀一兩五錢七厘，與上月相同。高粱每京石價銀一兩一錢五分，較上月減七分一厘。

伽師縣：大米每京石價銀四兩六錢八分七厘，較上月減七錢五分。小麥每京石價銀二兩三錢七分一厘，較上月增二錢三分二厘。包穀每京石價銀一兩八錢四厘，較上月減八分。高粱每京石價銀九錢三分四厘，與上月相同。

莎車府：大米每京石價銀四兩四錢四分，與上月相同。小麥每京石價銀一兩七錢九分四厘，較上月增一錢三分八厘。大麥每京石價銀一兩二錢五分，較上月增一錢二分五厘。包穀每京石價銀一兩五分六厘，與上月相同。

巴楚州：大米每京石價銀三兩七錢，與上月相同。小麥每京石價銀二兩二錢四分二厘，較上月增一錢七分二厘。包穀每京石價銀一兩二錢八分，與上月相同。

葉城縣：大米每京石價銀三兩六錢五分，較上月減三分。小麥每京石價銀一兩一錢五分，較上月減五分。包穀每京石價銀一兩一錢五分，較上月增一分。

皮山縣：大米每京石價銀三兩四錢，較上月減四錢。小麥每京石價銀九錢，與上月相同。大麥每京石價銀七錢五分，較上月減五分。包穀每京石價銀七錢，較上月減五分。

和闐直隸州：大米每京石價銀三兩二錢五分，小麥每京石價銀九錢六分，包穀每京石價銀六錢，青稞每京石價銀六錢四分，俱與上月相同。

于闐縣：大米每京石價銀三兩二錢，與上月相同。小麥每京石價銀一兩，較上月減二分。包穀每京石價銀六錢二分，與上月相同。

洛浦縣：大米每京石價銀三兩五錢，小麥每京石價銀一兩一錢四厘，包穀每京石價銀八錢三分二厘，俱與上月相同。

英吉沙爾直隸廳：大米每京石價銀三兩八錢，與上月相同。小麥每京石價銀一兩八錢二分一厘，與上月相同。大麥每京石價銀一兩二分六厘，較上月減二分二厘。包穀每京石價銀一兩六錢八厘，較上月減一錢三分四厘。

（硃批）：覽。①

〇一五、造銷二十七年司庫收支銀糧摺

光緒三十一年三月十三日（1905 年 4 月 17 日）

甘肅新疆巡撫西林巴圖魯臣潘效蘇跪奏，爲造報新疆光緒二十七年分司庫收支銀糧、草束報銷，謹繕清單，懇恩飭部核銷，恭摺仰祈聖鑒事。

竊查光緒二十六年分新疆司庫收支銀糧、草束報銷，業經臣奏咨在案。兹據新疆布政使吴引孫詳稱：光緒二十七年分，司庫收支各項銀糧、草束，自應跟接造報，共計舊管存銀八十四萬五千二百二十六兩七錢三分一厘，存糧八十二萬一千一百一十七石三斗七升二合，存草一千二百九萬五千三十九斤一十四兩四錢八分八厘。新收共銀六十六萬六千四百四十六兩五千錢七分二厘，共糧二十三萬四千六十石一斗五升八合九勺，共草一千四百三十一萬五千八百八十二斤一十一兩。開除各項庫平銀五十六萬八百一十九兩一錢三分八厘，又防軍案内提用司庫銀三十八萬四千兩，共銀九十四萬四千八百一十九兩一錢三分八厘，共京斗糧二十五萬二十八百二十石三斗二升，湘秤草一千六百二十萬二千七十斤一兩

① 中國第一歷史檔案館藏：《清單》，檔號：03-7029-021。

二千四分。遵例分案造具總、散數目各清册，匯繕清單，詳請奏咨前來。

臣覆核無異，除將清册分送部、科外，理合繕具清單，恭呈御覽，仰懇天恩飭部核銷，以便按年接續造報。謹會同陝甘總督臣崧蕃，恭摺具奏。伏乞皇太后、皇上聖鑒訓示。謹奏。光緒三十一年三月十三日。

（硃批）：該部知道，單并發。①

光緒三十一年四月二十一日，奉硃批：該部知道，單并發。欽此。②

○一六、呈二十七年司庫收支各項清單

光緒三十一年三月十三日（1905年4月17日）

謹將新疆通省光緒二十七年分司庫收支各款銀糧、草束數目，繕具四柱清單，恭呈御覽。

計開

一、銀兩項下

舊管：

一、存銀八十七萬三千二百二十六兩七錢三分一厘。

一、阿克蘇道庫墊發二十六年分例支不敷銀一萬三千一百二十兩六錢四分。

新收：

一、收新餉項下撥解古城旗營經費并加撥銀八萬一千六百兩。

一、收新餉内提歸司庫例款不敷銀二十八萬八千兩。

一、收園地課銀三千九百八十三兩三錢三分三厘。

一、收折色糧價銀五萬二千五百二十兩三錢九分七厘。

一、收折色草價銀五千九百一十四兩三錢八分九厘。

一、收牲税及餘銀七千六百三十二兩三錢五分一厘。

一、收契税銀七千七百六十七兩九錢九分二厘。

---

① 中國第一歷史檔案館藏：《硃批原件》，檔號：04-01-35-0849-010。

② 中國第一歷史檔案館藏：《軍機録副》，檔號：03-6660-113。

一、收水磨碓課銀一萬四百九十九兩四錢六分七厘。

一、收房租銀一千九百五兩八錢四分八厘。

一、收地租銀一千一百五十七兩四錢二分四厘。

一、收園租銀六十一兩四錢四分。

一、收金課銀七十四兩八錢七厘。

一、收金砂變價銀二千三百三十八兩五錢六分。

一、收軍需、善後項下解繳各營旗及善後領用糧草價銀七萬八千七百六十九兩六錢二分六厘。

一、收折收伊犁滿營糧料價銀二萬三千一百六十兩。

一、收變賣糧草價銀六萬三千六百五十兩五錢二分六厘。

一、收烟土、茶税銀六百四十六兩九錢六分。

一、收文武各職并旗營各項減平銀二萬八千六百八十兩二錢五分二厘。

一、收驛站書夫麵價銀七千六十六兩八錢。

一、收驛站倒馬、缺曠、料草銀一十六兩四錢。

一、收哈密回子親王沙木胡索特長支款内十七次應扣銀一千兩。

以上二十一款，共新收銀六十六萬六千四百四十六兩五錢七分二厘。通共舊管、新收銀一百五十三萬九千六百七十三兩三錢三厘。

開除：

一、支發文職俸廉、公費、工食銀二十萬五千九百六十三兩八錢九分九厘。

一、支發驛站經費銀一十一萬六千六百七十五兩五分。

一、支發祭祀銀二千八百三十六兩一錢五分一厘。

一、支發孤貧花布銀一千五百四十兩三分二厘。

一、支發渡船經費銀一千一百三十七兩八錢。

一、支發各屬回子王公世俸銀一萬三千六百兩。

一、支發古城旗營經費銀七萬六千五百七十六兩二錢二厘。

一、支發武職俸廉、薪蔬、紙紅、馬乾、料草、折價、世俸、鹽菜、鞠鞋銀一十萬二千九百一十九兩一錢一分八厘。

一、支發刊刷剩黄工料銀一千八百七十六兩三分二厘。

一、支發刊刷《時憲書》工料銀四百九十三兩四錢四分。

一、支發新平縣采買糧價銀五百一兩五錢五分六厘。

一、支新平縣祭祀銀九十九兩二錢一分八厘。

一、支發阿克蘇道庫墊發二十六年分例款不敷銀一萬三千一百二十兩六錢四分。

一、支發伊犁滿營糧料折價銀二萬三千四百八十兩。

一、支發新餉不敷提用銀三十八萬四千兩。

以上一十五款，共支發銀九十四萬四千八百一十九兩一錢三分八厘。

實在：

一、存銀五十九萬四千八百五十四兩一錢六分五厘，内司庫存銀二十八萬六百二十四兩四錢八分八厘，伊塔道庫存銀六千三百一十七兩七錢四分，阿克蘇道庫存銀一萬一百四十九兩五錢九分三厘，喀什噶爾道庫存銀二十九萬七千七百六十二兩三錢四分四厘。

一、糧石項下

舊管：

一、存各色京斗糧八十二萬一千一百一十七石三斗七升二合。

新收：

一、收本年分額糧京斗糧二十二萬八千四百一石七斗九升三勺。

一、收民欠二十五、六兩年分額糧京斗糧二百五十一石三升二勺。

一、收民欠二十六年分籽種京斗糧三百三十三石五斗八升二合九勺。

一、收户民繳還本年春借籽種京斗糧四千五百七十二石二斗。

一、采買京斗糧五百一石五斗五升五合五勺。

以上五款，共新收京斗糧二十三萬四千六十石一斗五升八合九勺。通共管、收京斗糧一百五萬五千一百七十七石五斗三升九勺。

開除：

一、支發各衙署書役口食京斗糧一萬四百九十八石七斗二升二合二勺。

一、支發巡撫衙門筆帖式二員家口、馬匹、米料搢支京斗糧六十四石九斗。

一、支發驛站書夫口食京斗糧四千九百七石五斗。

一、支發伊犁滿營官兵食糧、馬料、脚糧、本折京斗糧四萬二千八百七十石八斗八升五合七勺。

一、支發古城滿營官兵俸米、食糧、馬料京斗糧一萬二百一十五石二斗九升七合四勺。

一、支發津貼副達喇嘛羅布藏宗都徒眾食糧京斗糧一千六百石。

一、支發孤貧口糧京斗糧三千一百七十八石四斗一升四合一勺。

一、支發監犯口糧京斗糧二石九斗三升八合二勺。

一、支發撫、提、鎮各標并補支馬料京斗糧五百九十三石二升七合七勺。

一、支發渡船水手、鑿修冰路民夫口食京斗糧三百四十一石八斗八升。

一、支發軍需、善後領用扣價京斗糧八萬八千八百七石七斗四升九合六勺。

一、支發平糶變賣京斗糧七萬二千一百二十七石二升二合三勺。

一、支發賑濟奇臺縣屬二十六年被災窮民京斗糧三千一百二十四石一斗一升五合。

一、支發喀什噶爾提標提運京斗糧五千一百六十二石六斗一升八合。

一、支發迪化縣、庫車廳二屬户民春借籽種京斗糧九千三百二十五石二斗五升。

以上一十五款，共支發京斗糧二十五萬二千八百二十石三斗二升。

實在：

一、存各色京斗糧八十萬二千三百五十七石二斗一升九勺。

一、存民欠未完額糧京斗糧二千六百九十八石九斗四升二合三勺。

一、存民借未還籽種京斗糧四千七百五十三石五升。

一、存民欠未完光緒二十一、二、三、四、五、六等年額糧京斗糧一萬九千三百三十一石三升六合。

一、存民欠未完光緒二十一、二、三、六等年籽種京斗糧四千三百七十石九斗八升九合。

一、草束項下

舊管：

一、存草一千二百九萬五千三十九斤一十四兩四錢八分八厘。

新收：

一、收湘秤本色額草一千四百三十一萬五千八百八十二斤一十一兩。

通共管、收共草二千六百四十一萬九百二十二斤九兩四錢八分八厘。

開除：

一、支發軍需、善後領用扣價草一千九十六萬三千三百二十二斤六兩。

一、支發各營例馬草一十萬七千九十六斤。

一、支發變賣陳草五百一十三萬一千六百五十一斤一十一兩二錢四分。

以上三款，共支發湘秤草一千六百二十萬二千七十斤一兩二錢四分。

實在：一、存草一千二十萬八千八百五十二斤八兩二錢四分八厘。

（硃批）：覽。①

○一七、請銷二十七年防軍收支各款摺

光緒三十一年三月十三日（1905年4月17日）

甘肅新疆巡撫西林巴圖魯臣潘效蘇跪奏，爲造報甘肅新疆光緒二十七年分防軍收支各款，謹繕清單，并分造總、散清册，懇恩飭部核銷，恭摺仰祈聖鑒事。

竊照甘肅新疆防軍、善後用款，每年合關内外指撥各省的款銀四百八十萬兩，新疆撫、提、鎮各標及伊犁鎮標、塔爾巴哈臺協標，并司庫例支善後經費等項，實應分銀二百七十九萬七千兩，内除減銀一十萬兩封存甘肅藩庫，又除提存新疆藩庫及伊塔道庫、塔城同知庫封存銀二十七萬七千兩，已撥董軍支給行餉兩次裁兵節餉銀一十一萬三千六百兩外，新疆實應分新湘平銀二百三十萬六千四百兩。上案截至二十六年底止，收支款項，前經臣將總、散清册分咨各部，開單具奏請銷在案。

兹據新疆糧臺詳稱：自二十七年正月初一日起，截至十二月底止，一切收支應仍跟接上案造報，計舊管項下，截至二十六年十二月底止，實不敷新湘平銀一十五萬八千五百九十三兩六錢二分九厘。各省關尚欠未解二十五年新湘平銀四萬八千二百六十一兩四錢九厘，又欠未解二十六年新湘平銀五十二萬五千五百七十二兩六錢七分一厘。欠發各營旗光緒十年以前病故弁勇存餉銀一十一萬四千一百八十五兩二錢八分六厘。

新收項下，收到甘肅藩司分解新疆及伊犁鎮標、塔爾巴哈臺協標應分新餉并新疆馬步各營旗報繳截曠、采買、製辦、運脚等款扣回平餘，并由新疆藩庫提撥，共計新湘平銀一百九十二萬三千九十二兩五錢七分一厘。

---

① 中國第一歷史檔案館藏：《清單》，檔號：03-6660-114。

開除項下，支發新疆馬步各營、旗、哨、開花炮隊薪糧、馬乾、倒馬價值及各臺局薪水、口糧、工食、油燭、紙張、采買、製辦、運脚、盤費等項，共計新湘平銀一百八十四萬九千三百八十八兩五錢三分八厘。又撥發新疆藩庫各項及糧臺善後經費，共計新湘平銀五十五萬三千兩。又支發上案二十六年防軍報銷款内不敷銀新湘平銀一十五萬八千五百九十三兩六錢二分九厘。

實在項下，截至二十七年底止，實不敷新湘平銀六十三萬七千八百八十九兩五錢九分六厘，已由解到二十八年新餉内暫行支給。又，各省關尚欠未解二十五年新餉新湘平銀四萬八千二百六十一兩四錢九厘。又，欠未解二十六年新餉新湘平銀五十二萬五千五百七十二兩六錢七分一厘。又，二十七年分應分新餉各省關尚欠未解新湘平銀七十九萬五百一十兩八錢四分九厘，應俟歸入下案接續造報。仍欠發各營旗十年以前病故弁勇存餉銀一十一萬四千一百八十五兩二錢八分六厘，應俟各故弁勇親屬請領至日，即由二十八年以後新餉内匀給。造具總、散清册，詳請奏銷前來。

臣覆查支發各款，均係實用實銷，并無浮冒。除將清册分送各部外，相應繕具簡明清單，會同陝甘總督臣崧蕃，恭摺具陳。伏乞皇太后、皇上聖鑒，飭部核銷施行。謹奏。光緒三十一年三月十三日。

（硃批）：該部知道，單并發。[①]

光緒三十一年四月二十一日，奉硃批：該部知道，單并發。欽此。[②]

○一八、呈光緒二十七年防軍收支各款清單

光緒三十一年三月十三日（1905年4月17日）

謹將甘肅新疆光緒二十七年分防軍收支各款并撥發善後經費、司庫例支、提存各款銀數，繕具簡明清單，恭呈御覽。

計開

① 中國第一歷史檔案館藏：《硃批原件》，檔號：04-01-01-1073-054。

② 中國第一歷史檔案館藏：《軍機録副》，檔號：03-6660-115。

舊管：

一、上案新疆糧臺防軍報銷款内，截至光緒二十六年十二月底止，實不敷新湘平銀一十五萬八千五百九十三兩六錢二分九厘。

一、上案新疆糧臺防軍報銷款内，截至光緒二十六年十二月底止，各省關尚欠未解二十五年應分新湘平銀四萬八千二百六十一兩四錢九厘。

一、上案新疆糧臺防軍報銷款内，截至光緒二十六年十二月底止，各省關尚欠未解二十六年應分新湘平銀五十二萬五千五百七十二兩六錢七分一厘。

一、截至光緒二十六年十二月底止，欠發新疆馬步各營旗光緒十年以前病故弁勇原存未領餉銀一十一萬四千一百八十五兩二錢八分六厘。

新收：

一、收協餉案内甘肅藩司分解新疆應分二十七年分新湘平銀一百二十一萬四千三百三十四兩一分六厘。

一、收協餉案内甘肅藩司分解新疆應分二十七年分伊犁鎮標勇餉、經費等項新湘平銀二十萬一千九百九十三兩四錢六分八厘。

一、收協餉案内甘肅藩司分解新疆應分二十七年分塔城協標勇餉、經費等項新湘平銀九萬九千五百六十一兩六錢六分七厘。

一、收新疆馬步各營、旗、哨光緒二十七年分報繳截曠新湘平銀五千八百七十四兩二錢八分二厘。

一、收本案報銷款内支發采買、製辦、運脚等款照章扣回平餘新湘平銀一千三百二十九兩一錢三分八厘。

一、收提新疆藩庫歷年用存新湘平銀四十萬兩。

以上六款，共收新湘平銀一百九十二萬三千九十二兩五錢七分一厘。

開除：

一、除第一册支發馬隊各營、旗、哨薪糧、馬乾等項新湘平銀七十六萬三千九十九兩九錢二分。

一、除第二册支發步隊各營、旗、哨薪糧等項新湘平銀八十四萬三千三百八兩一錢六分。

一、除第三册支發開花炮隊勇夫薪糧、車騾草乾等項新湘平銀三萬一千六百一十兩一錢六分。

一、除第四册支發馬步隊各營、旗、哨暨開花炮隊管帶、營旗官、哨長、巡查薪水、薪糧、馬夫、馬乾等項新湘平銀一萬八千二百四十五兩八錢八分。

一、除第五册支發新疆馬隊各營旗支過倒馬價值新湘平銀一萬六千二百一十三兩五錢。

一、除第六册支發新疆提、鎮各衙門稿書、書辦、通事工食等項新湘平銀三千五十五兩二分。

一、除第七册支發隨營差遣暨各項差務臺局文武員弁薪水等項新湘平銀一萬二千三百六十兩。

一、除第八册支發新疆各臺局經貼書、字職、護勇、通事、倉夫、斗級工食、口糧暨辦公、紙張、筆墨、油燭等項新湘平銀五千三百四十三兩四錢四分九厘。

一、除第九册支發軍裝製辦局招募浙、粤并關内外各匠工食等項新湘平銀五千四兩二錢八分八厘。

一、除第十册支發采製軍裝、修整軍械用過物料、製造火藥工料價值等項新湘平銀六萬一千五百三十四兩二錢二分八厘。

一、除第十一册支發運解軍裝、餉銀、分解南北兩路運脚等項新湘平銀二萬四千九百六十兩七分五厘。

一、除第十二册支發運解南北兩路餉銀、軍裝等項押運委員、跟役、騎騾、脚價、鹽菜、口糧等項新湘平銀五千七十一兩九錢四分。

一、除第十三册支發新疆南路喀什噶爾道屬各州縣供支邊防各營旗轉運軍裝、軍餉及糧料、草、脚價并津貼、柴價等項新湘平銀四萬六千三十三兩三錢五分八厘。

一、除第十四册支發各州縣聚練馬步民團、防勇津貼、薪水、口糧、料草等項新湘平銀一萬三千五百四十八兩五錢六分。

以上一十四款，共計支發新湘平銀一百八十四萬九千三百八十八兩五錢三分八厘。

一、除撥發、撥解交新疆藩庫例支不敷、供支古城旗營經費、塔城同知驛站經費、添撥司庫及阿克蘇道庫例支不敷，計六款，共新湘平銀三十八萬九千兩。查前項已於撥款册内開具細數，應由新疆蕃司列收，分别請銷報存。

一、除撥發新疆及伊犁、塔爾巴哈臺等三處歲估善後經費計三款，共新湘平銀一十六萬四千兩。查前項已於撥款册内開具細數，應仍由新疆糧臺另册列收，分别支發善後各項款目，造報請銷。

以上二款，共計新湘平銀五十五萬三千兩。

一、除支發光緒二十六年防軍報銷款内開支不敷新湘平銀一十五萬八千五百九十三兩六錢二分九厘。查前項銀兩已由光緒二十七年新餉内支給。

統共開除新湘平銀二百五十六萬九百八十二兩一錢六分七厘，内除撥發新疆藩庫各款新湘平銀三十八萬九千兩，又撥發新疆及伊犁、塔爾巴哈臺善後經費銀一十六萬四千兩，仍由新疆糧臺另案造報；又除支發光緒二十六年防軍款内開支不敷新湘平銀一十五萬八千五百九十三兩六錢二分九厘外，其餘支銷款内應請户部核銷馬步各營、旗、哨、開花炮隊餉項、薪水、薪糧、馬乾，料草、各衙門、臺局文武員弁薪水、稿書、經貼書、字職、工匠、護勇、長夫工食、紙張、油燭等項，押運員弁、跟役鹽菜、口糧、騾脚等款，共計新湘平銀一百六十九萬九千一百九兩四錢五分七厘；應請兵部核銷開花炮隊車夫口糧、車騾料草、馬隊各營旗倒馬價值、轉運餉銀、軍裝、脚價、喀什噶爾邊防餉裝、食糧、料草、運脚等項，新湘平銀八萬八千七百四十四兩八錢五分三厘；應請工部核銷采製軍裝、軍火、修整軍械、製造火藥等項價值，共計新湘平銀六萬一千五百三十四兩二錢二分八厘。

實在：

一、截至光緒二十七年十二月底止，實不敷新湘平銀六十三萬七千八百八十九兩五錢九分六厘。查前兩項銀兩係立待支付之款，無從籌措，已由解到二十八年新餉内暫行支給。

一、截至光緒二十七年十二月底止，各省關尚欠未解到二十五年應分新湘平銀四萬八千二百六十一兩四錢九厘。

一、截至光緒二十七年十二月底止，各省關尚欠未解二十六年應分新湘平銀五十二萬五千五百七十二兩六錢七分一厘。查前項銀兩，俟各省關解到，歸入下案列收造報。

一、截至光緒二十七年十二月底止，各省關尚欠未解二十七年應分新湘平銀七十九萬五百一十兩八錢四分九厘，俟各省關解到，歸入下案列收造報。

一、截至光緒二十七年十二月底止，各省關尚欠發新疆馬步各營旗光緒十年以前病故弁勇存未領餉銀一十一萬四千一百八十五兩二錢八分六厘，應俟各故勇親屬請領至日，即由二十八年以後新餉内匀給。理合登明。

（硃批）：覽。[①]

○一九、請銷二十七年善後收支各款摺

光緒三十一年三月十三日（1905年4月17日）

甘肅新疆巡撫西林巴圖魯臣潘效蘇跪奏，爲造報甘肅新疆光緒二十七年分善後收支各款，謹繕清單，并分造總、散清册，懇飭部核銷，恭摺仰祈聖鑒事。

竊查甘肅新疆省善後各項經費，奉准部咨自光緒十六年起另提專案報銷，已截至光緒二十六年底止，分别造册請銷在案。玆據新疆糧臺詳稱：光緒二十七年分收支善後款目，應仍跟接上案造報。查舊管項下，實不敷湘平銀七千八十三兩七錢一分二厘；新收項下，由防軍報銷册内提撥新疆、伊犁、塔城善後經費并采買運脚扣回平餘、喀圖金礦局兑换金價，共計湘平銀一十七萬六千三百四十九兩七錢六分九厘；開除項下，支發新疆各屬義學塾師薪水、通商、善後、保甲、稽查、牛痘各局卡經費，羅布淖爾營哨薪糧、俄洋學館及電報局經費，新疆、伊塔各項雜差車脚、口分，護送病故員弁靈柩、夫價、車脚、義學購買筆墨紙張，喀圖金礦局員役薪水等項，共新湘平銀一十七萬二千三百一十七兩六錢二分一厘。又支發二十六年善後款内開支不敷銀七千八十三兩七錢一分二厘。實在項下，截至光緒二十七年十二月底止，實不敷新湘平銀三千五十一兩五錢六分四厘，已由二十八年新餉内暫行支給，應歸下案接續造報。造具總、散清册，詳請奏咨前來。

臣覆查光緒二十七年分支發善後各款，均屬實用實銷，并無浮冒。除將清册分送各部外，相應繕具清單，謹會同陝甘總督臣崧蕃，恭摺具陳。伏乞皇太后、皇上聖鑒，飭部核銷施行。謹奏。光緒三十一年三月十三日。

（硃批）：該部知道，單并發。[②]

光緒三十一年四月二十一日，奉硃批：該部知道，單并發。欽此。[③]

---

① 中國第一歷史檔案館藏：《清單》，檔號：03-6170-088。

② 中國第一歷史檔案館藏：《硃批原件》，檔號：04-01-35-1071-039。

③ 中國第一歷史檔案館藏：《軍機録副》，檔號：03-6660-117。

○二○、呈二十七年善後收支各款清單

光緒三十一年三月十三日（1905 年 4 月 17 日）

謹將甘肅新疆光緒二十七年分善後收支各款數目，繕具清單，恭呈御覽。

計開

舊管：

一、上案截至光緒二十六年十二月底止，實不敷新湘平銀七千八十三兩七錢一分二厘。

新收：

一、收光緒二十七年分由防軍報銷册内劃撥新疆地方歲估善後經費新湘平銀七萬兩。

一、收光緒二十七年分由防軍報銷册内劃撥伊犁地方歲估善後經費新湘平銀六萬四千兩。

一、收光緒二十七年分由防軍報銷册内劃撥塔爾巴哈臺地方歲估善後經費新湘平銀三萬兩。

一、收光緒二十七年分由喀圖金礦局獲礦金换合銀一萬二千三百兩。

一、收光緒二十七年分由本案報銷款内支發采買、運脚等款扣回平餘新湘平銀四十九兩七錢六分九厘。

以上五款，共收新湘平銀一十七萬六千三百四十九兩七錢六分九厘。

開除：

一、除第一册支發新疆義學塾師薪水暨購買紙張、筆墨等項新湘平銀二萬四百一十二兩九錢五分六厘。

一、除第二册支發新疆通商、善後各局委員薪水、經貼書、字職、護勇、通事、工匠工食等項新湘平銀一萬八千一百三十二兩六分。

一、除第三册支發新疆保甲、稽查局卡委員、經貼書、護勇、通事薪糧并紙張、筆墨等項新湘平銀二萬四三千三百四十一兩三錢六分三厘。

一、除第四册支發新疆牛痘、醫藥各局醫生工食、跟役、通事、火夫口食、油燭、紙張、藥資等項新湘平銀七千四十六兩七錢。

一、除第五册支發伊犁、塔爾巴哈臺各旗官員赴任、回京旗及蒙、回王公進京、伊塔呈進貢馬往返車馬脚價、口分等項新湘平銀三千六百六十六兩六錢四分四厘。

一、除第六册支發新疆護送馬步各營旗在任、在差、病故員弁勇丁靈柩回籍夫價口糧、米折并車脚等項新湘平銀三千二百三十三兩三錢七分八厘。

一、除第七册支發新疆羅布淖爾防營馬步隊、旗、哨員弁勇夫薪糧等項新湘平銀二萬一千六百七十七兩七錢六分。

一、除第八册支發新疆清、漢、俄、蒙文學翻譯館教習束脩、生徒膏火、獎賞、筆墨等項新湘平銀一千六百四十四兩九錢六分。

一、除第九册支發新疆東、南、北三路電報總、分、子局及報房薪水、工食、紙張、筆墨、油燭等項經費新湘平銀三萬二百二十九兩。

一、除第十册支發塔城喀圖金礦局公會成本并員役薪工及添驛站夫馬、經費等項新湘平銀四萬二千九百三十二兩八錢。

以上十款，共開除銀一十七萬二千三百一十七兩六錢二分一厘。

一、除支發二十六年善後款内開支不敷新湘平銀七千八十三兩七錢一分二厘。查前項銀兩已由二十七年善後款内支給。理合登明。

統共開除新湘平銀一十七萬九千四百一兩三錢三分三厘，内除開支二十六年善後不敷銀七千八十三兩七錢一分二厘外，應請户部核銷義學塾師薪水、通商、善後、保甲、稽查、牛痘各局卡經費、羅布淖爾防營薪糧、俄洋學館及電報局經費、喀圖金礦局經費等項，新湘平銀一十六萬四千四百八兩二錢六分；又，應請兵部核銷新疆、伊塔各項雜差車脚、口分、護送病故員弁靈柩夫價、車價等項新湘平銀六千九百兩四錢五厘；又，應請工部核銷義學購買紙張、筆墨等項新湘平銀一千八兩九錢五分六厘。

實在：

一、截至光緒二十七年十二月底止，實不敷新湘平銀三千五十一兩五錢六分四厘，已由二十八年新餉内暫行支給。理合登明。

（硃批）：覽。[①]

① 中國第一歷史檔案館藏：《清單》，檔號：03-6660-116。

○二一、請以謝維興補授迪化知縣摺

光緒三十一年三月十三日（1905年4月17日）

甘肅新疆巡撫西林巴圖魯臣潘效蘇跪奏，爲揀員請補首縣要缺，以裨地方，恭摺仰祈聖鑒事。

竊據新疆布政使吴引孫會同鎮迪道兼按察使銜李滋森詳稱：迪化縣知縣劉兆松經前撫臣饒應祺奏請開缺，以知府留新候補，光緒二十八年四月初二日奉硃批：著照所請，吏部知道。欽此。應以奉旨後第五日行文按新疆照限減半計算，以是年六月十八日接到部文之日作爲開缺日期。所遺迪化縣知縣係衝、繁、難三項要缺，應即遴員請補，以重職守。查省會添改各缺，經前撫臣劉錦棠奏准由外揀補一次，後援照甘肅變通章程請補。查章程内開：州縣要缺，將現任各員擇其人地相宜者，一律升調。又，選用人員，准留新疆歸試用班補用。又，試用人員，無論正佐各官，如遇要缺，一并准其請補，各等語。

今迪化縣知縣要缺，於通省現任人員内逐加遴選，非現居要缺，即人地不宜，實無堪以升調之員。惟查有現署皮山縣知縣同知銜試用知縣謝維興，年四十九歲，浙江山陰縣人，由監生於光緒五年在駐川皖捐局遵籌餉例，報捐縣丞雙月選用。十二年，遵海防例，改捐典史，指分四川試用。是年四月二十八日，赴部驗看領照，於七月初一日到省。十三年八月，經前伊犁將軍臣色楞額調辦行營糧餉差。十五年五月，在京銅局遵鄭工例，加捐府經歷，仍指四川試用。於伊犁歷年搜剿竄匪暨撲滅潰勇案内奏保，請俟補缺後以知縣用，經部議准。十七年十二月二十五日具奏，奉旨：依議。欽此。二十五年八月，留新候補。二十六年十一月，在駐新秦晉賑捐局捐戴藍翎。二十七年六月，在駐甘秦晉賑捐局加捐知縣不論雙單月歸部選用，并加同知銜。是年八月，復在駐新秦晉賑捐局捐换花翎。九月，呈請過班候補，照章歸於試用班補用。二十九年正月初十日，代理迪化縣知縣。閏五月，委署皮山縣知縣，十一月初三日接印任事。

查該員謝維興，才具開展，辦事勤能，前代迪化縣及現署皮山縣任内，措置裕如，民情極爲愛戴，并無參罰案件，以之請補迪化縣知縣，實堪勝任，人地亦極相宜，等情。詳請具奏前來。

臣查該員謝維興，年力富强，心地明白，合無仰懇天恩俯念要缺需員，准以試用知縣謝維興補授迪化縣知縣，藉資治理而裨地方。仍俟試署年滿，果能稱職，另請實授。如蒙俞允，俟接准部覆，再行給咨送部引見，以符定制。

謹會同陜甘總督臣崧蕃，恭摺具奏。伏乞皇太后、皇上聖鑒訓示。謹奏。光緒三十一年三月十三日。

（硃批）：吏部議奏。[①]

光緒三十一年四月二十一日，奉硃批：吏部議奏。欽此。[②]

○二二、請以楊金榜升補精河營參將摺

光緒三十一年三月十三日（1905年4月17日）

甘肅新疆巡撫西林巴圖魯臣潘效蘇跪奏，爲揀員升補參將員缺，以重邊防，恭摺仰祈聖鑒事。

竊新疆精河營參將前經臣奏請改隸伊犁鎮管轄在案，本任參將李克常先經前撫臣饒應祺奏請升補瑪納斯協副將。所遺員缺摺内聲明另行揀員請補，奉硃批：兵部議奏。欽此。接准部咨，應揀合例人員請補。兹查有准補阿克蘇鎮屬蒲昌營游擊現署撫標左營游擊補用參將楊金榜，精明强幹，熟悉邊情，且在新年久帶隊，補、署游擊，均資得力，以之升補斯缺，洵堪勝任，合無仰懇天恩俯准以楊金榜升補精河營參將員缺，實於營伍有裨。如蒙俞允，并懇飭部發給劄付，俟防務大定，即行給咨送部引見，以符定制。

再，楊金榜所遺蒲昌營游擊員缺，容俟另行揀員請補。除飭取該員履歷清册咨部查照外，謹會同伊犁將軍臣馬亮、陜甘總督臣崧蕃，恭摺具陳。伏乞皇太后、皇上聖鑒訓示。謹奏。光緒三十一年三月十三日。

（硃批）：兵部知道。[③]

光緒三十一年四月二十一日，奉硃批：兵部知道。欽此。[④]

---

① 中國第一歷史檔案館藏：《硃批原件》，檔號：04-01-12-0643-037。

② 中國第一歷史檔案館藏：《軍機録副》，檔號：03-5441-034。

③ 中國第一歷史檔案館藏：《硃批原件》，檔號：04-01-16-0285-044。

④ 中國第一歷史檔案館藏：《軍機録副》，檔號：03-5441-031。

○二三、奏委甘象乾署理知縣緣由片
光緒三十一年三月十三日（1905 年 4 月 17 日）

再，署新平縣知縣章守銘因病呈請回籍就醫，所遺員缺查有候補知縣甘象乾堪以委署。據新疆布政使吴引孫、鎮迪道兼按察使銜李滋森會詳前來。

除由臣批飭給委外，謹會同陝甘總督臣崧蕃，附片具奏。伏乞聖鑒。謹奏。

（硃批）：吏部知道。[①]

光緒三十一年四月二十一日，奉硃批：吏部知道。欽此。[②]

【案】此奏片之具奏日期，硃批目録署“光緒三十一年”，未確；而録副則以硃批日期爲之，亦未確。據此片硃批日期“光緒三十一年四月二十一日”，查《隨手檔》[③]“硃批潘效蘇摺”一欄，并署有“夾板二副，報四百里，三月十三日發”等字樣。據此，此奏片具奏日期當爲“光緒三十一年三月十三日”無疑。兹據校正。

○二四、請准參將趙耀南留新補用片
光緒三十一年三月十三日（1905 年 4 月 17 日）

再，新疆從前征剿出力武員迭經前任各撫臣奏留新疆補用在案。兹查副將銜儘先補用參將趙耀南，向在甘肅新疆，效力有年，邊情、營務均爲熟悉，合無仰懇天恩俯准副將銜儘先補用參將趙耀南以原官原銜留於甘肅新疆儘先補用，於邊防、營伍有裨。

除將該員履歷清册咨部查照，并俟續查有應行留省人員隨時奏請外，謹會同陝甘總督臣崧蕃，附片具陳。伏乞聖鑒訓示。謹奏。

---

① 中國第一歷史檔案館藏：《硃批原件》，檔號：04-01-12-0643-104。

② 中國第一歷史檔案館藏：《軍機録副》，檔號：03-5441-032。

③ 中國第一歷史檔案館藏：《軍機處隨手登記檔》，檔案編號：03-0320-2-1231-107。

（硃批）：著照所請，兵部知道。[①]

光緒三十一年四月二十一日，奉硃批：著照所請，兵部知道。欽此。[②]

【案】此奏片之具奏日期，硃批目録署“光緒三十一年”，未確；而録副則以硃批日期爲之，亦未確。據此片硃批日期“光緒三十一年四月二十一日”，查《隨手檔》[③]“硃批潘效蘇摺”一欄，并署有“夾板二副，報四百里，三月十三日發”等字樣。據此，此奏片具奏日期當爲“光緒三十一年三月十三日”無疑。兹據校正。

○二五、奏報飭令李方學即赴新任片

光緒三十一年三月十三日（1905年4月17日）

再，署寧遠縣知縣陳天禄期滿遺缺，應以准補該縣知縣李方學飭赴新任，以專責成。據新疆布政使吴引孫、鎮迪道兼按察使銜李滋森會詳前來。

除批飭給委外，謹會同伊犁將軍臣馬亮、陝甘總督臣崧蕃，附片具奏。伏乞聖鑒。謹奏。

（硃批）：吏部知道。[④]

光緒三十一年四月二十一日，奉硃批：吏部知道。欽此。[⑤]

【案】此奏片之具奏日期，硃批目録署“光緒三十一年”，未確；而録副則以硃批日期爲之，亦未確。據此片硃批日期“光緒三十一年四月二十一日”，查《隨手檔》[⑥]“硃批潘效蘇摺”一欄，并署有“夾板二副，報四百里，三月十三日發”等字樣。據此，此奏片具奏日期當爲“光緒三十一年三月十三日”無疑。兹據校正。

---

① 中國第一歷史檔案館藏：《硃批原件》，檔號：04-01-16-0285-043。
② 中國第一歷史檔案館藏：《軍機録副》，檔號：03-5441-033。
③ 中國第一歷史檔案館藏：《軍機處隨手登記檔》，檔案編號：03-0320-2-1231-107。
④ 中國第一歷史檔案館藏：《硃批原件》，檔號：04-01-12-0643-105。
⑤ 中國第一歷史檔案館藏：《軍機録副》，檔號：03-5441-035。
⑥ 中國第一歷史檔案館藏：《軍機處隨手登記檔》，檔案編號：03-0320-2-1231-107。

○二六、奏報三十年十月雨水糧價摺

光緒三十一年三月二十四日（1905年4月28日）

甘肅新疆巡撫西林巴圖魯臣潘效蘇跪奏，爲恭報光緒三十年十月分各屬糧價并得雨雪情形，謹繕摺具陳，仰祈聖鑒事。

竊上年九月分糧價并得雨雪情形，業經臣奏報在案。兹據新疆布政使吴引孫詳稱：光緒三十年十月分，鎮迪道屬迪化得雪，積地一尺；呼圖壁得雨，入土六寸；鎮西得雪，積地六寸；哈密得雪，積地五寸；綏來得雨，入土二寸；阜康、奇臺得雪，積地二寸；孚遠得雪，積地一寸；昌吉微雨，庫爾喀喇烏蘇微雪。伊塔道屬綏定得雨，入土七寸；寧遠得雨，入土三寸；塔爾巴哈臺得雨，入土一寸；精河得雪，積地一寸。南路新平得雪，積地一寸；輪臺微雨，烏什微雪，餘均未得雨雪。

至通省糧價，除新平一處因地尚未成熟暫緩具報，柯坪等處仍應俟具報至日再行匯列外，所有阜康、吐魯番、鄯善、鎮西、綏定、寧遠、温宿、庫車、烏什、疏勒、于闐等處俱與上月相同，其餘各有增減，匯詳請奏前來。

理合恭摺具陳，并繕糧價清單，敬呈御覽。伏乞皇太后、皇上聖鑒。謹奏。光緒三十一年三月二十四日。

（硃批）：知道了。[①]

光緒三十一年五月初二日，奉硃批：知道了。欽此。[②]

① 中國第一歷史檔案館藏：《硃批原件》，檔號：04-01-25-0587-018。
② 中國第一歷史檔案館藏：《軍機録副》，檔號：03-7030-005。

○二七、呈光緒三十年十月糧價清單

光緒三十一年三月二十四日（1905年4月28日）

謹將新疆各屬光緒三十年十月分米糧時估價值，繕具清單，恭呈御覽。

計開十月分

鎮迪道屬

迪化縣：大米每京石價銀五兩九錢二分，較上月增一錢三分一厘。小麥每京石價銀二兩三錢三分三厘，較上月增一錢四分八厘。豌豆每京石價銀二兩四錢四分八厘，較上月增二錢一分六厘。青稞每京石價銀一兩五錢八分七厘，與上月相同。

昌吉縣：大米每京石價銀五兩四錢二厘，與上月相同。小麥每京石價銀一兩九錢四分七厘，較上月增一錢一分。豌豆每京石價銀一兩九錢九分九厘，較上月增一錢四分一厘。青稞每京石價銀一兩一錢，與上月相同。

呼圖壁縣丞：大米每京石價銀四兩五錢八分，與上月相同。小麥每京石價銀一兩八錢三分九厘，較上月增一錢四分二厘。豌豆每京石價銀一兩九錢三分八厘，較上月增一錢七分七厘。

綏來縣：大米每京石價銀四兩七錢五分六厘，較上月增一錢七分六厘。小麥每京石價銀一兩七錢六分九厘，較上月增三錢五分四厘。豌豆每京石價銀一兩六錢七分六厘，較上月增三分六厘。高粱每京石價銀八錢一分七厘，較上月增一錢六厘。

阜康縣：粟米每京石價銀一兩五錢九分四厘，小麥每京石價銀一兩六錢五分六厘，豌豆每京石價銀一兩五錢九分四厘，高粱每京石價銀九錢四厘，俱與上月相同。

孚遠縣：小麥每京石價銀二兩一分六厘，較上月增一分八厘。豌豆每京石價銀一兩九錢七分四厘，與上月相同。高粱每京石價銀一兩四分，與上月相同。

奇臺縣：大米每京石價銀九兩二錢一分七厘，較上月增三兩三厘。小麥每京石價銀二兩六錢九分二厘，較上月減六分九厘。豌豆每京石價銀二兩二錢一分，與上月相同。

吐魯番直隸廳：小麥每京石價銀一兩四錢八分五厘，大麥每京石價銀六錢九分四厘，高粱每京石價銀一兩一錢一分四厘，黃豆每京石價銀一兩五錢三分，俱與上月相同。

鄯善縣：小麥每京石價銀一兩六錢六分七厘，大麥每京石價銀七錢六分四厘，高粱每京石價銀一兩二錢九分七厘，俱與上月相同。

鎮西直隸廳：小麥每京石價銀二兩六錢四分，豌豆每京石價銀二兩一錢六分，青稞每京石價銀一兩三錢六分，俱與上月相同。

哈密直隸廳：粟米每京石價銀二兩八錢八分，與上月相同。小麥每京石價銀二兩四錢二分五厘，較上月增三錢二分六厘。豌豆每京石價銀二兩八錢八厘，較上月減二錢五分二厘。青稞每京石價銀一兩八錢九分一厘，較上月減一錢一分六厘。

庫爾喀喇烏蘇直隸廳：小麥每京石價銀二兩一錢三分，較上月增三錢五分五厘。大麥每京石價銀一兩二錢四分二厘，與上月相同。豌豆每京石價銀二兩一錢三分一厘，與上月相同。

伊塔道屬

綏定縣：大米每京石價銀五兩七錢七分二厘，小麥每京石價銀一兩七錢九分四厘，大麥每京石價銀一兩一錢，豌豆每京石價銀一兩四錢，俱與上月相同。

寧遠縣：大米每京石價銀五兩三錢八分一厘，小麥每京石價銀一兩三錢一分一厘，大麥每京石價銀九錢六分三厘，豌豆每京石價銀一兩二錢九分六厘，俱與上月相同。

塔爾巴哈臺直隸廳：小麥每京石價銀二兩四錢一分九厘，較上月增三錢五分七厘。大麥每京石價銀一兩三錢七分五厘，較上月增一錢三分五厘。豌豆每京石價銀一兩八錢二厘，較上月增三錢。

精河直隸廳：大米每京石價銀四兩二錢，較上月減七錢。小麥每京石價銀一兩六錢八分，較上月減二錢一分。大麥每京石價銀一兩五分，與上月相同。豌豆每京石價銀一兩六錢一分，較上月減二錢一分。

阿克蘇道屬

溫宿府：大米每京石價銀二兩一錢二分，小麥每京石價銀一兩一錢八分，大麥每京石價銀五錢二分六厘，包穀每京石價銀七錢四分八厘，俱與上月相同。

溫宿縣：大米每京石價銀二兩三錢二分一厘，較上月增一錢一分七厘。小麥每京石價銀一兩二錢九分六厘，較上月增九分六厘。大麥每京石價銀八錢四分四厘，較上月增四分四厘。包穀每京石價銀一兩一錢四分四厘，較上月減二分六厘。

拜城縣：小麥每京石價銀八錢三分，較上月增一分。大麥每京石價銀五錢，較上月增二分。豌豆每京石價銀五錢六分，較上月增二分。包穀每京石價銀五錢六分，較上月增一分。

焉耆府：大米每京石價銀五兩一錢八分，與上月相同。小麥每京石價銀二兩七厘，與上月相同。豌豆每京石價銀一兩四錢八分，較上月增四分。包穀每京價銀一兩三錢四分四厘，較上月增一錢九分二厘。

輪臺縣：大米每京石價銀五兩三錢二分八厘，與上月相同。小麥每京石價銀二兩七錢六分，較上月增六錢二分二厘。包穀每京石價銀二兩四錢八厘，較上月增八厘。

庫車直隸州：大米每京石價銀三兩三錢六分，小麥每京石價銀一兩三錢九分，豌豆每京石價銀七錢，包穀每京石價銀七錢五分，俱與上月相同。

沙雅縣：大米每京石價銀三兩二錢二分，較上月減四分。小麥每京石價銀一兩，較上月減二分。包穀每京石價銀七錢二分，較上月減二分。

烏什直隸廳：大米每京石價銀二兩一錢七分五厘，小麥每京石價銀六錢六分，大麥每京石價銀三錢二分一厘，包穀每京石價銀五錢二分四厘，俱與上月相同。

喀什噶爾道屬

疏勒府：大米每京石價銀三兩九錢三分七厘，小麥每京石價銀二兩六分一厘，包穀每京石價銀一兩六錢七分二厘，高粱每京石價銀一兩一錢五分，俱與上月相同。

疏附縣：大米每京石價銀三兩九錢八分四厘，較上月增四分七厘。小麥每京石價銀一兩八錢九分七厘，較上月增八分六厘。包穀每京石價銀一兩五錢七厘，與上月相同。高粱每京石價銀一兩一錢五分，與上月相同。

伽師縣：大米每京石價銀四兩六錢八分七厘，與上月相同。小麥每京石價銀二兩三錢七分一厘，與上月相同。包穀每京石價銀一兩六錢七分五厘，較上月減一錢二分九厘。高粱每京石價銀九錢三分四厘，與上月相同。

莎車府：大米每京石價銀四兩二錢一分八厘，較上月減二錢二分二厘。小麥每京石價銀一兩九錢三分二厘，較上月增一錢三分八厘。大麥每京石價銀一兩一錢二分五厘，較上月減一錢二分五厘。包穀每京石價銀一兩一錢三分五厘，較上月增七分九厘。

巴楚州：大米每京石價銀四兩七分，較上月增三錢七分。小麥每京石價銀二兩二錢四分二厘，與上月相同。包穀每京石價銀一兩二錢八分，與上月相同。

葉城縣：大米每京石價銀三兩五錢五分，較上月減一錢。小麥每京石價銀一兩二錢二分，較上月增七分。包穀每京石價銀一兩一錢七分，較上月增二分。

皮山縣：大米每京石價銀三兩三錢，較上月減一錢。小麥每京石價銀九錢，與上月相同。大麥每京石價銀七錢，較上月減五分。包穀每京石價銀六錢八分，較上月減二分。

和闐直隸州：大米每京石價銀三兩一錢五分，較上月減一錢。小麥每京石價銀九錢八分，較上月增二分。包穀每京石價銀六錢，與上月相同。青稞每京石價銀六錢四分，與上月相同。

于闐縣：大米每京石價銀三兩二錢，小麥每京石價銀一兩，包穀每京石價銀六錢二分，俱與上月相同。

洛浦縣：大米每京石價銀三兩三錢六分，較上月減一錢四分。小麥每京石價銀一兩七厘，較上月減九分七厘。包穀每京石價銀八錢三分二厘，與上月相同。

英吉沙爾直隸廳：大米每京石價銀三兩八錢，與上月相同。小麥每京石價銀一兩六錢八分三厘，較上月減一錢三分八厘。大麥每京石價銀一兩二分六厘，與上月相同。包穀每京石價銀一兩三錢四分，較上月減二錢六分八厘。

（硃批）：覽。①

〇二八、請飭催各省關補解欠餉緣由摺

光緒三十一年三月二十四日（1905年4月28日）

伊犁將軍臣馬亮、陝甘總督臣崧蕃、署理塔爾巴哈臺參贊大臣臣徐炘、甘肅新疆巡撫臣潘效蘇跪奏，爲新疆餉源短絀，日漸難支，籲懇天恩飭部分催各省關迅將歷年欠餉先行補解三成，以資接濟而維邊局，恭摺仰祈聖鑒事。

竊各省關應協新餉自光緒十一年起經户部議定章程，按年指撥，歷係年清年

① 中國第一歷史檔案館藏：《清單》，檔號：03-7023-006。

款。庚子以後，積欠甚鉅，按户部上年二月片奏，截至二十八年止，計山西欠解銀七十五萬二千八百兩，湖北欠解銀三十七萬兩，兩淮欠解銀十四萬五百九十五兩，四川欠解銀四十六萬兩，閩海關欠解銀六十萬兩，河南欠解銀一百二十萬七千兩，共欠解銀三百五十三萬三百餘兩。除上年春滿交卸因欠發塔城兵餉，奏經户部議由四川、湖北各撥銀二萬兩，山西撥銀三萬兩，實共欠銀三百四十六萬三百餘兩，二十九年以後未解之數尚不在内。

查前項欠餉雖經户部奏明自三十年起分作四年帶解，迄今日久，除四川、湖北、山西補解塔城銀七萬兩外，其餘并未補解分厘。臣等非不知時局艱難，各省同一支絀，歷年欠餉亦因一時不能兼顧，并非無故宕延。惟是西陲物力遠遜東南，全恃德鄰爲之協助。歲額新餉，自二十七年起，每年應扣甘省認攤賠款三十萬兩，新省認攤賠款銀四十萬兩，二十九年又復奏減銀四十萬兩，入款頓少，出款頓增，挖肉醫瘡，時形竭蹶。各軍荷戈萬里，多係鋒鏑餘生，邊地食用昂貴，平時餉項充裕，猶恐不敷養贍，難資飽騰。今忽并此，計口授食之需亦多懸欠，更難維繫其心。

二十八年冬間，臣效蘇到任之時，各兵勇因前撫臣饒應祺交卸進關，環索欠餉，勢甚洶洶，經臣效蘇剴切開導，并許補發欠餉，始就安帖。嗣查明前任歷年欠餉已積至一百二十餘萬，因恐愈累愈多，不得已議將各營旗汰弱留强，騰出新餉，匀發舊欠。無如年久數鉅，存營之勇積欠仍不能清。去冬，省城勇丁又有聚眾索餉之事，雖經臣效蘇將該營哨官分別摘頂撤委、鎮壓無事，然此僅能暫顧一時，非可長恃之道。飢軍待哺情急，若欠餉日久不發，究難保其始終帖然。當此時事阽危，人心不靖，外而强鄰逼處，内而伏莽未消，設使邊軍因飢譁潰，後患何堪設想。况伊犁、塔城歲餉向均由新疆總收分撥，截至三十年止，業經墊撥不少，庫儲羅掘已空。若分年帶解欠餉之議竟成畫餅，則新疆已墊鉅款無從扣還，以後伊塔餉需亦難再籌接濟，水盡山窮，勢必均成坐困。

臣等忝膺邊寄，處此窮鄉，萬不敢於已經認賠之款復請議減，亦不敢於已經奏減之款再請加增。惟餉源短絀，日漸難支，勢不能不靠此歷年欠餉以應燃眉之急。查塔城欠餉前因春滿交卸奏催，業經户部指明補撥。甘、新、伊犁事同一律，且轄境尤寬，欠數尤鉅，待餉之人較眾，需餉之事甚殷，自應援照辦理。

臣等往復籌商，二十八年以前欠餉實共銀三百四十六萬三百餘兩，照户部原議分四年帶解攤算，計三十、三十一年兩年本應補解銀一百七十三萬一百餘兩，兹擬請由欠餉各省關按實欠銀數，先行補解三成實銀一百三萬八千餘兩，下餘欠餉二百四十二萬二千餘兩，再行展緩，分年帶解。如此辦理，所解三成實銀，較之兩年應解之數尚屬減少，各省分籌既易爲力，邊疆得此的款，亦可勉將舊欠分別清厘，免致徒受虚名，反無實惠，於大局不無裨益。

所有餉源短絀，懇恩飭部分催各省關先行補解三成欠餉以資接濟而維邊局各緣由，是否有當？謹合詞恭摺具陳。伏乞皇太后、皇上聖鑒訓示。再，此摺係臣效蘇主稿。合并陳明。謹奏。光緒三十一年三月二十四日。

（硃批）：著户部分別飭催。[①]

光緒三十一年五月初二日，奉硃批：著户部分別飭催。欽此。[②]

〇二九、奏報設立卡倫查禁逃哈章程摺

光緒三十一年三月二十四日（1905年4月28日）

甘肅新疆巡撫西林巴圖魯臣潘效蘇跪奏，爲遵旨設立卡倫，查禁逃哈，謹將現籌辦法并繕具章程，恭摺仰祈聖鑒事。

竊臣承准軍機大臣字寄：光緒二十九年五月初四日，奉上諭：長庚等奏，議還借地一摺。據稱阿爾臺山地段周圍七百餘里，從前借給塔城，此案轇轕多年，現經該將軍秉公勘議，將原借地段交還科布多參贊大臣管轄。其潛住之哈民，人隨地歸，住科布多境者，歸科城管轄；住塔爾巴哈臺境者，歸塔城管轄等語。應如所請辦理，即著瑞洵、春滿迅即定期交收，妥爲安插約束，和衷會商，悉心經理。其潛入新疆南北路之哈民，著潘效蘇趕緊設卡查禁，并另派員會同科、塔兩城派來之員，分別收回，各歸各牧，以免紛擾。餘依議。等因。欽此。

查科、塔兩城，哈薩克潛來新疆地面游牧，歷年已久，因非新疆管轄，搶竊頻仍，肆無忌憚，爲害閭閻。此次奉旨收回原牧，除南路婼羌縣屬屈莽山尚有頭目布克一股二百餘人，因抗拒兵團，業經奏請派撥兵隊前往，相機追拏，應另案

① 中國第一歷史檔案館藏：《硃批原件》，檔號：04-01-01-1073-059。
② 中國第一歷史檔案館藏：《軍機録副》，檔號：03-6170-103。

辦理外，其餘北路之鎮西、奇臺、孚遠、阜康、迪化、昌吉、呼圖壁、綏來、庫爾喀喇烏蘇、精河、南路之焉耆、吐魯番、鄯善各屬逃哈，經地方文武委員會同科、塔派來員弁，驅收净盡，已由臣先後具奏在案。自應欽遵前奉諭旨，设卡查禁，杜其復來，以免紛擾。

查喀城東路與科布多接壤，西路與塔城接壤，東西二千九百餘里，處處交通。兹督飭地方文武，察酌哈眾來路之遠近衝僻，東自鎮西廳起，西至精河廳止，共設大卡倫三處，每處駐千總一員、兵四十名；中卡倫八處，每處駐把總一員、兵三十名；小卡倫六處，每處駐外委一員、兵二十名。馬步各半，以資巡哨，兼顧屯牧。并於每卡中間扼要之地修築界墩，兩卡弁兵往來會哨，以昭周密。另訂卡倫章程，分飭地方文武各官遵照辦理。謹繕清單，恭呈御覽。

惟查承平年間，科、塔兩城沿邊每設卡倫，稽查哈薩克入境，立法本極周密。分界後，藩籬盡撤，内附哈薩克牧地未定，專管無人，以致漫無限制。現蒙特簡科布多辦事大臣駐扎阿爾臺山辦理蒙哈事務。責成既專，事權自一，所有清查户口、分撥牧地、選擇頭目、訂立規條各務，必能次第舉行，使哈眾咸就範圍，不致如前此之毫無約束。惟新疆現設卡倫與科、塔從前設卡事同一律，自應體察現在情形，參酌舊日例章辦理，以期經久。

兹擬請俟設卡後，如有哈薩克須赴新疆各屬貿易者，應限定人數，每起不得過二十人。歸科屬者由科布多大臣發給執照，歸塔屬者由塔爾巴哈臺大臣發給執照，將人畜數目、貿易處所、往返日期分晰填明，定限五個月，仍歸原牧，不得在新疆地面逗留，以免滋事。如無執照查驗，不准私擅入卡。如有哈眾私入卡倫，經官兵驅逐拒捕及越界劫竊者，拏獲按例分别治罪。駐卡弁兵曠職，照例分别斥革罰責。倘有受賄容留情弊，發覺加重治罪。如果巡哨勤慎，一年無過，准各記功一次，以示勸懲。如此辦理，庶哈眾可無侵擾之患，邊防亦免疏懈之虞矣。如有未盡事宜，將由臣隨時察酌奏咨辦理。

除抄録章程咨呈軍機處、政務處、練兵處及户部、兵部、理藩院外，所有設卡查禁逃哈各緣由，是否有當？理合恭摺具陳。伏乞皇太后、皇上聖鑒訓示。謹奏。三月二十四日。

光緒三十一年五月初二日，奉硃批：該衙門知道，單并發。欽此。[①]

---

① 中國第一歷史檔案館藏：《軍機録副》，檔號：03-5743-051。

【案】光緒二十九年四月初一日，陝甘總督崧蕃會銜伊犁將軍馬亮、成都將軍長庚、新疆巡撫潘效蘇，奏報籌議歸還借地緣由一摺，曰：

頭品頂戴陝甘總督臣崧蕃、頭品頂戴伊犁將軍臣馬亮、調任成都將軍臣長庚、甘肅新疆巡撫臣潘效蘇跪奏，爲遵旨秉公籌議塔城前借科布多阿爾臺山地段，理應還科，以符舊制而息争端，恭摺仰祈聖鑒事。

光緒二十四年十月二十四日奉上諭：春滿奏，塔爾巴哈臺前借科布多地段未便輕議歸還一摺。著長庚、陶模、饒應祺體察情形，熟權利害，秉公會商，奏明請旨辦理等因。欽此。上年八月，臣長庚電奏奉旨，於交卸後前赴阿爾臺山查勘情形，十月杪旋抵新疆省城，晤臣效蘇。正會商籌辦間，復先後欽奉二十八年十二月二十五日及二十九年正月十三日兩次上諭，持平秉公，詳細查勘，會商妥籌具奏，不得以借地爲已成之案憚於更正，總以足安烏梁海人心、有裨大局，是爲至要。各等因。欽此。仰見聖主軫念邊陲、體恤蒙部之至意。

臣等竊查棍噶札拉參原借阿爾臺山陽地段，東至罕達噶圖河，西至哈巴河，南至額爾齊斯河北岸，北至阿爾臺山脊，周圍七百餘里。原議俟西疆軍務平定即行交還，嗣於光緒十二年棍噶札拉參在京呈請理藩院代奏，聲明所借阿爾臺山地段原係科布多烏梁海牧地，仍請撥歸科布多收管，經署伊犁將軍塔爾巴哈臺參贊大臣錫綸具奏，請將承化寺僧眾暨在塔附住之哈薩克一概毋庸多作紛更，又經前撫臣劉錦棠奏請，擬將原借地段劃歸塔爾巴哈臺管轄，并未奉旨，遽定辦法。惟阿爾臺山本與科布多毗連，故《皇朝藩部要略》謂科布多爲阿爾臺之科布多。聖祖三駕親征，殄滅噶爾丹，拓地至阿爾臺，遂置戍焉。敕定《新疆志略》内載康熙五十六年并雍正七年，北路兩次出師，均駐阿爾臺。昭然可考。其事皆在尚未平定准部以前。此阿爾臺山所以隸北路未隸西路之緣由也。

迨雍正十三年，噶爾丹策凌遣使乞和。詔額駙策凌議之。策凌請以額爾齊斯、阿爾臺爲界。爲永禦計，上韙其議。使命往返二載，額駙策凌因争此地，三至京師，其議始定。蓋以阿爾臺内山外河，可以固漠北喀爾喀四部之圉。即使今昔不同，亦未便輕言改隸。議者不察，誤以爲可此可彼之地，倡而和之，同然一辭，遂致轇轕多年，未能折中定議。嗣光緒十七年，科布多參贊大臣沙克都林札布於既放吉林副都統之後欽奉特旨由驛馳回，於十八年五月與塔爾巴哈臺參贊大臣額爾慶額在阿爾臺山承化寺晤商定議，會同接任科布多參贊大臣魁福具奏，請將哈巴河一帶地方自光緒十八年起，展緩三年，無論巴爾魯克山能否歸回，届期即行交割。光緒十八年閏六月初四日奉上諭：著准其暫緩交割，仍著額爾慶額、魁福和衷商酌，妥籌經理，届期歸還，不得因循延緩，一奏塞責，等因。欽此。

查科城之索山係因寄牧各蒙部之哈薩克，若不將阿爾臺山借地收回，别無安插之處。而塔城之不欲還地，亦因潛住阿爾臺山之哈薩克，若收回塔境，實無餘地可以安插。皆出萬不得已。臣長庚上年前赴阿爾臺查勘時，於塔城途次晤春滿，與之面商。據云人民、土地皆在國家覆載之中，隸塔、隸科，該大臣悉惟朝命是遵，不敢拘泥成見。其言辭伉爽，亦足見其悃誠。今臣等秉公會商，竊謂棍噶札拉參所借阿爾臺山地段，原係科布多所屬烏梁海游牧之地，棍噶札拉參早經遷至八音溝安置，且逾三年，限期已久，理應還科，勿須輕改舊制，應請即將原借地段照案遵旨交還科布多參贊大臣管轄。前住之哈薩克則人隨地歸，住科布多境内者歸科城管轄，住塔爾巴哈臺境内者歸塔城管轄，應如何安插約束，由各該大臣自行經理，以一事權，而資鈐束。其潛入新疆南路羅布淖爾及北路巴里坤等處哈民，臣效蘇現已派兵設卡，清查已來之户，杜絶未來之人，并另派委員，會同科、塔派來之員，分别取回，各歸各牧，以免紛擾，庶二十餘年之積案可清，而哈民亦各有牧地可歸，不致再虞滋蔓。經此次奏定之後，相應請旨飭下科布多參贊大臣瑞洵、駐塔爾巴哈臺伊犁副都統臣春滿，迅即定期交收，妥爲經理。

至於邊防，臣長庚上年冬親往履勘，所有該處形勢及如何防守之處，由臣長庚另行覆奏。瑞洵另摺所參塔城原派章京延年各款，已由臣效蘇委員確查，應俟查覆至日，由臣效蘇另案覆陳。

所有臣等會議阿爾臺山哈巴河一帶借地應行遵旨交還科布多管轄以符舊制各緣由，是否有當？謹合詞恭摺具陳。伏乞皇太后、皇上聖鑒訓示。再，此摺係臣長庚主稿。合并聲明。謹奏。四月初一日。

光緒二十九年五月初四日，奉硃批：另有旨。欽此。[①]

---

① 臺北“故宫博物院”藏：《軍機及宫中檔》，文獻編號：156291。

〇三〇、呈新疆北路新設卡倫章程清單

光緒三十一年三月二十四日（1905 年 4 月 28 日）

謹將新疆北路新設卡倫章程，開單恭呈御覽。

一、鎮西廳屬紙房設大卡倫一座，千總一名，卡兵四十名，歸駐扎色苾口之巴里坤鎮標城守營都司管轄東杜科布多哈薩克入廳境來路，西距臥雲機卡一百八十里，在中間花爾茨立界會哨。

一、鎮西廳屬之臥雲機設中卡倫一座，把總一名，卡兵三十名，歸駐扎色苾口之巴里坤鎮標城守營都司管轄，東與紙房卡會哨，西距奇臺縣屬東墩泉卡一百八十里，在中間東地立界會哨。

一、奇臺縣屬東墩泉設中卡倫一座，把總一名，兵三十名，歸駐扎木壘河之巴里坤鎮屬左營中軍守備管轄，東與臥雲機卡會哨，西距漢溝卡四百二十里，在中間黑山頭立界會哨。

一、奇臺縣屬漢溝設中卡倫一座，把總一名，兵三十名，歸駐扎古城之巴里坤鎮屬左營游擊管轄，東與東墩泉卡會哨，西距孚遠縣屬豐盛堡卡一百六十里，在中間北道橋立界會哨。

一、孚遠縣屬豐盛堡設中卡倫一座，把總一名，兵三十名，歸濟木薩營參將管轄，東與奇臺縣屬漢溝卡會哨，西距西地卡一百二十里，在中間五廠湖立界會哨。

一、孚遠縣屬西地設小卡倫一座，外委一名，兵二十名，歸濟木薩管參將管轄，東與豐盛堡卡會哨，西距阜康縣屬滴水溝卡一百一十里，在中間大東灘立界會哨。

一、阜康縣屬滴水溝設小卡倫一座，外委一名，兵二十名，歸駐扎阜康縣之濟木薩營中軍守備管轄，東與孚遠縣屬西地卡會哨，西距高湖浪卡一百里，在中間五個泉立界會哨。

一、阜康縣屬高湖浪設小卡倫一座，外委一名，兵二十名，歸駐扎阜康縣之濟木薩營中軍守備管轄，東與滴水溝卡會哨，西距迪化縣屬下梧桐窩卡一百里，在中間梭梭堆立界會哨。

一、迪化縣屬下梧桐窩設中卡倫一座，把總一名，兵三十名，歸迪化城守營都司管轄，東與阜康縣屬高浪湖卡會哨，西距昌吉縣屬新渠卡一百二十里，在中間沙門子立界會哨。

一、昌吉縣屬新渠設中卡倫一座，把總一名，兵三十名，歸駐扎昌吉縣之撫標左營游擊管轄，東與迪化縣屬下梧桐窩卡會哨，西距西三十户卡二百里，在中間芨芨槽子立界會哨。

一、昌吉縣屬西三十户設中卡倫一座，把總一名，兵三十名，歸駐扎昌吉之撫標左營游擊管轄，東與新渠卡會哨，西距呼圖壁縣丞屬桑家渠卡二百六十里，在中間沙棗園子立界會哨。

一、呼圖壁縣丞屬桑家渠設小卡倫一座，外委一名，兵二十名，歸駐扎呼圖壁之撫標左營中軍守備管轄，東與昌吉縣屬西三十户卡會哨，西距綏來縣屬西四渠卡一百里，在中間芨芨渠子立界會哨。

一、綏來縣屬西四渠設小卡倫一座，外委一名，兵二十名，歸瑪納斯協標左旗都司管轄，東與呼圖壁桑家渠卡會哨，西距新盛渠卡九十里，在中間大河岸立界會哨。

一、綏來縣屬新盛渠設中卡倫一座，把總一名，兵三十名，歸瑪納斯協標右旗守備管轄，東與西四渠卡會哨，西距庫爾喀喇烏蘇廳屬車排子卡三百里，在中間達連湖立界會哨。

一、庫爾喀喇烏蘇廳屬車排子設大卡倫一座，千總一名，兵四十名，歸庫爾喀喇烏蘇營中軍守備管轄，東與綏來縣屬新盛渠卡會哨，西距精河廳屬甘家湖卡二百里，在中間蘇興灘立界會哨。

一、精河廳屬甘家湖設大卡倫一座，千總一名，兵四十名，歸精河營中軍守備管轄，東與烏蘇廳屬車排子卡會哨，西距忙各布魯卡二百八十里，在中間東海子立界會哨。

一、精河廳屬忙各布魯設小卡倫一座，外委一名，兵二十名，歸精河營中軍守備管轄，東與甘家湖卡會哨，西與吐爾扈特接壤，應由伊犁將軍飭知吐爾扈特查禁。

一、每卡設書一名，專司登號、驗票及造報地糧、羊隻等事。

一、卡兵以十名爲一棚，内什長一名，卡兵九名。

一、每棚十名以馬兵五名專司巡哨，以步兵五名專辦屯牧，均輪流充當，以均勞逸。

一、會哨處所兩卡，派兵公築土墩爲界，高以八尺爲度，四方以八尺起脚，六尺結頂，面書“某卡界墩，各相距若千里”字樣。兩卡各於墩側無論土窑、石洞、磚房，各修一二間，庶會哨所至以資棲息而蔽風雨，應由該管營旗官督率本營兵丁以及各卡兵丁，合力修建，不准開支經費。

一、各卡會哨均酌派馬兵在東西界墩往來梭巡，如遇零星哈薩克入境，立即攔回。如遇大股闖越，該卡弁兵飛報本營旗官，派大隊前往壓逐，令歸原牧。其執有科布多、阿爾臺山、塔爾巴哈臺各大臣護照前來新疆販賣牲畜，兑换糧食、貨物者，應令赴卡驗票掛號，限期歸牧。

一、各卡槍矛器械儘該管鎮協營旗所存取用，不敷由省城軍裝局發給。

一、各卡兵每名應發號衣一件，由省城軍裝局製發一次，以後在所得糧價内自行製備，不再由公中取用。

一、各卡藥火由該管營旗官隨同本營兵丁所需一并在軍裝局具領。

一、各卡兵家具按照楚湘軍營制，由公中製發一次，卡弁、卡書共發銀四兩，每卡兵一棚發銀四兩，計大卡應發銀二十兩，中卡發銀一十六兩，小卡發銀一十二兩，由屯牧總局發給，毋庸扣還，此後由各卡自行添補，不准開支。

一、卡弁一名，月支薪水銀九兩，公費一十二兩，馬乾、私夫一概在内。卡書一名，月支薪水銀三兩，食糧四斗。其餘什長及馬步兵丁月各支鹽菜銀九錢，食糧四斗。馬兵一名，并月支馬乾銀一兩八錢，銀由各該管營旗官隨同本營兵餉在司庫請領，糧由各地方官開支具報，俟本卡糧足之時，按照時估折發價銀亦可。

一、卡弁一名，撥給地一百畝。卡書一名，什長一名，各撥給地三十畝。卡兵一名，無論馬步，各撥給地二十畝，均二畝折一，或畝半折一，即地少之處亦須加二、三、四成撥給，均由各地方官籌撥足數，移交各營旗接收具報，荒熟不拘，惟須土肥水足，俾其大獲屯田之利，以垂久遠。

一、卡弁一名，給孳生羊一千隻。卡書一名，給孳生羊一百隻。什長一名，馬兵一名，各給孳生羊二百隻。步兵一名，給孳生羊一百隻。均暫發二成。計卡弁一名，羊二百隻。卡書一名，羊二十隻。什長一名，馬兵一名，羊四十隻。步兵一名，羊二十隻。由地方官采買足數，移交各營旗官接收。其報羊價在屯牧總局具領，該卡弁接收羊隻之後，并由地方官在卡倫附近籌撥草山，令其自行牧放，生生不息，約計五六年後，即可積至十成，作爲孳生成本羊隻定額，此後孳生之羊謂之利羊，又在官山牧放三年，皆能長大膘壯，無論馬步弁兵，按年分領一次，其利甚大，所有卡弁薪水銀九兩，卡書薪水銀三兩、糧四斗，馬步、卡兵鹽菜銀九錢、糧四斗，及馬乾銀一兩八錢，概行停支。惟卡弁公費銀一十二兩，仍照常支給。

一、卡兵十名爲一棚，内什長一名，馬兵四名，每名借給馬價銀八兩，鞍轡銀四兩。又每棚十名共備給農器銀四十兩，計每棚銀一百兩，均在屯總局請領，初年免繳，自次年起作三年繳清，均准以糧石作價，就近繳歸地方官倉内。

一、各卡房屋總令弁督率卡兵自行搭蓋，凡設兵四十名者，給銀四十兩；設兵三十名者；給銀三十兩；設兵二十名者，給銀二十兩；以爲椽檁門窗之用，在屯牧總局請領，免其繳還。

一、卡兵一棚，每棚給官馬四匹，内騸馬一匹、騍馬一匹、兒馬一匹、成駒一匹，并加餘馬一匹，共五匹，由各營旗派撥弁兵，持文赴巴里坤鎮濟木薩營參將孳生廠内撥給，專爲耕地之用。其願以馬易牛者，聽。

一、卡弁、卡書之地歸卡兵公種，内大卡弁書兵丁四十二人，共撥地九百七十畝，計四棚，每棚種地二百四十二畝五分；中卡三十二人，共撥地七百六十畝，計三棚，每棚種地二百五十三畝三分；小卡二十二人，共撥地五百五十畝，計二棚，每棚種地二百七十五畝。其加撥餘地攤加各棚内并種，每地一畝作爲一股，秋收後各將一年食糧、馬料及來歲籽種從寬留存，下剩糧石若干，無論弁書、卡兵，均照畝股攤分，仍將攤分數目呈由本管營旗官通報查考。

一、大卡本羊以七千一百隻爲足額，中卡本羊以五千六百隻爲足額，小卡本羊以四千一百隻爲足額，均先發給二成，應令卡弁督率卡兵妥爲牧放，每届年終將本利羊隻實在數目呈由本管營旗官通報查考。

一、以上各項内如有未盡事宜，統照常備兵章程辦理。

以上卡路二千九百二十里，設大卡倫三處、中卡倫八處、小卡倫六處，共卡倫一十七處，卡弁一十七名，卡書一十七名，卡兵四百八十名，内馬兵并什長二百四十名，步兵二百四十名，應撥土地一萬二千二百九十畝、二成孳生成本羊一萬八千一百四十隻，又每月應支薪水鹽菜、馬乾銀一千二百七十二兩，歲共支銀一萬五千二百六十四兩。又每月應支倉斗糧一百九十八石八斗，歲共支糧二千三百八十五石六斗，銀由該管營旗官隨同兵餉請領，糧由各地方官在倉儲項下支給具報。

（硃批）：覽。[①]

○三一、奏報知縣朱熿因病出缺緣由摺

光緒三十一年三月二十四日（1905年4月28日）

甘肅新疆巡撫西林巴圖魯臣潘效蘇跪奏，爲知縣因病出缺，應請扣留外補，恭摺仰祈聖鑒事。

竊據新疆布政使吴引孫詳：據于闐縣典史徐丙炎申稱：調署于闐縣知縣實任奇臺縣知縣朱熿，現年五十六歲，湖南善化縣人，由捐納選用縣丞投效軍營，保舉留甘補用知縣，俟補缺後，以直隸州知州補用。光緒十一年，留新疆候補。二十一年，補授奇臺縣知縣，嗣遵順直湖北賑捐例，捐戴花翎知府銜并二品封典，二十二年二月十二日到本任，委署温宿直隸州知州及迪化縣知縣。二十九年，調署于闐縣知縣，七月初六日接印任事。兹於三十一年正月初四日在任病故，等情。詳請具奏前來。

臣覆查無異，除批飭委員接署于闐縣篆并分咨外，謹會同陝甘總督臣崧蕃，改題爲奏，恭摺具陳。伏乞皇太后、皇上聖鑒，飭部開缺施行。所遺奇臺縣知縣係衝、繁、難三項要缺，應請扣留外補。合并聲明。謹奏。光緒三十一年三月二十四日。

（硃批）：吏部知道。[②]

光緒三十一年五月初二日，奉硃批：吏部知道。欽此。[③]

---

① 中國第一歷史檔案館藏：《清單》，檔號：03-6039-052。

② 中國第一歷史檔案館藏：《硃批原件》，檔號：04-01-12-0643-027。

③ 中國第一歷史檔案館藏：《軍機録副》，檔號：03-5442-013。

○三二、呈新疆三十年十一月糧價清單

光緒三十一年四月十六日（1905年5月19日）

謹將新疆各屬光緒三十年十一月分米糧時估價值，繕具清單，恭呈御覽。

計開十一月分

鎮迪道屬

迪化縣：大米每京石價銀六兩六錢六分六厘，較上月增七錢四分六厘。小麥每京石價銀二兩三錢六分四厘，較上月增三分一厘。豌豆每京石價銀二兩四錢四分八厘，與上月相同。青稞每京石價銀一兩五錢八分七厘，與上月相同。

昌吉縣：大米每京石價銀五兩七錢四分四厘，較上月增三錢四分二厘。小麥每京石價銀二兩一錢二分九厘，較上月增一錢八分二厘。豌豆每京石價銀二兩二錢一分，較上月增二錢一分一厘。青稞每京石價銀一兩一錢，與上月相同。

呼圖壁縣丞：大米每京石價銀四兩五錢八分，小麥每京石價銀一兩八錢三分九厘，豌豆每京石價銀一兩九錢三分八厘，俱與上月相同。

綏來縣：大米每京石價銀四兩七錢五分六厘，與上月相同。小麥每京石價銀一兩八錢三分九厘，較上月增七分。豌豆每京石價銀一兩六錢七分六厘，與上月相同。高粱每京石價銀八錢一分七厘，與上月相同。

阜康縣：粟米每京石價銀二兩三錢九分，較上月增七錢九分六厘。小麥每京石價銀二兩七分，較上月增四錢一分四厘。豌豆每京石價銀一兩九錢九分二厘，較上月增三錢一分八厘。高粱每京石價銀九錢四厘，與上月相同。

孚遠縣：小麥每京石價銀二兩一分六厘，與上月相同。豌豆每京石價銀一兩九錢七分七厘，較上月增三厘。高粱每京石價銀一兩四分八厘，較上月增八厘。

奇臺縣：大米每京石價銀六兩二錢一分四厘，較上月增三兩三厘。小麥每京石價銀二兩六錢九分二厘，與上月相同。豌豆每京石價銀二兩四錢一分七厘，較上月增二錢七厘。

吐魯番直隸廳：小麥每京石價銀一兩四錢八分五厘，大麥每京石價銀六錢九分四厘，高粱每京石價銀一兩一錢一分四厘，黃豆每京石價銀一兩五錢三分，俱與上月相同。

鄯善縣：小麥每京石價銀一兩六錢六分七厘，大麥每京石價銀七錢六分四厘，高粱每京石價銀一兩二錢九分七厘，俱與上月相同。

鎮西直隸廳：小麥每京石價銀二兩八錢八分，較上月增二錢四分。豌豆每京石價銀二兩一錢六分，與上月相同。青稞每京石價銀一兩二錢二分，較上月減一錢四分。

哈密直隸廳：粟米每京石價銀三兩二錢四分，較上月增三錢六分。小麥每京石價銀二兩八錢四分三厘，較上月增四錢一分八厘。豌豆每京石價銀二兩八錢八分，較上月增七分二厘。青稞每京石價銀二兩一錢二分三厘，較上月增二錢三分二厘。

庫爾喀喇烏蘇直隸廳：小麥每京石價銀二兩三錢四分三厘，較上月增二錢一分三厘。大麥每京石價銀一兩四錢二分，較上月增一錢七分八厘。豌豆每京石價銀二兩一錢三分一厘，與上月相同。

伊塔道屬

綏定縣：大米每京石價銀五兩三錢二分八厘，較上月減四錢四分四厘。小麥每京石價銀一兩七錢九分四厘，與上月相同。大麥每京石價銀一兩一錢，與上月相同。豌豆每京石價銀一兩四錢，與上月相同。

寧遠縣：大米每京石價銀五兩三錢八分一厘，與上月相同。小麥每京石價銀一兩三錢八分，較上月增六分九厘。大麥每京石價銀九錢六分三厘，與上月相同。豌豆每京石價銀一兩二錢九分六厘，與上月相同。

塔爾巴哈臺直隸廳：小麥每京石價銀二兩四錢一分九厘，大麥每京石價銀一兩三錢七分五厘，豌豆每京石價銀一兩八錢二厘，俱與上月相同。

精河直隸廳：大米每京石價銀四兩四錢一分，較上月增二錢一分。小麥每京石價銀一兩六錢八分，與上月相同。大麥每京石價銀一兩五分，與上月相同。豌豆每京石價銀一兩六錢一分，與上月相同。

阿克蘇道屬

温宿府：大米每京石價銀二兩一錢九分，較上月增七分。小麥每京石價銀一兩二錢六分，較上月增八分。大麥每京石價銀五錢五分一厘，較上月增二分五厘。包穀每京石價銀八錢八分六厘，較上月增一錢三分八厘。

温宿縣：大米每京石價銀二兩一錢六分九厘，較上月減一錢五分二厘。小麥每京石價銀一兩二錢四分，較上月減五分六厘。大麥每京石價銀八錢，較上月減四分四厘。包穀每京石價銀一兩一錢二分，較上月減二分四厘。

拜城縣：小麥每京石價銀八錢三分，與上月相同。大麥每京石價銀五錢二分，較上月增二分。豌豆每京石價銀五錢七分，較上月增一分。包穀每京石價銀五錢六分，與上月相同。

焉耆府：大米每京石價銀五兩六錢二分四厘，較上月增四錢四分四厘。小麥每京石價銀二兩六錢二分二厘，較上月增六錢一分五厘。豌豆每京石價銀一兩八錢七分二厘，較上月增三錢九分二厘。包穀每京價銀一兩九錢二分，較上月增五錢七分六厘。

輪臺縣：大米每京石價銀五兩三錢二分八厘，小麥每京石價銀二兩七錢六分，包穀每京石價銀二兩四分八厘，俱與上月相同。

庫車直隸州：大米每京石價銀三兩三錢六分，小麥每京石價銀一兩三錢九分，豌豆每京石價銀七錢，包穀每京石價銀七錢五分，俱與上月相同。

沙雅縣：大米每京石價銀三兩二錢二分，與上月相同。小麥每京石價銀一兩，與上月相同。包穀每京石價銀七錢，較上月減二分。

烏什直隸廳：大米每京石價銀二兩一錢七分五厘，小麥每京石價阿銀六錢六分，大麥每京石價銀三錢二分一厘，包穀每京石價銀五錢二分四厘，俱與上月相同。

喀什噶爾道屬

疏勒府：大米每京石價銀三兩九錢三分七厘，小麥每京石價銀二兩六分一厘，包穀每京石價銀一兩六錢七分二厘，高粱每京石價銀一兩一錢五分，俱與上月相同。

疏附縣：大米每京石價銀三兩九錢八分四厘，與上月相同。小麥每京石價銀一兩九錢四分，較上月增四分三厘。包穀每京石價銀一兩五錢七厘，與上月相同。高粱每京石價銀一兩一錢八分五厘，較上月增三分五厘。

伽師縣：大米每京石價銀四兩六錢八分七厘，與上月相同。小麥每京石價銀二兩三錢七分一厘，與上月相同。包穀每京石價銀一兩七錢七分五厘，較上月增一錢。高粱每京石價銀九錢三分四厘，與上月相同。

莎車府：大米每京石價銀四兩二錢一分八厘，與上月相同。小麥每京石價銀一兩九錢三分二厘，與上月相同。大麥每京石價銀一兩二錢五分，較上月增一錢二分五厘。包穀每京石價銀一兩一錢三分五厘，與上月相同。

巴楚州：大米每京石價銀四兩七分，小麥每京石價銀二兩二錢四分二厘，包穀每京石價銀一兩二錢八分，俱與上月相同。

葉城縣：大米每京石價銀三兩四錢二分，較上月減一錢三分。小麥每京石價銀一兩二錢，較上月減二分。包穀每京石價銀一兩一錢六分，較上月減一分。

皮山縣：大米每京石價銀三兩二錢，較上月減一錢。小麥每京石價銀九錢，與上月相同。大麥每京石價銀六錢五分，較上月減五分。包穀每京石價銀六錢八分，與上月相同。

和闐直隸州：大米每京石價銀三兩一錢五分，小麥每京石價銀九錢八分，包穀每京石價銀六錢，青稞每京石價銀六錢四分，俱與上月相同。

于闐縣：大米每京石價銀三兩二錢，與上月相同。小麥每京石價銀一兩二分，較上月增二分。包穀每京石價銀六錢八分，較上月增六分。

洛浦縣：大米每京石價銀三兩三錢六分，與上月相同。小麥每京石價銀一兩七厘，與上月相同。包穀每京石價銀七錢六分八厘，減六分四厘。

英吉沙爾直隸廳：大米每京石價銀三兩六錢四分八厘，較上月減一錢五分二厘。小麥每京石價銀一兩六錢八分三厘，與上月相同。大麥每京石價銀一兩八分三厘，較上月增五分七厘。包穀每京石價銀一兩三錢四分，與上月相同。

（硃批）：覽。[①]

〇三三、奏報三十年十一月雨水糧價摺

光緒三十一年四月十六日（1905年5月19日）

甘肅新疆巡撫西林巴圖魯臣潘效蘇跪奏，爲恭報光緒三十年十一月分各屬糧價并得雪情形，謹繕摺具陳，仰祈聖鑒事。

竊上年十月分糧價并得雨雪情形，業經臣奏報在案。茲據新疆布政使吴引孫詳稱：光緒三十年十一月分，鎮迪道屬庫爾喀喇烏蘇得雪，積地一尺：迪化、奇臺、昌吉、鎮西得雪，積地四寸：呼圖壁、孚遠、鄯善、哈密得雪，積地二寸：綏來、阜康微雪。伊塔道屬塔爾巴哈臺得雪，積地四寸：綏定、寧遠得雪，積地

① 中國第一歷史檔案館藏：《清單》，檔號：03-7030-039。

三寸：精河微雪。南路伽師、温宿府、烏什、巴楚、于闐得雪，積地二寸；柯坪得雪，積地一寸；温宿縣、焉耆、輪臺、新平、庫車、沙雅、疏勒、疏附、莎車、葉城、皮山、和闐、洛浦、英吉沙爾微雪，餘未糧雪。

至通省糧價，除新平一處因地尚未成熟暫緩具報，柯坪等處仍應俟具報至日再行匯列外，所有呼圖壁、吐魯番、鄯善、塔爾巴哈臺、輪臺、庫車、烏什、疏勒、巴楚、和闐等屬俱與上月相同，其餘各有增減，匯詳請奏前來。

理合恭摺具陳，并繕糧價清單，敬呈御覽。伏乞皇太后、皇上聖鑒。謹奏。光緒三十一年四月十六日。

（硃批）：知道了。[①]

光緒三十一年五月二十五日，奉硃批：知道了。欽此。[②]

〇三四、奏報知縣韓瑶光因病出缺緣由摺

光緒三十一年四月十六日（1905年5月19日）

甘肅新疆巡撫西林巴圖魯臣潘效蘇跪奏，爲知縣因病出缺，應請扣留外補，恭摺仰祈聖鑒事。

竊據新疆布政使吴引孫詳：據迪化縣知縣易潤庠申稱：實任于闐縣知縣韓瑶光，現年五十四歲，安徽懷寧縣人，由俊秀投效皖軍，歷保補用鹽大使，留新候補，委署闢展巡檢，借補濟木薩縣丞。嗣於伊犁剿匪及新疆防戍各案内，保以知縣遇缺儘先補用，俟補缺後以直隸州知州補用，委署布政司庫大使。光緒二十三年十一月，補授于闐縣知縣。防剿西寧竄匪、關外肅清案内，保加知府銜。二十五年二月初六日，到于闐縣本任。二十七年七月十九日，交卸回省，兹於三十一年三月初七日在省寓病故，等情。詳請奏咨前來。

臣覆查無異，除分咨外，謹會同陝甘總督臣崧蕃，改題爲奏，恭摺具陳。伏乞皇太后、皇上聖鑒，飭部開缺施行。所遺于闐縣知縣係繁、難二項請調中缺，

① 中國第一歷史檔案館藏：《硃批原件》，檔號：04-01-25-0586-029。
② 中國第一歷史檔案館藏：《軍機録副》，檔號：03-7030-038。

應請扣留外補。合并聲明。謹奏。光緒三十一年四月十六日。

（硃批）：吏部知道。[①]

光緒三十一年五月二十五日，奉硃批：吏部知道。欽此。[②]

〇三五、請准副將胡義和原品休致摺

光緒三十一年四月十六日（1905年5月19日）

甘肅新疆巡撫西林巴圖魯臣潘效蘇跪奏，爲副將年力就衰，照例休致，恭摺仰祈聖鑒事。

竊臣准兵部咨，内閣鈔出臣奏前署巴里坤鎮總兵莎車協副將胡義和因病懇請開缺一摺，光緒三十年十月初九日奉硃批：照著所請，兵部知道。欽此。欽遵到部。除莎車協副將胡義和開缺之處本部遵旨注册外，至該員將來病痊是否尚堪起用，原奏未據聲叙。但既奏稱該員年力就衰，應與老病休致人員一律辦理等因。

臣查定例：凡病痊起用人員，由本籍督撫驗看，如果精力不致衰庸，雖年已六十三歲，照例出具考語，副將以下、衛千總以上，給咨赴部引見。倘年逾六十三歲，精力就衰，雖以勝任，即行據實分别題咨，勒令休致等語。

臣覆查原奏，該副將胡義和因病懇請開缺，年力就衰，足見將來病痊難堪起用，合無仰懇天恩俯准該副將胡義和以原品休致，俾符定例。

除咨部查照外，謹會同陜甘總督臣崧蕃、喀什噶爾提督臣焦大聚，恭摺具陳。伏乞皇太后、皇上聖鑒訓示，施行。再，此案改題爲奏。合并聲明。謹奏。光緒三十一年四月十六日。

（硃批）：著照所請，兵部知道。[③]

光緒三十一年五月二十五日，奉硃批：著照所請，兵部知道。欽此。[④]

---

① 中國第一歷史檔案館藏：《硃批原件》，檔號：04-01-12-0643-061。

② 中國第一歷史檔案館藏：《軍機録副》，檔號：03-5442-161。

③ 中國第一歷史檔案館藏：《硃批原件》，檔號：04-01-16-0285-073。

④ 中國第一歷史檔案館藏：《軍機録副》，檔號：03-5442-160。

〇三六、委任彭緒瞻等署理知府等缺片

光緒三十一年四月十六日（1905年5月19日）

再，鎮迪道兼按察使銜李滋森、署温宿府知府張樹焱、署英吉沙爾直隸同知周開曙，均因案革職。所遺鎮迪道兼按察使銜員缺，總督臣崧蕃電知，奏委甘肅安蘭道和爾賡額[①]調署，未到任以前，應由臣檄委迪化府知府潘震暫行兼護。并據新疆布政使吴引孫詳稱：温宿府知府遺缺，查有准補伊犁府知府彭緒瞻，堪以委署。未到任以前，委現署温宿縣知縣傳澤霖暫行兼護。英吉沙爾直隸同知遺缺，查有候補知府易榮鼎，堪以委署。未到任以前，委現署該廳照磨何福誾暫行兼護，等情。前來。

除由臣批飭分别給委外，謹會同陝甘總督臣崧蕃，附片具陳。伏乞聖鑒。謹奏。

（硃批）：吏部知道。[②]

光緒三十一年五月二十五日，奉硃批：吏部知道。欽此。[③]

---

① 和爾賡額（1851—？），字允修，滿洲鑲白旗人，翻譯生員。同治五年（1866），捐花翎。十三年（1874），捐監生，指分户部，充謄録官。光緒元年（1875），捐筆帖式。三年（1877），選户部井田科筆帖式。四年（1878），補户部寶泉局東廠大使。五年（1879），捐五品頂戴。七年（1881），保户部主事。十年（1884），署軍機章京。十二年（1886），補軍機章京。十四年（1888），保以理事同知、通判用。十五年（1889），授方略館協修官。同年，保户部員外郎。十六年（1890），充户部福建司掌印，署湖廣司印鑰。同年，保户部郎中。十七年（1891），署户部四川司印鑰。同年，升户部郎中。十八年（1892），轉掌浙江司印鑰。二十年（1894），授方略館收掌官，加三品銜。二十一年（1895），充軍機處北檔房總辦。二十二年（1896），任南檔房幫辦、方略館纂修官。二十三年（1897），保以道府用。二十四年（1898），署户部福建司印鑰。同年，放甘肅安肅道。三十年（1904），報捐二品頂戴。三十一年（1905），赴新疆會查案件，旋署新疆鎮迪道兼按察使銜，再署新疆布政使。同年，調補四川按察使。三十四年（1908），署四川布政使。宣統二年（1910），遷河南提法使。

② 中國第一歷史檔案館藏：《硃批原件》，檔號：04-01-12-0643-085。

③ 中國第一歷史檔案館藏：《軍機録副》，檔號：03-5442-162。

○三七、奏爲御賞福壽字謝恩摺

光緒三十一年四月二十四日（1905 年 5 月 27 日）

甘肅新疆巡撫西林巴圖魯臣潘效蘇跪奏，爲恭謝天恩，仰祈聖鑒事。

光緒三十一年三月初四日，准兵部火票由驛遞御賞福字一方，又由專弁齎捧御賞福、壽字各一方到臣。當即恭設香案，望闕叩頭謝恩祗領。伏念臣忝綰疆符，屢膺懋賞，春風萬里祥和，調鳳律之音；瑞日三霄淑暖，噓龍堆之氣。頻更歲序，莫補涓埃，何期遠隔邊庭，叠荷恩濃寵賚。自天錫祉，重題羲畫之文，合域呼嵩，共仰箕疇之範！敷極而廣周庶匯，延齡而普遍群黎。拜嘉惠於彤廷，倍悚惶於丹悃。

臣惟有撫綏旃毳，慎固邊陲，惕時局之艱危；網繆牖户，頌皇人之淪浹。糺縵光華，琛賮畢來，萬國輸貢珍之品；關河永奠，五雲呈捧日之祥。

所有微臣感激榮幸下忱，謹繕摺叩謝天恩。伏乞皇太后、皇上聖鑒。謹奏。光緒三十一年四月二十四日。

（硃批）：知道了。[①]

光緒三十一年六月十三日，奉硃批：知道了。欽此。[②]

○三八、奏報三十年十二月雨水糧價摺

光緒三十一年五月初八日（1905 年 6 月 10 日）

甘肅新疆巡撫西林巴圖魯臣潘效蘇跪奏，爲恭報光緒三十年十二月分各屬糧價并得雪情形，謹繕摺具陳，仰祈聖鑒事。

竊上年十一月分糧價并得雪情形，業經臣奏報在案。兹據新疆布政使吴引孫詳稱：光緒三十年十二月分，鎮迪道屬奇臺得雪，積地八寸；迪化、庫爾喀喇烏蘇、呼圖壁、綏來、孚遠、昌吉得雪，積地二寸。伊塔道屬寧遠、塔爾巴哈臺、

---

① 中國第一歷史檔案館藏：《硃批原件》，檔號：04-01-12-0643-064。

② 中國第一歷史檔案館藏：《軍機録副》，檔號：03-5443-091。

綏定得雪，積地八寸；精河得雪，積地二寸。南路英吉沙爾、洛浦得雪，積地一尺；庫車、和闐、于闐、温宿府、拜城、烏什、疏附、葉城得雪，積地二寸；柯坪、焉耆、輪臺、沙雅、疏勒、伽師、莎車、巴楚、皮山微雪，餘屬均未得雪。

至通省糧價，除新平一處因地尚未成熟暫緩具報，柯坪等處仍應俟具報至日再行匯列外，所有昌吉、呼圖壁、綏來、孚遠、鄯善、綏定、寧遠、塔爾巴哈臺、温宿縣、輪臺、庫車、沙雅、烏什、疏勒、莎車、洛浦等屬俱與上月相同，其餘各有增減。會詳請奏前來。

理合恭摺具陳，并繕糧價清單，敬呈御覽。伏乞皇太后、皇上聖鑒。謹奏。光緒三十一年五月初八日。

（硃批）：知道了。[①]

光緒三十一年六月十四日，奉硃批：知道了。欽此。[②]

〇三九、呈新疆三十年十二月糧價清單

光緒三十一年五月初八日（1905年6月10日）

謹將新疆各屬光緒三十年十二月分米糧時估價值，繕具清單，恭呈御覽。

計開十二月分

鎮迪道屬

迪化縣：大米每京石價銀六兩五錢四厘，較上月減一錢一分二厘。小麥每京石價銀二兩四錢三厘，較上月增三分九厘。豌豆每京石價銀二兩三錢七分六厘，較上月減七分二厘。青稞每京石價銀一兩五錢八分七厘，與上月相同。

昌吉縣：大米每京石價銀五兩七錢四分四厘，小麥每京石價銀二兩一錢二分九厘，豌豆每京石價銀二兩二錢一分，青稞每京石價銀一兩一錢，俱與上月相同。

呼圖壁縣丞：大米每京石價銀四兩五錢八分，小麥每京石價銀一兩八錢三分九厘，豌豆每京石價銀一兩九錢三分八厘，俱與上月相同。

綏來縣：大米每京石價銀四兩七錢五分六厘，小麥每京石價銀一兩八錢三分

① 中國第一歷史檔案館藏：《硃批原件》，檔號：04-01-25-0586-028。

② 中國第一歷史檔案館藏：《軍機録副》，檔號：03-7031-027。

九厘，豌豆每京石價銀一兩六錢七分六厘，高粱每京石價銀八錢一分七厘，俱與上月相同。

阜康縣：粟米每京石價銀二兩三錢九分五厘，較上月增五厘。小麥每京石價銀二兩七分，與上月相同。豌豆每京石價銀一兩九錢一分二厘，較上月減八分。高粱每京石價銀九錢四厘，與上月相同。

孚遠縣：小麥每京石價銀二兩一分六厘，豌豆每京石價銀一兩九錢七分七厘，高粱每京石價銀一兩四分八厘，俱與上月相同。

奇臺縣：大米每京石價銀六兩二錢一分四厘，與上月相同。小麥每京石價銀二兩四錢七分六厘，較上月減二錢一分六厘。豌豆每京石價銀二兩四錢八分六厘，較上月增六分九厘。

吐魯番直隸廳：小麥每京石價銀一兩四錢九分一厘，較上月增六厘。大麥每京石價銀六錢九分四厘，與上月相同。高粱每京石價銀一兩一錢一分四厘，與上月相同。黄豆每京石價銀一兩五錢三分，與上月相同。

鄯善縣：小麥每京石價銀一兩六錢六分七厘，大麥每京石價銀七錢六分四厘，高粱每京石價銀一兩二錢九分七厘，俱與上月相同。

鎮西直隸廳：小麥每京石價銀三兩四分，較上月增一錢六分。豌豆每京石價銀二兩一錢六分，與上月相同。青稞每京石價銀一兩六錢八分，較上月增四錢六分。

哈密直隸廳：粟米每京石價銀三兩二錢四分，與上月相同。小麥每京石價銀二兩九錢二分七厘，較上月增八分四厘。豌豆每京石價銀二兩八錢八分，與上月相同。青稞每京石價銀二兩一錢六分二厘，較上月增三分九厘。

庫爾喀喇烏蘇直隸廳：小麥每京石價銀二兩四錢八分五厘，較上月增一錢四分二厘。大麥每京石價銀一兩四錢二分，與上月相同。豌豆每京石價銀二兩一錢三分一厘，與上月相同。

伊塔道屬

綏定縣：大米每京石價銀五兩三錢二分八厘，小麥每京石價銀一兩七錢九分四厘，大麥每京石價銀一兩一錢，豌豆每京石價銀一兩四錢，俱與上月相同。

寧遠縣：大米每京石價銀五兩三錢八分一厘，小麥每京石價銀一兩三錢八分，大麥每京石價銀九錢六分三厘，豌豆每京石價銀一兩二錢九分六厘，俱與上月相同。

塔爾巴哈臺直隸廳：小麥每京石價銀二兩四錢一分九厘，大麥每京石價銀一兩三錢七分五厘，豌豆每京石價銀一兩八錢二厘，俱與上月相同。

精河直隸廳：大米每京石價銀四兩四錢一分，與上月相同。小麥每京石價銀一兩六錢八分，與上月相同。大麥每京石價銀一兩一錢五分五厘，較上月增一錢五厘。豌豆每京石價銀一兩六錢八分，較上月增七分。

阿克蘇道屬

温宿府：大米每京石價銀二兩一錢九分，與上月相同。小麥每京石價銀一兩二錢六分，與上月相同。大麥每京石價銀六錢一厘，較上月增五分。包穀每京石價銀八錢六厘，較上月減八分。

温宿縣：大米每京石價銀二兩一錢六分九厘，小麥每京石價銀一兩二錢四分，大麥每京石價銀八錢，包穀每京石價銀一兩一錢二分，俱與上月相同。

拜城縣：小麥每京石價銀八錢四分，較上月增一分。大麥每京石價銀五錢五分，較上月增三分。豌豆每京石價銀六錢，較上月增三分。包穀每京石價銀五錢八分，較上月增二分。

焉耆府：大米每京石價銀五兩六錢二分四厘，與上月相同。小麥每京石價銀二兩七錢六分，較上月增一錢三分八厘。豌豆每京石價銀一兩八錢七分二厘，與上月相同。包穀每京價銀一兩九錢二分，與上月相同。

輪臺縣：大米每京石價銀五兩三錢二分八厘，小麥每京石價銀二兩七錢六分，包穀每京石價銀二兩四分八厘，俱與上月相同。

庫車直隸州：大米每京石價銀三兩三錢六分，小麥每京石價銀一兩三錢九分，豌豆每京石價銀七錢，包穀每京石價銀七錢五分，俱與上月相同。

沙雅縣：大米每京石價銀三兩二錢二分，小麥每京石價銀一兩，包穀每京石價銀七錢，俱與上月相同。

烏什直隸廳：大米每京石價銀二兩一錢七分五厘，小麥每京石價銀六錢六分，大麥每京石價銀三錢二分一厘，包穀每京石價銀五錢二分四厘，俱與上月相同。

喀什噶爾道屬

疏勒府：大米每京石價銀三兩九錢三分七厘，小麥每京石價銀二兩六分一厘，包穀每京石價銀一兩六錢七分二厘，高粱每京石價銀一兩一錢五分，俱與上月相同。

疏附縣：大米每京石價銀三兩九錢三分七厘，較上月減四分七厘。小麥每京石價銀一兩八錢五分四厘，較上月減八分六厘。包穀每京石價銀一兩四錢六分五厘，較上月減四分二厘。高粱每京石價銀一兩一錢八分五厘，與上月相同。

伽師縣：大米每京石價銀四兩六錢八分七厘，與上月相同。小麥每京石價銀二兩一錢九分九厘，較上月減一錢七分二厘。包穀每京石價銀一兩七錢五分八厘，較上月減一分七厘。高粱每京石價銀九錢三分四厘，與上月相同。

莎車府：大米每京石價銀四兩二錢一分八厘，小麥每京石價銀一兩九錢三分二厘，大麥每京石價銀一兩二錢五分，包穀每京石價銀一兩一錢三分五厘，俱與上月相同。

巴楚州：大米每京石價銀三兩七錢，較上月減三錢七分。小麥每京石價銀二兩七分，較上月減一錢七分二厘。包穀每京石價銀一兩二錢八分，與上月相同。

葉城縣：大米每京石價銀三兩四錢八分，較上月增六分。小麥每京石價銀一兩四錢二分，較上月增二錢二分。包穀每京石價銀一兩二錢二分，較上月增六分。

皮山縣：大米每京石價銀三兩三錢，較上月增一錢。小麥每京石價銀九錢五分，較上月增五分。大麥每京石價銀六錢五分，與上月相同。包穀每京石價銀七錢，較上月增二分。

和闐直隸州：大米每京石價銀三兩一錢五分，與上月相同。小麥每京石價銀九錢八分，與上月相同。包穀每京石價銀六錢，與上月相同。青稞每京石價銀六錢，較上月減四分。

于闐縣：大米每京石價銀三兩二錢，與上月相同。小麥每京石價銀一兩二分，與上月相同。包穀每京石價銀七錢一分，較上月增三分。

洛浦縣：大米每京石價銀三兩三錢六分，小麥每京石價銀一兩七厘，包穀每京石價銀七錢六分八厘，俱與上月相同。

英吉沙爾直隸廳：大米每京石價銀三兩六錢四分八厘，與上月相同。小麥每京石價銀一兩八錢二分一厘，較上月增一錢三分八厘。大麥每京石價銀一兩二分六厘，較上月減五分七厘。包穀每京石價銀一兩四錢七分四厘，較上月增一錢三分四厘。

（硃批）：覽。[①]

---

① 中國第一歷史檔案館藏：《清單》，檔號：03-7030-039。

○四○、請以張得勝補授守備緣由摺
光緒三十一年五月初八日（1905年6月10日）

甘肅新疆巡撫西林巴圖魯臣潘效蘇跪奏，爲揀員請補守備員缺，以重邊防，恭摺仰祈聖鑒事。

竊照伊犁鎮屬霍爾果斯營左旗守備王保清，現經伊犁將軍臣馬亮奏請升補軍標中軍都司。遞遺守備員缺，亟應揀員請補，以專責成。兹查有藍翎即補守備現署伊犁軍標左營分防守備張得勝，篤實穩練，前於光緒初年隨軍出關，在伊犁帶隊及補署守備、把總各缺，多歷年所，邊防情形最爲熟悉，以之請補守備員缺，實堪勝任，人地亦極相宜。合無仰懇天恩俯准以張得勝補授伊犁鎮署霍爾果斯營左旗守備員缺，實於營務有裨。如蒙俞允，并懇飭部照烏魯木齊補放守備毋庸送部引見例，發給實授劄付，以符定制。

除飭取該員履歷清册咨部查照外，謹會同伊犁將軍臣馬亮、陝甘總督臣崧蕃、喀什噶爾提督臣焦大聚，恭摺具陳。伏乞皇太后、皇上聖鑒訓示。謹奏。光緒三十一年五月初八日。

（硃批）：兵部議奏。①

光緒三十一年六月十四日，奉硃批：兵部議奏。欽此。②

○四一、揀補古城驍騎校等缺情形摺
光緒三十一年五月初八日（1905年6月10日）

甘肅新疆巡撫西林巴圖魯臣潘效蘇跪奏，爲揀員請旨簡放古城滿營驍騎校、筆帖式各缺，恭摺仰祈聖鑒事。

竊照古城滿營左翼蒙古旗驍騎校額爾德柯，前經臣奏請以原品休致，并另片

---

① 中國第一歷史檔案館藏：《硃批原件》，檔號：04-01-16-0285-092。

② 中國第一歷史檔案館藏：《軍機録副》，檔號：03-5966-142。

揀員署理遺缺，均奉諭旨允准，欽遵轉行各在案。兹據古城城守尉雙林呈稱：所遺之缺，差操緊要，未便久懸，已在應升人員内逐加考驗，擬定正、陪，造具旗佐履歷清册，懇請奏補前來。

臣履加揀選，所有新疆古城滿營左翼蒙古旗驍騎校額爾德柯休致遺缺，應以五品頂戴現署左翼蒙古旗驍騎校印房部缺筆帖式多凌擬正，五品頂戴左翼蒙古旗催總拴桂擬陪。多凌遞遺印房部缺筆帖式一缺，應以五品頂戴現署印房部缺筆帖式户司委筆帖式諾穆歡擬正，五品頂戴兵司委筆帖式書勳擬陪。諾穆歡遞遺委筆帖式一缺，應以五品頂戴現署户司委筆帖式額外委筆帖式領催貴禄擬正，六品頂戴兵司額外委筆帖式吉坤擬陪。理合繕具清單，恭呈御覽，仰懇天恩簡放驍騎校一員、筆帖式二員，以裨旗務而專責成。

除將該員等履歷清册咨部查照外，謹會同伊犁將軍臣馬亮、陝甘總督臣崧蕃，恭摺具陳。伏乞皇太后、皇上聖鑒訓示。謹奏。光緒三十一年五月初八日。

（硃批）：均著擬正之員補授，該衙門知道，單并發。[①]

光緒三十一年六月十四日，奉硃批：均著擬正之員補授，該衙門知道，單并發。欽此。[②]

〇四二、呈揀補古城驍騎校等缺清單

光緒三十一年五月初八日（1905年6月10日）

謹將揀放古城滿營驍騎校、筆帖式各缺擬定正、陪人員，繕具清單，恭呈御覽。

額爾德柯曾經原品休致，所遺左翼蒙古旗驍騎校一缺

揀選得五品頂戴現署左翼蒙古旗驍騎校印房部缺筆帖式多凌擬正，食俸餉十六年，現年三十歲。姓吴雅氏，馬步箭平等。

揀選得五品頂戴左翼蒙古旗催總拴桂擬陪，食錢糧當差十九年，現年三十四

① 中國第一歷史檔案館藏：《硃批原件》，檔號：04-01-16-0285-095。

② 中國第一歷史檔案館藏：《軍機録副》，檔號：03-5966-141。

歲。姓穆佳氏，馬步箭平等。

多凌遞遺印房部缺筆帖式一缺

揀選得五品頂戴現署印房部缺筆帖式户司委筆帖式諾穆歡擬正，食錢糧當差二十三年，現年三十八歲。姓卓特氏，當差勤慎，辦事認真。

揀選得五品頂戴兵司委筆帖式書勳擬陪，食錢糧當差十八年，現年三十三歲。姓楊佳氏，當差奮勉。

諾穆歡遞遺委筆帖式一缺

揀選得五品頂戴現署户司委筆帖式額外委筆帖式領催貴禄擬正，食錢糧當差十八年，現年三十三歲。姓伊爾根覺羅氏，勤慎奮勉，辦事實心。

揀選得六品頂戴兵司額外委筆帖式吉坤擬陪，食錢糧當差十九年，現年三十四歲。姓祁塔喇氏，當差勤慎。

（硃批）：覽。[①]

〇四三、請以劉文龍借補塔城同知摺

光緒三十一年五月初八日（1905年6月10日）

甘肅新疆巡撫西林巴圖魯臣潘效蘇跪奏，爲揀員借補要缺同知，以裨地方，恭摺仰祈聖鑒事。

據新疆布政使吴引孫會同鎮迪道兼按察使銜李滋森詳稱：塔城直隸廳同知駱恩綬於光緒三十年四月二十八日在任病故，業經奏明在案，應以病故之日作爲開缺日期。所遺塔城直隸廳同知，係繁、疲、難三項要缺，應即遴員請補，以重職守。

查北路添改各缺，經前任撫臣劉錦棠奏准由外揀補一次，後援照甘肅變通章程請補。章程内開：丞倅各要缺，將現任各員，擇其人地相宜者，一律升調，又，定例：應調缺出，現任人員内如無合例堪調之員，准以候補人員題補。又，部議：隨營分省人員，准留新疆補用，各等語。今塔城直隸廳同知要缺，於通省

① 中國第一歷史檔案館藏：《清單》，檔號：03-5443-101。

現任人員内逐加揀選，非現居要缺，即人地不宜，實無堪升、堪調之員。

查有現署斯缺之候補直隸州知州劉文龍，年三十六歲，湖南巴陵縣人，由附生於光緒十八年投效伊犁軍營。二十五年正月，在直隸捐局報捐十成監生，隨遵新海防例，加捐縣丞不論雙單月分發試用。是年十一月，歸新候補，仍留塔城供差，委署塔城駝馬章京。二十七年七月，在陝西捐局遵秦晉賑捐例，加捐通判分發試用。八月，在新疆捐局遵陝西賑捐例，報銷花翎鹽提舉銜，過班候補。塔城九載防軍案内，匯保免補本班，以直隸州知州仍歸原省候補班前儘先補用，并加知府銜，旋經部議，所請獎叙，核與定章相符，應即照准。至後叙之加銜，已逾准獎層數，應毋庸議。二十九年六月初二日具奏，奉旨：依議。欽此。塔城司牙孜案内匯保俟補缺後，以知府補用，先换頂戴。三十年正月十八日奉硃批：著照所請。欽此。是月，復在新疆捐局遵四川賑捐例，報捐三品銜，并加一級及二品封典。嗣委署塔城直隸廳同知，是年五月十二日到任。

查該員劉文龍，精明强幹，才識過人，現署任内辦理一切，諸臻妥協，并無參罰案件，且在新疆年久，邊情最爲熟悉，以之借補塔城直隸廳同知，實堪勝任，人地亦極相宜，核與新疆從前候補直隸州借補同知、經部議准成案相符，等情。詳請具奏前來。

臣查該員劉文龍，年富力强，才長識卓，合無仰懇天恩伏念邊疆要缺需員，准以現署塔城直隸廳同知候補直隸州知州劉文龍借補斯缺，洵於地方有裨。如蒙俞允，俟接准部覆，再行給咨送部引見，以符定制。

謹會同伊犁將軍臣馬亮、陝甘總督臣崧蕃，恭摺具奏。伏乞皇太后、皇上聖訓示。謹奏。光緒三十一年五月初八日。

（硃批）：吏部議奏。[1]

光緒三十一年六月十四日，奉硃批：吏部議奏。欽此。[2]

---

① 中國第一歷史檔案館藏：《硃批原件》，檔號：04-01-12-0644-027。

② 中國第一歷史檔案館藏：《軍機録副》，檔號：03-5443-096。

○四四、請以易潤庠借補葉城知縣摺
光緒三十一年五月初八日（1905年6月10日）

甘肅新疆巡撫西林巴圖魯臣潘效蘇跪奏，爲揀員請補改設要缺知縣，以資治理，恭摺仰祈聖鑒事。

據新疆布政使吴引孫會同鎮迪道兼按察使銜李滋森詳稱：業城縣知縣蔣光陞請補庫車直隸州知州，經部議准，於光緒三十年八月十八日具奏，奉旨：依議。欽此。應以奉旨後第五日行文，按新疆照限減半計算，以是年十一月初五日作爲開缺日期。所遺葉城縣知縣係衝、繁、難三項要缺，應即揀員請補，以重職守。

查南路新設各缺，經前撫臣劉錦棠奏准由外揀補一次，後援照甘肅變通章程請補。章程内開：州縣要缺，將現任各員擇其人地相宜者，一律升調。又，選用人員，准留新疆歸試用班補用。又，試用人員，無論正、佐各官，如遇要缺，一并准其請補，各等語。

今葉城縣知縣要缺，於通省現任人員内逐加遴選，實無堪以升調之員，惟查有現署迪化縣知縣鹽提舉銜試用通判易潤庠，年四十四歲，湖南湘陰縣人，由文童投效新疆軍營。光緒二十三年，在新疆新海防減七成第九次捐輸案内，報捐監生，以巡檢不論雙單月選用。二十四年十二月，留新疆候補。二十七年三月，在甘肅捐局遵秦晉賑捐例，加捐通判不論雙單月選用，并捐花翎鹽提舉銜，旋請過班候補，照章歸試用班補用。二十八年，委署精河直隸廳同知，二十九年正月二十六日到任，三十年四月初一日交卸。旋委署迪化縣知縣，是月二十二日接印任事。

查該員易潤庠，年力富强，才具開展，署任廳縣，措置裕如，民情極爲愛戴，并無參罰案件，且在新疆年久，邊情最爲熟悉，以之借補葉城縣知縣員缺，實堪勝任，人地亦極相宜，核與從前新疆候補通判高敬昌借補寧遠縣知縣經部議准成案相符，等情。詳請具奏前來。

臣查該員易潤庠，精明强幹，才具優長，合無仰懇天俯念邊疆要缺需員，准以鹽提舉銜試用通判易潤庠借補葉城縣知縣，藉資治理而裨地方。仍俟試署年滿，果能稱職，另請實授。如蒙俞允，俟接准部覆，再行給咨送部引見，以符定制。

謹會同陝甘總督臣崧蕃，恭摺具奏。伏乞皇太后、皇上聖鑒訓示。謹奏。光緒三十一年五月初八日。

（硃批）：吏部議奏。[1]

光緒三十一年六月十四日，奉硃批：吏部議奏。欽此。[2]

○四五、請以姚志坤補授沙雅知縣摺

光緒三十一年五月初八日（1905年6月10日）

甘肅新疆巡撫西林巴圖魯臣潘效蘇跪奏，爲揀員請補知縣員缺，以資治理，恭摺仰祈聖鑒事。

據新疆布政使吴引孫會同兼護鎮迪道兼按察使銜潘震詳稱：新設沙雅縣知縣係由庫車直隸州劃分地界，東通羅布淖爾，西連阿克蘇，南達和闐，北與本州接壤，幅員遼闊，地瘠民貧，風俗尚强，頗稱難治，應請定爲繁、疲二項中缺，遴員請補，以重職守。查南路從前新設各缺，經前撫臣劉錦棠奏准仿照吉林章程，由外先行揀補一次在案。今新設沙雅縣一缺，自應援照舊章請補。

查有花翎同知銜候補知縣姚志坤，現年四十四歲，湖南巴陵縣人。光緒十五年，投效新疆軍營。二十二年，在新疆新海防第五次捐輸案内，由俊秀報捐監生，以縣丞雙月選用。二十三年，復在新疆新海防第九次捐輸案内，報捐縣丞不論雙單月選用。二十七年七月，在新疆藩庫遵秦晉賑捐例，加捐知縣不論雙單月分發試用。復在新疆藩庫遵陝西賑捐例，加捐花翎同知銜。是年十月，留新候補。三十年十一月十六日，赴部呈交捐免保舉及補交監生七成實銀，先後經部核准。

該藩司查該員姚志坤，篤實勤慎，才識明敏，在新疆年久，邊情最爲熟悉，以之請補沙雅縣知縣，實堪勝任，人地亦極相宜。該護兼臬司甫經到任，例不注考，等情。詳請具奏前來。

臣查該員姚志坤，老成練達，才識兼優，合無仰懇天恩俯念邊缺需員，准以同知銜候補知縣姚志坤補授新設沙雅縣知縣，籍資治理而裨地方。仍俟試署

---

① 中國第一歷史檔案館藏：《硃批原件》，檔號：04-01-12-0644-028。

② 中國第一歷史檔案館藏：《軍機録副》，檔號：03-5443-095。

年滿，果能稱職，另請實授。如蒙俞允，俟接准部覆，再行給咨送部引見，以符定制。

謹會同陝甘督臣崧蕃，恭摺具陳。伏乞皇太后、皇上聖鑒訓示。謹奏。光緒三十一年五月初八日。

（硃批）：吏部議奏。[①]

光緒三十一年六月十四日，奉硃批：吏部議奏。欽此。[②]

○四六、飭令通判張景山即赴新任片

光緒三十一年五月初八日（1905年6月10日）

再，署伊犁府分防霍爾果斯通判易俊昌期滿遺缺，應以准補該廳通判張景山飭赴新任，以專責成。據新疆布政使吴引孫、兼護鎮迪道兼按察使銜潘震會詳前來。

除由臣批飭給委外，謹會同伊犁將軍臣馬亮、陝甘督臣崧蕃，附片具奏。伏乞聖鑒。謹奏。

（硃批）：吏部知道。[③]

光緒三十一年六月十四日，奉硃批：吏部知道。欽此。[④]

○四七、奏報新疆本年正月雨水糧價摺

光緒三十一年五月十八日（1905年6月20日）

甘肅新疆巡撫西林巴圖魯臣潘效蘇跪奏，爲恭報光緒三十一年正月分各屬糧

① 中國第一歷史檔案館藏：《硃批原件》，檔號：04-01-12-0644-029。
② 中國第一歷史檔案館藏：《軍機録副》，檔號：03-5966-140。
③ 中國第一歷史檔案館藏：《硃批原件》，檔號：04-01-12-0644-098。
④ 中國第一歷史檔案館藏：《軍機録副》，檔號：03-5443-097。

價并得雪情形，謹繕摺具陳，仰祈聖鑒事。

竊上年十二月分糧價并得雪情形，業經臣奏報在案。兹據新疆布政使吴引孫詳稱：光緒三十一年正月分，鎮迪道屬迪化得雪，積地五寸；奇臺得雪，積地四寸；鎮西得雪，積地三寸；孚遠得雪，積地二寸；昌吉、哈密得雪，積地一寸；呼圖壁、阜康微雪。伊塔道屬綏定、寧遠、塔爾巴哈臺得雪，積地三寸；精河微雪。南路蒲犂得雪，積地尺餘；拜城、烏什、葉城、英吉沙爾得雪，積地二寸；庫車、洛浦得雪，積地一寸；温宿府、柯坪、焉耆、輪臺、新平、疏附、伽師、莎車、巴楚、皮山、和闐微雪，餘未得雪。

至通省糧價，柯坪、蒲犂係初次列報，無從比較增減，新平、婼羌仍俟具報至日再行匯列外，所有迪化、昌吉、阜康、吐魯番、鄯善、庫爾喀喇烏蘇、寧遠、塔爾巴哈臺、温宿縣、焉耆、烏什、于闐等屬俱與上月相同，其餘各有增減。詳請奏前來。

理合恭摺具陳，并繕糧價清單，敬呈御覽。伏乞皇太后、皇上聖鑒。謹奏。光緒三十一年五月十八日。

（硃批）：知道了。[①]

光緒三十一年六月二十四日，奉硃批：知道了。欽此。[②]

○四八、呈新疆各屬本年正月分糧價清單

光緒三十一年五月十八日（1905年6月20日）

謹將新疆各屬光緒三十一年正月分米糧時估價值，繕具清單，恭呈御覽。

計開正月分

鎮迪道屬

迪化縣：大米每京石價銀六兩五錢五分四厘，小麥每京石價銀二兩四錢三厘，豌豆每京石價銀二兩三錢七分六厘，青稞每京石價銀一兩五錢八分七厘，俱

---

① 中國第一歷史檔案館藏：《硃批原件》，檔號：04-01-25-0586-027。

② 中國第一歷史檔案館藏：《軍機録副》，檔號：03-7031-034。

與上月相同。

昌吉縣：大米每京石價銀五兩七錢四分四厘，小麥每京石價銀二兩一錢二分九厘，豌豆每京石價銀二兩二錢一分，青稞每京石價銀一兩一錢，俱與上月相同。

呼圖壁縣丞：大米每京石價銀四兩五錢八分，與上月相同。小麥每京石價銀一兩九钱一分一厘，較上月增七分二厘。豌豆每京石價銀一兩九錢一厘，較上月減三分七厘。

綏來縣：大米每京石價銀四兩九錢三分三厘，較上月增一錢七分七厘。小麥每京石價銀一兩九錢四分六厘，較上月增一錢七厘。豌豆每京石價銀一兩八錢五分四厘，較上月增一錢七分八厘。高粱每京石價銀九錢九分五厘，較上月增一錢七分八厘。

阜康縣：粟米每京石價銀二兩三錢九分五厘，小麥每京石價銀二兩七分，豌豆每京石價銀一兩九錢一分二厘，高粱每京石價銀九錢四厘，俱與上月相同。

孚遠縣：小麥每京石價銀二兩五分二厘，較上月增三分六厘。豌豆每京石價銀二兩三分，較上月增五分三厘。高粱每京石價銀一兩四分八厘，與上月相同。

奇臺縣：大米每京石價銀六兩二錢一分四厘，與上月相同。小麥每京石價銀二兩六錢五分三厘，較上月增一錢七分七厘。豌豆每京石價銀二兩五錢二分，較上月增三分四厘。

吐魯番直隸廳：小麥每京石價銀一兩四錢九分一厘，大麥每京石價銀六錢九分四厘，高粱每京石價銀一兩一錢一分四厘，黃豆每京石價銀一兩五錢三分，俱與上月相同。

鄯善縣：小麥每京石價銀一兩六錢六分七厘，大麥每京石價銀七錢六分四厘，高粱每京石價銀一兩二錢九分七厘，俱與上月相同。

鎮西直隸廳：小麥每京石價銀三兩二錢，較上月增一錢六分。豌豆每京石價銀二兩四錢八分，較上月增三錢二分。青稞每京石價銀一兩六錢八分，與上月相同。

哈密直隸廳：粟米每京石價銀三兩二錢四分，與上月相同。小麥每京石價銀二兩九錢二分七厘，與上月相同。豌豆每京石價銀二兩八錢八分，與上月相同。青稞每京石價銀二兩一錢二分三厘，較上月減三分九厘。

庫爾喀喇烏蘇直隸廳：小麥每京石價銀二兩四錢八分五厘，大麥每京石價銀一兩四錢二分，豌豆每京石價銀二兩一錢三分一厘，俱與上月相同。

伊塔道屬

綏定縣：大米每京石價銀五兩三錢二分八厘，與上月相同。小麥每京石價銀一兩七錢九分四厘，與上月相同。大麥每京石價銀一兩三錢二分，較上月增二錢二分。豌豆每京石價銀一兩六錢八分，較上月增二錢八分。

寧遠縣：大米每京石價銀五兩三錢八分一厘，小麥每京石價銀一兩三錢八分，大麥每京石價銀九錢六分三厘，豌豆每京石價銀一兩二錢九分六厘，俱與上月相同。

塔爾巴哈臺直隸廳：小麥每京石價銀二兩四錢一分九厘，大麥每京石價銀一兩三錢七分五厘，豌豆每京石價銀一兩八錢二厘，俱與上月相同。

精河直隸廳：大米每京石價銀四兩四錢一分，與上月相同。小麥每京石價銀一兩八錢二分，較上月增一錢四分。大麥每京石價銀一兩一錢五分五厘，與上月相同。豌豆每京石價銀一兩六錢八分，與上月相同。

阿克蘇道屬

温宿府：大米每京石價銀二兩五錢一分，較上月增三錢二分。小麥每京石價銀一兩三錢，較上月增四分。大麥每京石價銀六錢七分六厘，較上月增七分五厘。包穀每京石價銀八錢七分六厘，較上月增七分。

温宿縣：大米每京石價銀二兩一錢六分九厘，小麥每京石價銀一兩二錢四分，大麥每京石價銀八錢，包穀每京石價銀一兩一錢二分，俱與上月相同。

柯坪縣丞：小麥每京石價銀一兩九錢二分，大麥每京石價銀八錢八分八厘，包穀每京石價銀一兩二錢一分六厘，高粱每京石價銀一兩二錢一分六厘。

拜城縣：小麥每京石價銀九錢，較上月增六分。大麥每京石價銀五錢八分，較上月增三分。豌豆每京石價銀六錢五分，較上月增五分。包穀每京石價銀六錢五分，較上月增七分。

焉耆府：大米每京石價銀五兩六錢二分四厘，小麥每京石價銀二兩七錢六分，豌豆每京石價銀一兩八錢七分二厘，包穀每京價銀一兩九錢二分，俱與上月相同。

輪臺縣：大米每京石價銀五兩三錢二分八厘，與上月相同。小麥每京石價銀三兩八錢九分八厘，較上月增一兩一錢三分八厘。包穀每京石價銀二兩四分八厘，與上月相同。

庫車直隸州：大米每京石價銀三兩三錢八分，較上月增二分。小麥每京石價銀一兩四錢二分，較上月增三分。豌豆每京石價銀七錢，與上月相同。包穀每京石價銀七錢八分，較上月增三分。

沙雅縣：大米每京石價銀三兩二錢二分，與上月相同。小麥每京石價銀一兩四分，較上月增四分。包穀每京石價銀七錢，與上月相同。

烏什直隸廳：大米每京石價銀二兩一錢七分五厘，小麥每京石價銀六錢六分，大麥每京石價銀三錢二分一厘，包穀每京石價銀五錢二分四厘，俱與上月相同。

喀什噶爾道屬

疏勒府：大米每京石價銀三兩八錢四分三厘，較上月減九分四厘。小麥每京石價銀一兩八錢九分七厘，較上月減一錢六分四厘。包穀每京石價銀一兩五錢七厘，較上月減一錢六分五厘。高粱每京石價銀一兩一錢五分，與上月相同。

疏附縣：大米每京石價銀三兩九錢八分四厘，較上月增四分七厘。小麥每京石價銀一兩八錢五分四厘，與上月相同。包穀每京石價銀一兩四錢六分五厘，與上月相同。高粱每京石價銀一兩一錢八分五厘，與上月相同。

伽師縣：大米每京石價銀四兩六錢八分七厘，與上月相同。小麥每京石價銀二兩一錢五分六厘，較上月減四分三厘。包穀每京石價銀一兩六錢七分五厘，較上月減八分三厘。高粱每京石價銀九錢三分四厘，與上月相同。

莎車府：大米每京石價銀四兩八分四厘，較上月減一錢三分四厘。小麥每京石價銀一兩九錢三分二厘，與上月相同。大麥每京石價銀一兩二錢五分，與上月相同。包穀每京石價銀一兩一錢三分五厘，與上月相同。

蒲犁廳：大米每京石價銀七兩五錢六分，小麥每京石價銀三兩八錢六分四厘，包穀每京石價銀二兩九錢四厘，青稞每京石價銀二兩六錢四分六厘。

巴楚州：大米每京石價銀三兩七錢，與上月相同。小麥每京石價銀二兩七分，與上月相同。包穀每京石價銀一兩六錢，較上月增三錢二分。

葉城縣：大米每京石價銀三兩四錢五分，較上月減三分。小麥每京石價銀一兩二錢六分，較上月減一錢六分。包穀每京石價銀九錢七分，較上月減二錢五分。

皮山縣：大米每京石價銀三兩六錢，較上月增三錢。小麥每京石價銀九錢七分，較上月增二分。大麥每京石價銀六錢五分，與上月相同。包穀每京石價銀七錢五分，較上月增五分。

和闐直隸州：大米每京石價銀三兩二錢五分，較上月增一錢。小麥每京石價銀九錢八分，與上月相同。包穀每京石價銀六錢三分，較上月增三分。青稞每京石價銀六錢，與上月相同。

于闐縣：大米每京石價銀三兩二錢，小麥每京石價銀一兩二分，包穀每京石價銀七錢一分，俱與上月相同。

洛浦縣：大米每京石價銀三兩五錢，較上月增一錢四分。小麥每京石價銀一兩七厘，與上月相同。包穀每京石價銀六錢四分，較上月減一錢二分八厘。

英吉沙爾直隸廳：大米每京石價銀三兩八錢，較上月增一錢五分二厘。小麥每京石價銀一兩八錢二分一厘，與上月相同。大麥每京石價銀一兩二分六厘，與上月相同。包穀每京石價銀一兩四錢七分四厘，與上月相同。

（硃批）：覽。[①]

〇四九、奏報壽婦年逾百歲請加賞賚摺

光緒三十一年五月十八日（1905年6月20日）

甘肅新疆巡撫西林巴圖魯臣潘效蘇跪奏，爲壽婦年逾百歲，籲懇恩施，遵章改題爲奏，恭摺仰祈聖鑒事。

光緒三十年十月初十日，恭逢皇太后七旬萬壽。正月十八日，欽奉恩詔內開：軍民百歲者，題明給與建坊銀兩等因。欽此。仰見聖朝錫類推仁，普天同慶，凡屬耆老，躬逢曠典，莫不鼓舞臚歡。兹據布政使吴引孫詳稱：署新裕庫大使候補通判向炳麟等稟稱：湖南平江縣壽婦吴冷氏，係記名提督借補烏什協副將吴首懷之母，生於嘉慶九年，届今光緒三十一年，現年一百一歲，有子四人、孫六人、曾孫三人，秉性淑良，事夫勤慎。年逾上壽，仍寒素之如常；慶洽一堂，顧孫曾而有喜。洵屬熙朝之人瑞，宜膺懋典於天章。職等誼屬寅僚，情親桑梓，謹造具事實册結，呈請咨奏，等情。前來。

臣查三品以上大員之父母、妻室，有年逾百岁、未届百齡者，悉遵光绪二十六年禮部議覆湖廣總督條陳改題爲奏在案。兹副將吴首懷之母吴冷氏，熊丸

① 中國第一歷史檔案館藏：《清單》，檔號：03-7031-035。

助苦，麟祉呈祥。值綸綍之推恩，同登壽城；正康强之逢吉，貞叶坤元。既據該員等聯銜懇奏，臣未敢壅於上聞，合無仰懇天恩，俯准將壽婦吴冷氏特加賞賚，出自逾格鴻施。

除事實册結咨送軍機處暨禮部查照外，謹會同陝甘總督臣崧蕃，恭摺具陳。伏乞皇太后、皇上聖鑒，訓示。謹奏。光緒三十一年五月十八日。

（硃批）：禮部知道。①

光緒三十一年六月二十四日，奉硃批：禮部議奏。欽此。②

〇五〇、奏報同知任兆觀丁憂開缺摺

光緒三十一年五月十八日（1905年6月20日）

甘肅新疆巡撫西林巴圖魯臣潘效蘇跪奏，爲同知丁憂開缺，恭摺仰祈聖鑒事。

據新疆布政使吴引孫詳稱：據署迪化縣知縣易潤庠申稱：准補鎮西直隸廳同知任兆觀，現年五十六歲，雲南昆明縣人，由舉人揀選知縣，投效軍營，保舉補缺後以同知補用，奏留新疆候補，歷署昌吉、阜康各縣知縣。光緒二十二年四月，補授阜康縣知縣，嗣調署烏什直隸廳同知。二十四年七月，丁母憂，開缺回籍守制。二十六年十月二十五日，起復回省，委署綏來縣知縣。新疆七載防戍案内奏保，俟補缺後以知府用。二十九年二月，奏補鎮西直隸廳同知。七月十九日，奉文准補，作爲知府在任候補。十二月，交卸綏來縣篆，回省。三十一年三月十八日，接到家信，該員生父任廣於三十年九月二十二日在籍病故，係屬親子，例應丁憂，等情。詳請奏咨前來。

臣覆查無異，除飭取該員親供，給咨回籍守制，并分咨外，謹會同陝甘總督臣崧蕃，改題爲奏，恭摺具陳。伏乞皇太后、皇上聖鑒，飭部開缺施行。所遺鎮西直隸廳同知係衝、繁、難三項要缺，應請扣留外補。合并聲明。謹奏。光緒三十一年五月十八日。

---

① 中國第一歷史檔案館藏：《硃批原件》，檔號：04-01-14-0100-135。

② 中國第一歷史檔案館藏：《軍機録副》，檔號：03-5966-151。

（硃批）：吏部知道。[①]

光緒三十一年六月二十四日，奉硃批：吏部知道。欽此。[②]

○五一、奏報呈進回部按年進貢砂金摺

光緒三十一年六月初九日（1905 年 7 月 11 日）

甘肅新疆巡撫西林巴圖魯臣潘效蘇跪奏，爲呈進回部貢金，恭摺具陳，仰祈聖鑒事。

竊照新疆色勒庫爾之南回部坎巨提，向來按年進貢砂金，歷經各前撫臣及臣循例奏明賞給緞匹在案。兹據喀什噶爾道袁鴻佑申稱：據坎巨提頭目摩韓美德拏星呈到光緒三十年分應進貢砂金一兩五錢，遵將例賞大緞二匹發給該頭目祗領。懇請具奏前來。

臣覆查無異，除將砂金咨送内務府呈進外，理合恭摺具陳。伏乞皇太后、皇上聖鑒。謹奏。光緒三十一年六月初九日。

（硃批）：該衙門知道。[③]

光緒三十一年八月初九日，奉硃批：該衙門知道。欽此。[④]

○五二、奏報本年二月雨水糧價情形摺

光緒三十一年六月二十五日（1905 年 7 月 27 日）

甘肅新疆巡撫西林巴圖魯臣潘效蘇跪奏，爲恭報光緒三十一年二月分各屬糧價并得雨雪情形，謹繕摺具陳，仰祈聖鑒事。

---

① 中國第一歷史檔案館藏：《硃批原件》，檔號：04-01-12-0644-013。

② 中國第一歷史檔案館藏：《軍機録副》，檔號：03-5443-138。

③ 中國第一歷史檔案館藏：《硃批原件》，檔號：04-01-14-0100-136。

④ 中國第一歷史檔案館藏：《軍機録副》，檔號：03-5573-016。

竊本年正月分糧價并得雪情形，業經臣奏報在案。兹據新疆布政使吴引孫詳稱：光緒三十一年二月分，鎮迪道屬迪化、呼圖壁、奇臺得雪，積地二寸；昌吉、綏來、阜康、孚遠、鎮西、庫爾喀喇烏蘇微雪。伊塔道屬綏定、寧遠得雪，積地五寸；塔爾巴哈臺、精河微雪。南路蒲犁得雪，積地六寸；烏什得雪，積地三寸；葉城、皮山、英吉沙爾得雪，積地二寸；温宿府、縣及庫車、疏勒、伽師、于闐微雨；焉耆、疏附、莎車、洛浦微雪，餘俱未得雨雪。

至通省糧價，除新平、婼羌仍俟具報至日再行匯列外，所有吐魯番、鄯善、庫爾喀喇烏蘇、綏定、寧遠、庫車、沙雅、烏什、疏勒等屬俱與上月相同，其餘各有增減，匯詳請奏前來。

理合恭摺具陳，并繕糧價清單，敬呈御覽。伏乞皇太后、皇上聖鑒。謹奏。光緒三十一年六月二十五日。

（硃批）：知道了。[①]

光緒三十一年七月二十九日，奉硃批：知道了。欽此。[②]

〇五三、呈新疆省各屬本年二月糧價清單

光緒三十一年六月二十五日（1905年7月27日）

謹將新疆各屬光緒三十一年二月分米糧時估價值，繕具清單，恭呈御覽。

計開二月分

鎮迪道屬

迪化縣：大米每京石價銀六兩五錢四厘，與上月相同。小麥每京石價銀二兩四錢三厘，與上月相同。豌豆每京石價銀二兩三錢四厘，較上月減七分二厘。青稞每京石價銀一兩五錢八分七厘，與上月相同。

昌吉縣：大米每京石價銀五兩七錢四分四厘，與上月相同。小麥每京石價銀二兩一錢二分九厘，與上月相同。豌豆每京石價銀二兩二錢四分五厘，較上月增

① 中國第一歷史檔案館藏：《硃批原件》，檔號：04-01-25-0586-025。
② 中國第一歷史檔案館藏：《軍機録副》，檔號：03-7032-044。

三分五厘。青稞每京石價銀一兩一錢，與上月相同。

呼圖壁縣丞：大米每京石價銀四兩五錢八分，與上月相同。小麥每京石價銀一兩九錢一分一厘，與上月相同。豌豆每京石價銀一兩九錢一分八厘，較上月增一分七厘。

綏來縣：大米每京石價銀四兩九錢三分三厘，與上月相同。小麥每京石價銀一兩八錢三分九厘，較上月減一錢七厘。豌豆每京石價銀一兩九錢九分七厘，較上月增一錢四分三厘。高粱每京石價銀一兩六分六厘，較上月增七分一厘。

阜康縣：粟米每京石價銀二兩三錢九分，較上月減五厘。小麥每京石價銀二兩七分，與上月相同。豌豆每京石價銀一兩九錢一分二厘，與上月相同。高粱每京石價銀九錢四厘，與上月相同。

孚遠縣：小麥每京石價銀二兩一錢三分九厘，較上月增八分七厘。豌豆每京石價銀二兩一錢四分二厘，較上月增一錢一分二厘。高粱每京石價銀一兩一錢二分，較上月增七分二厘。

奇臺縣：大米每京石價銀六兩二錢一分四厘，與上月相同。小麥每京石價銀二兩七錢六分，較上月增一錢七厘。豌豆每京石價銀二兩六錢二分四厘，較上月增一錢四厘。

吐魯番直隸廳：小麥每京石價銀一兩四錢九分一厘，大麥每京石價銀六錢九分四厘，高粱每京石價銀一兩一錢一分四厘，黄豆每京石價銀一兩五錢三分，俱與上月相同。

鄯善縣：小麥每京石價銀一兩六錢六分七厘，大麥每京石價銀七錢六分四厘，高粱每京石價銀一兩二錢九分七厘，俱與上月相同。

鎮西直隸廳：小麥每京石價銀三兩三錢六分，較上月增一錢六分。豌豆每京石價銀二兩七錢二分，較上月增二錢四分。青稞每京石價銀二兩，較上月增三錢二分。

哈密直隸廳：粟米每京石價銀三兩六錢，較上月增三錢六分。小麥每京石價銀二兩九錢二分七厘，與上月相同。豌豆每京石價銀二兩八錢八分，與上月相同。青稞每京石價銀一兩九錢三分，較上月減一錢九分三厘。

庫爾喀喇烏蘇直隸廳：小麥每京石價銀二兩四錢八分五厘，大麥每京石價銀一兩四錢二分，豌豆每京石價銀二兩一錢三分一厘，俱與上月相同。

伊塔道屬

綏定縣：大米每京石價銀五兩三錢二分八厘，小麥每京石價銀一兩七錢九分四厘，大麥每京石價銀一兩三錢二分，豌豆每京石價銀一兩六錢八分，俱與上月相同。

寧遠縣：大米每京石價銀五兩三錢八分一厘，小麥每京石價銀一兩三錢八分，大麥每京石價銀九錢六分三厘，豌豆每京石價銀一兩二錢九分六厘，俱與上月相同。

塔爾巴哈臺直隸廳：小麥每京石價銀二兩四錢一分九厘，與上月相同。大麥每京石價銀一兩七錢一分八厘，較上月增三錢四分三厘。豌豆每京石價銀二兩六錢二厘，較上月增二錢六分。

精河直隸廳：大米每京石價銀四兩五錢五分七厘，較上月增一錢四分七厘。小麥每京石價銀一兩八錢二分，與上月相同。大麥每京石價銀一兩一錢五分五厘，與上月相同。豌豆每京石價銀一兩六錢八分，與上月相同。

阿克蘇道屬

温宿府：大米每京石價銀二兩五錢三分，較上月增二分。小麥每京石價銀一兩三錢四分三厘，較上月增四分三厘。大麥每京石價銀七錢六分一厘，較上月增八分五厘。包穀每京石價銀九錢六分一厘，較上月增八分五厘。

温宿縣：大米每京石價銀二兩二錢八分，較上月增一錢一分一厘。小麥每京石價銀一兩三錢七分六厘，較上月增一錢三分六厘。大麥每京石價銀九錢三分七厘，較上月增一錢三分七厘。包穀每京石價銀一兩二錢四分八厘，較上月增一錢二分八厘。

科坪縣丞：小麥每京石價銀二兩四分八厘，較上月增一錢二分八厘。大麥每京石價銀八錢八分八厘，與上月相同。包穀每京石價銀一兩二錢八分，較上月增六分四厘。高粱每京石價銀一兩二錢一分六厘，與上月相同。

拜城縣：小麥每京石價銀九錢八分，較上月增八分。大麥每京石價銀六錢二分，較上月增四分。豌豆每京石價銀六錢八分，較上月增三分。包穀每京石價銀七錢，較上月增五分。

焉耆府：大米每京石價銀五兩九錢二分，較上月增二錢九分六厘。小麥每京石價銀三兩三錢一分二厘，較上月增五錢五分二厘。豌豆每京石價銀二兩四錢四分八厘，較上月增五錢七分六厘。包穀每京價銀二兩三錢四厘，較上月增三錢八分四厘。

輪臺縣：大米每京石價銀五兩三錢二分八厘，與上月相同。小麥每京石價銀二兩八錢九分八厘，較上月減一兩。包穀每京石價銀二兩四分八厘，與上月相同。

庫車直隸州：大米每京石價銀三兩三錢八分，小麥每京石價銀一兩四錢二分，豌豆每京石價銀七錢，包穀每京石價銀七錢八分，俱與上月相同。

沙雅縣：大米每京石價銀三兩二錢二分，小麥每京石價銀一兩四分，包穀每京石價銀七錢，俱與上月相同。

烏什直隸廳：大米每京石價銀二兩一錢七分五厘，小麥每京石價銀六錢六分，大麥每京石價銀三錢二分一厘，包穀每京石價銀五錢二分四厘，俱與上月相同。

喀什噶爾道屬

疏勒府：大米每京石價銀三兩八錢四分三厘，小麥每京石價銀一兩八錢九分七厘，包穀每京石價銀一兩五錢七厘，高粱每京石價銀一兩一錢五分，俱與上月相同。

疏附縣：大米每京石價銀三兩九錢三分七厘，較上月減四分七厘。小麥每京石價銀一兩八錢九分七厘，較上月增四分三厘。包穀每京石價銀一兩五錢七厘，較上月增四分二厘。高粱每京石價銀一兩一錢五分，較上月減三分五厘。

伽師縣：大米每京石價銀四兩五錢九分三厘，較上月減九分四厘。小麥每京石價銀二兩一錢五分六厘，與上月相同。包穀每京石價銀一兩七錢一分六厘，較上月增四分一厘。高粱每京石價銀九錢三分四厘，與上月相同。

莎車府：大米每京石價銀三兩七錢五分九厘，較上月減三錢二分五厘。小麥每京石價銀一兩七錢六分六厘，較上月減一錢六分六厘。大麥每京石價銀一兩二錢五分，與上月相同。包穀每京石價銀一兩一錢三分五厘，與上月相同。

蒲犁廳：大米每京石價銀七兩五錢六分，與上月相同。小麥每京石價銀三兩九錢一分九厘，較上月增五分五厘。包穀每京石價銀二兩九錢五分六厘，較上月增五分二厘。青稞每京石價銀二兩五錢五分一厘，較上月減九分五厘。

巴楚州：大米每京石價銀三兩七錢，與上月相同。小麥每京石價銀二兩四錢一分，較上月增三錢四分。包穀每京石價銀一兩六錢，與上月相同。

葉城縣：大米每京石價銀三兩三錢七分，較上月減八分。小麥每京石價銀一兩二錢二分，較上月減四分。包穀每京石價銀九錢五分，較上月減二分。

皮山縣：大米每京石價銀三兩八錢，較上月增二錢。小麥每京石價銀一兩，較上月增三分。大麥每京石價銀七錢，較上月增五分。包穀每京石價銀八錢，較上月增五分。

和闐直隸州：大米每京石價銀三兩二錢五分，與上月相同。小麥每京石價銀一兩七分，較上月增九分。包穀每京石價銀六錢八分，較上月增五分。青稞每京石價銀六錢四分，較上月增四分。

于闐縣：大米每京石價銀三兩二錢，與上月相同。小麥每京石價銀一兩四分，較上月增二分。包穀每京石價銀七錢三分，較上月增二分。

洛浦縣：大米每京石價銀三兩五錢，與上月相同。小麥每京石價銀一兩二錢四分二厘，較上月增二錢三分五厘。包穀每京石價銀九錢二分一厘，較上月增二錢八分一厘。

英吉沙爾直隸廳：大米每京石價銀三兩八錢，與上月相同。小麥每京石價銀一兩八錢二分一厘，與上月相同。大麥每京石價銀一兩一分四厘，較上月減一分二厘。包穀每京石價銀一兩四錢七分四厘，與上月相同。

（硃批）：覽。[①]

○五四、奏報參贊春滿在省病故緣由摺

光緒三十一年六月二十五日（1905年7月27日）

甘肅新疆巡撫西林巴圖魯臣潘效蘇跪奏，爲開缺塔爾巴哈臺參贊大臣在省病故，謹臚陳事迹，懇恩優恤，恭摺具奏，仰祈聖鑒事。

竊頭品頂戴開缺接辦塔爾巴哈臺參贊大臣伊犁副都統克勇巴圖魯春滿，係吉林烏拉鑲白旗魁常佐領下人，現年六十七歲，由伊犁索倫、額魯特、察哈爾領隊大臣補授斯缺。光緒三十年十月，奉旨開缺，進關調理。三十一年五月，行抵新疆省城。兹據該參贊家丁禀報，春滿於六月十八日巳時身故，懇請代奏，等情。前來。

臣查開缺接辦塔爾巴哈臺參贊大臣春滿，忠勇性成，居官勤奮，軍情尤爲熟悉。臣任伊犁知府時曾與共事，知之最深，特撮其生平事迹，爲我皇太后、皇上

---

① 中國第一歷史檔案館藏：《清單》，檔號：03-7032-045。

晰縷陳之。

該參贊於咸豐季年隨前親王僧格林沁[①]轉戰山東、江南數省，屢著奇功，每當賊騎倏忽，陣勢不支，該參贊怒馬横衝，所向披靡，往往轉敗爲勝，此雖臂力剛强，亦由忠義之氣鬱積於中，勃發而不能自已也。嗣帶隊征剿直隸、河南、湖北匪黨，膽氣益壯，謀略益深，設策迎機，不遺毫髮，軍士皆受駕馭，樂爲之用。

同治十三年，調赴新疆伊犁軍營，統帶滿、綠營及察哈爾馬隊。光緒二年，隨大軍攻克瑪納斯南北兩城。嗣統帶吉林二、四起馬隊。正值回燄方熾，伊犁爲俄所據，内憂外患，迭至紛來。該參贊籌備糧械，擇要扼守，復分兵殲除竄匪。其用兵機宜實爲前伊犁將軍金順所倚賴。迨收還伊犁，匪亂初平，人心未定，諸務草創，百廢待興，防禦撫綏，皆該參贊苦心籌畫，不辭勞瘁。十八年、二十年，奏派會同俄官補勘伊犁南北界牌兩次。强鄰毗連，犬牙相錯，稍有不慎，即啓釁端，賴該參贊審慎精詳，相機因應，俄人蠶食之心亦因之而戢。

二十一年，奏委統領伊犁索倫、察哈爾、額魯特練軍五旗馬隊。自念受恩深重，未圖報稱，今時值局艱危，不得不選士練兵，日以慎固邊圉爲事。

庚子之變，乘輿播遷。該參贊寢饋難安，言之泣下。八月，奏請率隊入衛，稍效微忱。旋奉旨：仍著慎守邊疆，嚴密防範，毋庸前來行在。欽此。遵即加意操練，防患未然，雖冰天雪海，猶復躍馬疾馳，相度形勢，力籌扼要之策。

綜計該參贊效力軍營四十餘年，大小數百戰，其勇毅之氣，忠愛之忱，實有

---

① 僧格林沁（1811—1865），蒙古哲里木盟科爾沁旗人。道光五年（1825），承襲科爾沁扎薩克多羅郡王。同年，充御前行走，賞三眼花翎。九年（1829），管理上虞備用處事，旋管火器營事務，賞黄馬褂。十四年（1834），補御前大臣、正白旗領侍衛内大臣，管上虞備用處事，兼管善撲營事。同年，授後扈大臣、正藍旗蒙古都統，兼署正白旗蒙古都統。十五年（1835），署鑲紅旗蒙古都統，管虎槍營事。同年，任總理行營大臣、閱兵大臣。十六年（1836），調補鑲白旗滿洲都統。同年，授領纛大臣。十七年（1837），兼署正紅旗滿洲都統，賜用黄韁。二十一年（1841），補正黄旗滿洲都統。二十四年（1844），拜右翼監督，署正藍旗滿洲都統。二十五年（1845），授鑲黄旗領侍衛内大臣。二十六年（1846），授正白旗領侍衛内大臣。二十八年（1848），調補正藍旗滿洲都統，署鑲白旗滿洲都統。三十年（1850），充左翼監督，署鑲黄旗蒙古都統。咸豐元年（1851），拜御前大臣，署鑾儀衛事。三年（1853），授參贊大臣，加博多羅巴圖魯勇號。四年（1854），加扎拉濟特貝勒拉木棍布扎布巴圖魯名號，旋換湍多巴圖魯勇號。五年（1855），補鑲藍旗滿洲都統，充崇文門監督，封科爾沁博多勒噶臺親王，世襲罔替。六年（1856），任管理溝渠河道大臣、八旗值年大臣。七年（1857），授鑲紅旗漢軍都統。八年（1858），充欽差大臣。九年（1859），督辦大沽口及京東防務。十年（1860），以兵敗褫職。十一年（1861），補正紅旗漢軍都統、御前大臣，兼管奉宸苑、火器營事務。同治元年（1862），授正黄旗領侍衛内大臣，補正白旗滿洲都統。四年（1865），卒於陣。謚忠。

古名將風。其在伊犁尤爲勛業之卓著也。惟邊徼苦寒十倍内地，受傷成疾，日積日深，不覺變爲口噤舌呲之證。五月，抵省。臣親往探詢數次，見目光直注，不能言語，勸其休憩省寓，安心調養，急令延醫診治。方冀漸就痊愈，猶可備朝廷異日任使，不意抵省月餘，即齎志以終。臣實深爲惋惜。身後事宜，已派員妥爲經理。合無仰懇天恩俯准從優賜恤，并請將該參贊生平事迹宣付史館立傳，附祀前伊犁將軍金順專祠，以彰忠藎。

所有開缺接辦塔爾巴哈臺參贊大臣病故日期各緣由，除咨兵部暨鑲白旗都統查照外，謹會同伊犁將軍臣馬亮、陜甘總督臣升允，合詞恭摺具奏。伏乞皇太后、皇上聖鑒訓示。

再，春滿長子，藍翎補用佐領吉林伯都納鑲黄旗防禦瑞麟，年三十九歲；次子，五品頂戴補用驍騎校二品蔭生皋麟，年三十三歲；三子，二品蔭生鐵麟，年十六歲。長孫，金玉，年十三歲。合并陳明。謹奏。光緒三十一年六月二十五日。

（硃批）：另有旨。

光緒三十一年七月二十九日，奉硃批：另有旨。欽此[①]。

【案】此摺旋於是年七月二十九日得旨允行。清廷頒布諭旨曰：

光緒三十一年七月二十九日，内閣奉上諭：前任塔爾巴哈臺參贊大臣春滿，忠勇性成，辦事勤奮，於咸豐年間隨僧格林沁轉戰山東、江南數省，屢著奇功。嗣經調赴伊犁，隨剿回逆，爲前將軍金順所倚任，由伊犁索倫、額魯特、察哈爾領隊大臣補授參贊大臣，宣力邊疆，克勤厥職。嗣因患病，准其開缺調理。兹聞溘逝，軫惜殊深。加恩著照副都統例賜恤。任内一切處分悉予開復。生平戰功事迹，宣付國史館立傳，并附祀前伊犁將軍金順專祠。應得恤典，該衙門察例具奏。欽此。[②]

---

① 此硃批日期與内容，據《軍機處隨手登記檔》（檔案編號：03-0321-1-1231-204）校補。

② 《光緒朝上諭檔》，第31册，第111頁。

○五五、請以徐景星補放馬隊守備摺

光緒三十一年六月二十五日（1905年7月27日）

甘肅新疆巡撫西林巴圖魯臣潘效蘇跪奏，爲揀員請補守備員缺，以重邊防，恭摺仰祈聖鑒事。

竊照新疆撫屬濟木薩營中軍馬隊守備廖玉貴病故遺缺，業經臣奏明開缺在案。兹查有花翎留甘肅新疆儘先補用都司徐景星，樸實穩練，在甘肅新疆多歷年所，營務、邊情最爲熟悉，以之請補斯缺，必能勝任，人地亦極相宜，合無仰懇天恩俯准以該員徐景星請補撫屬濟木薩營中軍馬隊守備員缺，以重邊防。如蒙俞允，并懇飭部發給劄付。徐景星應照烏魯木齊補放守備例，毋庸送部引見，以符定制。

除飭取該員履歷清册咨部查核外，謹會同陝甘總督臣升允、喀什噶爾提督臣焦大聚，恭摺具陳。伏乞皇太后、皇上聖鑒訓示。謹奏。光緒三十一年六月二十五日。

（硃批）：兵部議奏。①

光緒三十一年七月二十九日，奉硃批：兵部議奏。欽此。②

○五六、奏報本年三月雨水糧價情形摺

光緒三十一年七月二十七日（1905年8月27日）

甘肅新疆巡撫西林巴圖魯臣潘效蘇跪奏，爲恭報光緒三十一年三月分各屬糧價并得雨雪情形，謹繕摺具陳，仰祈聖鑒事。

竊本年二月分糧價并得雨雪情形，業經臣奏報在案。兹據新疆布政使吴引孫詳稱：光緒三十一年三月分，鎮迪道屬呼圖壁、綏來得雨，入土三寸；昌吉得雨，

---

① 中國第一歷史檔案館藏：《硃批原件》，檔號：04-01-16-0287-003。

② 中國第一歷史檔案館藏：《軍機録副》，檔號：03-6047-056。

入土二寸；阜康、奇臺得雨，入土一寸；鎮西得雪，積地一尺；迪化、庫爾喀喇烏蘇得雪，積地二寸；孚遠、吐魯番微雨雪。伊塔道屬綏定、寧遠得雨，入土三寸；塔爾巴哈臺得雨，入土一寸；精河微雨。南路蒲犁得雪，積地二寸；温宿府、柯坪、新平、疏勒、疏附、伽師、莎車、巴楚、英吉沙爾微雨，餘均未得雨雪。

至通省糧價，除新平、婼羌仍俟具報至日再行匯列外，所有呼圖壁、吐魯番、鄯善、庫爾喀喇烏蘇、綏定、塔爾巴哈臺、温宿府、縣、柯坪、焉耆、沙雅、烏什、莎車、和闐、于闐等屬俱與上月相同，其餘各有增減，匯詳請奏前來。

理合恭摺具陳，并繕糧價清單，敬呈御覽。伏乞皇太后、皇上聖鑒。謹奏。光緒三十一年七月二十七日。

（硃批）：知道了。①

光緒三十一年九月初四日，奉硃批：知道了。欽此。②

〇五七、呈新省各屬本年三月糧價清單

光緒三十一年七月二十七日（1905年8月27日）

謹將新疆各屬光緒三十一年三月分米糧時估價值，繕具清單，恭呈御覽。

計開三月分

鎮迪道屬

迪化縣：大米每京石價銀六兩五錢五分四厘，與上月相同。小麥每京石價銀二兩五錢八分三厘，較上月增一錢八分。豌豆每京石價銀二兩三錢七分六厘，較上月增七分二厘。青稞每京石價銀一兩六錢五分六厘，較上月增六分九厘。

昌吉縣：大米每京石價銀五兩七錢四分四厘，與上月相同。小麥每京石價銀二兩二錢二厘，較上月增七分三厘。豌豆每京石價銀二兩二錢四分五厘，與上月相同。青稞每京石價銀一兩一錢，與上月相同。

呼圖壁縣丞：大米每京石價銀四兩五錢八分，小麥每京石價銀一兩九錢一分

---

① 中國第一歷史檔案館藏：《硃批原件》，檔號：04-01-25-0586-026。

② 中國第一歷史檔案館藏：《軍機録副》，檔號：03-7034-006。

一厘，豌豆每京石價銀一兩九錢一分八厘，俱與上月相同。

綏來縣：大米每京石價銀四兩八錢六分二厘，較上月減七分一厘。小麥每京石價銀一兩七錢六分九厘，較上月減七分。豌豆每京石價銀一兩九錢九分七厘，與上月相同。高粱每京石價銀一兩六分六厘，與上月相同。

阜康縣：粟米每京石價銀二兩三錢九分五厘，較上月增五厘。小麥每京石價銀二兩七分，與上月相同。豌豆每京石價銀一兩九錢一分二厘，與上月相同。高粱每京石價銀九錢四厘，與上月相同。

孚遠縣：小麥每京石價銀二兩二錢八厘，較上月增六分九厘。豌豆每京石價銀二兩一錢四分二厘，與上月相同。高粱每京石價銀一兩一錢二分，與上月相同。

奇臺縣：大米每京石價銀六兩三錢八分六厘，較上月增一錢七分二厘。小麥每京石價銀二兩八錢三分，較上月增七分。豌豆每京石價銀二兩九錢三分五厘，較上月增三錢一分一厘。

吐魯番直隸廳：小麥每京石價銀一兩四錢九分一厘，大麥每京石價銀六錢九分四厘，高粱每京石價銀一兩一錢一分四厘，黃豆每京石價銀一兩五錢三分，俱與上月相同。

鄯善縣：小麥每京石價銀一兩六錢六分七厘，大麥每京石價銀七錢六分四厘，高粱每京石價銀一兩二錢九分七厘，俱與上月相同。

鎮西直隸廳：小麥每京石價銀三兩六錢，較上月增二錢四分。豌豆每京石價銀二兩八錢八分，較上月增一錢六分。青稞每京石價銀二兩二錢四分，較上月增二錢四分。

哈密直隸廳：粟米每京石價銀三兩六錢，與上月相同。小麥每京石價銀三兩三錢四分五厘，較上月增四錢一分八厘。豌豆每京石價銀三兩二錢四分，較上月增三錢六分。青稞每京石價銀一兩九錢三分，與上月相同。

庫爾喀喇烏蘇直隸廳：小麥每京石價銀二兩四錢八分五厘，大麥每京石價銀一兩四錢二分，豌豆每京石價銀二兩一錢三分一厘，俱與上月相同。

伊塔道屬

綏定縣：大米每京石價銀五兩三錢二分八厘，小麥每京石價銀一兩七錢九分四厘，大麥每京石價銀一兩三錢二分，豌豆每京石價銀一兩六錢八分，俱與上月相同。

寧遠縣：大米每京石價銀五兩三錢八分，較上月減一厘。小麥每京石價銀一兩七錢九分四厘，較上月增四錢一分四厘。大麥每京石價銀一兩七分，較上月增一錢七厘。豌豆每京石價銀一兩四錢四分，較上月增一錢四分四厘。

塔爾巴哈臺直隸廳：小麥每京石價銀二兩四錢一分九厘，大麥每京石價銀一兩七錢一分八厘，豌豆每京石價銀二兩六錢二厘，俱與上月相同。

精河直隸廳：大米每京石價銀四兩五錢五分七厘，與上月相同。小麥每京石價銀一兩八錢九分，較上月增七分。大麥每京石價銀一兩一錢五分五厘，與上月相同。豌豆每京石價銀一兩八錢二分，較上月增一錢四分。

阿克蘇道屬

温宿府：大米每京石價銀二兩五錢三分，小麥每京石價銀一兩三錢四分三厘，大麥每京石價銀七錢六分一厘，包穀每京石價銀九錢六分一厘，俱與上月相同。

温宿縣：大米每京石價銀二兩二錢八分，小麥每京石價銀一兩三錢七分六厘，大麥每京石價銀九錢三分七厘，包穀每京石價銀一兩二錢四分八厘，俱與上月相同。

科坪縣丞：小麥每京石價銀二兩四分八厘，大麥每京石價銀八錢八分八厘，包穀每京石價銀一兩二錢八分，高粱每京石價銀一兩二錢一分六厘，俱與上月相同。

拜城縣：小麥每京石價銀一兩一錢，較上月增一錢二分。大麥每京石價銀六錢七分，較上月增五分。豌豆每京石價銀七錢，較上月增二分。包穀每京石價銀七錢六分，較上月增六分。

焉耆府：大米每京石價銀五兩九錢二分，小麥每京石價銀三兩三錢一分二厘，豌豆每京石價銀二兩四錢四分八厘，包穀每京價銀二兩三錢四厘，俱與上月相同。

輪臺縣：大米每京石價銀五兩五錢四分九厘，較上月增二錢二分一厘。小麥每京石價銀二兩八錢九分八厘，與上月相同。包穀每京石價銀二兩四分八厘，與上月相同。

庫車直隸州：大米每京石價銀三兩三錢八分，與上月相同。小麥每京石價銀一兩三錢七分，較上月减五分。豌豆每京石價銀七錢，與上月相同。包穀每京石價銀七錢四分，較上月减四分。

沙雅縣：大米每京石價銀三兩二錢二分，小麥每京石價銀一兩四分，包穀每京石價銀七錢，俱與上月相同。

烏什直隸廳：大米每京石價銀二兩一錢七分五厘，小麥每京石價銀六錢六分，大麥每京石價銀三錢二分一厘，包穀每京石價銀五錢二分四厘，俱與上月相同。

喀什噶爾道屬

疏勒府：大米每京石價銀三兩九錢三分七厘，較上月增九分四厘。小麥每京石價銀二兩三錢，較上月增四錢三厘。包穀每京石價銀一兩七錢，較上月增一錢九分三厘。高粱每京石價銀一兩一錢五分，與上月相同。

疏附縣：大米每京石價銀三兩九錢三分七厘，與上月相同。小麥每京石價銀一兩九錢四分，較上月增四分三厘。包穀每京石價銀一兩五錢七厘，與上月相同。高粱每京石價銀一兩一錢五分，與上月相同。

伽師縣：大米每京石價銀四兩五錢九分三厘，與上月相同。小麥每京石價銀二兩二錢四分二厘，較上月增八分六厘。包穀每京石價銀一兩七錢五分八厘，較上月增四分二厘。高粱每京石價銀九錢七分，較上月增三分六厘。

莎車府：大米每京石價銀三兩七錢五分九厘，小麥每京石價銀一兩七錢六分六厘，大麥每京石價銀一兩二錢五分，包穀每京石價銀一兩一錢三分五厘，俱與上月相同。

蒲犁廳：大米每京石價銀七兩五錢六分，與上月相同。小麥每京石價銀三兩九錢四分六厘，較上月增二分七厘。包穀每京石價銀三兩三分六厘，較上月增八分。青稞每京石價銀二兩八錢一分四厘，較上月增二錢六分三厘。

巴楚州：大米每京石價銀三兩七錢，與上月相同。小麥每京石價銀二兩七錢六分，較上月增三錢五分。包穀每京石價銀一兩九錢二分，較上月增三錢二分。

葉城縣：大米每京石價銀三兩三錢六分，較上月減一分。小麥每京石價銀一兩一錢八分，較上月減四分。包穀每京石價銀九錢三分，較上月減二分。

皮山縣：大米每京石價銀三兩八錢，與上月相同。小麥每京石價銀一兩二分，較上月增二分。大麥每京石價銀七錢，與上月相同。包穀每京石價銀八錢三分，較上月增三分。

和闐直隸州：大米每京石價銀三兩二錢五分，小麥每京石價銀一兩七分，包穀每京石價銀六錢八分，青稞每京石價銀六錢四分，俱與上月相同。

于闐縣：大米每京石價銀三兩二錢，小麥每京石價銀一兩四分，包穀每京石價銀七錢三分，俱與上月相同。

洛浦縣：大米每京石價銀三兩五錢，與上月相同。小麥每京石價銀一兩一錢三分九厘，較上月減八分三厘。包穀每京石價銀七錢六分八厘，較上月減一錢五分三厘。

英吉沙爾直隸廳：大米每京石價銀三兩八錢七分六厘，較上月增七分六厘。小麥每京石價銀一兩八錢九分，較上月增六分九厘。大麥每京石價銀一兩一錢四分，較上月增一錢二分六厘。包穀每京石價銀一兩四錢七分四厘，與上月相同。

（硃批）：覽。①

○五八、查明新疆記名武職各員情形摺

光緒三十一年七月二十七日（1905年8月27日）

甘肅新疆巡撫西林巴圖魯臣潘效蘇跪奏，爲遵旨查明新疆記名武職各員，恭摺覆陳，仰祈聖鑒事。

竊臣承准軍機大臣字寄：光緒三十一年初六日奉上諭：朝廷現當講求武備之際，提鎮大員必須簡用得人，方足以資整頓。所有單開之記名提督哈連陞、總兵馬進祥等，保舉武職人員劉紹基等，現在或在本籍，或在各省，著該督撫各就所知，查明有無事故，其年力何如，其才識何如，或堪勝陸路，或堪勝水師，迅速查明，各出具切實考語，限於一月内奏到，以便簡用等因。欽此。咨行到新。遵即恭録飭查去後。

兹據中軍參將徐積誠詳稱：軍機處單開記名總兵陳國明，現署莎車協副將，曾經軍機處以提督記名遇缺簡放。又，提督銜記名總兵塔爾巴哈臺屯防協副將谷振杰，現署阿克蘇鎮總兵。記名總兵王長發，現在新疆軍營差遣。詳懇奏咨，等情。前來。

臣查該提督陳國明，樸實耐勞，勇往素著，現在莎車協任内，操練認真，甚資得力。該總兵谷振杰智勇深沈，和平渾厚，能得軍心，歷署提、鎮各任，整頓防務，并無貽誤。該總兵王長發篤實勇敢，年力精壯，現在新疆軍營差遣，屢著勤勞。以上三員均堪備干城之選，惟向係陸軍出身，水師恐非所長，其應如何録

---

① 中國第一歷史檔案館藏：《清單》，檔號：03-7034-007。

用之處，出自逾格鴻施。

所有遵旨查明新疆記名武職人員各緣由，除咨軍機處暨兵部查照外，謹繕具簡明清單，會同陝甘總督臣升允，合詞恭摺覆陳。伏乞皇太后、皇上聖鑒訓示。謹奏。光緒三十一年七月二十七日。

（硃批）：陳國明等仍著交軍機處存記，單存。①

光緒三十一年九月初四日，奉硃批：陳國明等仍著交軍機處存記，單存。欽此。②

○五九、呈查明新疆記名武職人員清單

光緒三十一年七月二十七日（1905年8月27日）

謹將查明新疆記名武職人員，謹繕清單，恭呈御覽。

計開

現署莎車協副將陳國明，湖南人，年六十八歲，由武童歷保花翎留陝西推補參將。光緒二年，攻克牧地并烏魯木齊迪化州出力，奉上諭：著免補參將，以總兵交軍機處記名，遇缺簡放，并賞給勁勇巴圖魯。三年，攻克達坂城、托克遜并吐魯番滿、漢兩城出力，奉上諭：著以提督交軍機處記名，遇缺簡放。十七年，署理莎車協營都司。十九年，奏准以原官留新疆補用。二十一年，甘回不靖，交卸莎車協營都司，帶隊進剿北大通并十大回莊出力，奉上諭：著賞加頭品頂戴，并賞換業普肯巴圖魯。二十三年，署理哈密協副將。二十七年，借補濟木薩營參將，旋署理莎車協副將。

現署阿克蘇鎮總兵谷振傑，安徽人，年六十歲，由武童歷保花翎參將。光緒七年，新疆南路五次剿平邉寇出力，奉上諭：著免補參將，以副將留甘儘先補用，并賞給勖勇巴圖魯。十年，新疆六載邊防出力，奉上諭：著以總兵交軍機處記名，遇缺簡放。十四年，奏准以總兵留新疆補用。十六年，署理英吉沙爾營參

① 中國第一歷史檔案館藏：《硃批原件》，檔號：04-01-16-0287-063。

② 中國第一歷史檔案館藏：《軍機錄副》，檔號：03-5968-017。

將。十七年，調署喀什噶爾提標前營游擊，旋調署和闐營參將。二十一年，請補斯缺。二十三年，借補塔爾巴哈臺屯防協副將。二十四年，署理阿克蘇鎮總兵。二十八年，署理喀什噶爾提督。二十九年，飭回阿克蘇鎮總兵署任。是年，新疆七載邊防出力，奉上諭：著賞加提督銜。

現在新疆軍營差遣記名總兵王長發，湖南人，年五十六歲，由武童歷保花翎游擊。光緒五年，蕩平新疆南、北兩路出力，奉上諭：著免補游擊、參將，以副將儘先推補，并賞加總兵銜。七年，新疆五次剿平邊寇出力，奉上諭：著免補副將，以總兵交軍機處記名，遇缺簡放。①

○六○、奏報省城開設商務總局緣由摺

光緒三十一年七月二十七日（1905年8月27日）

甘肅新疆巡撫西林巴圖魯臣潘效蘇跪奏，爲新疆省城開設商務總局，派員試辦，并啓用關防日期，恭摺仰祈聖鑒事。

竊商務之設，所以開通民智，收挽利權。朝廷增設商部，飭各省設立商務局，無非以商戰世界，亟欲濬利源而資抵制。新疆邊瘠素著，雖公司、商會不如内地富商之多，然金、銅、鐵、煤各礦以及牛羊皮毛、花布、氈毯，本地土貨輸出，洋貨輸入，其中未必全無利益可沾。上年，曾經司道等詳派商務委員，附入税局試辦。所有石油、官當、土貨、設行、經紀，均已粗具規模。現就省垣開設商務總局，以司道等總其成，另委升用知府候補直隸州知州袁運鴻爲提調，駐局坐辦，并刊發木質關防一顆，文曰：“新疆全省商務總局關防”，於本年二月十六日啓用。據司道等詳請奏咨立案等情，前來。

臣查商務爲當今要務，新疆風氣乍開，金、銅、鐵、煤諸礦雖購機器，采掘尚未得法，且無鐵路以通内地。惟西北鄰俄，洋貨輸入甚多，全賴石油、牛羊皮毛、絲毯等物，以圖抵制。自開局數月以來，漸有起色，屢飭司道等實力舉行，以期逐漸推廣。合無仰懇天恩俯准，先行飭部立案。其應如何設法擴充，遇事官

① 中國第一歷史檔案館藏：《清單》，檔號：03-5968-018。

爲提倡，或集股而設公司，或合作而立商會，俟辦有成效，當隨時奏聞。

所有省城開設商務總局，派員試辦并啓用關防日期各緣由，除咨商部查照外，謹會同陝甘總督臣升允，合詞恭摺。伏乞皇太后、皇上聖鑒訓示。謹奏。光緒三十一年七月二十七日。

（硃批）：商部知道。①

光緒三十一年九月初四日，奉硃批：商部知道。欽此。②

○六一、請將韓望高等革職驅逐緣由片

光緒三十一年七月二十七日（1905年8月27日）

再，據布政使吴引孫、署鎮迪道兼按察使銜和爾賡額會詳：新省種類龐雜，積習日深，而賭博爲尤甚。竊恐聚集無賴，争競鬥毆，釀成事端，曾經出示禁革，并分檄巡警局、迪化府縣晝夜梭巡，嚴密查拏。兹據巡警局委員詳報：留省差遣副將韓望高、游擊馮家禧等同居聚賭，多至二十餘人，比將賭具拏獲。該員既留省當差，自應安守本分，聽候委用，乃甫經出示，竟首先犯禁，藐視法律。詳請奏參，等情。前來。

臣查該副將韓望高等身爲職官，宜如何檢束自愛，乃於省垣重地膽敢開場聚賭，實屬有玷官箴。若不從嚴參辦，何以昭法紀而靖閭閻？相應請旨將留省差遣花翎儘先補用副將韓望高、推補游擊補用都司馮家禧等一并革職，并飭司驅逐回籍，不准逗留省城，以爲傷風敗俗者戒。

除咨兵部查照外，謹會同陝甘總督臣升允，合詞附片具陳。伏乞聖鑒訓示。謹奏。

（硃批）：著照所請，兵部知道。③

光緒三十一年九月初四日，奉硃批：著照所請，兵部知道。欽此。④

---

① 中國第一歷史檔案館藏：《硃批原件》，檔號：04-01-01-1072-007。

② 中國第一歷史檔案館藏：《軍機録副》，檔號：03-7132-018。

③ 中國第一歷史檔案館藏：《硃批原件》，檔號：04-01-16-0287-065。

④ 中國第一歷史檔案館藏：《軍機録副》，檔號：03-5968-019。

〇六二、飭令知縣魯鼎緒即赴新任片

光緒三十一年七月二十七日（1905年8月27日）

再，署温宿縣知縣傅澤霖期滿遺缺，應以准補該縣知縣魯鼎緒飭赴新任，以專責成。據新疆布政使吴引孫、署鎮迪道兼按察使銜和爾賡額會詳前來。

除由臣批飭給委外，謹會同陝甘總督臣升允，附片具奏。伏乞。聖鑒。謹奏。

（硃批）：吏部知道。[①]

光緒三十一年九月初四日，奉硃批：吏部知道。欽此。[②]

---

① 中國第一歷史檔案館藏：《硃批原件》，檔號：04-01-12-0645-152。

② 中國第一歷史檔案館藏：《軍機録副》，檔號：03-5446-022。

下篇　外交函牍及電報

一、外交函牘

○○一、[附]外務部來函

光緒二十八年十一月十一日（1902年12月10日）

十一月十一日，發新疆巡撫函稱：十月十五日，准俄國雷使照稱：坎巨提在喇斯庫木地方耕種一事，據派查武員稟報稱：所指五處經中國民人耕種，并無坎巨提，并據傳聞云，除喇斯庫木所指五處外，有塔東巴什、帕米爾讓給坎巨提，并准該部在該處及在俄交界最近之泯特克地地方建造炮臺，云云。該道將地方租與坎巨提，其章程秘密不露，其爲可疑。本大臣自應聲明，貴國若准坎巨提享有喇斯庫木等處之故地主權，并准其建造炮臺，安設駐防，即已少讓自己地主之權，本國政府自應按照光緒二十五年七月初九日照會所開各節辦理，以免損傷自己利益等因。查塔敦巴什在烏仔别里迤南直綫之東，去疆省西邊最近，中俄帕米爾界綫雖日久因循，未曾碻定，俄人未嘗不默認此地爲中國所屬地方。坎巨提逼近克什米爾，雖循例貢金中國，於英人一面亦未嘗不隱事羈縻。喇斯庫木檢地圖在澤勒普善河源，逼近莎車州、葉城縣西南，直在卡倫以内。若坎部耕種東侵及此，不特啓外人猜忌，於邊防亦甚不相宜。尊處去年九月"漾電"所稱"坎部受英指使，俄因此要挾，亦欲借種塔哈爾滿，許之後患無窮，不若罷議，以免猜疑"等語，實爲扼要之談，而來咨又有"二十三年莎車州劉牧與坎酋所遣之員面訂章程九條"等語。究竟章程是否曾經批定，坎民曾否耕種所借之地，本部於去冬十一月電屬前撫將九條摘要電呈，迄未得覆，無憑核議。

目下雷使照會所稱英人新意，又稱即行設備，以保自己利益云云，口氣頗緊，不可不預籌辦法，以免界務復起波瀾，望閣下亟將此事詳細情形速即電覆，庶俄、英兩使有言，本部得據以答辨。章程九條係此事緊要關鍵，尤望照去冬電詢之語，擇要電復。塔敦巴什准坎部建築一節，於事理尤屬不合，諒係傳聞之誤，然與英使謂俄於塞勒庫爾以東建造兵防之語遥遥相應，事之有無，皆宜確查，不可略存大意也。兹將來往照會抄送冰案，惟查照妥籌速覆爲盼。專泐，順頌勛祺。[1]

---

① 臺北"中央研究院"近史所藏：《外交檔案》，館藏號：02-10-017-02-006。

○○二、［附］外務部來函

光緒二十八年十一月二十二日（1902 年 12 月 21 日）

十一月二十二日，發新疆巡撫函稱：坎巨提借種地畝一案，於本月十一日將俄使來照情形函達冰案。其色勒庫爾俄人駐兵一節，與此事進退相關。八月“沃”電屬查，迄今尚無確覆。頃接出使英國大臣張函稱：使館洋參贊馬格里之子馬繼業，現爲英國駐扎喀什噶爾顧問官，因請假回英，談及新疆情形，據稱前任喀什噶爾道黄光達曾允俄人之請，准俄於色城駐兵若干名。馬繼業關心疆事，深慮此舉爲規圖青海張本，謂不可不早籌抵制，曾具條陳請爲轉達其説，一宜將允准色城駐兵之案駁斥撤銷，即使不能撤銷，亦不准在色城修築炮臺，并當限其兵數；一則爲長久之計，宜派員勘立界綫，畫分明白，與英、俄各訂約章，將界綫詳細載明，不必争得土地，第以界綫明白爲第一要義。該參贊所陳各節頗中竅要，將其説帖譯呈，請備采擇。等語。

查色城在烏仔别里迤南直綫以東，確係新疆轄境，即俄人亦未能别爲異説。其在色城駐兵，事在何時？與喀道如何相商？曾否限以時日？應請閣下迅飭查明，即行聲覆。至明立界綫一節，揆時度勢，是否相宜？我自無進占之心，而界綫必據山川形勢以立言，非先定成局於胸中，未便輕於啓口。閣下於西邊情勢閲歷多年，自必確有見地，并望詳籌以備酌議。兹將馬格里條陳抄寄，望查核速覆，并希密之爲荷。此布。順頌勛祉。①

○○三、致外務部函

光緒二十九年三月二十九日（1903 年 4 月 26 日）

光緒二十九年三月二十九日，新疆巡撫潘（效蘇）文稱：竊照本部院於光緒二十九年正月十九日在新疆省城由驛具奏，新疆歲攤賠款，光緒二十九年分仍由

① 臺北“中央研究院”近史所藏：《外交檔案》，館藏號：02-10-017-02-010。

蘇、淮、江西協餉分期兑撥，懇恩飭部立案作爲定章，俾顧要需而免遲誤一摺，除俟奉到硃批恭録咨呈外，相應鈔稿咨呈。爲此咨呈貴部，謹請鑒照施行。

●照録摺稿

甘肅新疆巡撫西林巴圖魯臣潘效蘇跪奏[①]，爲新疆歲攤賠款，光緒二十九年分仍由蘇、淮、江西協餉分期兑撥，懇恩飭部立案作爲定章，俾顧要需而免遲誤，恭摺具陳，仰祈聖鑒事。

竊查接管卷内，光緒二十七年八月，准行在户部咨：議定新疆歲解賠款銀四十萬兩，自二十八年起，分期兑滬，統以三十九年爲期。經前撫臣饒應祺將二十八年賠款遵照部議，電請由江蘇、兩淮、江西協甘新餉内按期解清在案，上年十一月，復准部電：二十九年賠款連閏仍按十二期解繳，惟自六月起須於月初解到，等因。臣查新疆係極邊貧瘠之區，賦税無幾，軍餉各款全恃各省關協濟，分年估撥，均屬計口授食之需。近值時局艱難，餉源短絀，司庫騰挪挹注，恒興仰屋之嗟。惟賠款事關緊要，自應先儘協餉撥兑，移緩就急，以免遲延。核計二十九年賠款，按十二期劃分解繳，每期解庫平銀三萬三千三百三十三兩三錢三分三厘，加關平補水銀五百四十七兩六錢六分七厘，計銀三萬三千八百八十一兩，共需庫平銀四十萬六千五百七十二兩，業經電商江蘇、江西、兩淮督撫、運司，仍由兩淮撥解第一、第三、第五、第七、第九五期，共庫平銀一十六萬九千四百五兩；江蘇撥解第二、第四、第六、第八四期，共庫平銀二十三萬五千五百二十四兩；江西撥解第十、第十一、第十二三期，共庫平銀一十萬一千六百四十三兩。

查兩淮歲協甘新餉銀二十萬兩，除撥解外，尚餘庫平銀三萬五百九十五兩；江蘇歲協甘新餉銀二十萬兩，除前此裁勇節省銀六萬兩并本年撥解外，尚餘庫平銀四千四百七十六兩；江西歲協甘新餉銀三十六萬兩，除撥解外，尚餘庫平餘二十五萬八千三百五十七兩，應由該各省、關掃數匯解，分年由甘肅粮臺結算，以清款目。據署布政使李滋森詳請奏咨前來。

臣覆核無異，合無仰懇天恩俯准飭部立案，自光緒二十九年以後作爲定章，俾顧要需而免延誤。所有光緒二十九年分新疆應攤賠款仍由蘇、淮、江西協餉内

① 此處原文作“全銜潘奏”，兹補足。

分期撥解各緣由，謹同會同[①]陝甘總督臣崧蕃，恭摺具陳。伏乞皇太后、皇上聖鑒訓示。謹奏。[②]

〇〇四、致外務部函

光緒二十九年五月初三日（1903 年 5 月 29 日）

光緒二十九年五月初三日，新疆巡撫潘（效蘇）文稱：爲照本部院於光緒二十九年三月十七日在新疆省城由驛具奏，新疆餉源短絀，擬請息假華洋款項，遣散内地客勇，改練土著世襲兵，以固邊防而紓餉力一摺，除俟奉到硃批恭録另咨外，相應鈔録摺稿咨明。爲此合咨外務部，請煩查照施行。[③]

〇〇五、致外務部函

光緒二十九年閏五月初三日（1903 年 6 月 27 日）

光緒二十九年閏五月初三日，收新疆巡撫潘效蘇函稱：俄商販運私茶一事，續奉電示，未即肅覆，良以此事關繫至重，曲折甚多，有非電傳所能畢達一切情形，敢爲大部詳晰陳之。新疆爲官茶引地，承平時，内地人民繁庶，銷路較寬，無俟關外分售。彼時，晉茶即由草地闌入古城、伊、塔一帶，行之既久，官民視爲故常。軍興以後，甘櫃逃亡，欠課數鉅。前陝甘總督左[④]始有改引行票之舉，因甘中行銷甚滯，領票南商無不賠貼，甚至有傾家蕩産者。於是新疆南北兩路皆設有官茶號，運銷官茶，而晉茶沿承平之舊，仍多私銷。光緒十一年，初設行

---

① “會同”，原文誤作“同同”，兹校正。

② 臺北“中央研究院”近史所藏：《外交檔案》，館藏號：02-07-004-02-067。

③ 臺北“中央研究院”近史所藏：《外交檔案》，館藏號：02-24-003-02-025。

④ “左”，即前陝甘總督左宗棠。

省，議開貨税，前撫劉[①]以北路蒙、哈皆嗜晉茶，議欲化私爲官，聽其銷售，格於部議，事遂中止。前陝甘總督譚[②]則力持官引，嚴禁販私，以晉私之充斥由於歸化同知稽查不力，奏參革職。自此晉茶遂不敢公然販運，然私售所不免。

廿一、二年，前塔城參贊富[③]復以蒙、哈非食晉茶則多疾病，奏請北路仍銷晉茶，兩奉户部議駁，其議又寢。上年，新省以認賠鉅款奏准復開貨税，前撫饒[④]查知歷年雖有禁私之名，而商人之販私者百計偷越；在官人役以及地方痞棍藉名緝私，詐索買放，種種擾累，於商則受害甚深，於公則毫無裨益，復議以幫課借引咨商甘督，大致以官茶專銷南路，令晉商歲幫課銀，借北路引地以銷晉茶，既可便商，兼可收税。乃迄未准甘督復文，自係以官引爲重，不便輕議更張，而官茶商又屢以緝私爲請，在新省雖明知准銷晉茶可順輿情而裕税款，然維持官引，不得不力顧大局，故緝私之令未便少弛。商民縱趋利私營，其勢仍多畏縮，而俄商乘之，遂藉貿易天山南北暫不納税約章，竟至千箱、萬箱，希圖壟斷。夫以中國之禁，華民不敢觸，而俄商得以犯之；華民有利，官爲阻抑，而俄商得以攘之。且販自華商本能收税，而限於引地不能開禁，販自俄商竟影射約章而不納税，揆之情理，固未得其平。論之榷征，亦隱多虧折。

愚昧之見，竊以東南鹽引外人既不得侵，則茶引固事同一律，據彼所稱雖無不准俄商在新疆販茶條約，然亦究無准俄商在新疆販私茶明文，况俄國之禁華民有犯華官必爲力究，即如喀什纏商販運醉烟入俄境，此物爲俄人所深惡，南疆各官查辦非止一次，近年華民之私運者絶少，是我之篤邦交者，不爲不至。即此三者，平心而論，彼將無可説詞。尚乞大部婉爲磋磨，能以阻止不運固爲上策。倘必難於峻拒，或援俄商犯土貨回國不准在沿途銷售之例，阻其毋在中界開封發賣，俟出境，再爲銷售，庶可保我自主之權，免致華商藉口。倘即此亦難於應允，務乞轉咨户部，妥籌辦理。否則此案一開，官茶萬難緘默。甘督與户部以保引裕課爲言，效蘇亦以難任咎。

至前運晉茶六百箱，駐俄領事本有商納税銀之説，奉電向詢，則又以該商自稱在天津業已完税，因未帶税單，已飭回津查取，須限一月，俟其有無税單再議

---

① “劉”，即前新疆巡撫劉錦棠。

② “譚”，即前陝甘總督譚鍾麟。

③ “富”，即前塔爾巴哈臺參贊大臣富勒銘額。

④ “饒”，即前新疆巡撫饒應祺。

等語。察其詞意，無非故事推延。查此起晉茶係二十七年十一月由津起運，彼時天津尚未交還，所云完税一節，難免另有詭托情事，容俟定議，再爲電聞。

總之此事無論彼之允否納税，能否停運，似必以不在華境銷售爲要，着統俟來示商定辦法後，均可一體遵行也。是否有當？用敢縷陳。肅此，祗叩鈞安，并頌春祺。伏希臺鑒。不一。潘效蘇謹肅。①

〇〇六、致外務部函

光緒二十九年閏五月初四日（1903年6月28日）

光緒二十九年閏五月初四日，收新疆巡撫文稱：竊照本部院於光緒二十九年正月十九日，在新疆省城由驛具奏新疆歲攤賠款，光緒二十九年分仍由蘇、淮、江西協餉分期兑撥，懇恩飭部立案，作爲定章，俾顧要需而免遲誤一摺，前已鈔稿咨呈在案。

兹於本年四月初四日准兵部火票遞回原摺，奉硃批：該部知道。欽此。除欽遵咨行外，相應恭録咨呈。爲此合咨貴部，謹請欽遵鑒照施行。②

〇〇七、致外務部函

光緒二十九年七月初四日（1903年8月26日）

光緒二十九年七月初四日，新疆巡撫潘（效蘇）文稱：竊照本部院於光緒二十九年三月十七日，在新疆省城由驛具奏新疆餉源短絀，擬請息假華洋款項，遣散内地客勇，改練土著世襲兵，以固邊防而紓餉力一摺，前已鈔録摺稿咨呈在案。

---

① 臺北“中央研究院”近史所藏：《外交檔案》，館藏號：02-13-010-01-032。

② 臺北“中央研究院”近史所藏：《外交檔案》，館藏號：02-07-005-02-005。

茲於本年閏五月十六日准兵部火票遞回原摺，奉硃批：該部議奏，片并發。欽此。除欽遵咨行外，相應恭録咨呈。爲此咨呈貴部，謹請欽遵鑒照施行。[①]

〇〇八、致外務部函

光緒二十九年七月二十九日（1903年9月20日）

光緒二十九年七月二十九日，新疆巡撫潘（效蘇）文稱：據新疆全省税務總局詳稱：案奉憲臺札飭：准户部咨，議覆商約大臣奏加税免厘一案，鈔粘原奏，行令本總局核議詳覆等因。正核議間，復札准咨：據總税務司申覆：加税免厘、預籌辦法一案，鈔粘兩次覆文，令即妥議詳覆，各等因。奉此，本總局遵即會同藩司、兼臬司鎮迪道，悉心核議。查新疆自底定後，前憲臺劉[②]以本省用款全資内省協濟，宜圖自全之計，於光緒十一、十三等年奏明於省城及南北兩路設立總、分各局，委員抽收華商貨税，藉資挹注。於十八年前升憲陶[③]因俄商入口貨物尚未按約定則收税，專收華税，事理未平，且有華商隱託洋人免庇瞞漏，以致收數不旺，無補公家，奏明停止撤局。上年新約定後，每歲認攤賠款銀四十萬兩，前憲臺饒[④]以協餉日見短縮，不能不設法補救，復奏明徵收華商貨税，行經本總局議定税則大概，以值百抽三爲準，蓋緣時艱餉竭，舍抽税固别無良方，然新省地處邊瘠，民瘼亦在所當恤也。當於二十八年三月初一日開辦省城總局。然新省地方遼闊，各廳、州、縣又復星散，非設分局稽查抽收，仍屬有名無實，隨查省東哈密爲内地出關衝要，次則古城爲津商由蒙古草地入境之途，北之精河爲伊塔通衢，綏來亦省北門户，省南則阿克蘇爲東西八城之樞紐，瑪喇巴什爲西四城之要衝，若庫車、若吐魯番諸廳，均屬行李所必經，故陸續議准於各廳、州、縣，分設税局八處，定章祇收一起一落，與内地關税大致相仿。

計自開辦以來，今已一年有餘，而收數仍屬無多。論者謂近年人物漸繁，荒

---

① 臺北“中央研究院”近史所藏：《外交檔案》，館藏號：02-24-004-02-001。

② “劉”，即前新疆巡撫劉錦棠。

③ “陶”，即前新疆巡撫陶模。

④ “饒”，即新疆巡撫饒應祺。

蕪漸闢，商旅亦較增盛，抽收税款定必較前倍增。殊不知新省與俄毗連，俄國原以通商爲務，恃有光緒七年議定暫行免税之約，逐漸推行，浸至天山南北，所在皆有洋商銷貨，價銀已至二百餘萬，而無分厘之税，以致華商求庇洋商、希圖免税之弊，更盛於前，漏卮難塞。又有中屬之纏、哈各民，地與俄鄰，日與俄習，言語漸通，衣服亦肖，往往僞託洋商運貨出入，各局卡無從辨别，遂置而不敢過問。非特此也。新省華商，其中天津商販十居八九，近來津商避重就輕，大半請領津關子口税單，販運來此，各局卡驗票既確，自不敢違約徵收，徒有查驗之繁，實無絲毫之益。以新省荒瘠之地，銷貨無多，徵税原屬有限，一漏於洋商之免徵，再漏於津商之子票，欲求税務之暢旺，復何可得？現在截至本年三月底止，已滿一年，僅收銀七萬餘兩，雖較前略增，而開除經費之外，究屬所得無幾。本總局察奪時勢，方擬增設洋關，藉以籌助賠款，因事關交涉，條諸紛繁，尚未議定具詳。此新省現在復開華商貨税及更定税則分局抽收之大概情形也。

兹奉前因，查内地現議加税停厘者，蓋以厘爲暫時之權宜，税實國家之經制，新省現在所收是税非厘，自不在停止之列，惟地方瘠，若與東南繁庶省分不同，原定税則徵收值百抽三，尚覺從重，若再議加增，殊非恤民固本之計，似應按照原定税則徵收，毋庸議加，以崇政體而恤邊氓。所有奉飭議擬各節，事既不同，亦即毋庸更議。理合將遵飭會議緣由，具文詳請憲臺察核咨覆，實爲公便。抑本總局更有請者，查光緒七年中俄定約，俄人貿易天山南北暫不納税，俟將來商務興旺，再由兩國議定，將免税之例廢棄等語。現在餓商出運貨實已年盛一年。查十三年，俄商出進貨物計價銀一百萬有奇，二十五年，出進貨物價銀二百一十萬有奇，較前不止加倍，不得謂非興旺。現既奉有沿邊、沿海增設洋關之文，新省係屬沿邊省分，自應遵照添設洋關，以杜免庇而昭公允。如辦理得宜，自不難集成鉅款，爲公家裕度支，爲邊疆策久遠計，無右於此者。合無仰懇憲裁并案咨部核議，亟開洋關，以裕税款。是否有當？并祈鈞裁示遵等情，到本部院。

據此，除批新疆現在所收是税非厘，自不在停止之列，所稱上年開辦税務原定值百抽三，商情瘠若，擬毋庸議加，以示體恤，并請開洋關以杜免庇而暢税款各節，均候分咨外務部、户部核覆辦理印發并咨行外，相應咨呈。爲此咨呈貴部，謹請鑒照核覆施行。[1]

○○九、致外務部函

光緒二十九年七月二十九日（1903年9月20日）

光緒二十九年七月二十九日，收新巡撫文稱：竊照本部院於光緒二十九年閏五月二十日，在新疆省城由驛具奏新疆與俄商夥辦金礦，虧折成本過多，俄商堅欲拆夥，已於上年九月底停工，現在帳項均經會算清楚，定立分夥字約一摺。除俟奉到硃批恭録另咨外，相應鈔稿咨呈。爲此咨呈貴部，謹請鑒照施行。

●照録摺稿

甘肅新疆巡撫西林巴圖魯臣潘效蘇跪奏[2]，爲新疆與俄商夥辦金礦，虧折成本過多，俄商堅欲拆夥，已於上年九月底停工，現在帳項均經會算清楚，定立分夥字約，恭摺具陳，仰祈聖鑒事。

竊新疆地方金礦本多，實爲利源所在。升任撫臣陶模遵奉諭旨，飭官辦、商辦悉聽其便。無如本地素少熟習礦學之人，且無機器使用，百計圖維，難期成效。二十五年，臣在鎮迪道兼按察使銜任内，奉飭會同升任藩司丁振鐸，與駐烏魯木齊俄總領事吴兵司本，疊次籌商，有俄商墨斯克温願與夥辦，派員同赴各處勘看礦苗，於塔爾巴哈臺屬之喀圖山札工新興工開辦；議定首年各出成本銀三萬兩，會同購買機器，修造廠屋，次第興工；議定暫作試辦，繕寫合約，會同升任藩司趙爾巽，詳請調任撫臣饒應祺開單奏奉硃批：該衙門核議具奏，單并發。欽此。旋經總理各國事務衙門會同礦路總局議准試辦，奏奉硃批：依議。欽此。欽遵咨行到新。遵於光緒二十五年四月，派熟悉俄文俄語候補知府桂榮，與俄商墨斯克温在喀圖山之札工、新興工開廠，修屋、勘洞、挖煤、設槽。

二十六年正月，開機先碾舊坯，俄商更請礦師狄多福及倭羅甯桃勒滿却甫等，采尋各礦，共開二十餘洞，深至二百餘丈、數十丈、十餘丈不等；有礦汛

---

① 臺北"中央研究院"近史所藏：《外交檔案》，館藏號：02-13-029-02-019。

② 此處原文作"全銜潘奏"，茲補足。

全無者，有礦汛浮露於外無可深求者，有礦汛窄狹淺薄者，出金無多不合算者，耗資不貲，毫無利益。而運輾各處舊棄礦坯，出金不敷廠用。俄商見礦務毫無起色，折本過多，堅欲分夥，商議於二十八年九月底停辦，當經司事人等將廠中公産，照歷年減成價值，核算列册。俄商派桃勒滿却甫帶公會、帳房、司事等，到省城會算，定立分夥字約，并願將廠中各項公産照册載價值，如數賣交中國，現已接受。應找銀兩，亦如數交由塔城俄領事布拉和處，眼同付清，取具領事印押俄文一紙存案。所有歷年領用礦費、局費，將繳庫金砂及存廠各項器物價值品抵。計自二十五年起至二十九年四月底止，共領用湘平銀一十七萬二千三百五十一兩三錢八分八厘，繳存礦金并税金共一千四百二十七兩三錢八分八厘七毫五絲。每兩作三十兩换扣，合湘平銀四萬二千八百二十一兩六錢六分二厘五毫。又存廠機器、家具、車馬各項，抵價銀共湘平銀四萬八千一百三十六兩九錢二分。大共湘平銀九萬九百五十八兩五錢八分二厘五毫，品抵共虧湘平銀八萬一千三百九十二兩八錢五厘五毫。據署布政使李滋森、署鎮迪道兼按察使衔慶秀會詳前來。

臣查前項夥辦礦金，原期逐漸推廣，并令中國工匠學習有成，再行另設事廠，可期開利無窮。不料礦汛難求，多虧成本，致俄商堅欲拆夥，而前項機器、家具、車馬等項勢不能勒令遠道運回俄國，衹得議價收受，仍留廠中。查此次虧折成本，實係俄商墨斯克温所延礦師不甚得力所致，將來或另籌官本，訪延上等礦師，復往勘辦。抑或設立公司，招集股本，從新開挖，容俟察看情形，奏明辦理。惟前項虧本銀兩，新疆司庫并無閑款可提，歷年需用概由軍需項下騰挪支撥，原議公廠獲利，照數歸還。兹既停廠，已飭藩司將虧折銀兩設法移提彌補。

所有新疆與俄商夥辦金礦虧折成本，現已拆夥停辦各緣由，謹會同伊犁將軍臣馬亮、陝甘總督臣崧蕃，塔爾巴哈臺參贊大臣臣春滿，恭摺具陳。伏乞皇太后、皇上聖鑒。再俄商墨斯克温回俄，迭次催其來新，始據派桃勒滿却甫帶同司事到省會算，用是遲延時日。合并聲明。謹奏。[①]

---

① 臺北“中央研究院”近史所藏：《外交檔案》，館藏號：01-11-025-01-019。

○一○、致外務部函

光緒二十九年七月月二十九日（1903年9月20日）

光緒二十九年七月二十九日，收新疆巡撫文稱：案據署鎮迪道兼按察使銜管理通商事務慶秀詳稱：新疆與俄商夥辦塔城金礦，虧折成本過多，俄商堅欲拆夥，於上年九月底停工。本年四月，俄商墨斯克温派桃勒滿却甫帶公會賬房司事等到省會算，憑駐烏魯木齊俄總領事科洛特科福定立分夥合約三紙，并將廠中機器、家具、材料、車馬等項公産，照册載價值賣交新疆，派員赴廠接收清楚。造賣數目摺册轉報在案。此項交涉事件，科總領事處置得宜，彼此毫無牴牾，應如何奬詡之處，詳請察核等情，到本部院。

據此，查駐烏俄總領事科洛特福，於金廠分夥各節，調停中立，定寫約據，致能迅速了結而無牴牾，誠屬秉公處斷，深堪嘉尚。其應如何奬詡，應請貴部照會駐京俄國公使，可否酌量奬勵，仍祈速覆，俾得轉行查照，深爲公便。

除將金廠拆夥停辦情形詳悉具奏，另鈔稿咨呈查照外，理合咨呈。爲此咨呈貴部，謹請鑒照施行。①

○一一、附外務部來函

光緒二十九年八月初四日（1903年9月24日）

光緒二十九年八月初四日，行新疆巡撫文稱：光緒二十九年七月二十九日，准咨稱新疆自底定後，奏明於省城及南北兩路設立總、分各局，委員抽收華商貨税，議定税則大概，以值百抽三爲準，分設税局八處，定章祗收一起一落，與内地關税大致相仿，開辦已滿一年，僅收銀七萬餘兩，開除經費以外，所得無幾。察奪時勢，擬增設洋關，藉以籌助賠款。查光緒七年，中俄定約，俄人貿易天山南北暫不納税，俟將來商務興旺，再由兩國議定，將免税之例廢棄等語。現在俄

① 臺北"中央研究院"近史所藏：《外交檔案》，館藏號：01-11-025-01-020。

商運貨實已年盛一年，查俄商出進貨物，十三年計價銀一百萬有奇，二十五年價銀二百一十萬有奇，較前不止加倍，不得謂非興旺，現加税免厘，奉有沿邊、沿海增設洋關之文，新省係屬沿邊省分，應請開洋關以杜包庇。除分咨户部外，請核覆等因前來。

本部查中英續議通商條約内載：沿海、沿邊非通商口岸之各處，均可添設常關等語。新疆係延邊省分，照約應設常關，惟現議美約又有裁撤常關、增收産地税之議，一時尚遽定。新疆現設税局衹可循舊辦理，至將來果應如何征收，暨將免税之例廢弃各節，統俟中俄商約開議時，由兩國商約大臣會同商定。除由本部咨行商約大臣外，相應咨覆貴撫查照可也。①

〇一二、致外務部函

光緒二十九年十月三十日（1903年12月18日）

光緒二十九年十月三十日，收新疆巡撫潘（效蘇）文稱：竊照本部院於光緒二十九年閏五月二十日，在新疆省城由驛具奏新疆與俄商夥辦金礦，虧折成本過多，俄商堅欲拆夥，已於上年九月底停止，現在帳項均經會算清楚，定立分夥字約一摺，前已鈔稿咨呈在案。兹於本年八月初五日准兵部火票遞回原摺，奉硃批：外務部知道。欽此。除欽遵咨行外，相應恭録咨呈。爲此咨呈貴部，謹請欽遵鑒照施行。②

〇一三、致外務部函

光緒二十九年十一月初八日（1903年12月26日）

光緒二十九年十一月初八日，收新疆巡撫潘效蘇文稱：前據疏勒府疏附

① 臺北“中央研究院”近史所藏：《外交檔案》，館藏號：02-13-011-01-040。
② 臺北“中央研究院”近史所藏：《外交檔案》，館藏號：01-11-025-01-022。

縣知縣劉國祉申稱：駐喀什噶爾俄領事撇已將經手事件交給幫辦賽克力塔爾接管，隨帶僕從六名、騎馬七匹、馱行李馬九匹、洋車一輛，於光緒二十九年六月二十一日由縣屬恰克瑪克卡出境回國，等情。當經咨呈在案。玆據喀什噶爾道袁鴻祐電稱：代辦俄領事官名喇甫洛福，前此具報之賽克力塔爾係幫辦名色，如領事之稱，孔索爾并非姓名，乞咨更正，等情。相應咨呈。爲此咨呈貴部，謹請察照施行。①

〇一四、致外務部函

光緒二十九年十一月初八日（1903年12月26日）

光緒二十九年十一月初八日，收新疆巡撫潘效蘇文稱：竊據署理伊塔道黃丙焜申稱：竊職署道於光緒二十九年七月二十八日案准駐伊俄領事斐多羅福照會：爲照本領事現已准假，今日起程回俄，幫辦科洛特科福未由烏魯木齊轉回固爾札以前，所有領事官署之事已委翻譯官瓦里帖勒代辦，相應照會貴道，請煩轉報貴上司查核施行等因。準此，除分申伊犁將軍外，理合具文申報鑒核查考等情，到本部院。據此，相應咨呈。爲此咨呈貴部，謹請鑒照施行。②

〇一五、致外務部函

光緒二十九年十二月初八日（1904年1月24日）

十二月初八日，新疆巡撫潘（效蘇）文稱：竊據署新疆鎮迪道兼按察使銜慶秀申稱：竊照光緒二十九年九月十四日，即俄歷一千九百三年十月二十日，接准住省城俄領事博果牙楞照會內稱：本領事已於九月十四日現已接任，相應照會，

① 臺北“中央研究院”近史所藏：《外交檔案》，館藏號：02-08-012-02-082。
② 臺北“中央研究院”近史所藏：《外交檔案》，館藏號：02-08-012-02-083。

請煩查照施行等因。准此，理合具文申報，呈請俯賜鑒核轉（詳）等情，到本部院。據此，相應咨呈。爲此咨呈貴部，謹請鑒照施行。①

○一六、致外務部函

光緒二十九年十二月十八日（1904年2月3日）

十二月十八日，新疆巡撫潘（效蘇）文稱：竊據署新疆伊塔道黄丙焜申稱：竊於光緒二十九年九月初八日案准新任駐伊俄署領事官科洛特福照開：爲照本署領事官案奉俄國住北京欽差及總理各國事務衙門調署住伊犁俄領事官事務等因。奉此，遵即由烏魯木齊差次轉回，於中歷本月初七日晉署視事，相應照會貴道，自此以後，關俄民一切事件，請煩轉知本署領事官施行等因。准此，除分别申咨外，理合具文申報查核等情，到本部院。據此，除批飭該道督同中俄局提調、委員遇有交涉事件和衷妥辦外，相應咨呈。爲此咨呈貴部，謹請鑒核，備查施行。②

○一七、致外務部函

光緒三十年正月二十八日（1904年3月14日）

光緒三十年正月二十八日，收新疆巡撫潘（效蘇）文稱：竊據喀什噶爾道申稱：竊色城修建租給俄信卒等住房，業經朱前道核議，前奉前憲臺饒（應祺）③批飭照辦在案。本年職道到任後，適色城設蒲犁通判，蒙委張倅紹伯署理，接准駐喀領事撇照會，以該員熟習情形，請飭一手承辦。即經轉飭遵照辦理去後。嗣據張倅申稱：奉飭前因，遵即往拜俄領事，會同酌辦。答稱：此時已飭隨員俄都司往色承辦，應與會商。卑職到任後，即會晤俄都司，面商辦法。該都司固執己

---

① 臺北“中央研究院”近史所藏：《外交檔案》，館藏號：02-08-012-02-096。

② 臺北“中央研究院”近史所藏：《外交檔案》，館藏號：02-08-012-02-101。

③ “饒”，即前新疆巡撫饒應祺，此處空名諱“應祺”，兹據補，以下同。

見，先欲闊大規模。卑職再四思維，始就範圍，訂立條款，互相收執，以免節外生枝。

查廳城附近沙石居多，其水土便宜之處又於莊民有礙，適覓得城後隙地一方，距城約二里許，地勢稍爲高凸，亦無妨礙，與部目阿奇木買邁克里木住房相近。该阿奇木係塔吉克部目，從前平剿安回，隨營出力，稟奉各憲准興修建住房，以示懷柔而資籠絡。今擬將該地飭歸阿奇木承管，其房屋亦經承修，將來房屋租銀仍令按年收取，現已鳩工庀材，刻期修建。除俟工竣之日再行具报外，所有奉飭擇覓民地修建租給俄信卒住房緣由，理合照鈔合同，申請鑒核，等情。前來。職道復查所辦尚屬周妥，修建租給俄信卒等住房，議定由該部目阿奇木承修、承管，以及一切辦法甚屬妥協，會議條款，亦極周詳，應准照辦。仰即督飭該部目赶緊興工，照依條款，妥爲辦理，俟具報工竣另文轉報外，所有咨到合同，理合照鈔一分，先行咨請俯賜鑒核等情，到本部院。據此，相應照鈔合同咨呈。爲此咨呈貴部，謹請鑒核施行。

●照録合同

大清國署理蒲犁撫彝府張、大俄國辦理色勒庫尔信站都司府車，爲會立合同事。本分府奉駐喀總領事官諭飭，在於色勒庫尔擇覓民地，修建房屋，租給俄弁及信卒居住，今將會議條款開列於後。

計開

第一款俄弁、信卒應需住房，今經蒲犁地方官擇覓本處居民阿奇木買邁克里木地基一塊，由地方官督飭業主修建房屋，永爲民業，租給俄弁居住。其如何修法，由俄都司指示，以期合式。

第二款修房地基寬、長各七尺，四面先築圍墻，牆以内修蓋房屋，言定住武弁一員、什長兼醫生一名，信卒、僕人、伙夫、馬夫數名。房間高不過七尺，寬、長不過一丈，只與以上所指弁差人等足住而已，其餘馬棚、伙房并院落均在圍墻之内。

第三款修建房屋業主缺乏成本，田俄都司預先酌給租銀，以資興工，日後按年由租價扣還。

第四款此項房屋工竣後，俄國每年給租價俄帖一百張，俄弁居住之日起，先兩年均給現租，以後按年劃扣，俟將預支租銀扣清，仍照前按年交給業主現租銀兩。

第五款買邁克里木修建此項房屋，應項一切工料轉運各事，由蒲犁地方官認真督飭辦理，并宜催令業主剋日興工，以期迅速蕆事。

第六款所擬辦法如欲改變之處，應由華俄官彼此再行會議，不得擅自更章。

第七款此項合同應書華、俄、回三種文字，共繕二分，蒲犁廳與俄都司各存一分。[①]

○一八、致外務部函

光緒三十年二月二十五日（1904年4月10日）

光緒三十年二月二十五日，收新疆巡撫潘（效蘇）文稱：竊照本部院於光緒二十九年十二月十七日在新疆省城，會列伊犁將軍馬（亮）前銜，由驛具奏喀什噶爾邊界中俄積案歷年未辦，擬照伊犁、塔城會辦司牙孜成案，選派大員會同俄官清理，以重交涉一摺。除俟奉到硃批恭録咨呈外，相應鈔稿咨呈。爲此咨呈貴部，謹請鑒照施行。

●照録摺稿

全銜馬、潘跪奏，爲喀什噶爾邊界中俄積案歷年未辦，擬照伊犁、塔城會辦司牙孜成案，選派大員會同俄官清理，以重交涉，恭摺仰祈聖鑒事。

竊查新疆北路伊犁、塔城、南路喀什噶爾沿邊一帶，均與俄境毗連，兩國交界人民錯處，種類龐雜，獷悍成性，互相劫殺，習爲故常。兼以訂約通商、往來貿易之人既多，雀角鼠牙，無時不有。彼此互控，兩國官員展轉行查，動輒累月經年，不能了結。伊、塔兩處積案經前署伊犁將軍錫綸奏定，每屆三年，派員會同俄官清理一次。俄語譯爲“司牙孜”，即猶華言“清理積案”。其法先由兩國邊界官員將未結各案事由及原、被人証姓名，匯造清册，彼此互換，預定日期，擇中俄交界水草兩便地方，設立會所，兩國另派妥員，各帶辦事人等，屆期同赴會所，傳集案内人証，秉公持平剖斷，不用中、俄法律，各隨其俗，察酌案情大小，或罰或賠，或令人誓理處，一經斷結，兩造不得再有翻異，實於息事寧人、安邊睦鄰，均有裨益。歷經會辦有案。

---

① 臺北“中央研究院”近史所藏：《外交檔案》，館藏號：02-10-019-01-011。

喀什自設道通商以來，將近二十年，并未辦過司牙孜，以致兩國民人互控未結之案積壓甚多，上則官長徒滋文牘之煩，下則邊氓難免拖累之苦。當此時局艱危，交涉之事日繁一日，因應之機亦日難一日，前項積案若再遲延时日，轇轕不清，不獨將來愈難辦理，且恐因此另生枝節。臣效蘇正擬飭喀什噶爾道與駐喀俄領事商辦間，兹據該道袁鴻祐詳：准俄領事照會，亦因積案終無了期，擬照伊、塔成案，由兩國派員，定於明年俄歷六月二十日，即中歷五月二十日，在喀什所屬奇木霍爾罕地方會同辦理。適與臣效蘇意見相同，業經批准照辦，以清積牘而重交涉。惟初次開辦，情形未熟，意見難融，得其人則措施得當，固可化有爲無；不得其人則區處失宜，亦虞釀小成大。出好興戎，關係匪淺，必須一洞達邊情之員前往督辦，庶可隱消邊釁，益固邦交。

臣效蘇與臣亮往復籌商，惟有伊犁索倫營領隊大臣志鋭，勤能敏練，聲望素孚，莅任以來，於伊犁邊界諸事與調任將軍長庚及臣亮，均能和衷商辦，力任其艱，中外人民咸深信服。上年伊犁會辦中俄積案，該大臣總司其事，悉協機宜，一月之間，結案一千七百餘件，實爲歷此辦理所無，經長庚奏明在案。本年臣亮奏派學生赴俄肄業，該大臣親自送往，措置諸臻妥協，於俄國政治、民情實能留心體察。此次喀什清理中俄積案，若令與俄官會商一切，必能使彼悦服，就我範圍。相應仰懇天恩俯准，即派該大臣前往督辦。如蒙俞允，再由臣等照會該大臣酌帶員弁，馳赴喀什，與俄官會辦，以昭慎重。

至會辦積案應需各項經費，擬請照伊犁成案，在於新疆善後項下作正開銷，由喀什道領支造報。其辦事人員，伊塔道定章每届准照尋常勞績，酌保文職二員、武職四員。此次司牙孜歷年既久，隨帶人員稍多，事竣後擬由臣效蘇援案擇尤酌保數員，以示鼓勵。

是否有當？理合恭摺具陳。伏乞皇太后、皇上聖鑒訓示。再此摺係臣效蘇主稿。合并聲明。謹奏。[①]

---

① 臺北“中央研究院”近史所藏：《外交檔案》，館藏號：02-10-019-01-018。

〇一九、致外務部函

光緒三十年三月初七日（1904 年 4 月 22 日）

光緒三十年三月初七日，收新疆巡撫潘（效蘇）[①] 文稱：竊照本部院於光緒二十九年十二月二十日，在新疆省城由譯附奏光緒三十年分新疆應認賠款銀兩，援案撥解，及在兩淮協款内劃撥銀兩，以補江蘇尾數一片，除俟奉到硃批恭録另咨外，相應鈔録片稿咨呈。爲此咨呈貴部，謹請鑒照施行。

●照録摺稿

再，新疆賠款連補關平銀四十萬六千五百七十二兩，光緒二十九年分應解銀兩分作十二期撥解，每期應解銀三萬三千八百八十一兩。兩淮代解一、三、五、七、九五期銀一十六萬九千四百五兩，江蘇代解二、四、六、八四期銀一十三萬五千五百二十四兩，江西帶解第十、十一、十二三期銀十萬一千六百四十三兩，均經各省咨明在案。所有光緒三十年分應解賠款，自應援案辦理。惟准户部咨，預撥光緒三十年分甘肅新餉单，内開兩淮原撥銀二十萬兩，議減銀一萬兩，應解銀十九萬兩，代解新疆應賠認款十六萬九千四百五兩，實應解甘銀二萬五百九十五兩。江蘇原撥銀二十萬兩，議減銀一萬兩，實應解銀十九萬兩，代解新疆應認賠款十三萬五千五百二十四兩，及撥補厘金六萬兩，計不敷銀五千五百二十四兩，如何劃扣之處，應令新疆巡撫妥籌辦理等因。

臣查賠款緊要，所有光緒三十年分應解銀四十萬六千五百七十二兩，擬請援照辦理，仍由江蘇、江西、兩淮分期撥解。其江蘇不敷銀五千五百二十四兩，即在兩淮應解甘肅新餉銀二萬五百九十五兩内劃撥，就近解交江海關道查收，以足江蘇四期銀兩之數。其餘銀一萬五千七十一兩，仍由兩淮照章撥解。

所有光緒三十年分新認賠款銀兩援案撥解，及在兩淮協款内劃撥銀兩，以補江蘇尾數各緣由，是否有當？理合附片陳明。伏乞聖鑒訓示。謹奏。[②]

---

① 原文諱名，兹據補，以下同。

② 臺北“中央研究院”近史所藏：《外交檔案》，館藏號：02-07-010-01-060。

〇二〇、附外務部來電函

光緒三十年三月二十七日（1904年5月12日）

光緒三十年三月二十七日，發新疆巡撫電稱：准英使照稱：駐扎喀什噶爾馬官員現已回任，升授領事官等語。本部覆以馬官員回喀仍照向章辦理，至升爲領事，未便允認。希飭知喀道查照。外務部，感。①

〇二一、致外務部電函

光緒三十年四月初八日（1904年5月22日）

光緒三十年四月初八日，收新疆巡撫電稱：駐烏魯木齊俄領事官博果牙楞現奉調赴吉林，不知係何舉動。據稱四月初二起程，取道塔城回國，再赴吉林。其領事官缺暫係幫辦白布洛福代理，謹聞。新疆巡撫潘效蘇。陽。②

〇二二、致外務部函

光緒三十年五月十四日（1904年6月27日）

光緒三十年五月十四日，新疆巡撫潘（效蘇）文稱：本部院於光緒二十九年十二月二十日，在新疆省城由驛附奏光緒三十年分新疆應認賠款銀兩，援案撥解及在兩淮協款内劃撥銀兩以補江蘇尾數一片，前已鈔稿咨呈在案。

兹於三十年三月初十日准兵部火票遞回原片，奉硃批：該部知道。欽此。除欽遵分行外，相應恭録咨呈。爲此咨呈貴部，謹請鑒照施行。③

---

① 臺北“中央研究院”近史所藏：《外交檔案》，館藏號：02-08-007-02-007。

② 臺北“中央研究院”近史所藏：《外交檔案》，館藏號：02-08-007-04-004。

③ 臺北“中央研究院”近史所藏：《外交檔案》，館藏號：02-07-011-01-014。

〇二三、致外務部函

光緒三十年七月二十八日（1904年9月7日）

光緒三十年七月二十八日，收新疆巡撫潘（效蘇）文稱：竊據署鎮迪道兼按察使銜慶秀申稱：案准署理烏魯木齊領事官白布洛福照稱：現在博領事交卸出省，本署領事已接署理之任。貴道暨貴國官員等辦理一切交涉事宜，素昭公允，於俄民人等亦屬優待，惟望嗣後一切事宜，照常公平商辦，以期有裨兩國人民等因。理合具文申報，電鑒核咨，等情。

據此，本部院查，駐省俄領事官博果牙楞既於四月初十日出省回國，嗣後遇有交涉事件除，批飭鎮迪道督同中俄通商局委員等與白署領事隨時和衷商辦，務期兩國人民均各相安外，相應咨呈。爲此咨呈貴部，謹請鑒照施行。①

〇二四、致外務部函

光緒三十年七月二十八日（1904年9月7日）

光緒三十年七月二十八日，收新疆巡撫潘效蘇文稱：竊據署鎮迪道兼按察使銜慶秀申稱：案准駐烏魯木齊領事官博果牙楞照稱：本領事於中歷四月初十日回國，一起事宜交幫辦白署理。本領事自到任以來，貴國官員均加優待，一切交涉事宜公平辦理，本領事暨俄民人等多承襄助，相應備文申謝，并望貴道嗣後於白署領事亦爲一體優待等因。准此，理合具文申報，電鑒核咨等情，到本部院。

據此，除批飭照辦外，相應咨呈。爲此咨呈貴部，謹請鑒照施行。②

---

① 臺北“中央研究院”近史所藏：《外交檔案》，館藏號：02-08-007-04-006。
② 臺北“中央研究院”近史所藏：《外交檔案》，館藏號：02-08-007-04-007。

○二五、致外務部函

光緒三十年八月十一日（1904年9月20日）

光緒三十年八月十一日，收新疆巡撫文稱：本部院於光緒三十年六月初二日，在新疆省城由驛附奏安設迪化至奇臺電綫，估需綫料、桿木、運脚及修理護墩、局屋、器具等項經費一片，除俟奉到硃批恭録另行咨呈外，相應鈔稿咨呈。爲此咨呈貴部，謹請鑒照施行。

●照録片稿

再，查新省自光緒十八、九年安設東、南、北三路電綫，與腹地各省聊爲一氣，報務靈通迅速，於邊疆大有裨益。二十二年河湟竄回出關，二十五年綏來土回滋事，皆賴電報布置調度，得以及時剿滅，洵屬事省功倍。

兹查古城爲省城天山以北屏蔽，北通蒙古，東通歸化、包頭、京城、天津等處，地面遼闊，行旅往來絡繹，兼以駐防滿營暨奇臺縣治移設於斯，商賈雲集，民雜五方，控制撫綏，最關緊要。從前由關内接辦關外電綫，因巴里坤天山險峻，冬令雪深，巡守不易，由哈密繞經吐魯番以達省城，是以該處未通電報。兹擬自迪化北經阜康、孚遠以達古城，添設電綫，即於前改奇臺縣城内設立子局一處，以便商旅而通聲息。當飭電報總局委員查看，計程六站，截曲取直，共四百里有零，確估電綫、桿木、運脚及修理護墩、局屋、添置器具等項經費，共需銀二萬兩以内，實較從前估修電綫有減無增。惟值帑藏支絀之時，未便另請公款，擬由歲撥善後經費項下，撙節匀支，核實造報，將來養電、歲修及局費等項，仍照通省電局辦法，將所收報資劃抵，并動用平餘，如再不敷，仍於善後款内開支，以資經久。據新疆平粮臺詳請奏咨前來。

臣覆核無異，除咨部并札飭遵辦外，所有估需安設迪化至奇臺電綫各項經費緣由，謹會陝甘總督臣崧蕃，附片具陳。伏乞聖鑒訓示。謹奏。[①]

---

① 臺北“中央研究院”近史所藏：《外交檔案》，館藏號：02-02-001-05-005。

○二六、致外務部函

光緒三十年八月十三日（1904年9月22日）

光緒三十年八月十三日，收新疆巡撫文稱：本部院於光緒三十年五月二十日，在新疆省城由驛具奏，造報甘肅新疆補修東、南、北三路電桿工程收支銀兩數目，懇恩飭部核銷一摺，除俟奉到硃批恭録咨呈外，相應鈔稿咨呈。爲此咨呈貴部，謹請鑒照施行。計鈔摺稿清單一紙。

●照録摺稿

甘肅新疆巡撫西林巴圖魯臣潘效蘇跪奏[①]，爲造報甘肅新疆補修東、南、北三路電桿工程收支銀兩數目，懇恩飭部核銷，恭摺仰祈聖鑒事。

竊查新疆東、南、北三路電桿，前届大修之期，曾經前撫臣饒應祺飭據電報總局按五成估計，共需采運脚價銀六萬五千餘兩，於光緒二十八年正月奏咨立案，并飭各廳州縣遵照補换在案。現在一律補修完竣，一切工程均係按照前案辦理。所换舊桿，擇木質未甚損壞者，均裁截就用，作爲幫桿，力求節省。惟前項桿木原止按十成之五估計，無如關外風高，地多潮鹻，朽壞者多，現换桿木已過六成。又，各局承修經費，實係必不可有之款，原估漏未及，應亦一并據實造銷。通計補修三路電桿，共用運脚、犒賞并各局經費銀七萬二千八百六兩五錢三分四厘，除扣回平餘銀六百四十三兩六錢六分七厘，實用新湘平銀七萬二千一百六十二兩八錢六分七厘，業已在於歲撥善後經費項下勾支動用，不另請款。委員分路勘驗，均係實銷，并無浮冒。據印、委各員造具册結，詳由新疆粮臺請核前來。

臣覆核無異，除將册結分送各部外，理合繕具簡明清單，會同陝甘總督臣崧蕃，恭摺具奏。伏乞皇太后、皇上聖鑒，飭部核銷。謹奏。

謹將甘肅新疆補修東、南、北三路電桿工程收支銀兩數目，繕具簡明清單，恭呈御覽。

計開

收款項下：

---

① 此處原文作“全銜潘奏”，兹補足。

一、收由新疆協餉撥給善後經費銀七萬二千一百六十二兩八錢六分七厘。

一、收照章劃扣平餘銀六百四十三兩六錢六分七厘。

以上共收新湘平銀七萬二千八百六兩五錢三分四厘。

支款項下：

一、支東路補修電桿一册，共發過采運電桿脚價、犒賞、器具、工資銀二萬五千二百八十八兩七錢一分四厘。

一、支南路補修電桿一册，共發過采運電杆脚價、犒賞、器具、工資銀三萬二千六百七十三兩六錢七分三厘。

一、支北路補修電桿一册，共發過采運電杆脚價、犒賞、器具、工資銀一萬五千八百四十四兩一錢四分七厘。

以上共發新湘平銀七萬二千八百六兩五錢三分四厘。前項銀兩除扣收平餘外，實用銀七萬二千一百六十二兩八錢六分七厘，已在善後經費項下如數動用，歸入二十七年銷案，列入收支。理合登明。[①]

〇二七、致外務部函

光緒三十年十月十六日（1904年11月22日）

光緒三十年十月十六日，收新疆巡撫潘（效蘇）文稱：竊照本部院於光緒三十年五月二十日，在新疆省城由驛具奏，爲造報甘肅新疆補修東、南、北三路電杆工程收支銀兩數目，懇恩飭部核銷一摺，前已鈔稿呈在案。

兹於本年八月初七日准兵部火票遞回原摺，奉硃批：該部知道，單并發。欽此。除欽遵咨行外，相應恭録咨呈。爲此咨呈貴部，謹請欽遵鑒照施行。[②]

---

① 臺北“中央研究院”近史所藏：《外交檔案》，館藏號：02-02-001-05-008。

② 臺北“中央研究院”近史所藏：《外交檔案》，館藏號：02-02-001-05-027。

○二八、致外務部函

光緒三十年十月十六日（1904年11月22日）

光緒三十年十月十六日，收新疆巡撫潘（效蘇）文稱：竊照本部院於光緒三十年六月初二日，在新疆省城由驛附奏，安設迪化至奇臺電綫，估需[①]綫料、桿木、運脚及修理護墩、局屋、器具等項經費一片，前已鈔稿咨呈在案。

兹於本年八月二十二日准兵部火票遞回原片，奉硃批：該部知道。欽此。除欽遵咨行外，相應恭録咨呈。爲此咨呈貴部，謹請欽遵鑒照施行。[②]

○二九、致外務部函

光緒三十年十一月三十日（1905年1月5日）

光緒三十年十一月三十日，收新疆巡撫潘（效蘇）文稱：竊據疏附縣知縣劉國祉申稱：竊查駐喀俄新領事廓羅闊洛弗隨帶伊妻一名、子女三名、跟丁二名、僕女二名、俄兵二名、騎馬九匹、駝馬十五匹，於光緒三十年九月初二由縣屬明約路卡入境。除由卑縣飭差妥爲保護外，理合將駐喀俄新領事入境日期具文申報鑒核等情，到本部院。

據此，除批飭隨時照約保護外，相應咨呈。爲此咨呈貴部，謹請鑒照施行。[③]

---

① 原件誤爲“估電”，兹校正。

② 臺北“中央研究院”近史所藏：《外交檔案》，館藏號：02-02-001-05-028。

③ 臺北“中央研究院”近史所藏：《外交檔案》，館藏號：02-08-007-04-009。

〇三〇、致外務部電函

光緒三十一年正月十三日（1905年2月16日）

光緒三十一年正月十三日，收新疆巡撫電稱：上臘接奉“篠”電，具仰廑念邊局，日、俄搆兵，中國堅守中立。新省緊接俄疆，防守實關緊要，奈值餉絀，無力增兵，且伊塔、喀什俄人尤眾，又值俄敗，稍涉張皇，彼即知覺，恐開邊釁。

蘇[①]上年曾練續備五營，分巡伊犁、喀什等處，仍持以鎮靜，示以坦白，不使鄰國生疑，一面密飭沿邊文武，加意保護外人，慎辦交涉，善處領事，清查伏莽，約束邊氓造謠生釁、越界滋事。現據各城來報，邊卡内外刻尚如常安謐，堪慰藎係，仍當確遵鈞電，不動聲色，隨時密探，不敢稍事鋪張，亦不敢稍涉大意。微聞俄不得志於東，將取償於西，如有消息，祈以時密示爲盼。效蘇謹覆。蒸。[②]

〇三一、致外務部函

光緒三十一年正月十五日（1905年2月18日）

光緒三十一年正月十五日，收新疆巡撫潘（效蘇）文稱：竊據新疆喀什噶爾道袁鴻祐申稱：案准俄國駐喀廓總領事官照開：竊照本總領事欽奉本國大皇帝諭旨簡放來喀，遵即祗領任事。查目前急務，以振興商務爲重，此次本領事奉命駐喀，舉凡兩國人民交涉事件，自必不憚勞怨，努力從公，期於有裨。倘蒙貴道遇事秉公相助爲理，庶幾商務日興，友誼敦篤，而本領事感激之忱亦靡既矣。所有本領事接事緣由，理合備文照會貴道查照，并希飭屬通報等因。准此，查廓領事即廓羅潤洛弗已於九月初二日到喀接事，除咨明并分行外，理合具文申報鑒核等情，到本部院。

據此，除批飭妥爲保護，嗣後遇有中俄通商交涉事件，照約秉公妥辦，并分

---

① “蘇”，即潘效蘇。

② 臺北“中央研究院”近史所藏：《外交檔案》，館藏號：02-19-004-02-022。

行遵照外，相應咨呈。爲此咨呈貴部，謹請鑒照施行。[①]

〇三二、致外務部函

光緒三十一年三月二十日（1905年4月24日）

光緒三十一年三月二十日，收新疆巡撫潘效蘇文稱：竊照本部院於光緒三十年十月初八日，在新疆省城由驛附奏分别安置坎巨提廢酋塞必德吱里罕及其家屬緣由一片，前已鈔稿咨呈在案。兹於三十一年正月十二日准兵部火票遞回原片，奉硃批：該部知道。欽此。除欽遵咨行外，相應恭録咨呈。爲此咨呈貴部，謹請欽遵鑒照施行。[②]

〇三三、致外務部函

光緒三十一年三月二十九日（1905年5月3日）

光緒三十一年二月二十九日，收新疆巡撫咨：光緒三十年二月二十六日，承准商部咨開：本部奏明勸辦商會，原以提倡土貨、抵制洋貨爲要義。查煤油一項，中國行銷甚廣。近年關册所載俄、美、諸國及南洋等埠所産煤油，每歲運進中國值銀一千數百萬兩，爲數甚鉅，非設法抵制，無以挽利權而塞漏卮；分飭各屬查明，如有此項礦産，亟宜仿照洋法，詳細講求，招集股本，設立公司售賣，庶不至專銷洋産，并隨時報明本部，各等因。准此，當經本部院以從前新疆開采煤油，辦理不善，及現籌設法采取，冀資抵制各情形，咨覆商部各在案。旋即派委員弁分赴産油之綏來、庫爾喀喇烏蘇、塔城一帶，查勘出油衰旺，一面設局招募熟悉煎熬石油工匠，提净渣滓，期於合用。

---

① 臺北“中央研究院”近史所藏：《外交檔案》，館藏號：02-08-008-01-002。

② 臺北“中央研究院”近史所藏：《外交檔案》，館藏號：01-17-056-20-001。

頃據承辦官油局委員册報：去年開辦四月之久，共采生油八千餘斤，售出熬成明亮熟油五千觔之譜，機器另出之紅黑油不在此數。核計歸還成本、開銷局費、工資，尚屬有贏無絀。本年，各處承采生油之商販各户，現已結領成本銀數千兩，統限二月以後陸續運送到局，是辦理正形得手。昨據俄領事官照稱：查綏來、庫爾喀喇烏蘇二處地界内出産石油，俄國洋行闊闊温巴索福欲開采此二處石油，呈請將産油地段或租給該洋行四十年，或每年按畝交納地租，或按出油多少交税，并開呈石油之利四條，等情。前來。

查石油係自有之利，開采亦自主之權，從前辦理未經得法，是以中止，現在新省産油衹此三處，業已設局派員招商開采，熬成熟油，亦經省城内外争相售銷，僉稱合用，是籌辦已漸著成效。若令租給俄商洋行，不獨利權旁落，且未免政出兩歧。况租給年久，將來即有精習工匠，收回自辦，難易亦無把握。至於量地納租，按油完課抽收，尤易滋口舌，已飭鎮迪道兼辦通商事務衙門據情照覆，婉辭以謝。誠恐該領事所求不遂，轉向貴商部嘵瀆，并飭將領事照會及該衙門照覆底稿，鈔呈鈞鑒。除飭鎮迪道遵照并咨明商部外，相應咨呈貴部查照施行。

●照覆俄領事官底稿

大清國新疆鎮迪道兼按察使辦理通商事物李，爲照覆事。

光緒三十一年正月二十日，奉新疆巡撫部院潘札發貴領事照會内開：查綏來、庫爾喀喇烏蘇二處地界内出産石油，俄國洋行闊闊温巴索福欲開采此二處石油，是以呈請將産油地段，或租給該洋行四十年，或每年按畝交納地租，并按每普筒石油交納税課俄戈壁一個，或按每百觔交中國銅錢五個。總之，如何交納税課，如何租給地段，均應商酌辦理。至出油若干，中國派員稽查。該行在中國漢口、天津，俄國新舊京都森彼得堡、墨斯刮等處均有分號，采辦茶葉、羊毛、棉花等項，係著名洋行。該行情願先出成本盧布十萬，急行開辦，中國人民可在廠内學習製油之法，學成即能在中國各處自行開辦。兹將石油之利四端開列於後等因。准此，具見貴國公利於人、體恤隣民之意。但查石油一項，上年中國商部行文飭查，各屬如有此項礦産，急宜采辦，以開利源。新疆撫臺當時答應設法開采，咨覆商部有案。旋即派委員弁分赴綏來、庫爾喀喇烏蘇、塔城三處，查明産油衰旺，設局派員，招商開辦。九、十月間，該三處商民到局請領成本，分赴産油地段，包采運省，統限三月到局，不難一查便悉。此時未便自行歇業，將地出租。貴國洋行所請租地采油之事，碍難照准，相應照覆貴領事，請煩查照轉飭闊闊温巴索福，權作罷論。須至照會者。大清光緒叁拾壹年正月二十[①]日具。[②]

○三四、附外務部來函

光緒三十一年四月初五日（1905年5月8日）

光緒三十一年四月初五日，發新疆巡撫：光緒三十一年三月二十九日，接准來咨，以准商部咨：仿照洋法開采石油，旋即派員赴綏來、庫爾喀喇烏蘇、塔城一帶查勘，業已設局派員招商開采，熬成熟油，經省城内外争相售銷，僉稱合用，籌辦已著成效。昨據俄領照稱：綏來、庫爾喀喇烏蘇二處地界内出産石油，俄國洋行闊闊温巴索福欲開采此二處石油，請將産油地段或租給該行，或每年按畝交納地租，或按出油多少交税，并開呈石油之利四條，等情。已飭鎮迪道據情照復，婉辭以謝。誠恐該領事所求不遂，轉向貴部嘵瀆，飭將領事照會及照覆底稿鈔呈鈞鑒。除飭鎮迪道遵照并咨明商部外，咨呈鑒核見復。并將照復底稿録送前來。

查各處礦産一經自行開采，設再有洋商請辦，即應照章駁復。兹綏來、庫爾喀喇烏蘇兩處石油，業經設局派員招商開采，已著成效。應飭該員等妥爲經理，以資抵制。倘俄使到部饒舌，本部即照章駁阻，相應咨行貴撫查照可也。[③]

---

① “二十”，此日期原件漫漶，兹據前文校補。

② 臺北“中央研究院”近史所藏：《外交檔案》，館藏號：01-11-025-01-023。

③ 臺北“中央研究院”近史所藏：《外交檔案》，館藏號：01-11-025-01-024。

二、電　報

○○一、[附]軍機處來電
光緒二十二年四月二十七日（1896年6月8日）

奉旨：陶模電悉，流沙坡之戰賊既乞撫，旋又回撲，反覆無常，未易收束。著潘效蘇、鄧增速即馳往援助，力扼安玉一帶爲要。甘凉電綫，速飭修復。欽此。四月二十七日。[1]

○○二、致軍機處轉外務部電
光緒二十八年十二月二十二日（1903年1月20日）

十一月十一日函并鈔件謹悉。坎巨提索種喇斯庫木即喇斯庫穆之地，計出英人，自不待言。前雖曲允其請作爲租地，以河西南之塔什磨磨等五處撥之，并訂約九條，尚未舉辦。適俄人藉索塔哈爾滿地方，遂即中止。二十五年八月，奉總署電云，坎人租地事，英已向俄説明。俄使照稱塔墩巴什、喇斯庫穆等地既言明决不讓給他國，坎巨提僅喇地耕種，如可照行，聽中國之使等因。當經前撫轉行該道遵辦去後。俄領事忽有利益均沾之言，電伊政府。復經前撫電准總署覆示，有暫緩訂租之議。此事至今仍作罷論，中間雖坎人曾來耕種，即經營員、卡員阻回。莎車州復招布魯特民在彼耕種。英大臣文稱：華官將該處坎民驅逐，不爲無因。總之，此案租地本出權宜，好在俄人藉口即可就此轉圜，現惟堅持總署告以恐俄藉口難以允許之言爲定論，以杜後患。

至所稱坎部在俄交界最近之泥特克地方建築炮臺一節，并未據喀道報有案，是否傳聞之誤。惟所指泥特克地方邊界圖内并無其名，祇有葉城縣屬庫車雅出卡中間有明立克，其地距卡拉胡魯木達坂不遠，而與塔東巴什帕密爾。即塔墩巴什尚屬懸絶，或係明鐵蓋翻譯之訛，亦未可知，蓋明鐵蓋達坂即係中國與坎部交界處所，坎部人築炮臺其上，亦意中事。除電喀道派員確查至日再行詳細緘覆外，

① 中國第一歷史檔案館藏：《電報檔》，檔號：1-01-12-022-0076。

特先電覆，并節原訂九條：

一、撥玉河西南五處：曰塔什磨磨，曰科各塔什，曰烏帕郎曳玉溜克，曰伊里蘇，約長二百里，寬一百里；又各撥尚有河東北二處，前撫未允。

一、所撥地内有中國民已開者，仍舊耕種，不准再開；未開者，聽該部開種。

一、所撥地址均以山頂分水爲界，其分水流入該部所分地内者，其山即由該部經管，不得越山放牧。

一、將來不准該部暨外人到此私築土堡、炮臺。

一、莎車州於所撥地内山路緊要，各處修堡、修卡，以便稽查，該部不得過問。

一、開墾後三年升料，每年折納銀十二兩。

一、遷後遇有詞訟，由卡員就近理處。如不能了，由州斷結。

一、每年由州派役目查報户口一次，不得隱瞞。

一、布魯特、圖奇克兩種民所用木料向由伊里蘇進口砍伐，以後照舊，不准攔阻等語。

再，此案上年承准全權大臣咨查，已將先後情形咨復有案，并聞。效蘇。號。①

〇〇三、致軍機處電

光緒二十八年十二月二十二日（1903年1月20日）

調補安徽巡撫饒應祺由新交卸北上，十二月十八日在哈密行寓因病出缺。據哈密協、廳電禀前來。除飭該文武將身後事宜妥爲照料并另行詳奏外，合先電請代奏。效蘇。誥。②

① 中國第一歷史檔案館藏：《電報檔》，檔號：2-04-12-028-1121。

② 中國第一歷史檔案館藏：《電報檔》，檔號：2-04-12-028-1122。

〇〇四、致軍機處電

光緒二十八年十二月二十二日（1903年1月20日）

“寒”電敬悉。陸路約章：俄人赴天山南北貿易暫不納税，係指洋貨而言，若晋茶則新疆爲官茶引地，早經禁止販運。光緒二十三年，查出俄商木拉薩堆闊福販運晋茶，曾由鎮迪道照准烏魯木齊領事覆稱：該商販私係屬初次無知，以後已傳諭各商再不販運，如違罰責等因有案，是以本年三月有俄商爾豊行由天津運來磚茶六百箱，盡明即係小塊晋茶，向在禁例，且查所持天津領事官所給執照却係漢文，内載赴寧遠城銷售，又盖用關防，内注“大俄國欽命天津領事官關防”亦係漢篆，又無津海關印照，種種不無可疑，當經鎮迪道照會駐省領事商辦未結，復由税務總局司道將先後情形詳經前撫饒由排咨請貴部查核商辦，迄未准覆。

兹來電又有續運千箱，且似不知前事，或前撫尚未接到。查晋茶既爲新疆禁物，似不能因販自俄商而廢禁，若云俄商販運私茶并無明禁，然俄商在新疆販晋茶亦無明文，蓋西北之茶亦猶東南之鹽，外洋既不能占我鹽引，似亦不可開我茶禁。新省於華商販運私茶屢奉户部飭禁有案，究應如何辦理，始昭公允，應請大部查酌，咨商户部與俄使，辯論定議，示復遵辦。再，前六百箱駐省科領事有照章完税之説，此間防其後來，尚未允行。并聞。效蘇。皓。印。[①]

〇〇五、致軍機處轉外務部電

光緒二十八年十二月二十六日（1903年1月24日）

坎部事，昨已電覆大略。兹據喀什道電稱：前議租地五處自俄派員查後，迄無覆文，故未照撥，亦無將塔墩巴什、帕密爾讓給坎部之事。至泯特克即明鐵蓋

① 中國第一歷史檔案館藏：《電報檔》，檔號：2-04-12-028-1124。

修築炮臺一層，亦未據該卡員報案，俟查明再覆等語。特此轉達。效蘇。敬。①

○○六、致軍機處轉外務部電

光緒二十九年正月二十日（1903 年 2 月 17 日）

昨奉函示，張大臣函據英員馬繼業條陳俄人在色勒庫爾駐兵非宜一節。查此事由於英員派人往色城傳遞信件，無地棲止，商由喀道飭駐色防營督修民房二間，租給居住。俄領事亦以保護俄國信卒藉口派弁兵數名前往，直欲撥給地基，自行修屋，屢經喀什道以無此約章堅未允行，并許仿英信卒辦法，由我督修民房租與之往。前後情形，上年九月已由前撫咨明大部在案。奉示電詢，喀道覆稱：前事屢與磋磨，始無自建之説。惟官督民修須春融興工，俄現駐彼弁兵、僕從約十人等語。此事亦爲英、俄相忌而起，容與喇斯庫穆租地一案并爲詳細縅陳外，先此電聞。效蘇。巧。②

○○七、致軍機處電

光緒二十九年五月初四日（1903 年 5 月 30 日）

“東”密謹悉。泯特克即明鐵蓋并無准坎部修炮臺之事。前據喀道查復并英使所説俄在色勒庫爾駐兵一節，亦無其事，均詳細縅陳，於三月十八日交摺差賫呈，計日内准可邀覽矣。效蘇。江。③

---

① 中國第一歷史檔案館藏：《電報檔》，檔號：2-04-12-028-1138。
② 中國第一歷史檔案館藏：《電報檔》，檔號：2-04-12-029-0044。
③ 中國第一歷史檔案館藏：《電報檔》，檔號：2-04-12-029-0349。

○○八、[附]漢口寶慶公所魏霖澍來電

光緒二十九年閏五月二十九日（1903年7月23日）

新疆撫、藩憲鈞鑒：機器、軍裝各料，遵單采辦，需銀二萬兩零。火帽每萬九兩，彈子每萬三百二十兩，定冬季交領接運。除撥三萬兩外，不敷約萬七千兩，運脚在外。請示電撥，細情詳禀。漢口寶慶公所霖澍謹禀。閏五月二十九日戌刻。[①]

○○九、[附]端方來電

光緒二十九年六月十四日（1903年8月6日）

新疆潘撫臺鑒："青"電悉。采办軍火須撥銀二萬兩，鄂值財力奇窘，無法籌撥，刻與訂購軍火之瑞記洋行西商商明，此項軍火價銀可緩至明年正月付清。如此量爲變通，兩有裨益，於軍火亦不致有誤也。豔。[②]

○一○、致軍機處電

光緒二十九年六月二十三日（1903年8月15日）

"咸"電謹悉。俄商在新運貨，照依條約，并不完税。上年復開華税，凡俄商執有通商局中俄文票照，經過局卡，驗票放行，均免納税。其有華商假託，查明仍令完納，歷年并無俄商販貨由歸化城取道哈密至烏魯木齊回國之事，哈密亦非由歸至烏之路。惟上年俄商販運晉茶因未持有中國印照，曾經阻止，旋與大部電商，准其販運回國，不准在新疆境内銷售，事已了結。

---

① 中國第一歷史檔案館藏：《電報檔》，檔號：27-01-001-000088-0194。

② 中國第一歷史檔案館藏：《電報檔》，檔號：27-01-001-000088-0298。

茲俄使來照，擬照庫恰章程，由張家口改道哈密等處行走，事屬更章，恐有影射窒礙，應請照覆。新省現在未收洋税，自可照常辦理，毋庸更議他章，以免轇轕。蘇。養。[①]

○一一、致軍機處電

光緒二十九年七月二十九日（1903年9月20日）

“巧”電謹悉。由張家口至新疆入境之路有二：一奇臺縣，即古城，爲現在津、晉各商通行之路；一哈密，即俄商現欲改行之路。由新疆通俄國之路北路有四：北路爲伊犁、塔城；南路爲烏什、喀什噶爾。其邊卡以塔城之葦塘子、伊犁之尼堪卡倫、烏什之依布拉引、喀什噶爾之明瑶路爲扼要，驗銷執照，當飭各卡遵照辦理。效蘇。勘。[②]

○一二、致軍機處電

光緒二十九年八月二十五日（1903年10月15日）

前准來電，俄商運貨由張家口發照，在該口完税之後，不再重徵，經過哈密至烏魯木齊回國，應在新省邊卡驗銷執照各等因，均經先後電覆照辦在案。茲有俄商和信至運毡帽壹萬捌千頂一起，又順豊行運白毫茶貳百箱一起、磚茶貳百箱一起，各持漢、俄文執照，係大俄國欽命駐扎天津領事官來所發，内鈐“大俄國駐天津領事關防”，又盖一圖記，文曰“天津新關税務司印”，并未注有“收税”字樣，亦非張家口執照，且無津海關三聯税票及子口税單。除查驗放行外，嗣後凡俄商運貨回國經過新省，應以何項税單執照爲憑，乞詳示遵辦。效蘇。敬。[③]

---

① 中國第一歷史檔案館藏：《電報檔》，檔號：2-04-12-029-0571。

② 中國第一歷史檔案館藏：《電報檔》，檔號：2-04-12-029-0651。

③ 中國第一歷史檔案館藏：《電報檔》，檔號：2-04-12-029-0723。

○一三、致軍機處電

光緒二十九年十月初五日（1903 年 11 月 23 日）

效蘇與伊犁馬將軍有面商事件，電約在庫爾喀喇烏蘇廳會議，定於十月初一日起程前往。署中日行事件，委署藩司李滋森代拆代行，敬懇代奏。新疆巡撫潘效蘇。肴。①

○一四、致軍機處電

光緒二十九年十月初七日（1903 年 11 月 25 日）

十月初四日，准科布多大臣咨遞“印”電内開：新疆潘中丞轉北京外務部鈞鑒，幫辦英秀辦理阿爾泰山借地交收一案，并未遵旨，暫執一二儘可商量之末節，輒行定議從緩，另籌辦法，未知已否由電奏明，瑞洵事後始據咨知，無從商阻，憂憤萬狀。查英秀向不以收地爲然，曾有“將阿勒臺山借地不如割歸塔城，樂得無事”之語，全未計及烏梁海萬餘户口失此膏腴，不能帖服；科哈無此曠土，難以安插，於阿勒臺山邊防扼要更未籌及，人隨地歸，尤不以爲然，然於迭奉諭旨竟不料其不顧也。

守土、安民，皆邊吏分内應辦之事，并非瑞洵好大喜功，況上而歷次諭旨，下而將軍、督撫奏覆，豈盡一無是處，有何窒礙？長庚去冬親查，亦極核實，乃英秀膠執成見，陽托慎重，實則欲藉推展，以陰圖翻案。在英秀恐收地之後便事繁責重，考成隨之，不知大臣謀邊亦當統顧全局，若明知禍患必概推於鄰境，似亦非公忠之道，反不如塔城此次尚知朝旨爲重也。

科城蒙、哈望恩待撫，有同望歲，今仍將化爲烏有，能無攜貳？現在烏蒙、科哈漸已譁然惶駭，咸抱不平。瑞洵恐邊患不在塔城而將先起科境也。查科城原因無閑地安哈，是以索還借地，今仍以冬牧之地認籌，雖云回科籌商，已同默

---

① 中國第一歷史檔案館藏：《電報檔》，檔號：2-04-12-029-0821。

許。又，英秀接圖瓦强阿文稱，請人地兩收，明春雪消再各遷徙。英秀即覆咨商，將哈民暫從緩交，先行交還借地，是明將人地分辦。圖瓦强阿駁以既不收哈亦不便還地，英秀即以惟有將借地哈民均從緩議，另籌辦法咨覆，且於諭旨“人隨地歸”上加“雖”字，商請交地文用“可否交還借地”，語氣抑揚，可見意指。瑞洵前派參將祥祐赴新收哈，時閱年餘，始招徠十分之九，約四千餘人，漸次押至南臺一帶，以待安輯，曾先咨英秀督催哈官往接。乃據南臺委員稟稱，哈官未到，若不速收回牧，仍必譁散。不特瑞洵與潘效蘇枉費年餘經營，且恐群哈聞風解體，大碍邊局。蓋因委員溥湧前在卡倫滋鬧，歸哈均致驚疑，若再激成哈變，邊界毗連，亦難不竄入彼境，外人有詞，更難收拾。此等重咎，瑞洵不能當也。

伏查阿勒臺山係爲烏梁海自有游牧，不能不索。此項哈眾又係早年科城舊撫，不能不安。人隨地歸，乃長庚等所議，叠奉諭旨飭遵，并非全係瑞洵之私見。地、哈兩事即有須稍通融，總難出此範圍，無論何人前來，恐未必别有辦法。英秀欽奉妥慎籌辦、至爲切要之旨，極應與圖瓦强阿磋商詳議，有應變通，亦當據實由塔電奏請旨，何得擅專？乃抵哈巴河纔半月，與圖瓦强阿晤面次數無多，行文三次，僅空文相持，於緊要關鍵轉未開誠布公以實情，彼此商有歸宿，率以均從緩議、另籌辦法暫結。圖瓦强阿遂即回塔，英秀聞亦起程。如此草率，實出意外。况此案膠葛多年，至今始有成議，似未便據英秀一人之見，復翻定案，失信啓争，自應請旨定奪。

瑞洵病雖未痊，傷已見好，刻因地事復緩，蒙古觖望，哈眾聳動，邊情岌岌，不容無人前往收籠拊循，衹好俟英秀回城後，瑞洵仍即力疾前往，確查實在情形，務得究竟，并遵前旨將哈薩克認真彈壓，俟得確情，即詳奏。現在北道已爲雪阻，須由札哈沁南臺設法繞道，寒天病體，不敢顧惜。

至收哈已緩至明年，應派何人辦理，仍請欽定，瑞洵不敢擅便。謹請代奏候旨。再，嗣後如有電諭迪化轉遞較近。科布多瑞洵。九月二十二日等因。相應照轉。效蘇。支。[1]

---

① 中國第一歷史檔案館藏：《電報檔》，檔號：2-04-12-029-0830。

○一五、致軍機處電

光緒二十九年十月二十二日（1903 年 12 月 10 日）

效蘇前約伊犁將軍齊赴庫爾喀喇烏蘇廳面商公件，業經電達。玆於十月廿二日回署，敬乞代奏。新疆巡撫潘效蘇。養。①

○一六、致軍機處電

光緒二十九年十月二十九日（1903 年 12 月 17 日）

"銑"電謹悉，當即密電喀道飭查速復。頃據電稟：色城俄信卒住房原經朱前道詳准，官督民修，租給居住。本年張倅到任時，因領事一再照催，飭經張倅仍持前議，覓就隙地，飭由部目阿奇木買邁克里木承修、承管，并會立合同條款，聲明官督業主修建，永爲民業。房屋基址寬、長各七丈，四面先築圍墻，内修蓋房屋，只敷弁差、信卒十數人居住，規模并不闊大，不過一切修法由俄弁指示，以期合式而已。現未蕆事，擬俟其報工竣詳明。此間英、俄猜忌之心，久成固結，有事動相齟齬。此次英函所云實係另挾意見。至俄人近日有無陰謀，除飭張倅詳查密陳，并修房條款另文詳賫外，謹先密聞祐稟叩，等情。

據此，查此案官督民修一節，定議而未興工，今雖修建，仍係遵照原議，由華民自修租給居住，并非俄人修築。寬長七丈，規模不大。除俟工竣具報到日再行咨呈外，合先電覆。潘效蘇。勘。②

---

① 中國第一歷史檔案館藏：《電報檔》，檔號：2-04-12-029-0863。
② 中國第一歷史檔案館藏：《電報檔》，檔號：2-04-12-029-0880。

○一七、致軍機處轉外務部電

光緒二十九年十二月十八日（1904年2月3日）

“東”電謹悉。庫車税局扣留華商義敏洪即伊敏貨物一案，原據該局電稟，伊敏運省皮貨四十餘馱，稱係俄商沙拉之貨，并無通商局票照，且先據庫車俄商鄉約報稱，該商買於俄商沙拉之手，藉此頂名，是以扣留請示。當經鎮迪通商道商據駐省領事面稱，此事一則於中國税務有礙，一則有關伊國體面，必須會查。遂即飭庫局將貨交伊敏運省，會同查辦，現尚未到。

查新疆開税務，早經定章，凡俄商運貨必以通商局票爲憑，驗明免税，乃華商狡黠，往往假冒俄商，抑或藉口夥貿，甚至一票數用，不遵期限，張冠李戴，貨票兩歧，詭計包庇情形，不一而足。領事多不問是非，一味左袒；局員每難於理喻，委屈順從，税務因之日形棘手。此案伊敏即係華商，無通商局票，且經俄約指爲頂名，即使夥貿，亦應令華商完税，前經照會領事有案。若不認真追究，勒令完税，此後税務將不可復問矣。

除俟貨物到省會同查辦，如何情形再爲詳達外，務乞大部作主，與俄使切商，以杜包庇而重税務，是禱。效蘇。銑。[①]

○一八、［附］端方來電

光緒二十九年十二月二十一日（1904年2月6日）

致新疆潘撫臺（宙密）：尊處采辦軍裝委員魏霖澍因運費不敷，請由鄂借撥銀七千兩，於明年協餉内劃扣。應否照數撥給？祈酌示。箇。[②]

---

① 中國第一歷史檔案館藏：《電報檔》，檔號：2-04-12-029-0997。

② 中國第一歷史檔案館藏：《電報檔》，檔號：27-01-001-000008-0052。

〇一九、［附］漢口寶慶公所霖澍來電

光緒二十九年十二月二十二日（1904 年 2 月 7 日）

新疆潘撫憲鈞鑒：恭叩年禧。軍裝均辦齊，不敷款三竿，運脚需四竿，擬懇電午帥[①] 撥銀七千兩，以便起運回省。令戚少允父子已過鄂前進。澍稟。十二月廿二日申刻發。[②]

〇二〇、［附］端方來電

光緒二十九年十二月二十八日（1904 年 2 月 13 日）

復新疆潘撫臺："宥"、"有" 兩電均悉。魏委員運銀七千兩，廖委員彈價銀一萬兩，已飭局照撥，於來年協餉劃扣。方。俭。[③]

〇二一、［附］端方來電

光緒三十年三月初六日（1904 年 4 月 21 日）

致新疆潘撫臺鑒（宙密）：貴省采辦第二批軍裝，廖委員向瑞記訂購子彈六十萬，價銀一萬八千兩，洋龍鋼料另件約價八千餘兩。現在據瑞記聲稱，已先運子彈二十萬到漢，餘須四月到齊。廖委已故，查貴省采辦第一批軍裝，魏委員人尚明晰，可否留魏委在漢一并押運到新？祈示復。麻。[④]

---

① 午帥，魏光燾，字午莊，時任兩江總督，故尊稱午帥。

② 中國第一歷史檔案館藏：《電報檔》，檔號：27-01-001-000094-0250。

③ 中國第一歷史檔案館藏：《電報檔》，檔號：27-01-001-000008-0064。

④ 中國第一歷史檔案館藏：《電報檔》，檔號：27-01-001-000010-0067。

○二二、[附] 端方來電

光緒三十年四月十九日（1904年6月2日）

復新疆潘撫臺：承賀，愧謝。鄂省湘中學堂蒙勸集五千金，嘉惠桑梓，感佩良深。此項銀兩請滙交鄂省善後局總办陳道兆葵收領。效。[①]

○二三、[附] 軍機處來電

光緒三十年五月初一日（1904年6月14日）

奉旨：瑞洵電奏，收哈事宜須地方官切實查辦，非嚴定功過，難期得力等語。著潘效蘇體察情形，妥議具奏。欽此。五月初一日。[②]

○二四、[附] 軍機處來電

光緒三十年七月二十七日（1904年9月6日）

奉旨：瑞洵電奏悉。據稱白塔山有早年潛哈，因新疆逼遷抗拒，人眾勢悍，現潘效蘇調隊防逐，并派員前往開導等語。歸哈一事不宜操切，著潘效蘇、瑞洵等務當體察情形，善爲開導，隨時妥慎辦理，切勿稍涉孟浪，致釀變端，是爲至要！欽此。七月二十七日。[③]

---

① 中國第一歷史檔案館藏：《電報檔》，檔號：27-01-001-000011-0064。

② 中國第一歷史檔案館藏：《電報檔》，檔號：1-01-12-030-0031。

③ 中國第一歷史檔案館藏：《電報檔》，檔號：1-01-12-030-0092。

○二五、［附］軍機處來電

光緒三十年九月十三日（1904年10月21日）

“魚”電悉。查本處五月二十日發回夾板一副，係貴撫四月十六日具奏摺件。樞。元。[1]

○二六、［附］軍機處來電

光緒三十年十月二十三日（1904年11月29日）

奉旨：潘效蘇電奏悉。著户部迅速飭催。欽此。十月二十三日。[2]

○二七、［附］端方來電

光緒三十一年正月十八日（1905年2月21日）

新疆潘撫臺：鄂辦湖南中學堂，前承籌集五千金，河海之潤，同深感謝。現在該堂規制日閎，需款尤亟，而南北间阻，匯款動需时日。兹查湘中尚有應解甘餉，擬即劃扣寄鄂，再由尊處撥還甘省，以省周折。公意如以爲然，望即示复照辦。巧。[3]

---

① 中國第一歷史檔案館藏：《電報檔》，檔號：1-01-12-030-0124。

② 中國第一歷史檔案館藏：《電報檔》，檔號：1-01-12-030-0157。

③ 中國第一歷史檔案館藏：《電報檔》，檔號：27-01-001-000101-0040。

〇二八、[附] 端方來電

光緒三十一年正月二十四日（1905 年 2 月 27）

迪化潘撫臺："漾"電悉。捐助湖南中學堂款即如數扣交，已電致該堂執事諸君矣。承賀謝謝。敬。①

〇二九、[附] 軍機處來電

光緒三十一年二月二十六日（1905 年 3 月 31 日）

錫大臣恒奏，請將瑞大臣前借撥現存古城槍彈撥歸錫大臣應用一片，奉硃批：著照所請。欽此。希遵辦。樞。二月二十六日。②

〇三〇、[附] 端方來電

光緒三十一年三月二十四日（1905 年 4 月 28 日）

復新疆潘撫臺（洪）："箇"電悉。桂省軍情自湘派黃鎮忠浩赴桂協捕餘匪後，甚爲得手。前據黃電稱融縣、柳城一帶經該軍搜捕，迭獲匪首百餘人，搜繳軍械無算，湘桂邊界匪患業已漸戢，可望肅清。現黃鎮由岑帥③留在桂省清查柳郡餘匪，湘省西南兩路均有兵防堵，託庇安謐無事，足慰藎懷。敬。④

---

① 中國第一歷史檔案館藏：《電報檔》，檔號：27-01-001-000016-0080。

② 中國第一歷史檔案館藏：《電報檔》，檔號：1-01-12-031-0017。

③ 岑帥，即兩廣總督岑春煊。

④ 中國第一歷史檔案館藏：《電報檔》，檔號：27-01-001-000017-0076。

○三一、[附]軍機處來電

光緒三十一年四月初九日（1905年5月12日）

奉旨：錫恒電奏悉。烏梁海呈控一案，著并交潘效蘇審辦。欽此。四月初九日。[①]

○三二、[附]端方來電

光緒三十一年四月十一日（1905年5月14日）

迪化潘撫臺：函并捐單均悉。當屬南堂勒石以志，并令函謝。蔣少穆辦理鑛務，甚資裨助，渠亦不亟亟北上。頃閲邸抄，錫帥有清厘庫款一摺，公事想已得白念極。粤境已報肅清，湘邊静謐，現仍嚴飭防軍認真防範，一面緝拏餘匪，期盡根株。承注附及。餘函詳。方[②]。真。[③]

---

① 中國第一歷史檔案館藏：《電報檔》，檔號：1-01-12-031-0043。

② 方，即端方。端方（1861—1911），字午樵、午橋、悟樵，托和洛氏，滿洲正白旗人，出身蔭生。光緒八年（1882），中式舉人。十五年（1889），捐納工部員外郎，歷充會典館協修官、纂修官、幫總纂官。十七年（1891），授張家口監督。十九年（1893），升工部郎中。同年，任管理節慎庫監督。二十四年（1898），放直隸霸昌道。是年，補授陝西按察使。二十五年（1899），遷陝西布政使。是年，護理陝西巡撫。二十六年（1900），調補河南布政使。二十七年（1901），護理陝西巡撫。同年，擢湖北巡撫。二十八年（1902），兼署湖廣總督。三十年（1904），兼署江蘇巡撫。同年，署理兩江總督。三十一年（1905），補授湖南巡撫，出洋考察憲政。同年，拜閩浙總督。三十二年（1906），調補兩江總督。三十四年（1908），兼管兩淮鹽政。宣統元年（1909），補授直隸總督，兼理長蘆鹽政。三年（1911），充督辦粤漢川漢大臣，兼署四川總督。同年，因軍隊嘩變被殺。贈太子少保，謚忠敏。著有《端忠敏奏議》、《匋齋吉金録》、《匋齋吉金録（續）》、《匋齋藏塼記》、《歐美政治要義》等行世。

③ 中國第一歷史檔案館藏：《電報檔》，檔號：27-01-001-000102-0060。

〇三三、［附］軍機處來電

光緒三十一年五月十五日（1905年6月17日）

俄署使稱：接領事電：中國地方官將允坎巨提之請，展租墾地等語。查廿九年五月尊處來函，塔敦巴什、帕米爾實未讓給坎部，喇斯庫穆租地已罷議，當經照復俄使。今該署使又來饒舌，究竟近日有無别情？希查明電復外務部。删。[①]

〇三四、［附］端方來電

光緒三十一年五月二十日（1905年6月22日）

新疆潘撫臺鑒：湘陰師範學堂擬附設初等小學，經費拮据，邑紳公懇電達尊處，即飭部下同邑官員量助，滙寄湘垣，以應急需。我公垂立人材，尤篤梓誼，事關興學，知必有以振之也。號。[②]

〇三五、［附］軍機處來電

光緒三十一年六月初七日（1905年7月9日）

奉旨：潘效蘇電奏悉。著將地方一切事宜，親往察看，認真整頓，并相度形勢，妥爲布置，仍以慎密爲要。欽此。六月初七日。[③]

---

① 中國第一歷史檔案館藏：《電報檔》，檔號：2-03-12-031-0287。

② 中國第一歷史檔案館藏：《電報檔》，檔號：27-01-001-000103-0108。

③ 中國第一歷史檔案館藏：《電報檔》，檔號：1-01-12-031-0063。

〇三六、［附］軍機處來電

光緒三十一年六月初七日（1905年7月9日）

奉旨：潘效蘇電奏悉，著將地方一切事宜親往察看，認真整頓，并相度形勢，妥爲布置，仍以縝密爲要。欽此。樞。陽。①

〇三七、［附］軍機處來電

光緒三十一年六月二十八日（1905年7月30日）

奉旨：潘效蘇電奏悉。此案著即交連魁，就近集證訊辦。欽此。六月二十八日。②

〇三八、［附］軍機處來電

光緒三十一年六月二十八日（1905年7月30日）

奉旨：潘效蘇電奏悉。此案著即交連魁就近集證訊辦。欽此。樞。勘。③

---

① 中國第一歷史檔案館藏：《電報檔》，檔號：2-03-12-031-0336。

② 中國第一歷史檔案館藏：《電報檔》，檔號：1-01-12-031-0073。

③ 中國第一歷史檔案館藏：《電報檔》，檔號：1-01-12-031-0385。

○三九、［附］軍機處來電

光緒三十一年七月二十五日（1905 年 8 月 25 日）

奉旨：潘效蘇電奏悉，著候升允查覆。欽此。七月二十五日。[①]

○四○、［附］軍機處來電

光緒三十一年七月二十五日（1905 年 8 月 25 日）

奉旨：潘效蘇當奏悉。著候升允查覆。欽此。樞。有。[②]

---

① 中國第一歷史檔案館藏：《電報檔》，檔號：1-01-12-031-0085。

② 中國第一歷史檔案館藏：《電報檔》，檔號：2-03-12-031-0443。

附　録

一、潘效蘇被保之案

○○一、甘督左宗棠委令潘效蘇等署知州片

同治十一年三月二十五日（1872年5月2日）

再，河州知州一缺，查有隨營委員陝西候補同知潘效蘇，明幹安詳，勤謹有爲，堪以委署。其同州州判一缺，查有隨營留甘補用縣丞米聯璧，心地明白，質實不浮，堪以委署。

除飭遵外，謹附片具奏。伏乞聖鑒訓示，施行。謹奏。

同治十一年四月初七日，軍機大臣奉旨。欽此。[①]

○○二、甘督左宗棠奏請潘效蘇補同知摺

光緒六年十二月初一日（1880年12月31日）

太子太保大學士陝甘總督二等恪靖侯加一等輕車都尉臣左宗棠、陝西巡撫臣馮譽驥跪奏，爲揀員請補邊缺同知，以重地方，恭摺仰祈聖鑒事。

竊據署甘肅布政使楊昌濬、按察使魏光燾會詳稱：竊照甘肅西寧府屬之循化同知安福於光緒五年十月二十七日聞訃丁憂，業已截缺報部在案。所遺之循化同知係繁、疲、難三項邊要缺，例應在外揀選調補。查前奉吏部銓選變通章程内開：勞績保舉候補道、府、同知、直隸州知州、通判、知州，甄别堪以煩簡補用者，遇題調缺出，無論曾任、初任，均准該督撫酌量補用等語。今甘肅西寧府屬之循化廳邊缺同知，現任對品應調人員内，非現居要缺，即人地不宜。

隨於本班應補各項人員内逐加遴選，惟查有勞績改留甘肅補用同知潘效蘇，年四十二歲，湖南湘鄉縣人。咸豐十一年，投效楚軍大營，隨同援浙，於克復龍游、蘭溪、湯溪、金華各府縣城池、浙東肅清案内經臣保奏，同治二年八月初二日奉上諭：俊秀潘效蘇著以從九品儘先選用。欽此。又於克復杭州、餘杭、海寧、桐鄉、富陽各城案内經臣保奏，三年十一月十五日奉上諭：從九品潘效蘇著

① 中國第一歷史檔案館藏：《軍機録副》，檔號：03-4657-110。

免選本班，以縣丞留於浙江即補。欽此。又隨同援閩，於克復漳州、龍岩、永定、和平、漳浦、雲霄、詔安、南靖各府廳州縣城池案内經臣保奏，五年十月初七日奉上諭：浙江縣丞潘效蘇著免補本班，以通判改留福建遇缺儘先補用。欽此。嗣又隨同援粵，於克復廣東鎮平縣城、嘉應州城髮逆全股蕩平案内經臣保奏，五年十二月初五日奉上諭：福建通判潘效蘇著賞加同知銜。欽此。嗣在直隸追剿捻逆，於防剿回捻案内經臣保奏，七年八月初六日奉上諭：福建通判潘效蘇著免補本班，以同知改留陝西補用。欽此。給咨送部，經吏部帶領引見，奉旨：潘效蘇著准其免補本班，以同知改留陝西補用。欽此。八年五月初七日，到陝稟到繳照。五月二十六日，委署膚施縣知縣。試看期滿，甄别以繁缺同知補用。嗣署澧城縣知縣，交卸後經臣調甘差遣，委署河州知州，奉准部議，照章改留甘肅，以原官歸原班補用。光緒元年二月十五日，在署任聞訃丁母憂，請咨回籍守制。三年五月十五日，服滿起複，八月初一日到甘。五年，委署狄道州。六年，調署河州知州。經臣匯入新疆南北兩路一舉蕩平案内保奏，奉上諭：甘肅補用同知潘效蘇著俟補缺後以知府用，先换頂戴。欽此。

該署臬司魏光燾甫經到任，例不加考。該署藩司楊昌濬查該員潘效蘇，才具練達，所至有聲，以之請補西寧府循化廳邊缺同知，實堪勝任，人地亦極相宜，核與變通章程相符。會詳呈請具奏前來。

臣查該員潘效蘇勤幹有爲，人甚謹飭，兹請補循化同知，洵堪勝任。合無仰懇天恩，俯念要缺需員，准以勞績改留甘肅補用同知潘效蘇補授循化同知，實於地方有裨。如蒙俞允，俟准部覆，給咨送部引見。仍俟試署年滿，如果稱職，另行奏請實授。

查該員并無參罰案件。合并聲明。謹恭摺具奏。伏乞皇太后、皇上聖鑒訓示，施行。謹奏。十二月初一日。

光緒六年十二月二十三日，軍機大臣奉旨：吏部議奏。欽此。①

① 中國第一歷史檔案館藏：《軍機録副》，檔號：03-5154-106。

○○三、甘督譚鍾麟請以潘效蘇調補知州摺

光緒九年十一月初六日（1883 年 12 月 5 日）

頭品頂戴陝甘總督臣譚鍾麟[①]跪奏，爲揀員調補邊疆直隸州知州要缺，以裨地方，恭摺仰祈聖鑒事。

竊甘肅鎮迪所屬各缺，向例以陝、甘兩省實缺人員調補。軍興後，久未照辦。前因懸缺太多，署事人員視同傳舍，亟思揀員請補。臣錦棠以關内既少合例之員，擬由營開單知照藩司具詳請補。臣鍾麟以補缺必應加考，其人既非素識，何從出具實考，請即照變通章程，由營奏補後爲核實。臣錦棠咨調循化廳同知潘效蘇赴營差遣，當以實缺人員調營於例未符，不若調補鎮西廳同知等缺，俾得自效。臣曾於奏請揀發知縣摺内聲明在案。

昨准臣錦棠咨：鎮西、吐魯番各缺已揀員請補，所有迪化州缺應請以循化同知潘效蘇調補。臣查前奉部章：甘肅升、調、補缺，變通辦理。道、府、丞、倅、州、縣、佐雜各要缺，擇人地相宜者，一律升調。又，前督臣左宗棠奏請將鎮迪道、迪化州兩缺仿照西寧道府例，於實缺各員内揀選調補，經部核議，准於陝甘滿漢各員内，擇明幹穩練、熟悉邊情之員調補等因。咨行在案。據藩、臬兩司詳稱：現任循化廳同知潘效蘇，年四十五歲，湖南湘鄉縣人，投效楚軍，於閩浙肅清案内遞保通判，隨同西征，以同知改留陝西。歷署膚施、澄城縣知縣，調甘差遣，署理河州、狄道州事。光緒六年，新疆蕩平案内保舉俟補缺後以知府用。七年，准補循化廳同知，八年四月到任。以該員調補迪化州知州，實堪勝任。會詳請調前來。

---

① 譚鍾麟（1822—1905），字文卿、雲觀、文卿，原名二監，湖南省茶陵州人，出身舉人。咸豐六年（1856），中式進士，改庶吉士。九年（1859），授翰林院編修。十年（1860），充會試同考官。同治元年（1862），充湖北鄉試副考官。二年（1863），補江南道監察御史。五年（1866），放杭州府知府。六年（1867），加道銜。同年，署杭嘉湖道。七年（1868），升河南按察使。八年（1869），丁母憂，回籍終制。十年（1871），遷陝西布政使。十二年（1873），護理陝西巡撫。光緒元年（1875），擢陝西巡撫，晋頭品頂戴。五年（1879），調補浙江巡撫。七年（1881），補授陝甘總督。十四年（1888），告病辭職。十七年（1891），補吏部左侍郎，兼署户部左侍郎，管理三庫事務。十八年（1892），署理工部尚書。同年，補授閩浙總督，兼福建船政大臣。二十年（1894），加太子少保，兼署福州將軍。同年，調補四川總督。二十一年（1895），補授兩廣總督，兼署廣州將軍。二十五年（1899），兼署廣東巡撫，旋以病歸。三十一年（1905），卒於長沙。謚文勤。有《譚文勤公奏稿》等行世。

臣查潘效蘇年力富强，能耐勞苦，且曾任邊缺，仰懇天恩准以該員調補迪化州知州，實於地方有裨。謹會同督辦新疆軍務大臣臣劉錦棠、烏魯木齊都統臣恭鏜，合詞繕摺具陳。伏乞皇太后、皇上聖鑒，飭部議覆施行。再，此缺係揀選人員調補，故由臣鍾麟主稿。合并聲明。謹奏。十一月初六日。

光緒九年十一月二十五日，奉硃批：吏部議奏。欽此。①

○○四、新撫劉錦棠奏委潘效蘇等署知州片

光緒十二年二月二十一日（1886年3月26日）

再，署和闐直隸州知州劉式南因案撤委遺缺，查有迪化直隸州知州潘效蘇，通達政體，辦事實心，堪以調署。遞遺迪化直隸州知州員缺，查有候補知府李慶棠，才具明晰，辦事穩慎，堪以委署。據藩司及兼臬司會詳前來。臣覆核無異，除批飭分别給委外，理合附片陳明。伏乞聖鑒。謹奏。

軍機大臣奉旨：吏部知道。欽此。②

光緒十二年三月二十八日，軍機大臣奉旨：吏部知道。欽此。③

○○五、新撫劉錦棠請以潘效蘇補知州摺

光緒十二年七月二十六日（1886年8月25日）

欽差大臣督辦新疆事宜尚書銜降一級留任甘肅新疆巡撫二等男臣劉錦棠跪奏，爲揀員請補新設直隸州知州員缺，以重地方，恭摺仰祈聖鑒事。

竊據新疆布政使魏光燾、兼按察使銜署鎮迪道英林詳稱：新疆新設和闐直隸州知州，西北有莎車州以當其衝，東南有於闐縣以扼其要，距省四千七百餘里，

① 中國第一歷史檔案館藏：《軍機録副》，檔號：03-5185-108。
② 中國第一歷史檔案館藏：《硃批原件》，檔號：04-01-13-0425-036。
③ 中國第一歷史檔案館藏：《軍機録副》，檔號：03-5207-127。

人烟稠密，俗敝民偷，應請定爲疲難二項邊遠請調中缺。該處係屬新設，應即揀員請補，以重職守。查南路新設各缺，前請照吉林新章由外揀補一次，奉部覆准在案。

兹查有知府用裁缺撤回留新疆另補即用直隸州知州潘效蘇，年四十八歲，湖南長沙府湘鄉縣人，由俊秀於咸豐十一年投效軍營，歷保同知銜福建補用通判。嗣於追剿直隸捻逆案内，保免補本班，以同知改留陝西補用，赴部引見，奉旨：准其免補本班，以同知改留陝西補用。欽此。同治八年五月，到陝繳照，歷署膚施、澄城等縣事。復經調甘委署河州篆務，經部議奏，照章留於甘肅，以原官歸原班補用，并免補交分發銀兩。嗣丁母憂回籍，服滿到甘，管帶恪靖中營，兼帶左路左、後等營，旋即交卸營務，委署狄道州事，蕩平新疆南北兩路案内，保俟補缺後，以知府用，先换頂戴，調署河州知州，奏補西寧府循化同知。八年四月，飭赴循化同知本任。九年十月，札調來營，旋經奏補迪化直隸州知州，十年三月二十二日，接印視事。十二年，調署和闐直隸州知州，於二月初一日交卸迪化州事。旋奉到部文，因迪化州改設知府，撤回留於新疆，歸即用直隸州知州班内另補。該司等查該員潘效蘇，練達有爲，辦事勤幹，久任邊缺，熟悉民情，以之請補和闐直隸州知州，實堪勝任，人地亦極相宜，等情。詳請具奏前來。

臣查該員潘效蘇，樸實勤能，才具開展，合無仰懇天恩，准以該員補授和闐直隸州知州員缺，實於地方有裨。如蒙俞允，該員係撤回另補直隸州知州，請補直隸州知州，銜缺相當，毋庸送部引見，任内并無參罰案件。謹會同陝甘督臣譚鍾麟，恭摺具陳。伏乞皇太后、皇上聖鑒訓示。謹奏。光緒十二年七月二十六日。

軍機大臣奉旨：吏部議奏。欽此。①

光緒十二年九月初一日，軍機大臣奉旨：吏部議奏。欽此。②

---

① 中國第一歷史檔案館藏：《硃批原件》，檔號：04-01-12-0535-036。

② 中國第一歷史檔案館藏：《軍機録副》，檔號：03-5213-001。

○○六、新撫劉錦棠奏委潘效蘇署伊犁知府片
光緒十四年九月十三日（1888 年 10 月 17 日）

再，伊犁新設伊塔道暨寧遠、綏定等縣員缺，業經臣先後委員署理，附奏在案。兹查有和闐直隸州知州潘效蘇，精明强幹，表率有方，堪以調署伊犁府知府員缺。據藩、臬兩司會詳前來。

除由臣批飭給委，并刊發伊犁府鈐記祗領赴任外，謹會同伊犁將軍臣色楞額、陝甘總督臣譚鍾麟，附片具陳。伏乞聖鑒。謹奏。

光緒十四年十月十五日，奉硃批：知道了。欽此。①

○○七、護新撫魏光燾奏請潘效蘇升知府摺
光緒十五年三月十五日（1889 年 4 月 14 日）

頭品頂戴護理甘肅新疆布政使臣魏光燾跪奏，爲請調實任直隸州知州升補要缺知府，恭摺仰祈聖鑒事。

竊臣前於藩司任内會同按察使銜鎮迪道恩綸具詳新疆建設省會，升迪化直隸州爲迪化府，設知府一員，治迪化城，管轄迪化、昌吉、綏來、阜康、奇臺等縣，東界鎮西廳，西北通伊犁、塔爾巴哈臺，南接吐魯番、喀喇沙爾廳。西域要領，控扼全疆。擬請定爲衝、繁、難三項請調要缺，應即揀員請補，以重職守。查省會添改各缺，前請照吉林新章由外揀補一次，又於新疆留省補缺各章程内，請將甘肅候補及實缺人員如熟悉邊情，調新差遣，遇有人地相宜缺出，准其分别請升、調補，均奉部覆准在案。

今迪化府知府員缺，查有補用知府和闐直隸州知州調署伊犁府知府潘效蘇，年五十一歲，湖南長沙府湘鄉縣人，由俊秀於咸豐十一年投效軍營，歷保同知銜福建補用通判。嗣於追剿直隸捻逆案内，保免補本班以同知改留陝西補用，赴部

① 中國第一歷史檔案館藏：《軍機録副》，檔號：03-5240-031。

引見，奉旨：准其免補本班，以同知改留陝西補用。欽此。同治八年五月，到陝繳照，歷署膚施、澄城等縣事。復經調甘委署河州篆務。經部議奏照章留於甘肅，以原官歸原班補用，并免補交分發銀兩。嗣丁母憂回籍，服滿到甘，管帶恪靖忠營，兼帶左路左、後等營，交卸營務，委署狄道州事。蕩平新疆南北兩路案內，保俟補缺後以知府用，先換頂戴。調署和州知州，奏補西寧府循化同知。光緒八年四月，飭赴循化同知本任。九年十月，札調來營，調補迪化直隸州知州，十年三月二十二日，接印視事。十二年，調署和闐直隸州知州，於二月初一日交卸迪化州事，奉到部文，因迪化直隸州改設知府，撤回留於新疆歸即用直隸州知州班内另補。旋經奏補和闐直隸州知州，是年六月到任。十四年，調署新設伊犁府知府，於九月初六日卸和闐州篆，十一月初二日到伊犁府任。

查該員潘效蘇廉勤率屬，才識優長，歷任甘肅新疆各缺，辦理一切，諸臻妥協，邊情尤爲熟悉，以之升補迪化府知府，實堪勝任，人地亦極相宜。准撫臣劉錦棠移交前來。

臣覆查無異，合無仰懇天恩俯念要缺需員，准調和闐直隸州知州潘效蘇升補迪化府知府，實於地方有裨。如蒙俞允，俟奉部覆，即行給咨送部引見。該員各任内并無參罰案件。謹會同陝甘總督臣楊昌濬，恭摺具陳。伏乞皇上聖鑒訓示。至所遺和闐直隸州知州員缺，係疲、難二項邊遠請調中缺，應請由外揀補。合并聲明。謹奏。光緒十五年三月十五日。

（硃批）：吏部議奏。①

光緒十五年四月十八日，奉硃批：吏部議奏。欽此。②

〇〇八、護新撫魏光燾保舉潘效蘇等員片

光緒十六年（1890年）

再，新疆開設行省，内則漢、纏雜處，諸部錯列，撫馭既屬維艱；外則緊

① 臺北“故宫博物院”藏：《軍機及宫中檔》，文獻編號：408006602。

② 中國第一歷史檔案館藏：《軍機録副》，檔號：03-5248-098。

與俄鄰，交涉關繫重大，非得練習時務、善持大體之員，不足以資表率而求治理。查有二品頂戴甘肅候補道新疆喀什噶爾道向邦倬[①]，通達事理，心細才長，歷署甘肅司道，均稱職守。現在署任，措置裕如；經理通商，尤能悉心籌畫，操縱得宜。

又，升補迪化府知府伊犁府知府潘效蘇，識練才明，勇於任事，歷任陝甘、新疆各州縣，卓著循聲。現署伊犁府，創辦一切，條理秩然。

以上二員，實爲新疆不可多得之材。朝廷眷顧西陲，期在得人而理，臣敢敬舉所知，以備聖明采擇，謹附片密陳。伏乞聖鑒。謹奏。[②]

〇〇九、新撫陶模奏飭潘效蘇迅赴本任片
光緒二十年三月十六日（1894年4月21日）

再，卸署伊犁府知府准補迪化府知府潘效蘇現已回省，在伊犁府任內并無經手未完事件，應即飭赴本任，以轉責成。據新疆布政使饒應祺、鎮迪道兼按察使銜丁振鐸會詳前來。

除批飭給委外，謹會同陝甘總督臣楊昌濬，附片具陳。伏乞聖鑒。謹奏。

（硃批）：吏部知道。[③]

光緒二十年四月十七日，奉硃批：吏部知道。欽此。[④]

---

① 向邦倬（1841—？），雲南昆明人，監生。初以候選按經歷投效雲南軍營，辦理軍務，保花翎二品頂戴鹽運使銜，以道員分省補用，籤分甘肅。九年（1883），署甘肅臬司。十一年（1885），署甘涼道。十五年（1889），署喀什噶爾道。

② 中國第一歷史檔案館藏：《軍機録副》，檔號：03-5274-073。

③ 臺北“故宫博物院”藏：《軍機及宫中檔》，文獻編號：408002864-0-A。

④ 臺北“故宫博物院”藏：《軍機及宫中檔》，文獻編號：131932。

○一○、新撫陶模奏飭潘效蘇辦理務營片

光緒二十一年八月十四日（1895 年 10 月 2 日）

再，哈密、安西防務關重，非遴委妥員會同各將領隨時商辦，不足以昭周密。查有鹽運使銜遇缺題奏道迪化府知府潘效蘇，才識閎通，素明韜略，向在陝甘總督左宗棠行營辦事多年，營務最爲熟悉，應飭前往哈密，辦理新疆東防馬步各軍營務處事宜。

所有迪化府日行事件，暫委署迪化縣知縣劉澄清代拆代行，以重公務。謹附片陳明。伏乞聖鑒。謹奏。

（硃批）：知道了。①

光緒二十二年正月二十九日，奉硃批：知道了。欽此。②

○一一、甘督陶模請將潘效蘇開去本缺摺

光緒二十一年十一月二十一日（1896 年 1 月 5 日）

頭品頂戴署理陝甘總督新疆巡撫臣陶模跪奏，爲實缺知府委辦行營營務，懇恩開去知府本缺，以道員歸甘肅新疆補用，恭摺具陳，仰祈聖鑒事。

竊臣於光緒二十一年八月因甘肅回匪煽亂，哈密、安西防務關重，奏請以鹽運使銜遇缺題奏道迪化府知潘效蘇辦理東防營務。數月以來，調度布置，悉協機宜，現臣帶隊進關，需人助理。該員潘效蘇器識閎達，文武兼資，甘肅河州、狄道、循化等屬係其服官舊地，民情、地勢最爲熟悉，相應懇恩開去該員迪化府知府本缺，以道員歸甘肅新疆補用；飭令帶隊隨臣進關，辦理行營營務處事宜，以資得力。所遺迪化府知府係衝、繁、難三項要缺，應請扣留外補。其迪化府篆務，暫委候補知府張開鑑代理。

---

① 臺北“故宫博物院”藏：《軍機及宫中檔》，文獻編號：408002958-0-B。

② 中國第一歷史檔案館藏：《軍機録副》，檔號：03-5911-073。

除咨部外，謹恭摺具奏。伏乞皇上聖鑒訓示。謹奏。光緒二十一年十一月二十一日。

（硃批）：著照所請，吏部知道。[1]

光緒二十一年十二月十七日，奉硃批：著照所請，吏部知道。欽此。[2]

○一二、甘督陶模請將潘效蘇等記名簡放片

光緒二十二年九月十九日（1896年10月25日）

再，北大通營城附近回堡林立，周圍一百餘里遍地皆賊。督標營務處甘肅新疆補用道潘效蘇督飭各營旗，深入賊叢，相機進攻，爲一鼓蕩平之計，復親帶開花炮隊，擊斃多賊，兩日之間，各大回莊勁壘堅巢一律剿洗净盡，雖由將士用命，戮力同心，亦潘效蘇忠勇奮發，調度有方，故能神速若此也。

統帶督標親軍正中馬步等營副將焦大聚，以河北黄田莊爲悍賊堅巢，首先率隊攻撲，陣斃千餘人，黄田莊既下，其餘各莊賊眾均已膽寒，遂乘勢連破全溝臺、俄博諸莊，軍威所至，如摧枯拉朽，大通河南北賊堡悉平，此次戰功實該副將之力居多。

臣模暨署新疆撫臣饒應祺於八月初三日曾報關外肅清摺内，業經隨保監運使銜甘肅新疆候補道潘效蘇請以道員交軍機處存記，并賞給二品頂戴；總兵銜留新儘先補用副將焦大聚請免補副將，以總兵遇缺儘先簡放。九月初三日，欽奉電旨照准在案。此次攻克北大通踞匪及附近一帶回堡，該二員戰績尤爲卓著。

合無仰懇天恩俯准，將潘效蘇仍請以道員交軍機處存記，遇有缺出，開列在前，請旨簡放，并賞給清字勇號；焦大聚請以提督交軍機處記名簡放，以示優異。謹附片具陳。伏乞聖鑒訓示，施行。謹奏。[3]

---

① 臺北“故宫博物院”藏：《軍機及宫中檔》，文獻編號：408002974。

② 中國第一歷史檔案館藏：《軍機録副》，檔號：03-5334-004。

③ 陶模：《陶勤肅公奏議遺稿》。

〇一三、新撫饒應祺奏飭潘效蘇即赴本任片

光緒二十三年二月二十八日（1897年3月30日）

再，補授鎮迪道兼按察使銜潘效蘇准督臣來咨，飭將督標營務交卸回新，現已到省，應即飭赴新任，以專責成。除由臣給委外，謹會同陝甘總督臣陶模，附片具奏。伏乞聖鑒。謹奏。

（硃批）：知道了。[①]

光緒二十三年三月三十日，奉硃批：知道了。欽此。[②]

〇一四、額爾慶額保薦鎮迪道潘效蘇等員摺

光緒二十三年十一月二十六日（1897年12月19日）

奴才富勒銘額跪奏，爲材堪簡用文武人員，據實保薦，以備任使，恭摺密陳，仰祈聖鑒事。

竊奴才前承准兵部咨：内閣鈔出光緒二十一年閏五月十三日奉上諭：爲政之道，首在得人。前諭中外臣工保薦人才，業經次第擢用。當兹時事多艱，尤應選拔真才，藉資幹濟，著各部院堂官及各直省將軍、督撫等，於平日真知灼見，器識閎通，才猷卓越，究心時務，體用兼備者，臚列事實，專摺保奏。其有奇才異能，精於天文、地輿、算法、格致、製造諸學，必試有明效，不涉空談，各舉專長，俾資節取。該大臣等當念以人事君之義，一秉大公，詳加考核。儻或苟且塞責，謬采虛聲，甚至援引私人，瞻徇情面，濫保之咎，例有專條，定惟原保之人是問。欽此。欽遵咨行前來。

仰見皇上勵精圖治，選拔真才之至意，曷將欽佩。竊維人才難得，自古爲然。矧在邊陲，更不易求。縱有才能出眾之員，或克任監司，或堪膺閫寄，非真

---

① 臺北"故宫博物院"藏：《軍機及宫中檔》，文獻編號：408002974-0-A。

② 臺北"故宫博物院"藏：《軍機及宫中檔》，文獻編號：138324。

知灼見，證諸實事，見諸施爲者，豈敢博汲引之名，驟登薦章？奴才一介庸愚，久任邊寄。十數年來，地方均稱安敉，所以藉資群力，始克稍展微勞。謹就平日留心體察，素有表見者，薦舉二三員，爲我皇上臚陳之。

茲查有二品頂戴甘肅新疆鎮迪道兼按察使西林巴圖魯潘效蘇，器宇軒昂，行止不苟，品學兼優，强幹有爲，前隨湘軍轉戰關内，軍前出力，有案可考。當新疆軍務甫定，正百廢待興之時，奴才護理烏魯木齊都統，該員署迪化州，隨同辦理遷移巴里坤、古城滿營，籌辦屯墾并善後一切事宜，經理裕如，井井有條。迨奴才蒙恩補授伊犁副都統護理將軍篆務，該員先已調署伊犁知府，籌布邊防，建修惠遠城衙署、兵房，得以迅速落成。嗣後調省，值狄河軍興，該員帶兵進剿，旋又辦理關外撫回，尅日迅奏膚功。叠蒙聖恩特擢甘肅新疆鎮迪道兼按察使，賞加二品頂戴、清字勇號。渥荷天恩，優加獎敘。在該員自許爲國宣力疆埸，雖肝腦塗地，莫報萬分之一。其感激奮發，矢之忠貞，流於言表，誠堪嘉尚。

又查有記名簡放副都統伊犁惠遠城滿營左翼協領額爾柯本，器識閎深，老成幹練，自同治初年隨前將軍榮全行走外國恰克圖，辦理交涉重大案件，繼隨金順軍營，派赴塔什干知會接收伊犁要務，旋又飭赴伊犁九城，張貼告示，曉諭纏回，寬其既往之愆，予以自新之路。該員隨機應變，勤勞懋著。奴才前在伊犁整頓旗務，修蓋兵房，一切事宜，均資該員臂助。該員莅任協領已逾十六七年，洵爲邊防不可多得之員。

又查有伊犁惠遠城駐防滿洲頭品頂戴花翎副都統銜記名簡放副都統署塔城新滿營協領和陳泰，才識卓越，沈毅練達，邊塞從戎，歷有年所。克復瑪納斯南北兩城并剿捕竄匪，叠著戰功；辦理接收伊犁分界事宜，尤著勤勞。奴才伊犁任所，該員整頓營伍，訓練旗兵，紀律嚴明，著有成效。嗣奴才奉命接辦塔爾巴哈臺參贊大臣事務，該員經伊犁將軍長庚派委來塔，辦理收還巴爾魯克山，改設新滿營，規復旗制，布置邊卡，立法周備，一切營伍、操防，中俄交涉案件，靡不悉心經理。奴才深得臂助之力。該員文嫻武備，留心時務，深通清漢文義，熟悉邊地情形，洵爲邊疆出色人員。昔金順特加賞識，稱之曰能。長庚時以舊事諮詢。現又札調該員仍回伊犁辦事。奴才賦性愚魯，向昧知人，然於砥節礪行之士，莫不心焉異之。

以上三員，久投軍營，戰功最著，勞績最多，跟隨奴才辦事最久，相知最深。觀其近來處事，證以往日所行，實一時所罕有。若舉以艱大之投，備以干城之選，必能不遺餘力，竭慮殫精，期於有裨時局。伏念奴才老病乞休，桑榆晚景，用人行政，朝廷自有權衡。第揆諸以人事君之義，或可稍貢芻蕘，以仰副聖主旁求盛典。合無仰懇天恩如何破格録用之處，奴才未敢擅擬，出自聖裁。

所有材堪簡用文武人員據實保薦，以備任使緣由，是否有當？謹繕摺密陳。伏乞皇上聖鑒訓示。謹奏。光緒二十三年十一月二十六日。[①]

○一五、新撫饒應祺奏委潘效蘇等暫署員缺片

光緒二十四年十一月初七日（1898年12月19日）

再，臣恭閲電鈔九月十八日奉懿旨：甘肅新疆布政使，著趙爾巽補授。欽此。查新授布政使趙爾巽到任需時，自應委員暫行署理，以便升任雲南撫臣丁振鐸交卸起程。查有二品頂戴鎮迪道兼按察使銜潘效蘇，器識閎通，講求吏治，堪以署理。所遺鎮迪道兼按察使銜員缺，查有鹽運使銜迪化府知府朱冕榮，精細穩練，堪以護理。遞遺迪化府知府員缺，查有候補知府借補吐魯番直隸廳同知李慶棠，樸誠諳練，堪以署理。

除由臣暨藩司分别給委外，謹會同陝甘總督臣陶模，附片具陳。伏乞聖鑒。謹奏。

光緒二十四年十二月十四日，奉硃批：吏部知道。欽此。[②]

○一六、陝撫魏光燾請將潘效蘇等量才録用摺

光緒二十四年十一月十六日（1898年12月28日）

頭品頂戴陝西巡撫臣魏光燾跪奏，爲遵旨保舉知兵文武各員，懇恩采擇，恭

---

① 中國第一歷史檔案館藏：《録副奏摺》，檔號：03-5355-026。

② 中國第一歷史檔案館藏：《軍機録副》，檔號：03-5368-068。

摺密陳，仰祈聖鑒事。

竊臣接准軍機大臣字寄：光緒二十三年十一月二十五日奉上諭：目下欲圖自强，自以修明武備爲第一要義。各省將官有老於兵事、緩急可恃者，無論官職大小、現任、退閑，准其一律奏調。如有知兵之員，爲該將軍、督撫等素所深悉者，并准其保奏，以備干城之選等因。欽此。遵旨寄信前來。仰見皇太后、皇上廑念時艱、亟亟求才至意，跪聆之下，欽仰莫名。

竊維知兵之選，至不易言，或平日講求，臨敵則茫然而失措；或屢著戰績，特將則徒勇而寡謀。故必心通其理，躬歷其事，二者兼賅而後緩急信可爲恃。微臣效力行間先後三十餘年，雖未足以語於知兵，而屢與軍事，忝任封圻，竊常留意將才，期爲圖用勉副以人事君之義。兹幸欽承特諭准予薦達，謹舉平日所知爲我皇太后、皇上陳之。

查有前福建汀漳龍道劉倬雲[1]，堅卓沈毅，膽略兼優。同治中隨前署陝西撫臣劉典幫辦營務，帶隊剿回，嗣經前閩浙督臣楊昌濬調辦閩省營務，戰守均協機宜，擒治海盜張阿知一案，殲黨羽而服群情，尤見識力過人；歷任福建道缺，政聲卓著。新疆鎮迪道潘效蘇，才猷閎遠，隨前大學士臣左宗棠軍營襄辦營務，深資得力；上年由新疆率隊入關，防堵甘凉一帶，剿捕大通股匪，招撫安集，俱臻妥協，居官所至有聲，軍事尤爲練達。江蘇候補道杜俞，學識淹通，體用兼備，前年隨臣帶隊赴遼，嗣辦江蘇防軍營務，兼統太湖水師等營，善撫士卒，一切措置裕如。候選道左孝同，早歲隨侍其故父大學士臣左宗棠軍營，講求有素，近則年學俱進，閱歷愈深，上年統帶忠、信等營，撫馭有法，嗣經直隸總督臣王文韶派委遣散福、壽等軍，值津蘆一帶游勇滋事，該員開布誠信，軍情帖服，地方以安；其器識閎遠，留心時務，洵爲練達之才。記名提督江南城守營副將楊金龍，質樸勤敏，饒有膽識，前隨臣營及劉錦棠軍營，轉戰關隴，嗣帶隊駐防臺灣及現供職南洋，整練營務，於中外軍情、兵法均能究心。記名提督新疆撫標中軍參將湯咏山，果毅有爲，囊剿回匪，轉戰關内外一帶，摧堅陷陣，識在幾先，劉錦棠

---

① 劉倬雲（1835—1904），字季櫆，號樸堂，清湘軍名將劉典之弟，湖南寧鄉人。同治元年（1862），由廩生經左宗棠調令入營，隨兄劉典從軍。二年（1863），丁父憂，墨绖从戎。三年（1864），赴援江西，旋回籍辦理團練。七年（1868），統楚軍入陝。以功叙知縣，保至道員，加鹽運使銜，賞戴花翎。光緒十年（1884），赴閩委辦城防營務處，署理福建按察使。十二年（1886），加二品頂戴。十四年（1888），署興泉永道。十五年（1889），署理延建邵道。同年，補授汀漳龍道。三十年（1904），卒於任。著有《朱孫詒去思録》、《宰湘節録》、《詩文公牘》等著述行世。

常以善戰稱之。記名提督署漢中鎮總兵龍恩思、記名總兵徐有禮，樸實勇敢，辦事認真，上年隨同征剿甘回，攻克西寧及巴燕戎屬等處逆巢，最爲出力，旋帶陝西防勇，尤能實心訓練。

以上各員，或因韜鈐夙習，而復體驗於躬行；或更事既多，亦遂確有其心得，緩急皆爲足恃，倘荷天恩量才録用，必能奮力馳驅，裨益時艱。所有遵旨保舉知兵文武各員緣由，謹繕摺密陳。伏乞皇太后、皇上聖鑒采擇。施行。謹奏。光緒二十四年十一月十六日。[①]

光緒二十四年十一月二十七日，硃批。[②]

〇一七、新撫饒應祺奏委潘效蘇等署藩司員缺片

光緒二十五年九月二十五日（1899年10月29日）

再，甘肅新疆布政使趙爾巽丁憂遺缺。八月二十二日，接奉電傳諭旨，著文光補授。欽此。查新授布政使到任尚需時日，自應委員接署，以便趙爾巽交卸回旗守制。查有二品頂戴鎮迪道兼按察使銜西林巴圖魯潘效蘇，通達治體，熟悉邊情，上年委署藩篆，措置裕如，堪以署理。遞遺鎮迪道兼按察使銜員缺，查有二品頂戴候補道李滋森，樸誠練達，辦事老成，堪以署理。該員交卸阿克蘇道篆已起程回省，未到任以前，委鹽運使銜迪化府知府朱冕榮暫行兼護。

除由臣分別給委外，謹會同陝甘總督臣陶模，附片具陳。伏乞聖鑒。謹奏。

光緒二十五年十一月初一日，奉硃批：吏部知道。欽此。[③]

---

① 中國第一歷史檔案館藏：《軍機録副》，檔號：03-5367-055。

② 此硃批日期，據《軍機處隨手登記檔》（檔案編號：03-0297-2-1224-348）校補。

③ 中國第一歷史檔案館藏：《軍機録副》，檔號：03-5382-002。

○一八、甘督魏光燾奏調潘效蘇等入關差委片

光緒二十六年閏八月十三日（1900年10月6日）

再，甘肅地處西陲，屢經兵燹，番回雜處，民氣凋殘。目前補救之方，當以振興吏治、整頓營務、寬籌餉糈三者爲急，而其要在委任得人。臣受國厚恩，撫兹瘠苦之區，時事愈際艱難，需材更形急迫。溯在陝甘、新疆前後三十餘年，凡文武僚屬無不留心考察，或忠厚老成，吏治稍遜；或聰明才智，閲歷未深。平時習故安常，中才可與共勉，有事通方達變，良佐所遺豫求。

兹查有卸署新疆藩司二品頂戴兼按察使銜正任鎮迪道潘效蘇，才大心細，洞悉邊情，而理財治軍尤爲素所講習。曩者河湟之役，隨前督臣陶模率隊入關，前驅助剿，所向有功。嗣署新疆藩司，用人行政，佈置裕如，曾經督臣陶模以該員忠勇奮發，調度有方保奏，奉旨存記有案。又，留甘肅新疆補用提督借補撫標中軍參將現署烏什協副將湯咏山，沉毅樸實，謀勇兼優，隨故撫臣劉錦棠辦事多年，每戰必從。

以上二員，實皆杰出之才，於甘肅情形尤爲熟悉。新疆分省，本仍冠以甘肅，文武員弁即無畛域。現在甘肅需材尤急，臣與前督臣陶模、新疆撫臣饒應祺往返電商，意見相同。合無仰懇天恩俯念邊任重要，准將潘效蘇、湯咏山兩員調取入關差委，以收得人之效，實於邊局有裨。理合附片具陳。伏乞聖鑒訓示。再，此片係附前摺同日拜發，合并補齎。謹奏。

光緒二十六年閏八月十八日，奉硃批：著照所請，該部知道。欽此。①

○一九、甘督魏光燾奏報潘效蘇赴甘署理藩篆片

光緒二十六年十月二十七日（1900年12月18日）

再，臣查甘肅地處邊荒，漢回雜處，撫馭稍失機宜，動釀變故，非才識素

---

① 中國第一歷史檔案館藏：《軍機録副》，檔號：03-5943-040。

裕、諳悉地方情形、善於操縱者，不能得其要領。臣前調新疆鎮迪道兼按察使銜潘效蘇入關，該員才大識精，通達治體，自隨前督臣左宗棠度隴，服官三十餘年，歷著政績。二十二年，經調任督臣陶模奏總營務，督隊剿辦大通回匪，措置咸宜，群情慑服。現在乘輿西幸，長安、甘肅尤關緊要，臣奉命調滇，督臣崧蕃到任需時，兩司中尤不可無熟悉邊情、諳練軍事之員。

臣清厘交護，因催該員迅速到甘，委署藩司篆務，俾收駕輕就熟之益，期以下慰邊氓，上紓宸廑。謹附片密陳。伏乞聖鑒。謹奏。

光緒二十六年十一月初五日，奉硃批：知道了。欽此。①

○二○、甘督魏光燾奏聞潘效蘇署理甘肅藩篆片

光緒二十六年十月二十七日（1900年12月18日）

再，署理布政使甘肅按察使何福堃奉旨暫護陝甘總督篆務。所遺布政使員缺，查有奏調甘肅新疆鎮迪道兼按察使銜潘效蘇，諳悉邊情，通達治體，堪以署理。除檄飭遵照外，理合附片具奏。伏乞聖鑒。謹奏。

光緒二十六年十一月初五日，奉硃批：知道了。欽此。②

○二一、護甘督李廷簫奏委潘效蘇總理營務片

光緒二十六年十二月二十日（1901年2月8日）

再，辦理甘肅關内防、練馬步各軍營務處兼統省防各旗花翎分省補用道魏景桐，現雲貴督臣魏光燾電咨，奏調赴滇。所遺營務、統領事宜，關繫緊要，非委諳悉邊防、回情之員接辦，不足以資整理而收實效。查署甘肅布政使新疆鎮迪道

---

① 中國第一歷史檔案館藏：《軍機録副》，檔號：03-5945-045。
② 中國第一歷史檔案館藏：《軍機録副》，檔號：03-5945-046。

兼按察使銜潘效蘇，洞悉邊情，兼資文武，堪以派委總理甘肅全省防、練各軍營務、統領事宜。

除札委咨行外，理合附片具陳。伏乞聖鑒。謹奏。

光緒二十六年十二月十二日，奉硃批：知道了。欽此。[①]

○二二、何福堃奏聞潘效蘇與趙謙係姻親摺

光緒二十七年二月二十一日（1901年4月9日）

暫行護理陝甘總督甘肅布政使臣何福堃跪奏，爲實缺河州知州迴避姻親，例應呈明對調，恭摺仰祈聖鑒事。

竊據署甘肅布政使潘效蘇、署按察使徐錫祺會詳：准寧夏道志崇咨：據寧夏府知府崇俊詳：據署靈州知州正任河州知州趙謙稟稱：年六十歲，湖南湘鄉縣人，由文童投效江南軍營，克復金陵省城案内，保以從九品選用。同治八年，投效甘肅軍營，克復巴燕戎格及河湟肅清并關隴、新疆南北兩路一舉蕩平各案内，遞保知州留甘補用。光緒八年，請咨赴部驗放。十年九月，領照到省。嗣經丁憂服滿，起複到省，委署狄道州知州，調署洮州同知。二十二年，請補河州知州。二十四年，委署靈州知州。惟早歲以女許字新授甘肅按察使現署布政使潘效蘇長子晉乾爲室。二十一年，在新疆迪化府署完婚。現女雖病故，究係兒女姻親，例應由官小之員迴避。理合出具印結，呈請核轉，等情。由府道加結，核轉倒司。該署司等查署靈州知州正任河州知州趙謙，與本署藩司潘效蘇係屬兒女姻親，應准照例迴避，以督撫兼轄省分相當之缺酌量對調等情，詳請具奏前來。

臣覆查河州係繁、疲、難三字要缺，相應請旨將甘肅河州知州趙謙在於陝西相當實缺知州内酌量對調，以符定制。

除將親供印結咨送吏部查核外，理合恭摺具奏。伏乞皇太后、皇上聖鑒，敕部核覆施行。謹奏。二月二十一日。

光緒二十七年三月初一日，奉硃批：吏部議奏。欽此。[②]

---

① 中國第一歷史檔案館藏：《軍機録副》，檔號：03-5395-072。

② 中國第一歷史檔案館藏：《軍機録副》，檔號：03-5402-008。

○二三、甘督崧蕃奏委潘效蘇等會辦營務片
光緒二十七年三月初三日（1901 年 4 月 21 日）

再，奴才到任接受督篆。其卸護督篆新授甘肅布政使何福堃、卸署藩司新授甘肅按察使潘效蘇，均應飭令各赴新任，以專責成。查甘肅防、練馬步各營旗，分扎東西運道及南北緊要處所，藉資鎮懾；向有總理營務處，大都隨時擇委同城司道兼辦，兹仍派委藩司何福堃、臬司潘效蘇會辦，總理關内防、練各軍營務處，兼統駐扎省城附近防勇十一旗，由奴才就近督率訓練，俾成勁旅而固邊防。除分别檄飭遵照并咨行外，理合附片具陳。伏乞聖鑒。謹奏。

光緒二十七年三月十八日，奉硃批：知道了。欽此。①

○二四、科辦事大臣錫恒請飭將洋槍撥用片
光緒三十一年正月二十九日（1905 年 3 月 4 日）

再，奴才駐扎阿爾泰山，必需兵力以供安輯之用。上年十二月十五日，曾經奏請由烏梁海先募馬兵二百名，向新疆挪用槍械在案。近知瑞洵已向潘效蘇借得洋槍二百一十五桿、子彈二萬四千餘顆，存在古城。查科布多現未練兵，自屬無用，擬懇天恩電敕新疆巡撫潘效蘇，即將此項槍械撥歸奴才，移緩就急，良多裨益。爲此附片陳請。謹奏。

（硃批）：著照所請。②

光緒三十一年二月二十六日，奉硃批：著照所請。欽此。③

---

① 中國第一歷史檔案館藏：《軍機録副》，檔號：03-5999-079。
② 中國第一歷史檔案館藏：《硃批原件》，檔號：04-01-01-1073-067。
③ 中國第一歷史檔案館藏：《軍機録副》，檔號：03-6039-043。

二、潘效蘇被參之案

○○一、甘督升允奏報新疆各員侵挪冒銷摺
光緒三十一年七月二十七日（1905年8月27日）

頭品頂戴尚書銜陝甘總督臣奴才升允跪奏，爲遵旨查明據實覆奏，恭摺仰祈聖鑒事。

竊查接管卷内，前督臣崧蕃具奏新疆經管餉糈各員侵挪冒銷，據情參追一摺，奉硃批：李滋森等均著革職，歸案審辦，該部知道。欽此。當經前督臣奏委安肅道和爾賡額署理鎮迪道兼按察使員缺，檄令馳往就便會同新疆藩司吴引孫，澈底清查，以憑覆奏去後。嗣值交卸，而查覆之案尚未到甘，復經陳明移交奴才核奏，各等因。在案。

兹據吴引孫、和爾賡額詳稱：遵查新餉薄册出入款項，其二十九年分冒銷十九萬一千六百二兩六錢九分五厘一毫，續經查出漏收、誤支銀九千七百三十五兩五錢九分，及三十年分又查出漏收、誤支二千五百兩，共冒銷錯漏湘平銀二十萬三千八百三十八兩二錢八分五厘一毫，其中或浮支重出，侵蝕入己；或捏造名目冒銷，或副領支而正領又支，或報繳歸公。伙夫之存餉竟開條而分用，均係舞弊侵挪，毫無疑義。撫臣潘效蘇於此項冒銷款内分用銀十三萬五千兩，革道李滋森分用三萬九千兩，革員張樹焱分用九千三百兩，周開曙分用八千三百二兩六錢九分五厘一毫。余協中供稱未曾分用，各該革員均具有親供。所侵之款，自撫臣以下均經先後繳還司庫，訖。

又，撫臣潘效蘇於二十八年冬到任時，另行挪用銀五萬兩，亦於本年六月如數歸款，并由李滋森等將漏收、誤支之一萬二千二百三十五兩五錢九分，亦經陸續繳到，均由和爾賡額盤驗屬實，再由吴引孫於各銷册内逐款删除、更正，并稱此項追出銀兩擬請留備補發新疆歷年未發欠餉，邀免他撥，等情。會詳請奏前來。

奴才伏查大臣法則小臣廉，表不正則影不直。此案冒銷之款確非因公，雖迎合出於屬員，而授意由於疆吏，衡其情節，似李滋森等輕，而潘效蘇爲重；科以數目，亦李滋森等少，而潘效蘇爲多。是非之公，非奴才所能諱飾；黜陟之典，知朝廷自有權衡。

除照録親供咨送軍機處備查外，所有查明覆奏緣由，理合恭摺具陳。伏乞皇太后、皇上聖鑒。謹奏。光緒三十一年七月二十七日。

（硃批）：另有旨。[①]

【案】此案清廷於是年八月十八日頒布諭旨，曰：

光緒三十一年八月十八日，内閣奉上諭：升允奏，查明疆臣侵挪各款，據實覆奏一摺。前據崧蕃奏參侵冒饟糈各員，當將李滋森等一并革職，歸案審辦。玆據升允查覆，潘效蘇等冒銷、分用款項至二十三萬餘兩之多，雖經照數歸款，究屬通同舞弊。該撫身爲疆臣，宜如何清白乃心，整躬率屬，乃竟侵挪鉅款，實屬辜恩溺職！甘肅新疆巡撫潘效蘇著即行革職，發往軍臺效力贖罪。已革鎮迪道李滋森、吐魯番同知張樹焱、候補通判周開曙，扶同捏飾，朋比分肥，均著發往軍臺效力贖罪，以示懲儆。已革候補通判佘協中，既據奏稱未曾分款，業經革職，即著毋庸置議。此項追出銀兩，著該督等飭令另款存儲，聽候提撥。該部知道。欽此。[②]

〇〇二、吴引孫請將追繳潘效蘇等侵款留新摺

光緒三十一年十二月十六日（1906年1月10日）

署理甘肅新疆巡撫布政使臣吴引孫跪奏，爲新疆練軍興學，籌款維艱，擬懇將追繳前任撫臣等侵挪冒銷各款銀兩一并留新，免其提撥，以濟要需而行新政，恭摺仰祈聖鑒事。

竊臣據署布政使和爾賡額、署鎮迪道兼按察使銜黄丙焜會銜詳稱：自强之道恃乎整軍育才，而在新疆爲尤急，無如開支款項全仰給於内地，近來各省關因派繳賠款，自顧不暇，協新之餉常有欠解至三四成及五六成不等者，雖經奏牘交催，卒未能如數解清。似此餉源日絀，一切新政均難措施，實深焦灼。然新省地接英俄，邊防緊要，無論如何拮据，亦應未雨綢繆，設法籌辦。遵旨改練新軍以備徵調，建立學堂以資造就，方足以固疆圉而育人才。

① 中國第一歷史檔案館藏：《硃批原件》，檔號：04-01-35-0849-031。
② 《光緒朝上諭檔》，第31册，第125頁。又，《德宗景皇帝實録（八）》，卷五百四十八，光緒三十一年八月，第280頁。

因思練軍則有統領等薪公、兵丁月餉以及製辦操衣、槍炮、藥彈之費，建學則有教習脩脯、委員薪水、學生食用以及購置儀器、書籍、齋舍之費，二者并舉，費尤不貲。除已裁并之左、右兩翼馬隊六旗、續備五營原有餉項及博達書院舊存經費不計外，每年新增用款約需六萬餘兩。刻下新軍將次成營，學堂已經開辦，規模麤具，度支浩繁，苟非預籌的款，必至半塗廢弛。因查追繳前撫臣潘效蘇暨新餉所委員等侵挪冒銷各款，共銀二十三萬餘兩。八月十八日，電傳上諭：另款存儲，聽候提撥等因。欽此。欽遵查前項銀兩，原案係二十五萬五千九百二十一兩六錢一分八厘，值此練軍興學，創辦伊始，需款孔亟，籲懇將原項銀兩一并留於新疆，作爲常年費用，詳請奏咨，等情。前來。

臣查餉絀時艱，日甚一日，屢奉諭旨催練新軍，創建學堂，實屬刻不容緩，合無仰懇天恩俯准將追繳前撫臣潘效蘇等侵挪冒銷各款銀兩二十五萬五千九百餘兩一并留新備用，就新疆之銀，辦新疆之事，既可省其轉運，且可濟其艱危。如蒙俞允，并請飭下户部存案，免其提撥。所有新疆練軍興學，籌款維艱，擬懇將追繳前撫臣等侵挪冒銷各款銀兩一并留新，免其提撥，以濟要需而行新政各緣由，除咨部查照外，謹會同陝甘總督臣升允，恭摺具陳。伏乞皇太后、皇上聖鑒訓示。謹奏。光緒三十一年十二月十六日。

（硃批）：户部議奏。①

光緒三十二年正月二十九日，奉硃批：户部議奏。欽此②。

○○三、直隸總督袁世凱請免潘效蘇發遣摺

光緒三十二年五月二十八日（1906年7月19日）

太子少保北洋大臣直隸總督臣袁世凱跪奏，爲廢員在途患病，遵例倍繳臺費銀兩，籲懇天恩免其赴部發遣，恭摺仰祈聖鑒事。

竊臣接據直隸延慶州知州鄭墨詳稱：據已革新疆巡撫潘效蘇遣丁呈稱：效

---

① 中國第一歷史檔案館藏：《硃批原件》，檔號：04-01-01-1074-047。

② 中國第一歷史檔案館藏：《軍機録副》，檔號：03-6587-025。

蘇現年六十歲，係湖南湘鄉縣人，前在新疆巡撫任内接奉電傳光緒三十一年八月十八日上諭：升允奏，查明疆臣侵挪款項，據實奏明一摺。前據崧蕃奏參侵挪餉需各員，當將李滋森等一并革職，歸案審辦。兹據升允查覆潘效蘇等冒銷分用款項至二三十萬餘兩之多，雖經照數歸款，究屬通同舞弊。該撫身爲疆臣，宜如何清白乃心，整躬率屬，乃竟侵挪鉅款，實屬辜恩溺職！甘肅新疆巡撫潘效蘇，著即行革職，發往軍臺效力贖罪等因。欽此。辜負天恩，悚惶無地。當將巡撫篆務移交後任接收，料理起程。

惟遍查律例，并無新疆革職人員發往軍臺效力贖罪、應由何路行走成案，當在新疆兼臬司衙門遣丁呈明由新疆入嘉峪關，取道甘凉、寧夏，歸化城，以達張家口戍所，并請轉詳新疆巡撫分咨兵部及察哈爾都統衙門知照，旋於上年十月由新疆起程。詎因前在軍營年久，積受潮溼過重，又因上年六月在新疆巡撫任内奏奉諭旨，巡閲南路，溽暑奔馳。迨欽奉嚴旨，隨即就道，至十二月，行至甘凉地方，正值嚴寒，前後感觸，於本年正月行抵寧夏府城，病卧兩月之久，仍力疾前進。四月二十六日抵張家口，當在都統衙門報到。據云并未接准兵部轉咨及新疆巡撫逕咨有案，衹得赴京聽候兵部驗到給咨，再行赴臺。無如起程後又患吐瀉諸症。昨閏四月十三日，至延慶州屬居庸關地方，病勢加重，實難支持，又未便曠日羈延，益滋罪戾。查光緒十一年三月間兵部奏定《軍臺廢員贖罪章程》内開：未到臺者，照一臺至十二臺例，每月繳臺費銀四十三兩。按三年連閏三十七個月，加倍交足，准予免遣等因。兹遵章加倍備具庫平銀三千一百八十二兩，懇祈驗收轉呈。詳請代奏前來。

臣查潘效蘇於咸豐、同治年間曾隨大學士左宗棠在贛、皖、浙、閩、直、東、陝、甘等省剿賊，又於光緒二十二年隨前陝甘總督臣陶模剿平新疆回逆，積功累擢，蒙恩簡授新疆巡撫。今因案革職，赴部投到，聽候發臺效力，行至直隸延慶州屬地方，患病難支，經該州驗明屬實，并無捏飾情弊。查光緒二十九年，廣西桂平梧鹽法道黄仁濟以隨辦營務幾誤大局，經御史臣蔣式瑆暨署兩廣督臣岑春煊先後奏參革職，發往軍臺效力，行抵山東境内患病，遵例呈繳臺費銀兩，由正任山東撫臣周馥奏請，奉旨免其發遣。欽此。欽遵在案。該廢員潘效蘇事同一律，既據遵章加倍繳到臺費銀兩，合無仰懇天恩俯准照案免其發遣，出自鴻施逾格。

除將繳到臺費銀兩三千一百八十二兩暫發藩司存庫，一俟奉旨允准，再行搭解赴部交納，并分咨吏、户、兵、刑四部及察哈爾都統查照外，理合恭摺具陳。

伏乞皇太后、皇上聖鑒訓示。謹奏。五月二十八日。

光緒三十二年六月初二日，奉硃批：所請著不准行。欽此。[①]

○○四、新撫聯魁報聞提用潘效蘇等侵挪各款片

光緒三十三年六月二十日（1907 年 7 月 29 日）

再，查前准部咨：議覆追繳前撫臣潘效蘇等侵挪各款銀二十五萬五千九百二十一兩六錢一分八厘，全數撥歸伊犁將軍，提充備邊要需等因。奉旨允准欽遵咨行到新。兹於本年四月三十日准伊犁將軍長庚咨稱：此項銀兩内，除先經提撥吐魯番開辦織布局經費湘平銀一萬兩外，尚應實存湘平銀二十四萬五千九百二十一兩六錢一分八厘，應即儘數提解，以資應用。等因。奴才當即飭司遵照，已將前款悉數發交派來委員穆特春領解赴伊。

除咨部外，謹會同陝甘督臣升允，附片陳明。伏乞聖鑒。謹奏。

（硃批）：該部知道。[②]

光緒三十三年八月十三日，奉硃批：該部知道。欽此[③]。

○○五、將軍長庚奏提潘效蘇等繳銀片

光緒三十三年十二月十八日（1908 年 1 月 21 日）

再，奴才前准户部咨：議覆署新疆巡撫吴引孫奏新疆練兵興學，籌款維艱，懇將追繳前任撫臣等冒銷各款銀兩留作費用一摺。原奏内稱，查前新疆撫臣潘效蘇追繳銀兩，經臣部於議覆伊犁將軍長庚奏請籌備邊防摺内已將此款請旨撥作該

---

① 中國第一歷史檔案館藏：《軍機録副》，檔號：03-5461-021。

② 中國第一歷史檔案館藏：《硃批原件》，檔號：04-01-35-0851-034。

③ 中國第一歷史檔案館藏：《軍機録副》，檔號：03-6179-061。

將軍辦理邊防之用，自不得再請他撥。惟陝甘督臣查覆原奏係二十三萬餘兩，臣部是以按二十三萬餘兩之數指撥。

今據署新疆撫臣吴引孫奏稱，前項銀兩原案係二十五萬五千九百二十一兩六錢一分八厘，自係查明確數，應請旨飭下新疆撫臣，即將此項全數撥歸伊犁將軍長庚，提充備邊要需，等情。奉旨：依議。欽此。分别咨行欽遵在案。當經奴才咨請新疆撫臣轉飭藩司，專款存儲，聽候提撥；并因前署吐魯番廳同知錢宗彝開辦織布局需款，先後兩次飭撥過湘平銀一萬兩，實存湘平銀二十四萬五千九百二十一兩六錢一分八厘。嗣因伊犁辦理練兵并開辦武備速成學堂暨皮毛公司等項之用，續經咨由撫臣飭司於本年五月二十五日照數發交委員伊犁舊滿營佐領穆特春領解，前赴伊犁，於糧餉處庫存儲，以備撥用。

除咨明度支部外，所有已革新疆巡撫潘效蘇等呈繳冒銷銀兩業經如數提用緣由，理合附片具陳。伏乞聖鑒。謹奏。

（硃批）：覽。[1]

光緒三十四年二月初六日，奉硃批：覽。欽此。[2]

〇〇六、軍臺廢員潘效蘇等可否釋回摺

宣統元年閏二月十六日（1909 年 4 月 6 日）

管理陸軍部事務和碩慶親王[3]臣奕劻等謹奏，爲請旨事。

---

① 中國第一歷史檔案館藏：《硃批原件》，檔號：04-01-18-0056-049。

② 中國第一歷史檔案館藏：《軍機録副》，檔號：03-6182-027。

③ 奕劻（1838—1917），愛新覺羅氏，乾隆帝第十七子永璘之孫，自幼過繼慶郡王綿慜爲嗣。道光二十九年（1849），襲輔國將軍。咸豐二年（1852），封貝子。十年（1860），晉貝勒。同治十一年（1872），加郡王銜，授御前大臣。光緒十年（1884），管理總理各國事務衙門事務。同年，晉慶郡王。十一年（1885），會同醇親王辦理海軍事務。十二年（1886），充内廷行走。十五年（1889），授右宗正。二十年（1894），封慶親王。二十四年（1898），封世襲罔替親王。二十六年（1900），庚子事變，留京議和。二十七年（1901），總理外務部。二十九年（1903），任軍機大臣，仍總理外務部，嗣命總理財政處、練兵處。宣統三年（1911）充首任内閣總理大臣。武昌起義後，任弼德院總裁。民國六年（1917），病逝。追謚密。

准法部咨：具奏光緒三十四年十一月初九日恭逢恩詔，查辦軍流以下人犯，其軍臺效力官犯仍咨行陸軍部，照例辦理等因一摺，奉旨：依議。欽此。欽遵咨行臣部核辦前來。臣等伏查向來恭逢恩詔，所有軍臺效力贖罪各廢員可否量予釋回，或酌減留臺年分至期釋回之處，由臣部開單具奏在案。此次自應遵照辦理。當經查照向辦成案，咨行察哈爾都統，將在臺各廢員獲罪原案及到臺年月，并能否完繳臺費，造册咨覆臣部，并知照法部去後。兹據察哈爾都統造具清册咨覆前來。

臣等查軍臺官犯，其恭逢恩詔以後及尚未呈報到臺者，向皆毋庸開列。其軍務獲罪之員，雖在臺亦向不查辦。其應催起解及應行查拏各廢員，向係另繕清單，請旨分别飭催查拏。其應行查辦之在臺廢員，照開清單請旨，欽奉諭旨内有加恩釋回者，亦有減免一年、二年、三年者，亦有不准減免者。此次恭逢恩詔，除已報解尚未到部轉發之柳大年一員，現已轉發。尚未到臺之桂陞一員及上届欽奉諭旨毋庸查辦之李增誨一員，并軍務獲罪之劉榮瑨、葉茂青、吕國銘、朱光點、譚炳榮、存誠、吉祥八員，均照案毋庸開列外，其應行查辦之在臺廢員福源、陳尚新、易瀧礄、羅人鑄、潘效蘇、周開曙、張樹焱、金銘、方振元、濟煜、謝鈞、李滋森、魏漢文、曹本煌、有泰、劉耀坤、穆克德春、瑞洵、譚湧發、吴文焕等二十員，臣等查據軍臺清册，謹將獲罪原案及到臺期滿年月繕具清單，恭呈御覽。如有仰蒙聖恩寬釋及酌減留臺年分至期釋回之員，應俟奉旨後，由臣部行文察哈爾都統遵照辦理。其不准寬減者，仍交該都統於三年期滿時，照例奏明請旨。其上届查辦軍臺廢員，欽奉諭旨并恭録咨送軍機處查核。

至應行查緝催解之蘇錦堂等七十七員，應照案另繕清單，請旨分别飭催查拏。惟查蘇錦堂等八員均事犯在咸豐年間，奎英等十九員均事犯在同治年間，興福等十七員均事犯在光緒初年，其遠者已閲五六十年或三四十年，其較近者亦二十餘年，歷届奏催，迄未一報緝獲，陸續接辦，幾同具文，擬請飭下各該督撫、將軍、都統等認真嚴查，確速奏覆，以儆積玩而免久延。

所有臣等遵奉光緒三十四年十一月初九日恩詔查辦軍臺廢員緣由，理合恭摺具陳，并恭繕清單。伏乞皇上聖鑒訓示。遵行。謹奏請旨。宣統元年閏二月十六日。

管理陸軍部事務和碩慶親王臣奕劻，尚書臣鐵良[①]，左侍郎臣壽勳[②]，右侍郎臣廕昌[③]（差），署右侍郎臣姚錫光。[④]

【案】此案即於當日得旨得旨允行，《宣統朝上諭檔》載曰：

軍機大臣欽奉諭旨：陸軍部奏，欽奉恩詔，查辦軍臺廢員，開單請旨一摺，除柳大年、桂陞、李增誨、劉棨瑂、葉茂青、吕國銘、余鼎銘、朱光點、譚炳棨、存誠、吉祥等均毋庸查辦外，福源、羅人鑄均著加恩釋回；易瀜礄、潘效蘇、周開曙、張樹焱均著加恩釋回，仍呈繳臺費；陳尚新、魏漢文均著加恩減免二年；李滋森、曹本煌、有泰、劉耀坤、瑞洵、譚湧發均著加恩減免一年，届期即行釋回，以示朕法外施恩至意。餘依議。欽此。

軍機大臣署名：臣奕，臣世，臣張，臣鹿，臣那（假）。閏二月十六日。[⑤]

---

① 鐵良（1863—1938），字寶臣，滿洲鑲白旗人，監生。光緒十七年（1891），充工部員外郎。二十五年（1899），補大理寺少卿。二十七年（1901），署左翼總兵。同年，授内閣學士，兼禮部侍郎銜。二十八年（1902），署鑲藍旗漢軍副都統，遷正黄旗蒙古副都統。同年，任京旗練兵翼長，署兵部左侍郎。二十九年（1903），補授正藍旗滿洲副都統。同年，補户部右侍郎。三十年（1904），補兵部左侍郎。三十一年（1905）署兵部尚書，充崇文門副監督。同年，授政務處大臣，擢户部尚書，拜軍機大臣。三十二年（1906），授督辦税務大臣。同年，補授陸軍部尚書，兼署度支部尚書。三十四年（1908），總理稽察守衛事宜。宣統二年（1910），調補江甯將軍。民國六年（1917），參與張勳復辟。二十七年（1938），卒於天津。

② 壽勳，生卒年未詳，字挹卿，鑲黄旗蒙古人，光緒二十九年（1903），署練兵處軍令司副使、花翎軍機處存記直隸補用知府。三十年（1904），署黑龍江副都統。同年，調補科布多參贊大臣。三十二年（1906），遷兵部左侍郎，改陸軍部左侍郎。宣統二年（1910），署陸軍部尚書，改陸軍部副大臣。三年（1911），署陸軍大臣。

③ 廕昌（1859—？），字午樓，滿洲正白旗人，官學生。同治十一年（1872），入同文館内德文館就讀。光緒三年（1877），充駐柏林使館三等翻譯官。十年（1884），入德國軍事學校學習軍事。十一年（1885），充北洋武備學堂翻譯。十二年（1886），充直隸候選知州，歷任道員、武備學堂監督。二十五年（1899），辦理對德交涉路礦事宜。二十六年（1900），升補副都統。二十七年（1901），授正白旗漢軍副都統，加侍郎銜。同年，授駐德國欽差大臣，兼駐荷蘭欽差大臣。三十一年（1905），回國，以正白旗軍副都統加兵部侍郎銜，署江北提督。三十二年（1906），署陸軍部尚書，改陸軍大臣。三十四年（1908），再充駐德國欽差大臣。宣統二年（1910），擢陸軍部尚書。同年，授陸軍大臣。三年（1907），拜内閣陸軍大臣，兼弼德院顧問大臣。民國元年（1912），任總統府侍從武官長、軍事處總長。三年（1914），任陸海軍大元帥統帥辦事處辦事員兼總統府侍從武官長軍事處總長、外交部高等外交顧問。同年，授陸軍上將。六年（1917），授參謀總長。八年（1919），任侍從武官長。十二年（1923），授將軍府莊威上將軍。十七年（1928），病卒。

④ 臺北“故宫博物院”藏：《軍機及宫中檔》，文獻編號：176401。

⑤ 《宣統朝上諭檔》，第1册，第111—112頁。

○○七、奕劻等呈廢員釋回或留臺清單

宣統元年閏二月十六日（1909年4月6日）

謹將應行查辦在臺各廢員繕具清單，恭呈御覽。

已革防禦福源，年三十五歲，鑲黄旗人。光緒三十一年二月，奉天總督增祺等奏巡守職官刨毁紅樁以内樹楂，比例定擬等因，革職發往軍臺。三十二年二月，派到第十三臺效力。查該革員三年限期扣至宣統元年二月期滿，現據報無力完繳臺費。該革員係防禦三年期滿，照例改擬杖徒。

已革署閩粤南澳鎮總兵福建海壇水師副將陳尚新，年五十七歲，湖南人。光緒三十一年十二月，廣督岑春煊奏，被控賄買弁缺，擅殺私販等因，革職發往軍臺。三十二年六月，派到第十二臺效力。查該革員三年限期扣至宣統元年六月期滿，現據報無力完繳臺費。該革員係副將三年期滿，照例再留五年。

已革補用副將南洋常備軍第四標第二營管帶易瀧礄，年五十五歲，湖南人。光緒三十二年二月，江督周馥奏參短發餉銀，貪鄙無耻，革職發往軍臺。是年七月，派到第十一臺效力。查該革員三年限期扣至宣統元年七月期滿，現據報情願呈繳臺費。

已革杭州府經歷羅人鑄，年六十二歲，四川人。光緒三十二年二月，浙撫張曾敭奏參賄縱管押官犯辦厘委員已革知縣榮鼎等因，革職發往軍臺。是年七月，派到第十一臺效力。查該革員三年限期扣至宣統元年七月期滿，現據報實係無力完繳臺費。該革員係府經歷三年期滿，照例改擬杖徒。

已革新疆巡撫潘效蘇，年七十歲，湖南人。光緒三十一年八月，陝督崧蕃奏參侵冒餉糈，經升允查覆冒銷分用款項至二十三萬之多等因，奉旨革職發往軍臺。三十二年七月，派到第一臺效力。查該革員三年限期扣至宣統元年七月期滿，現據情願呈繳臺費。

已革候補通判周開曙，年五十二歲，湖南人。光緒三十一年八月，陝督升允查覆新疆巡撫潘效蘇等冒銷款項案内，以扶同捏飾，朋比分肥等因，革職發往軍臺。三十二年八月，派到第十三臺效力。查該革員三年限期扣至宣統元年八月期滿，現據報情願呈繳臺費。

已革土魯番同知張樹焱，年五十八歲，湖南人。光緒三十一年八月，陝督

升允查覆新疆巡撫潘效蘇等冒銷款項案内，以扶同捏飾，朋比分肥等因，革職發往軍臺。三十二年十一月，派到第十二臺效力。查該革員三年限期扣至宣統元年十一月期滿，現據報情願呈繳臺費。

已革阜成汛守備金銘，年四十九歲，順天人。光緒三十三年三月，以拷斃人命，經法部議革職發往軍臺。是年五月，派到第十三臺效力。查該革員三年限期扣至宣統二年五月期滿，現據報實係無力完繳臺費。該革員係守備三年期滿，照例改擬杖徒。

已革廣西縣丞方振元，年二十六歲，安徽人。光緒三十二年四月，廣西巡撫林紹年奏參失察禁役，賄縱匪犯等因，革職發往軍臺。三十三年五月，派到第八臺效力。查革員三年限期扣至宣統二年五月期滿，現據報無力完繳臺費。該革員係縣丞三年期滿，照例改擬杖徒。

已革世襲雲騎尉内閣中書濟煜，年三十歲，正藍旗人。光緒三十二年十二月，法部奏審明職官與旗女通奸，因奸情敗露，致奸婦羞忿自盡，革職發往軍臺，中途逃脱。三十三年五月緝獲，六月派到第四臺效力。查該革員因逃脱緝獲，由大理院例擬四年限期，扣至宣統三年六月期滿，現據報無力完繳臺費。該革員係中書四年期滿，照例再留五年。

已革江蘇候補布庫大使謝鈞，年四十六歲，湖南人。光緒三十二年十二月，兩江總督端方片奏，以庇匪營私，貪庸謬妄等因，革職發往軍臺。三十三年七月，派到第十四臺效力。查該革員三年限期扣至宣統二年七月期滿，現據報情願呈繳臺費。

已革鎮迪道李滋森，年七十一歲，湖北人。光緒三十一年八月，陝督升允查覆新疆巡撫潘效蘇等冒銷款項案内，以扶同捏飾，朋比分肥等因，革職發往軍臺。三十三年十一月，派到第一臺效力。查該革員三年限期扣至宣統二年十一月期滿，現據報情願呈繳臺費。

已革記名外委魏漢文，年五十七歲，直隸人。光緒三十三年七月，直隸總督袁世凱片奏永定河北上四汛漫口，該汛弁防護不力，魏漢文首先張皇，以致民散工潰等因，革職發往軍臺。三十四年二月，派到第七臺效力。查該革員三年限期扣至宣統三年二月期滿，現據報實係無力完繳臺費。該革員係外委三年期滿，照例改擬杖徒。

已革試用從九品曹本煌，年四十歲，安徽人。光緒三十三年四月，廣西巡撫張鳴岐奏，因公科斂，得財入己等因，經法部議奏革職發往軍臺。三十四年四月，派到第八臺效力。查該革員三年限期扣至宣統三年四月期滿，現據報實係無力完繳臺費。該革員係從九品三年期滿，照例改擬杖徒。

已革駐藏大臣有泰，年六十二歲，蒙古正藍旗人。光緒三十三年二月，以張蔭棠電奏奉旨：有泰身爲大臣，未能潔己率屬，實屬辜恩等因，革職發往軍臺。三十四年四月，派到第十一臺效力。查該革員三年限期扣至宣統三年四月期滿，現據報情願呈繳臺費。

已革候選道劉耀坤，年二十五歲，四川人。光緒三十三年九月二十日奉旨：趙爾豐電奏悉。劉耀坤情節較重，僅予革職，不足蔽辜，著即行革職發往軍臺。欽此。三十四年五月，派到第六臺效力。查該革員三年限期扣至宣統三年五月期滿，現據報情願呈繳臺費。

已革翻譯筆帖式穆克德春，年四十一歲，鑲藍旗人。光緒三十三年四月，前署黑龍江將軍程德全奏參蒙員行賄漁利，職官詐取財物等因，革職發往軍臺。三十四年五月，派到第四臺效力。查該革員三年限期扣至宣統三年五月期滿，現據報實係無力完繳臺費。該革員係筆帖式三年期滿，照例改擬杖徒。

已革科布多參贊大臣瑞洵，年五十歲，正黃旗人。光緒三十一年十一月，軍臺都統溥頲等奏邊臣回京，隨從人等索擾臺站等因，革職發往軍臺。是年十一月，到部轉發。十二月十八日，奉旨押解來京，交刑部嚴訊。三十四年四月，法部具奏奉旨，仍發軍臺。是年七月，派到第十臺效力。查該革員三年限期扣至宣統三年七月期滿，現據報情願呈繳臺費。

已革候補參將譚涌發，年五十二歲，湖南人。光緒三十四年四月，因綏遠城將軍貽穀督辦墾務有二誤四罪革職拏問案内，奉旨發往軍臺。是年九月，派到第九臺效力。查該革員三年限期扣至宣統三年九月期滿，現據報情願呈繳臺費。

已革投效補用典史新民府辦事官吴文焕，年三十二歲，河南人。光緒三十四年九月，東三省總督徐世昌奏參婪贓玩法，按律從重酌擬，請發軍臺。是年十二月，派到第二臺效力。查該革員三年限期扣至宣統三年十二月期滿，現據報實係無力完繳臺費。該革員係典史三年期滿，照例改擬杖徒。[①]

① 臺北“故宫博物院”藏：《軍機及宫中檔》，文獻編號：176401-A。

○○八、奕劻呈催緝及應催拏各廢員清單

宣統元年閏二月十六日（1909年4月6日）

謹將應行催緝及應催解、查拏各廢員繕具清單，恭呈御覽。

已革把總蘇錦堂，因搶匪潛匿，毫無覺查，咸豐二年經江蘇巡撫奏准發往軍臺。七年八月，據該撫咨，揚州失陷後，該廢員尚無下落。同治三年七月，復據該撫咨，省城失陷後，并無下落，亦無眷屬在境。

已革額外外委汪殿元，因剿匪失利，咸豐八年經河南巡撫奏准發往軍臺。九年五月，解部轉發。八月，准直督咨，該官犯行至直隸吴家店，乘間逃走。

已革千總解魁元，因失守城池，咸豐八年經山東巡撫奏准發往軍臺。十一年九月，據該撫奏明，該革員留兖州鎮總兵富新營内脱逃。

已革四川督標署外委周策勳，因摺差進京交卷，箱隻裝載洋藥，偷漏税課，咸豐九年經刑部奏准發往軍臺，旋送臣部轉發。十年二月，准軍臺都統咨，該官犯行至沙河堡慶和園飯店脱逃。

已革四川督標委外許懷清，因摺差進京文卷，箱隻裝載洋藥，偷漏税課，咸豐九年經刑部奏准發往軍臺。十年十二月，軍臺都統奏該廢員由配脱逃。

已革福建額外外委許志耀，因帶兵防剿，藉詞逗留，咸豐九年經閩浙總督奏准發往軍臺。十一年十二月，軍臺都統奏該該廢員在配脱逃。

已革委協尉德馨，因向金三借錢不遂，咸豐十年經刑部奏准發往軍臺。是年十二月，軍臺都統奏該廢員在配脱逃。

已革湖南興寧汛把總李正鈞，因被賊侵入境内，擄掠人民，咸豐十一年，由刑部奏准發往軍臺。同治元年三月，據湖南巡撫咨，該弁畏罪脱逃。

已革佐領奎英，因馬甲受恩等私鑄銅錢，爲其隱瞞，同治二年經刑部奏准發往軍臺。三年十二月，軍臺都統奏該廢員在配脱逃。

已革知縣黎定攀，因失守城池，同治二年經浙江巡撫奏准發往軍臺。八年十一月，軍臺都統奏該廢員在配脱逃。

已革游擊邊得勝，因冒戴花翎，同治三年經原任欽差大臣僧格林沁奏准發往軍臺。六年七月，軍臺都統奏該廢員在配潛逃。

已革門領賀永銘，因城樓銅炮被竊，同治三年經刑部奏准發往軍臺。七年五

月，軍臺都統奏該廢員在配脱逃。

已革把總王勳，因棍責賭犯田長春受傷身死，同治三年經山東巡撫奏准發往軍臺。七年五月，軍臺都統奏該廢員在配脱逃。

已革千總王得勝，因浙江失事，同治四年經浙江巡撫奏准發往軍臺。八年五月，軍臺都統奏該廢員在配脱逃。

已革佐領索成，因欠交軍器，同治五年經盛京刑部奏准發往軍臺。六年八月准該部咨，該官犯行至二道境子屯脱逃。

已革總兵曾昭仕，因未能約束勇丁，同治五年經湖廣總督等奏准發往軍臺。十一年三月，准湖北巡撫咨，該廢員在湖南原籍行至巴、臨兩縣交界五爪松地方脱逃。

已革佐領春慶，因不受管束，同治六年經欽差大臣李鴻章奏准發往軍臺。七年十一月，軍臺都統奏該廢員在配脱逃。

已革恩騎尉富昌，因藉端訛詐，同治六年准吉林將軍咨刑部議覆奏准發往軍臺。八年五月，軍臺都統奏准廢員在配脱逃。

已革千總李明皙，因營兵糾眾求緩比糧，毆傷縣官，同治七年准直督咨刑部議覆奏准發往軍臺。八年五月，軍臺都統奏該廢員在配脱逃。

已革外委張九圍，因營兵糾眾求緩比糧，毆傷縣官，同治七年准直督咨，刑部議覆奏准發往軍臺。八年五月，軍臺都統奏該廢員在配脱逃。

已革佐領里善，因將已故總管克肯保之子媳非刑拷打，又與杜拉爾氏通奸，同治七年准刑部咨，經黑龍江將軍奏准發往軍臺。八年五月，軍臺都統奏該廢員在配脱逃。

已革都司許如龍，因案革職後赴京呈控，同治九年經閩浙總督奏准發往軍臺，迄未解部。

已革都司邱瑞祥，因革兵乘火搶取衣物，知情庇匿，同治九年准直督咨，經刑部議覆奏准發往軍臺。十三年六月，軍臺都統奏該廢員在配脱逃。

已革都司李振海，因疑竊將賣騾人看守盤詰，致令乘間投井身死，同治九年經直督奏准發往軍臺。十三年六月，軍臺都統奏在配脱逃。

已革同知張同方，因招摇訛詐，妄拏鄉民，同治九年經山東巡撫奏准發往軍臺。十三年六月，軍臺都統奏在配脱逃。

已革副將譚飛麟，因踢傷伊妾身死，同治十三年經湖南巡撫奏准發往軍臺。

光緒四年八月，軍臺都統奏在配脱逃。

已革把總吴蘭生，因拏獲賭犯自縊身死，同治十三年經刑部議覆直督奏准發往軍臺。光緒二年十一月，軍臺都統奏在配脱逃。

已革佐領興福，因緝捕不力，光緒元年經盛京將軍奏准發往軍臺。四年十一月，軍臺都統奏在配脱逃。

已革知縣周啓昌，因勒取民財，光緒元年經陝督奏准發往軍臺。五年十二月，軍臺都統奏在配脱逃。

已革雲騎尉勝額圖，因受賄縱匪，光緒元年經吉林將軍奏准發往軍臺。四年十一月，軍臺都統奏在配脱逃。

已革雲騎尉榮陞，因受賄縱匪，光緒元年經吉林將軍奏准發往軍臺。四年十一月，軍臺都統奏在配脱逃。

已革參將杜振元，因與民婦通奸致其姑自盡，光緒二年經刑部議覆安徽巡撫奏准發往軍臺。四年八月，軍臺都統奏在配脱逃。

已革雲騎尉成福，因充當鄉約，向民派錢，光緒三年經吉林將軍奏准發往軍臺。四年十一月，軍臺都統奏在配脱逃。

已革千總張景堂，因妄拏平民，又復拷打，光緒三年經刑部議覆直督奏准發往軍臺。四年三月，軍臺都統奏在配脱逃。

已革守備杜光凱，因詐傳二品官言語分派公事，光緒三年經刑部議覆四川總督奏准發往軍臺。五月，軍臺都統奏該廢員在配脱逃。

已革防禦雙全，因縱賊遠颺，并不進剿，光緒三年經吉林將軍奏准發往軍臺。八年二月，軍臺都統咨該廢員在配脱逃。

已革雲騎尉哈達洪阿，因縱令開賭斂錢，光緒五年八月經刑部議覆吉林將軍奏准發往軍臺。九年五月，軍臺都統奏該廢員在配脱逃。

已革守備賈文貴，因北甯失事案内，光緒十年經廣西巡撫奏准發往軍臺。十二年，經護理廣西巡撫奏稱，該革員於奏請革職未奉改發之前，已回直隸密雲縣原籍，隨經臣部咨行直隸總督，就近委員解部轉發。旋據該督覆稱，該革員於未奉提解之先，携眷外出，不知去向。

已革游擊田福志，因北寧失事案内，光緒十年經廣西巡撫奏准發往軍臺。十四年十一月，軍臺都統奏該廢員在配脱逃。

已革把總梁步高，因逞刁藐法，光緒十一年經湖廣總督奏准發往軍臺。十三年十一月，軍臺都統奏該廢員在配脱逃。

已革副將張陞楷，因馬江失事案内，光緒十一年經閩浙總督奏准發往軍臺。十三年八月，軍臺都統奏該廢員在配脱逃。

已革副將潘高陞，因縱勇袒助番社，光緒十一年經臺灣巡撫奏准發往軍臺。十二年二月，據該撫奏該革員捏報病故脱逃。

已革參將唐永福，因毆傷胞弟身死，光緒十二年經湖南巡撫奏准發往軍臺。十四年十二月，軍臺都統奏該廢員在配脱逃。

已革都司劉正興，因捏造信函投效福軍，任意欺朦嚇詐，購辦軍裝、糧米，設法盤剥，光緒十二年經兩廣總督奏准發往軍臺。十五年十月，軍臺都統奏該廢員在配脱逃。

以上四十四員，係犯事在咸豐年間者八員，在同治年間者十九員，在光緒初年者十七員。其遠者已閲五六十年，或三四十年；其較近者亦二十餘年，歷届奏催并未一報緝獲，陸續接辦，幾成具文。擬請飭下各該督撫、將軍、都統等，認真嚴查，確速奏覆，以儆積玩而免久延。

已革選用縣丞沈著明，光緒三十一年二月，兩廣總督岑春煊奏參前帶光緒常備右軍後營，顢頇蒙蔽、輕信妄殺等因，革職發往軍臺，屢經行令起解，迄今尚未報解。

已革廣東守備姜萬隆，光緒三十四年十月，雲督錫良電奏雲南官兵越界滋事案内，以追逐匪黨，不知界綫，致釀成焚擾巨案等因，革職發往軍臺，當經行令起解，至今尚未報解。

以上二員應請飭下兩廣、雲南各總督，迅將各該廢員切實查報，解部轉發，毋再耽延。

已革署金州廳巡檢湯恂達，因奉天失守地方文武官員案内，光緒二十一年閏五月經宗人府等衙門議覆革職發往軍臺。三十年二月，奉天將軍咨報，該官犯於二十八年并無下落。

已革廣西知縣華照，光緒二十九年十二月，廣督岑春煊奏參藉案勒索，呈控有據等因，革職發往軍臺，當經行令起解。三十一年正月，廣西巡撫咨報該官犯不知去向。

以上查無下落不知去向者二員。

已革雲南都司楊智清，光緒二十三年六月，經雲貴總督崧蕃奏參管帶防營缺額甚多、擅離汛地，革職發往軍臺。是年九月，據該督奏稱：該廢員於交卸防營後，竟自逃逸，除飭嚴拏到案，研訊確供，再行奏請從嚴懲辦等因。

已革府經歷姜遇庚，光緒二十九年四月，直督袁世凱奏參貪劣昭著、反噬親臨上司等因，革職發往軍臺。是年八月，據直督咨，該官犯已先期潛逃。

已革另補知縣楊克燾，光緒二十九年七月，陝撫升允奏參盜伐禁樹，飾詞朦稟，設心貪狡等因，革職發往軍臺。是年十一月，准陝撫咨報潛逃。

已革江南守備潘樹桐，光緒三十三年二月，兩江督端方奏參縱勇庇賭、藉事擾民等因，革職發往軍臺，當經行令起解。三十四年，江蘇巡撫咨該廢員於三十三年七月，由江浦縣解往上元縣，在途脱逃。

已革莊浪守尉托雲泰，光緒三十一年四月，凉州副都統王崑奏參貪婪性成，被屬指控營私屬實等因，革職發往軍臺，當經行令起解。是年七月，凉州副都統咨該員於五月由莊浪起程。又據陝督咨該員於六月抵省，因病暫緩起解。三十四年五月，又咨該員病痊後，不知何日潛逃，飭屬通緝。

已革廣東鹽經歷文斗，光緒三十年三月，廣督岑春煊奏參前帶鹽務緝私船，缺額侵餉，船務廢弛等因，革職發往軍臺。三十四年八月，廣督咨該廢員并未在省逗留，難保非潛回原籍江西袁州，除咨江西巡撫，查提該革員來粤起解外，爲此咨覆等因。

以上未經到臺即據報逃者六員。

已革山東縣丞許鴻範，光緒二十年六月，河南撫咨因主使�工毆傷縣役，奏參革職，發往軍臺。是年七月到臺。二十一年查辦減等，奉旨減免一年。是年八月，由配脱逃。

已革牛莊巡檢兆齡，光緒二十一年五月，裕禄查辦奉天失守地方文武各員案内，革職發往軍臺。二十二年三月到臺。二十三年二月，由配脱逃。

已革奉天海城典史蔣有棟，光緒二十一年五月，裕禄查辦奉天失守地方文武各員案内，革職發往軍臺。二十二年三月到臺。二十三年二月，由配脱逃。

已革奉天驍騎校順喜，光緒二十一年五月，裕禄查辦奉天失守地方文武各員案内，革職發往軍臺。二十二年五月到臺。二十四年七月，由配脱逃。

已革東城吏目楊昌壽，光緒二十二年五月，因濫責被誣之母曹高氏在押病斃，刑部議奏革職發往軍臺。是年六月到臺。二十四年七月，由配脱逃。

已革牧長景美，光緒二十三年七月，大凌河牧群案内，奏參革職發往軍臺。

是年九月到臺。二十六年十一月，由配脱逃。

已革奉天防禦慶恩，光緒二十一年五月，裕禄查辦奉天失守地方文武各員案内，革職發往軍臺。二十三年八月到臺。二十六年十一月，由配脱逃。

已革筆帖式恒有，光緒二十三年七月，大凌河牧群案内，因調馬及議覆廠均有受贓情事，革職發往軍臺。是年九月到臺。二十六年十二月，由配脱逃。

已革浙江候補千總蕭永年，光緒二十九年七月，浙撫翁曾桂奏參任聽哨兵交結匪類，縱盜分贓等因，革職發往軍臺。三十年二月到臺。是年四月查辦減等，奉旨減免二年。是年七月，由配脱逃。

已革山東都司花鳳魁，光緒二十六年二月，山東撫袁世凱奏參河工修防不實案内，革職發往軍臺。二十九年正月到臺。三十年查辦減等，奉旨減免二年。三十一年五月，由配脱逃。

已革晉威新軍右營補用守備濮延常，光緒二十八年三月，山西巡撫岑春煊奏參接統武衛中軍副將徐恒山案内，查明侵吞缺額銀兩等因，革職發往軍臺。是年五月到臺。三十年查辦減等，奉旨減免一年。三十一年六月，由配脱逃。

已革山西外委職銜王雲嵐，光緒二十八年正月，刑部咨山西巡撫岑春煊奏審明守邊將領焚掠情形一案，革職發往軍臺。是年八月到臺。三十年查辦減等，奉旨毋庸查辦。三十一年九月，由配脱逃。

已革祁縣典史王萬森，光緒二十八年三月，山西巡撫岑春煊奏參擅受詞訟，贓私纍纍等因，發往軍臺。是年十二月到臺。三十年查辦減等，奉旨減免二年。三十二年二月，由配脱逃。

已革河南委外馬仁，光緒三十一年二月，因護勇練兵毆傷釀命案内，經河南巡撫陳夔龍奏參約束不嚴、在營晝寢，革職發往軍臺。三十一年六月到臺。三十二年三月，由配脱逃。

已革雲南補用都司袁用和，光緒二十八年十二月，雲督魏光燾奏參蝕餉缺額等因，革職發往軍臺。三十年五月到臺。三十二年五月，由配脱逃。

已革雲南參將王開，光二十八年十二月，雲督魏光燾奏參蝕餉缺額等因，革職發往軍臺。三十年五月到臺。三十三年三月，由配脱逃。

已革薊州中營巡檢徐念祖，光緒三十二年四月，直督袁世凱奏查赴州保人事後，圖賄卑鄙貪污，行同無賴等因，革職發往軍臺。七月到臺。三十三年五月，由配脱逃。

已革御史攀桂，光緒三十年四月，刑部奏審明風憲官持摺索賄，被控後朦混入奏等因，定擬革職發往軍臺。七月到臺。三十三年九月，由配脱逃。

已革廣西都司傅宗，文光緒二十九年十二月，廣督岑春煊奏參縱兵滋事，復有缺額等因，革職發往軍臺。三十年八月到臺。三十三年十一月，在配脱逃。

已革廣東都司莊長勝，光緒三十年三月，廣督岑春煊奏參縱勇擾民等因，革職發往軍臺。十月到臺。三十四年三月，由配脱逃。

已革廣東千總黄其蕃，光緒三十三年五月，廣督周馥奏參剿匪不力等因，革職發往軍臺。是年十二月到臺。三十四年五月，由配脱逃。

已革廣東游擊王樹芳，光緒三十年四月，廣督岑春煊奏參帶勇騷擾、劣聲昭著等因，革職發往軍臺。三十年十二月到臺。三十四年八月，由配脱逃。

以上在配脱逃者二十二員。

已革奉天驍騎校宗緒，光緒二十五年十二月，盛京將軍增祺奏職官聽從誣告，按律定擬一案，革職發往軍臺。二十六年五月到臺。二十七年四月查辦減等，奉旨減免二年。是月，軍臺都統咨該員已於三月初七日病故迄。三十三年五月，盛京將軍咨該員實係尚生存，當因存、故兩歧具奏究辦，奉旨：依議。欽此。三十四年五月，軍臺都統誠勳奏請飭下東三省總督，迅將該廢員解察審訊，奉硃批：著照所請，陸軍部知道。欽此。當經行文東三省去後。現據東三省總督咨，該廢員宗緒業已聞風潛逃。

以上存、故兩歧，又復聞風潛逃者一員。

通計以上七十七員，除自咸豐二年至光緒十二年歷届催緝應行嚴查之蘇錦堂等四十四員及應催起解之沈著明等二員外，其查無下落之湯恂達等二員，未經到臺即據報逃之楊智清等六員，在臺脱逃之許鴻範等二十二員，存、故兩歧又復聞風潛逃之宗緒一員，應請飭下東三省、兩廣、雲貴、直隸、陝甘、兩江、江西、河南、浙江、山東、山西、安徽各督撫、軍臺都統，内務府、順天府府尹、鑲藍旗滿洲都統等迅將各該廢員上緊查拏務獲，奏明辦理。①

① 臺北“故宫博物院”藏：《軍機及宫中檔》，文獻編號：176401-B。

○○九、尚書誠勳等請將潘效蘇等釋回摺

宣統元年四月初十日（1909年5月28日）

奴才誠勳①、奴才額勒渾②跪奏，爲軍臺廢員恭逢恩赦，呈繳臺費，遵旨釋回，恭摺仰祈聖鑒事。

竊奴才等接准陸軍部咨：宣統元年閏二月十六日，本部具奏查辦軍臺廢員，軍機大臣欽奉諭旨：陸軍部奏，欽奉恩詔查辦軍臺廢員、開單請旨一摺，除柳大年、桂陞、李增誨、劉榮琱、葉茂青、吕國銘、余鼎銘、朱光點、譚炳榮、存誠、吉祥等均毋庸查辦外，福源、羅人鑄均著加恩釋回；易瀶礄、潘效蘇、周開曙、張樹焱，均著加恩釋回，仍呈繳臺費；陳尚新、魏漢文，均著加恩減免二年；李滋森、曹本煌、有泰，劉耀坤、瑞洵、譚涌發，均著加恩減免一年，屆期即行釋回，以示朕法外施恩至意。餘依議。欽此。欽遵交出到部。除注册外，相應恭録諭旨，刷印原奏清單，行文軍臺都統遵照，奏明辦理等因。咨行前來。當即轉行遵辦，并飭將已革防禦福源、已革府經歷羅人鑄二員先行釋回去後。

兹據頭臺效力廢員已革新疆巡撫潘效蘇、十一臺效力廢員已革補用副將易瀶礄、十二臺效力廢員已革吐魯番同知張樹焱、十三臺效力廢員已革候補通判周開曙等四員，各將應繳三年連閏臺費按數呈由管站部員，申請驗收解部，等情。據經奴才分別按數驗收。

---

① 誠勳（1848—1915），字果泉，滿洲正紅旗人，伊爾根覺羅氏，一品蔭生。同治三年（1864），充六部郎中分部學習行走。光緒二年（1876），補兵部郎中。八年（1882），授坐糧廳監督。十年（1884），丁祖母憂，繼丁父憂，回籍終制。十二年（1886），簡授山東督糧道，補授直隸大順廣道。十三年（1887），調補奉錦山海道，加按察使銜。同年，丁母憂，服滿起複，補江西廣饒九南道。二十六年（1900），授浙江寧紹臺道。是年，升江蘇按察使。二十七年（1901），調補浙江布政使。二十八年（1902），護理浙江巡撫，同年，擢安徽巡撫。三十二年（1906），授江寧將軍。同年，調補廣州將軍。三十三年（1907），補察哈爾都統。宣統元年（1909），補授熱河都統。三年（1911），拜弼德院顧問大臣。民國四年（1915），卒於籍。

② 額勒渾（1856—？），字容龕，滿洲正白旗人，薩克達氏。光緒五年（1879），賞六品功牌頂戴，充委筆帖式。八年（1882），保驍騎校。九年（1883），升防禦。十三年（1887），戴藍翎。十五年（1889），選鑲黄旗滿洲驍騎校。二十年（1894），換花翎。二十三年（1897），升正白旗滿洲防禦，加四品頂戴。二十四年（1898），補授鑲黄旗滿洲佐領。二十六年（1900），授察哈爾左翼滿洲四旗協領，兼鑲紅旗滿洲佐領。二十七年（1901），加副都統銜。三十二年（1906），擢察哈爾副都統。三十三年（1907），護理察哈爾都統，督辦察哈爾推廣墾務。宣統二年（1910），調補伊犁副都統，兼塔爾巴哈臺參贊大臣。

除備文發交匯號領解度支部飭庫兑收并分咨法部、陸軍部查照外，所有在臺各廢員就近呈繳臺費、遵旨釋回緣由，理合恭摺具奏。伏乞皇上聖鑒。謹奏。宣統元年四月初十日。

（硃批）：該部知道。①

宣統元年四月十五日，奉硃批：該部知道。欽此。②

① 中國第一歷史檔案館藏：《硃批原件》，檔號：04-01-01-1102-003。
② 臺北"故宫博物院"藏：《軍機及宫中檔》，文獻編號：177921。

參考文獻

中國第一歷史檔案館藏:《硃批奏摺》《硃批奏片》。
中國第一歷史檔案館藏:《録副奏摺》《録副奏片》。
中國第一歷史檔案館藏:《諭旨》。
中國第一歷史檔案館藏:《諮文》。
中國第一歷史檔案館藏:《清單》。
中國第一歷史檔案館藏:《呈文》。
中國第一歷史檔案館藏:《户科題本》。
中國第一歷史檔案館藏:《刑科題本》。
中國第一歷史檔案館藏:《呈狀》。
中國第一歷史檔案館藏:《稟文》。
臺北“故宫博物院”藏:《宫中檔硃批奏摺》。
臺北“故宫博物院”藏:《軍機處録副奏摺》。
臺北“故宫博物院”藏:《清單》。
臺北“故宫博物院”藏:《廷寄》。
臺北“中央研究院”近代史所檔案館藏:《外交檔案》。
中國第一歷史檔案館編:《乾隆朝上諭檔》,廣西師範大學出版社,1999年。
中國第一歷史檔案館編:《嘉慶朝上諭檔》,廣西師範大學出版社,1998年。
中國第一歷史檔案館編:《道光朝上諭檔》,廣西師範大學出版社,1999年。
中國第一歷史檔案館編:《咸豐朝上諭檔》,廣西師範大學出版社,1998年。
中國第一歷史檔案館編:《同治朝上諭檔》,廣西師範大學出版社,1998年。
中國第一歷史檔案館編:《光緒朝上諭檔》,廣西師範大學出版社,1996年。
中華書局影印:《清實録·仁宗睿皇帝(嘉慶)實録》,中華書局,1986年。

中華書局影印：《清實録·宣宗成皇帝（道光）實録》，中華書局，1986年。

中華書局影印：《清實録·文宗顯皇帝（咸豐）實録》，中華書局，1986年。

中華書局影印：《清實録·穆宗毅皇帝（同治）實録》，中華書局，1987年。

中華書局影印：《清實録·德宗景皇帝（光緒）實録》，中華書局，1987年。

中國第一歷史檔案館編：《光緒朝硃批奏摺》，中華書局，1995年。

"國立故宫博物院"編：《宫中檔光緒朝奏摺》，臺北東亞制本所，1973—1975年。

臺灣史料集成編輯委員會編：《明清臺灣檔案匯編》，臺北遠流出版有限公司，2009年。

中國第一歷史檔案館編：《清代軍機處電報檔》，中國人民大學出版社，2005年。

中國第一歷史檔案館編：《清代軍機處隨手登記檔》，國家圖書館出版社，2013年。

秦國經主編：《清代官員履歷檔案全編》，華東師範大學出版社，2008年。

清高宗敕撰：《清朝文獻通考》，浙江古籍出版社，1988年。

劉錦藻：《清朝續文獻通考》，浙江古籍出版社，1988年。

中國第一歷史檔案館、福建師範大學歷史系編：《清末教案》，中華書局，1996年。

臺北"中央研究院"近史所編：《教務教案檔》，"中央研究院"近代史所，1974年。

顧廷龍主編：《清代朱卷集成》，臺北成文出版社，1992年。

中央民族大學圖書館藏：《欽定平定陝甘新疆回匪方略》。

中國第一歷史檔案館編：《清代軍機處電報檔匯編》，中國人民大學出版社，2005年。

左宗棠：《左文襄公全集》，上海書店出版社，1986年。

劉錦棠：《劉襄勤公（毅齋）奏稿》，臺北文海出版社，1966年。

曾國荃：《曾惠敏公（劼剛）遺集》，臺北文海出版社，1966年。

蕭榮爵編：《曾忠襄公（國荃）奏議》，臺北文海出版社，1966年。

岑毓英：《岑襄勳公遺集》，臺北文海出版社，1966年。

寶鋆等修：《籌辦夷務始末（同治朝）》，臺北文海出版社，1966年。

黎成禮編：《黎文肅公（培敬）遺書》，臺北文海出版社，1966 年。

蔡冠洛編：《清代七百名人傳》，臺北文海出版社，1971 年。

許景澄：《許文肅公（景澄）遺集》，臺北文海出版社，1966 年。

譚寶箴等編：《譚文勤公（鍾麟）奏稿》，臺北文海出版社，1966 年。

李翰章編纂，李鴻章校勘：《足本曾文正公全集》，吉林人民出版社，1995 年。

顧廷龍、戴逸主編：《李鴻章全集》，安徽出版集團，2008 年。

朱壽朋編：《光緒朝東華録》，中華書局，1958 年。

王先謙等編：《東華續録・同治朝》，光緒戊戌年文瀾書局石印本。

蔣良騏編：《東華録》，中華書局，1980 年。

貴州大學歷史系中國近代史教研室點校：《平黔紀略》，貴州人民出版社，1988 年。

王延熙、王樹敏編：《皇清道成同光奏議》，臺北文海出版社，1969 年。

戚其章、王如繪編：《晚清教案紀事》，東方出版社，1990 年。

汪兆鏞編：《碑傳集三編》，臺北文海出版社，1980 年。

郭嵩燾：《郭嵩燾日記》，湖南人民出版社，1982 年。

郭廷以、尹仲容等：《郭嵩燾先生年譜》，臺北“中央研究院”近代史研究所，1971 年。

翁同龢著，陳義傑整理：《翁同龢日記》，中華書局，1993 年。

竇宗一：《李鴻章年譜》，臺北文海出版社，1977 年。

歐陽輔之編：《劉忠誠公（坤一）遺集》，臺北文海出版社，1968 年。

金梁：《近世人物志》，臺北文海出版社，1977 年。

沈桐生：《光緒政要》，臺北文海出版社，1971 年。

王樹枏編：《張文襄公（之洞）全集》，臺北文海出版社，1970 年。

來新夏撰：《近三百年人物年譜知見録》，上海人民出版社，1983 年。

李林年、楊忠編：《清人别集總目》，安徽教育出版社，2000 年。

章伯鋒、顧亞：《近代稗海》，四川人民出版社，1989 年。

趙爾巽等撰：《清史稿》，中華書局，1976 年。

王鐘翰點校：《清史列傳》，中華書局，1987 年。

中國社科院近代史研究所編：《曾國藩未刊往來函稿》，岳麓書社，1986 年。

王彦威、王亮、王敬立編：《清季外交史料》，書目文獻出版社，1987 年。

李侃等：《中國近代史》，中華書局，2004 年。

丁鳳麟、王欣之編：《薛福成選集》，上海人民出版社，1987 年。

《新疆通史》編委會編：《近代新疆蒙古歷史檔案》，新疆人民出版社，2008 年。

馬大正、吴豐培等編：《清代新疆稀見奏牘匯編》，新疆人民出版社，1996 年。

後 記

本書自二〇一四年收集材料至二〇一八年截稿，閱時五載，始克蕆功。在此期間，山東大學杜澤遜先生、中國社會科學院邊疆史地研究中心厲聲先生，時加鞭策，鼎力贊襄；中國第一歷史檔案館和臺北“故宫博物院”的諸位同仁，文獻需索，有求必應，謹此一并致謝！

惟以學識庸陋，才智愚鈍，舛訛紕繆，實所難免，方家勘正，是所希企。

杜宏春